卓越教师教育精品丛书
学科教学设计与案例研究系列

小学语文教学设计与案例研究

主　编　夏家发
副主编　易　进　魏　薇　徐　轶
彭近兰　唐子江　曾晓洁
韦祖庆　黄丽辉　杨兴芳
参　编　（按姓氏笔画排序）
朱丽玲　刘　进　刘　烜
李白坚　余国卿　辛从飞
沈爱华　陈国荣　罗昆霞
胡爱萍　夏绮云　黄丽辉

科学出版社
北　京

内 容 简 介

本书是“卓越教师教育精品丛书·学科教学设计与案例研究系列”中的一本，该书吸纳了十多年新课改的成果，紧扣新版语文课程标准的亮点、热点、疑点和难点问题，密切结合一线教师的现实需求编写而成。内容包括小学语文教学设计概述与案例研究、国外小学语文教学设计理念与技术的发展趋势、小学语文课堂教学新常规与案例研究、小学语文特级教师教学设计流派与案例研究、小学拼音教学设计与案例研究、小学识字写字教学设计与案例研究、小学阅读教学设计与案例研究、小学作文教学设计与案例研究、小学口语交际教学设计与案例研究、小学综合性学习活动设计与案例研究、小学语文考试设计与案例研究、小学语文作业设计与案例研究、小学语文课堂教学管理实务。

本书可满足教育管理专业硕士、小学教育专业硕士、小学教育本专科生、汉语言文学教育本专科生、国家和省市级小学语文骨干教师以及教师资格证考生的学习需求，也可作为一线小学语文教师自修提高的参考用书。

图书在版编目(CIP)数据

小学语文教学设计与案例研究/夏家发主编. —北京：科学出版社，2012
（卓越教师教育精品丛书·学科教学设计与案例研究系列）
ISBN 978-7-03-034955-2

Ⅰ.①小… Ⅱ.①夏… Ⅲ.①小学语文课－教学设计 Ⅳ.①G623.202
中国版本图书馆CIP数据核字（2012）第132862号

责任编辑：胡云志 任俊红 王景坤/责任校对：李 影
责任印制：徐晓晨/封面设计：华路天然工作室

科学出版社出版
北京东黄城根北街16号
邮政编码：100717
http://www.sciencep.com
北京京华虎彩印刷有限公司 印刷
科学出版社发行 各地新华书店经销
*
2012年7月第 一 版 开本：787×1092 1/16
2014年8月第三次印刷 印张：24
字数：629 000
定价：44.00元
（如有印装质量问题，我社负责调换）

本丛书获得华中师范大学国家教师教育创新平台
教师教育理论创新与实践研究项目资助

前　　言

本书是华中师范大学“卓越教师教育精品丛书·学科教学设计与案例研究系列”中的一本教材。

在系统、认真地调研需求和分析同类教材的基础上编写了本书，本书的编写凸显了课程教学六大特色。

一、课程结构与模块创新

本书的课程模块，紧扣新修订的义务教育语文课程标准的亮点、热点、疑点和难点问题，注重吸纳十多年课程改革的成果，密切结合一线教师的现实需求，精心组织课程专题，把小学语文教学设计与案例研究有机结合起来，课程框架采取“五环互动课程模式”——“任务驱动，专题导向，案例研习，实践反思，分享提升”。

本教材凸显学材的理念，板块结构合情合理，功能鲜明切用，层次节奏分明。

(1) 任务驱动旨在明确本章学习任务，形成清晰的学习定向，凸显教材的理念。

(2) 专题导向意在聚焦语文课程标准和语文教材的亮点、热点、疑点和难点问题，帮助学员形成明晰的理念体系；结合国内外理论思潮的动向，开阔学员学术视野；注意理论阐释的充分性和学习资源密度的适切性，寻求基本共识与多元理解的和谐统一。

(3) 案例研习支撑专题导向，提供操作性具象，着眼于语文课程标准和语文教材的年段、学年、学期、单元的目标和内容结构，筛查教材经典篇目，遴选特级教师和教学名师的典型课例，契合专题导向的意指，给学员可亲、可感、可思、可用、可以模仿体味的学习资源。

(4) 实践反思通过鲜活的教材与教学案例，引导学员反思教学实践的得失，逐步形成自己的教学观念和教学智能。

(5) 分享提升遴选与经典篇目匹配的特级教师和教学名师的典型课例，通过对话和梳理，促进学员专业智慧与专业境界的提升。

二、着眼于教学方式的创新

本书着眼于教学方式的创新，吸收和整合国内外语文教师教育的成功经验，构建开放式学习环境，凸显学员的学习主体地位，教学方式强调“以学定教，先学后教，互动分享，系统提高，务求实效”。

(1) 以学定教，教师的教为学生的学服务，教学从学习需要出发，以学习规律为指针，以学习效果评判教学效果，以学习质量评判教学质量，即教以学为出发点和归属。

(2) 先学后教，激活学员的知识储备，鼓励学员先行学习，针对真实学习需要，确认真实的教学起点，把学员作为重要的课程资源，不做无原委、目中无人、盲目重复、耗时无效的教学。

(3) 互动分享，教学即对话、分享，既是师生之间的对话、分享，又是学生之间的对话、分享，教学中的互动分享可以使理解变得容易，可以形成基本共识和多元理解，可以大大扩展丰富语文课程资源，开阔学员视野。

(4) 系统提高，鼓励学员自主梳理，感悟内化，注重学习的渐进和理念的觉解。

(5) 务求实效，学习任务明确，学习路径清晰，理论与案例结合，图文并茂，便于理解，课堂操练，好学管用。

三、课程内容创新

本书内容有五大亮点，两大板块。

(一) 五大亮点

在国内同类教材中，首次全景鸟瞰国外小学语文教学设计的理论思潮和鲜活案例，字字珠玑，域外之风，格外清新，认真读来，开阔学术视野。

在国内同类教材中，首次全景展示国内著名特级教师的教学设计思想和经典设计案例，娓娓道来，细细品味，好学能用，一册在手，新时代大师的风貌宛若眼前。

在国内同类教材中，首次全景梳理小学语文课堂教学新常规，系统总结与整理21世纪十多年课改的成果，视角新颖，操作性强，有利于一线教师、广大学员及时吸收并应用于自己的教学实践，让你的课堂与时代脉搏实时共振。

在国内同类教材中，首次设置小学语文课堂教学管理实务，国内著名特级教师、教学管理专家沈爱华主任执笔撰写，理论好懂，案例鲜活，招招管用，科学理性的分析，让你有信心沉着应对瞬息万变的课堂。

在国内同类教材中，首次设置小学语文作业设计与案例研究，意在探索科学的减负之道。

(二) 两大板块

综述部分包括：小学语文教学设计与案例研究概述；小学语文教学设计的理论思潮和鲜活案例；小学语文课堂教学新常规与案例研究；国内著名特级教师的教学设计思想和经典设计案例；小学语文作业设计与案例研究；小学语文考试与案例研究；小学语文课堂教学管理实务与案例研究。

分述部分，依据语文课程模块，包括：小学拼音教学设计与案例研究；小学识字写字教学设计与案例研究；小学阅读教学设计与案例研究；小学作文教学设计与案例研究；小学综合性学习设计与案例研究等；本书直面新课改的困惑，密切结合日常教学的真实需要。

四、有利于学习方式的转变

本书的学习方式，注重供给系统、有效、切用的新课程学习资源，强调“理论先行，实践移植，情境磨合，自主建模，实践发展，风格形成”。引导学员自主学习，学习过程由理论到实践，由模仿到创造，由外铄到内化，逐步形成自己的教学观念和教学风格。

五、本书写作特点

《小学语文教学设计与案例研究》教材的编写团队，注重遴选近十年新课改教师培训过程中学养深厚、注重实践、学员欢迎、教学效果优异的全国知名专家，组建了一线特级教师、优秀教研员和高校教授相结合的编写团队。本书注重文风清新活泼，避免叠床架屋，叙述条理清楚，力求图文并茂，理论的先进性和阐释的充分性，案例的亲和力、鲜活度，教材案例以人教版为主，兼顾其他版本，教材的趣味性、可读性，帮助学员学以致用，学了有用，用得上，用得好，并注意留有自主拓展的余地。

六、精准的读者定位

本书主要针对教育管理专业硕士、小学教育专业硕士、小学教育本专科层次、汉语言文学教育本专科层次的高年级学生、国家及省市级小学语文骨干教师培训班学员的学习需求，本书也可作为一线小学语文教师继续教育和自修提高的读本。本书学习任务的层次感强，学习资源密度频度适中，根据学与教的需求，教师与学生均可以作出灵活多样的选择。

本书的编写得到华中师范大学领导的大力支持，国内著名大学、教科研机构、知名小学的领导、同仁给予鼎力支持。在流火的夏季，中国小学语文界著名语文教育专家欣然接受了我们的邀请，放下了手头的急务，排除了种种纷扰，倾情奉献，冒着酷暑，经受着身心的巨大考验，顺利完成了编写任务。我们表示由衷的感谢和诚挚的敬意。

在教材编写的过程中，我们遵循统一体例，自主编写，文责自负的原则，充分尊重各位作者的写作自由；我们引用和借鉴了国内外同行的相关文献，除了在文中注明外，再次表示衷心感谢。开课在即，教材即将付印，尽管我们做了努力，文中依然存在一些不足，我们恭候读者的批评指正。

夏家发
华中师范大学田家炳教育书院
2011 年 9 月

目　录

第 1 章 小学语文教学设计概述与案例研究

夏家发 华中师范大学

学习目标

1. 掌握教学设计的概念，能加以举例说明。
2. 掌握小学语文教学设计的概念，能加以举例说明。
3. 结合课堂观察，能举例说明不同类型的小学语文教学行为。
4. 结合教学案例，说明小学语文教学设计的价值。
5. 理解小学语文教学设计的程序，能加以举例说明。

专题导向

专题 1：何为教学设计
专题 2：小学语文教学设计的价值取向
专题 3：小学语文教学设计的基本类型
专题 4：小学语文教案及其样例

1.1 教学设计

1.1.1 设计

1. 设计行为的所涉对象：自我设计、对象性设计和互动设计

设计行为广泛存在于人类活动之中：载人航天、基因工程、艺术活动、建筑活动、网络活动、整容手术、沙漠治理工程、高能对撞机、城市发展、人类迁徙活动、社会变革、课程改革、教学改革等。从自然到社会，大到宇宙，小到基本粒子，人类的设计活动取得了骄人的业绩，当然也不乏失败的案例，如切尔诺贝利事件、福岛核电站事件、“七·二三”动车事件、校车事件等。

稍加梳理，可以发现，上述设计行为的所涉对象可相对分为三类：一类是人类自身，如艺术活动、整容手术、教学活动等；一类是自然界，如沙漠治理工程、高能对撞机等；一类是人、社会和自然的互动，如人类迁徙活动、建筑活动等。严格地说，所有设计行为都与人有关，如沙漠治理工程设计的对象是沙漠，沙漠治理工程的设计与实施是由人来完成的，重要的是，沙漠化的过程本身就与人类活动相关。这些设计行为中，最困难的是对人类自身活动的设计。教学设计活动兼涉自我设计、对象性设计和互动设计。从教师的角度看，教学自我设计主要考虑自己如何教、教什么；教学对象性设计主要考虑学生应如何学、学什么；教学互动设计则主要考虑学与教、学与学如何相互适应的问题。

2. 设计行为的过程：事先设计、事中设计和事后设计

囿于常识，人们把设计仅仅看成为事先的设想和计划行为，是在正式做某项工作之前，

根据一定的目的要求，预先制定方法、图样等行为①。

仅从对象的视角认识设计行为，是有局限的，是静态、淤滞和刻板的思维方式。设计行为是人类自觉性活动的一个环节，其本身是一个过程。人类自觉性活动包括设计行为、实施行为和反思行为，三者之间存在着互动关系，设计行为可以存在于事先、事中和事后。从设计行为本身的过程看，设计是为创造某种具有实际效用的新事物而进行的探究过程，这种探究能力是可以加以训练的。它包括对一个不完善的情境的探索，发现并解决一个或几个问题，详细说明导致有效变化的途径②。由此，设计可视为一种系统、持续的探究、发现和反思的活动，设计的这种特性突出体现在教学活动等复杂的人类活动之中。

比如，人类的教学活动，事先有预案，事中有调整，事后有反思，调整和反思的结果可以形成新的预案。又如克隆技术，从技术进展上看，人类已经完全可以进行自体的无性繁殖，但是，出于本能的恐惧和伦理的担忧，绝大多数国家开始有意识地诱导克隆技术的发展。临床医学已经把克隆技术成功用于器官移植、修复手术，这当然是一种有利的调整。再如，载人航天工程可谓设计周密，飞船上天之后，遇到异常情况，地面系统依然要对相关参数作相应的调整。

事先设计又称预设性设计，事中设计又称生成性设计，事后设计又称反思性设计。预设性设计是结果性设计，事中设计和事后设计是过程性设计。教学设计活动是结果性设计和过程性设计的综合，强调设计的预设、生成、反思。

3. 设计行为的情境：境遇性设计和去情境设计

人类活动总是存在于特定的情境之中。从传播学的角度看，人类活动是情境系统与本体系统的信息交流，情境系统可分为外部情境系统和内部情境系统。外部情境系统是指本体系统的相关因素构成，如课堂教学存在于特定学校，教师教学与学校文化存在着信息互动，不同学校的教学就各有特色，这种特色反映了不同学校文化差异。内部情境系统是由与子系统相关的其他子系统构成，如课堂教学系统中，教师是个子系统，教材、学生、教学设施等是与教师相关的子系统，教师系统与教材、学生、教学设施系统存在着信息互动，这些子系统会影响教师的教学行为。从传播学的角度看，基于特定目的，设计是对于情境与系统的信息交流的调控行为③，设计可分为境遇性设计和去情境设计。

境遇性教学设计也称生成性教学设计，基于教学情境的预设、生成、反思，教学情境比较复杂。从教学时空间看，教学存在于特定的社区、学校、课堂的现实与虚拟情境中。从教学文化背景看，教学存在于特定的思想、制度、技术情境。从教学的参与者看，教学存在于特定的人际情境中，学生教师、同事领导、家长专家、媒体社会人士都不同程度地参与到我们的教学中来。在人际情境里，教师尤其要学会与学生打交道。从教学资源背景看，教学存在于特定的资源环境中，教师的处境是复杂的，教师要学会与各种资源打交道。教学设计要考虑到外部情境和内部情境的特点和需求。

去情境教学设计也称预设性教学设计，是指按照教科书知识及相关资源的逻辑，不考虑教学情境的需求，所进行的专家设计。其作用是为一线教师和学生提供指令性、建议性和支撑性的教学方案，它与教学情境需要进行互动磨合才能有效介入教学过程。

---

① 中国社科院语言研究所词典编辑室．现代汉语小词典．北京：商务印书馆，1980：486.

② 戈登·罗伦德．设计与教学设计．高文译．外国教育资料，1997，(2)：18.

③ 斯文·温德尔，丹尼斯·麦奎尔．大众传播模式论．上海：上海译文出版社，1987：5-7.

4. 设计行为的意图：有为设计和无为设计

从能量耗散看，系统可以分为有序系统和无序系统，设计旨在促进情境和系统的有序性①，设计行为可视为一种扰动。基于设计与系统的关系，系统目的的意识程度是不同的，据此，系统可以分为自发系统与自觉系统。自发系统与自觉系统均具有自组织行为，如教学行为习惯可视为一种自组织行为，教学习惯本身就涵摄着意识程度低的行为倾向即行为目的。自发系统即自组织行为系统，是目的的意识程度低，没有人为扰动、自然生成的系统。自觉系统涵摄了刻意设计行为，是自觉利用情境对系统实施的有目的的扰动。扰动对系统可以是建设性和破坏性，有利的和有害的。值得注意的是，建设性的扰动可能是有害的——“表扬”可能使人骄傲，而破坏性的扰动可能是有利的——“忽视”可以减少学生不当行为的出现频率。

就系统的自组织行为而言，设计行为可分为有为设计和无为设计。有为设计是自觉利用情境对系统的自组织行为和自觉行为实施的有目的的扰动。无为设计就是协调情境对系统的扰动，由系统内在的自组织行为自主达成其目的。

教学是人类自我传承、反思和创新的非常复杂的活动，有为设计和无为设计须兼而有之。所谓教学的有为设计是指，基于结构不良的课程资源，为了完成控制性学习任务，教师为帮助学生学习而刻意进行的教学系统安排。教学的无为设计是指，基于结构良好的课程资源，为了完成自动化学习任务，教学设计尽量遵循学生学习的自身规律，不过多地干预而是通过学生的自主学习，达成学习目标。

从设计哲学的角度看，由于变化发生得太快，以至于社会系统处于疲于应付的境地。这一点，在疫苗设计与研制领域尤其突出，而在教学领域，则表现为专家方案与一线教师之间的艰难磨合，教学设计理性与教学实践艺术的冲突调适。教学设计须适时建构生态设计理念，自觉追求互动设计、过程性设计、境遇性设计和无为设计有机结合。

1.1.2 教学设计

1. 异彩纷呈的定义

加涅认为，教学系统是对资源和步骤作出安排以促进学习的过程，因此“对用以促进学习的资源和步骤的安排”就是教学设计。②

肯普认为，教学设计就是运用系统方法分析研究教学过程中相互联系的各部分的问题和需求，在连续模式中确立解决它们的方法与步骤，然后评价教学成果的系统计划过程③。

狄克与凯瑞指出，“教学设计”一词包括教学系统开发过程的所有阶段（分析、设计、开发、实施和评价），“设计”一词既指整个过程，也指其一个主要的子过程。它是一套帮助教师系统化的准备教学、对教学系统作出决策的方法。

史密斯和雷根认为，教学设计是“把学习与教学的原理转换成教学材料、活动、信息资源和评价方案的系统化和反思性的过程”。

乌美娜下的定义是，“教学设计作为一个系统计划的过程，是应用系统方法研究、探索教学系统中各个要素之间的关系，并通过一套具体的操作程序来协调配置，使各要素有机结

---

① 特德·霍华德，杰里米·里夫金．熵：一种新的世界观．上海：上海译文出版社，1987：149-159．

② 加涅 R M，布里格斯 L J，韦杰 W W．教学设计原理．皮连生，庞维国，蔡维静等译．上海：华东师范大学出版社，1999：20．

③ 肯普，以及下文中的狄克、凯瑞、史密斯、雷根等外国专家的定义，均请参见裴新宁．现代教学设计的概念与特征．开放教育研究，2005，(4)：65．

合以完成教学系统的功能。"①

何克抗认为，"教学设计是运用系统方法，将学习理论与教学理论的原理转换成对教学目标（或教学目的）、教学条件、教学方法、教学评价等教学环节进行具体计划的系统化过程。"②

综上所述，我们认为，教学设计是教师的基本专业技能，教学设计水平直接影响学与教的质量。教学设计（instructional design，ID）也称教学系统设计（instructional system design，ISD），是以传播理论、系统论等多学科理论为基础，运用学习理论和教学理论的观点和方法，基于特定的教学情境，预设和生成教学目的、教学资源、教学活动方案的过程。

案例 1-1

对上述定义，你可以从以下几方面加以梳理：

(1) 谁参与设计：专家、教师、学生？

(2) 为谁设计：教师个体与群体、学生个体与群体？

(3) 设计什么：产品、教案、教学建议、支撑性教学资源？

(4) 如何设计：常识理性与系统方法、艺术与科学、程序化与创造性？

(5) 教师如何使用设计的方案：忠实执行、生成预设、自主创生、团队共享？

(6) 设计成果如何介入课堂教学：指令、建议、背景性资源？

2. 教学设计掠影

作为一种复杂的生命系统，身处急速变迁的现代社会，人的自觉、系统发展尤其需要设计。教学设计可视为人类的自我设计。

对人类自身发展，我们还知之甚少。相对于其他领域而言，教学设计是比较晚近的事，其发展得益于以加涅为代表的一批划时代天才人物富有成效的开创性探索。如果从 1962 年格拉泽（Glaser R.）明确地提出"教学系统"概念算起，作为一门正式的学科"教学设计"已走过了半个世纪的发展历程。它起源于北美，后传播至世界其他许多国家。20 世纪 80 年代中叶，随着我国的改革开放与教育事业的繁荣与发展，该学科被引入我国。③

案例 1-2

从表 1-1、表 1-2，你可以看出，不同价值取向会极大地影响教学设计的理念、技术实践，通过拓展型阅读，请你梳理一下，并与同学们交流自己的体会。

表 1-1 教学设计发展历程简表④

发展阶段/时期	媒体教学发展	理论发展/社会历史背景
自在孕育期 20 世纪 30 年代以前	学校博物馆、教学电影、广播、视觉听觉教学运动	杜威建立"连接学科"的构想、桑代克学习理论（准备率、练习律、效果律）、泰勒制（视觉化课程）等

① 乌美娜．教学设计．北京：高等教育出版社，1994：11.

② 何克抗，郑永柏，谢幼如．教学系统设计．北京：北京师范大学出版社，2002.

③ 高文．教学系统设计（ISD）研究的历史回顾——教学设计研究的昨天、今天与明天．中国电化教育，2005，(1、2、3)：17、13、24.

④ 钟志贤．论教学设计的发展历程．外国教育研究，2005，(3)：34.

续表

发展阶段/时期	媒体教学发展	理论发展/社会历史背景
诞生兴起期 20世纪40～60年代	媒体在战时培训中的应用、程序教学、教学电视	战时培训、第二次世界大战后视听媒体研究、传播理论、程序教学运动、行为目标编写、标准参照测验、学习条件理论、形成性评价、早期教学设计模式
正式发展期 20世纪60～80年代	电视教学、卫星电视教学、计算机辅助教学	系统方法理论、教学设计模式结构、认知心理学（发现学习、有意义接受学习）、教学设计模式结构
转型发展期 20世纪80年代以后	多媒体教学、网络教学、虚拟现实	建构主义学习理论、后现代主义、绩效技术、知识管理、混沌理论、阐释学、模糊逻辑、非线性教学设计、情境学习理论、认知学徒制、抛锚式教学、学习环境设计

表1-2 以学习者为焦点的教学设计研究理论类型①

理论类型	代表人物和研究
为理解而教	加德纳理解的多元途径，帕金斯和安格为理解的教与学，哈纳芬、兰德和奥利弗的开放学习环境，梅耶的存进建构主义学习的教学设计
基于问题的学习	沙昂克、柏门和马克弗逊的做中学、施瓦兹、林晓东、布劳菲和布兰菲尔德的面向弹性适应性教学设计开发，乔纳森的基于案例的建构主义学习环境设计，内尔逊基于协作的问题求解
创建学习共同体	别拉克兹克和科林斯的教室中的学习共同体，内尔逊基于协作的问题求解
高阶思维技能	科诺和兰迪的课堂自主学习设计理论，波罗格的改善4～8年级学业困难学生成绩的学习环境设计，兰达存进一般思维技能的算启教学设计理论
多样性/差异性	科瓦利克和马克基汉的综合主题教学理论，梅里尔的教学交换理论，雷格鲁斯的精细化理论
操作技能领域	罗密斯左斯基的身体机能发展理论
情感领域	刘易斯、华生、施瓦布斯的重拾教育完整使命的理论，斯通-马克康、马克考密克的自我科学-儿童的情商，T. 卡姆拉德和B. 卡姆拉德态度教学的结构设计，李科纳的人格教育-美德培养，摩尔的青少年心灵发展

1.1.3 教学设计的层次与类型

1. 简单设计与复杂设计

从教学设计与学生学习的混沌性、复杂性的关系看，教学系统可以是自发系统，也可以是自觉系统；可以是简单的，也可以是复杂的。依据教学任务、内容和程序的复杂性，简单教学系统是指教学时间短、教学任务单一、教学内容明确、教学活动单一、教学结果确定的系统。复杂教学系统则是指长程教学、教学任务综合、教学内容混沌、教学活动复杂、教学结果不确定的系统。

简单的自发教学系统无需设计，教学活动会自发地倾向于内生的教学目的，简单教学系

① 钟志贤．论教学设计的发展走势．外国教育研究，2005，(5)：66.

统是由习惯化的学习行为构成，习惯化的学习行为就是意识程度低的前后相继的动力定型①。复杂的自觉教学系统是需要设计的，系统会自觉地调控教学行为以实现外生的教学目的。复杂教学系统是由结构精致的教学事件所构成，教学事件是与制度化、理性和技术化相互关联的教学行为系统。

如果考虑到教师专业成长，对于新教师而言，简单教学系统也是需要细致设计的；对于专家型教师而言，复杂教学系统也可加以简略设计的。

2. 情境直觉设计与系统理性设计

从教学设计的演进历程看，教学设计可以分为艺术设计、专家程序、问题解决、人本化设计②，理性化设计、艺术创造③。其中艺术设计、艺术创造属于情境直觉设计，主要依赖教学经验和常识，可以形成个人性、情境性很强的教学套路和程式，其合理性、可行性在反复的一线教学实践中才能得到验证。专家程序、问题解决、理性化设计则属于系统理性设计，这种设计能力需要经过系统的理论学习和实践模拟才得以形成。人本化设计则兼有情境直觉设计与系统理性设计的属性，是教学艺术向理性升华、教学理性直观为教学艺术的结果。

从教师的专业成长过程，新教师需要借助专家系统设计教学；老教师可以熟练运用专家资源，系统应对教学问题；专家型教师基于已有的教学智慧，综合运用教学直觉与教学常识，可以动态生成教学方案。④

3. 宏观、中观、微观的教学设计

从对象与目的看，教学设计有宏观、中观和微观之分⑤。无论是宏观、中观，还是微观的教学设计一般都包括目标、内容、结构、课时、方法、媒体、场所、人员、测验等组成部分。

宏观教学设计指的是把课程设置计划（总体规划及各门具体课程计划）、课堂教学过程、媒体教学材料看作教学系统的不同内容层次所进行的系统设计，宏观教学设计的成果表现为课程计划、课程标准和教学模式。宏观教学设计的依据是教育目的，同时还须关照专业和学段的培养目标。

中观教学设计就是指对某一门课程或某一项培训的设计，中观设计的成果表现为教科书、相关教学资源和教学建议。中观教学设计的依据是课程计划、课程标准，同时还须关照特定课程内容和学生群体的特点。

微观教学设计是就单课或某一教学单元这些较小教学系统的设计。微观教学设计的结果是教案和课件。微观教学设计的依据是教科书、相关教学资源和教学建议，同时还须关照特定课文和学生个体的特点。

对于微观教学设计来说，宏观、中观教学设计是一种理念、制度、技术和资源背景；宏观、中观教学设计的成果需要通过微观教学设计才能有效介入学校课堂教学。宏观、中观教

---

① 根据教师的教学履历和学生的学习历程，教师会形成一些习惯化的教学方式，学生会形成一些习惯化的学习方式，我们把这些习惯化的教与学的方式称之为简单的自发教学系统。对教师而言，这种现象既可视为一种教学艺术、教学套路，也可视为教学习惯。在资深教师的熏染下，学生会不自觉地形成一些学习习惯。由此，我们可以看出，随着教师的专业成长，简单的自发教学系统与复杂的自觉教学系统可以相互转换。

② 乌美娜．教学设计．北京：高等教育出版社，1994.

③ 戈登·罗伦德．设计与教学设计．高文译．外国教育资料，1997，(2)：18.

④ 杨再隋．中国著名特级教师教学思想录（小学语文卷）．南京：江苏教育出版社，1996.

⑤ 裴新宁．现代教学设计的概念与特征．开放教育研究，2005，(4)：65.

学设计充分、合理、合情、结构良好，微观教学设计的效能可以得到极大提升。

1.2　小学语文教学设计的价值取向

1.2.1　何谓小学语文教学设计

本教程中，我们聚焦于微观层面的小学语文教学设计，努力吸纳宏观、中观教学设计资源。

小学语文教学设计是指这样一个过程：在课堂教学情境中，师生围绕既定的教学内容，在课堂层面，生成教学目标，整合教学内容，有序安排教学事件，反思与调整教学进程，形成可行性的教学活动方案。

从学生行为看，在小学语文教学设计中，作为学习主体和教学的参与者，学生可以充分表达自己的学习意愿和需求，充分展示自己对教学内容的积累和理解，从而积极影响教学事件的进程。

从教师行为看，小学语文教学设计是指这样一个过程：教师基于自己的教学经验和理念，为达成一定的教学目标，依据学生特征，运筹课程资源，对教学活动进程中各要素的研判，为学生创设一定的情境，制订适合学与教的活动计划，以指导学习活动的顺利实施。

小学语文教学设计的理论和实践表明，教师特别需要切合特定学生群体和个体、特定教学内容和特定学习情境的教学建议，宏大、空洞、抽象、居高临下、孤芳自赏、缺乏实践关怀的教学设计理论不受一线教师欢迎。

1.2.2　小学语文教学设计的价值取向

1. 为促进学生的学习而设计教学活动[①]

(1) 作为教师，你应该深刻意识到：①学习是意图性很强的活动；②学习是学习者的主动建构活动；③学习是意义丰富的活动；④学习是真实性、反思性和静脉性的活动；⑤学习是与环境资源的给养互惠，是协作性活动，即“对话”。

(2) 小学语文教学设计需要解决以下 5 个方面的基本问题：①希望学习者真正学到什么？②如何激发学习者的兴趣和动机？③如何使学习者认识到教学的价值及其与生活的关联性？④如何让学习者运用自己的知识去解决真实场景中的问题？⑤学习环境中是否提供了足够的信息、指导和支撑？

案例 1-3

在下面的案例中，作者结合《安塞腰鼓》和《秋天的怀念》的教学探讨了教学设计中“以学为主”的问题。请找出相似的案例，也从“以学为主”的角度加以分析。

以“学的活动”为基点的教学[②]

把教师“教的活动”与学生“学的活动”区分开来，这是我们最近建议教师在备课的时候采用的教案形式，也是我们建议教师在听课的时候采用的听课笔记的样式。也就是说，备

① 裴新宁．学科教学设计研究．全球教育展望，2005，(9)：55.

② 王荣生．以“学的活动”为基点的教学．教育科学论坛，2009，(12)：17，18.

课或观课的时候，要把“教的活动”与“学的活动”区分开来。并关注这两者的关系。

“教的活动”与“学的活动”朦胧不分，就会把“教的活动”与“学的活动”混淆起来，往往会导致教师用自己“教的活动”取代学生“学的活动”，这是我们当前教学中普遍存在的严重问题。问题的症结就在于以“教的活动”为基点。所谓以“教的活动”为基点，就是我们教师在备课和上课的时候遵循这样的路数：我就是要教这些，我就是要这样教。教师整个的备课活动和课堂教学活动是站在教的立场，甚至是站在教师个人的立场来确定和设计的。

笔者曾经对一位教师的《安塞腰鼓》教学设计提出了较为严厉的批评，尽管笔者相信他是一位非常优秀的教师，他所上的这堂课按照通行的某些标准，或许还能赢得听课教师的一些掌声。笔者之所以严厉，之所以要批评，是因为这个教学设计完全颠倒了教与学、颠倒了教师与学生之间的关系。

我们来看这位教师教学设计的前三招，招招都错。

第一招，教师说：“同学们，今天我们学《安塞腰鼓》，首先请大家看一段录像。”为什么要看录像？看完录像之后，教师首先请学生谈谈看完录像的感受，这些学生谈得都还相当不错，回答出了“威武”、“雄壮”等等词语。但他们谈的显然是看录像的感受，与读课文完全不是一回事。

第二招，教师说“好，现在让我们带着感受到的这种威武、雄壮，有感情地朗读课文。”事实上，在这个时候，很多学生对课文还没有理解，有一些学生甚至还没有读完整篇课文，此时就要学生有感情地朗读，很明显他们是做不到的。

朗读声刚落，教师就说道：“你看，《安塞腰鼓》气势磅礴，我们用一个声音来朗读，很难表现出它的气势。现在，我给大家介绍一个朗读的方法。”然后，教师通过多媒体呈现了相关内容。其中，教师对课文的某些语句做了标注，要求学生像大合唱一样，以“男领一句”、“女领一句”、“女合”、“男合”、“众合”的形式朗读全文，以上三招，针对的就是本堂课教学设计的第一个环节，即“朗读体味语言之情感”。

对此笔者不禁要问，对于课文的语言和情感，学生真的都体味了吗？从学生的角度来看在这个环节中学生有两次朗读：第一次是学生结结巴巴地带有学生腔的朗读。第二次对于大部分学生来说，其实就读了其中的一句，即“好一个安塞腰鼓！”不错，“男领一句”、“女领一句”、“女合”、“男合”、“众合”的读法，确实能够渲染出某种气氛，但这种气氛是身临其境的学生感受到的呢，还是听课教师所感受到的呢？笔者的意思是说，这种设计很大程度上是把学生当作演员，让其表演给后面听课的教师看。

我们的教学设计普遍存在着这样的双重扭曲：着眼于教师的教，而较少顾及学生的学；从教法入手而困于教学内容，正是因为着眼于教师的教，较少顾及学生的学，才会从教法入手，从一招一式入手，正是因为一味地基于教师的教，甚至完全颠倒了教师的教与学生的学，我们这么优秀的教师才会作出不合理的教学设计。

笔者曾经和一些中学教师一起研讨过《秋天的怀念》一课，上课的是一位很有经验的女教师，课后，听课的教师大多感觉这堂课上得不错。笔者作了记录，在这堂课里，教师一共说了 12 段抒情的话。

一开始是教师激情导入一段抒情的话语，接着，在指示学生阅读完课文后，教师又有一段激情的话语；然后数次提问，几个学生发言，教师对学生的发言作小结，作阐发，紧接着又是一段段抒情的话语。最后，教师说了一段相当长的抒情话语作为结束语，可以说，整堂课基本上是由教师的 12 段话来组织和推进的。

下课之后，笔者在和授课教师一起研讨时，问道：“如果把教师上课中的这 12 段话全部抽掉，这堂课会成为什么样子?”笔者的意思是说，如果学生对教师提的这12段话没有自己的理解与体会，那么，学生下课之后也会很快将其忘记。从“学的活动”来看，在这堂课中，学生经历了哪些“学的活动”呢?除了听教师一段又一段的阐发、抒发之外，他们主要的活动就是在教师阐发的间隙，偶尔发一个言，回答某个问题，或者做一些前后并不连贯的短促的所谓小组讨论。

我们对目前的教学，作了两方面的概括，统称为两种奇怪的现象：

一是教师“教的活动”比较有结构，相对比较完整。如《秋天的怀念》那堂课，教师的12段话前后之间有较密切的关联，构成了一个较完整的课堂教学陈述。教师“教的活动”看起来是有结构的，有导入，有过程，有小结。那么，从学生学的角度来看呢?学生“学的活动”则非常零散，没有结构。在课堂里，偶尔也有学生的发言，但前一个学生的发言和后一个学生的发言相互之间没有关联。在课堂里也有学生的四人小组讨论，但前一次小组讨论和后一次小组讨论几乎没有关联。“学的活动”只是在“教的活动”的间隙，零星地、零散地、不成结构地进行着。

二是教师“教的活动”相对来说比较丰富，比较多样。比如，教师有激情的导入，有多媒体演示，有拓展性资源，还有种种拿手好戏。但从学生学的角度来看，“学的活动”非常机械，呆板单调，在一堂课中学的活动，基本上可以归纳为以下几种：一是教师讲，学生听，是听的活动。比如，上文所提到的《秋天的怀念》一课，学生听了教师的12段话。二是教师问，学生答，被点名的某某吓一跳，站起来叽叽咕咕说一两句。三是教师播放多媒体课件，学生看。在整个课堂教学中，大部分学生在十几年的学习中所经历的“学的活动”，就是听教师讲，回答教师的问题，看教师的多媒体，这样的教学是很难有成效的。坐在这样的课堂里，是很难不痛苦的。

新课程其实是呼唤着这样的教学：使学生的“学的活动”相对丰富、多样，使学生的“学的活动”比较完整，有结构。换言之，就是要把以“教的活动”为基点的教学转变为以“学的活动”为基点的教学。

所谓以“学的活动”为基点，就是教学内容的确定要着重考虑学生需要学什么，教学环节的设计要着重考虑学生怎样学才能学得好。适宜的教学内容要根据学情，依据学生的学习状态，针对学生的具体困难来建构，有效的教学设计，应表现为学生“学”的有效性。优秀教师的成功课例无不向我们显示：教学的核心是“学的活动”，教学环节就是对学生“学的活动”的组织，教学流程就是“学的活动”的充分展开。

2. 教师是小学语文教学设计的首席专家，学科专家为教师的设计活动提供支撑

1）教师是小学语文教学设计的首席专家

促进学生对学科知识意义的建构要求设计者必须具备相应的学科教学以及关于学习者的专门知识，因此学科教师是合适的人选。学科教师主要承担学科课程知识内容及结构的设计、对学生的分析和设计方案的实施与评价。但若要使学科教师胜任一名设计者的工作，还须一段成长过程，他们要不断地吸收先进的学习理论、设计理论与技术，并将这些理论与技术跟自己的实践知识相结合，转化为可以共享和迁移的设计知识。①

小学语文教学设计是教师团队的协作行为，在教研活动中，教师个人可以分享团队成员的设计成果。

---

① 裴新宁．学科教学设计研究．全球教育展望，2005，(9)：55.

教师应该且可以积极引导学生参与小学语文教学设计的过程，学生完全有权表达自己对教学的愿望、需求和建议，学生与教师的积极互动可以使设计方案趋于完善。

2）学科专家为教师的设计活动提供支撑

这里的学科专家主要包括小学语文教研员、小学语文教材编辑和高校小学语文教学论教师。学科专家在与学科教师的互动中，主要进行理论探究和开发指导，提供学习活动策略，并对各种资源设计进行整合与协调，等等。①

3. 注重学习情境的特质

任何教学活动都是发生在特定的学习情境之中，现代教学的社会情境、技术情境和文化心理情境处在急速变迁之中②。设计学习情境是小学语文教学设计的主要工作之一。小学的教学活动，教师设计的学习情境应具有如下特质：③；

（1）提供对现实的多元表征；

（2）避免过分简化的教学，应表现真实世界的本质复杂性；

（3）重视知识的建构，而不是知识的复制；

（4）呈现真实性的任务，亦即提倡情境化的教学而不是抽象化的教学；

（5）提供真实世界的、基于案例的学习情境，而不是预先决定的教学顺序；

（6）重视培养学习者的反思性实践；

（7）重视情境和内容特定的知识建构活动；

（8）强调通过社会协商的方式支持协作性的知识建构，而不是竞争的方式。

小学语文教学的内容是以抽象的文字呈现的，小学儿童的思维方式却是具体形象的，因此，小学语文教学设计尤其要注重学习情境的设计。

案例 1-4

下面著名特级教师李吉林的情境教学做法，请结合上述学习情境特质，对李吉林的教学做法进行鉴赏和评论。

一、情境教学的具体做法

将学生带入情境的手段：以生活展现情境；以实物演示情境；以图画再现情境；以音乐渲染情境；以表演体会情境；以语言描绘情境。

如何设计情境？一是从教材出发；二是动用直观的手段，情境的强度逐步加深；三是教师的语言描绘加深儿童的情感体验，并且使学生由形象思维向抽象逻辑思维过渡；四是在情境中始终注意教材语言文字的落实，即对教材语言的理解和运用。

情境教学在识字、阅读、作文教学中的运用：

一是运用于识字教学。例如，利用汉字造字原理创设情境，使独体字形象化；利用汉字结构创设精境，认识形象字的构字特点；凭借情境丰富语汇，在整体中认读运用。

二是运用于阅读教学。初读——创设情境抓全篇，重在激发动机；细读——强化情境，理解关键词、句、段；精读课文——凭借情境品尝语感，欣赏课文精华。

三是运用于作文教学。观察情境，提供源泉；进入情境，激发动机；拓宽情境，打开思

---

① 裴新宁．学科教学设计研究．全球教育展望，2005，(9)：55.

② 布兰思·福特．人是如何学习的——大脑、心理、经验及学校．程可拉，孙亚玲，王旭卿译．上海：华东师范大学出版社，2005.

③ 钟志贤．论教学设计的发展走势．外国教育研究，2005，(5)：66.

路；范文引路，教给方法；提早起步，螺旋上升。

二、情境教学的基本模式

拓宽空间，追求教育的整体效益。例如，通过多样性的课外活动，渲染学校欢乐向上的氛围；通过主题性大单元教育活动，强化教育的效果；通过系列野外活动，不断丰富课堂认知活动。

缩短心理距离，形成最佳的情绪状态。例如，创设新、助、乐的人际情境，缩短教育者与被教育者之间的距离及学习者之间的距离；创设美、趣、智的教育情境，缩短教学内容与学习者之间的距离。通过角色效应，强化主体意识，如担当向往的角色；扮演童话角色；扮演现实中的角色。注重实际操作，落实全面发展的教育目标，如实体性现场操作；模拟性相似操作；符号性趣味操作。

三、情境教学的效果

带入情境：情境教学针对儿童既蕴藏着学习的主动性，又有可能消失的心理特点，把儿童带入情境，在探究的乐趣中，激发学生的学习动机；又在连续的情境中，不断强化学生学习动机，使学生的学习由被动变为主动。

优化情境：通过优化情境，引导儿童从感受美、体验美的乐趣中感知教材，变“单一”的“听老师分析”为多侧面的感受。从“美”入手，较从字词入手更整体，较从思想内容入手更形象，较从篇章入手更贴近儿童的生活。

凭借情境：情境教学由于本身具有的形真、情切、意远、理蕴的特点，巧妙地把儿童的认知活动与情感活动结合起来，从而达到大脑两半球自然协同活动的作用，变复式的记忆为灵活运用知识。

拓宽情境：情境教学掌握了儿童认识世界、学习语言的规律，注重了儿童与大自然的接触，引导学生由近及远、由表及里渐次地认识周围世界，在认知周围世界的乐趣中，平衡了两个信号系统的发展，变封闭式的读书为开放式的广泛储存。

四、情境教学简评

有人评价说，情境教学是我国当前教育教学改革的一枝奇葩，可见情境教学在全国范围内产生了广泛的影响并且取得了很好的效果。近年来，李吉林又把她的情境教学法发展为情境教育，推广运用于小学各学科乃至整个小学教育中，对全面提高小学各科的教学质量和发展儿童的整体素质有创新意义。

情境教学体现了语文学科的工具性和人文性的双重特点，不仅关注学生知识与能力的获得，而且关注学生的个性、情操、态度、价值观的发展。

情境教学注重将情、境、语统一起来，将科学方式和审美方式整合于一体，不仅使学生掌握语言文字和读写方法，而且使他们受到一定的情感陶冶和美感教育。

情境教学把学生真正看作学习的主体和发展的主体，它通过创设情境，激发学生探究的热情和学习兴趣，使学生能主动积极地投入学习活动。

情境教学不仅为语文教学的改革提供了一种可借鉴的范式，也为教学理论的建设提供了有益的启示。

4. 把握小学语文学习内容的特质

在本学程中，我们倾向于关注不同知识的学科特质，即艺术知识、体育知识、自然科学知识、人文科学知识、社会科学知识各自的特质。按照知识逻辑结构，艺术知识、体育知识、自然科学知识属于结构良好的知识，人文科学知识、社会科学知识属于结构不良的知识。结构良好的知识，其课程结构易于进行线性预设。结构不良的知识，其课程结构不易进行线性排列，而需进行非线性、网状设计，且较多依赖于课堂生成。就知识的学习管道而言，艺术知识、体育知识属感觉性知识，自然科学知识属科学理性知识，而人文科学知识、社会科学知识属感悟性知识。由于知识的学科特质不同，教学活动的知识展开过程就各有特色。艺术知识、体育知识主要依靠感觉经验的积累、内化、整合和提升，适宜于采取感觉动作思维的学习方式。自然科学知识则遵循知识的内在逻辑关系渐次进行概念的体系化，基于问题情境的模块化，适宜于采取定程性思维的学习方式，学习过程循序渐进，拾级而上。人文科学知识、社会科学知识，则要随着个人生活的展开，经历概念的混沌与分化、冲突与融合、外化与内化、冷峻与人格化，基于不同的问题情境和人生际遇，对相关概念系统，人们会不断进行梳理、建模、综合融通。人文科学知识、社会科学知识，适宜于采取非定程性思维的学习方式，学习过程复叠蕴涵，渐修顿悟。

小学语文学习内容属于结构不良的综合性人文科学的范畴，具有感悟性知识的属性，且承载着重要的民族精神和价值诉求。小学儿童需要经历概念的冲突、重建、逐渐分化，通过基于问题情境的梳理、建模，逐步达到统合。我国现行的语文教科书采取文选式，以内容主题为显性组元线索，语文知识逻辑是隐性组元线索，呈网状分布。这种学科属性、语文教科书编写体例，加上语文学习内容的价值诉求，使得语文学习内容极其不确定，所谓清清楚楚一课文，模模糊糊一大片。如何确定一篇课文或一个单元的学习内容，一直是困扰着一线教师，尤其是青年教师的难题。

拓展阅读与深度探索①

学习内容的研究是教学论的热点问题，集中表现为对知识的价值与分类、功用与地位、结构与嬗变的认识上的分歧。

一、加涅：教学内容的直线式编排（表1-3）

表1-3　加涅的学习结果分类

学习结果类型		具体的示例
言语信息		字词句段篇知识
智慧技能	辨别	区别汉字“士”与“土”
	概念	给“鸟”下定义
	规则	说明“冒号”的用途
	高级规则	写出一篇符合汉语语法规则的作文
认知策略		运用部首归类法记忆一组词语
动作技能		写字
态度		喜欢阅读优美散文

二、布鲁纳：教学内容的螺旋式编排

（1）根据概念和原理的分类体系组织内容。

（2）根据学生掌握概念和原理的认知过程组织教学内容。

按照布鲁纳的螺旋式组织模式，可以根据学生的认知发展水平，把概念和原理以学生可

---

① 关于加涅、布鲁纳、奥苏贝尔知识分类的思想，请参见张丽霞，张立新．基于学习理论的教学内容分析和组织的模式．电化教育研究，1998，(4)：23.

以接受的方式组织和呈现出来。依据布鲁纳关于儿童认知发展的三个阶段，我们可以把教学内容的组织划分为三种形式：

第一种形式：与表演式再现表象相适应的直接的、具体的经验；

第二种形式：与映象式再现表象相适应的直观形象的经验；

第三种形式：与象征式再现表象相适应的抽象符号的经验。

（3）以知识的内部逻辑关系来组织内容。

把教学内容按照知识的内部逻辑关系组织，使其有清晰的结构，因此这样组织起来的教学内容具有经济性和效力。为了使知识的内部逻辑关系清晰、明了，前苏联教育家沙塔洛夫提出了“纲要信号”组织教学内容的方法。纲要信号是由关键的字、词、句、醒目的图示、图表、符号组成的信号系统，其主要目的是揭示知识的内部逻辑关系并使之外显。运用这种方法组织教学内容必须以充分的分析为前提，通过分析找出知识点以及各个知识点之间的联系，然后运用纲要图示展示知识点之间的联系。

三、奥苏贝尔：教学内容的逐渐分化和综合贯通式编排[①]

渐进分化原则是指教学要先教比较一般的或广泛的观念，再将其一步步分解成具体的或初级的观念，通过逐步分化，直到最广泛的观念分解为最初的观念。综合贯通原则是指在教学中比较观念间的相同点与不同点，在观念间建立起联系。

渐进分化——类属学习——演绎思维——接受学习

综合贯通——总括学习——归纳思维——发现学习

5. 小学语文教学设计的预设与生成

1）小学语文教学设计的预设

任何教学都涵摄有预设的意味。王鉴认为，预设性教学是遵循一定的教学规律，有目的、有计划地设计教学活动的目标、内容、方法与手段、组织形式等，进而提高教学活动效率的一种教学活动。预设性教学的实质即为追求教学活动的科学性，使教学活动按其内在的规律来进行。[②]

（1）强调“设计与安排”的教学。预设性教学就是教师在课前对教学目的、任务和过程的清晰、理性思考和安排的教学。预设表现在课前，指的是教师对课堂教学的规划、设计、假设、安排，从这个角度说，它是备课的重要组成部分，预设可以体现在教案中，也可以不体现在教案中；预设表现在课堂上，指的是师生教学活动按照教师课前的设计和安排展开，课堂教学活动按计划有序地进行；预设表现在结果上，指的是学生获得了预设性的发展，或者说教师完成了预先设计的教学方案。

（2）强调“规律和规则”的教学。预成性思维视域下的教学形态表现为“规律性教学”，它是一种强调规律（包括本质）和规则（包括规定、原则等）的教学形态，教学中的所有行为都是由教学本质和教学规律事先规定好了的，基本假设是教学过程受客观规律和规则的制约，好的教学是遵循规律的结果，不良教学是违背规律的结果。教学过程是教学规律的体现或教学方案的忠实展现。

（3）强调“系统设计”的教学。预设教学就是教师围绕教学目标，在系统钻研教材内容

---

① Ausubel D P，Nooak J D，Hancsian H. Educational Psychology：A Cognitive View. New York：Holt. Rinchart and Winston，1978.

② 王鉴，张晓洁．试论预设性教学的内涵与特点．课程・教材・教法，2008，(2)：26.

和认真分析学生知、情、意等实际情况，以及对以往相关教学行为结果深刻反思的基础上对教学过程的系统设计。

（4）强调“教学常规”的教学。从教学管理的角度出发，认为学校教学工作的基本规范不仅是实现制度化的保证，是维持正常教学秩序提高教育教学质量的重要举措，而且也是考核教师的重要依据。

（5）强调“目标引导”的教学。教学活动是有目的、有计划、有组织的讲究效率的师生互动，而不是无既定目标，无确定教学内容和教学计划，师生可以随意发挥的自由论坛。

2）小学语文教学设计的生成

教学过程中的生成显然是大家关注的焦点。罗祖兵认为，生成性教学理解为教师在教学过程中以真诚的态度和为学生发展服务的心向与学生就相关课题进行平等对话，并根据自己对学生的课堂行为表现、感受、兴趣与需要等作出的及时价值判断对教学行为与思路进行机智性调整，以使教学对话深入持久地进行下去的教学形态。概而言之，它是一种教师根据课堂中的互动状态及时调整教学思路和教学行为的教学形态。生成性教学是一种需要规则但在适当的时候又敢于放弃规则的教学；是一种遵循规律但又不局限于规律的教学；是一种关注学生也关注教师的教学。其主要旨意在于通过充分发挥教师在教学过程中的能动性、创造性，让学生获得生动活泼的个性发展，它具有非线性、具体性、多元性、差异性、互动性、凸显性和创造性等特征。生成性教学的基本理念可以概括为：关注表现性目标，关注具体的教学过程，关注教学事件，关注互动性的教学方法，关注教学过程的附加价值。①

3）小学语文教学设计的预设与生成的统一

课堂教学是有规律的，有效的课堂教学来自教师的精心预设；课堂教学又是动态的，充满了诸多不确定的因素。有效的教学不能仅仅依靠预设，还要充分利用随机生成的教育时机和教育资源，即有效的教学必定是预设与生成的辩证统一。离开了预设，生成就如无线的风筝；没有了生成，课堂便是一潭平静的湖水。因此，课堂因预设而高效，因生成而升华，把握好预设和生成的关系是一种智慧，更是一种艺术。②

案例 1-5

应变性：小学语文教学设计的新视角③

应变性小学语文教学设计体现新课程理念下的教学价值取向，因为无论是学生学习方式的多样化，还是思维的差异，独特的体验，都是激发学生个性潜能，培养创新精神，提升价值观念的良好契机，应变得好能凸显教师的创意和教学的亮点，拓展课程资源的空间。

教学设计是教师实施教学的预先规划和构想。教学设计的视角指向取决于教学理念。以传授知识为本位的课堂教学设计，视角指向多重在讲授的逻辑性、知识体系的完整性，其过程与程式是可以依据教材预设；而以人的发展需求为本位的课堂教学设计，尤其是小学语文，比其他学科具有更加显著的多元解读特征，其过程与程式是难以依靠教师的意向进行固定和预设的。那么，它的视角如何指向才能适应这种教育理念的要求？

教学过程与程式的非预定性确实为小学语文教学设计增加了难度。诸如小学生的自主探究学习，课堂教学的生成性学习等，都无法预计显现出即时性和多样性，伴随着一个“变”

① 罗祖兵．生成性教学及其基本理念．课程·教材·教法，2006，(10)：28.

② 卢剑英．与其让预设“独舞”，不如和生成“齐飞”．新课程研究，2009，(9)：81-83.

③ 钦祥坤．应变性：小学语文教学设计的新视角．小学教学设计 2003，(6) 4，5.

字，这就是教学设计的难点所在。因此，应变性就成了小学语文教学设计视角的必然指向。

那么，怎样在小学语文教学设计中突出应变性呢？

一、在总体规划和构想中渗透应变策略

就一堂课而言，这种宏观应变构想主要包含如下方面：

一是依据教材实际，研究学生思辨生奇的基础和资源条件，如他们对教材内容最感兴趣的是什么，他们会依据哪些信息资源进行探索等，以便做好各种应变的准备。

二是依据学生的经验和学力，推测学生在自主学习过程中可能遇到的障碍以及由此产生的问题和疑义等，以便确立应对方案，引导学生在学习过程中逐渐掌握正确的学习方法养成良性思维习惯。

三是在多维教学目标建构过程中，当情感、态度、价值观与知识和技能目标失衡时，教学应以学生发展为根本，予以恰当应变与调控，实现多维学习目标的达成。

二、从多元解读课文内容着眼拟设应变“预案”

语文课程的显著特点，就是具有大量具体形象的，带有个人情感和主观色彩的内容，而阅读是学生的个性化行为，在很多情况下，由于个人的知识背景、生活经验、体悟角度等方面的差异，面对同样学习内容他们也会有不同的感悟和理解。因此，语文教学要尊重学生的智慧生成，不能强求唯一的答案，允许学生有自己的思考，有自己的选择，有自己的答案，这就要求小学语文教学设计必须拟设多样性的应对方案，作为预案，一般说来，主要有如下视点：

(1) 在能够产生多样化解读的内容上，从拓展学生思路，优化学生思维出发拟设应对“预案”，这种“预案”应是求异与优化整合的，如对一个问题的多种理解，如何引导他们在分析归纳的基础上求同存异，张扬个性；对片面和局限性的见解，如何通过点拨使之深化和完善；对偏颇和创见共存的体悟，如何进行引导，使之在研讨比较的基础上达到消除偏颇、提升创见的目的等。

(2) 在容易产生疑义的内容上，多角度地拟设应对“预案”。预设怎样指导学生收集信息，运用信息资源，通过讨论、争辩消除疑义，实现认识上的飞跃。再如面对一些含有人性哲理、价值观等方面的问题，设计如何引导学生通过理解、演示、联想、操作等不同层面去认识和体悟。

(3) 在生成性问题上，从诱导学生思辨个性化表达、激发创造精神出发，拟设应对“预案”。促进学习生成的“预案”一般应从若干层面考虑，一是怎样拓展教材空间，进行启迪和诱导，以引起学生的思辨；一是怎样依据学情进行点拨和激发，以引起学生创造性思维的深化和优化，如你对这个问题有哪些看法？解决这个问题还有哪些方法和方式？你的这种认识的依据是什么？

三、从学生自主学习需求出发拟设应变“预案”

《基础教育课程改革纲要（试行）》指出，要“倡导学生主动参与、乐于探究，勤于动手，培养学生搜集和处理信息的能力，获取新知识的能力，分析与解决问题的能力以及交流与合作的能力。”这就要求我们，新课标理念下的自主学习形态及其目标内容，必须把握实质，拟设应对“预案”。

(1) 依据学生个体需求。即这种预案留给学生广阔的自主空间，贯穿于课前-课内-课后等环节的全过程。课前准备内容设计，要体现出广、活的特点，因为这是以引导学生运用各种方式收集信息资料，为学习新知作铺垫为主，要给学生提供广阔的空间，如选择自己喜欢的方式，选择自己最感兴趣的内容，自主设定活动的时空等。课堂自主学习指导内容设计，要充分体现民主、开放，凸显学生在学习中的主体地位，营造学生、教师、文本之间的平等对话氛围，如选取相机引导、自主感悟的阅读教学模式，激发学生主体参与和竞争意识，关注学生个别差异，激发学生个性潜能等。课后拓展性学习内容设计，要充分体现个性舒展和创造。主要从培养学生独特个体与自主参与出发，如拓展途径、扩大视野，动手操作、深化体验，访问调查原由、口语交际等，为学生营造广阔发展的空间，增强学生自主意识。

(2) 依据学生交流合作需求。对需要合作学习才能更好理解的课文内容，要从合作性出发拟设预案，而拟设预案的前提，一是考虑内容的交流合作价值；一是交流合作要有明确目标与责任；二是交流合作的方式和方法，避免交流合作流于形式和表面化，如针对学习内容，考虑学习小组如何划分适宜？如何引导他们明确分工，责任到人？如何设计问题才能开阔学生的思路，激发学生的兴趣？如何保证学生充分发表自己的见解？在小组学习过程中，老师应如何倾听，如何针对可能出现的情况进行相机点拨和引导等，而不是让学生按老师的意图或按老师规定的程序进行。

(3) 依据学生好奇和乐于探究的需求，从引导学生独立思考、发现问题、解决问题出发，拟设应对预案。主要应根据教材内容，多选择一些令其感兴趣的话题，引导学生经历探究过程。如这个问题到底是怎么回事？请查找有关资料了解一下。你想了解这个奥秘吗？请设法实践一下等。

四、根据学生整体发展需求，拟设应变“预案”

在学生的学习探究过程中，其发展需求也会呈变化的态势。往往在读懂一篇课文之后，他们会产生很多联想，甚至有时会产生跃跃欲试的冲动，如课文中的事物还会怎样发展？在现实生活中有哪些类似情况？我们应如何对待、怎样解决……因此，这些情况都应在教学设计中提前考虑，并从多角度、多层面拟设多种应变预案。

一是让学生得到综合、全面发展，即运用整合的观点，像《语文课程标准》指出的那样，拓宽语文学习运用的领域，注重跨学科的学习，使学生在不同的内容和方法的相互交叉、渗透和整合中开阔视野，提高学习效率，初步获得现代社会所需的语文实践能力。

一是注重学生个性和差异，使全体学生都能得到发展，如同样是培养学生收集和处理信息的能力，可拟设调查采访，实践考查，网上查询等不同途径的活动方案；同样是考查学生语文能力，可拟设演讲、答辩、图片展示等不同方式的方案，以备学生的自主选择，实现主动参与，各显其能，整体提高的目的。

应变性小学语文教学法设计，突破了传统教学法设计观念的樊篱，为研究性学习课堂营造更广阔的空间，有助于培养学生探究精神和创新能力。课堂教学许多即时情况是我们无法预料的，因此教学设计必须多作宏观上的把握，有充分的应变意识，对新课程标准理念下的课堂教学也就会得心应手，游刃有余了。

1.3 小学语文教学设计的类型

1.3.1 迎接新理念的挑战

20 世纪已经成为过去，但某些陈腐的教育理念仍顽固地盘桓于许多教师的教学实践之中。其内核可以用两个字来概括：控制。以控制为内核的教育理念强调了教师对于教学过程的控制，追求所谓教学效率。在基于控制的教育实践中，教师扮演着社会代表者和权威的角色，而学生则成为价值承载者和受众。这种基于控制的“有效教学”一度成为教育时尚。这种教育理念与素质教育的基本精神是相悖的，应予以深刻的反思。

21 世纪素质教育的理念也可以用两个字去概括：创新。创新是以教师与学生的身心的充分自由发展为前提的，因此，我国把“全面推行素质教育”作为中国参与世界竞争的战略性决策，是完全符合人类寻求自由发展和社会进步的历史潮流的。

但是，由于教育习惯和经验的影响、学生学习权利的蒙蔽以及旧的教育体制和技术的钳制，部分教师难以在短时间内理解这个战略完整而深刻的意义，这给素质教育的顺利推进无疑会造成阻力。

所以，在 21 世纪的基础教育课程与教学改革的过程中，教师、学生与其他教育工作者首先应该自觉地迎接新教育理念的挑战。

1.3.2 异质多元语文教学设计

(1) 根据教学目标的特性，我们可以把语文教学设计分为以行为控制、认知发展和人格形成为取向的三种教学设计模式。在教学实践中，行为控制、认知发展和人格形成是教学过程中的一个不可分割的部分。但是，认知发展的某些高级层面（如创造性思维、元认知策略）和人格形成往往在教学设计中被有意无意地轻视和忽视了，所以，在进行教学设计时，教师应着眼于人的全面和谐发展的统筹考虑。

(2) 根据课程的内容维度，语文教学设计包括语文学科教学设计和语文综合性 学习设计两个方面。语文学科教学设计是围绕语文学科知识、技能的训练对教学进程的预先筹划。语文综合性学习设计则主要包括语文研究性学习、语文社区服务和语文社会实践等。

(3) 根据时间维度，语文教学设计可分为短程教学设计和长程教学设计。短程教学设计主要由教师个人负责，是在教学之前对所教教材的单元和课文的一种预先筹划。而长程教学设计是指年段、学年和学期教学设计，这种设计在我国现阶段主要是由课程专家和教师团体来完成，属于课程设计和实施范畴。

(4) 根据教师参与设计的程度，我们把语文教学设计分为忠实执行类、相互调适类和参与创制类。现阶段，教学设计主要取忠实执行类，这种模式有助于课程计划、课程标准忠实地贯彻。但随着课程和教学制度改革的日益发展，相互调适类和参与创制类教学设计将逐步成为教学设计的主要形式。

(5) 根据学生参与教学设计的程度，语文教学设计可分为以教师为主的语文教学设计、师生互动的语文教学设计、以学生为主的语文教学设计。以教师为主的语文教学设计是指，教师洞察学情，依据课程标准、教科书进行课程目标及其内容的任务分析，确定教学目标、内容、策略、方法和步骤，学生无权也没有合适的路径参与教学设计，表达学习愿望。师生互动的语文教学设计是指，在任务分析、确定教学目标、内容、策略、方法和步骤的过程中，教师与学生相互商量，积极吸取学生的建议和意见。以学生为主的语文教学设计是指：学生自主设计语文学习目标、内容、策略、方法和步骤，教师只是启迪学生充分、明晰地表达自己的学习愿望，帮助学生规划实现学习愿望的可行路径。我国现阶段主要是以教师为主的语文教学设计。

(6) 根据教学设计的技术背景，语文教学设计可分为以纸质媒体为主的语文教学设计、网络环境下的语文教学设计、现实虚拟交互情境下的语文教学设计。我国现阶段主要是以纸质媒体为主的语文教学设计。

(7) 根据教学设计的组织程度，我们还可以把语文教学设计分为目标预定模式、自主生成模式。下面将重点介绍这两类模式在教学实践中的运用。

1.3.3 异质多元教学设计模式的个案分析

我国语文教育正在经历着非理性实践到理性实践的转变。非理性的教育实践囿于日常经验的缓慢积累，把教师和学生当成既定教科书的演绎工具，销蚀教师专业实践和学生学习的自觉理性精神。而理性的教育实践把教师认定为研究者，赋予教师专业实践和学生学习的自主权，教师的天职在于促进学生创新人格的全面和和谐发展，经由这种理性 实践，教师谋求着自身的专业成长和价值实现。相应的教学设计也有两种形式，一是目标预定模式，二是自主生成模式。

1. 目标预定式语文教学设计的利弊

1）什么是目标预定式语文教学设计

目标预定式教学设计是以科学主义心理学为理论基础，追求教学过程的科学化和严密性，它指向于对环境的控制和管理（在此，学生成为教育环境中的一个要素），其核心是“控制”。教学的过程以既定教学目标为出发点和归属，教学内容、教学方法和教学评价都以既定的教学目标为旨归，学生被当成锻造的对象，人的发展被模式化了。在此情形下，教师醉心于教学技术的雕琢，企图将课堂生活的每个细节都置于自己的有效控制之下，教学就是亦步亦趋地演绎预先设定的教学方案。

这种教学方案必须回答以下四个问题：①

（1）教学应该达到哪些目标？（教学目标）

（2）什么样的教学内容有助于达成这些目标？（教学内容）

（3）如何有效地组织这些教学内容？（教学组织形式与方法）

（4）如何确定这些目标正在得以实现？（教学评价）

2）目标预定式语文教学设计的利弊

目标预定式教学设计的长处是：首先，它与建立在心理学基础上的教育研究传统是相吻合的，它迎合了教学科学化的愿望，有利于人才的批量生产；其次，它使得教学有了一个明确的准则，适合于知识、技能和行为性的训练；最后，这引导教师在教学中思考他们正在力图达到什么目标，使教师有据可依，这种模式的最大的优点就是它的条理性和简易性，所以，容易为广大教师所接受。

但是，这种模式又有着非常明显的缺陷：

第一，这种模式理论上的假定与教育实践的事实不符。大量实践证明，教学目标可能在实施过程中发生变化甚至逆向，目标的合理性是在教学过程中逐步建构起来的，而不是先验预成的。

第二，它试图将教学目标明晰化、操作化，而许多高级的学习目标本身是难 以用行为指标加以界定的，如创造性思维、情感目标和人格发展。这样，目标预 定模式可能将这些高级的学习目标排除在教学目标之外，进而使整个教学过程成 为一种机械训练的过程。而这些目标正是素质教育所追求的。

第三，目标预定式教学设计往往比较强调教科书单元训练重点，容易忽视学生自身的学习愿望，容易把学生的发展束缚在既定目标的框架之中。

第四，目标预定模式把教学看成是类似于建筑工作之类的活动，而教学本身是充满生命

① 拉尔夫·泰勒．课程与教学的基本原理．施良方译．北京：人民教育出版社，1994，2.

力的精神性活动，它充满了创造性、丰富性、复杂性。因此，这种模式也不利于教师自主的教学实践和学生自主的探究性学习。

目标预定式语文教学设计的这些弊端为自主生成式教学设计留下了极大的探索和成长空间。

案例 1-6

我国常见的作文教学设计大致包括以下几个环节：

确定训练重点──►教师命题──►教生审题──►确定中心和选材──►教师提供例文──►学生写作──►教师讲评并选出优秀作文。

这种作文教学设计是我们常见的，这个框架中，有如下几点值得思考：

第一，设计的训练点是指某种写作技巧，如开头、结尾、详写、略写、过渡、照应等。它们应有助于学生表达自己的识见情感和愿望，而不是陷于教师既定的圈子里。

第二，教师命题往往考虑到训练序列的要求，较少顾及学生的生活经验和表达愿望，学生往往比较被动。

第三，事先确定中心可能使学生形成思维定式，束缚学生的自由表达。

第四，提供例文、选出优秀作文有利于学生模仿佳作，但不利于学生张扬自己的写作个性，容易导致千人一面。

第五，这个设计中，学生分享发表别人和自己作品的机会太少，淡化写作体验，强化了技能训练，不利于学生写作动机的培育。

总体上看，在这个框架中，学生被看成一个学习写作的新手，而不是一个有着生活经验和交流欲望的人。

2. 自主生成式语文教学设计的理念

1）什么是自主生成式语文教学设计？

自主生成式语文教学设计以后现代人文主义（人本主义心理学、建构主义心理学）为理论基础，追求教学过程的人性化，它指向的是人的多样化和完整性的发展，其核心是“创新”。它把教学看成是一种意义构建的过程，是教师和学生的人生价值得以实现的过程。这个过程充满了异质性、多元性、不可预测性和不确定性，强调学生的学习愿望生成、自主探究和合作发展。

该模式把教学视为不断变化生成的过程。其中，教师是一个引导者和促进者，他把自己的智慧融进富有创造性的教学过程中，并由此实现自己的教育理想；学生是一个拥有学习权利的探索者，教学过程中，他可以实现自己的学习愿望，表现自己多样化的学习成果，并由此实现基于自由的成长意志。这正是素质教育所追求的教育情操和教育境界。它充分表明，教学目的与手段、教学内容和形式、教学策略和方法、教学过程与结果、教学系统与情境等教学要素处在不断磨合形成的过程之中，预定的教学目的及其实现路径会随着教学的实施与展开发生变化，以适应学生多样化情境中的学习愿望、需求，保障学生的学习权益。

因此，教育是达到外在目标的手段，且是具有内在价值的过程，所以，我们可以根据教学活动的内在价值标准，而非它们所导致的预期结果来评价它。

为了帮助教师反思教学设计的利弊，下面的问题可能是有帮助的：[①]

---

① 施良方．课程理论——课程的基础、原理与问题．北京：教育科学出版社，1996：183，184．

(1) 当学生在发言时，你在什么情况下会打断学生的讲话？为什么要这样做？效果如何？

(2) 你是否坚持要一些个体接纳某些道德观点？如果是的话，对这些个体会产生什么影响？

(3) 思考性的讨论常常会进展很慢，并会出现一时的沉默。你打破这种沉默的比例是多少？你打破沉默只是为了使学生不过于紧张，还是为了使学生群体面临任务？

(4) 你作为主持人是否值得信赖？所有学生是否都得到平等对待？是否所有观点，包括你赞同的或批判的，都得到公平处理？

(5) 你是否习惯于复述和重复学生所作出的结论？如果这样的话，会产生什么结果？

(6) 你是否趋向于得出一致意见？例如，问："你们是否都同意这个观点？"这样提问的结果是什么？如果问："有谁还能提出其他可行的观点或解释？"结果又是什么？比较一下两者的结果。

(7) 你在什么情况下会认定学生的观点？例如，说："对"、"不对"、"非常有趣的观点"、"讲得好"，这对学生会产生什么效果？是否有学生只是为寻求你的奖励而不是为了完成任务？

(8) 你是否经常问一些你认为你知道答案的问题？这些问题对学生群体会有什么影响？问一些你不知道答案的问题，又会产生什么影响？

(9) 你为学生提供什么样的证据作为提示？这种证据实际上有帮助吗？如果有帮助，为什么？如果没有，为什么？

(10) 你对有争议的问题保持中立吗？你是否提示一般化道德判断？你提的问题 是否隐含某些价值观？你在讨论时是否小心翼翼地，不提供会把学生引入你所持观点的证据？你是否鼓励少数人的观点？

(11) 你是否试图通过提问来传递你自己对某些东西（如一首诗或一幅画）的意义的解释？

2) 自主生成式语文教学设计的利弊

自主生成式语文教学设计体现一种着眼于教师与学生终身发展的理念，它不仅把教师当成一个研究者，更重要的是，它也把学生当成是一个探索者——一个探索人生价值的公民。这对传统教育理念是一个危险的颠覆。对于我国语文教师来说，它本身是一个需要加以理解和反思的话题；更重要的是，它对我国现有的课程制度、教学的技术形态和教师素质构成了挑战。

案例 1-7

下面，易进教授译介了美国教育专家尼娜·扎拉格萨所提供的一个作文教学个案，可供大家参考。

这个个案是指一个较长的学习周期，可能是几周甚至几个月时间。

(1) 孩子们自己选择话题。

(2) 孩子们有稳定而规律的日常写作时间。

(3) 孩子们有一个专门的笔记本存放他们的手稿。

(4) 孩子们每天都能在特定的纸上登记，示意他们需要成人的编辑、校对，或想在全班展示自己的作品。

(5) 在写作的各个阶段（从初稿到发表），孩子们都可以分享自己的作品。

(6) 在小组或全班分享时，孩子们运用 TAG 策略：T (tell) ——说出你喜欢什么，A (ask) ——提出问题，G (guess) ——提出建议。

(7) 孩子们自己修改编辑校对作品，并对同伴的作品修改编辑校对。

(8) 孩子们每天都能拿到封皮和发表用纸以发表自己的故事。

(9) 孩子们把自己发表的书放在班级图书馆里让同伴阅读。

(10) 老师每一周至少写一篇文章并拿出来分享，以示范写作的重要性。

(11) 教师在孩子写作过程中，针对各阶段对应的技能对全班学生进行指导（如发表阶段对书写的讨论）。

(12) 在孩子自己修改编辑校对，并请一个同伴帮助修改编辑校对后，教师同孩子一起再修改编辑校对其作品。

(13) 教师对每个儿童的进步都有所记录。

(14) 老师鼓励学生合作创作。

(15) 老师确保孩子随时可以得所需要的封皮、记用的笔记本、发表用的纸张，以及读者。

在这个框架中，有如下几点值得借鉴：

第一，学生被看成是一位自由撰稿人，他们与作家的区别仅仅在于年龄的大小。作文被看成是学生表达自己的识见和情感的手段，是一种交流生活经验、寻求认同理解的方式，而不是为了某个训练重点而存在的一次作业。

第二，从确定话题到自由写作，每个学生可以自主选择，在写作过程中，学生有着充分的安全感和自主权。

第三，教师一般不在作文前期提供例文，减少了对学生作文的强制性诱导。

第四，学生的作文可以反复修改。

第五，学生作文有分享和交流的机会，把作文的训练价值和社会价值有机地结合起来，有利于培养学生健康的写作动机和积极的合作精神。

第六，作文评价是发展性的。作文评价主要依据两个原则：其一，某项技能对于哪个阶段的写作最有意义，就在这个阶段对该技能进行评估。其二，依据学生各自不同的成长状况，而不是通过与其他学生的对比来评估学生。这是符合学生作文发展内在规律的。教师将写作技能的训练分步安排到作文的不同阶段：初稿阶段重在内的评价；修改和编辑作品阶段是在学生确定了分享和交流的日程 后才开始的，这时，着重进行书写、标点、句式和段落的评价；在分享阶段，通过观察儿童的表达、音量和自信心等，对书面语言和口头语言作综合评价；发表阶段，则根据书写正误、作文整洁度、插图加以评价。

总体上看，这个个案勾勒了作品形成的全过程，凸显了作文的真实情境，突出了作文的训练价值和社会意义，强调了学生个性的发展，值得我们借鉴。

1.4　小学语文教案及其样例

1.4.1　什么是小学语文教案?

教案，是教学方案的简称，是微观教学设计的结果。微观教学设计也叫备课，备课工作包括前期工作和形成教案两个环节，前期工作主要有钻研课程标准、教材，了解学生，整合教学资源，设计教法学法等。在前期工作的基础上，经过周密策划和精心设计，教师可以形成实施教学的具体详细方案，教案的形成是教师备课工作中最为全面系统、深入具体的一步。

备课可分为个人备课和集体备课。集体备课也叫校本教研，集体备课的单位可以是同头组、年级组，也可以是教研组。身处急速变迁的中国教育情境，集体备课是教师的重要专业发展策略。团队里的教师可以分工协作，共同分享，形成更有智慧、更加成熟、更具容纳性的教案。即使在个人备课的过程中，教师个人也不是孤立无援的，他完全有权分享教师职业团体的资源和智慧。在前期工作中，教师可以主动利用专家资源，主动借鉴其他教师成熟的教案。在互联网技术异常发达的今天，专家型教师的教案是中青年教师备课的重要指导性资源；但是，在网络暂时无法覆盖的地区，教师的处境是不利的。

教案，又称课时计划。教案是以课时为单位编写的具体教学方案，是授课思路、学习进程、教学内容、教学方法的客观反映。教案既不同于教学大纲，也不等同于讲稿。教学大纲是对课程教学的总体要求，而教案则是实现教学大纲的具体细化并精心设计的授课框架；讲稿只是体现教师讲授内容及其顺序，而教案则主要反映教师指导学生学习的进程，所以，有人提出了“学案”的时尚概念。

教案的主体是由彼此关联的教学事件构成，这些教学事件涵摄了特定的教学目标、教学内容、教学策略与方法，课堂作业与测验相契合。教学事件由学生与教师的行为构成。

每个教师都应坚持编写教案、写好教案。

1.4.2 教案的种类

1. 简案和详案

按照复杂程度，教案可以分为简案和详案。对于简单的教学内容和老教师来说，可以选择简案。对于复杂的教学内容和新教师来说，可以选择详案。

2. 文字表述式、表格式和卡片式

按照陈述方式，教案可以分为文字表述式、表格式和卡片式。①

一般而言，表格式教案和卡片式教案属于简案，文字表述式教案属于详案。当然，详案也可采取表格式和组合式卡片。

3. 纸质教案和电子教案

按照媒介的类型，教案还可以分为纸质教案和电子教案。电子教案可分为WORD文档、PPT文档。PPT文档就是常说的课件。对于教学实施，纸质教案和电子教案各有所长。

课件实质是一种软件，是在一定的学习理论指导下，根据教学目标设计的、反映某种教学策略和教学内容的计算机软件。把计算机综合处理文本、图形、声音、图像、动画、视频等多种媒体信息能力的技术，应用于教学上，改变信息的包装形式，在计算机上利用媒体开发工具把图、文、声、像集成在一起，做成教学软件，以提高教学内容的表现力和感染力，这就是“多媒体课件”，目前一般的形式是PPT课件。

4. 主案、辅案、应急教案

教案包括主案、辅案、应急教案和留白教案。主案是教师准备实施的方案，体现课堂的主要教学事件和基本脉络，一般情况下，设计良好的主案能确保教学的顺利进行。在确

① 王道俊，郭文安．教育学．北京：人民教育出版社，2009：258-264.

认主案合理性和可行性的前提下，辅案是主案的合理补充。基于教学经验，针对通常应该出现的不同学习情况，教师可以且应该设计辅案，以不同的教学内容方法因应学生学习差异。应急方案是指，针对不应该出现的学习情况或教学中的意外事故，教师的预设教案。留白是借用音乐、美术和文学等艺术留白的概念。留白教案是针对课文特征和小学生的心理特点，包括教师不说破甚至不说出来，或由学生自主学习感悟的内容，从教学方法上看，教学留白意味着教师刻意、耐心、宽容、机智、富有爱心的等待。留白教案给学生一个想象和感悟的机会和空间，可以保持学生的情知弹性。优秀的小学教师一般都懂得如何留白。

1.4.3 教案的格式和结构

一份完整的教案应包括教案的封面、课程简介、教学大纲、教学日历和单元、课时教案的内容。

教案的封面：主要包括课程名称、课程编号、年级、任课教师和教师所在教研室。

单元、课时教案可分为详案和简案两种。

一份合乎规范的详案，主要由四部分组成：单元、课时教学概况，教学进程，板书设计，教学后记。

（1）单元、课时教学概况，它包括：①课题名称；②授课班级；③授课日期；④教学目的；⑤教学重点和难点；⑥课型；⑦教法与学法；⑧教具；⑨以及其他考虑的内容。

（2）教学进程即教学事件的安排，它包括：①教学事件的时间顺序及时长；②每个教学事件（步骤）目标；③相应的教学内容；④教师的活动及其行为；⑤学生的活动及其行为；⑥设计意图、教学评估及教学辅案。

（3）板书设计。

（4）教学后记，也叫教学反思，即教师课后的小结或教学心得。通过教学后记，教师可以与同行、学生一起总结教学的得失，以利于改进教学，提高教学质量和教学水平。

1.4.4 编制教案的方法

进行小学语文教学设计时，教师需要综合考虑学生的学习需求、教学情境的变化，从教学目标、教学内容和教学事件三方面着手设计。

1. 拟定教学目标

语文课堂教学目标是在预设的基础上逐步生成的，即是说，预设的教学目标在课堂实施过程中会有变化。语文课堂教学目标可以从知识能力、过程方法、情感态度与价值观三个维度来限定。三维目标是就教学过程的总体而言的，就语文教学而言，每节课无须也不可能分节、分块实现上述三项目标。语文课堂教学应以知识能力目标为主体，有机融合过程方法、情感态度与价值观目标，在实现知识能力目标的过程中达成过程方法、情感态度与价值观目标。在确定教学目的时，不仅需要研读课程标准，还需考虑小学语文教学内容和小学生的学段、年段特点，不要脱离实际提出笼统抽象、无法达成的口号。

教学目标的设计需要做好以下六件事：①研究课程标准的年段目标；②厘清本册教材的目标体系；③明确教学单元的训练重点；④商定本课的教学目标；⑤对教学目标进行排序；⑥适当保持目标的弹性。

案例 1-8

浅谈教学目标的表述①

教学目标由确定到表述的过程实际上是“意念化”的教学目标进一步“物化”的过程，“物化”的教学目标应尽量与“意念化”的教学目标相吻合。教学目标的表述应该注意以下几点。

第一，要明确目标的基本要素。

一般情况下，一个完整的教学目标由四个基本要素构成：行为主体、行为动词、行为条件、表现程度。

例如，“学生能够不看教材准确无误地复述课文内容”，行为主体是“学生”，行为动词是“复述”，行为条件是“不看教材”，表现程度是“准确无误”。

再如，“学生默读现代文每分钟不少于 400 字”，行为主体是“学生”，行为动词是“默读”，行为条件是“现代文”，表现程度是“每分钟不少于 400 字”。

当然，有时为了简练，在不会引起误解或歧义的前提下，可省略行为主体或行为条件。如，“在有感情地朗读中体会自然之美”，便省略了行为主体；“了解侧面描写的作用”，便省略了行为主体和行为条件。

明确基本要素，能够使教师对教学目标有更清晰的把握，从而科学合理地设计教学过程，减少教学的盲目性、随意性。

第二，行为主体必须是学生。

教学活动是否成功，不是要看教师教得怎样，而是要看学生学得怎样。因此，表述教学目标时必须从学生的角度出发，行为主体必须是学生。

尽管有时作为行为主体的学生在表述中没有出现，但也必须是隐含着的。在这一点上，很多教师存在错误。例如，很多教师习惯于采用“使学生……”“引导学生……”“培养学生的……”“提高学生的……”等表述方式，这都不符合目标表达的规则，这些表述暴露出了根深蒂固的“以教师为中心”的错误思想。

第三，选择恰当的表述方式。

一般情况下，教学目标基本的表述方式有两类：结果性目标表述方式；体验性或表现性目标表述方式。有些目标具体明确，对学生的表现程度能够准确评价或测量，就应当使用结果性目标表述方式。有些目标比较模糊，对学生的表现程度很难进行准确评价或测量，就应当使用体验性或表现性目标表述方式。

一般说来，“知识和能力”维度应尽量使用结果性目标表述方式，行为动词要明确、可测量、可评价，如使用“背诵”“辨认”“举例”“概括”“区别”等动词。“过程和方法”“情感态度和价值观”方面的目标大多要使用体验性或表现性目标表述方式，行为动词往往是体验性的、过程性的，如“感受”“体验”“养成”“树立”“尝试”等动词。

第四，正确处理三维目标之间的关系。

三维目标是一个有机的整体，应从系统的、整体的角度来理解，而不能割裂开来。三维目标之间不是并列关系，它们是一体“三维”的，其中的任何一维都与其他两维有关系。

在基础教育的所有学科中，“知识和能力”是教学目标的核心，是显性因素，是达成其他两维目标的载体。“过程和方法”有较多的隐性特点，不是独立存在的，它体现在其他两

① 孔波．浅谈教学目标的表述．小学语文教学，2008，(8)：67-68.

维目标的达成之中。情感态度和价值观是隐性的，但其形式又是外显的，正确的积极的情感态度和价值观能够进一步促进学生其他两维目标的达成。在表述教学目标时，应正确处理三维目标之间的关系，必须以本学科的"知识和能力"为核心，突出本学科特有的课程价值。

第五，删繁就简，重点突出。

从理论上讲，每节课都应体现三维目标的理念，但是要在一节课的学习中同时落实三维目标，则近乎苛求。就语文教学而言，学习的重点是语文知识和能力，因为语文知识和能力是最基础的，是最重要的，或者说是语文课程存在的前提，这是语文教学的出发点，也是落脚点。因此，在设计目标时应重点突出语文知识和能力，切忌繁杂。目标过多，不仅使教学不堪重负，而且会相应地弱化核心目标。笔者认为，一节课的学习目标围绕知识和能力，设计2～3项就可以了。课程目标是三维的，但在表述时没有必要先分为三大方面（三维），每方面又分为若干条。这样做，看似条分缕析，实则教条呆板。合理的做法应是把"过程和方法""情感态度和价值观"目标恰当地融入知识和能力目标之中。

2. 组织教学内容

在分析教材的逻辑顺序的基础上，对教学内容的安排要保持恰当的量、度和序；知识的容量适度，难度适中，讲授的顺序要兼顾语文知识的逻辑顺序和心理顺序。

教学内容的设计需要做好以下五件事：①解读教学文本；②整合教学资源；③选择与教学目标相关的教学内容；④根据教学目标的层次，对教学内容进行排序；⑤为课堂教学的展开留有余地。

案例 1-9

基于课程标准的教学内容研制策略[①]

薛法根

长期以来，语文课程、教材未能解决语文课程内容与教材内容的问题，尚未形成科学的、可表述的语文学科内容结构。教学中内容繁杂，分不清学科界限、年段界限、主次界限，语文教师缺乏鲜活的、适切的教学内容。由此必然造成语文教学的低效，甚至是无效、负效，也必然弱化语文教学的专业性。深入研读语文课程标准，正确解读语文教材课文，重组、整合散落在文本中的语文知识，研制适合学生的教学内容，是破解语文教学"高耗低效"顽症的必由之路，也是提升语文教师专业化程度的快速通道。

与其他学科课程标准不同的是，语文课程标准中的目标，属于"能力目标"，或者叫"素养目标"，描述的是学生的学习行为结果状态。这与历史、地理等课程的"内容目标"有很大的差异，"内容目标"一般较为具体、直接地涵盖着课程与教学内容，可操作性强。而"能力目标"则没有明确学生要习得这样的语文能力，语文教师需要教哪些与能力习得有关的知识、方法、策略、态度等。因此，深入研读语文课程标准，解析每一项语文能力形成的过程阶段及相关的知识背景，并结合教材文本，重组、整合适宜的教学内容，是语文教学迈向科学化的重要一步。

一、解析能力的知识背景

语文课程标准中的能力目标，表述得比较笼统和抽象。小学三个学段中都提出了朗读目标：第一学段"学习用普通话正确、流利、有感情地朗读课文"；第二学段"用普通话正确、

① 薛法根．基于课程标准的教学内容研制策略．江苏教育，2010，(28)：9.

流利、有感情地朗读课文”；第三学段“能用普通话正确、流利、有感情地朗读课文”。“学习用”、“用”、“能用”是朗读能力发展过程中的三个水平阶段，而每个阶段需要传授哪些朗读知识？训练哪些朗读技能、技巧？其中“有感情地朗读”中的感情色彩有哪几类？态度分寸如何把握？一篇文章的感情基调如何确定？喜怒哀乐的感情如何通过语气、语调和节奏的变化体现出来？这些都需要我们作出细致的专业解析。而最为核心的问题是朗读能力的形成与发展需要哪些朗读学知识，尤其是关于方法和策略的程序性知识。合宜的能力要有适当的知识来建构，特定的能力需要特定的知识作为背景。

参照布鲁姆的教育目标分类学原理，就一项具体的语文能力目标而言，可以从两个维度来解析：一是形成能力所必需的核心知识，包括事实性知识、概念性知识、程序性知识和反省认知知识。这一维度规限了应该“教什么”；二是能力形成过程中的认知水平，可以细分为记忆、理解、运用、分析、评价、创造等不同的水平层级。这一维度规限了“教到什么程度”。就“用普通话正确、流利、有感情地朗读课文”这一朗读能力而言，我们可以吸取朗读学的最新研究成果，大致勾勒出一个朗读教学的知识内容与能力水平的结构框架（表 1-4）。

表 1-4　朗读能力二维目标分类框架

知识内容	能力水平					
	记忆	理解	运用	分析	评价	创造
朗读规律（词语感受律，引向感情律等）						
具体感受（形象感受，逻辑感受）						
态度感情（态度分寸，感情色彩，基调）						
朗读技巧（停连，重音，语气，节奏）						
文体朗读（散文、诗歌、小说等）						

而知识维度中的每一个项目又都涉及包含着更为具体的朗读知识，如“节奏”，就包括“节奏的概念；节奏与速度；节奏的类型；节奏的转换方法；节奏与基调；停连、重音、语气、节奏之间的关系”这些相关知识，其中“节奏的概念、节奏的类型”等属于概念性知识，而“节奏的转换方法、节奏与基调”等属于程序性知识。细致地解析出这些知识的内涵和类别，有助于教学内容的具体化和科学化；准确地区分出这些知识的掌握程度（能力水平）有助于教学目标的定位及教学活动的设计。

根据这个朗读知识与能力水平的框架，我们可以清晰地看到朗读教学的基本教学内容结构：教什么与教到什么程度，避免了朗读教学内容的虚无与空洞。如此，“有感情地朗读课文”，首先需要学生运用具体的方法（形象感受法、逻辑感受法）真切地感受文本中蕴涵着的态度和感情，并区分出该文本中具体语句、语段的感情色彩类别（挚爱和憎恨类；悲哀和喜悦类；惊惧和欲求类；焦急和冷漠类；愤怒和疑惑类），进而根据不同的感情色彩选择相应的朗读技巧加以表达，如“语气的色彩”：爱的感情一般是“气徐声柔”的，憎的感情一般是“气足声硬”的。“气徐声柔”的语气色彩造成温和感，口腔宽松，气息深长；“气足声硬”的语气色彩造成挤压感，口腔紧窄，气息猛塞。这样的朗读教学过程中就有了具体可感的内容，说得清道得明，对于学生缺乏哪一方面的知识和训练，就能有的放矢。如果我们对朗读能力不作深入细致的解析，就只能徘徊在“要读出高兴的语气、要读出激动的感情”或者“要读得轻柔些、要读得紧凑些”这样不知所以然的低水平状态，教得模糊，学得糊涂。

当然，朗读教学并非如框架呈现的那样简单，其中还有许多无法用知识来表述的实践经验，如师生在朗读中形成的语感，处于缄默状态，也需要我们加以甄别。语文能力的形成并非都是先有知识，后有能力，而往往是先有能力，后有知识。但明确了能力背后的知识背景，将促使能力发展从自然走向自觉，并进入一种自我建构和自我发展的新阶段。

二、把握文本的教学价值

根据课程标准的某项能力目标所编制的“知识与能力水平”分类表将知识结构化了，将能力水平定向化了，从教学内容的角度看，规定了应该“教什么”。那么，教材中具体的一篇文章则提供了一种可能性，隐含着“有什么”可以教。如果把“知识与能力水平分类表”当作一张“网”，那么，我们就可以用这张“网”到具体的文本中去捕捉富有教学价值的知识点，从而发现切合文本的教学内容。《月亮和云彩》是苏教版一年级下册的课文，就“学习用普通话正确、流利、有感情地朗读课文”这一朗读能力目标而言，有哪些值得教又值得学的朗读知识内容呢？我们不妨借用这张“网”来解读一下文本，可以发现：

(1) 生字、生词。正确与熟练认读这些生字词是实现正确朗读课文的基础，而“月亮、云彩、小朋友”这三个生词的最后一个字要念轻声，这是一个关于轻声的“词语感受律”知识。

(2) 含有介词结构语句的停连位置处理。“在院子里、在云彩里、在一棵大树下、从树杈里”这四个表示处所的介词结构短语，在句中朗读时须连贯，不能在中间作停顿，否则易读破句。例如，“他们看见/月亮/在云彩里/穿行，一会儿/暗，一会儿/明。”“李小文/叫大家/站在一棵大树下，从树杈里/看月亮。”这是关于停连位置处理的朗读技巧性知识，需要理解及运用，并能帮助学生作自我评价。

(3) 呼应性重音的位置处理。文中有这样一段话，丁大勇说：“月亮在云彩里跑得真快!”李小文说：“跑得快的是云彩，不是月亮。”丁大勇的话强调月亮跑得快，所以重音落在“真快”，而李小文的话是针对丁大勇的话说的，是纠正丁大勇的说法，所以重音应该落在“云彩”，次重音落在“是……不是”这一关联词上。这是关于对话过程中呼应性重音的位置变化处理，是一项朗读技巧性知识。

上述三点朗读知识正是隐藏在文本深处的教学内容，借助这张朗读能力的目标分类结构“网”，才能让这些具有教学价值的朗读知识内容浮出水面，进入教学的视野。当然，从文本中还可以发现其他关于朗读的知识，比如叙事性文章的朗读基调，提示语与人物语言之间的停顿处理等，都是可以作为朗读教学的内容的。但是，这些知识内容还需要经过选择，我主张三个不教：学生已会的不需教；学生能自己学会的不必教；教了学生也不会的暂不教。关于朗读基调等内容，教了学生也不一定懂、不一定会。因为一年级的学生对文本中的感情色彩、态度分寸等尚未能真切地感受，因此待以后再教。最有教学价值的知识内容就是切合学生的最近发展区，是学生经过学习能够掌握的。

三、建构适宜的内容板块

其实，一篇文章除了朗读，还有词句理解、复述大意、概括主要内容、体会思想感情等多方面的语文能力发展目标，因而需要从中发现相应的知识内容。如此一来，一篇文章所要教的内容或许会很多、很杂，而教学的时间却很有限。因此，将相关的教学内容加以重组、整合，形成教学内容板块，实现一个内容板块包含多个教学内容。如从文本中提炼出的“词串”，就具有内容板块的特点。苏教版六年级《莫泊桑拜师》一文词语丰富，可以选编成三组有内在联系的词组：

孜孜不倦　焦急万分　直截了当
一无所获　万般无奈　滔滔不绝
全神贯注　用心揣摩

每组的前两个词语描述的莫泊桑学习写作的情形，后一个词语是福楼拜如何教导莫泊桑的情形。这三组词语的学习，既包括了词语的认读、理解，也隐含着文本的叙述线索，学生凭借这些词语进行复述作品大意，最后空缺的词语，是需要学生阅读福楼拜第三次教导莫泊桑之后的概括，可以填写：循循善诱、谆谆教诲等。体现了学生深度理解文本内涵后的语言表达。这样的词语学习板块，聚合了多方面的教学内容，精要而适切。

在教学实践中，我们可以打破一本教材的局限，引领学生将语文学习与社会生活融合起来，从生活中选择适合的学习内容，形成三个动态、即时、开放的教学内容板块：

(1) 以语文核心知识为“内核”的内容板块。核心知识是学生学习语文最基本、最常用、最具摄取性的知识，包括陈述性知识、程序性知识等。教师要从教材文本中发现这些隐藏着的核心知识，进而围绕某一个核心知识点，从文本中选择合适的学习材料，按照“教-学-练”的不同功能，组成教学内容板块，以实现“举一反三”的教学效果。

(2) 以学生语文能力为“内核”的内容板块。基于小学语文课程（能力）标准，依据布鲁姆能力目标分类学，确定学生年段能力发展目标群，并以此为“内核”，从教材中选择适合学生某项能力训练的语文学习项目，整合成教学内容板块，实现“举三反一”的教学效果。

(3) 以语文问题解决为“内核”的内容板块。紧密联系学生的生活实际，提取学生面临的各类语文生活问题，并以问题解决为“内核”，选择相应的语文解决策略，设计成适合学生实践运用的内容板块，以形成“生本化”的语文内容。

具体的操作策略是唱好“三部曲”：一是“减”：运用减法思维，将每篇课文中值得教又值得学的“精华”筛选出来，作为教学内容的“内核”。这个内核可以是一个词、一句话、一个语段，也可以是一个技能点、一个情感点等。二是“联”：根据“内核”，将社会生活中与之相联并适合学生学习的内容选编进来，以相同的内容丰富“内核”；以相似的内容区分“内核”；以相反的内容凸显“内核”。以此拓宽学习领域、开阔学生视野。三是“整合”：围绕“内核”，将选编的相关内容有机组合，理清序列，形成一个具有聚合功能的教学“板块”。

当然，适宜的语文教学内容板块还须经得起学理的推敲，科学、适切、精要、可表述。基于语文课程标准，又不拘泥于语文课程标准，能从生活实践中、从相关学科的前沿性研究中，汲取鲜活的语文知识，吐故纳新，重建语文课程及教学内容，是我们语文教师的专业使命。

3. 安排教学事件

教学事件是加涅使用的一个教学概念①。在本教程中，教学事件是由教学活动构成，教学活动由教学行为构成。从教学研究的规范看，这三个概念是有区别的，但有时人们也习惯于交叉使用这三个概念。

一堂课是由前后相续、相互关联的教学事件构成。每个教学事件是相对独立的教学时空单元，涵盖与特定的教学目的、内容相匹配的一个或多个教学活动。每个教学事件中的教学

---

① 加涅 R M，布里格斯 L J，韦杰 W W. 教学设计原理. 皮连生等译. 上海：华东师范大学出版社，1999：193.

活动是由前后相续、相互关联的教学行为构成。

教学行为是教学论的基本研究单元，具有可观察、可测量、可分析等特性。教学行为包括教师教的行为和学生学的行为，二者存在交互性。教师教的行为可分为启发性行为、指导性行为和非指导性行为。教师的启发性行为旨在启动、引发、扩展学生学习活动。教师的指导性行为意在指导学生的学习活动，如语文教学中，教师的范读、讲授、提问、倾听和回应等都属于指导性行为，回应行为包括教师对学生行为的评价、补充、梳理、引导、点拨和调控。教师的非指导性行为主要指教师的倾听、观察、研判、鼓励、赞赏、衔接等行为。

教学依据教学目的、内容来确定课型和课时结构，安排学与教步骤，分配教学时间，以便将课组织得井然有序，充分发挥每一分钟的效益。

1）根据目标和内容的排序，确定教师与学生的行为序列（表 1-5）

表 1-5　加涅的教学事件排序①

教学事件	与学习过程的关系
引起注意	接受各种神经冲动
告知学习目标	激活执行控制过程
刺激回忆前提性的学习	把先前的学习提取到工作记忆中
呈现刺激材料	突出有助于选择性知觉的特征
引出作业	激活反应组织
提供作业正确性的反馈	建立强化
评价作业	激活提取，是强化成为可能
促进保持和迁移	未提取提供线索和策略

2）根据教学进程的变化，准备教学事件预案

郑板桥有诗云：“删繁就简三秋树，标新立异二月花”。教学始终处在变化之中。有效的教学刺激进入到教学过程中，教师与学生会有所反应，有些反应是可以预设的，在情理之中的，而有些反应则是意料之外的，即时生成的。基于既定的教学目标、教学内容和教学时间，生成的教学反应可以是有益的，也可以是干扰。

对于生成的教学事件，你应理智地加以分辨并及时处理。你应将有益的教学反应纳入教学的过程，对预设的教学目标和内容作适当的调整，甚至果断舍弃某些教学目标和内容，进而拓展和深化教学内涵。同时，你也应机智地化解意外的干扰，保证教学有序进行。

1.4.5　遵循编写教案的基本要求

（1）科学性：观点正确，内容准确，材料真实。

（2）适用性：实用可行，真实地展现自然教学过程。

（3）规范性：结构完整、格式规范、语言通畅、书写工整。

（4）简明性：教案内容简练明确，教学步骤条理清楚。

（5）灵活性：遵循教学目的，应对课堂变化，灵活变通运用，避免照本宣科。任课

① 加涅 R M，布里格斯 L J，韦杰 W W. 教学设计原理. 皮连生等译. 上海：华东师范大学出版社，1999：193.

教师应遵循专业培养计划制订的培养目标，以教学大纲为依据，在熟悉教材、了解学生的基础上，结合教学实践经验，针对不同的专业及不同层次的学生编写好教案。如同一授课内容，如果专业不同，则授课内容的侧重点就不一样，要根据专业特点适当调整教学内容及重点。

1.4.6 编写教案的注意事项

教案设计的详细与否可因人而异。一般来说，青年教师的教案必须详细写。教案可含有必要的图、表、板书设计等。

承担语文综合性学习任务的教师，都应根据实际教学情况和教学内容，参考所提供的教案格式编写教案，以保证各个教学环节的教学质量。

对有关重点、难点、疑点及相关联的拓展性文本等，可用彩笔作标记、旁批。

教案编写好后，教师要不断修改、熟悉，只有把教案烂熟于心，最终脱离教案，才能把课讲好、讲活。只有熟悉教案而不依赖教案，教师才能全身心投入授课活动，放开手脚，舒展自如，倾注自己的思想情感来吸引、感染学生，实现教学效果的最优化。

实践反思：专业智能与专业态度

我这样备课①

关于备课的重要性不必说了 反正不备课，或者备得不充分，我是不敢进课堂的。下面，我就说说自己的做法和体会。

观点一：备课不等于写教案。

备课包括钻研教材、搜集信息、了解学生、考虑教学思路和教学方法、写教案等。写教案只是备课的最后一个环节，把钻研教材等方面的所思所得，把教学的目的要求重点难点，教学过程和方法以及搜集到的有关教学的信息记录下来，是“备忘录”，供课前翻阅，以便把课上好。

观点二：隐性备课最重要。

我把备课分为隐性和显性两部分。如果说写教案是显性的，那么，钻研教材、查阅资料、搜集信息、备学生、思考教法则是隐性的了。

第一步：钻研教材。一篇课文摆在案头，先做什么？先理解字词句在课文中的意思，边读边画出生字、新词及含义深刻的句子。随着悟性的提高，有些关键词语，写得精彩之处，以及课文的重点、难点，也会很快抓住。抓住了，便做上记号。

第二步：朗读课文。正确、流利、有感情地朗读四五遍，这是钻研教材，语文备课重要的环节。朗读是活的，是跃出纸外的，赋予了作品生命力。备课时，我力求把课文读“活”，如我朗读《小稻秧脱险记》，小朋友听了无不手舞足蹈。朗读好了，钻研教材就成功了一大半。老师朗读水平有多高，学生就会有多高，并超过老师。师生朗读得精彩的课堂，必然是充满生机的、充满灵性的、富有情趣的课堂。备“朗读”，一是多读，用心揣摩课文的意境、思想感情，包括课文人物的思想感情。二是多听别人朗读，听录音。平时，我特别喜欢听广播电台的小说朗读、诗歌朗诵，这对提高我的朗读能力大有裨益。三是提高自己的艺术修养。

第三步：正确领会作者遣词造句、谋篇布局的意图。教材中所选文章都是精品，语言运

---

① 于永正．我这样备课．福建论坛（社科教育版），2009，(1)：6，7.

用得准确、生动就更不要说了。对于作者推敲、锤炼文字的匠心，一定要细心琢磨、体会，每篇课文都有不同的谋篇布局方法，也要把握好，以便引导学生去感悟、去学习、去运用。老师领悟得深，学生才能领悟得深，甚至在老师的引导下，超常发挥。否则，培养学生的阅读能力，包括鉴赏能力，就会成为一句空话。

第四步：认真思考课后练习题的要求，有的要先做一做。例如，要求学生背诵的部分或全文，我先背下来；要求学生正确、流利、有感情地朗读的课文，我先努力去做，如《水上飞机》一课，要求学生用“究竟”造句，课文中是这样写的：小海鸥决心去问个究竟。这里“究竟”当结果讲，即看个明白，看个结果。但词典里讲，“究竟”还当“追问”讲，因有疑问，而追问，如：这种冰箱究竟省不省电。我弄明白了之后，心里一亮，便有了底儿了，于是每个不同解释我都造了几个句子，这就取得了指导造句的发言权。但我造句的目的，绝不是让学生抄袭以应付考试，那样做，就把孩子教“死”了。

此外，隐性备课还包括查阅资料。书到用时方恨少，在备《圆明园的毁灭》时，我专门翻看了《中国通史》中有关鸦片战争的章节；教《海洋：世纪的希望》，我在网上搜集到了不少有关海洋方面的资料，如潮汐发电站等，获益匪浅。

记得苏霍姆林斯基听了一位历史老师讲课，很感动，问他是什么时候备课的，这位老师回答说：备了一辈子。一个好的教师，随时随地都要为备课做准备。

观点三：要思考教法。

在思考教法的时候，必然“备学生”、“备学法”，上边说了，课文钻研好了，教法往往也随之有了。即使教师在教学前没有找到什么好的教学方法，只要朗读好了，读出文章的妙处和味道来了，也能把课上得有滋有味、有声有色。有人请教一位台湾的教授怎样教语文，该教授说：跟我读。这话真是说到根本上了。

观点四：教案一定要写。

隐形实际上并不隐形，它指的是在写教案之前的准备工作，当然其中包括无形的思考。但我认为，备课中最为重要的环节是显性备课，所谓显性备课指的是写教案，教案一定要写，但不要拘泥于形式。我所记下的东西都是重要的东西，以防忘记，这相当于“作战计划”。

教学目标要记，过程要记，关键词语的处理及体会要记，老师要讲的重要的话要记；要求学生回答的问题，要求学生写的片段、造的句子，我先写一写，造一造；重要的参考资料也写下来。我以前书写较工整，为的是校长检查能得到好评，现在写得较随意，底线是自己必须能看懂。有些课文考虑得比较周密，我只写个大体教学过程，对已经教过数次的课文，我只写新的体会、新的处理方法。

我还喜欢在课本上写“教案”，美其名曰“备课于书”，我把隐形备课称为“备课于心”。我是每课都想出新的人，想每课都让学生喜欢，所以更多的是“备课于心”和“备课于书”。教案往往只写个过程，更细微的东西在书上。总之，备课要从自己的实际出发，从方便教学出发。

观点五：讨论与自读尤为重要。

钻研教材时，我喜欢和同事讨论。同事间的讨论，特别是上公开课，很有作用，有时会使我豁然开朗，自己久思不得其解的问题，往往会被别人一句话点破。听别人上课，也有助于对教材的把握，即使上得不成功，但至少帮助你熟悉了教材。我的好多教学方法，是在听别人的课的时候想出来的。

人教版小学语文课本第八册有一篇课文叫《全神贯注》，我读了一遍，就被罗丹全神贯注的精神所感动；当我又读了两遍后，教法一下子就产生了：我打算一开始把文章最后奥地利作家茨威格说的两句话“那天下午，我在罗丹工作室里学到的，比多年在学校里学到的还要多”提出来讲。

这一课，我备课的时间不过一个小时，教案写得很简单，只是个过程，重点记下了要抓的关键词语，记下了怎样指导朗读的办法以及自己读了之后写下的“名言”。教案虽然写好了，而且自己也较为满意，但出于习惯，我又查找了有关罗丹和茨威格的资料，这些东西虽然上课不一定用得上，但作为老师很有必要了解一下。

我之所以举这个课例，为的是想具体说明我到底是怎样“隐性备课”和“显性备课”的。

写到这里，关于备课的话题似乎可以画个句号了。但意犹未尽，我就写“教后记”即写所谓的“反思”说几句话。我把我为徐州市民主路小学的《教学反思集》上的题词抄录下来，作为文章的结束：

“写教学反思实际上是对自己的备课及实施的总结。认真写三年教案的人，不一定成为优秀教师；但认真写三年教学反思的人，必定成为有思想的教师，说不定还能写出一个专家来。”

复习与思考

1. 掌握教学设计的概念，能加以举例说明。
2. 掌握小学语文教学设计的概念，能加以举例说明。
3. 结合课堂观察，能举例说明不同类型的小学语文教学行为。
4. 结合教学案例，说明小学语文教学行为的课堂结构及其功用。
5. 理解小学语文教学设计的程序，能加以举例说明。
6. 结合你的实践，设计一份教案，并说明设计的意图，然后与同学们分享你的设计成果。

拓展资源

陈佑清．2011. 教学论新编．北京：人民教育出版社．
杜时忠．1998. 科学教育与人文教育．武汉：华中师范大学出版社．
杜士珍，汪金山．2000. 现代教育技术学基础．武汉：华中师范大学出版社．
高文．2002. 教学模式论．上海：上海教育出版社．
郭元祥．2002. 生活与教育．武汉：华中师范大学出版社．
何克抗，郑永柏，谢幼如．2002. 教学系统设计．北京：北京师大出版社．
加涅 R M，布里格斯 L J，韦杰 W W. 1999. 教学设计原理．皮连生，等译．上海：华东师大出版社．
李秉德．2003. 教学论．北京：人民教育出版社．
李定仁，徐继存．2001. 教学论研究二十年．北京：人民教育出版社．
皮连生．2000. 教学设计：心理学的理论与技术．北京：高等教育出版社．
盛群力，李志强．1998. 现代教学设计论．杭州：浙江教育出版社．
施良方．1996. 课程理论．北京：教育科学出版社．
涂艳国．2007. 教育评价．北京：高等教育出版社．
涂艳国．2009. 中国儿童教育 30 年（1978～2008）．长沙：湖南师大出版社．
王策三．1985. 教学论稿．北京：人民教育出版社．
王道俊，郭文安．2009. 教育学．北京：人民教育出版社．
王坤庆．2005. 现代教育哲学．武汉：华中师范大学出版社．

乌美娜．1994．教学设计．北京：高等教育出版社．
夏家发，彭近兰．2010．教学活动设计．武汉：华中师范大学出版社．
夏家发，杨再隋．2000．小学语文教育学．武汉：湖北人民出版社．
人民教育出版社网．http：//www. pep. com. cn/xiaoyu.
凤凰语文网．http：//www. xxyw. com.
语文网中网．http：//www. laomu. cn/.
小学语文资源网．http：//xy. eywedu. com/.
中华语文网．http：//www. zhyww. cn/.
小学语文教学资源网．http：//xiaoxue. ruiwen. com.
中国知网．http：//www. cnki. net.

第 2 章 国外小学语文教学设计理念与技术的发展趋势

曾晓洁 湖南第一师范学院

学习目标

1. 掌握国外小学语文教学设计的基本理念。
2. 了解国外小学语文教学设计的常用方法。
3. 研读国外小学语文教学设计的典型课例。
4. 综合比较与运用上述理念、方法与课例。

专题导向

专题 1：国外小学语文教学设计理念的发展趋势

专题 2：国外小学语文教学设计技术的发展趋势

2.1 国外小学语文教学设计理念的发展趋势[①]

任何一个民族的语文文字都打下了该民族文化的深深烙印，各国语文教育也就相应地承担起了延续民族文化的重大使命，为此，母语教育在各国基础教育中基本上都占有相当重要的位置。当然，由于意识形态、教育传统和社会历史背景等各不相同，各国对语文课程地位的认识也有很大的差异。

目前，美国小学语文主要包括英语（语言艺术）和阅读两门课，其他和语文有关的科目还有词汇学习、拼写、阅读、现代文学与作文等。在美国的中小学，“语文是课时最多，分量最重的课程。总体上看，小学语文课时占到总课时数的 30%到 50%，实践平均为 22%，高中平均为 18%。”[②] 英国 1988 年通过的《教育改革法》一反长期以来中小学没有统一课程设置的传统，明确规定义务教育阶段全国中小学统一开设由 3 门核心课程和 7 门基础课程构成的“国家课程”，英语是其中的 3 门核心课程之一。目前英国的全国性课程大纲同时列举了“个体发展观”、“学科交叉观”、“成人需要观”、“文化分析观”等各种语文教学观，强调上述观点是相互渗透而非互相排斥的关系。另外，大纲从“说和听”、“阅读”、“写作”三方面把学业成就目标具体化，每一项目标都细分为十级，每一级水平都有详尽的描述，并以此作为衡量学生达到哪一级水平的标准。不过，大纲不是简单地把年龄与级别挂钩，而是具有一定的弹性。20 世纪以后，法语曾经的辉煌被英语所取代，但法国人对法语的高度重视却有增无减。法国人认为语言是一个国家统一和团结的象征，认为是世界上最优雅的语言，特别重视法语教育，而小学语言教学则被视为左右学生自由生活和未来学业成就的主要因素。德国的小学课程标准由各州自行制定，著名的巴伐利亚州小学语文教学大纲，从“阅读”、“书

---

① 虽然拼写知识学习是各国小学母语教学共同的基础性内容，但由于汉字作为表意文字的特殊性决定了其教法的特殊性，所以本章对国外拼写知识教学不作介绍。

② 吴忠豪．外国小学语文教学研究．上海：上海教育出版社，2009：7.

写”、“语言观察”（编者按：类似语法）、“口语应用”和“书面语言应用”五方面提出较为具体的目的与要求。其中，“阅读”主要是就兴趣、能力、流利度、有声有色等提出要求，“书写”要求包括字体、速度两个方面，“语言观察”主要是倡导在观察和思考语言的过程中发现语言的丰富性、具备基本的语法观察力，“口语应用”强调发展口头表达能力以促进思维和情感发展、克服个人语言能力的缺陷，“书面语言应用”主张用适合儿童的语言方式记叙经历、传达消息、解释事情真相并具备合格的书写技巧。日本自第二次世界大战结束后已经颁布了 9 次《学习指导要领・国语》。其中，1998 年版增加了“提高学生交流与沟通能力”一条，并把原来的“两领域一事项”（理解领域、表达领域、语言事项）再次分开，但为了强调听、说教学的相关性，把听说合并为一个独立的领域，构成“听说”、“读”、“写”、“言语事项”的“三领域一事项”的课程结构。自 2011 年 4 月起实施的小学新国语指导要领，体现了培养 PISA 型读解能力的新理念，并且新增设了“传统语言文化和国语特征”、关于“指导交流”的项目以及语言活动项目。①

2.1.1　宏观教学设计理念

20 世纪以来，教学设计在建构主义、多元智能理论、后现代主义等观念的影响下发生了较大变化。而具体到语文教学设计，最重要的理念还是当属全语言教学、探究性教学和有效教学。

1. 全语言教学

全语言也译作“整体语言”“全语文”“完整语言”等。作为一种教学思想，全语言教学出现于 20 世纪 70 年代末 80 年代初，由美国亚利桑那大学的古德曼（Ken Goodman）教授率先提出。该理论受维果茨基理论的影响，认为个体的发展过程就是一个不断掌握社会文化的过程，而符号尤其是语言符号则是掌握社会文化的重要工具，因而人类的语言学习与其掌握社会文化的过程有着密切联系。全语言观将儿童语言教育置于社会文化环境中进行再思考，提倡人们在形式多样、有目的、有意义的真实言语环境中，通过运用语言来学习语言。整体语言教学的阅读教学设计，是以古德曼“自上而下”阅读心理过程为依据的，所以一般选择小说、散文、旅游指南、百科全书、招牌、招贴海报、说明书、电话簿、电视节目单等与学生生活相关的、趣味性强的正式出版物作为教材。总之，全语言教学法强调，语文教学的目的是为了满足学生现实生活中的真实需要，是为了能够进行有意义的人际交流，为了解决生活中的实际问题。

对于语言什么时候容易学、什么时候难学，全语言教学的研究者做了深入的对比研究，并表列如表 2-1 所示②。

表 2-1　上海市高中化学三类课程设置表

语言何时易学	语言何时难学
当它是真实的和自然的	当它是人为的
当它是一个整体	当它被分割成小块
当它是切合实际的	当它是荒唐的废话
当它是生动有趣的	当它是枯燥无味的

① 孙宁．日本小学国语教育改革的新动向及其特点．外国中小学教育，2010，(2)：55-58.

② 洪宗礼，柳士镇，倪文锦．母语教材研究（8）・外国学者评述本国语文教材．南京：江苏教育出版社，2007：53.

续表

语言何时易学	语言何时难学
当它属于学它的人	当它属于别的什么人
当它是真实事件的一部分	当它和任何事情无关
当它具有社会功能	当它没有任何社会价值
当学它的人是有目的的	当它没有目的
当它是为了用而学的	当它是被别人强加的
当它是学它的人可以理解的	当它是不可理解的
当学它的人能够运用自如	当学它的人感到无能为力

全语言运动产生之初只被运用于美国的小学母语教学，后来被扩大应用于中学乃至成人教育阶段的阅读教学，影响也由美国本土扩展到新西兰、澳大利亚、加拿大、英国以及全世界绝大部分国家，被誉为“阅读领域的哥白尼式革命”。

2. 探究性教学

探究性教学也叫研究性教学，它要求学生从学习生活和社会生活中选题，用文献调查、追踪调查、合作探讨及综合研究等类似科学研究的方式，主动地去获取知识、应用知识、解决问题。

探究教学最初只用于中小学的科学教育课程中，其早期代表人物加涅（R. M. Gagne）认为，学生在有能力从事探究即具备科学家能力之前，必须有一定的技能和能力作前提，中小学科学教育的重点应放在帮助学生获得这些前提性知识、技能和能力上。后来，那些训练学生必备探究技能的课堂活动，都被看作是探究教学。也就是说，杜威在 20 世纪初倡导“做中学”形式的作业单元以及布鲁纳的发现学习，因为强调学生在自主解决问题过程中所进行的探究、实验、整合和积累，所以都跟探究教学有着千丝万缕的联系。

据研究，探究学习可以区分为五种模式，包括萨其曼探究教学模式、有结构的探究、指导型探究、自由探究和学习环①。其中，“萨其曼探究教学模式”坚信课堂上要开展探究教学必须具备一个能够集中学生注意的焦点（最好是一个能引起学生惊异的事件或现象）、学生享有探索的自由、有一个丰富的容易引起反应的环境这三个条件。“有结构的探究”指探究时给学生提供将要调查研究的问题、解决问题所要使用的方法和材料，但不提供预期结果。学生自己要根据收集到的数据进行概括，发现某种联系，找到问题的答案。因为此种探究及其相应的证明活动，被称为一级水平的探究活动。“指导型探究活动”只给学生提供要调查研究的问题（有时也提供材料），学生必须自己对收集到的数据进行概括，弄清楚如何回答探究问题，被称为二级水平的探究活动。“自由探究”指在探究活动时学生必须自己独立完成所有的探究任务，当然也包括形成要调查研究的问题。从许多方面来看，自由探究类似真正意义上的科学探究，因此被称为三级水平的探究活动。“学习环”有多种多样的表现形式，但其基本程序大致都是：先是探索阶段，让学生从事各种探索活动，以便从经验中产生新观念；接着是引入概念阶段，让学生给前面发现的观点或经历的想法命名；最后是概念的运用阶段，让学生有机会把新观点运用到不同的背景中去。

① 徐学福．美国“探究教学”研究30年．全球教育展望，2001，(8)：57-63.

3. 有效教学

“有效教学”不等于“有效的教学”，它于20世纪80年代在西方兴起，是对当时出现的明确教学基本组成要素一类教学的总称。当时可以归入有效教学方法并且有影响的方法有直接讲授法、整体讲授法、狐光法和主题循环法。当然，诸如此类的教学方法还有“过程-结果”教学、直接教学、主动教学、明晰教学等①。这些方法在强调对系统知识和技巧的学习、强调教师的引领和示范作用、强调评价方面具有共同的特点。就当前西方教学方法的特点来看，强调学生对知识的掌握和对学习的主动参与，重视发展学生的智力，重视问题解决能力、自我学习能力、与人合作能力和创新精神构成了有效教学的共同特征。

从具体步骤来看，有效教学大致由六个环节构成②：①每日复习、检查家庭作业、必要时重教。②小步子快速呈现新内容与技能。③学生在教师指导下练习。④矫正性反馈和教学强化。⑤学生单独完成课堂和家庭作业并达到规定正确率。⑥进行周复习和月复习。虽然20世纪90年代以后，各国开始反思教育的本真意义，人的价值在教学中复苏，80年代曾风行一时的那些有效教学法开始慢慢淡出，但小步子呈现新材料却很符合认知心理学关于工作记忆有限的研究发现。因为，我们的工作记忆一次只能处理5～7个信息单位，任何额外的信息都会淹没它。最无效的老师往往满堂灌，最有效的教师则一次只呈现一些材料，并在呈现少量的材料后指导学生练习。所以，在任何时间呈现比较少量的材料，在学生解题时指导学生练习，为学生加工新材料作准备，检查所有学生的理解情况，试图防止学生形成错觉，已经成为人们评判一种教学设计是否有效的必备元素。

2.1.2　阅读教学的设计理念

根据张在仪的研究，阅读可分为5类，包括为了寻找某种必需资料的探测性阅读，为了学习专业知识，研究某一专门问题而采用的一种精细的、旨在充分理解的理解性阅读，为了对读物作出判断或向他人介绍读物而采用的评价性阅读，仅仅出于休息和娱乐、没有明确目的的消遣性阅读，以及带有创造某些新事物的目的而从事的创造性阅读。③ 作为一种智力技能，上述5种方式的阅读能力都需在小学阶段就开始培养，而自主进行大量阅读、结合运用阅读则是国外培养阅读智能的最主要理念。

1. 自主而大量地阅读

我国的阅读教学很大程度上就相当于“语文教学”，不过，除了日本、新加坡少数亚洲国家以及我国的香港、台湾地区之外，世界上更多国家的阅读教学与此有巨大的差别。他们的阅读课是名副其实的“阅读”课，主导方式是让学生自己在教室里或图书馆、阅览室里自主阅读，主要任务是学习阅读方法策略、提高阅读技能。

我们知道，自20世纪70年代以来，美国阅读教学的重点从传统的阅读基本技能训练转移到文学作品阅读，也就是说，从以注重阅读的一般特征和结构转变到重视进行大量的阅读训练，教师在阅读教学中的作用，也相应地由“技术员”转变为“决策者”。根据《美国大百科全书》对于“阅读”的解释，美国小学1～3年级、4～6年级的阅读分别被归属为功能性阅读和娱乐性阅读，小学毕业生的阅读兴趣和能力应接近成年人的水平。

---

① 吕红日．教学方法的有效性思考——欧美日近三十年教学方法变革的历程与启示．外国中小学教育，2010，(10)：38-43.

② 原青林．美国有效教学方法简介．比较教育研究，2004，(6)：38-40.

③ 张在仪．国外语文阅读教学探析．山东师大学报（社会科学版），1997，(1)：105-108.

法国政府在20世纪90年代为小学制定的大纲中，认为5～8岁是系统学习阅读的重要阶段，在该阶段末，要求学生初步学会阅读，并对读物的内容有初步、直接和概括的了解；8～11岁的学生，应该掌握各种文体（包括文学和诗歌）、各门课程学习及班级活动所必需的各种资料（包括课外参考书、字典、卡片、工具书等）的阅读技巧；小学毕业时的学生，应当能够较全面地掌握阅读方法，并且培养起阅读的兴趣。

日本把小学低年级的读书目标规定为“培养兴趣”，即喜欢读书、主动读书；中年级主要是“多读”，要求读书量较大、种类较多；高年级主要是“有选择地阅读”，能根据目的有选择性地读书。

《英国国家课程·英语》把小学生的阅读水平分为五级①：

一级：学生认识简单的文章中熟悉的词汇，在出声朗读时，为获得意义运用字母和声音符号的关系。在这些活动中他们有时需要帮助，在阅读诗歌、故事和非故事作品时，能对自己喜爱的部分作出反应。

二级：学生在阅读简单的文章时基本可以正确理解。他们针对故事、诗歌和非虚构故事中主要事件和思想表达自己的观点。他们在阅读不熟悉单词和确定意思时使用不止一种策略，比如利用声音、图形、文法和上下文。

三级：学生流畅而准确地阅读各种文章，他们独立地阅读，准确地使用各种技巧确定意思。阅读虚构和非虚构作品时他们表现出对要点的理解和自己的喜恶，他们利用字母知识查找书籍和信息。

四级：阅读各种文章时学生表现出对主要思想、主题、事件和人物的理解，开始使用推断和演绎，他们在阐述自己观点时提到原文，他们寻找并使用观点和信息。

五级：学生理解各种文章，选择要点，适当地使用推敲和演绎，在对文章的反应中，他们指出主要特点、主题和人物，选择句子、词语和相关的信息支持自己的观点。他们从各种来源寻找并核对信息。

当然，这几级标准虽然是硬性的，但国家对于具体年龄段孩子的要求却又是弹性的，该标准规定，小学第一阶段（1～2年级，5～7岁）的绝大多数学生表现应该为1～3级，第二阶段（3～6年级，7～11岁）绝大多数学生表现应该为2～5级，体现了对于个体差异的关注。

确实，由于阅读不仅是使学生获得成功的重要手段，还是学生认识世界和接受新信息的主要渠道，所以各国对于小学生都有大量阅读的要求。在这个知识爆炸的信息社会里，成为一个娴熟的阅读者意义十分重大，而娴熟阅读者的最大特征是流畅，流畅阅读取决于平时大量的阅读训练，大量阅读当然要依靠自主的兴趣作为支撑。

顺便提及的是，为了切实促进学生的大量阅读，对于速读的研究成为近年来国外阅读研究的一个热门。根据法国的丹·考斯特的研究，速读的前提是直接将纸面上的文字同意思挂钩而不再赋予语词以声音，因此，速读就像从空中摄影，人们的眼睛并不是循序扫视一行行文字，而是一下一下地保留注视，每一次只整体地抓住一行中的重点，每一次视线集中区前后有一个模糊区间，其范围大小、感知多少，都随着阅读者的不同而发生变化。扩大模糊区间的范围，加大对模糊区间所含信息的感知度，是提升速读能力的主要途径。

---

① 转引自吴忠豪．外国小学语文教学研究．上海：上海教育出版社，2009：119，120.

2. 结合运用进行阅读

一位来自美国的华裔少女曾对她所上的美国语文课进行过生动的描述[①]：

希欧拉先生教九年级。我去的那阵子，正赶上学完希腊神话，全班分组做项目。只见有的小组组成“法庭”，审判帕里斯从希腊人那里夺走美女海伦以导致特洛伊战争的罪行；有的小组拍了一部表演录像放给大家看，讲宇宙的起源和宙斯、希拉的故事；有的小组则根据希腊神话编写了小故事、小谜语……有声有色，让我看了十分佩服——也佩服希欧拉先生的引导有方。跨入十年级“美国文学”课堂，我的新语文老师是维斯基夫人。读完了史蒂芬·科雷恩的《红色的勇敢勋章》这本书，维斯基夫人让我们全班同学分组，设计出一本以《勇敢勋章》为主题的杂志，杂志里至少得有三篇插图、三篇短论文、一部书评和一部根据这部作品情节改编的电影剧本。

虽然这是对中学阶段阅读教学的描述，但我们还是可以由此管窥美国对于阅读与运用结合的重视度与普及度。也正因如此，美国阅读教学的教学材料特别广泛，各种报刊杂志、单行本、工作目标、图表、时间表、新闻栏等都是最常见的课堂阅读材料。

如果说上述分析主要来自一种课堂观感的话，那么，从规范严肃的教学大纲对阅读教学的规定上，也可以看到外国阅读教学对于综合运用的高度关注。

我们以德国为例。德国教学大纲把小学 1 年级的阅读称为初读阶段，2～4 年级（德国小学是四年制）的阅读定为续读阶段。初读阶段的主要任务是认识德语印刷体符号的意义，为正式阅读做好准备。续读阶段则对各项阅读能力及其教学指导作了细致的规定，包括：[②]

1）从简单的课文中独立地得到信息

（教学建议）在课文结束之后，回答问题。从相互关系中推出新词。标出或写出具有启发性的单词和句子。区分重要的和不重要的词。复述生词的词意。给课文分段。从课文中归纳段意。通过绘制一张图来说明情况。从适合儿童的参考书中查找和补充有关内容。

2）用简单的方法解释课文

（教学建议）解释题目，读课文的要求。找出特别的段或节，如最有趣的、最紧张的等。思考所涉及的人物的题材。用个人的体会来进行比较。检查是否已会讲一个故事。指出滑稽地、奇特地或想象地夸张是一种交流方法。考虑谁来读课文。讨论和判断作者的意图。讨论读者从课文中得到什么启示。

3）批判性地阅读

（教学建议）从客观的正确性和完整性来检查课文，如，对一个制作的指导是否合乎逻辑和可行性如何。检查课文内容的现实性，如，连环画。比较现实的和幻想的课文。考虑作者的意图和课文作用。

4）有声有色地朗读课文

（教学建议）（略）

5）创造性地处理课文

（教学建议）富于幻想地组织讲述。通过插入新的课文段落来改变课文。把预定的情景改编成别的生活范围，如学校—业余时间，大城市—乡村，舞台表演和玩偶表演，绘制课文中的图画，从具体的诗歌的范围来介绍课文，创造语言的游戏，拟订字母。

---

① 转引自张凤艳．从国外语文教学模式看语文的实践性．科学之友，2010，(8)：134，135.

② 吴忠豪．外国小学语文教学研究．上海：上海教育出版社，2009：123，124.

6）教下列体裁课文

叙事诗式的小型课文，如短篇小说、童话、寓言、圣徒故事、传说、笑话、对话、诗、普通课文和应用文。

（教学建议）（略）

7）认识儿童和青年文学

（教学建议）介绍心爱的书籍，朗读一段特别快乐的、悲伤的、重要的部分。阅读一本班级图书馆或学校图书馆的书的开头几页。建立一个吸引人的阅读角。阅读书的说明、评论和好的文章。阅读一篇完整的资料。按简单的评定标准来评定书籍，如课文的特性、可理解性、可读性、插图，培养对读过的书发表自己意见的能力。参加一个作品朗诵会、书籍知识测验、朗诵比赛。自己管理班级图书馆，进行书籍展览，参观图书馆、书店。

上述教学建议中，第 1 条的“通过绘制一张图来说明情况。从适合儿童的参考书中查找和补充有关内容”，第 2 条的“检查是否已会讲一个故事”，第 3 条的“对一个制作的指导是否合乎逻辑和可行性如何”，第 5 条的“把预定的情景改编成别的生活范围”“绘制课文中的图画”“创造语言的游戏”，第 7 条的“参加一个作品朗诵会、书籍知识测验、朗诵比赛。自己管理班级图书馆。进行书籍展览，参观图书馆、书店”等，都已不仅仅是纯粹阅读所能涵盖的内容。

2.1.3 习作教学的设计理念

众所周知，我国没有普适性的作文教材，作文课时数也与其在语文课程中的地位很不匹配。而国外小学作文教学虽然也曾走过许多弯路。比如，英国传统作文教学鼓励名句摘抄、模仿、重写，片面强调文学作品的思想内容，过于重视词、短语、句子甚至莎士比亚作品的语法表解，以至于作文差不多成了测试语法的手段。但就目前情况来看，国外作文教学无论是教学目标还是训练方法，都有不少值得我们学习的经验。

1. 强调实用而主动地写作

欧美各国都很重视写作的实用功能。作为西方世界的代表，美国把实用性放在首位，在重视以个体生活经历为内容的“切己文”的同时，更关注以社会生活为内容的“切时文”。英国作文教学的最大特点是把实际作文当成最根本的问题来抓，文法、拼写法、标点符号用法等被置于第二位。德国能够全面地认识语文课程的工具性，认为语文是认识世界与自我、进行人际交往的工具，作文教学中也很重视这一工具性。法国法语科在写作教学的目标中，有“学会提问、解释和辩护等不同的表达方法”“开始接触打字机和微电脑”等要求。

为了突出实用性，国外写作教学都比较注重“读者意识”的培养。所谓“读者意识”，是指写作时必须注意到读者的存在，要根据具体时空背景和具体读者对象的制约，对文章主题、材料、内容甚至语气、措辞进行选择与斟酌。而文章修改成形之后，教师也会运用种种方法，让学生作品真正拥有不少读者。比如，将学生的作品配上插图与封面后装订成册，分发给全班同学，就是一种让学生在“出书”自豪感中拥有读者的常用方法。

当意识到自己的文章有读者时，学生在写作时自然就会根据读者的不同来调整自己的写作思路，按照不同读者要求来安排、规范自己的文章，提高自己的写作水平。从当下 QQ 日志和博文的日益火爆中，我们也可以感受到“读者意识”对于促进主动写作、成熟写作的重大作用。可反观我国的作文教学，虽然也曾出现过叶圣陶先生的“应需作文”“生活作文”，夏丏尊先生的“为文不要忘记有读者”，朱自清的“写作要有假想读者”，但实际教学当中，语文教师的“读者意识”十分淡薄，学生也以写“老师喜欢”的作文为唯一目标，结果，形成了一种教师是唯一读者、作文是完成任务的不良现象。好在自 2001 年的新课程标准开始，我国也将“读者意识”的培养正式引入了作文教学的训练中，规定了“写作时要考虑不同的目的和读者”。

在新课标中，我们还发现了“写作课程的目的是培养学生主动而自信地写作”这样新鲜的表达。这里的“主动而自信地写作”也正是外国作文教学的重要主张。美国强调通过每日连贯的教学，培养学生在读、写、说、听技能方面的自信心和主动性。在这些技能的学习当中，写作练习占了英语教学的大约一半时间，他们希望通过作文的教与学，让学生“认识到他们的生活、思想以及兴趣是值得写的”。日本也强调培养学生对作文的“主动态度”，强调调动全社会的力量来协助学校帮助学生写作。英国传统写作教学曾经十分重视表达的形式而忽略表达的内容，写作教学也始终不令人满意，但为了改变这种情况，英国学校课程发展委员会在 1985～1988 年推行了“国家写作计划”，其主要目的就在于推动学生主动表达自己的真实想法。

当然，要想“主动而自信地表达”，必须要让学生在每次作文之后不感到徒劳无益，教师在进行作文指导时就必须考虑，哪些内容是学生们真正想写的内容，如何才能使每个学生都能写自己想写的内容。世界各国对此已进行了或正在进行着不同的探索，这也将成为我国在写作教学理念转变之后的一个重要课题。

2. 注重示范、指导与修改

当分析作文教学落后状况的原因时，各国都认为语文教师不能示范写作是一个重要原因。为此，各国都开始强调教师写作的示范作用，并同时致力于提高教师的写作水平。

美国新罕布什尔大学的教育学教授，被誉为写作教学“十字军战士”的唐纳德·格雷夫斯对语文老师就有“亲身实践”这一要求。他认为，“语文教师应该经常写文章，而且要和孩子们一块写文章。……首先是因为教师只有自己和孩子一样，也经常在课堂上写点文章，才能懂得孩子写作中的实际问题，才能给孩子以精神上的鼓舞。……如果教师每周都和学生在一起至少写一篇文章，那么他就会清醒地看到，写作并不只是一个要符合规矩、要有正确的技巧的问题，写作首先是一个思想问题。……可以给儿童树立写作的榜样。……一个劲儿地把写作课上成理论课，教成一般化的写作指导课；他们不懂得写作也是一种手艺，是需要练习的。……教师只有通过写作实践才能提高自己的写作水平；自己的写作水平提高了，才有可能提高学生的写作水平。”① 美国课堂上经常可以看到这样一种情景：教师在黑板上当着学生的面进行写作演示，边写还边向学生解释写作时内在神经在做什么、怎样做、为什么这样做。这种让学生了解写作全过程的演示，生动地实践了唐纳德·格雷夫斯教授的教师示范观。

为了提高教师的写作能力，很多国家都实施了一些相关计划。例如，加利福尼亚大学 20 世纪 70 年代就开始吉姆斯·格林创立的海湾地区写作课教师培训计划。每年夏天都有 25～30 名英语教师去加利福尼亚大学的伯克雷学院，学习 5 个星期的写作教学。这个计划后来改为全国写作训练计划，在 38 个州开设暑期训练班，集中训练写作课教师。日本文部省也要求指导教师必须提高自身的鉴赏、写作和指导能力，并将优秀教师的示范写作经验向全国推广。

指导是作文教学继命题之后的又一重要环节，是教师按照作文教学的计划，结合作文题目及学生的实际情况，对学生进行审题立意、构思及布局谋篇等的全方位指导。我国教师的作文指导过程是粗线条的，在如何审题、选材、开头结尾等写作方法技能方面基本没有开展

---

① 曾照耀．格雷夫斯的写作教学法．外国教育动态，1982，(4)：61-64.

深一层次的具体指导。欧美作文则非常强调作文方法技能的指导，这不仅体现在教学过程中，还体现在其以技能为序来编写作文教材这一点上。美国作文教学的写前指导主要是教会学生如何构思及选材。“作家工作室训练法”中的“头脑风暴”是主要的构思指导方法。“头脑风暴”根据学生兴趣的不同，或者全班讨论共同感兴趣的话题，或者根据兴趣的不同分成几个小组讨论，让学生阐述自己的想法，记录讨论中产生的关于写作的灵感，确立文章的主题。在选材指导方面，学生根据老师提出的选材要求和方法，通过图书馆、网络等途径搜集资料，并将搜集到的资料拿到小组中进行讨论分析。若在此过程中出现困难，小组成员间会相互合作解决。

批改是作文指导的继续，是作文讲评的前提。批改可分为教师批改、学生自批、学生互批、师生同批，或者面批面改、书面集体批改。我国传统的批改多集中于教师批改和书面集体批改。这种批改形式由于由教师独自完成，耗时过长，所以作为作文教学最后环节的讲评要在作文完成后的很长一段时间才能进行，学生在这段时间内会逐渐淡忘自己作文的内容，讲评的效果非常有限。

国外作文教学非常重视修改这一环节。美国英语课本中的写作单元，从一年级开始，每次作文都将修改文章作为不可或缺的环节，给出非常详细而又明确的修改要求。下面是美国霍顿《英语》二年级第二单元对于个人描写的作文修改部分的内容。①

（一）自我评价

1. 读你的草稿。

2. 对照下面的句子评价自己所写的自述。

优秀

· 我的开头很精彩。
· 我写了很多细节来说明“五 W”。
· 所有的句子有条理并围绕一个主题。
· 最后一部分说了故事怎样结束的。我有什么感受和我学到了什么。
· 只有一点拼写错误。

有待提高

· 开头可以更有趣。
· 需要更多的细节来说明“五 W”。
· 一些句子没有条理，没有围绕一个主题。
· 故事需要一个更好的结尾。
· 拼写有许多错误。

（二）修改自述

1. 看下面关于写自述的句子，哪些建议能使你的自述写得更好。

· 划掉不需要的句子。
· 另外写一个结尾，你更喜欢它吗？

2. 和伙伴合作修改。

当你是个作者：

· 写一个你想解决的关于你故事中某一部分的问题。

---

① 吴忠豪．外国小学语文教学研究．上海：上海教育出版社，2009：217，218.

· 把故事读给你的同学听。让同学提问题。

当你是个听众：

· 说出你所喜欢的故事的部分。

· 提问关于某些不够清楚或不够精彩的部分。

· 看下一页上的其他内容。

3. 修改故事：

思考你和你同学交谈的内容。为你的草稿作一些改动。下面的修改策略能为你提供帮助。

修改策略
单词的选择： · 通过使用恰当的词，你可以加一些细节使你的作文更清晰。 · 在故事中找一处可以通过使用恰当词语来添加细节。 · 使用词典来找寻恰当的单词。 流利的语句： · 开头句子使用不同的方法。 · 在故事中的每个句子的部分单词下面画一条线。如果 2 个或多个句子以同样的方式开始，那么就使用不同的方式。

4. 校对你的自述。

校对草稿，使用校对清单和校对符号。

校对清单
· 每句句首用大写字母。 · 句末使用正确的标点。 · 每个句子都有名字部分和动作部分。 · 每个单词拼写正确。

美国的作文批改将学生批改与教师批改结合起来，学生的初稿完成之后，由小组成员间相互阅读、评价、提出修改意见，成文后的主要点评形式则是学生作品的展示。“出版会议”和“作文编辑室”是组织学生撰写作文并相互修改作文的常见形式。由此也可发现，美国学生作文的写作过程不是由学生单个独立完成，而是从列大纲到成稿，都有教师和其他同学参与其中。这跟我国主要由学生单个独自限时完成大相径庭。

2.1.4　口语交际教学的设计理念

各国母语课程中均有口语教学的任务。重视口头语言能力的培养，是当今世界各国母语教育的共同趋势。外国口语交际教学的设计理念较有特色的包括：

第一，特别重视语用规则。美国各州大纲差异很大，但小学阶段的听说教学都十分重视语用规则的教学，在强调规范性的同时，注重“特定语境”、“对象”、“礼貌”、“合作”。德语口语教学也在注重提高学生口语能力的同时，将认识社会交往的规则、培养学生主动参与社会交往的自觉性以及文明的社会交往习惯等作为重要目标。法语语法结构比较复杂，但他们非常重视将法语知识教学与语言实践进行结合教学，“清晰”、“流畅”、“风趣”、“得体”、“自信心”、“尊敬有礼貌”等都是法语口语交际教学目标中的关键词。

在具体的教学中，这种重视语用规则的精神得到了充分体现。下面举一个例子。

假定一天的中午，天气酷热，在一家冷饮店前站着一个吃冰激凌的人，这时又来了一个人，无意中撞到了吃者的身上，杯子也撞落到地上，然后让学生以这个场合为开端表演下面发生的事。在表演前首先为事件中的两个人确定身份。

（1）被撞者：妇女；撞者：小男孩。

（2）被撞者：朋友；撞者：朋友。

（3）被撞者：小伙子；撞者：姑娘。

（4）被撞者：富人；撞者：穷人。

让学生选择人物身份设计对话，然后一组一组进行表演，观众做记录，然后评价优劣。[①]

这是德国一套教材所设计的一个说话训练材料。教材强调了被撞者与撞人者身份变化对于对话内容与态度的影响，充分反映了其对口语交际语用的重视。其实，这样的例子非常多，如街上出了交通事故，让学生从司机或遇难者的不同立场分别思考；购物时商讨价格，从购买者和出售者的不同身份考虑说话的内容与语气，等等，核心关注点都在强调要根据不同的对象和目的进行口语交际训练。

第二，兼及独白语言训练。独白语言是与交谈语言相对应的一个称呼，讲述、演讲、致词、复述等都可归到独白语言当中。[②] 国外母语教学中有关独白语言训练的方法很多，讲述和复述就是其中最重要的两种。

其中，讲述就是让学生把从报刊、书籍中看到的或自己亲身经历的事情向他人讲述出来，如巴伐利亚州一年级口语练习“讲述个人的经历”“讲述图画和符号”就是这样。讲述事先要有所准备，要确定讲述事情的情节顺序；抓住讲述的重点和高潮；了解听众的兴趣和可能提出的哪些问题，然后进行讲述。为了让学生掌握讲述的方法，教材一般会列出范例供学生参考。

复述练习能够培养学生用连贯性语言有条理地口头叙述事情的能力，也是阅读过程中一个必不可少的环节。口头复述在理解方面所起的作用，往往比教师的讲解和学生的讨论更加有效。我们有些阅读课也有复述训练，但往往被处理为“阅读加复述”的关系，而且往往“阅读为主，复述为辅”，结果，复述大多成为一种点缀，几乎没有教师会以复述为主要目标组织一堂课的教学。

此外，跟我国相比，国外还相对较为重视听力训练。有些国家为了提高小学生的听力，让他们较快地掌握听话的方法策略，在小学母语课程中专门安排了听力训练课。比如，英语语言教材中安排有专门的听力训练内容，德国有些地区的母语教学也专门设置了听力课。

2.1.5 综合性学习的设计理念

国外综合性学习的几个趋势是学习目标统整化、学习内容课程化、学习方式探究化、评价方式多元化、学习时间社会化等五个趋势。[③] 其中最引人注目的是学习目标统整化、学习方式探究化和学习时间社会化。

学习目标统整化。国外母语教材越来越重视学科知识的融合，将各类科学知识融人语言

① 朱章才，鲁宝元．联邦德国语文教学中的说话训练（一）//洪继舜．国外语文教学资料．呼和浩特：内蒙古教育出版社，1983：153.

② 深究起来，独白语言也是一种交谈语言，因为除了自言自语和保密私人日记之外，所有的口头语言和书面语言都有一个（一群）外在于说者或作者本人的受话对象。

③ 荣维东．国外综合性学习的新趋势．语文教学通讯，2008，(4/B)：7，8.

和文学教育中，注意在母语教育中培养学生的科学意识和现代化意识，特别是在阅读和写作活动中，不断安排有关科学的阅读文章和写作训练，安排有关的专题讨论，让学生从中体会文化与科学结合的美妙。正因如此，西方母语教材中都有“科学技术”、“时代问题”、“热爱自然”等主题，日本语文教科书也很重视现代科技发展，加大了“对环境污染的看法”、“情报时代和情报公害”等科技说明文的比重。

学习方式探究化。比如，日本设置“综合学习时间”，其目的是为了使学生能把各科所学到的知识、技能在实践中加以综合运用，从而培养学生发现问题、自己学习、自己思考、自己判断、自己解决问题的基本素质和能力，培养学生学会学习、学会思考、创造性地参与解决问题的探究态度。又如，新加坡自 1987 年起，开始试行“思考”课程，该年就有 14 所中小学试行“思考”课程，第二年增加了 12 所，后又陆续增加。

学习时间社会化。资料表明，2001 年法国有 25％的学校每周上学 4 天，42％的学校每周上学 5 天。其校外活动一般有三类：第一类为定期活动；第二类为临时性的校外活动，通常是根据形势或教学需要临时安排学生去参观一些自然景观；第三类是需要在外住宿的活动，包括集体出游和组织探险班、环境考查班、文化班等。不过，不管形式怎样多变，课外活动的重点都是放在与课堂学习内容横向相关的方面。

2.2　国外小学语文教学设计技术的发展趋势

由于真实的教学过程千差万别，所以教学设计也必须根据教学情况作动态调整。换句话说，没有任何一个教学设计是可以重复使用的，但是，这并不意味既有的教学设计对之后的教学筹划与安排没有借鉴作用。也正是基于这一想法，下文将依次对国外的阅读、习作、口语交际及综合性学习的教学设计技术做择要介绍。

2.2.1　阅读教学的设计技术

我国的语文教材主要是阅读教材，听说、写作很少有独立的教材，语文教学也历来是以阅读为中心开展的，识写、听说、写作都围绕阅读开展，并且阅读课时数也占有绝对优势，阅读教学不可谓不重要。但新中国成立以来，我国阅读教学引入的基本上都是苏联文学课的教学方法，强调一种从整体到部分再回到整体的教学方法，并没有多少活力，对学生阅读能力的提高也作用有限。国外的阅读教学与我国的情况大相迥异，首先是大部分国家都是阅读与写作分开，其次是阅读课的主要时间是用于真正的阅读而非教师的讲读。下面，我们介绍国外阅读教学中几种有影响的教学设计。

1. 文学圈教学法

“文学圈”这一概念，自哈维·丹尼尔斯《文学圈：以学生为中心的教室里的呼声与选择》一书 1994 年出版后被广泛传播。根据该书的定义，“文学圈是暂时性的阅读小组，小组成员自主选择并阅读同样的故事、诗歌、小说或其他文学作品，在完成独立的阅读之后，小组共同决定要讨论的内容。每一位成员根据自己在小组中特定的角色和职责为即将到来的讨论会做准备，按照角色设计作业纸，填写讨论发言的提纲。在讨论会上，每位成员按照自己预先准备好的讨论提纲进行讨论，努力完成自己的角色。当共同完成对一本书的讨论之后，大家会以一不定期的方式集中展示讨论中的精华内容，以便与更广泛的团体交流和共享。最后，完成讨论的小组之间进行必要的成员交换，选择更多的阅读材料，组成新的文学圈，开始新一轮阅读与讨论。”①

再往前追溯，“文学圈”的雏形产生于1982年，它是由美国亚利桑那州一位叫卡伦·史密斯的小学老师在日常教学中偶然发现的。一次，卡伦在一位同事的帮助下，把一箱废旧的书刊暂时放到了教室，此后，卡伦忘记把这箱书拿走。学生们对这箱书刊甚是好奇，有的索性就拿出来翻看，学生间自觉不自觉地在课余时间凑在一起讨论他们所读到的书中的故事与情节，有的甚至还组成了几人一起的兴趣小组，专就自己所读的某本书、某个章节发表看法，各抒己见。卡伦对学生们这种没有外在的老师的引导与督促而自觉阅读、自发讨论的行为大为震惊，他开始有意识地仔细观察学生们的这种自觉阅读行为，时而不断地给予学生适当的指导与帮助。这样，在潜移默化中，学生的阅读理解水平、言语表达能力甚至与人交往能力，都得到了锻炼与提高。后来，在期末测评中，卡伦·史密斯老师所教班级语文成绩大幅上升，成效显著，教师们也就争相效仿他的这种阅读教学方法。②

可以发现，文学圈教学法的指导思想其实就是20世纪下半叶以来风靡全球的全语言教学观。英国、新西兰、德国等普遍推行的“小组阅读活动”以及美国的“读书俱乐部”都是与之异名同实的阅读教学法。

其中，“小组阅读活动”常常以下面一些方式展开学习：①问题讨论。教师围绕课文内容，提出几个带有启发性的问题，学生按照老师提出的问题，自己阅读课文并进行思考，然后在小组中发表自己的意见，进行讨论和研究。②完形测验。就是选一篇短文，按一定规则删去其中某些词，留下空格，再让学生填空，使之连缀成文。③预测内容。就是提供学生一篇文章的片段，让学生推测这篇文章未见部分的内容。

当然，为了使小组内的阅读能够有序开展，小组阅读必须有一定的实施规则。下面是英国教育家哈里·麦多克斯所提出的4条规则：③

(1) 小组成员人数要有控制，既能够保证每个人都有发言的机会，同时又要保持尽可能多的交流信息量，扩大学生的知识面和见解。为得到最佳效果，小组人数应该控制在4～8人。

(2) 为了促成自由式的讨论，所有成员都应具有平等地位，并且任何人都不应该以比别人更有权力或更有权威的身份出现。

(3) 应由一个或几个成员依次来做讨论的开场发言，但所有人都应该在阅读上做一些准备。

(4) 讨论过程不要过于拘泥于形式，应该推行出一位主席来使讨论朝着正常的方向进行。

以上介绍的这种阅读活动，与我国课堂内进行的小组阅读活动表面上看似乎有相同之处，都是在一个教室内将学生分成若干小组进行伙伴式阅读，但深入观察，就会发现国外的小组阅读与我们的小组阅读有着很大的区别：从小组成员组合情况看，国外完全是一种自愿组合，不带有教师的强制性；从阅读材料看，每个小组学生可以按照自己的喜好分别选择不同的阅读材料；从活动时间看，小组阅读是整个教学过程中的主要教学组合方式，小组阅读占据了教学中大部分时间，而不只是班级授课的补充形式，更不是点缀。

---

① 刘淼，金艳峰．文学圈——阅读教学方式的变革．语文建设，2006，(8)：45，47.

② 姚家锐．文学圈教学法初探．浙江师范大学硕士学位论文，2009：9，13.

③ 吴忠豪．外国小学语文教学研究．上海：上海教育出版社，2009：141，142.

2. 虚拟文校

如果说上述教学形式还都是在传统的教室里进行的话，芬兰的“虚拟文校”（Netlibris）则具有另一种创新性的意义。虚拟文校是人们利用电脑和互联网技术提高儿童和青少年文学阅读能力和兴趣的一种网络学校，其核心功能是在虚拟空间中开展中小学阅读课程的学习和教育。它最早酝酿于 1996 年，正式名称于 2000 年出现。虚拟文校的各个子项目分别面向不同的学生群体，成为一种涵盖小学、初中和高中的综合性的文学阅读教育；虚拟文校还建立了自己的专门网站，讨论的方式由电子邮件发展到万维网，学生可以向其他成员随时发表自己的见解。虚拟文校的操作程序大致包括①：

（1）成立小组。每个小组一般由 1 名教师、10～15 名来自 3～4 所不同学校的学生组成。小组有自己的网页，凡是和学生有关的内容都在这个网页上，网页主要包括几个板块：图书选择区，小组讨论区，公开讨论区，事件和提示，图书馆链接，网络杂志等。

（2）阅读。图书选择区规定每个小组成员每个月至少都要读两本书，一本是每个成员都必须读的“每月一书”，该书一般由学生们自己商定；另一本学生自由选择，要写读书笔记。

（3）讨论。讨论时老师参与其中，小组讨论区不对外公开。在公共讨论区，所有人都可以就自己感兴趣的作品发表看法或向别人推荐。

（4）见面会。同一项目的成员一般一年有 4～8 次的网下交流机会。他们通常会选择在一所学校或图书馆里见面。作家见面会上，学生可以和作家相互认识，一起讨论问题，增加对其作品的了解。

（5）网络杂志。一般由来自不同地区的学生轮流编辑。网络杂志向所有的人开放，任何人都可以浏览。另外，小组成员还会举办文学阅读主题日，向低年级的学生展示自己的活动成果。

在虚拟文校里，学生在所有的活动中都非常独立和主动，教师的主要作用在于：指导学生怎样适应网络环境，怎样搜索信息，怎样利用网络资源，怎样开展网络讨论和阅读网络杂志；指定或推荐图书（1～2 年级的指定，3～6 年级的推荐）；及时帮助学生解决阅读中产生的问题或疑问；及时对学生的读书笔记作出评价和建议并反馈给学生本人；会议和活动的组织者、协调者；经常对学生进行个性化的单独辅导，偶尔对整个小组做指导。

芬兰能够在 2000 年、2003 年、2006 年的 PISA② 中分别获得第一、第一、第二的好成绩，被公认为学生阅读能力最强的国家，“虚拟文校”的推动作用不可忽视。一般认为，对于学生来说，虚拟文校有利于阅读能力、计算机应用能力、沟通交流能力（来自不同学校与地区）、角色适应能力（出版、演讲、见面会）、开放性思维能力、独立自主能力的培养；对于教师来说，虚拟文校促进了教师提高多媒体运用能力，促使教育理念彻底向“以学生为中心”转变。

3. 个别阅读法

美国小学生每天有一小时在有舒适座位的阅读作业室学习。在阅读作业室里，除了“读书俱乐部”外，就是个人阅读了。阅读时，学生们根据自己的意向自主选择阅读的书籍。以个人阅读为主的教学大致是：③

---

① 王悦芳．虚拟文校：芬兰在文学阅读课上的创新．外国中小学教育，2009，(9)：49-54.

② PISA，国际学生评介项目，被称为“教育界的世界杯”，每三年举行一次。

③ 吴忠豪．外国小学语文教学研究．上海：上海教育出版社，2009：145，146.

(1) 小型课——教师用5～15分钟时间，教全班学生一些可以应用于独立阅读的方法和策略。为了使教师所推崇的“方法或策略”更能得以掌握，教师通常要求学生在上课前集合时就开始通过使用他们独立阅读的书本或已被复制、放大或大声朗读的共用课本，练习所教的策略。小型课教学的方法策略相互关联，环环相扣，所以在一段时间里，小型课里所教的方法策略应该前后连贯。

(2) 个人阅读——学生每天至少需要30分钟时间阅读他们看得懂的书本，最好是自己有兴趣的那些。这些是要求学生默读的，需学生独立完成。对于那些不能坚持阅读30分钟时间的学生，鼓励他们与能够阅读类似书籍的同伴一起读，并相应延长时间。

(3) 交流与指导——当学生们在“阅读作业室”中，教师穿梭其间，与学生小组或个人交流。教师们要经常关心那些症状各不相同的阅读有困难的学生，帮助他们在字体、释义和流利程度上的学习。

该教学过程的第二个步骤主要是个别阅读。个别阅读法既用于指导课内阅读，也可以用来指导课外阅读，对学生阅读素养的整体提高非常有效。

4. 语言体验故事法

语言体验故事法是一种常用于低年级教学的阅读方法，目的是帮助孩子建立起阅读的最初概念，当然也可用于指导高年级阅读困难的学生。其基本理念是把教师和学生共同置身于故事之中。请看案例：

美国小学生的第一堂语文课①

开学第一天，我们来到了柏兹·贝特勒克老师的一年级教室。所有的学生都坐在地毯上。贝特勒克老师取出一本名为《姜饼男人》的巨书。这本巨书放在桌上有30英寸高。超大的文字和彩色的插图，不仅吸引了所有学生的注意力，也有助于他们理解故事的内容。贝特勒克老师戴上“姜饼男人”的面具，指着插图为全班同学朗读这本书。还不时带领学生表演其中的一些词句，如：“跑呀！快跑呀！你们追不上我！因为我是姜饼男人！”15分钟后他们就以这种朗读和表演的方式，学完了这本巨书。

刚读完这本书，学校的厨师走进教室，交给贝特勒克老师一张纸条。贝特勒克老师向着全班大声地读起来：“我从你们的书里跳出来跑到了自助餐厅，快来和我见面！姜饼男人。”老师和学生迅速来到自助餐厅，但没有找到姜饼男人。他们向厨师打听，厨师都说没见过。最后，他们在烤箱里发现了另一张姜饼男人留下的纸条：“我已经去浴室旁边的门卫储藏室了，再见！”全班又去门卫室找，还向门卫打听姜饼男人。门卫告诉他们来迟了，姜饼男人已经去卫生室了！于是他们来到卫生室问护士，从护士处他们获悉又迟了一步，姜饼男人已经去辅导主任办公室了。然后他们又去了辅导主任办公室和校长室。最终，校长告诉他们，姜饼男人已经回到他们的教室。当孩子们回到教室时，每个人在自己的课桌上找到了一块饼干——姜饼男人饼干。

学生津津有味地吃着饼干，贝特勒克老师把故事《姜饼男人》又朗读了一遍。

下课的铃声响了，孩子们期待着贝特勒克老师为他们朗读下一本书，他们更期待着有一天自己能朗读和写作故事。

就像董蓓菲老师所评价的那样，美国老师贝特勒克先生“运用了‘体验性学习’方式”。他让学生通过表演文中的词句参与阅读，通过追寻姜饼男人的踪迹感受人物形象，在向他们

---

① 转引自董蓓菲．“全语文”教学研究．全球教育展望，2005，(7)：53-56.

介绍了一本有趣的故事书的同时，还带领这些一年级新生认识了学校里的人和部门，体验了语文学习的乐趣。从这一个例子可以看到，语言体验故事法强调用多种方法带动学生去感知阅读内容，强调教师要有表情、要抑扬顿挫地表现作者的思想感情，唤起学生的联想和想象，引起他们的学习兴趣，要在体验中感受作品的内容情节和思想感情，并因此提高学生对作品阅读的理解力和接受力。

5. 共同阅读欣赏法

新西兰"共同阅读欣赏"教学是一种与语言体验故事法类似的阅读教学方法，在小学英语教学，特别是小学低年级英语课堂教学中被广泛使用。"共同阅读欣赏"教学一般包括老师选择合适的故事、介绍这个故事、再读这个故事和独立阅读这 4 个步骤。具体要求如下：[①]

1）老师选择合适的故事

共同阅读首先需要有供全班学生共同阅读欣赏的文本。因此，教学前教师应该制作一个"大本子书"，要使孩子们能够清楚地读懂其文字和看懂其图画。如果没有"大本子书"，教师也可以事先选择好的一篇合适的故事在屏幕上打出，和学生共同讨论。一般而言，这篇故事需要具有下列特征：①内容情节对孩子们要有吸引力和影响；②故事线索要具有吸引力，并且是可以预见的；③书上的图画也要有吸引力。

2）介绍这个故事

首先，教师要与孩子们一起看故事书的封面，讨论画面、作者和标题，同时还可以要求孩子们去推测这个故事可能谈论的是什么。老师要有表情地朗读这个故事。有时，教师也可以停下来并邀请孩子们去推测结果。

其次，在朗读以后，教师要留下一点时间看一看学生的反应，听一听孩子的评论。教师也可以就孩子们最喜欢的部分、故事的线索以及某一事件发生的原因等进行提问。但是，这种提问往往不只是提一些简单的问题，还必须在轻松和没有压力的气氛中进行。

最后，要求孩子们用自己的语言去复述故事，用图画去帮助他们论证自己的推测。为了突出故事中的一些重要单词，教师在重新阅读时应当指着课文中的这些单词。教师要鼓励孩子们自然而然地用这些词语来参与表达活动。如果孩子们特别喜爱这个故事，教师可以鼓励孩子们用简单的道具来表演故事。总之，这一环节的教学重点要放在有意义的和令人高兴的阅读上。

3）再读故事

如果孩子们已经有几本自己阅读过的并且熟悉的书，教师在这一环节中就可以要求他们各自选择一本自己最喜爱的书和一个最喜爱的故事去再读。

4）独立阅读故事

独立阅读首先要让孩子们有书可读，因此，每人或每个小组应能有一个书箱。在箱子里的每一本书都应该是在这之前已经给孩子们介绍过和阅读过的，而且适宜于孩子们独立阅读。选择的书应该不断更换。换下来的书都要放进班级图书馆，以便于孩子们在需要时能够找到它们。

共同阅读欣赏一般可以从阅读诗歌、唱几首歌或在大的卡片上或幻灯屏幕上抄写单词开始。但是，这并不等于不强调学生独立阅读能力的培养，因为教师带领学生读了 4～5 个故事以后，就开始让学生自己"再读故事"和"独立阅读"。在共同欣赏之后，教师经常会介

---

① 吴忠豪．外国小学语文教学研究．上海：上海教育出版社，2009：135，136.

绍一个新故事。这个故事一般读两遍。阅读欣赏之后还进一步要求学生根据阅读欣赏的内容进行创造，如写一写自己曾做过的事，或者就一个已经知道的故事进行改编，或者编写剧本，或者根据编写的作品进行表演。由于共同阅读欣赏所具有的趣味性、基础性和创造力，这种教法的倡导者、新西兰小学语言教学专家玛克西认为它是“整个语言教学的基础。”

2.2.2 习作教学的设计技术

习作教学不仅是我国语文教学的普遍难点，也是世界各国所面临的共同困境。美国著名的“写作危机”，日本宣布小学生作文进入“困难时期”，都是对此的生动写照。为此，各国都对习作教学进行了一些改革，比较有影响的做法有如下几种。

1. 结合阅读的写作

日本、英国、澳大利亚、新西兰以及美国的部分地区的语文课中，都有一种与我国类似的与阅读结合的写作课。下面是一个澳大利亚的与阅读结合的写作课例：

《小鸭子》(二年级)①

第一课时：

(1) 让学生自己分小组大声朗读课文，读准每个单词的读音。

(2) 自己找出不认识的新词，通过图画与其他同学交流，理解词语的意思。

第二课时：

围绕课文设计各种语文游戏活动，比如，单词拼写游戏、组词成句练习、把课文顺序打乱让学生整理、认识读音规则的游戏，等等，侧重于词语句子的复习巩固。

第三课时：

进行口语交际和写作的练习。教师根据课文给出几个问题，包括故事是怎么发生的，经过过程如何，后来又发生什么事情，故事结果如何等；先让学生一个个回答，再连续地说话，然后写一篇短文，其实这是一种课文的转述的指导练习。

第四、第五课时：

让学生分小组将课文改编成剧本，然后分小组表演。

复习本课的词语和其他语文知识等。

结合阅读的习作指导，多指这样一种综合课型中的习作练习。表面上看来，这与我国的语文课非常接近，但在教学目标、内容和教学时间的安排上都与我国的作文教学有着很大的区别，因为其提出来的训练目标和内容都非常具体，教学时必须安排出足够的课时数，保证课文后所附的大量练习能够正常进行。而我国教师所重视的读写结合，往往是教师个人行为。教学时间也得不到保证。

2. 作家工作训练法

“作家工作训练法”是美国近年来较流行的一种作文训练方法，其具体步骤如下：②

(1) 以班级或小组为中心用头脑风暴法分析题目，决定主题或中心思想。

(2) 深入研究主题，必要时可依靠工具书或其他途径。

(3) 写出文章大纲和中心思想。

(4) 学生根据评分标准互相评价大纲，然后修改大纲。

---

① 转引自吴忠豪. 外国小学语文教学研究. 上海：上海教育出版社，2009：209.

② 丁义萃. 中美日作文教学比较研究. 辽宁师范大学硕士论文，2010：17.

（5）老师给学生的大纲评分。

（6）学生再次修改大纲，完成初稿。

（7）学生根据评分标准互相修改初稿。

（8）老师给初稿打分并提出修改建议。

（9）学生按建议修改文章，形成二稿。

（10）老师评分。100 分制的 85 分为及格分。学生必须写到及格为止。

（11）将学生的作文装订成书，人手一本，让大家有“出书”的自豪感。

由以上的步骤可以看出，“作家工作训练法”一般包括命题、写前讨论与准备、写作、学生成稿互评与自我修改、定稿、教师评价、成果展示等几个环节。学生可以根据兴趣自由选择题目或自主命题进行写作。而且，他们在作文的要求中明确告知学生写作的内容，并且给出提示问题或具体任务，学生很容易理解作文命题的意图，不像我国的教师主要教会学生如何“立意”，学生只是被动地接受教师的观念，致使最后写出的文章大同小异、缺乏个性。

3. 单项写作训练

我国小学 1～2 年级的作文教学称为写话，3～6 年级的称为习作。这是新课标的新变化，也反映了国际上的普遍情况。一般说来，各国低年级小学生作文都是从写一句话或几句话开始的，称为“写句指导”。写完整的句子是小学生习作的基础，也是低年级学生写作的基本功。接下来，就会过渡到段落教学。段落可以指文章当中的一部分，如开头、结尾、中间某一部分，也可指一篇短小的文章。总之，它是相对于大作文而言的小练笔。国外母语教材中相对大作文而言的段落练习数量很多，无论是语言教材还是阅读教材，从中都能够找到许多写一个段落的小作文练习题目。

从相关研究得知，段落教学是美国作文教学中的一个重要环节，他们有计划、有重点地培养学生写好段落，要求达到中心突出、结构完整协调、条理清晰连贯的标准。训练方法非常丰富，如：通过事例发展段落、填补空白、组织句序、列提纲等等。学术界对段落写作也十分重视。许多学者专门著书，论述段落与句子、段落与短文的关系等问题，并设计了大量且多样的练习题供学生参考练习。段落写作训练是美国语文学界精心开辟的一方园地，他们大量地选取文章片段和段落作为阅读教材，充实学生的阅读学习和写作学习。从写作角度看，段落受到偏爱的主要原因是它的特殊位置。学术界认为段落是文章构成的基本单位，是句子和谐统一的组合。段落的中间位置，缩小了由句子到文章的距离，降低了写作的难度，形成了自然的过渡。掌握了这个过渡，便为写好文章奠定了基础。①

2.2.3 口语交际教学的设计技术

1. 重视讨论的组织

讨论是生活中广泛使用到的口语交际方式，但是，讨论不等于一般交谈，它需要有系统地、逻辑性强地阐明自己的观点，所以是一种难度较大的口语交际训练。目前我国小学对于讨论教学的组织极其松散，“讨论”几乎成了“随意聊天”的代名词。有些国家却与此不同，比较重视讨论的组织。

---

① 赵秀明．美日作文教学的比较研究．外国中小学教育，1994，(2)：31-33.

必须选择展开讨论的时机。根据有关学者的研究，讨论的说话练习要获得成功的条件如下：[①]

(1) 要有一个全体学生所喜欢的讨论题目，如现时的政治事件、班级活动、学校节日、职业知识等。

(2) 要具有一定的知识水平，特别是要掌握与题目有关的知识，讨论题应在讨论的前一周布置给学生，这样学生可以收集有关材料。

(3) 全体参加者都要认真听讲，要使大家愿意听，就要求选题要好，材料要丰富。

(4) 座位的排列要能使学生正面看到讲话人，并且能面对面地和其他同学进行讨论。

(5) 教师作为讨论的一员，要尽快地把讨论的主持工作交给一个学生，要自始至终地把自己当成一个普通成员参加讨论，而主持人通过手势或唱名允许教师发言。

(6) 全体参加者都要遵守规定的纪律。在第一轮发言之前要说清楚讨论会的方式是研究讨论还是辩论。

美国英语教材对课堂上如何组织学生参加讨论有具体的指导：[②]

1) 讨论的组织

讨论从开始到结束，是一个富有逻辑性的过程，它必须经过几个步骤，而每一步都有它自己的目的。

(1) 讨论的集体必须清楚地理解题目，整个讨论应该围绕一个题目进行。

(2) 讨论的集体对于所讨论的问题的原则和依据应有一致的看法。

(3) 对问题要进行透彻的分析。对所有有关的事实和观点都应当考虑。例如，问题的背景、历史、特殊的偶发事件等都要进行全面的分析。

(4) 讨论中涉及有关权威性和实质性的问题都应该加以阐明。

(5) 讨论的领导最后应做一个全体都能同意的总结。

2) 讨论成员要遵守规则

(1) 承担讨论的集体分配给自己的任务，即发表意见和研究事实的意思；

(2) 系统陈述自己的意见；

(3) 准备听取别人的发言，并充分思索他们的意思；

(4) 说话要简明，使讨论能持续进行；

(5) 衡量讨论的成功与否，不在于个人的贡献，而在于集体的提高。

2. 加强听写训练

曾有人将国外听力训练的主要方式概括为以下几种：[③]

(1) 听说训练。即要学生听完一段之后复述。听的内容可以是故事、寓言或笑话，复述的方法可以由学生个别复述或依次传递复述，另外也可揭示几个关键性词语，要求学生完整地复述。

(2) 听答训练。组织学生听另一人口述一件事或朗读一篇文章，然后教师结合有关内容提出问题，要求学生经过分析、思考后进行回答。

(3) 听读训练。让学生听一篇或一段文章的录音，仔细体会其思想感情、韵味、节奏，

---

① 朱章才，鲁宝元．联邦德国语文教学中的说话训练（二）//洪继舜．国外语文教学资料．北京：人民教育出版社．1984：160，161．

② 吴忠豪．外国小学语文教学研究．上海：上海教育出版社，2009：262．

③ 吴其馥，谯伟．外国语文教育研究．海口：海南出版社，2004：129-131．

然后模仿它，作表情朗读。或者，先由教师给学生朗读一段生动的故事，让学生听完后按文章描写的情景画一幅画，然后再把这个故事朗读出来。画画是为了帮助记忆情景。

(4) 听写训练。就是让学生边听边书面做记录，或听完一篇讲话后，再将内容追记下来。

在上述四种方式中，人们对听写训练进行了特别研究。听写训练是国外小学口语课使用频率很高的一种方式。所谓听写训练，就是让学生边听边书面做记录，或听完一篇讲话后，再将内容追记下来。有的教师组织学生在听句子或短文时进行比赛，看谁记得准确而完整。

开展听写训练必须要注意以下各点①：

(1) 记录时要突出讲话人主要意思的关键性语句。有些句子可以缩减，枝节内容可以省略不记。听讨论会的发言时，要记下那些中肯、有意义的内容，许多重复和不相干的话可略去不记。

(2) 记录时不一定按照讲话人的词语和顺序，可以用自己认为恰当的话来记。

(3) 笔记的结构要清楚。记录时要明确各种材料和观点的关系，观点要分清主次。笔记中大小标题要明确。

最后，在听力材料的安排上，还必须关注以下特点②：

(1) 材料的篇幅由短到长，结构由单一到复杂。由句群到文章片段，从有两三个段落的文章片段到有几个片段的完整文章，直至不分片段的长文章。

(2) 材料中说话的人数逐渐加多。由个人独白到两人对话，到众多人说话，到集体讨论。

(3) 材料内容的安排由易到难，由简到繁。从平实的说明材料到描述一幅画或一个电影故事，再到陌生的戏剧、电影，直至知识含量大的文章。

(4) 其他。为了熟悉现代语言的习惯用法，可以听当地人的讲演、讨论，或召开座谈会。另外，为了加强听力还可以听歌曲演唱。

3. 强调有序训练

刚才讨论听写训练时，谈到了听写材料的有序性。其实，口语交际教学跟阅读教学、写作教学一样，都比较难以进行有序的组织。但是，强调有序训练依然是加强训练科学性的有效方法，而一些国家的口语交际教学也正体现了对有序性的致力追求。

下面展示的是日本神奈川县横滨市立森东小学低、高三个年级段“导入单元”③ 的听说教学设计案例。④

一年级《我发现了这样的事》

(1) 选材。回忆上下学路上、春游等校外活动，或随家长出游时的情景，选取遇到的新鲜事，想要告诉给大家共同分享的快乐事等，作为说话素材。

(2) 准备。考虑说话的顺序，先说什么，再说什么，让对方能听明白，需注意什么，一边思考，一边准备。

(3) 同桌相互演示，相互担当说者和听者，着重注重顺序是否清晰，说话方法是否得当等。特别在此过程中注意指导担当听者的要检验其是否丢掉了要点。

---

① 吴其馥，谯伟．外国语文教育研究．海口：海南出版社，2004：130，131.

② 吴其馥，谯伟．外国语文教育研究．海口：海南出版社，2004：127.

③ 每学期听说教学开始时的一个带有导入性质的单元，目的在于调动兴趣，培养积极主动与人沟通交流的意识与愿望。

④ 转引自付宜红．日本语文教育研究．北京：北京师范大学出版社，2003：76，84.

(4) 在小组或全班同学面前进行听说实践。(一般每人最多 15 分钟,全班每个人都参与) 教师鼓励听者随时对没懂的或想要进一步了解的问题进行质疑或提问。

高年级《建设更美好的学校》

(1) 唤起高年级的学生参与学校建设的意识与责任感,对学校存在的一些问题提出意见、建议,如户外活动太少,雨天课间生活的改善等。

(2) 为更好地发现问题、解决问题,对更多的学生进行采访,并通过发放问卷等形式,收集大家的意见与建议。提交小组进行讨论,如很多学生反映上下楼梯太辛苦问题——小组讨论得出有必要对适当运动有利健康的观点做进一步宣传。由课间娱乐的方式、内容太单一,都玩腻了的意见——经小组讨论决定可建议成立一个"集会委员会",专门收集一些新的游戏方式,定期向大家作介绍……

(3) 对小组交流结果进行总结、归纳,制成专题小报,并练习报告会上的口头汇报。

(4) 利用朝会和广播站对成果进行宣传。

根据付宜红先生的调查,日本一年级的导入单元教学一般都从"询问、应答"的学习活动开始入手,主要话题有《老师,那个……》《老师,我是……》《告诉你们,我发现了……》等,内容很开放。二年级导入单元的话题内容开始明确,《我想要做这样的事》《我要在这方面再努力》等是常用的话题,同时还增设了许多稍有难度的游戏类活动,如一人在前描述,大家按听到的内容画在纸上。中年级导入单元所设计的教学活动,常用的有《广告制作——自我介绍》《请听,这是我的理想》《来自我的新闻》等,也就是说,让学生说出自己的理想、抱负,以及了解到的消息和最近发生的新闻等也是中年级十分重要的教学题材。高年级则多以演讲等活动开始,《我理想中的学校》《对生命的认识与思考》等是常用的话题,即对学校、班级、社区、人类、生命、生态环境、人生价值的思考等开始成为此时的主题。总之,在设定听说教学内容时,日本教师密切地考虑到学生的年龄和心理特点,并特别注意开拓学生的眼界,对学生进行积极的人生观与价值观的引导。

2.2.4 综合性教学的设计技术

综合性学习采用体验、操作性的活动方式,教学时间灵活安排,教学组织不局限于以班级为单位,强调全校教师整体协调、合作组织指导,是一种跟传统课程差别较大的课程形态。以语文为中心的综合性学习主要有专题研究、综合性作文指导和课文阅读活动。

1. 专题研究

专题研究是国外综合性学习活动中最常见的方式。它一般包括以下过程:①研究专题的选择与确定。小学生研究课题要反映儿童的年龄特点和认知水平,主要应该从家庭生活、学校生活和周边社区、大自然中去探寻,如日本的生活调查作文题目系列。②研究方案的制定与实施,包括专题名称、研究过程、必备条件准备、研究主要方法、研究预期成果及表达形式等。一般说来,社会领域的研究往往以社会调查方式为主,自然事物为研究课题的研究性学习往往以观察、测量、实验为基本活动方式,而无论哪一领域的专题研究,其学习研究过程中一般都应该包括文献资料收集与分析整理等基本的研究方法。③研究成果交流。这是很重要的一个环节,通常包括成果展示、成果分析与评价、成果答辩等。

2. 综合性作文指导

国外综合性教学很多时候会与作文指导结合起来,也就是说,会围绕作文写作设计综合性作文指导活动。当然,这种综合性学习往往不是简单地用两节课写一篇作文,而是包括围绕作文组织学生进行观察社会、收集材料、起草修改、发表展示等的一系列活动。我们知道，有些国家小学一学年有三学期，综合性作文指导活动长的可延续半个学期，也就是七八周的时间，这刚好又跟他们为实用而作文的写作教学态度完全吻合。也正因为是为实用而作，作文材料一般就不要求当场绞尽脑汁拼凑而来，而是和成人作文一样采用开放的形式，综合性活动就是开放性地获得作文材料的主要途径之一。另外，综合性作文指导所安排的“发表”环节，也会根据作文的体裁不同而采用不同种类的发表形式。比如，自述文往往用演讲的方法来发表、故事往往用表演的形式来发表，等等。这些不同种类的发表形式，也大大增加了学习的综合性。

3. 课外阅读活动

美国“不让一个孩子掉队”教育改革方案将“阅读优先”作为儿童教育政策的主轴，美国国家教育经济中心和匹兹堡大学编写的《美国小学学科能力表现标准》要求学生每年至少阅读 25 册书或相当数量的读物。英国教育部 2003 年年初发出号召，要把儿童阅读进行到底，从电视到网络到处都是政府宣传阅读的信息。法国的“阅读计划”，保证每所小学都可以免费得到 100 本读物。日本把 2000 年定为“儿童阅读年”，并于 2001 年年底颁布了《日本儿童阅读推进法》，指定 4 月 23 日为日本“儿童阅读日”。……可以说，强化阅读能力已经成为世界各国的共同理念。为了使这种重视阅读的理念落到实处，除了课内的阅读与阅读指导，还必须有课外阅读对之加以保证。怎样确保课外阅读量？课外阅读型综合学习就是一种好的途径。前面谈到的“虚拟文校”、“文学圈”在一定程度上也可称得上是课外阅读活动型综合学习。

2.3　案例研习

这一节将介绍 9 个外国教学案例，其中阅读教学 3 个，习作、口语交际、综合性学习各 2 个。这些案例有的转引自其他书刊，有的系编者本人自译。我们认为，案例的价值要由案例本身来诉说，不同的读者能够发现同一案例的不同闪光点，所以，本节的重点放在案例呈现而非案例评价上。

2.3.1　阅读教学的国外典型案例

案例 2-1

如何解决阅读中的疑问（美国五年级小型课）①

一、提出问题

老师（艾瑞·卡里夫，以下简称艾）：作为一个阅读者，我意识到在阅读中试着提出问题，并找寻答案是非常重要的。

（板书：保障基金　信托基金）

艾：我阅读时经常遇到这两个术语。我知道它们和财政及股市有关，但从来就不知道它们确切的意思。我想要把这两个词弄清楚，就需要收集更多相关的信息。我采用的策略是：

（1）阅读《纽约时报》上的文章，但从中仅仅略知一二。

（2）准备去读《纽约时报》的商业专栏，以往我读报时总是跳过那个专栏的。

（3）向那些从事该行业的朋友询问一些基本常识。

① 转引自吴忠豪．外国小学语文教学研究．上海：上海教育出版社，2009：165.

(4) 问我的兄弟，让他指点一下我可以阅读哪些杂志。

作为阅读和思考者，我们往往会产生一些疑问。可是在许多情况下这些疑问被我们忽略了。今天我们要抓住一些疑问，深入地思考一下，怎么去寻找问题的答案。

二、个人或同伴合作提出问题

(1) 同伴讨论：回想过去一周甚至一月的生活，写下你们有过并且想更深入去了解的问题，然后选出一个，和你们的同伴计划一下，通过什么策略，比如阅读些什么书籍或刊物，可以帮助你们获知最终的答案。(讨论 5 分钟)

(2) 全班合作交流。

艾：想出方案来解决一直困扰你们的问题，一定很有意思吧！

全班交流。(以此结束了积极参与的阶段)

三、布置作业

你们能否再思考一下有没有这样的问题，即它让你通过阅读来探究问题并搜集你需要的资料；请大家找一个问题，然后通过阅读去探究，搜集需要的资料，明天我们再继续这一话题。

艾把一个定时器设置在半小时以后提醒，时间一到，他结束了教学。

这是一堂阅读教学的小型课，小型课是美国小学语文老师的一种创造，一般耗时 10 分钟左右。其主要教学目标是教一些可以应用于独立阅读的方法或策略。在我们所引述的这一堂小型课里，老师开门见山便提出了本节课的教学目标是"如何解决阅读中的疑问"，然后他以自身所遭遇的问题及解决途径现身说法，举例性地介绍了解决疑问的可能路径。接下来，安排了一个 5 分钟的讨论。这个讨论正是对教师所介绍的解决路径的运用与拓展，而学生自主拓展的那一部分又成了下一环节"全班合作交流"的主要内容。值得注意的是，老师所布置的作业"请大家找一个问题，然后通过阅读去探究，搜集需要的资料"，既体现了一种应用意识，也表明了小型课每天所教学的方法与策略是相互关联、环环相扣的。

案例 2-2

标点符号及其在朗读中的运用①

格雷斯·琼斯

一、教学说明

这是一个适合 3～6 年级《语言艺术》课使用的教学设计，可以用于班级或者小组阅读教学。

二、教学目的

帮助学生认识标点符号及其用途，使他们朗读的流畅性和表达力有所改善。

三、教材

任何级别的阅读文本或其他的书。一个包含有许多对话、各种句子和段落类型的故事是理想的选择。

四、教学过程

(1) 选择好你打算向全体学生朗读的一段话，带着适当的表情读一遍。

(2) 让学生找出该段中所有类型的标点符号，并确保他们知道该怎么称呼这些标点符号。

(3) 让一个学生朗读这些语句，同时让另一名学生仅仅说出各相应标点符号的名称。这

① 编者自译，英文资料来源：http：//www.hotchalklessonplanspage.com。

样做可以促使朗读者留意那些标点符号出现在哪儿，并等待他的合作伙伴来对此加以确定。

(4) 如果所选材料中含有大量引用性话语，就安排一个学生读叙述者的话，一个学生找出标点符号并把它们读出声，引号内的话则由另一个学生单独朗读。

(5) 讨论每个标点符号的适当表达，并让学生们一起模仿。

(6) 活动结束之前，最好让几个学生练习一下上述模仿活动。

(7) 最后一遍朗读时，应该只安排一个学生来独自朗诵，此时无需再读出那些标点符号。

(8) 偶尔使用故事中的一小部分来做这个练习，然后继续正常朗读，并以此评判学生们对标点符号的运用程度。

标点符号对于表情达意有着非常重要的作用。我国常常通过观察标点符号在单个句子里的作用来体会它们的作用，国外这一案例则与此有些不同。它把标点符号的教学跟整篇文章的朗读结合了起来，并且采用了双人或多人合读中，单独安排一名学生读且只读标点符号的读法，形式上十分有趣，也能很好地凸显标点符号在文中表情达意的作用。另外，该教学设计中朗读形式的转换，也有值得我们学习的地方。

2.3.2　习作教学的国外典型案例

案例 2-3

写感谢信（美国）①

第一天：

(1) 讨论，谁帮助过你，为你做过一件什么好事情，我们可以写一封感谢信表示自己的谢意.

(2) 头脑风暴：回忆自己受到过谁的帮助。

(3) 确定自己要感谢的人和事情，和同学们讨论自己的感谢是否符合实际，是否真诚。

第二天：

(1) 交流汇报自己准备写信的对象和具体的事情。

(2) 把自己写信的动机、目的明确地写出来，组织好语言，让别人能理解你的意思。

(3) 感谢信的格式。第一句怎么开头。

第三天：

(1) 提示：写感谢信的语言要口语化，态度要友好，感情要真诚。

(2) 感谢信的框架格式。

(3) 写感谢信的初稿。

第四天：

对照检查单，修改自己写的感谢信。

(1) 拼写是否正确。

(2) 是否扣住写信的目的。

(3) 感谢的原因是否写清楚。

(4) 是否签名等。

第五天：

(1) 通读自己的感谢信。

---

① 转引自吴忠豪. 外国小学语文教学研究. 上海：上海教育出版社，2009：221，222.

(2) 运用电脑，将感谢信的字体、格式编辑得美观些，并打印出来。

(3) 发表自己的感谢信。

这是美国《开放阅读》教师用书中写作指导的一个课例。这个课例的学习整整持续了五天：第一天确定真正需要感谢的人与事，第二天重点学习如何把写感谢信的动机用恰当的方式表现出来，第三天了解感谢信的语言风格和框架格式，第四天根据修改清单对所写内容进行仔细检查，第五天修饰和发表感谢信。

2.3.3 口语交际教学的国外典型案例

案例 2-4

游戏：阴谋破坏者①

一、轮流扮演不同角色

(1) 参与者3人一组，内有3种角色：说话者、听话者和破坏者。一个人担任一种角色。

(2) 说话者和听话者相对而坐，说话者向听话者介绍自己的生活或学习。此时，破坏者可以坐在椅子上，也可以到处走动，尽量使用非武力手段打断他们的谈话。培训者和那些没有编入3人小组的人做机动破坏者，他们可以在各组之间游荡，辅助其他破坏者的工作。

(3) 两分钟后，参与者相互间变换角色，重复上面的步骤。

(4) 过两分钟再重复一次，使每个人都有机会担任3种角色。

二、组织讨论

(1) 每人说出自己在日常生活中所了解的破坏类型，写在展示板或黑板上。

(2) 参与者讨论：

①自己平时是如何对付上述破坏活动的？

②自己是如何识别破坏者的？识别了以后怎么办？

③小组可以采取什么方式来对付个别人的破坏？

三、展示结果

记录员将参与者所列举的策略写在一张纸上，贴在墙上，以便大家都能看到，也可以作为以后开展其他活动的参考。

这则口语交际教学案例通过正常交谈被不断打断的真实体验，向学生传达了交际的礼貌性原则，探索了面临“阴谋破坏者”时可采取的应对策略，体现了对口语交际中语用规则的特别关注。设计活动时，充分考虑了角色互换、人人参与、小组讨论与成果展示，使整个教学活动开展得扎扎实实。

2.3.4 综合性学习的国外典型案例

案例 2-5

沿着那颗星：用艺术和音乐来表现地下铁路的故事（美国）②

一、活动准备

英语教师和电脑课教师、艺术课教师相互协作组织这一单元活动。

---

① 转引自赵正斌．从两则案例看中外口语交际教学差异．小学教学参考，2006，(4)，85，86.

② 转引自吴忠豪．外国小学语文教学研究．上海：上海教育出版社，2009：314，315.

电脑课教师收集所需的资源，教授调查技能，帮助学生鉴别和查找资源材料，并提供指导。艺术课教师在艺术课内为计划和教学的进行留出一定的时间，并为手工艺和评价计划提供材料。英语教师引入单元活动，描述技术和组织相关活动，评价学生的作品；与电脑教师一起帮助个别学生完成调查和计划，并评价完成的作品。

二、活动过程

学习之前的理解概念：

(1) 地下铁路：是一个秘密代号，指内战前奴隶逃跑。

(2) 圣歌：是一种民间艺术的形式。在 19 世纪 60 年代被收集编写。圣歌有两种含义，它们表达了黑奴希望得到精神拯救，同时也表达了希望得到最终的自由。“沿着大熊星座”这首歌告诉逃亡的奴隶朝着夜空中大熊星所指的方向逃跑，那是通往自由的方向。

三、教学过程

（一）阅读“沿着大熊星座”的歌词

(1) 讨论此星座的大小和形状。(这首歌的背景及其重要作用可以在网上找到)

(2) 阅读或者听一听“偷跑”这首歌，讨论你会怎样“偷跑”。这首歌词中的“家”是什么含义？这首圣歌有两重含义吗？

(3) 4～5 名学生组成小组，每人小组选择其中的一首圣歌，确定音乐，并进行演出，可以有乐器伴奏。如果愿意，也可以自己创作一首圣歌。

（二）让学生观看“Harrit Tubman（黑人领袖）的地下铁路”这幅油画

(1) 画上有一个婴儿，你认为 Harrit Tubman 是怎样使婴儿安静的？画中所描写的是什么季节？

(2) 描述在画中看到的紧张气氛。

（三）学生活动

(1) 把教室当作车站，要学生们设计代号，在火车停车时使用。要求学生们写一篇文章，假设如果他们被当作奴隶，他们会怎样逃跑。

(2) 让学生们想象农奴时代的生活，用口头或者图画的形式来解释奴隶们会努力做什么。

(3) 让学生们根据收集的信息表演一个 3～5 分钟的短剧。这个短剧描述一个奴隶逃跑行程的片段。学生们确定短剧发生的地点，在地图上标出。最后，向全班描述逃跑奴隶的心理感受。

(4) 讨论：如果你是生活在那个时候的自由人，那么，你是否会帮助奴隶逃跑，去寻求自由。

(5) 当时奴隶们不允许阅读或写作，因此当他们试图逃跑时，他们会怎样准确地叙述他们的经历。

(6) 并不是所有的奴隶都逃向加拿大。如果他们奔向东方、西方或者南方，那么他们最终会在哪里安家。

(7) 每个城市中都有一个地方，那里聚集着来自同一国家的移民。比如有些城市有希腊城、中国城、墨西哥城等。你认为有没有可能，这些人跨越肤色的障碍，通过地下铁路逃往东方、西方而不是北方？解释你的答案。

(8) 讨论奴隶们在获得自由时的感觉。

(9) 组成小组讨论，为什么你认为有些州让人当奴隶是违法的。

活动过程中始终伴随着教师的评价。当学生获取信息、设计并作出决策时，教师随时给学生的学习成果评出等级。

（四）作业

(1) 总结所学到的知识。

(2) 表演短剧和说话。

此次综合性学习的研究主题是南北战争前的奴隶逃亡，由英语、电脑、艺术三门课程的老师协作完成。教学过程中用到了歌曲、图片、代号等营造情境，多方设法让学生以“当年”的视角思考问题。整个教学基本上全是学生的活动，短文写作、口头或图画描述、信息查阅、唱歌、短剧表演、小组讨论，活动形式多样，充分调动了各种感官来参与新知识的构建。

案例 2-6

蝙蝠：事实还是虚构？(美国)[①]

一、教授与评价的学习标准

（一）阅读与文学部分

从观点中区分事实和虚构。

概述主要观点和支持性的细节。

（二）写作部分

通过研究写出搜集到的主要信息。

用一定的方式安排出言之有理的观点。

指出在报告研究中的步骤并引导学生运用。

（三）科学与技术部分

生命科学；生命循环；生命适应。

二、说明

在老师介绍了新词汇并与学生们一起预习了课文后，学生们阅读由珍妮尔·加纳写的《Stellalu-na》。他们在书上画出细节，把它们分为“真实的”（事实）、“不真实的”（虚构的）和“不确定的”。

老师用研究程序的步骤引导学生。首先，她给全班同学介绍了标题“蝙蝠：事实还是虚构?”，然后引导他们对于研究问题的目录的使用进行讨论（产地、身体特征、食物、特殊的特征）和关于哪里能找到他们需要回答的问题的信息（书籍、电子媒体、交谈）。

三、实践与评估

学生两人一组研究关于一类蝙蝠的信息（棕色、吸血蝙蝠），并把几种信息来源制成一个简单的图表记录下来，概括写出所用到的问题的目录。

学生和老师复习这个从《stella Luna》中制成的关于细节的图表，重新在“不确定”一栏中进行分类，添加其他必要的判断。

四、最后展示及评价

使用老师提供的评分规则，学生们一起写、修改，为每一个信息目录编辑一段话。老师评价了这些段落。

然后，学生们准备结合他们带有视觉效果部分的段落进行演出（海报、机动设备、幻灯

① 转引自（形式上略有修改）《中学语文教学》编辑部．美国马萨诸塞州小语综合性学习课例评析．中学语文教学，2007，(5)：78，79.

片显示、幽默短剧）并与其他班同学分享他们的设计。

这则综合性学习课例，学习目标明确，教学过程中包含了阅读、制表、讨论、小组合作、编辑、演出等系列活动，比较关注语文实践能力的培养。另外，在研究问题目录的指引下查找资料的集体活动，不仅能培养区分信息重要度的能力，也能较好地帮助学生形成资源共享的良好精神。

实践反思：专业智能与专业态度

一、语文教师必备的专业智能与专业态度

对于一名语文教师而言，最具特色的专业智能无非就是要持续不断地提升自我语言的感染力，而因为小学语文教师通常会充当班主任角色，所以强大教师本人的心灵引力，也是我们需时刻修炼的一种专业智能与态度。

（一）彰显自我语言的感染力①

小学语文教师本身的言语能力既是个人取得良好业绩的基础，也是学生得以模仿的经典示范。这就要求做到以下几点：

(1) 掌握一定的语言文字知识。知识不一定是能力的基础，但它与能力息息相关。比如，现代汉语词汇、语法、语用知识，现行汉字基本知识中的造字法、汉字结构（笔画、笔顺、部件、偏旁、部首）、汉字规范化（定形、定量、定序、定音）知识，词源知识，等等，要么有助于理解教授词义，要么有助于上溯字源，要么有助于了解词与词之间的关联，建立词义系统结构。

(2) 锤炼口头表达能力。语文老师的发音、重音、选词等方式比任何关于正确说话的教条都要更加有效地、长期地、潜移默化地影响着学生。口头表达能力有“情感到位”和“语音标准”两条要求，具体到识字教学，语音标准更为重要。因为小学生正是学习语言的最佳时期，小学语文教师尤其是低年级启蒙教师，普通话水平直接影响着学生的方音程度。教师们应以普通话测试为契机，苦练难点音，克服方言语调，确保普通话达到二甲以上水平。另外，在课上课下都要坚持讲普通话，在做好学生榜样的同时，营造学校雅致的氛围。“情感到位”这一条，则除了体现在教学常规语言中以外，还集中表现在能否用态势语辅助汉字教学，教师要有意识地使自己的“情感丰富”，表达起来有感染力。

(3) 提高粉笔字板书能力。板书能力的最低要求是不写错字，并做到笔顺规范（据统计，最易写错笔顺的是“九、匕、乃、与、山、义、及、叉、五、巨、比、瓦、长、丹、方、火、为、丑、办、甘、世、北、凸、由、凹、鸟、必、讯、出、母、考、耳、再、舟、兆、壮、州、收、戒、报、巫、里、坐、免、卵、非、齿、垂、夜、肃、贯、革、幽、重、鬼、差、套、脊、兜、象、祭、插、搜、葵、噩”等65个字）。此外，要保证楷书书写，同时争取有力、个大，以便于学生辨识，减少视觉疲劳。

(4) 提升思维品质，做创新型教师。小学阶段的孩子充满好奇，以“十万个为什么”称呼他们也不为过，如果教师不常思，则经常会被问倒。虽然人们也并不要求老师对孩子的所有问题都给出答案，但指出思考的大致路径则是必须的，这不仅影响到孩子当时的兴趣保持，也涉及其今后的创新思维培养。当今时代呼唤创新与思考，墨守成规、千年一面的教师是没有生命力的。

---

① 编者在《小学语文策略》（北京师范大学出版社，2010）中曾经谈及相同的观点。

（二）强大教师本人的心灵引力

虽然良好的相貌、得体的穿着和优雅的举止可以增加人们的吸引力，但对教师来说，我们对于学生的吸引力更大程度上依靠一个强大的心灵。一个有强大心灵的教师，当然得有过硬的专业知识与专业能力做支撑。不过，除此之外，他还必须是一个处处为学生着想的老师。日本教育电影《麻辣教师》中的鬼谷老师凭什么令一群调皮鬼心服口服？法国电影《放牛班的春天》中的马歇尔老师凭什么温暖了那群孩子冰冷而坚硬的心？毫无疑问，他们凭的都是一颗处处为学生着想的实诚的心。

曾经读过一个故事，讲的是白岩松作为北大新生报名那天，因为携带东西太多，便请恰巧路过的一个老人帮忙看守行李。在这个故事中，白岩松报名花了一个多小时，回来后看见老人仍在原地看着他的行李，所以深为感动，而在开学典礼上，他又进一步震撼地发现，那位老人竟然是当时的北大副校长！这个故事隐含了一个预设：位高势重者往往无法做好一件平凡人都难以坚持的平凡事。季羡林先生做到了，所以他成为了一个经典榜样。其实，去掉这个带点儿灰色的预设，即使季老先生只是一名普通的老师，为陌生学生守一个多小时行李的行为依然是增加他心灵引力的重要砝码！

为学生着想，就是真心实意地爱学生。夏丏尊先生说“教育之没有情感，没有爱，就如同池塘没有水一样。”陶行知也认为“一切美好的教育方法，一切最好的教育艺术，都产生于教师对学生无比热爱的炙热心灵中。”所以，真诚地为学生好，真挚地爱学生，学生们就必然会“亲其师”而“乐其学”。

当然，有吸引力的教师，还必须具备幽默的气质。幽默的气质来自于豁达、从容的人生态度与机智灵敏的思维。俄国文学家契诃夫说：“不懂得开玩笑的人，是没有希望的人。”对此稍加修改，认为“没有幽默感的老师，是没有职业幸福感的老师”也未尝不可。因为课堂是生成的，经常会有各种突发事件上演，教师如果没有幽默气质，难免就会陷入束手无策或气急败坏的泥坑当中。所以，一方面，教师要努力使自己变得豁达从容，另一方面也要着力不断训练思维的灵敏度。一般说来，经常阅读、收集和分析各种信息，习惯于制定切实可行的计划并加以坚决执行，乐于反思生活与工作中的各类事件，都是训练灵敏思维的有效途径。

总之，只有强大了自我的内在力量，教师才能在课堂上挥洒自如，用最恰当妥帖的方式把自己的专业智能发挥出来。

（三）从启迪思维的角度提升提问质量

提问是决定教学质量的重要一环。但是，据我们观测，目前我国小学语文课堂的提问质量普遍较低，包括一些公开课和优质课在内，都可以看到“伪问题”成堆的现象，学生通常只需补充教师的词句，或是在书上找到现成的答案，就能令教师非常满意。

我们认为，真实的提问应该以能否启迪思维作为标准。下面是两堂课提问的对比：

课堂一：灰姑娘（节选）①

上课铃响了，孩子们跑进教室，这节课老师要讲的是《灰姑娘》的故事。

老师先请一个孩子上台给同学讲一讲这个故事。孩子很快讲完了，老师对他表示了感谢，然后开始向全班提问。

师：你们喜欢故事里面的哪一个？不喜欢哪一个？为什么？

生：喜欢辛黛瑞拉（灰姑娘），还有王子，不喜欢她的后妈和后妈带来的姐姐。辛黛瑞

① 改编自沙漠．灰姑娘．少年读者，2004，(2)：41，42.

拉善良、可爱、漂亮……后妈和姐姐对辛黛瑞拉不好。

师：如果在午夜 12 点的时候，辛黛瑞拉没有来得及跳上她的南瓜马车，你们想一想，可能会出现什么情况？

生：辛黛瑞拉会恢复原来脏脏的样子，穿着破旧的衣服。哎呀，那就惨啦！

师：所以，你们要做一个守时的人，不然就可能给自己带来麻烦。另外，你们看，你们每个人平时都打扮得漂漂亮亮的，千万不要突然邋遢地出现在别人面前，不然你们的朋友要吓坏了。女孩子们，你们更要注意，将来你们长大和男孩子约会，要是你们不注意，被你们的男朋友看到你很难看的样子，他们可能就吓晕了。（老师做昏倒状，全班大笑）

师：好，下一个问题：如果你是辛黛瑞拉的后妈，你会不会阻止辛黛瑞拉去参加王子的舞会。为什么？（后妈对自己的孩子很好，她不是坏人，只是还不能够像爱自己的孩子一样去爱其他孩子。）

师：辛黛瑞拉的后妈不让她去参加王子的舞会，甚至把门锁起来，她为什么能够去，而且成为舞会上最美丽的姑娘？（有仙女帮助和老鼠的帮助。人都需要朋友。朋友不一定是仙女，但是，我们需要她们。）

师：如果辛黛瑞拉因为后妈不愿意她参加舞会就放弃了机会，她可能成为王子的新娘吗？（不会。如果辛黛瑞拉不愿意参加舞会，就算她的后妈没有阻止，甚至支持她去，也是没有用的。是谁决定她要去参加王子的舞会？她自己。就算辛黛瑞拉没有妈妈爱她，她的后妈不爱她，这也不能够让她不爱自己。就是因为她爱自己，她才可能去寻找自己希望得到的东西。）

师：这个故事有什么不合理的地方？

生：（过了好一会儿）午夜 12 点以后，所有的东西都要变回原样，可是，辛黛瑞拉的水晶鞋没有变回去。

师：天哪，你们太棒了！你们看，就是伟大的作家也有出错的时候，所以，出错不是什么可怕的事情。我担保，如果你们当中谁将来要当作家，一定比这个作家更棒！你们相信吗？

课堂二：《触摸春天》教学实录（节选）[①]

师：现在谁能向大家大声地说一说这篇课文主要写谁？

生：这篇课文主要写了一位盲女孩安静。

师：是呀，这个女孩是盲女孩，盲女孩就是双目怎么样？

生：失明。

师：双目失明的人眼前是一片——

生：漆——

师;：没关系，大声说。

生：黑暗。

师：是的，她的眼前是一片黑暗。这个盲女孩多大啦？

生：8 岁。

师：8 岁。做了一件什么样的事？

生：触摸春天。

师：她触摸春天具体做了些什么事？

---

① 根据编者所听的一堂公开课的录音整理得来。

生：这位盲女孩拢住了一只花蝴蝶。

师：是呀，她拢住了一只花蝴蝶。这个女孩拢住了蝴蝶之后然后又把蝴蝶怎么样了？

生：放了。

师：放飞了那只蝴蝶。

师：同学们，请你赶快找到课文的第二自然段，找到了吗？

生：找到了。

师：我们一起读一读这段话。

生：春天来了。

师：读得好极了。"流连"是什么意思？

生："流连"的意思是留恋不绝，舍不得离去。

师：哦。我们常常用"流连"组成的一个四个字的成语是什么？

生：流连忘返。

师：是呀，流连忘返。盲童安静总在哪里流连？

生：总在繁花似锦的小区的绿地上。

师：因为这个绿地上，春天到处繁花似锦，什么吸引着她？

生：花香吸引着她。

师：恩，浓郁的花香吸引着她，所以她总在花香中流连。可见这个盲女孩对这片小区对这个花园充满了什么呀？

生：喜爱。

师：充满了喜爱，喜欢花儿，喜欢闻花香就喜欢春天。有谁能够用朗读把春天的美丽和安静对春天的喜爱表现出来呢？

生：春天来了。

师：你读的真的很美呀，春天真的很漂亮（掌声）。同学们，让我们像某同学那样，把这段文字优美地读一读吧。

课例（一）是美国的一堂读书交流课，课例（二）是我国的一堂阅读观摩课。这两堂课的共同点都是用提问来推动整个课堂教学。但是，初读之下，就能轻易发现，二者的提问质量截然不同。前者的每一个问题都有其作为问题的价值，文本本身无法提供答案，而每一个问题的解决又都能够令人豁然开朗。后一堂课的提问质量则要低劣得多，几乎所有的答案都来自于文本，虽然课堂中充满了"热闹"的问答，但学生的能力与观念却不太可能得到任何发展，说得严重一点，这种提问只不过是在浪费学生的生命！

二、(美国) 语文课怎么上

语文课怎么上？①

Diana

一直没有仔细地写过美国小学的语文课，最近看了一些对国内语文课本和语文教育的批评文章，有点感触，于是就我接触到的信息，讲讲我所了解的美国的语文课。

在美国小学里，并没有直接和"语文"这个词相对的词。儿子一年级就读的林肯学校用Language Arts（语言艺术）这个说法，应该算是最接近的，但这门课分为非常细致的几个部分，如拼写、书法、阅读、写作。现在就读的海蓝学校课程表上干脆就没有语文课这个总称，而是这样直接的分类。拼写、阅读和写作是每天必有的内容，而具体时间段、教学重

---

① 节选自 Diana. 语文课怎么上. http://deskbylakemichigan.blog.163.com. 2010-12-15.

点、评估结果都是分开的。因为美国小学的教学方式非常注重各科之间的横向联系、融会贯通，班主任一人担任以上所有语文内容以及数学、科学、社会科学的教学，这些语文课的各个组成部分被很好地互相渗透、紧密结合起来。

第一次看到学校的教学大纲时，留意到阅读和写作课的教学目的是“识文断字如何帮助我认识我的世界？写作如何帮助我和他人沟通我对世界的认识？”这两点和我对语文课的期待是符合的。我一向觉得语文课其实是人文和素质教育的一个丰厚的基础，通过语文课，不仅可以教孩子听说读写的技巧，更重要的是教他们看世界的方式，在语文课上，不仅可以引导孩子欣赏文字和语言之美，更重要的是体会和理解文字后面所体现的文化观念和普世价值。孩子的人生观和价值观的形成，情感能力的培养受多种因素的影响，语文课上的所得也是其中一个影响因素。

美国小学注重语文课带给孩子们认识和运用文字的技巧，更注重它能带来思想的滋养和思维方式的形成。

拼写课上，孩子们主要是学习发音规律。比如，这周儿子学习的是 sh、ch、tch、th、wr、ck 的发音规律以及含有这些字母组合的单词拼写，只要知道规律以及记住一些特异情况，大部分的单词是可以自然拼写出来而无需背诵的。老师教的就是规律，练习的是用其中一些单词造句，测验的是他们可否利用规律而听写出在清单上可能是全新但符合此规律的单词。

书法课上，老师教的是斜体以及花体字的写法，随教随练随用，在三年级第一学期开始上电脑键盘打字课之前，书法课已经告一段落。

写作是美国学生的一个重点，以后大把论文和学校申请书需要他们运用写作的技巧；而且美国人非常注重演讲能力，一个人在作文中做到观点突出、逻辑清晰、用词有力、语句流畅、个人风格鲜明，才有可能成为一个出色的演讲者。老师在写作课上会举很多例子让孩子们一同来分析；在写作的题目上，老师一向没有整齐划一的要求，多半是开放式的题目，而他们着重要求孩子们逐步掌握 6 大写作要素，从以下描述里可以看到他们肯定和促进的是什么。

特色：

这是一篇你想大声朗读分享的文章

这篇文章很有作者的特色

写作风格生动，表达丰富的意思

反映作者的情感：作者很关心这个题目，就像面对听众侃侃而谈

用词：

很容易看出作者想说什么

很少重复，作者总是能选择恰当的词

有力的动词，带给整篇文章一种活力

作者尝试用新的方法来表达自己的意思

描述感觉，使文章有声有色

语句流畅：

文章自然流畅，易于大声朗读

很多句子都是以不同的形式开头的

长短句灵活搭配，行文有多样性

有足够的长度能使语句流畅起来

作者使用完整的句子

观点：
文章的观点鲜明而突出
作者总是围绕主要的观点
作者对这个观点有很多认识
作者一直选取有趣的细节
文章非常清晰，非常容易阅读
组织：
文章逻辑性很强，非常容易跟踪
作者没有偏离主题
有一个强有力的开头，立刻吸引读者的注意力
结尾十分合适，让读者有完整的感觉
行文常规：
作者轻松掌握行文的常规
词和词之间有空格
拼写正确，容易辨认
正确使用标点符号
正确使用大小写

阅读课更让我觉得是语文课的重中之重。一天之中，阅读课有几个时段，分别是Sharing Reading（分享阅读）、Guiding Reading（引导阅读）、Independent Reading（独立阅读）、Reading and Relax（阅读和放松）。我曾经在《终身阅读者》一文中描绘了美国大小环境对阅读的重视，结合语文课上分配给阅读的时间以及阅读的方式，我能感觉到美国教育者不认为一本语文课本就能满足语文教育的需要，读朗朗上口、内容轻松幽默的故事，读意境优美、内容简洁的诗歌，读几代流传、意义丰富的寓言或童话，读反应社会现实的小说……他们愿意投资很多的时间在阅读上，为的是拓展孩子们的视野，丰富他们的感受以及积累他们的能量。

阅读课上不同的阶段会向一个目标进发。前段时间儿子班上的重点是学会从文章而联系自己的生活体验，利用文章的线索和背景知识推断下文以及作出结论。在Reading Enrichment（阅读拓展班）的课上，儿子就《农夫和金鱼》的故事做了一个星期的练习，分别是阅读故事并写出故事的梗概，总结作者要传达的意思，带着自己的观点和同学们进行讨论，如有需要，修改自己原来的总结，记录这个变化的过程以及为什么。

今天我在学校图书馆做志愿者，恰逢一年级一个班的“图书馆时间”，这是每个班级都热爱的节目，我碰上了，领悟到语文课其实在这个时间段也在继续着。孩子们围绕图书馆长玛霞席地而坐，玛霞拿出了一本童话书给孩子们读了起来，讲故事、提问以及一些讲解，让边工作边旁听的我明白了几点：玛霞用非常简单的语言告诉了这帮孩子童话这种文学形式的一些特点，玛霞读的故事和上次给同一班孩子读的故事是类似的，她引导孩子们找出了其不同点；玛霞通过这个故事，和孩子们讨论出了一个结论：每个人都是不同的，也都是不完美的，接受自己的特点，无需为此而对自己挑剔、自卑或者孤独一世。20多分钟后，孩子们各自挑选了一本书到我的桌前办理了借书手续（班里图书角的书可以随便带回家读，记得还就可以，学校图书馆的则和外面图书馆一样比较规范）。有选择是多么好，有丰富的选择更是幸福！

复习与思考

1. 仔细阅读第三节的 7 个案例，分析有哪些地方值得我们借鉴？尝试对其中的一个案例进行“移植”，看能否在我们的课堂上将其“复活”？如果不能，请分析具体原因。如果基本可行的话，请试着向周围的人推广你的经验。

2. 有些国家的语文综合性学习已经成为贯穿在阅读、写作、口语交际等各类教学中的一种主导思想，而我国的语文综合性学习目前还处在单独划块的探索阶段。读完本章之后，请谈谈对语文综合性学习的理解与体会。

3. 本章没有介绍国外的识写教学，你对此有兴趣吗？有什么途径可以了解到相关的情况呢？尝试去探索一下吧！

拓展资源

董蓓菲．2009. 全景搜索：美国语文课程、教材、教法、评价．上海：华东师范大学出版社．
方明生．1998. 日本生活作文教育研究．华东师范大学博士论文．
高如峰．2002. 法国中小学本国语文课程的改革．全球教育展望，(6)：63-65.
何晓文．1996. 五国小学语文课程比较研究．外国中小学教育，(5)：15-18.
王志凯．2008. 中外母语课程标准中写作目标的比较研究．宁波大学学报（3)：97-100.
夏家发，彭近兰．2010. 教学活动设计．武汉：华中师范大学出版社．
夏家发，杨再隋．2000. 小学语文教育学．武汉：湖北人民出版社．
邢占军．1994. 美国阅读教学的变革．外国中小学教育，(1)：28，29.
赵国忠．2009. 外国优秀教师最有效的建议．南京：南京大学出版社．

第 3 章 小学语文课堂教学新常规与案例研究

韦祖庆 广西贺州学院

学习目标

1. 结合教学实践深入理解教学常规各环节，并能有效地整合运用。
2. 了解教学常规相关环节所依托的基本理论。
3. 结合教学实践理解各类课型教学的基本特点。
4. 通过理论学习与案例研习形成相应的导学艺术。

专题导向

专题 1：小学语文导入的艺术
专题 2：小学语文课堂活动的推进艺术
专题 3：小学语文课堂小结与总结的艺术
专题 4：小学语文课堂讲解的艺术
专题 5：小学语文范读的艺术
专题 6：小学语文课堂提问的艺术
专题 7：小学语文课堂讨论的艺术
专题 8：小学语文课堂分享的艺术
专题 9：小学语文课堂板书的艺术
专题 10：小学语文阅读的导学艺术
专题 11：小学语文写作的导学艺术
专题 12：小学语文合理使用多媒体和网络资源的艺术

教育有着内在的运行规律，随着人们认识深化，不断地将规律化为具有可操作性的教学常规，具体指导教育教学实践活动。教学常规是着眼于人才培养目标和规格，基于教育规律的认识，归纳总结符合教育规律具有相对稳定性的教育教学工作程序、步骤和方法等一整套完整的操作和检测体系，主要包括目标管理、教育管理和课堂教学活动三个基本方面。目标管理是指培养什么样的人才和规格，一是国家层面的人才培养要求，二是学校依据自身实际作出的特色人才培养指向。教育管理是指教育行政管理，包括教师管理、学生管理、班级管理、教学管理和财务管理等，简言之，就是人、财、物的管理。为了避免与教育管理形成交叉关系，课堂教学活动侧重于直接从事教学的一般性活动，主要包括备课、授课、作业、辅导、考核测评等几个基本环节。

教学常规具有通则性质，全方位地指导学校教育教学活动。狭义的教学常规，通常只指课堂教学活动，如果不加特别说明本章即用此义，就是如此，这个术语也还是表征通则性，因为它没有体现学科特征。小学语文课堂教学常规既是通则教学常规的细化，又体现学科教学特性，具体表现为：

（1）备课包括教学目标、学情分析、文本研读、文类辨析和教法学法选用等，其中文本研读和文类辨析具有较强的语文学科特性。

(2) 授课包括课堂导入、文本研习和讲授、学法引导、工具性与人文性结合、课堂小结和布置作业等，其中工具性与人文性结合体现语文学科的核心特征。

(3) 作业包括学生作业、教师下水作业和作业评讲等，其中作文的教师下水练习尤其能够显现语文学科教学特性。

(4) 辅导包括课堂辅导、课外辅导和课外活动等，其中课外活动是实现大语文的重要途径。

(5) 考核测评包括命题与评讲等，语文作为人文学科，不可拘泥于标准答案，可以留给学生适当的发挥空间。

小学语文课堂教学"新常规"主要体现在三个层面：第一，"新"是原来没有，后来有所添加。比如，现在一般都添加了"说课与反思"、"听课与议课"两个基本环节。此外，就是细化原有教学环节，如细化课堂活动的推进、讲解、提问、讨论和分享等。第二，原来设定的教学常规重在工作程序、步骤和方法的介绍与规定，具有技巧性特征；"新"则更强调教学工作的艺术性。第三，原来的课堂教学常规更多地倾向于引导教师如何"教"，"新"则更多地强调应该引导学生如何"学"，使学生真正获得"自主、合作、探究"的学习方式。

3.1　小学语文导入的艺术

课堂教学活动开始之专属名称就叫导入或导语，以导入称之更准确与贴切，因为导入既表示过程，也隐含着结果。

3.1.1　术语疏理

导入即引导进入。教学导入是在一定教学目标指引下，教师有意识地引领学生开始进入相关教学内容学习的教学行为。小学语文教学导入就是基于语文学科特点，关注小学生学习心理，教师有意识地运用多种教学媒介、手段和方法，引领学生进入最优化语文学习状态，从而开始教学活动的初始教学行为。

3.1.2　基本理论

1. 学习兴趣理论

小学生学习很大程度上依然受制于个人兴趣，而非基于理想目标稳定的坚强意志。激发学生学习兴趣，这是教学导入应该考虑的基本心理气场。班级授课制聚合了一群学生，就会形成心理气场，也就必然会相互影响，产生"$1+1>2$"的系统效应。通过教学导入而激发学生语文学习兴趣，由此生成心理气场，即使有个别学生尚未形成兴趣，也会在这样一个气场裹挟之下，逐渐产生兴趣并形成良性循环。

2. 凤头理论

凤头理论是文章结构理论。教学导入借鉴凤头理论，能够充分体现应该达到的质量标准，那就是犹如凤头那样精细、漂亮、富于吸引力，具体到教学导入，可以表述为言简意赅、富于吸引力。言简意赅，就是要精到、切中要害，一般在 3 分钟左右为宜。意赅，更强调导入内容必须富于吸引力，能够真正起到营造学习氛围，引领学习路径的效果。

3. 疏浚理论

疏浚理论借用大禹治水故事。整个教育教学活动就像治水，学习就是一个过程，犹如滚滚水流，新知识就构成水流的障碍，犹如凌汛，这就需要疏浚。教育实践已经证明"导"是最好的学习，因此借用它表达教学导入应该达成的学法效果。

3.1.3 实施策略

第一，研读文本。只有充分研读文本、吃透教材，才能恰到好处地设计一个适宜的导入。第二，分析学情。教学的对象是人，必须因材施教，好的导入不能只看导入文本，更应该考查教学对象。第三，关注环境。它主要是指教学环境，包括校园自然环境，也包括学校精神环境，诸如校风、学风和班风等。第四，选用方法。从来没有最好的方法，只有适宜的方法，因此必须综合考量各种因素，然后选用适宜的方法。教学导入基本上体现为三大类：激趣导入、切题导入和学法导入，在教学实际中，它们之间没有界线，具有某种交融性。

案例 3-1

老水牛爷爷

于永正老师在与学生互致问候之后，于老师在黑板上写了“爷爷”二字。问：“爷爷指的是什么人？比如说，你的——”学生掩口而笑。没有一个举手的。于是，于老师请一个活泼、调皮的男生站起来回答。这位男生忍不住笑了起来：“爷爷就是爸爸的爸爸。”于老师转身在“爷爷”前面写上“老水牛”三个字。并指着黑板上“老水牛爷爷”五个字问：“有喊‘老水牛’为爷爷的吗?”有的说没有，有的说有。于老师趁机说：“不错，有的。我们今天要学的第 20 课就有。不过，你们打开书一看便知，这个题目中的‘老水牛’指的不是真的牛，而是一个人。但是，为什么人们称这个人为‘老水牛’，而且叫他‘爷爷’？请你们读读课文，然后告诉我。”

于老师就近取材，由课文题目导入，自然、亲切、不露斧凿痕迹，既起到导读作用，又起到导学作用，“从心所欲而不逾矩”。

3.2 小学语文课堂活动的推进艺术

课堂教学活动包含课堂导入、文本研习、学法引导、工具性与人文性结合、课堂小结和布置作业等环节，环节之间必然涉及衔接，也就需要推进艺术。

3.2.1 术语疏理

推进即促进事物前行。教学推进是基于课堂教学活动有机整体性，旨在促进各个教学环节顺畅紧凑，生成张弛有度富于节奏美的教学行为。小学语文课堂活动教学推进就是以文本逻辑为基础，教学逻辑服务文本，黏合并优化各个教学环节，创造环环相扣、相得益彰、教学节奏美的教学行为。

3.2.2 基本理论

1. 过渡理论

过渡理论取源于文章结构理论。课堂教学活动是由多个教学环节组成的有机整体，它的有机性既可以通过内容之间的关联性显现，也还需要某种外在的机制来黏合，过渡就是其间的黏合剂，能够起到承上启下的作用。过渡的方法，最基本的就有词语过渡、句子过渡和段落过渡，这些都可以运用到教学活动过程中。

2. 高潮理论

高潮理论也是取源于文章结构的理论。课堂教学活动因为包括多个教学环节，文本内容也包含曲折变化的因素，因此教学不应该平铺直叙，而要追求起伏变化张弛有度的节奏美，教学高潮就是题中之意，“教学高潮的形成是一个渐进的过程，从学生上课注意力的集中程度看，基本上表现为不集中-集中-高度集中-逐渐不集中；从大脑活动的规律考查，则是开始抑制-兴奋-高度兴奋-慢慢抑制，因此教师要科学把握教学时间和教学内容，努力在最佳的时间段和思维最活跃时期推进教学高潮。在教学的黄金阶段，应该选择好课堂高潮的内容：或者把教材的重点、难点加工成悬念性的问题，引导学生寻觅解答，登临极顶，豁然开朗；或者按课文情节，逐步推进，把课文的情节高潮与教学高潮统一起来，一箭双雕，相得益彰；或者对课文的人物形象，指导学生认识分析，明了性格特征，得到成功的愉悦；或者把课文的中心意思、写作技法作出准确的归纳，学生迅速理解，得到新的启迪和收获，等等，把教学内容进行提炼，找出主攻点，因势利导，让学生得到最深刻、最生动的教益。”①

3.2.3　实施策略

第一，把握文本结构与情感线索。教学推进需要关注教学逻辑，服务教学文本，因此研读文本是基础性工作。从推进艺术层面考量，研读文本的重点在于文本结构与情感线索，因为其中存在着推进因素，能够引领教学逻辑的发展走向。

第二，把握学生有意注意的时间曲线。学生学习的有意注意总是表现为时段性，不可能一整堂课都处于高度兴奋状态，也不可能每节课都保持一样的精神面貌，总会有一个学习注意力曲线的变化。“心理学家绘出了 40 分钟内听众或班级注意力的变化图。起始注意力高度集中，在第一个 10 分钟内会慢慢下降，然后会迅速下降，大约 30 分钟后达到最低点，然后在最后 5 分钟会迅速提高并达到高潮。从这里可以得到四个要点：①时间越短—大致说是 25～30 分钟—注意力越集中（当然，分成很多小部分，它就自行失效）。②你要让听众记住的最重要的要点要放在开始和最后。特别是每个部分最后一幅画、一个句子或词组，它可以在新词、新形象推上去之前，在听众的头脑中停滞稍长一段时间，所以就显得特别重要（你可以在每个重要的要点之后延长停顿的时间而加以强调）。③注意力会在第一个 10 分钟后下降，然后慢慢爬升，所以，对于质地的变化多样，以及其他的可以激发及保持注意力的工具都要倍加关注。④只有在知道行将结束、临近尾声时，听众的注意力才会升高。”②

第三，关注教学重难点。教学重难点是教学活动必须突破的核心教学问题，也是教学推进必须关注的问题，甚至整个推进都要围绕它展开，因为它能够起到提纲挈领的作用。

案例 3-2

桂　花　雨③

片段一

师：同学们，预习时老师提了个问题：这是一场怎样的桂花雨？能说说吗？（生答略）

师：老师听出来了，同学们读出了这是一场香喷喷的桂花雨（板书：香）。这是一场快乐无比的桂花雨（板书：乐）。这就是文字带给我们的滋味。这是一篇散文，散文是需要好好地、反复地去读、去品的。这节课我们继续走进文字，去读文字中香的味道，乐的味道，

---

① 汪洪．语文教育卷．北京：中国戏剧出版社，2007：25.

② 安东尼·杰伊，罗斯·杰伊．有效的展示——如何成为一名展示高手．张其仔译．北京：经济管理出版社，1999：30-32.

③ 祝禧．读桂花、想桂花、念桂花．小学语文教学，2009，(12)：11-13.

甚至更多的味道。

（板书：……）

片段二

（PPT 出示：桂花开得最茂盛时，不说香飘十里，至少前后左右十几家邻居，没有不浸在桂花香里的）

师："浸在桂花香里"是什么感觉？我们的教室前就有一棵桂花树，最近我们每天都能闻到桂花的香，怎么就能感觉到是"浸"在花香里了呢？先不说，拿出笔来，用一个词或一句话在"浸"字旁把感觉写下来。

生：我觉得桂花香香得让人陶醉。

师：陶醉就是"浸"的感觉。

生：好香啊，都把我熏成了香人儿啦，一直香到了我的心坎儿里。

师：不仅闻到了香，而且香味跑到心里去了。身心沉醉，这就是"浸"的感觉呀。

生：在桂花香里仿佛我自己也成了一朵桂花了。

师：自己就是一朵桂花，忘我的感觉！多美妙的感觉，就是课文中这一个"浸"字呀！那怎么读能把自己浸在桂花香里的感觉读出来呢？（一生读）

师：好像还在香外徘徊。两个人读，看看香味儿能不能浓一点。（同桌齐读）

师：香味儿变浓了，好像还不够。我请一组同学读，能不能让香味变得更浓郁一些。（一组学生读）

师：这回香味更浓了。全班同学一起读，让这芬芳的桂花香飘满整个教室。（全班学生齐读）

片段三

师：这是一场快乐无比的桂花雨，让我们用心去品味。（出示文中第三自然段）读散文有好多种读法。会读的小朋友会从文字中看到画面。静静默读这段文字，用心去品味：你仿佛看到了怎样的画面？（学生默读）

生：桂花随着风儿在空中飞舞，香味弥漫整个天空。

生：孩子在树下拼命地摇着桂花树，她的身上全都落着桂花。她都陶醉在其中了，沁人心脾的香味儿弥漫整个村庄。

师：真是一群会读书的孩子！你们想不想做这个摇桂花的小女孩啊？想不想体验这摇桂花的无比快乐啊？

生：想。（全体起立。音乐）

师：现在我们就是小女孩，抓着桂花树干，憋着劲儿使劲地摇。一阵阵的桂花从树上落下来了。这桂花像什么呀？

生：桂花像一阵很香很香的雨。

生：这桂花像一只只金黄的蝴蝶在空中翩翩起舞。

生：这些桂花像碎金一样从天而降。

师：孩子边摇边喊——

生：啊，真像下雨，好香的雨啊！

师：摇啊摇啊，头上是桂花，身上是桂花，连小辫儿上也是桂花啦！孩子高兴地喊着——

生：啊，真像下雨，好香的雨啊！

师：这摇桂花真有这么快乐吗？

生：因为孩子做了自己想做的事情，所以觉得很快乐。

生：因为孩子一想到桂花摇下来可以做成各种各样的食品，就觉得特别快乐。

师：这摇桂花呀真是一件乐事，可作者为什么说是一件大事呢?

生：作者觉得摇桂花很有趣，然后就天天盼望着摇桂花。

生：因为每年只有一次摇桂花，对于她来说这是一件很大的事情。

师：因为每年一次，所以珍贵；因为能创造快乐，就是孩子最大的事情。这摇桂花成了孩子最快乐的事情，所以一直记在心里呢!

……

这是著名特级教师祝禧老师的一个教学实例，虽然不是完全课堂实录，只是记述了几个重要的教学片断，但也完全可以窥一斑而见教学推进之全豹。首先，各个片断层层推进，最后在“念”桂花中达到高潮。第一片断是本课堂教学活动的导入，既承接预习内容，也开启教学新内容，并且引领了学法，引出课文两个关键词“香”和“乐”。接着的第二、三片断就着“香”和“乐”展开，以“念”桂花而将情感推向高潮。其次，通过过渡词句将各个教学片断联结一体。第一片断说到文字里的“香的味道”，第二片断顺势学习“浸在桂花香里”，第三片断说到摇桂花是作者一大乐事。再次，依据学法引领实施课堂教学活动的层层推进。初始的桂花雨的香与乐，这都是文章表层文字都已经直接呈现出来的，属于读文的初始感受。紧接着引领学生进行“浸”的体验，深入文本，实现与文本对话并交融，这样可以深切体验文本情感，这是学文的第二层次。第三层次则是需要与作者对话，运用文本间性理论，将课文置于更广阔的文化语境中把握文本，从而实现深度解读，并将其推至文本之外，构筑言有尽而意无穷的阅读效果。

3.3　小学语文课堂小结与总结的艺术

教育是一个树人的过程，需要不断反顾，以便及时调整教育方法，课堂小结与总结具有反思意识，可以奠定不断进步的根基。

3.3.1　术语疏理

小结与总结即指一个行为主体对于一定时期内历经的所作所为，在一定思想统摄下进行必要反思，旨在更加有效地指导下一阶段行为、争取更大成效的一种反省行为。教学小结与总结是指在一个完整的教学活动单位内，教师对自己的教学行为进行反思，以精要言词加以概括提炼，既表明授课基本内容，又帮助学生条理化掌握知识，实现教学相长的一种自省行为。小学语文课堂小结与总结就是基于语文课堂教学活动，为了让学生更好地掌握语文知识系统性，体验文本的人文性，教师在某个教学活动节点上，提纲挈领地归纳提炼教学内容的教学行为。

3.3.2　基本理论

1. 反思理论

教学反思是教师以自己的教育思想及其教学活动为思考对象，对其进行认真的审视、分析和研究，比对现实教学与预期效果之间的卯合度，从而不断完善教育思想和调整教学策略，使之达到最优化教学效果的一种哲学思维方法。小结与总结，只是其中基本的体现方式。

2. 归纳逻辑

归纳逻辑是关于归纳推理和归纳方法的理论，这是小结与总结必须运用的逻辑思维方法。归纳逻辑就是由个别到一般，具有对现象进行概括提升的特点，这正是教学小结与总结所要求的基本方法。

3.3.3 实施策略

首先，必须研究课堂教学对教学目标的实现程度。任何教学行为都是教学目标的实现手段，都应该围绕教学目标展开，因此必须分析教学目标的实现程度。

其次，必须分析教学重难点的突破程度。教学最终都要落实到“学”，教学重难点的确定不仅取决于教学文本，更取决于学情分析，它是落实学生本位思想的一个落脚点，它是必须反映的基本内容。

再次，提炼关键词统摄小结与总结。课堂教学小结与总结不能长篇大论，必须短小精悍，以时间长度计算则以 2 分钟左右为宜，因此就要求提炼关键词，以期达到以一驭万的效果。

最后，综合研究制订实施方案。这是一个具体化的实施步骤，是在之前的充分研究基础上提出的方案，因此要求必须具有现实可操作性。从小结与总结的组织形态看，可以区分为教师独立小结与总结、学生进行小结与总结、师生共同小结与总结三类。

案例 3-3

枫桥夜泊

学习古诗《枫桥夜泊》时，同学们都很喜欢这首诗。总结时，我让学生用自己最喜欢的一句话来说说喜欢它的原因，并按自己的理解来读读诗句。同学们很积极，纷纷举手发言，课堂一时非常热闹。我在扫视举得高高的小手时，突然发现了一只手，一会儿举起来，一会儿放下去，看得出这只手的主人极其犹豫和不自信，“是谁呢?”再一看，原来是他，全班最特别的小男孩。

“你有什么话想说?”我请他站起来回答问题。

“你也有最喜欢的诗句吗?”他点点头。

我感兴趣了，“是哪句呢?”

“姑苏城外寒山寺，夜半钟声到客船。”男同学低低地说。

“能说说你为什么喜欢吗?”我微笑着问。

“没有理由，”男同学的声音更低了。

当全班同学听清楚他的这句话时，原本安静的课堂一下子喧哗起来。

“没有理由还能喜欢吗?”“他在捣乱吧?”

我也愣住了，完全没有想到会有这样的答案。

这是一个让所有教师都感到意外的答案，这个学生的回答让其他同学哄堂大笑，让我很尴尬，而这个男生自己则涨红了脸，低垂着头站着，双手不知所措地摆弄着。大家都在等待我的处理：是骂他一顿，还是不置可否让他坐下……

我愣了几秒钟以后，微笑地摸着这男生的头说：“我相信你！那么，你愿意读读自己最喜欢的诗句吗?”

男生拼命地点点头。

在我的示意下，他郑重地拿起了书，大声地读了起来，所有的学生都安静了，因为他们从来没有听过这个男生读得这么好过。听着他的朗读，大家的眼前似乎真的出现了那些景物。他的确是最喜欢这句诗，这发自内心的朗读深深地感染了大家。大家安静了几秒钟后，突然爆发出一阵热烈的掌声，男同学高高地扬起了头，挺着胸，脸上绽放出灿烂的笑容。掌声结束，大家以为他会坐下了，谁知他却难过地说："我就是喜欢这句诗，但是我真的说不出为什么。"

我拍拍他的肩膀，然后对全班同学说："读任何文章，我们每个人的体验都是不一样的，这种体验我们可能说不出来，但是有一件事却是可以做的，那就是读，我们都可以朗读，用朗读展示自己的感悟，别人一定会懂。"

（盛帮建）

虽然我们没有看到《枫桥夜泊》的教师小结文本，但透过学生的反应，还是可以感到其小结内容的到位，以及充分调动了学生兴趣，起到了延伸课外的效果。所呈现的部分，已经转化为师生共同小结的情境，随着教师的引领，学生充分进入诗的意境，体验了诗的情境。学生运用朗读法参与课堂小结，不是通过言词来表达自己对于诗句的理解，而是通过生命体验来展现自己对于诗句的感悟，这是一种真正的小结。

3.4 小学语文课堂讲解的艺术

讲解作为教育教学的一种基本方法，虽然讲解已由过去一统天下转向多元教法，但是讲解的作用依然不可替代。

3.4.1 术语疏理

讲解即讲述解说。教学讲解是教师基于教学内容，采用讲述解说的方式，旨在传授学科知识的一种教学方法。小学语文课堂讲解就是基于教学内容，依据语文学科特性，运用讲述解说的方式，传授语文知识，体现人文性内涵，促成两者的有机融合的一种教学方法。

3.4.2 基本理论

1. 奥苏贝尔的有意义言语学习理论

学校教育某种意义上就是符号教育，奥苏贝尔认为，学生在课堂里主要接受由前人所积累的文化科学知识，这些知识是用言语符号表达的，学生在课堂教学中就是接受有意义言语学习。

2. 皮亚杰认知发展阶段理论

皮亚杰的认知发展阶段论告诉我们，儿童的认知发展具有阶段性和顺序性，而且这种阶段性和顺序性是不可更改的，思维、语言等的发展由低一级水平向高一级水平过渡。既然每一阶段都不可随意超越、更改，那么每一阶段的认知水平会限制儿童的学习，它不仅制约着学习内容的深浅，还制约着学习方法的选择。可见，儿童的认知发展水平决定了在不同的发展阶段要用不同的学习内容和不同的学习方法。

3.4.3 实施策略

首先，研读文本。研读文本必须关注三个层面的关系，一是文本所呈现的认知结构，二是教师自我的认知结构，三是学生的认知结构。因为文本的认知结构必然呈现某种新知识，而要将其化入学生的认知结构，就应该厘清知识概念间的关系是上位关系、下位关系，还是组合关系，然后再思考教学讲解的最佳切入点。

其次，交往对话。教学活动是一种特殊的交往行为，交往需要平等对话，不仅需要教师与学生的对话、教师与文本的对话，还需要学生与文本的对话、学生与学生的对话、文本与文本的对话等。在备课阶段，教师就应该深入研究这些关系，然后模拟这些对话，只有这样，才能在课堂上进行恰如其分地讲解，才能实现学生新知识的有效迁移。

再次，形成方案。这是由厚到薄的过程，在由薄到厚的充分研究基础上，依据文本分析、学情判断、目标制定等确定"薄"的程度与具体内容，从而有效地建构学生新认知结构。具体的讲解方式方法很多，主要有：解说式讲解、解析式讲解和解答式讲解。解说式讲解是运用学生所熟悉的事例或现象，引导学生从情境中接触概念，从而理解概念；或者把已知的知识与未知的问题联系起来进行比较，发现和把握事物的本质属性和基本特征。解析式讲解是通过归纳和演绎，解释和分析教学内容中的规律、定理和法则等，使学生掌握有关的定律、原理和公式。解答式讲解是以解答问题为中心进行的讲解。

案例 3-4

游园不值

师：真不错，很多同学都说先学习困难的，敢于向困难挑战，是不是？好，那么咱们就先学《游园不值》这首诗！请同学们回忆一下，以前我们学古诗有哪些理解古诗词句的方法？还记得吗？

生1：看注释、查字典、联系上下文、换语序、补省略。

[师板书：看、查、联、换、补]

师：好，就请同学们用这样的方法先来试着学学《游园不值》这首诗，如果有不懂的地方可以和边上的同学商量，也可以找我商量，好不好？

（生讨论学习，师巡视指导）

师：好，咱们现在交流一下！好，先读一下题目——游园不值。[幻灯片出示插图与诗歌]

（生齐读题目）

师：题目什么意思，谁来说！

生1：到园里去，没有遇上主人。

师：把话说顺，你再说一次！

生1：作者去游园，可是没有遇到主人。

师：好的，这个"园"字在这里是什么？

生1：是游玩的意思。

师："园"字？

生1："园"字是花园。

师：花园，对，在古代的时候，有钱的人家都有私人的花园，所以这个"园"字指的就是花园。好，我们一起来读第1句、第2句。

生：应怜屐齿印苍苔，小扣柴扉久不开。[看屏幕读]

师：这个地方有两个字特别容易写错，同学们自己在书的边上写一下，一个是"扉"字，一个是"屐"字。（生写）

师：你们说古代的"屐"和"扉"就是咱们今天的什么呀？

生："屐"是鞋子，"扉"是门。

师：这两句诗你自己能学到什么，汇报一下！

生1：我学懂了这句诗的意思。

师：哪一句？

生1：上半句。可能是主人害怕鞋子踩坏了门前苔藓。

师：这一句还有其他的说法吗？

生2：主人十分爱惜苍苔，所以他怕有客来了，客人的鞋把他的苍苔踩坏了。

师：这个"苍苔"什么意思？

生：苔藓。

师：看到过吗？

生：看到过！

师："怜"指的是什么？是怜惜、可惜的意思。在这里"应"的解释是什么？

生3：应该。

生4：大概。

师：到底是"应该"还是"大概"？联系一下下一句，下一句谁学懂了？

生5：作者轻轻地敲柴做成的门，可是很久也没有人来开。

师：正因为这样所以作者产生了上面这样的想法，猜测（生说）那么你说这个"应"字应该解释为什么？

生：大概。

师：诗人游园心切，然久扣柴扉而不开，该是多么失望，该怎么读这两句话？

（生自由读）

生1：应怜屐齿印苍苔，小扣柴扉久不开。

师：盛老师觉得她"久不开"这个词读得不错，"久不开"好像是非常失望的样子，对吧！

生2：应怜屐齿印苍苔，小扣柴扉久不开。

师：这么长时间还没来开门，还有谁来读？

生3：应怜屐齿印苍苔，小扣柴扉久不开。

师：小扣柴扉久不开，多么失望啊！一起来试试，好不好？

（生齐读1、2两句诗）

师：真好，要不要再来一次，好！

（生齐读1、2两句诗）

师：正当诗人有点失望的时候，猛一抬头，看到什么了？

生：一枝红杏。

师：于是情不自禁地吟出了下面两句诗，大伙儿一起读。

生：春色满园关不住，一枝红杏出墙来。

师：什么意思？谁用自己的话来说！

生1：春天的景色在花园里是关不住的，一枝红色的杏花伸出墙来。

师：好，谁再来说一次！

生2：春天的景色花园里是关不住的，一枝红杏长出了墙。

师：听懂了没有？其实啊，同学们，为了表达诗人惊喜的心情，这句话还可以这么说——满园的春色是关不住的呀！你听，盛老师加了一个什么字？

生：呀。

师：这就让这个句子变成了一句。

生：感叹句。

师：下一句说，你会说吗？试试看！

生1：瞧，一枝红色的杏花已经伸出墙来了！

师：真好，这也是一个感叹句啊！还有谁说？其实啊，还可以这么说——满园的春色怎么能关得住呢？你听，这是什么句？

生：反问句。

师：那下一句该怎么说？

生1：看，那一枝红杏不是伸出墙来了吗？

师：真好！这种惊喜的心情，同学们能不能通过朗读表现出来！自己念念！

（生自由读）

师：谁先来！

生1：春色满园关不住，一枝红杏出墙来。

师：脸上笑了，很惊喜了！谁还想读？

生2：春色满园关不住，一枝红杏出墙来。

师：真不错！表达了作者高兴、激动的心情。好，一起来试试！

（生齐读3、4句诗）

师：好，让我们连起来读整首诗，体会作者心情的变化，好不好？

（生读《游园不值》这首诗，师指导前两句轻一点）

（盛新凤执教，章颖整理）

从课堂教学讲解层面看，主要体现解答式讲解，通过问题引导，引领学生逐渐解决问题，教师从中进行必要的点拨，既没有满堂灌的现象，又具有讲解的基本内涵，如“园”“应”的语义讲解，就充分反映了教师的主导性，而“怜”，则由教师直接讲解。这充分体现了学法引导下，学生主体、教师主导，以读带讲，以读感悟的新教学理念。

3.5 小学语文范读的艺术

《语文课堂标准》明确规定学生必须“能用普通话正确、流利、有感情地朗读课文”，朗读教学法是小学语文教学基本方法。以至于有人说“没有读书声的课堂就不是语文课堂”，可见强调程度之大。

3.5.1 术语疏理

范读是指教师对教学文本进行艺术化朗读，力求细腻地表达文本的思想和情感，并将其传达给学生，使学生在思想情感上得到熏陶、感染与共鸣的一种教学行为。

3.5.2 基本理论

1. 榜样身教理论

学高为师，身正为范，职业性使得教师具有榜样力量，小学生又最为崇敬老师。教师娴熟地运用朗读技巧进行艺术化朗读，就会成为模仿对象，教学效果将会事半功倍。

2. 声音情感理论

丹纳说："人的喜怒哀乐，一切骚扰不宁、起伏不定的情绪，连最微妙的波动，最隐蔽的心情，都能由声音直接表达出来，而表达地有力、细微、正确，都无与伦比"。[①] 因为任何一个人都在心灵中无数次沟通声音与情感的联系，也无数次通过这种联系用声音来表达自己的情感，因此，声音与情感之间的同构，已作为人类心理中一种极为稳固、极为普遍的现象而存在。文本凝聚着丰富情感，声音具有强大的沟通能力，范读就能够起到讲解所不能达到的效果，成为交往对话的重要途径。

3.5.3　实施策略

首先，掌握朗读技巧。朗读是一种技能，技能是可以通过反复训练获取的能力，因此，必须进行朗读技能训练。其次，体悟文本思想情感。教学文本是充满思想与情感的文字，因此必须"入乎其内"，深入体悟文本蕴涵的思想与情感。最后，需要修身养性，提升人格魅力。教师修身养性，就能够提升人格魅力，从而增强范读的厚重感和魅力感染。

范读主要有现场范读和录音范读两种。现场范读是教师本人现场示范，它具有较强的现场感，因而也具有较好地现场感染力，一般提倡现场范读。录音范读既有教师本人的录音范读，也有他人的录音范读，可以是音频，也可以是视频，但都缺乏现场感，缺乏面对面的情感交流，因此，一般不提倡录音范读。

案例 3-5

难忘的泼水节

一位下乡支教的老师在一个乡镇学校上《难忘的泼水节》，文章写的是周总理在傣族参加泼水节活动的事。当讲到周总理穿着傣族的服装、背着象脚鼓走出来，全场欢呼的场面时，老师拿出了一盘录像带，说："这个场面真是美极了，为了让大家更加了解当时的实际情景，老师带来了一盘录像带，你们想不想看？""想看。"学生们兴奋不已，老师又说："这是一盘独特的录像带，不用眼睛看，只能用心看。你们闭上眼睛，谁用心谁就能看到。"学生都闭起了眼睛，老师充满激情地朗诵着："周总理穿上了傣族的服装……"朗诵完了，老师问："同学们看到了吗？""看到了。""看到了什么？""周总理来了。""同学们欢呼啊！"老师激励着大家。"周总理来了！周总理来了！"学生们开始欢呼了。老师又说："有两个同学真的看到了，你们看，他们多么激动，挥着双臂高呼着。"全班同学都挥起了双臂高声地欢呼着。"周总理来了！""周总理来了！"场面热烈极了，师生共同融入课文当中，教室的里里外外许多听课的老师、家长都流下了激动的泪水。老师接着说，谁来把看到的情景描绘一下，立即站起来好几个学生，他们绘声绘色地，像真的看到了当时的场面一样。在这个例子中，每个学生头脑里构建的画面可能各不相同，正如一千个读者有一千个哈姆雷特一样，有多少个学生就有多少个泼水节的场面。但这并不重要，重要的是在学习过程中学生真正展开了思维和想象的翅膀。可以肯定地说，没有了泼水节的图片，才给了学生想象的空间和思考的余地。[②]

---

① 丹纳．艺术哲学．傅雷译．北京：人民文学出版社，1963：21.

② 宋秋前．有效教学的理念与实施策略．杭州：浙江大学出版社，2007：17.

3.6 小学语文课堂提问的艺术

教学活动是一种特殊的交往对话，课堂提问就成为师生互动的重要平台。

3.6.1 术语疏理

提问即一方向另一方提出问题，寻求解答。教学提问是基于教学目标，在课堂教学活动中，教师有意识地设置一些问题，通过问题引领的方式促进学生思考，以期深入把握教学内容的一种教学行为。小学语文课堂教学提问就是基于语文学科教学之下的提问，它是为了更好地引领学生把握教学文本，围绕文本所体现的工具性和人文性而设置相应的问题，在师生的问答教学互动中研读文本，达成教学目标的一种教学方法。

3.6.2 基本理论

1. 交往对话理论

交往对话理论，实际上包含着哈贝马斯的社会交往理论和巴赫金的对话理论，在这里只取其中与教学相关的基本思想。按照哈贝马斯的解释，交往行为是指人与人之间通过语言等符号的相互作用来达到相互理解和承认的行为，那么课堂提问正是运用语言符号寻求师生之间的共识，最终达成目标，因此提问就蕴涵着交往理论。

对话，巴赫金指出："一切莫不都归结于对话，归结于对话式的对立，这是一切的中心。一切都是手段，对话才是目的。单一的声音，什么也结束不了，什么也解决不了。两个声音才是生命的最低条件，生存的最低条件。"① 对话的前提是语言和话语，而"语言、话语——这几乎是人类生活的一切"②。在没有语言、没有话语的地方，不可能有对话关系；在事物之间，在概念、判断等逻辑范畴之间也不可能产生对话关系。由于人的全部思维，都具有对话的性质，因此，"对话的边界纵横交错在人们现实的思维空间里"。③

2. 学习效果反馈理论

反馈是控制论的一个基本概念，它是指控制系统把信息输送进去，然后把其作用的结果返归回来，并对信息的再输出发生影响，从而起到控制作用。教学活动需要这样一种反馈机制，提问正可以起到反馈作用，可以检测教学效果。教师依据教学内容设置相关问题，在对话交往中实现即时教学生成和真正意义的师生互动。

3. 学法引领理论

《语文课程标准》确立了三维目标，即知识与能力、过程与方法、情感态度与价值观，其中方法被正式地提出，因为只要掌握学习方法，就可以最终实现由教到不教的转变。提问可以成为学法的引领，因此教师应该具有学法引领意识。

3.6.3 实施策略

首先，需要具有问题意识。提问就是提出问题，因此必须具有问题意识，要形成问题意识，应当从以下两个方面着手。一是把握文本教学目标，依据目标才能提出有针对性的

① 巴赫金．诗学与访谈．石家庄：河北教育出版社，1998：340.
② 巴赫金．诗学与访谈．石家庄：河北教育出版社，1998：322.
③ 巴赫金．诗学与访谈．石家庄：河北教育出版社，1998：328.

问题，通过问题的解决达成目标。二是切实把准文本的教学重难点，通过问题的方式分解重难点，使之变成一个个小问题，变成一级级小台阶，引领学生一步步地解决问题，最终突破重难点。其次，必须具有学法意识。问题的设置应该能够引领学生自主学习，通过自主探究逐渐解决问题，从而达到不教的目的。最后，需要具有技巧能力。问题的设置要在“巧”字下工夫，既要有一定深度难度，更要有路径的引领，因为问题不是目的，学习才是宗旨。

案例 3-6

丰　碑

执教者为青年骨干教师，教龄10年。

教学中，教师提出“分析军需处长是怎样的一个人?”这样一个问题，引导学生分析人物形象。教师对原文作了修改，让学生作出评价及选择，从学生的回答中可以发现学生理解了“特定背景下的人物形象描写要求的目标”，主要是体现审美鉴赏水平。教学过程中，教师又提出问题：“请同学为军需处长撰写墓志铭，用一句话或一段话”，实现了通过人物描写把握精神实质，并使学生的启发性、发散性、逻辑性、创造性思维得到发展。学生共回答出8种墓志铭，充分体现了学生的思维创造水平。

……这个班级的学生以前进行课外阅读时，已经接触过关于墓志铭的知识，为了进一步引发学生对军需处长英雄品质的思考，老师提出：“为表达我们对军需处长的敬意，要求给他写一、二句简短的墓志铭，你会写什么呢?”在此之前，教师曾有两次提问，一是“你们觉得军需处长是怎样一个人呢?”二是“请同学们拓展一下思维，想想看，还有哪些人也具有这样一种无私奉献、舍己为人等品质”，引导学生理解课文中的人物形象，同时也为这一次提问作了铺垫。与前两次提问相比，这一次提问具有更多的知识要求，既要求学生对英雄的本质和个性进行整体性把握，将获取的知识重新整合，从而写出富有深刻意蕴和鲜明特色的墓志铭。课堂上，学生思维活跃，有记录的两个小组在讨论中共提出了8种墓志铭，有5种在全班交流，全班交流时，发言极为踊跃。①

教师围绕军需处长进行提问，既回顾教学文本，又走出教学文本，富于探究性，具有学法引领作用。

3.7 小学语文课堂讨论的艺术

《语文课程标准》大力提倡自主、合作、探究的学习方式，课堂讨论主体是学生，是对未知知识进行共同探讨，符合教学新理念，因此得到广泛的认同与推广。

3.7.1 术语疏理

讨论即就某一问题交换意见或进行辩论。教学讨论是指在教学活动中，在教师的引领下，以学生为主体对教学内容进行探讨，旨在解决知识困惑，达成教学共识的一种教学行为。小学语文课堂讨论就是在语文课堂教学活动中，充分尊重语文学科特点，在积极探讨过程中达成最佳共识点的一种教学行为。

① 张平．关于评价语文课堂提问的实践研究．中国优秀硕士学位论文全文数据库，2001：20-23.

3.7.2 基本理论

1. 真理理论

真理是正确反映事物发展规律和本质属性的认识。虽然不同时代有着不同真理观，却是人们的一种永恒追求。正因为有着追求真理的不变情结，才引发人们不懈地探究，也才有在探究道路上不同认知的磨合，才有寻求共识的讨论形态。

2. 交往对话理论

人总是独立的个体，总是有着自己的思想，因此不可避免地存在思想差异。人又是社会动物，是一个群体内的个体，因此也必定心向归宿，寻求认同，这就决定交往对话是人际社会的必然。讨论就是交往对话的一个基本平台，因为其中蕴涵着民主平等的因素，因此深得人们喜爱。

3. 自主、合作、探究学习理论

这是课程标准规定的一种基本学习方式，也是现代社会发展所要求的一种生存方式。讨论的主体是学生，因此学生具有自主性。讨论是在群体内进行，而且依据教学特点，往往需要组成小组进行讨论，因此必须合作。讨论的问题属于未知知识，因此也就具有探究性质。

3.7.3 实施策略

首先需要确定讨论专题。好的讨论专题，需要教师认真研读文本，把握教学重难点，从中提炼既能够牵引文本知识网络的节点，又能够引发学生探究自己感兴趣的问题。其次需要搭建讨论平台。平台的构筑需要考虑多种因素，一是民主平等氛围，二是环境场地，三是人员组合搭配。最后是选用讨论方式。诸如自由式讨论和小组讨论，集中讨论和任务分工式讨论，口头讨论和书面讨论，还有竞赛式讨论等等，教师从中选用适宜的方式，尽量发挥讨论的最佳效果。

案例 3-7

争论的故事

在《争论的故事》教学中，出现了两种声音，而且具有一定的典型性，现将两种声音实录如下：

课堂的声音1：

师：听了这个故事，你懂得了什么？

生1：兄弟俩真笨，白白让大雁飞走了。

生2：不是他们笨，是他们没有抓住时机。

生3：兄弟俩这样争论下去，时间都白白浪费了。

生4：不管做什么，关键是要先做起来。

师：刚才说的是书上的四种观点，你们以为谁说得对呢？

生：我支持第四种观点：不管做什么，关键是要先做起来。

师：为什么呢？

生1：因为前面的三种说法太浅显了，最后一句话才是总结道理。

生2：这句话放在最后，又最深重，是整个故事的总结。所以“不管做什么，关键是要先做起来”，真正告诉我们的是道理。

师：有不同意见吗？（生都满意地点点头，没有一个表示有异议）

师：（总结）是啊，故事告诉我们，不管做什么，关键是要先做起来。光说不做是不明智的，这样只能浪费时间，贻误时机。

课堂声音 2：

师：听了这个故事，和课文中这些学生的感想。你又是怎么想的呢？在小组里交流一下。（师生交流）

生 1：兄弟俩真笨，白白让大雁飞走了。

生 2：不是他们笨，是他们没有抓住时机。

生 3：他们的争论，白白浪费了时机。

生 4：不管做什么，关键要先做起来。

生 5：我以为兄弟俩的争论都在说死话，结果大雁飞走了，告诉我们人不能说死话，要相互谦让一点。

生 6：我奶奶常跟我说，“好猫不叫”叫得最响的猫不一定是捉老鼠最多的猫，这个故事也告诉我们“说得多不如做得多。”……（大家交流了许多观点，更多的是支持：“不管做什么，关键要做起来”）

师：课文中的盛老师支持哪一种观点呢？

生：课文写“盛老师聚精会神地听着，不时向同学们投去赞许的目光”，那么盛老师对所有的观点都赞同肯定。

师：你们对盛老师的态度满意吗？

生：不满意，盛老师对什么观点都“赞许”，那我们就不知道该听谁的了……（学生大多数不满意，部分学生表示满意）

师：同学们，对于同一件事，不同的人有不同的想法，其实，是很正常的。只要你说的有道理。说兄弟俩很笨，我觉得有理；说他们白白浪费时间也是事实；说没抓住时机也对，说做事关键先做起来也行……（课堂上叽叽喳喳，议论纷纷）

（摘自晋中开发区教研吧，实验小学闫秀花）

从课堂讨论的角度看这两个案例，他们都抓住了文本主旨设置问题，然后引领学生讨论。课堂声音 1，本质上并没有真正进入讨论状态，只是复核文本的语句或观点。课堂声音 2，在复核文本观点之后，能够就某一观点进行类比论证，具有讨论的性质。而且教师的引领也体现语文学科人文性的特征，给各种观点以平等展示的机会，同时展现开放性讨论的提示，于是将课堂讨论引向课外，产生言有尽而意无穷的阅读效果。

3.8 小学语文课堂分享的艺术

当代社会，分享作为理念已经进入我们的生活，不仅提倡物质分享，更主张精神分享，教学活动中的分享就属于精神分享。

3.8.1 术语疏理

分享即与他人共同享受、使用和行使。教学分享是指在教学活动中，学生就教学内容的独特感受向大家讲述出来，以期对他人有所帮助，并得到认可或引起共鸣的一种教学行为。小学语文课堂分享就是指在语文课堂教学活动中，学生讲述自己的个性化独特感受，在相互激荡中既获得个体的满足，又对他人有所帮助与启迪，在精神上获得双赢的一种教学行为。

3.8.2 基本理论

1. 知识分享理论

从某种意义说，知识分享自从知识产生之后，就一直存在着分享行为。专门从事文化传承活动的学校教育，更是知识分享的集中场所。因为是班级授课制，同班同学就具有相近的文化底蕴和认知结构，于是知识分享就具有较好的有效性，可以就此建构新知识。

2. 共同进步理论

班级授课制的一个重要思想就是批量培养人才，这就要求同班学生达到基本的质量标准，也就是共同进步。目前国家制定的《国家中长期教育改革和发展规划纲要（2010～2020年）》明确提出教育均衡的国家教育发展战略，这表明不仅要在小范围内实现学习的共同进步，而且还要在更广阔的范围内实现教育均衡发展，提升民族的教育水平。

3.8.3 实施策略

首先需要学生拥有能够分享的资源。没有知识储备，就犹如巧妇难为无米之炊，那就无法实现真正的知识分享。因此，教师应该不仅着眼课堂的知识传授，还应该引导学生拓展课外知识，为有效的课堂分享提供可靠保障。其次需要培育分享的心向氛围，有的学生可能拥有相当的知识积累，但没有分享的心向，那也会影响整体的分享效应。

案例 3-8

送给盲婆婆的蝈蝈

师：（出示插图：盲婆婆手捧蝈蝈，大背景是广阔的田野）小朋友，盲婆婆双手捧着蝈蝈，脸上露出微笑，聚精会神地听着，听着，她仿佛会看到什么，听到什么？

生：她仿佛听见小溪流淌的声音。

生：她仿佛看见童年欢乐的岁月。

生：她的眼睛好像又看见了，看见了美丽的大自然。

师：是呀，蝈蝈的歌声使她仿佛置身于美丽的大自然，你们能把这种感觉通过朗读表达出来吗？

（指名学生朗读，其他学生评议）

生：听了你的朗读，我们仿佛也走进了田野，找到了欢乐。

（学生纷纷举手争着朗读，都读出了盲婆婆的欢乐之情）

生：老师，我觉得不能用高兴的语气读。

师：为什么呢？

生：因为蝈蝈被关在笼子里，失去了自由，会很痛苦的，所以不能用高兴的语气读。

生：对，它不是在唱歌，而是在哭。

生：老师，我觉得编书的叔叔编得不好，因为他不爱护动物，这种行为是不对的。

（学生纷纷举手发表意见）

师：你们真是一群认真读书又有爱心的好孩子，该怎么做既让盲婆婆听到蝈蝈动听的歌声，又不伤害蝈蝈呢？小组讨论，看看有什么好方法。

（小组讨论）

生：我们把蝈蝈的歌声录下来，送给盲婆婆。

生：星期六，我们带盲婆婆到野外去，她能听到蝈蝈的歌声，还能呼吸新鲜空气。

师：你们真是一群聪明而又有爱心的孩子，老师为你们感到骄傲，也为盲婆婆和蝈蝈谢谢你们！

（任慧萍发布）

这个课堂示例，学生们发言既是讨论，也是分享。大家将自己对文本的理解充分地展现出来，亮出自己的看法，在交流过程中分享各自的独特感受，也给予他人有益的启迪。

3.9　小学语文课堂板书的艺术

课堂教学不仅需要讲，还需要写，讲与写结合，才能提高教学效果，因此必须重视板书艺术。

3.9.1　术语疏理

板书即指在教学活动中，教师利用黑板，运用各种表达符号，简明扼要地呈现教学内容，从而达到辅助教学的一种教学行为。小学语文课堂板书是小学语文教师在研读教学文本之后，对整个教学内容进行高度概括凝练，运用言简意赅的表达符号（诸如文字、图形、表格、符号等）展示核心教学内容的一种教学行为。

3.9.2　基本理论

1. 思维的提纲理论

人的思维一般都是由简单到复杂、由粗糙到精细，文本的写作也是如此，一般先有提纲梗概，然后充实细化，最终形成文本。文本是作者思维的最终成品，因为文本的丰富复杂和细腻，因而显得比较庞大，板书就是还原文本构思和思维骨架。

2. 由厚到薄的学法理论

研究和学习有两条基本路向：一是由厚到薄，即把复杂的文本简单化和条理化，这是抽象概括的过程；二是由薄到厚，即把看似简单的文本丰富化和复杂化，这是触类旁通的过程。课堂教学总是贯穿着这两个路向，学生之“学”要能够将厚厚的教学文本化成几个要点，把握其中的核心，于是板书就是必然的平台。透过简要的板书，学生能够据此丰富化和复杂化，还原甚至拓展文本，因此板书具有学法引领作用。

3. 黑板报排版理论

板书的基本载体是黑板，与黑板报相似，因此板书的结构布局应当遵循黑板报的排版理论。

3.9.3　实施策略

首先要有明确的板书设计思想。它包括准确地反映文本内涵、体现教学目标、突破教学重难点，以及独特的表达形式，这是板书的必要准备。其次能够依据设计思想提炼关键词。主体板书不能复杂冗长，要精练独到，具有很强的提示性，必须提炼关键词。最后，适宜灵活选用板书形式。板书形式丰富多彩，有文字、图形、表格、符号等，教师应当选择适宜的板书形态，力求最佳地传达教学内容。

案例 3-9

飞夺泸定桥

板书 1：

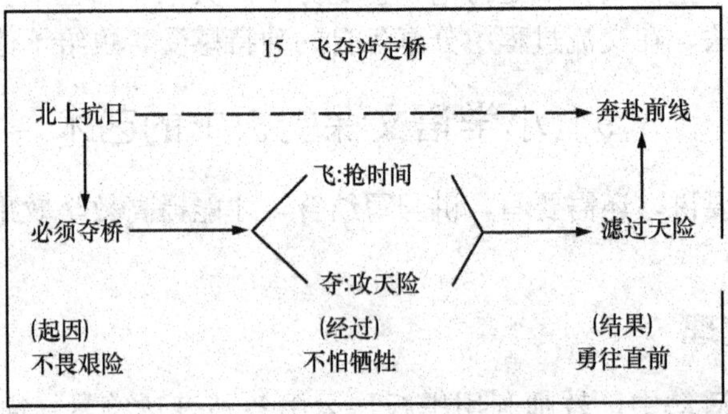

板书 2：

飞夺泸定桥
- 击溃敌人
- 抢时间
  - 忘记饥饿疲劳
  - 点起火把赶路
  - 摸黑冒雨前进
- 攻天险
  - 冒着—枪弹
  - 攀着—铁链
  - 穿过—大火
  - 冲进—城里
  - 展开—搏斗

（资料来源：老百姓在线网站）

这是同课异构展示的不同板书，都能够围绕红军飞夺泸定桥的主体事件进行设计，但所体现的教学设计思想却各有差异。板书 1，在突出过程的同时，展示了红军精神。板书 2，突出红军抢时间的“抢”和攻天险的“勇”。

3.10 小学语文阅读的导学艺术

整个小学阶段，语文教材的基本构成是阅读文本，阅读教学也就占据最大分量，因此必须高度重视阅读的导学艺术。

3.10.1 教学目标

既有总体目标，也有学段目标：具有独立阅读的能力，学会运用多种阅读方法。有较为丰富的积累和良好的语感，注重情感体验，发展感受和理解能力。能阅读日常的书报杂志，能初步鉴赏文学作品，丰富自己的精神世界。背诵优秀诗文共 60 篇，课外阅读总量不少于 100 万字。

3.10.2 课型教学特点

第一，必须进行必要的文本解读。首先要解除字词句的理解障碍，能够理解文面意思；其次是能够理解把握文本的情感倾向和价值取向。

第二，在字不离词、词不离句、句不离篇的原则下，适时适宜地渗透语文知识的传授。《语文课程标准》指出："在阅读教学中，为了帮助理解课文，可以引导学生随文学习必要的语文知识，但不能脱离语文运用的实际去进行'系统'的讲授和操练，更不应要求学生死记硬背概念、定义。"

第三，在文本系统中渗透人文熏陶。语文的人文性不能架空分析与灌输，应该潜在文本系统中透过文句潜移默化地熏陶，化人文滋养于无形。

第四，应该重视朗读教学艺术。各学段都指出"用普通话正确、流利、有感情地朗读课文"的教学目标，因此必须贯彻朗读教学，而且应当发挥教师示范朗读的作用。

3.10.3　导学路径

首先，确定具体阅读教学目标。基本思路与识字教学相同，关注"三维目标"的具体实在性，避免空泛。

其次，具体真实的学情分析。基本思路与识字教学相同，确保因材施教可以落实到分层教学层面。

再次，理清阅读教学导学线索。分析文本线索，大致可以区分为文本知识线索、思想情感线索、艺术结构线索，以及基于教学的问题线索、主题线索、思维线索等，依据文本和学情确定的教学目标，疏理最佳的导学线索。

最后，精心谋划阅读教学导学案。在各类课型教学中，阅读教学的导学艺术最受人关注，也形成了一些相对成熟的导学模式。"四段式"导学模式是按"定向-自学-质疑-练习"过程组织教学的方法。第一阶段定向。基本步骤：激趣→领悟→认同，学生明确教学目标，激发求知欲，引导进入良好的学习准备状态。第二阶段自学。基本步骤：自读→交流→评价。重在强调学生的个体实践活动，学生根据目标，运用已有的知识和技能，借助各种条件和手段，独立地感知与理解课文。第三阶段质疑。基本步骤：质疑→讨论→点拨。学生提出疑问，或在教师引导下质疑，针对具体问题教师组织学生思考、发言、争辩，教师围绕教学目标确定重点、难点和关键问题，或画龙点睛加以点拨，或用启发性问题引导深入思考。第四阶段练习。基本步骤：自练→交流→小结。重在培养和提高学生知识迁移的能力，面向全体学生精心设计以重点训练内容为主，包括理解、积累、运用语言在内的层次性训练。

学案导学法是借助学案引发学生自主学习以促使学生进行主动建构知识网络的教学模式。学案编写一般包括学习目标、学前测评（预习作业）、学法指导、达标检测（课堂检测）、推荐作业（复习巩固）等几个部分。学案的基本形式根据内容不同，可分为填空式、图解式、图表式、习题式、问题式等，学案的呈现方式有预习指导导学案、课堂教学导学案、复习导学案等。预习指导导学案包括"导语设计-知识生成过程（知识结构图解）-预习要求"三部分。课堂教学导学案包括"自学检测-合作学习-展示反馈-拓展提升"四个板块。复习导学案体现"知识反刍-复习检测-讨论展示-拓展提升"四个板块。

"三环-六步-一反思"高效课堂教学导学模式。三个环节。首先预习：明确学习目标，确定课文重点、难点并通过自主学习和小组合作探究初步达成学习目标。其次展示：展示、交流预习模块的学习成果，进行知识的迁移运用，对感悟进行锤炼提升。最后反馈：反思和总结，对预设的学习目标进行回归性的检测，并进一步反思和总结。

六个步骤。第一出示目标。教师集体备课，制定导学案；学生借助导学案，明确学习目标。第二自主学习。学生以教材和导学案为对象，研读教材，查阅资料，圈定关键问题，初步完成基本的学习任务。第三合作探究。围绕目标和重点、难点，同学合作交流、立体学习，再次达成学习目标。第四展示提升。小组内交流预习成果，教师分配任务，小组合作、立体学习，全班展示、全面提升。第五达标测评。依据学习目标，检测学习目标达成情况，再次达成目标。第六纠错巩固。对达标测评中，再次出现的错误或问题，通过自我纠错、对子互帮、再次板演或展示的方式进行纠错巩固。

一个反思。执教老师及时反思前一天在上课中出现的问题，及时纠偏，在教研组会议上达成共识，不断提升教师的教学艺术和教学效果。

案例 3-10

为中华之崛起而读书

一、第一课时

（一）学习目标

(1) 认识 8 个生字，会写 12 个生字。正确读写“帝国主义、伯父、模范、风和日丽、灯红酒绿、热闹非凡、耀武扬威、巡警、吵嚷、得意扬扬、惩处、抱负、胸怀、喝彩、振兴中华”等词语。

(2) 初读课文，了解课文大意。

学习重难点：掌握本课生字词。

学法指导：观察字形记忆，根据资料理解词意。

知识链接：周恩来少年时代，他耳闻目睹了中国人在外国租界里受洋人欺凌却无处说理的事情，从中深刻体会到伯父说的“中华不振”的含义，从而立志要为振兴中华而读书，表现了少年周恩来的博大胸襟和远大志向。

（二）学习过程

1. 自主学习

(1) 理解并读准词语。

帝国主义、伯父、模范、风和日丽、灯红酒绿、热闹非凡、耀武扬威、巡警、吵嚷、得意扬扬、惩处、抱负、胸怀、喝彩、振兴中华

(2) 想一想，写一写，找出与这些词意思相近的词。

繁华—（　　）　驱使—（　　）　踊跃—（　　）　清晰—（　　）

欺凌—（　　）　惩处—（　　）　得意洋洋—（　　）　左顾右盼—（　　）

(3) 根据拼音填字组词。

jué（　　）起　门 méi（　　）　yà（　　）死

lún（　　）陷　血 pō（　　）　kēng（　　）qiāng（　　）

2. 合作探究

(1) 默读课文，注意把文中的词语读准确。

(2) 周恩来立下了为中华之崛起而读书的志向的原因是：

3. 课堂检测

(1) 看拼音写词语。

chǎo rǎng　mó fàn　xún jǐng　chéng chǔ　qū shǐ　jué qǐ　fēng hé rì lì　yào wǔ yáng wēi

(2) 辨字组词

崛（　　）屈（　　）　伯（　　）拍（　　）　帝（　　）啼（　　）范（　　）犯（　　）

征（　　）惩（　　）　问（　　）闯（　　）　振（　　）辰（　　）坚（　　）铿（　　）

二、第二课时

（一）学习目标

（1）有感情地朗读课文，深入地体会文中人物的思想感情。

（2）感受少年周恩来的博大胸怀和远大志向，树立为国家繁荣和民族振兴而刻苦学习的远大理想。

学习重难点：了解当时的社会背景，深入体会少年周恩来立志的原因，激发学生从小树立远大理想及热爱祖国的思想感情。

学法指导：抓住重点词句，品读课文。正确、流利、有感情地朗读课文，深入体会文中人物的思想感情。

（二）学习过程

1. 自主学习

（1）不懂的地方，多读几遍，并在书上做上记号，待会在全班交流。

（2）自读思考：文章写了哪几件事？组内相互说一说。

2. 合作探究

（1）一边读一边想象：当时那位妇女是怎样哭诉的，那个中国巡警又是怎样训斥她的，站在一旁的洋人会说：__________。

（2）作为中国人看到自己的同胞在自己的土地上受到欺凌我的感受是：__________。

（3）再读课文对比中理解，其他同学读书的目的是：__________。

（4）“为中华之崛起而读书”的意思是：__________。

（5）分角色朗读课文。读出周恩来的坚定。

（6）有感情地朗读课文，体会当时的社会现实：贫穷落后，受到列强的欺凌。深刻理解“中华不振”的具体含义是：__________。

（7）洋人轧死了中国人还得意扬扬的原因是：__________。

（8）中国巡警不惩处洋人，反而把中国妇女训斥一通的原因是：__________。

（三）拓展延伸

谈一谈作为中国人看到同胞在自己的土地上受到这样欺凌是一种什么样的感受？

（四）课堂检测

读了本课我想说（可以写打算或者感受）：__________。

（君子）

这则导学案设定了识字与周恩来的读书志向两条导学线索，有学有导有检测，体现学生为本的教学思想。

3.11 小学语文写作的导学艺术

写作教学是语文教学五大板块的重要组成部分，由于它是工具性与人文性的具体综合运用，体现较高的语文综合能力，不仅学生视为畏途，教师也深感难教，因此研究写作教学的导学艺术对于提高学生语文综合素养尤有意义。

3.11.1 教学目标

既有总体目标，也有学段目标：能具体明确、文从字顺地表述自己的意思，能够真情实感地进行有效写作。能根据日常生活需要，运用常见的表达方式写作。

3.11.2 课型教学特点

第一，充分的训练性。习作必须亲自动手动脑写作，教师的任何分析都不能代替学生写作，因此必须给予学生充分地训练。

第二，必要的示范性。习作是极具个性化的写作，但也需要必要地示范。

第三，适当的对话性。写作教学设定两级台阶，包含三级训练：说话、写话和习作，说话是基础，借助口头作文，教师得以现场通过一对一的形式达到一对多的指导，因此应当安排适宜的课堂对话交往。

3.11.3 导学路径

首先，确定具体写作教学目标。基本思路与识字教学相同。

其次，具体真实的学情分析。基本思路与识字教学相同，只是要关注写作教学与阅读教学的密切联系。

再次，理清写作教学导学线索。一是以训练观察力为线索，二是以训练想象力为线索，三是以训练表达能力为线索，四是以训练选材能力为线索。

最后，精心谋划写作教学导学案。一是"观察-汇报-写作"导学法。观察是教师教给学生观察方法，然后布置任务要求课前或课中让学生观察指定事物。汇报是指学生对所观察事物于课中向全班作口头汇报，相当于口头作文。学生于此环节进行互动交流，教师适时指导。写作则是学生在分享观察结果，在师生及生生互动之后执笔成文。二是"案例-讨论-写作"导学法。案例主要是指具有某种示范性的典型素材或范文。讨论就是针对案例师生共同进行分析，归纳适于当次习作训练要求可资借鉴的样本。写作就是之后的执笔成文。三是"话题-材料-写作"导学法。话题是提示一个对话范围。材料则是围绕话题提供相应的支撑材料。写作就是最后的成文。

案例 3-11

六年级《口语交际·习作一》

编制：邓月英　审核：包科　领导：　　　班级：　　　姓名：　　　组别：

一、学习目标

(1) 通过口语交际，增强学生表达、倾听和乐于与他人交往沟通的能力。

(2) 学会展开联想和想象，表达自己的独特感受。

(3) 根据交流的情况，选择一项进行习作。

(4) 通过交流与讨论，发现作文的不足之处并认真修改自己的作文。

二、使用说明与学法指导

(1) 把自己想象成大自然中的一员，融入自己的感受，说一说，写一写，走进音响世界，选择生活中的几种音响或听音响的录音，发挥想象进行说话或习作，回顾丰富多彩的暑假生活，写出自己的感受和体会。

(2) 认真研究学案，独立思考，限时30分钟完成；规范书写，运用好双色笔；小组合作探究，答疑解惑。

三、内容导航

把自己想象成大自然中的一员，融入自己的感受，说一说，写一写，走进音响世界，选择生活中的几种音响或听音响的录音，发挥想象进行说话或习作，回顾丰富多彩的暑假生活，写出自己的感受和体会。

四、自主准备

（一）我是大自然中的一员

课前布置学生进行观察，可以是动物、植物，也可以是一种自然现象明确观察的任务，要求学生观察时能用心，能投入感情，把自己观察的过程变成亲近自然的过程，变成欣赏和陶醉的过程，如观察一棵树，建议学生：

看一看，选择一天中不同的时间认真仔细地看，随着光线的变化，你看到了什么？想到了什么？

闻一闻，闻闻树皮、树叶，你闻到了什么气息？想到了什么？

摸一摸，摸摸树叶的纹理，摸一摸树枝的分叉，你感受到了什么？

还可以静静地在树下坐一坐，你听到了什么？想到了什么？又有什么感受？

引导学生细致地去感受这棵树的特点，感受树的周围以及生活在树上的小鸟、知了等小生命的气息。

（二）走进音响世界

事先录好各种声音，如自行车铃声—“哎唷哎唷”的叫声—敲门声—倒茶声—谈话声—再会声……思考：你听到了哪些声音？听到这些声音，你想到了什么？前后联系起来，发挥想象来说一说，学生口头讲述后，教师有重点地进行讲评，再让学生进行习作。

事先也可录好没有一定顺序的声音，如自来水的滴水声、开足水龙头发出的哗哗声、口哨声、玻璃瓶摔碎的声音、歌声、风声、敲门声……在众多的声音中，让学生自由选择几种，编成故事。

（三）丰富多彩的暑假生活

回忆暑期生活，思考自己在假期生活中有哪些收获，最有意义的事情是什么？

五、合作探究

（一）我是大自然中的一员

课堂上，引导学生就观察到的内容和自己的感受进行交流，要激励学生充分调动平时的生活积累，发挥自己的想象，说出并写出自己的独特感受。

（二）走进音响世界

你听到了哪些声音？听到这些声音，你想到了什么？前后联系起来，发挥想象来说一说，学生口头讲述后，教师有重点地进行讲评，再让学生进行习作。

在众多的声音中，让学生自由选择几种，编成故事。

充分展开想象，如把滴水声想象成“叮咚作响的泉水声”，把自来水哗哗声想象为“小孩欢快的笑声”，把摔碎的玻璃声想象为“勇斗小偷”产生的情节……

（三）丰富多彩的暑假生活

(1) 小组交流，可以说说自己做了什么，什么事比较有意义，自己有哪些感想或收获。

(2) 分组汇报，汇报后师生共同评价要点：是否将暑期生活中的感受和体会说清楚，表述的时候是否有重点等。

(3) 当堂进行习作，教师适时指导。

六、习作指导

第一步：审题把自己想象成大自然的一员。

第二步：选材我是一棵小草。

第三步：问题导引。①如果我是一棵小草，会有什么样的感受呢？②如果我是一棵小草，会有什么样的经历呢？③作为一棵小草，我的理想是什么呢？

第四步：思路导引。

我是一棵小草
- 开头：我是一棵小草
- 中间：详写作为一棵小草的快乐
- 结尾：为人类作贡献

七、小组交流，互相修改，品析作品

（邓月英）

本例导学案以培养学生观察力为基本训练点，教给学生观察事物的方法与思路，总体上采用“观察-汇报-写作”导学法，充分体现了教师“导”作用，在师生与生生互动中完成习作的基本构思。

3.12 小学语文合理使用多媒体和网络资源的艺术

《语文课程标准》教学建议指出：教师应“积极开发、合理利用课程资源，灵活运用多种教学策略和现代教育技术，努力探索网络环境下新的教学方式”，因此教师必须掌握多媒体和网络资源的使用艺术。

要合理地使用多媒体和网络资源，就要明确合理的内在指向。在教学活动中，合理性可以表征为三个基本层面：适时、适度和有效。适时是指时机把握要好，要通盘考虑，要遵从需要的原则。适度是指呈现的量要适当，呈现的时间长度要适中。有效是指呈现的内容要实用，作为教学手段能起辅助作用，对于教学效果要能起提升作用。

多媒体和网络资源的有效合理使用，还应该遵循以下几个基本原则：第一，物物而不物于物的原则。第二，服务教学质量的原则。第三，服务学生的原则。第四，形式服从内容的原则。

多媒体课件和网络资源使用策略。首先是多媒体课件使用策略。第一是撰写脚本，第二是制作课件，第三是运用课件。其次是网络资源使用策略。第一确定搜索关键词，第二选择搜索引擎，第三选择性下载资料，第四整理并有效使用资料。

分享提升：专业智慧与专业境界

教学技能属于一种技术，具有“匠”的意义，但教师从事的是一种教书育人的创造性工作，必须努力提升至“道”的层面，使得教师能够具有专业智慧，并由此进入专业境界。教师专业智慧主要表现为教师的教育实践智慧。教育实践智慧是教师在教育活动中所形成和表现出来的有效解决具体教育问题的聪明才智，是教师对教育情境和问题的深刻洞察和敏锐把握，它是教师的人格、学识、能力、经验、教育机智等综合素质的体现，这是教学活动艺术化的专业境界。这种境界在某种意义上可以表述为三重境界：第一重境界是授人以鱼，第二重境界为授人以渔，最高的境界是悟其渔识。

也谈小学语文教学的三重境界[①]

一、授人以鱼

授人以鱼应是教学的第一境界。这些所授的“鱼”应该包括：①踏踏实实地进行字、词、句的教学。②认认真真地开展听、说、读、写的训练。

---

① 陈超．也谈小学语文教学的三重境界．http：//www.wledu.org/cms/app/info/doc/index.php/29428，2008-08-27/2011-09-10.

二、授人以渔

授人以渔是教学的第二境界。捕鱼的方法是不可穷尽的，授人以渔只是授给学生基础的、普遍的、典型的“捕鱼”方法。要让学生从模仿开始，逐步内化，形成自己的“捕鱼”技巧。

三、悟其渔识

授人以渔，还要悟其渔识，悟其渔识是教学的第三境界。“渔识”主要靠“悟”，“悟”的过程，有自发地，也有有意识地进行训练和培养。这就要求教师在授人以鱼、授人以渔时，要逐步引导学生去悟，直至学生自发地悟，于实践思考中掌握内在本质规律。

三重教学境界是教学常规的升华，教学常规是日常教学的基本套路，而专业境界就是化常规于无形，成为一种教学智慧。这种智慧里蕴藏着“以教师为主导，以学生为主体”的先进教学理念，充分考虑学生全面发展的需要。而“教知识、导学法、悟学理”的阶梯演进层级，更是着眼于学生的可持续发展，旨在实现“教是为了不教”的教学艺术化境。

复习与思考

1. 名词解释：

教学常规　教学导入　教学推进　小结与总结　课堂讲解　范读　教学提问　课堂讨论　课堂分享　板书

2. 例谈课堂教学为何强调教学导入？
3. 例谈如何有效地衔接各个环节并推进课堂教学？
4. 分析课堂讨论与课堂分享的异同。
5. 如何有效地实现传统板书教学与多媒体课件的有效整合？
6. 例谈小学语文阅读教学导学艺术。
7. 例谈小学语文写作教学导学艺术。
8. 以一个完整课堂教学实录为例，分析小学语文教学常规的综合运用。

拓展资源

傅道春．2002．新课程课堂行为的变化．北京：首都师范大学出版社．
郭芬云．2010．课的导入与结束策略．北京：北京师范大学出版社．
教育部师范司组．2006．钱梦龙与导读艺术．北京：北京师范大学出版社．
杰拉尔德·纳德勒．2005．提问的艺术．魏青江译．北京：高等教育出版社．
刘丽群，石鸥．2010．课堂讲授策略．北京：北京师范大学出版社．
张海晨，李炳亭．2010．高效课堂导学案设计．济南：山东文艺出版社．
朱昌元．2003．名师课堂教学实录．杭州：浙江教育出版社．
朱京曦．2010．多媒体教学策略．北京：北京师范大学出版社．
“凤凰语文”网．http：//www.xxyw.com/ar/sy_Index.aspx.
“人民教育出版社”网．http：//www.pep.com.cn/.
小学语文教学资源网．http：//xy.eywedu.com/.

第 4 章　小学语文特级教师教学设计流派与案例研究

魏薇　山东师范大学

学习目标

1. 掌握教学设计及教学设计流派的内涵与特点，能加以举例说明。
2. 结合教学设计流派的衡量标准，能对一两个感兴趣的、有影响的教学流派进行分析和比较。
3. 理解和掌握小学语文不同设计流派代表人物的教学理念、教学模式和教学风格。
4. 根据不同教学设计流派的特点，选择一两个教学流派进行课堂观察、课堂录像研讨或课堂实录分析。

专题导向

专题 1：情境教学流派
专题 2：读写结合流派
专题 3：智慧语文教学流派
专题 4：生命语文教学流派
专题 5：主题教学流派

如果说教学设计是对教师课堂教学行为的一种预设，是对学生达成教学目标、表现出学业进步的条件和情境作出的精心安排，旨在创设一个有效的教学系统的话。那么，教学设计流派，则是指一些在语文教学中具有趋同的教学思想、相似的教学模式、相近的教学风格教师，在教学设计中创设的有效而富有特色的教学系统，而且在教学艺术实践中自觉或不自觉、正式或非正式地结合在一起，并在一定时期和范围内产生影响的教学派别。正是因为语文教学设计流派中的人物是特级教师，是他们在自己的语文教学实践中反思和总结出别具特色的教学设计，其教学设计在教学实践中具有代表性、稳定性和典型性以及深远的影响力，因此极有必要对他们的教学设计进行梳理和传播，使更多的语文教师能够富有成效地从事语文教学。当代的著名教学专家兰达就赋予教学设计这样的认识：教学设计原本是使“天才”才能做的事情一般人也能去做。这是我们研究和介绍语文特级教师教学设计流派的意义所在。

衡量教学设计流派有三个标准：一是有一套不同于他人的教学主张和方法。一个教学设计流派能够区别于其他教学流派，须具有新颖、独特的教学理论与方法，具有这两个要素才可能影响教学实践活动；二是具有教学设计流派的代表人物，广泛的实践范围，良好的教学效果和持久的影响过程；三是形成了一个研究共同体。其内部有自身基本的概念和大致的发展方向，流派内部成员可以充分发挥特长和潜力，深化其主题研究。因此，鲜明的教学主张、有效的教学模式、独特的教学风格、典型的教学实例是语文教学流派形成的内核，缺少了其中任何一方面，语文教学流派都难符其实①。

---

① 李冲锋．30 年中小学语文教学流派的形成与发展．基础教育课程，2009，(4)：96.

4.1 情境教学流派

江苏南通师范第二附属小学的语文特级教师李吉林（1938— ）是情境教学的创建者和代表人物。改革开放后，传统“注入式+谈话+单项训练”的教学模式仍根深蒂固地影响着小学语文教学，造成小学语文教学呆板、烦琐、片面、低效等诸多问题。李吉林于1978年开始致力于小学语文教学改革，至20世纪80年代后期，根据小学儿童的心理特点和语文教学规律探索提出了“情境教学法”，随之进行了较为系统的实验研究，形成了一定的教学模式，具备了情境教学的理论框架，成为我国当代影响较大的教学流派之一。由于情境教学所提炼的教育思想，反映了具有普遍意义的教育规律，在第一轮实验结束后，李吉林又提出“情境教学向整体优化发展”的设想，推进了情境教学由单科向多科，由课内向课外延伸，乃至向整个小学教育拓展的设想，由此情境教育的理论进一步得到确立和实践。

4.1.1 情境教学的基本理念

情境教学是指语文教学要遵循反映论的原理充分利用形象，创设具体生动的场景，激起学生的学习情绪，从而引导学生从整体上理解和运用语言。

1. 情境创设的途径

在语文教学中创设情境是要求教师根据教学内容，与学生共创一种能激起学生情绪的学习场景，主要包括六个途径：①以生活展现情境。生活是指学生日常生活世界，生活是语言的源头。②以实物演示情境。即学生能直接看到、听到、接触到的情境。③以图画再现情境。指的是真实情境的模拟性形象，如图片、幻灯、电影等。④以音乐渲染情境。指的是与文本意境相匹配的音乐，来衬托和渲染文本，可让学生更好地感受文本中的形象、画面及情感。⑤以表演体会情境。文本是语言与情境的和谐统一，让学生通过扮演文本中的角色，增加学生对文本的体验，使理解变得更为容易和直接。⑥以语言描绘情境。指在教师形象化语言的作用下，学生通过对言语物质形式的感知及对语义思维、记忆和想象而进入特定的情境。

2. 情境教学的特点①

一是形真。即形象富有真切感，神韵相似，能达到可意会、可想见即可。因为小学生特别是低年级学生往往都是通过形象去认识世界的，但语言本身是抽象的，让学生通过文本的语言文字如临其境，受到感染，同时体会语感。首先必须有鲜明的形象性，可见可闻，产生真切感。只有感受真切，才能入境，才能理解语言，体会语感。“形真”不是要求所有的情景都是实景，也不是要动用多种教具，是要求神韵相似。

二是情切。即情感参与认知活动，充分调动学生的主动性。情境教学缺乏“情”，其“境”就会变得死板，徒具形式，只有“情深”方能“境活”。从教材来看，其作品主要选自名家名篇，都是文质兼美，表达的是“真事物”、“真感情”。对于小学生来说，学习阅读名家名篇就是通过语言文字，使学生在一定的情境中深切地体会和领悟作者的用笔之情，对自然、人物、事件的挚情，理解文本的深远意境，受到人文情感的熏陶。

三是意深。即意境广远，形成想象契机，有效地发挥想象力。情境教学取“情境”非“情景”，在于“情境”具有一定的深度和广度，情境教学强调“情绪”和“意象”。情境，

① 李吉林，田本娜，张定璋．李吉林情境教学—情境教育．济南：山东教育出版社，2001：187-210.

总是作为一个整体，展现在学生面前，造成直接的印象，激起学生情绪，同时推动学生想象活动的发展。教师可凭借学生的想象活动，把文本内容与所展示、所想象的生活情境联系起来，把学生带入文本的意境中。

四是理喻其中。即蕴涵的理念。“动之以情，晓之以理”，是说“动情”是“晓理”的基础，“动情”是手段，“晓理”才是目的。教师要善于挖掘教材中情与理的因素，晓理并不是脱离文本讲道理，而是植根于文本之中的晓理。文本中对各种形象的塑造都寓有深刻的理念。情境教学就是从文本的中心出发，选择最能代表文本中心的各种形象来创设情境，使学生凭借对形象的感知来揭示其中的理念。

3. 情境教学的原则

李吉林从整体出发，着眼于学生发展，提出在教学过程中的五个原则，即前提、基础、动因、重点、手段五个方面。

一是诱发主动性原则。学生是教学活动的主体，在课堂上能否主动地投入，是教学成败的关键。学生的主动性只是一种潜能，教学就需要将学生带入情境，在探究的乐趣中激发学习动机；又在连续的情境中，不断强化学习动机，使课文中描写的一个个人物形象栩栩如生地再现在儿童的眼前；描写的一个个特定空间，儿童涉足其间，仿佛进入了其人可见、其声可闻、其景可观、其物可赏的境地。可观的教学情景一环环引人入胜，儿童进入情境后的热烈情绪又反过来丰富情境。

二是强化感受性原则。情境教学主张“强化感受，淡化分析”，即通过优化情境，引导学生从感受美的乐趣中感知教材。优化的情境向学生展示的是可感的生活场景、生动的画面、优美的旋律、角色的扮演或实物的演示等，这些具体的生活形象为学生理解语言做好认识上的准备，而且是笼罩着情感色彩的认识准备。

三是注重创造性原则。学生的创造性应该在语文教学中有意识有目的地去培养。主要通过：①提供丰富的表象，为组合新形象打基础。情境教学注重从学生的观察入手，在众多的观察活动中有效地培养学生的观察力，而观察力是进行创造性思维不可或缺的一种智能；②注重想象，为创造新形象提供契机。情境在很大程度上是相似模拟，粗略而简易，为学生留有宽阔的想象余地。想象越丰富，对文本的理解就越深刻，合情合理的想象是凭借文本实现的；③鼓励求异，培养思维的广阔性与灵活性。以观察为基础，着眼发展的教学思想体系，为学生学习拓展了思维空间。

四是渗透教育性原则。小学语文教材除了语言文字表达的规范性和审美性外，还拥有丰富的文化性、情感性、思想性，其丰富的人文内涵对学生精神影响是深远的。人文内涵是文本的“脉”，是透过语言文字蕴涵于文本之中的情愫，因此教学不能脱离文本空谈感想。而是在初读课文时“入情”，在感受课文中描写的形象中“动情”，在领悟课文语言文字的神韵中“移情”，在表情朗读、语言训练中“抒情”。

五是贯穿实践性原则。学生的语言能力和智力，只有通过逐步的训练才能形成，情境教学强调基础，注重训练，这个训练就是实践，贯穿在整个语文教学过程之中。

4.1.2 情境教学的课堂教学模式

识字、阅读、写作不是单一孤立地存在着的，它们之间相互作用，相互影响，只要和谐协调，必然取得最佳的效果。因此，情境教学在低年级实施识字、阅读、作文“三线并进”策略；中高年级实施“四结合单元教学”强化的策略，即把题材相近或相似的文章组成单元（写人、记事、写景、状物、说明应用、古诗文诵读），把“读与写”、“文与道”、“课内与课外”、“语言训练与思维发展”等语文教学的诸多因子，组成一个相互联系、相互作用的整体。阅读教学、作文教学的模式如下：

1. 阅读教学模式

（1）初读——创设情境抓全篇，重在激发动机。

（2）细读——在审美情境中，理解关键词、句、段。主要强化感知，充分利用情绪，加强内心体验；提供想象契机，展开联想与想象，丰富课文内容；设计训练，语言与思维积极活动，在运用中加深理解。

（3）精读——凭借情境品赏语言，欣赏课文精华。主要是通过比较和诵读两种方法体会语感。“比较”主要是“增”与原文相比；“减”与原文相比；“替换”与原文相比；“前后改动”与原文相比。“诵读”强调有感情地读，穿插教师的范读和朗读技巧的指导。

2. 作文教学模式

（1）认识世界。让学生学会观察，观察大自然、社会生活和学校生活。

（2）激发动机。情境教学就是要引导学生从周围世界中获得真实感受，由此激起学生内心的情感，教师顺势引导，激发学生表达的欲望。

（3）打开思路。主要从丰富情境中，从深化情境中，从拓展情境中，从文题范围的空间中，从表达方式的多样中打开思路。

（4）范文引路。以范文引路，读写结合。

（5）提早起步。从一年级起开设口头作文课，包含字词句段篇的综合训练。从二年级写观察日记，到三年级开始情景作文，有词句段的训练，也有布局谋篇的训练。从整体出发，各年级有所侧重，螺旋上升，有效地促进学生语言的发展。

4.1.3　李吉林的教学风格

情境教学是充分利用形象、创设典型场景，激起学生的学习情绪，把认识活动与情感活动结合起来的一种教学模式。李吉林情境教学的核心在于开发了学生情感和意志，把学生智力因素和非智力因素的发展有机地结合起来。因此，她的教学风格属于情感型的，在课堂上她能够充满热情、激情，把抽象的语言文字还原为活生生的、有血有肉的情境，再导入灵活多变的语言训练。

李吉林在语文教学中表现出来的素养，首先源自她对教育事业的爱，具体表现在对学生尊重、信任、欣赏和期待上，这种爱使她能够对教育教学倾注全部的热情和心力，并转化为不断追求的源泉和动力。其次是她的知识积累宽广而又深厚，她在创设教学需要的各种情境中，能够得心应手，信手拈来，达到与学生情感、心灵相通的境界。最后是她诗化的语言能力，她的想象和联想能力，她感动自己又能感动别人的能力，充分展示了一名优秀语文教师所具备的情感色彩和个人魅力。

案例 4-1

下面是李吉林对二年级教材《萤火虫》一课的教学设计，结合情境教学理念，看看她是如何通过情境创设把书面语言变成鲜活可感的景象的过程。

一、教学目标

（1）初步理解“夏夜、世界、燃烧、低飞、万花”等词语。

（2）能准确流利地朗读课文，体会语感。

(3) 引导学生根据课文词句想象画面，初步感受萤火虫虽然小，但尽力用生命燃起的小灯去打扮花草世界的品格，陶冶学生高尚的情操。

二、课时安排

1课时。

三、教学环节

导语、范读课文、自学课文、轻声齐读、指导自学、释疑、朗读课文、进一步理解课文。

四、教学过程

(一) 导语

在夏天的夜晚，我们会发现在草地上，在花丛中，有一些小东西飞来飞去，还一闪一闪的，你们知道，那是什么？你们看见过萤火虫吗？李老师还会念一首萤火虫的儿歌：萤火虫，点灯笼，/飞到西，飞到东。/一闪一亮，一亮一闪，/好像星星落花中。

今天我们就来学习一篇《萤火虫》的课文。(板书课题)

(二) 范读课文

(三) 自学课文(读正确，初步理解课文)

△提出要求：要一字一字读正确，读完一遍，对加拼音的字再认认。

△读完一遍，再提要求：不懂的词自己猜猜。

比方“夏夜”，这个词你们没有学过，意思能猜出吗？再比方“燃烧”，“燃”和烧连在一起，“燃”又是火字旁，意思懂吗？

“燃烧”懂了，“燃起”也就不难了。

△下面再读读想想，然后告诉老师“提着一盏小小的红灯，小心地照着这个花草的世界”的是谁？“它还是不停地飞来飞去”，“它”又是谁？

(四) 指导自学。(通过自学，想象画面，理解课文)

启发：如果你是一个画家，要你根据这篇课文画一幅图画，画上应该画些什么呢？

指导：现在老师先帮助你们一下，课文一开始说：“萤火虫在夏夜的草地上低飞”，老师读着这一句，我就好像看见了一幅画，你们有没有看到？看见萤火虫在哪儿飞？画上要画什么？

(“萤火虫在草地上低飞”，画上小草，表示草地。)

△“萤火虫在草地上低飞”，萤火虫是画在上面，还是在下面？

(在草丛中画萤火虫，表示“低飞”。)

△萤火虫在夏夜的草地上低飞，是“夏夜的”，那么要画上什么呢？

(画上许多星星，表示夏夜繁星密布。)

指点：这就是“萤火虫在夏夜的草地上低飞”一句在我眼前出现的画面。现在你们就学着李老师的办法读读想想，在这幅画上，还会添上些什么呢？

检查学生自学效果。

△ 有没有看懂，是“花草世界”还要在画上添上什么？

△ 画一朵花行吗？

(“花草的世界”到处是花草，要画许多花。)

△ 是一种花吗？

(出示句子：“萤火虫飞舞在万花之中”)

△“万花”各种各样的许许多多的花，那才是花草的世界。

(以上引导学生边说边画，将课文内容用画面呈现在学生眼前，并结合理解词语。)

萤火虫在万花丛中，飞的样子你觉得怎么样？

比较读：萤火虫，飞在万花之中。

萤火虫，飞舞在万花之中。

指点："飞舞"一词告诉我们萤火虫飞的样子很好就像在跳舞。

（五）释疑

现在你们还有什么问题，可以提出来：（估计学生可能提出：1. 为什么说萤火虫小心地照着花草世界？2. 怎么说是用生命燃起的灯？）

启发：

（1）萤火虫为什么要小心地照着花草世界？你们想，萤火虫在怎么飞？

出示句式：

△萤火虫（　　）飞着。

（2）怎么是用生命燃起的红灯呢？

启发：我们平常用的电灯，过去用的油灯，过春节时，我们还拉过兔灯。我们知道，电灯用电 、油灯用油 、兔灯用蜡烛…… 那我们想想，萤火虫的小灯，用不用电，用不用油，用不用蜡烛，用什么发光？（用自己的身体发光）

（3）讲解说明：萤火虫身体里分泌一种东西，随着呼吸就发光，如果萤火虫这种东西分泌完了，它就会死去。

（4）说话训练：现在你们懂了吗？谁能说说。（出示句式）

△萤火虫的小灯，不用……也不用……而是用……

（出示课文）

萤火虫，你不觉得你的灯光太小了吗？你不觉得你是在燃烧自己吗？

萤火虫不回答，还是不停地飞来飞去，提着那盏美丽的用生命燃起的红灯，飞舞在万花之中……

指导朗读：①你不觉得灯光太小吗？②你不觉得你是在燃烧自己吗？

你不觉得吗？你懂吗？你知道吗？用问的口气提醒萤火虫。

（5）述：萤火虫的灯光是很小的，是星星点点。萤火虫飞来飞去，也确实是在燃烧自己呀！萤火虫有没有小看自己，因为灯光太小就不发光？因为要燃烧自己的生命，就不去照看这个花草的世界了？我仿佛看见萤火虫在晚风中飞来飞去。"它还是……"

（6）启发：萤火虫 没有回答，心里可能在怎么想呢？（出示）

萤火虫好像在说：我用生命燃起的红灯很小很小，只要能给这花草世界带来一点光亮，我就……

（7）轻声朗读最后一节。

指点：突出"美丽的"，萤火虫很小很小，但正是因为那是用生命燃起的小灯，所以这盏灯是红灯，是美丽的红灯。"美丽"一词要读得美，让别人感到美。

（六）朗读全文

指名读→轻声齐读→表演朗读

（七）进一步理解课文

萤火虫提着用生命燃起的美丽的红灯，飞舞在万花之中，小心地照着这花草的世界，那么花儿、草儿可能会对萤火虫说什么呢？

扮演角色表演，进一步体会情境。

小朋友，你们喜欢萤火虫吗？我们学的哪篇课文也像萤火虫。复习"小草"。

（八）总结

萤火虫、小草虽然很小，但是它们都尽力用自己的光亮，用自己的色彩，甚至用自己的生命去打扮世界，这种精神多可贵啊！学了这篇课文以后，去观察一下，还有哪些小东西也像萤火虫、小草一样，有哪些人就像萤火虫、小草一样，默默地打扮着这个世界。

课例点评：

《萤火虫》是小学二年级的一篇课文，李吉林老师的教学设计体现了以下几个特点：一是教学目标清晰，教学环节流畅。整个教学过程每一个环节要做什么目标很明确。二是体现了教师引导下的学生自主学习过程，从自读、读通、细读到读懂的过程。教师引导学生理解课文，教师先范读课文，再通过想象和绘画把学生带入情境，凭借情境领会关键句子“萤火虫在夏夜的草地上低飞”，“萤火虫小心地照着花草世界”……课文营造的情境旨在使儿童涉足其中，仿佛进入了其人可见、其声可闻、其景可观、其物可赏的境地。当他们感受到萤火虫“提着一盏小灯”“在夏夜的草地上”“小心地照看着花草世界”的生动画面时，教师抓住“小心”、“照看”这两个内涵丰富的词让儿童展开讨论。体会这两个词在词义、词的形象、词的感情色彩上细微的差别。三是体现了深读，学生在情境的熏陶和感染下，潜移默化地体会课文的哲理，即萤火虫为了照管花草世界，宁愿燃烧自己的精神。

4.2 读写结合流派

广东潮安县浮洋镇六联小学的特级教师丁有宽（1929— ），是读写结合流派的创建者与代表人物。自 1951 年起，丁有宽除了政治运动受挫时暂时脱离教学岗位，50 余载的时间里一直矢志不移地扎根农村小学教坛，为中国农村教育树立起一面旗帜，创造了非凡的业绩。他对教育事业的贡献不仅是对小学语文“读写结合系列训练体系”的实验研究，更在于他的“教书育人，转化差生”教育思想的实验研究，他概括自己教育思想核心是八个字“爱心是根，科研是本”，他富于规律性的探索对当代小学教师专业发展仍具有重大的理论价值和现实意义。丁有宽先后在 26 个教学班进行了八轮教改实验，经历了初试、再试、验证、探究四个阶段，逐渐形成了“以记叙文为主体的读写结合五部系列训练”的小学语文教学新体系。他出版了专著《小学语文读写结合法》、《小学生记叙文读写结合法》，1987 年以后还陆续出版《小学语文读写结合实验教材》（1～10 册）及配套使用的各学年总复习 5 册。

4.2.1 读写结合教学的基本理念

读和写是互逆的过程。它们之间既相对独立，又密切联系。读是理解吸收，写是理解表达。有理解性的吸收，才会有理解性的表达；反之，表达能力强了，又促进理解吸收能力的提高。抓住它们之间的联系点，即读写对应性，也是读写迁移的基本因素，系统地对学生进行读写训练，不仅是提高作文教学的有效途径，而且是提高学生听读说写各项能力，达到全面发展的重要途径。①“读写结合”即是学用结合，在丁有宽的语文教学中，取消专门的作文课，把大量的写作片段训练和综合训练糅合在阅读教学之中，通过“从读学写，以写促读，突出重点，多读多写”实现了读写的水乳交融。

① 丁有宽．丁有宽小学语文读写结合法．济南：山东教育出版社，1999：18.

1. 读写结合的基本经验①

针对小学语文教学中存在“杂、乱、华、死”的问题，把教学的着力点放在学生的读写训练上，做到有的、有序、有点、有法，突出学生是学习的主体。

1）有的：杂中求精，打好基础

小学语文课程的知识尽管不够明晰，但依然有其内在的联系及规律，记叙文是小学语文教学学习和训练的重点，应该把教学重点放在记叙文上。丁有宽把小学语文课本中所有的记叙文，从语言结构方法、文章结构方法和思维逻辑几方面进行研究，侧重文章的语言结构和表达两个方面，归纳出记叙文读写的规律性知识，称之为“五十法”或“五十基本功”。把来自课文的“五十法”作为帮助学生研究的范文，了解作者如何叙事、状物、写人，怎样表达思想感情和安排篇章结构，又作为学生学习写作的借鉴。

2）有序：乱中求序，分步训练

丁有宽根据教学大纲对各年级的要求，以记叙文“五十法”为线索，以发展学生的语言能力和思维能力为中心，总结出“读写同步，一年起步，系列训练，整体结合”的五步系列训练模式，五步即五个阶梯，一年一个阶梯，逐步提高。

一年级训练，以字词为重点，从词入手，侧重练好一句“四素”俱全的句子，作为记叙文的起步。

二年级训练，从句入手，侧重练好四种句群（连续、并列、总分、概括-具体）。以词句为重点，从段着眼。

三年级过渡阶段，侧重练好构段四法（连续、并列、总分、概括-具体）。以句段为训练重点，从篇着眼，从段入手。

四年级训练，侧重练好篇章。在三年级训练基础上，着重进行审题、立意、选材、组材、修改、观察项目的训练。

五年级训练，侧重综合提高。以培养学生自读、自作、自改能力为重点。

五步系列训练模式目标明确，体现由易到难，由简到繁，循序渐进，不断提高，多层次的系统训练和整体中有部分，从部分到整体，多角度训练的设计原则。

3）有点：华中求实，突出重点

丁有宽反对把语文课上成只追求形式的面面俱到，提倡从学生的实际出发，讲求实效，突出重点，精讲多练。围绕“五十法”的读写联系点，从三年级至五年级每学期设置8个读写训练重点项目，坚持胸中有全册，着眼组文，从课入手，课有重点，点点相连，反复训练，逐步提高。主要采用三种教法：一是一文中只突出一个重点。对课文的重点部分要求当堂做到五会（理解、品评、复述、背诵、运用）；二是对一些典型课文，采取一文多次教，多次练，每教一次，重点就转换一次，力求领会和掌握文章的特色；三是在学生有了一定的自学能力的基础上，采取一篇带多篇的组文教学法。

4）有法：死中求活，交给规律

丁有宽认为教学的真谛在于，给学生“授之以渔”，他认为所谓“文无定法”的主张在小学语文教学上应慎用，主张小学生读写必须从有法到无法。他为此总结了许多小学生读写学习法，如识字歌、写字歌、审题歌、分段歌、阅读法、作文法、读写结合法。

---

①　丁有宽．丁有宽小学语文读写结合法．济南：山东教育出版社，1999：18-28.

2. 读写结合的理论依据

1）体现了迁移的规律

迁移是指一种知识、技能的学习对另一种知识、技能学习的影响。丁有宽从读写对应的规律中，提炼总结出“读写五十法”，是通过“读”让学生学习一些语言知识，使学生掌握读写结合知识结构，为学习迁移创造条件。就是利用读与读、读与写之间具有的共同因素，通过读写建立起一定的读写认知结构，再阅读新课文时，就会同原来有关的知识联系起来，经过同化，纳入已经掌握的有关读写的认知结构中去，巩固和提高已有的阅读能力，这就是读与读之间的迁移，同时也会迁移到作文中去。

2）体现了语言规律的指导作用

语言规律是指组织语言的规律或法则。语言法则包括词法和句法，汉语主要倾向于研究句法，从句法研究用字、组词、造句，以至修辞及篇章方面的知识。丁有宽总结的“读写五十法”、七条读写对应规律以及句群结构法等，都是读写方面的基本规律知识，以语言规律知识为指导进行教学，显著地提高了学生的读写能力，加强了小学语文教学的科学性。

3）体现了儿童的心理特点

丁有宽认为小学儿童的心理特点主要体现在模仿性、发表欲和遗忘性等方面，他根据儿童的这些心理特点进行读写结合教材教法的设计与实施：第一，模仿性。模仿是儿童的天性，模仿是他们的心理需要，儿童在学习语言和各种技能的最初阶段都要借助模仿这个“阶梯”。根据儿童的这一特点，语文教学在教材教法上把阅读和作文紧密地结合起来，并提供适当的范文。第二，发表欲。小学儿童特别是低年级儿童具有强烈的发表欲，他们不仅有口头发表欲，而且通过一定时间的识字和阅读，积累了一些生活经验后，也有书面语言的发表欲，愿意把自己所见所闻用文字表达出来。读写结合正是满足了儿童的这一特点。第三，遗忘性。儿童在学习语言的过程中，容易出现学得快，忘得也快的问题。所以语文知识的学习必须在不断地巩固中进行，把学过的语言知识在新的课文中运用，在写作中运用，当学生形成一定的语言运用能力时，遗忘发生的速度就降低了。

4.2.2 读写结合的教学模式①

读写教材的特点是以单元为结构，每单元有7～8篇课文，分精读篇、略读篇、自学篇、综合练习四类，而每一单元又分两组课文，第一组课文的重点是认识训练目标，第二组课文目的在于强化、深入理解和掌握目标。其精读课的教学模式是：

(1) 明确训练目标。读写结合教材是以单元组文，每个单元、每篇课文教学训练目标十分明确，使教者、学者都能有的放矢，教学效果也有目标衡量。每个单元、每篇课文的训练目标就是教师备课的指导思想。教学的每一步就是使学生明确该课的训练目标。

(2) 导预习，初步感知课文。预习就是要达到学生自己读书、思考的目的。从第五册开始，将预习编在课文之前，预习内容一般有两方面要求：一是通过初读课文理解生字词；二是通过看课题、阅读课文、理解课文写了什么内容以及重点部分。第六册的预习要求虽然简略了，但预习深度提高了，不但要求理解课文内容，还提出作者是怎样表达的一类问题。

(3) 导精读，深究重点段。这一环节着重理解重点段，对重点段进行深入地理解、品评、运用。通过细读、精读课文，达到对所学字、词、句、段、篇的理解和运用。首先是

① 田本娜．论丁有宽读写结合导练教学模式．小学语文教学，1996，(9)：8.

理解性语言的训练。阅读一篇文章，先要会理解，即会解词、析句、分段，最后读懂全篇。在理解语言基础上进行语言品评和运用的训练，训练复述、说话、写话、写段、作文等。

（4）导练习，巩固加深。指导学生总结和运用学习方法，进行多层次练习，达到基本掌握训练目标的目的。读写结合教材增加了课堂练习，而且课后练习比统编教材增加一倍多，以练习语言表达能力的题为主，体现出语文学科的性质和特点。

4.2.3　丁有宽的教学风格

丁有宽教学风格是他在长期教学实践中，逐步形成富有成效的、一贯的教学观点、教学技巧和教学作风的综合表现。首先是他有一颗献身儿童教育事业的爱心，这是他一生孜孜不倦地进行教改实验的强大动力。其次是他善于抓主流、抓重点、抓规律。他在学生中善于抓差生教育；在小学语文教学中抓读写结合规律；在读写结合中抓记叙文教学，抓记叙文的读写规律；从小学语文教学的多项任务中抓文道统一；从小学语文教学的基本任务——培养学生的听、说、读、写能力中抓读写能力训练；从字、词、句、段、篇中抓住句子教学这一中心环节；在句子教学中又狠抓了“因素句”教学。在多年实验的基础上形成了独特的教学体系，形成了一整套教学模式。

丁有宽的教学个性属于理智的、自然型的，他的课堂目标明确，环环相扣，学生在课堂中不仅学到了知识，而且受到了良好的思维训练。课堂处处体现出丁老师的爱心、朴实、严谨，学生在教师的引领下，在静静的思考中，在多样化语言的训练中，获得全面发展。

案例 4-2①

下面是丁有宽读写结合教学的一个经典教学设计《第一次跳伞》，仔细揣摩丁老师是如何设计从阅读文本中学习写作的方法，并迁移到学生自己的习作中去的。

一、教学目标

（1）学习作者细心观察一件事，按事情的经过顺序，抓住重点写得具体。

（2）说一说自己第一次××（洗衣服、做饭等）的经过，用《第一次××》做题目，仿照《第一次跳伞》的写法，按事情发展的顺序列好提纲，再有重点地写下来。

二、教学设计

（1）结合班级开展“学雷锋，从我做起”的主题活动，要求学生先从家里做起，学洗衣服、做饭、挑水等活儿，并准备讲第一次学习干活的过程和体会，这既有利于培养学生良好的劳动习惯，又使这次习作有话可说。

（2）两课时：第一课时，指导学生读懂习作例文。第二课时，指导学生仿照“习作例文”作文。

三、教学过程

第一课时

（一）课前预习（教师提示预习提纲如下）

1. 初读课文

（1）查字典，自学“蔚、飕、凌”等字的音、形、义；阅读课文理解“蔚蓝、凌空、飘

① 丁有宽．丁有宽小学语文读写结合法．济南：山东教育出版社，1999：108-111.

飘悠悠”等词语的意思。

(2) 思考几个问题：课文写的是谁？写什么事？写什么时间的事？地点在哪里？

2. 再阅读课文，着重思考下列问题

(1) 课文题目中为什么要写出“第一次”？

(2) 课文按怎样的顺序把第一次跳伞的经过叙述出来？分几段？各段写什么？

(3) 哪一段是课文重点段？作者怎样分四步具体地写从跳伞到着陆的过程？

(二) 检查预习情况与指导学生加深理解课文

1. 教师板书课题，学生齐读课文后

(1) 检查学生学习字词情况，教师纠正读音，重点帮助分析“蔚”、“飕”字形；

(2) 让学生提出疑难问题。(略)

2. 教师启发学生理解课题

(1) 看看这篇课文的课题，知道这篇课文主要是写人，还是记事？从哪里知道？(记事，“跳伞”)

(2) 课题中为什么写上“第一次”？(“跳伞”可以有多次，题目写的是“第一次”，更能如实反映作者初次跳伞时的特殊心情。)

3. 教师启发学生理出课文思路

说说课文按怎样的顺序把第一次跳伞的经过叙述出来？课文可分几段？各段写什么？哪是课文的重点段？让学生思考、回答、议论后，教师板书及小结。课文可分为四段：

(第一自然段) 到机场→ (第 2 自然段) 飞机起飞→ (3-6 自然段) 跳伞经过→ (7-10 自然段) 着陆。第 3 段是重点段。

如果把课文顺序改为：跳伞→飞机起飞→到机场→着陆，好不好？为什么？(让学生明确写一件事要按事情经过的顺序来写，才能使人读了清楚。)

4. 教师指导学生精读课文第三段

指导学生再读课文第三段，思考下列问题，理解它的意思。

(1) 跳伞之前伞兵长怎样嘱咐，“我”是怎样跟着同志们跳下去的？

(2) 降落伞是怎么张开的？“我”看到什么？听到什么？感受到什么？

(3) 着陆之后“我”有什么感觉？

(4) 作者是怎样有重点地写从准备跳伞到着陆的过程，分哪四步来写的？

学生读读议议后，教师着重点明：作者着重写从准备跳伞到着陆的过程，是按跳伞前→跳伞→张伞→着地这四步有顺序地写的。

(5) 课文中，哪些地方突出了题目中的“第一次”，把有关句子找出来，并读一读，说一说它的作用。

学生回答后，教师指出：课文中写“我”跳伞时“来不及想什么”、“头有点儿晕”；张伞时“我好像到了另外一个世界”、“又好像穿着救生衣漂浮在碧蓝的大海上”；将着地时“我飘飘悠悠”、一着地“心一下子平静下来”。这样才能突出题目中的“第一次”。

(6) 大家想一想，如果把这些内容删去，你觉得怎样？为什么？(让学生进一步明确这样写，才能扣紧题目“第一次”，不然就只表现题目中的“跳伞”了。)

在精读课文的基础上，为了使学生更好理解例文的写作顺序，突出重点扣紧“第一次”写得具体，师生共同归纳，出示板书：

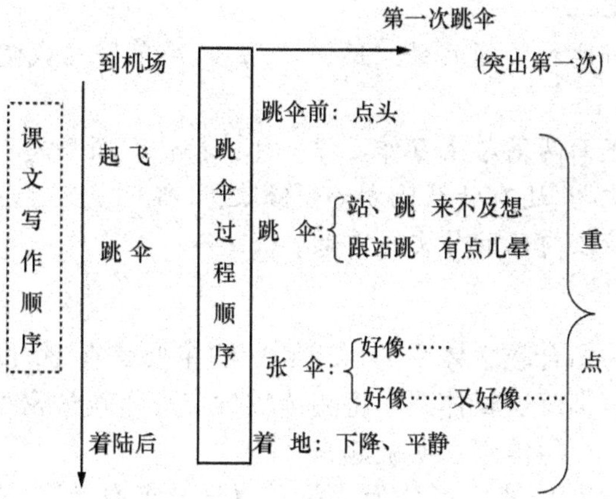

（7）分组复述“跳伞经过”部分。

（8）作者为什么能把第一次跳伞的事写得这么完整和具体呢？（让学生学习作者仔细观察，按事情经过顺序写，把重点部分写得具体。）

结语：教师鼓励学生选择自己学雷锋在家里学干活儿的一件事，仿照这篇习作例文，试着写一写。

第二课时

（一）课前分析

全班学生56名，交上初稿55篇，大多数学生能按事情经过顺序写，部分学生并能写得具体。学习成绩中等的学生小陈是家里的独苗子，由于主动洗衣服，观察比较细致，写出来的初稿算较好。小珊也写得不错。大部分学生写得不够具体，未能突出题目中的“第一次”。我决定选择有代表性的习作初稿为学习习作例文“搭桥”。

（二）课堂指导

（1）复习《第一次跳伞》的写法。

（2）分组交流：主要交流写的题目、提纲及对照习作例文谈体会。提出作文中的困难问题。（略）

（3）下面这篇习作，请同学们读一读，讲一讲有什么优点？跟习作例文比一比，有什么问题；该怎样修改？大家分组议一议。

第一次洗衣服

星期六下午，我在家里洗衣服。

洗衣服开始了，我先洗领，后洗袖口。我和妈妈到河边洗衣服。洗了一会儿，我觉得不容易就不洗了。妈妈对我说：“肥皂放多些。”

分组讨论后集中评议：

①“文章基本能按洗衣的顺序写。”

②“文章能扣题目，但写得很简单。”

③“文章中洗衣服的地点有矛盾，又说‘在家里’，又说‘到河边’。我建议把‘我和妈妈到河边洗衣服’删去，在第一段末加上‘妈妈在一旁帮助我’。”

④“怎样洗？只写‘洗了一会儿’，写的不具体，也没写碰到什么困难。‘我’搓衣服时，两手不听指挥，肥皂水溅到‘我’的脸上了。”

⑤“洗衣服的过程没有写完整。应写妈妈教他怎样洗后，他继续洗下去，并过上清水，

把衣服拧干，晾在竹竿上。”

⑥“文章还不能很好地扣紧题目的‘第一次’，只简单写‘我觉得很不容易就不洗了’，应写当时的心情……”

(4) 指导学生参阅下面两篇学生习作，评一评：按什么顺序写？哪部分写得具体？从哪些地方突出题目“第一次”？还有什么地方必须修改？(略)

(5) 教师要求学生修改自己的作文或重做。

课例点评：

丁有宽小学语文读写结合教学体系的形成和影响主要是在20世纪八九十年代，其贡献是形成了小学语文的语言训练逻辑体系，将阅读教学与写作教学密切结合起来，把处于低效和半自然状态的语文教学变得清晰和明确起来。

丁有宽读写结合的导练模式，可分为“单元教学导练设计”、“课文教学导练设计”和“活动课设计”，本书引用的是“课文教学导练设计”——《第一次跳伞》，这是一篇习作例文，教学目标很明确，直指写作训练，首先用一课时读懂“习作例文”，重点体会作者是如何观察细致，把第一次跳伞的经过写清楚，把重点地方写具体的；然后通过开展学雷锋活动，让学生把自己的“第一……”的活动过程写清楚，突出重点。丁有宽的教学设计的特点是：教学目标清晰、明确、简洁，不面面俱到，读的训练迁移到写的训练，体现了“由读学写”的语言学习规律；整个教学过程是在教师引导下的学生自主学习过程，有条不紊，体现了严格、有序，由理解到应用的语言训练过程。尤其值得指出的是，学生在有目的的训练中，感受到自己的进步，收获了自信。

4.3 智慧语文教学流派

智慧语文是薛法根提出的语文教学主张，而薛法根教学思想和风格的形成和发展，深深地得益于贾志敏、于永正两位教育前辈，他们是20世纪80年代在语文教育界产生深远影响的特级教师，至今仍活跃在语文教学的第一线。三位在教学思想、教学模式和教学风格上既独树一帜，又殊途同归。

贾志敏（1939— ），小学语文特级教师，原上海市浦明师范附属小学校长，现任上海市金苹果学校小学部校长。贾志敏从23岁踏入教师之门，从教之志终未改变，至今已有50余载。他虽在“文革”中经历坎坷，但凭着对教育事业的热爱和深厚的文学底蕴，1978年后他的作文教学通过电视台风靡大江南北，1990年后其阅读教学也同样受到小学语文界广大师生的认可和喜爱，他是活跃在小语教坛的一棵常青树。

于永正（1941— ），小学语文特级教师，被评为“国家有突出贡献的专家”，享受国务院颁发的政府特殊津贴。于永正自1962年开始从事小学语文教学工作，后又担任徐州市鼓楼区教研室主任，他是江苏省继斯霞、李吉林之后涌现的又一位具有可贵探索精神和鲜明教学个性的语文名师，也是与贾志敏同龄并比肩的老一辈语文教育大师，在小学阅读教学和作文教学上均有创见和建树。

薛法根（1968— ），小学语文特级教师，江苏省吴江市盛泽实验小学校长。2002年获第五届全国“十杰教师”提名奖，2007年被评为全国小语界十大年度人物。1988年踏上工作岗位，仅十年就成为江苏省最年轻的小学语文特级教师。薛法根深受广大小学语文教师的喜爱，是因为他的语文课简约而又深刻，平常中拥有智慧。许多研究者欣赏和研究薛法根的课，是因为他的课体现了语文的规律和特点，是能够上升到学理高度的实践。总之，他的课舍去了许多浮华和造作，是广大教师可以看得懂并且也是可以学习的范例。

4.3.1　智慧语文教学的基本理念

通常意义上讲，智慧既是对事物能迅速、灵活、正确地理解和解决的能力。语文教学的智慧体现的是语文学科的本质特点，关注小学儿童的特点，契合儿童的需要和兴趣，触及儿童的心灵和精神世界，追求的是一种大道至简、符合天性、开发潜能的境界。那么，具体到三位特级教师其教学思想和主张又具有哪些特点呢？

贾志敏认为学生语感的培养，对于语文综合素养的提高具有举足轻重的地位。语感是读者对语言文字的敏锐感受，就是在感知语言材料时直接产生的一种对语言文字含义、情味和理趣的理解力。语感的主要特征是直觉性和自动化。为什么在语文教学中以语感的培养为切入点呢？[①] 第一，语文课程的特点是工具性与人文性的统一，也就是说人文性是以工具性为基础的，脱离工具性的人文性，即丧失了语文课程的旨趣。因此，语文课程必须以语言性为基础，而语言性的落实，离不开语感的培养。第二，学生的语感的形成，需要接受准确的语言刺激，加强语言的感受力，在丰富多样的语言训练和应用中，让其获取鲜活的语言经验，达到整体感知语言的能力。在汉语学习中重视语感有特殊的作用，因为汉语不同于英语，它是一种单音节的分析语，靠的是词的滚动组合，是在语境的具体联系中产生意义的，这种意义是要靠我们意会的。

于永正提倡简简单单教语文，按照语文的规律教学。他把自己教育思想归结为“五重语文”，即为：重情趣、重感悟、重积累、重迁移、重习惯。“重情趣”是要把握语文中的人文精神，体现其中的情趣。“情”指的是情感，是对学生有情，对语文教学有情，教师上课要有情。“趣”是指教师要把课上得富有趣味性，达到让学生愿意学、乐此不疲的效果。“重感悟”是语文教学规律决定的，实质上就是要把学习的权利交给学生，让学生在老师的指导下自己读书，自己去领会。“悟”要先悟其义，要读懂课文内容；还要悟其情、悟其法，也就是体会文章表达的思想感情，领会文章的表达方法，感悟作者遣词造句的妙处。“重积累”是语文工具性的需要，也是学语文最基本的策略和方法。积累不仅包括语言的积累，还包括生活的积累和感受（含情感）的积累。教学要抓住两个关键：一是教学中要十分重视读和背，要按照学习语文的规律进行教学。二是要特别重视课外阅读，最大限度地丰富学生的积累。“重迁移”是指重举一反三、学以致用、增强语文的运用能力。“读写结合，有机有效”是于永正阅读教学的一大亮点。指导学生进行“由读到写”的迁移，先引导学生模仿借鉴，然后根据所学课文特点，进行片断仿写，比如写一段对话、写人物的外貌、写一段场景、写与课文中结构相同的一段话、用几句话把课文的意思概括一下、笔答课后的某个问题等等的“小练笔”等。“重习惯”是要重视激发起学生的兴趣，养成良好的习惯。主要包括学习和运用语言的习惯。学习习惯主要指爱读书报的习惯、一边读一边想的习惯、不动笔墨不读书的习惯（圈圈点点、作批注等）、做读书笔记的习惯、遇到生字查字典的习惯等；运用语言的习惯是不能过分依赖老师的分析和讲解，而是用更多的时间和机会让学生反复的练习和实践。

薛法提出语文教学应充分发展学生的言语智能，让语文课堂教学清晰起来。他致力于把教学重心从课文的思想内容转移到语文能力的发展上，把目光聚焦在语言文字上，通过课文内容学习其中的语文知识，进而通过相应的语文实践，形成并发展学生的语文能力。语文教

---

① 周一贯．培养语感，一条遵循语文教学本质的道路——论贾志敏老师语文教学艺术．黑龙江教育，2006，(4)：10.

学应该重视“双基”，但知识不等于智慧，技能也不等于智慧。语文教学必须超越知识和技能走向智慧，建立在三根支柱上：“鲜明的思想”、“活生生的语言”和“儿童的创造精神”。“为言语智能而教”理念的提出是基于：第一，语文课程、教材始终未能解决语文课程内容与教材内容的问题，尚未形成科学的、可表述的语文学科内容结构。语文教师缺乏鲜活的、适切的语文知识必然带来语文教学的低效，也弱化了语文教学的专业性。第二，目前的语文教学习惯于“以文本内容学习带动言语能力培养”，强调学生的“感悟”，未能就“经验、思维、想象”这些“感悟”的内在要素作学理的解析，没有提炼出具有普适性的教学方式方法，难以应对不同的文本与不同的学生。第三，语文教学任务多元、目标模糊，致使语文教学头绪太多，方向不明。语文教学应以发展学生的言语智能为核心，走向生活、走向综合、走向运用、走向智慧。

4.3.2 智慧语文的教学模式

1. 贾志敏的教学策略[①]

第一，用汉语的组合规律，在读写结合中培养学生的语感。

贾志敏的阅读教学和作文教学的设计的特色是抓住一个关键词，让这一关键词在滚动发展中实行多方组合，由词发展成为句，由单句发展成复句，由小节发展成为段落，乃至最后发展成为全篇文章。这就是词语的滚动、碰撞，就像一个活跃的化学分子一样，在滚动、碰撞中，实行多方组合。

第二，将阅读的文本重构在师生的平等对话中，培养学生的语言。

如何实施阅读教学，取决于教师对文本的把握，更取决于教师能够提取相应的语言文字，并把它作为训练的例子。贾志敏通常的做法是：第一步，凭借文本，反复进行阅读；第二步，运用汉语中的铸造式滚动方法，对文本进行多方组合重构。

第三，以当场的语言诊断，在生成中培养学生的语感。

贾志敏在课堂上不放过每个学生说的每句不妥当的话，他追求的是正确、敏锐、强烈地去感觉、感知、感悟语言。具备六个要素：敏锐、正确、强烈、感觉、感知、感悟。

第四，以出色的语言示范，在语言实践中提升学生的语感。

首先贾志敏注重自身的语言积累，很多的小学生作文、小学课文他都可以很娴熟地背下来。其次，在教学实践中，无论是讲述，还是与学生沟通交流，还是对学生的评价，都尽显贾志敏对语言使用的风范，学生时时都在感受着语文教育和熏陶。因为预设的是有准备的，而生成的往往是没有把握的，是要临场用教学机智，以自己的语言功底去应对的。

2. 于永正的教学模式

于永正在阅读教学中贯彻“以读为本”的宗旨，以“一课一法”为原则。其教学模式包括三个环节。

（1）自读自悟。一般包括导入、自读两个部分。“导入”环节，因文而异。他教《全神贯注》，采用的是“背名言，赠名言”的形式。教《新型玻璃》则神秘的口述一个小偷偷东西，因防盗玻璃自动报警而被抓住的故事，引起学生的好奇心和探究精神。“自读”环节。要求读准生字，读通课文，划出不理解的词语，想想课文写的什么。读书要做到字字入目，读准每一个字，读通每一句话。每一篇课文，都要求学生读得正确、流利。

---

① 周一贯．培养语感，一条遵循语文教学本质的道路——论贾志敏老师语文教学艺术．黑龙江教育，2006，(4)：10.

(2) 反馈点拨。基本要求是在把课文读得正确、流畅的基础上，通过老师的点拨，悟义，悟理，悟情，悟法。好的片段还要熟读成诵，达到内化语言的目的。这一环节融检查、指点、示范、理解和写字、朗读等训练于一体。

(3) 迁移应用。迁移应用是教学的目的。一是读的迁移，由课内向课外迁移；二是写的迁移，注意读写结合，阅读课重视小练笔、低段造句、高段写段和片断仿写。除此以外，还包括笔答某一个问题、写字、抄写词语和课文等，写的训练因文而异，形式多样，丰富多彩。

3. 薛法根的教学模式

薛法根提出组块教学的策略，是以发展学生的语文运用能力为主线，将散乱的教学内容整合成有序的实践板块，促进学生的言语智能充分的发展。他提出根据不同文体及相应的阅读策略研制适宜的教学内容；根据文本语言的不同层次选择适合学生的教学内容；根据学生的言语智能发展需要创设合理的教学内容。

1) 阅读教学结构

读，主要指诵读。诵读教学坚持六个字：读读，让学生充分自由地朗读课文，读懂意思，读出形象，读出情感，读出韵味；评评，引导学生就课文的某些语句、段落进行评价，发表自己的看法，学习初步的鉴赏；背背，让学生选择喜爱的段落背一背，记一记。

悟，即体悟、感悟。组快教学注重学生与文本、经验与知识、思维与想象等多维度、多层面的联通，教学中充分激活学生的经验积累，引导学生通过思维与想象，达到对文本内容、情感及表达规律的领悟，在广泛的联系中达到融会贯通，自悟自得，并日渐提高学生的悟性，培育学生的灵性。

习，即习得、运用。习得的基本途径：一是读中迁移；二是综合性学习。打破课堂界线、学科界限、课内外界限；三是反思性学习。引导学生在语文实践活动之后，自己总结学习收获，寻找存在的问题。

2) 基本课型

诵读感悟型。对于精美、典型的课文或段落，应引导学生进行有层次的诵读训练，从中领悟言外之意，体悟言中之情，感悟言语规律，培养语感能力。

情境运用型。根据课文内容和学生实际，创设语言交际运用情境，引导学生进行对话交流，在实践中学习语文、运用语文、掌握语文。

研读探究型。启发学生就文章的语段进行深入探究，质疑问难，培养学生的探究精神和创新意识。

主题活动型。围绕一个教学主题开展综合的语文实践活动，如以春天为主题的古典诗歌诵读活动。

4.3.3　三位智慧语文教师的教学风格

1. 贾志敏的教学风格①

贾志敏的教学风格属于语感品悟型，他十分善于把汉语的“意合性”生动活泼灵活地应用于作文教学和阅读教学中，取得了语感教学的卓著效果，形成了独树一帜的课堂艺术。他的作文教学以自然清新的语感培养为核心，体现了“自由写作”和“规则写作”的有机结

① 周一贯．培养语感，一条遵循语文教学本质的道路——论贾志敏老师语文教学艺术．黑龙江教育，2006，(4)：10.

合，其阅读教学以语感培养为导引，让学生自读自悟。

2. 于永正的教学风格

于永正的教学风格属于自然亲切型，他的课堂上达到了聆听学生生命状态的境界，其表现的亲和力能触发儿童的思想情趣，润泽学生的心灵，“淳朴恬淡，本色天然，外表平易，秀色内涵”是其风格的写照。于永正的课堂表现不是一种平淡中的乏味，而是教学水平和技能达到炉火纯青后，表现出的一种简约中的纯美，一种信手拈来的从容，一种轻松驾驭课堂的智慧。

3. 薛法根的教学风格①

薛法根教学风格属于简约睿智型，他的课堂“教师教得轻松，学生学得扎实”。薛法根总结自己的教学风格是：清简、厚实、睿智。“清简”，清是质，简是形，清简是一种洗净铅华后的“简约之美”。教学中要体现目标简明、内容简约、环节简化、方法简便、媒介简单、用语简要。“厚实”，是语文教学要给学生留下形象、留下情感、留下语言。形象是理解运用语言的心理基础，情感是理解运用语言的内在动力，语言是语文教学的根本目的。“睿智”，语文教学最终留给学生的将是言语智慧，言语能力和言语智慧是在言语现场中生长出来的，而教师的教学语言，则须是学生学习、模仿的范式，规范而不失灵动，洗练而不失幽默，平实而不少睿智。既能让学生得到恰到好处的点拨、评价，又能让学生获得如沐春风般的愉悦、激励，使语文教学平添了无限的乐趣，变得轻松、愉快。

案例 4-3

下面是三位教师的教学片段及点评，通过阅读看看我们能否从中体会到三位教师的教学智慧。

一、贾志敏《两个名字》教学片段②（S版教材第二册）

[原文] 青蛙对竹子说：“我有两个名字。小时候叫蝌蚪，长大了叫青蛙。”竹子对青蛙说：“我也有两个名字。小时候叫竹笋，长大了叫竹子。”青蛙和竹子手拉着手，高兴地说：“哈哈！我们都有两个名字。”

师：（走下讲台，跟同学们握手）你好。请问你叫什么名字？认识你我很高兴。

生：您好。我叫××。认识你我也很高兴。

【学生呢，开始显得有点拘谨，不知道该怎么办。在贾老师的启发诱导下，学生知道了该怎么样回答。对学生说的“您好”的“您”、“我也很高兴”的“也”，贾老师大加赞赏。在进行语言训练的同时，有效地培养了学生的交际能力。】

……

[学了课文之后，为了训练“我有……你也有……哈哈，我们都有……”这一表达形式，就从学生看得见、摸得着的东西入手，层层引导，步步深入]

师：你好！我有一支铅笔（主动和一个学生握手，并举起一支铅笔）

生：（高兴地站起来，也举起自己的铅笔。）您好！我也有一支铅笔。

师：（示意这位小朋友和自己一起说）哈哈！我们都有一支铅笔。

① 薛法根．组快教学：智慧教学的策略选择．小学语文教学·人物，2010，(9)：9.

② 徐红晓．知识——既是目的，也是手段——特级教师贾志敏《两个名字》教学片段赏析．小学教学设计．2002，(5)：17.

师：（又走到一个戴眼镜的学生面前，并取下自己的眼镜）你好！我有一副眼镜。

生：（先愣了一下，然后恍然大悟，取下自己的眼镜，学着老师的样子。）您好！我也有一副眼镜。

师生：哈哈！我们都有一副眼镜。

【轻松愉快的对话，引起了学生的兴趣，大家纷纷争着和贾老师对话。这时贾老师却让学生先说，自己后答，在不知不觉中增加了对话的难度。学生们一个个跃跃欲试，被激活的思维犹如潮水冲出闸门，而贾老师却俨然一位挥散自如的弄潮儿，以超人的教学智慧，尽显功力。】

生：你好！我有一件衣服。

师：（摇摇头）一件衣服有什么稀奇的？

生：（顿悟）我有一件漂亮的衣服。

师：（高兴地）我也有一件漂亮的衣服。

师生：哈哈！我们都有一件漂亮的衣服。

生：您好！我有一头乌黑的头发。

师：（犹豫片刻）你好！我也有一头乌黑的头发。

师生：哈哈！我们都有一头乌黑的头发。

师：不过老师的头发是染黑的。老师头发白了，还没有什么成就，你们可要努力呀！（笑声）

【就这样，不一会儿，全班30几个学生，差不多每人都说了一次。这时，贾老师又说："你们能不能说说看不见、摸不着的东西？"当时，教室里安静极了，但却感到无数思想的小溪在流淌、在跳跃。突然一只小手高高举起。】

生：您好！我有一颗爱心。

师：（激动地竖起拇指，深情地）你好！我也有一颗爱心。

师生：（快乐地）哈哈！我们都有一颗爱心。

生：您好！我有一个幸福的家庭。

师：（与学生双手相握，并幽默地）你好！我也有一个幸福的家庭。

师生：哈哈！我们都有一个幸福的家庭。

【看似很平常的一句话，贾老师对学生的训练却从简单到复杂，从具体到抽象，从平淡到饱含真情，在他的引导下，学生越说越好，课堂气氛异常活跃，在看似轻松、随意的教学后面，蕴藏着炉火纯青的教育艺术！在整个训练中贾老师循循善诱，润物无声。可为活动有声，教育无痕。】

二、于永正《圆明园的毁灭》教学片段①（人教版第九册）

【这节课在"以读代讲"方面极富特色，于教师用富于激情的语言调动和激发起学生的朗读情感。纵观整节课的教学，"以读为本"作为一条主线贯穿始终，"感悟、积累、运用"层层递进地推进，工具性与人文性的统一得到了较好的体现。】

（上课。师板书课题，要求同学们随着老师的板书边读边书写，写毕再齐读一遍课题。）

师：读课题也要注意感情。大家学习完课文后再读题目，我相信就会读得不一样了。拿出课文，遇到生字，那上面有拼音，多读几遍记住它。下面大家自己认真读课文。

师：读了这篇课文，你的心里是什么滋味？有什么感受？

① 于永正.《圆明园的毁灭》教学实录.http：//www.ywkt.com/ArticleShow.asp？ArticleId=139.

生：我觉得很可惜，这么好的一座圆明园竟被英法联军给破坏了。

生：我认为，如果不是清政府腐败无能，那么圆明园也就不会被毁灭了。

生：我们曾为圆明园而感到骄傲。后来被英法联军毁坏了，我心里感到愤愤不平。

师：哦，她的心里感到愤愤不平。还有不同的感受吗？心里是什么滋味？用一句话来回答。

生：我心里非常难过。

生：我心里非常的愤怒。

师：（板书：难受、怒、恨、惜）现在请你再读课题。（生读）感情变了，表情也变了。大家心里很难受，又恨又怒，又感到很可惜，这就是同学们读了课文后的心情。读哪一段时你最恨、最怒、最难受？

（生说读第五自然段，于是教师提醒同学们把那种最难受、最可恨、最可气的感情读出来。生齐读。）

师：我很注意看，很注意听了，同学们已经把可惜、难受、愤恨、愤怒的感情交织在一起了。再读一遍，把你的心情、你的感受写在脸上。（两生有感情地朗读）

师：她表达的不仅是她个人的感情，而且是表达我们所有中国人的感情。哪位同学再来读？（另一生更有感情地朗读）

师：这是对帝国主义强盗的控诉！大家齐读。

（生读。师板书：拿走、搬运、毁掉、放火）

师：这就是英法联军犯下的罪行。最可恨的是，他们为了毁灭罪证，最后放起火来。他们的罪证难道能让大火毁灭掉吗？

生齐：不能！

师：前面用了个“闯”字，活化出了英法联军的强盗行径。一可恨能拿走的拿走，二可恨拿不动的搬走，三可恨搬不走的就毁掉，最可恨的是最后还要放火烧掉，企图毁灭罪证。同学们，让我们再读一遍，读出中国人的恨！读——

【“以读为本”是阅读教学的基本特征。我们上述的教学片段可看到，教者没有烦琐多余的内容分析和串讲串问，而是着力于引导学生进行有感情地朗读。为使朗读与悟情有机地融为一体，使读真正地发自心声，教者在同学们初读课文后询问学生有何感受，是什么滋味，以此引导同学们初步地把握朗读的感情基调，进而能自主地读出“难受”与“可惜”互杂，“愤恨”与“愤怒”交加的语气语调。言为心声，声音富于情感了，教师又进一步地引导同学们要把这种心情和感受“写在脸上”，通过面部表情显现出来，这样的“读”真可谓既有“声”又有“色”，使“以读代讲”和“以读悟情”不但落到了实处，而且提升了层次。为使同学们读出感情，教师常常用富于激情的语言调动和激发学生的朗读情感。】

（教师引导同学们思考：为什么读这一段会掺杂着这么多复杂的感情？于是同学们纷纷站起来发表自己的感悟和体会。）

生：圆明园里有我们中国这么多的各种珍宝，却被英法联军任意地掠夺和毁坏了。因此，我们很难受，也很憎恨他们。

生：我觉得还有一个很重要的原因，是他们犯下了罪还要把罪证销毁掉。而腐败无能的清政府眼睁睁地看着这一切，却无能为力，这真令人难受。

师：一恨英法联军的强盗行径，二恨清政府的腐败无能。还有其他原因吗？

生：中国的圆明园是一座很大的园林，而且它历时150年才建造成功。英法联军一把大火就把圆明园150年的建筑给毁掉，我认为这让人非常可恨。

师：(教师概述同学们的发言，然后接着学习第 2、3、4 自然段。) 好，回过头来再读 2、3、4 自然段。请同学们注意，会读的人要善于抓要点，要把一段话读成一句话，把一本厚书读成薄书，这是一种很重要的学习方法。

(生默读。读完一遍后，教师要求再读两遍三遍，并提示学生边读边进行点、划、批、注，用笔作记号留下自己的思考。自己阅读和批注后再与同学间相互交流。)

师：读书要读得进去，还能跳得出来。谁能把 2、3、4 自然段用一句话概括出来?

生：圆明园是一座举世闻名的皇家园林，它宏伟、壮观，真不愧是万园之园。

生：圆明园不仅是一座举世闻名的皇家园林，还收藏着最珍贵的历史文物。

师：意思都有了。谁还能说得更简洁一些?

师：从同学们的发言中可以知道，最主要的有两层意思：第一，它是一座宏伟的建筑物；第二，它是一座历史博物馆，里面收藏着许多珍贵文物。同学们越说越简洁了。如果你会读书，除了能把厚书读成薄书，把一段话读成一句话外，还可以把短文读成长文，把薄书读成厚书。请大家朗读 2、3、4 自然段。特别是第三自然段，你要读得慢些，一边读一边想象里边写了许多我们杭州、苏州的景物，你们见过杭州的雷峰塔、平湖秋月。你们可以由此想象到圆明园是何等宏伟！何等美丽！何等壮观！大家一边读一边展开自己丰富的想象，可以把一句话读成一段话，把薄书读成厚书，这又是一种阅读方法。好，读第 2、3、4 自然段。

师：好。告诉我，在你们的想象当中圆明园美不美?(生：美。) 如果圆明园现在还完好无损地保存着，里面的奇珍异宝还放在那，你会以什么样的心情，什么样的语气去读第四自然段呢? 大家练读一下。(请两生带感情地朗读)

师：可惜，这样的奇珍异宝被英法联军掠夺走了，一把火烧掉了。记住我们的国耻！记住中华民族的奇耻大辱！记住 1860 年 10 月 6 日这一天！读——

生：(齐读)“1860 年 10 月 6 日，英法联军进入北京，闯进圆明园……”

【如果说上一教学片段的读侧重于情感表达在“声”与“色”的外显的话，那么，在这一教学片段中的读则侧重于用心静默地思考和想象。教者根据概括与扩展的辩证关系，首先引导同学们“要善于抓要点，把一段话读成一句话，把一本厚书读成薄书”，通过静心地阅读思考，同学们把 2、3、4 自然段用一句话概括了出来。这由厚到薄、由繁到简的过程其实就是概括意义段的过程，这一过程不是在烦琐多余的分析讲解中进行的，而是在同学们静默的读书思考中完成的。之后，教师又引导同学们“把短文读成长文，把薄书读成厚书”，即再由薄到厚、由简到繁，展开自己丰富的想象，透过语言文字呈现丰富的内心视像。在这厚与薄的来回、抽象与具象的往复中，同学们自然地掌握了两种不同的读书方法，他们的概括能力和想象能力也就自然生成。这样的教学设计的确是颇具匠心的。】

师：圆明园虽然被英法联军一把火给烧掉了，但是，它永远留在我们每一个中国人的心里。为了让举世闻明的圆明园留在每一个同学的心里，我相信每一个同学都能以最快的速度把这一段给背下来。开始——(生朗读、背诵)

师：这一段写圆明园的景色，我们背下来的目的，就是让圆明园永远铭记在我们的心里，同时也是对英法联军的控诉。谁能基本上背下来了? 请举手。

(一生站起带感情背诵，听课者报以掌声。)

师：只错了一个字，错的这个字不影响课文的整个意义，相当了不起。她之所以背得这么快，我想一个重要的原因，是她用她的情和爱来背的。

【背诵是语言积累的主要形式，也是“以读为本”的更高层次。教者在这里所要求的背诵不仅体现了积累语言文字这一工具性的特性，还强调“背下来的目的，就是让圆明园永远铭记在我们的心里，同时也是对英法联军的控诉”。】

师：我们今天学了这篇课文，回过头来再读第一自然段，请你告诉我，你对作者在这一段的评论或议论满意吗？

（学生默读后认为这两句话概括得很好，圆明园的毁灭，既是我国文化史上的不可估量的损失，也是世界文化史上的巨大损失，同时也是我们中华民族历史上所受的奇耻大辱。）

师：对，这也是中华民族的奇耻大辱，是国耻。在座的同学们，作为中国人，对霸权主义，对现在还在世界上称王称霸的国家，你不想说几句话吗？先想一想，然后把你最想说的话写下来。能写一句就写一句，能写两句就写两句，能写一段就写一段。

（生动笔写话，师巡视指导，并提示学生写好后相互交流。随后让学生主动上讲台读自己写的话。）

生：我长大后必须报国，我要把八国联军告上国际法庭。

师：不错，这是中国人的声音。

生：不要忘记，中国曾经有过这段屈辱的历史，不要忘记霸权国家是如此的狂妄，不要忘记我们的使命，不要放下我们肩上的担子。我们要努力学习，让我们的祖国富强起来。（掌声）

师：好！强大是最重要的。

生：圆明园的毁灭，不仅来自霸权主义国家的侵略，还来自于清政府的腐败无能，这也是个重要的原因之一。软弱就要挨打，让我们把自己的祖国建设得强大起来吧！（掌声）

生：圆明园的毁灭已无法挽回，但是，我们要用自己微薄的力量，把祖国建设好，使我们的祖国屹立在世界的东方，可以抵御外敌的侵略，再不受奇耻大辱。前事不忘后事之师，让圆明园作为一根鞭子吧，以此鞭策我们前进。（掌声）

师：同学们，八国联军继英法联军之后，很快打入了北京。他们用中国人发明的指南针指引着他们的军舰，不远万里开到中国来。他们用中国人发明的火药，制造枪弹，屠杀中国人。他们用中国人发明的纸，逼着清政府在上面签订一个个不平等的条约。这段历史，请大家永远记住。记住刚才同学们所说的话，记住，我们是中国人！下课。

【“感悟、积累、运用”是阅读教学的“三部曲”。教者在“以读悟情”和“背诵积累”的基础上，又设计了“作为中国人，对霸权主义，对现在还在世界上称王称霸的国家，你不想说几句话吗”的说话写话训练。由于有了前面的情感积淀，此时的说写就好像给同学们找到了宣泄情感的喷射口，所以人人想说，越说越好。在这里，教者巧妙地把读与写、说与写有机地结合起来，把工具性与人文性有机地统一起来。】

三、薛法根《和时间赛跑》教学实录[①]（人教版第六册）

（语段研读板块）

师：一般人都忌讳讲“死”字，所以文中说的是外祖母“去世了”。而爸爸妈妈在我面前连“去世”这个词也不讲，说了一个什么词？

生：永远不会回来了。

师：在哪儿？

生：（朗读）爸爸妈妈知道与其对我说外祖母睡着了，还不如对我说实话，外祖母永远不会回来了。

---

① 薛法根．《和时间赛跑》教学实录．http：//blog. sina. com. cn/xfg1968；“点评”参见钱正权．

师：爸爸妈妈对我说的是哪一个词？

生：永远不会回来了。

师：是啊，睡着了是骗小孩子的话，你们相信吗？

生：不相信。

师：但是父母又不说“去世了”，而是说“永远不会回来了”。于是我就问什么叫“永远不会回来了”呢？我的爸爸跟我说了一大段话，让我听着就像一个谜。我们自己来读读这个谜，看你能不能读懂？

师：这个谜，你理解吗？

生：所有时间里的事物再也不会回来，昨天过去就永远变成昨天。有一天我也会像外祖母一样老，就再也不会回来了。

师：解释清楚了吗？你这不就是把父亲的话再说一遍嘛！这段话就像一个谜，好像有点懂，又好像说不清楚。今天我们要不要解开这个谜？

师：好。我们一句一句解。看看这段话一共有几句话？这一排同学，每人读一句。（一排 4 位学生站起来，分别读 4 个句子。）

师：四位小朋友听好，你觉得你自己读的这句话最难理解的，就坐下。（学生都不坐下，众笑）都不坐下就是都理解，对不对？好，先来问你第一句话是什么意思？（生全坐下了。众大笑）

师：（指第二位学生）万事开头难，第一句话可能比较难。你这句也这么难吗？你再把第一句念一下。

生：你的昨天过去了，它就永远变成昨天了，你再也不能回到昨天了。

师：读得好！你的昨天——

生：过去了。

生：没有了。

生：永远不能回来了。

生：被时间带走了。

师：那你连起来说说。

生：我的昨天被时间带走了，没有了，永远都不会回来了，再也不会回来了。

师：爸爸的童年——

生：被时间带走了，再也不会回来了。

师：外祖母——

生：被时间带走了，再也不会回来了。

师：父亲告诉你有一天——

生：我也会被时间带走了，再也不会回来了。

师：换种直白的说法，就是——

生：死了。

师：你看，昨天，童年，外祖母，将来的我，都会被时间带走的。在这时间里面，所有的人，所有的东西，都会被时间带走。你以前的忧伤，哀痛，都被时间——

生：带走了。

师：所以你就剩下了——

生：高兴和快乐。

师：（指第一位学生）你读的第一句话跟后面的话有什么联系？

生：因为先是昨天，再是童年，再是过完我的一生。

师：对的，但是没说清楚。你看，这三个时间段，哪个长，哪个短？

生：昨天最短，童年长一些，一生最长。

师：他是按照时间从短到长的顺序排列的。短的时间过去了，长的时间也过去了。所以我的心情就越来越——

生：着急。

生：悲伤。

师：因为我们的一生都会被时间带走的。现在你来读第一句话。

生：所有时间里的事物，都永远不会回来了。

师：你现在知道这句话和后面三句什么关系？

生：把后面三句都包括进去了。

师：对的，这句话是总的写，也就是概括地写，下面三句话是具体地写。（生齐读父亲的话）

师：小朋友想不想听老师读？你们听听，和你们的读有什么不一样。（老师有感情地朗读）

生：老师读得有感情。

师：什么样的感情你感觉出来了？

生：有点忧伤。

师：你跟我心里想的一样。

生：有点哀痛。

生：十分悲伤。

生：你读出了他过完一生的漫长。

师：一生的漫长都读出来了？（众笑）同学们，老师和你们对时间的感受不一样，所以和你们读的不一样。我们同学觉得读得很轻松，很愉快。但老师读得很忧伤，因为老师已经40多岁了，剩下的时间比你们要短很多。明白了吧？那这段话怎么才能读得好呢？这段话有很多重复的词语，有哪些啊？

生：了。

师：这个“了”很重要，表示一切都过去了。

生：还有一个“再也”。

生：“永远”。

师：同学们，这些词语我们把它删掉，感觉一样吗？你来读一读，比较一下有什么不同？（PPT上删掉相关词语，生读）

生：不一样。去了“了”感觉读不惯。

师：对啊，这个“了”加上去很顺畅。

生：不通。

师：不是不通的问题，作者这时候内心的沉重就表达不出来了。读这段时要特别注意这些词语。（生朗读）

师：要是声音能读轻一点就更好了，“了”要读轻声。

（生再读，读得很深情）

师：真好，真好！真像课文中的父亲。你的爸爸会不会说课文中那样的话？

生：有时我犯错的时候，他会说一些话让我感到自己是错的话。

师：会不会像文中父亲一样，像说谜一样跟你说话？

生：从来没有过。

师：父亲跟你说话一般都是比较直接的，不会像这段话一样，让你似懂非懂。那为什么课文中的父亲要对孩子这样说呢？不能直接说嘛？

生：如果他把话直接告诉孩子，会令孩子更加悲伤。

师：爸爸不忍心告诉他实话，又不能骗他，所以只能说这样一句话，明白了吗？

师：作者听了这段话后越听越迷糊，越听越不明白。他感到非常害怕。因为人都要被时间——

生：带走！

师：都会——

生：死的。

师：你们怕死吗？

生：怕！

师：一般人都怕死，要是不怕死的那就不是一般人了。（众笑）时间都会过去的，有办法让他停留吗？

生：没有！

师：因为有一句话叫——

生：光阴似箭，日月如梭。

师：时间过得像什么一样快？

生：箭射出去一样快，梭子穿梭一样快。

师：时间能买得到吗？

生：不能！

师：因为有一句话叫做——

生：一寸光阴一寸金，寸金难买寸光阴。

【研读是从怎样表达“死”引入的。爸爸说的一段话像一个谜。解开这个谜自然是研读的重点。谜是怎么解的？先是读好写这个谜的四句话。因为读才是解谜的最佳选择。学生读中感受“昨天”、“童年”、“一生”从短到长的三个时间，都永远不会回来了。然后研读前一句跟后三句的关系。前一句是总的，后三句具体而有层次地写这个总的意思。内容到语言形式，学生从两个方面解开了这个谜。这时解谜只停留在理解的表层，还需鞭辟入里。接着的朗读指导进入情感体验的深层。老师范读，让学生感受老师忧伤的语气。“老师已经 40 多岁了，剩下的时间比学生要短得多”，机巧地参与其中，读得真切而感人，把自身作为活生生的教学资源。读毕，顺势让学生发现这段话中多次重复的一个词语“了”，体会内心忧伤的感情。琢磨推敲文字，可以进一步增强表达的效果。最后的引导，是让学生移情体验父亲这番话的表达智慧。你们的父亲跟你说话是不会让你似懂非懂的，为什么文中的父亲要这样说呢？领悟文中父亲说得既真实又委婉含蓄的目的，是为了不使孩子悲伤。】

4.4 生命语文教学流派

武凤霞（1967— ），小学语文特级教师，国家级骨干教师，原河南省濮阳市子路小学副校长，现任江苏省无锡市扬名中心小学副校长。武凤霞从濮阳师范毕业后一直从事小学语文教学工作，至今从教 25 年，她执著于提高自己的语文教学素养，潜心于钻研语文教学设计，并且笔耕不辍，立志在小学语文教学中有所作为。功夫不负有心人，从 1996 年起她开始在河南省乃至全国崭露头角，在《人民教育》、《中国教育报》、《中国教师报》等刊物发表 100 多篇文章。武凤霞提出“生命语文”观，认为语文课程作为母语，作为基础学科，其第一要务是教学生学会说正确的中国话，会写漂亮的汉字，会书写通顺生动的文章；还有另外一个重要任务，那就是教学生学会做人。具体来说，就是让学生拥有一个健康的身体，一颗自由的灵魂以及多元的思维方式。

4.4.1 生命语文教学的基本理念①

武凤霞从学生全面发展的高度出发实施语文教学，认为工具性与人文性是语文学科的两个方面，不能截然分开，让学生既学好语文知识，培养语文能力，熟练掌握运用祖国语言，又得到情感熏陶，具有良好的思维和行为习惯，是语文教学的应有之义。语文课堂是为学生生命成长奠基，应从“长身体”、“善学习”、“会生活”几个方面关注学生的发展。

“长身体”强调关注学生的身体发育是每一个老师的责任。语文课上要重点关注学生读书写字以及站立的姿势，因为挺拔的身躯、良好的气质都得益于平时习惯的养成。关注每一个学生的身体健康是生命语文最基本的出发点。

“善学习”包括以下四个方面：首先，习得良好的学习方法。生命语文应着眼于学生未来发展的需要，为其终身学习奠基。要求老师在解读文本时先思考两个问题：文章写的是什么？作者是怎么写的？然后再确定教什么和怎么教的问题。这样教师就能做到了心中有数，知道如何取舍。教师在课堂上要时时关注学生的学习需要，产生真正符合学生学习需要的方法，让学生拥有方法，达到学以致用。其次，具备主动接受别人学习成果的能力。这种能力表现在课堂上是学会倾听，善于学习的学生都是擅长倾听的，身心向别人开放，接纳个体以外信息的过程中，通过分析判断产生自己的思想，交流分享彼此的感受。再次，让学生在课堂上有思考的欲望。生命语文要求老师在备课中预设一些具备挑战性的智力问题，诱发学生去思考，催促学生去思考，从而把学生引向深入，体会文本的意义。学生有了思考的欲望，便有了学习的动力。一个个思考的欲望连缀起来就是一种思考的习惯。最后，追求对学生心灵的体贴。教师要根据孩子的年龄特点、心理特点和文本的价值特点对学生进行人文主义教育，而不是把人文教育“伪圣化”。生命语文是要在课堂上、在学生的心中种下一份善良，一份仁爱，一份对生命的虔诚。

“会生活”是说语文本身就是生活，一篇篇课文就是一个个生活场景的重现，带领学生涵泳其中，就是带领他们触摸着生活的温度，把课堂上对是非善恶的认识延续到生活中，并作为个人行为的镜子。

4.4.2 生命语文的教学模式

因为模式过多关注技术层面的问题，模式只适应于教学流程，所以武凤霞认为她的课堂不会形成一种固定的模式，模式化的课堂会让学生感到语文的索然无味，不应把一种理念固化为一种看得见摸得着的模式。武凤霞坚守的是“真正好的教学不能降低到技术层面，真生好的教学来自于教师的自身认同与自身完整。”② 她的语文课是预设的，更是符合课堂上学生

---

① 参见武凤霞本人提供：“聆听生命的拔节：我的语文追求”。

② 帕克·帕尔默著．教学勇气．上海：华东师大出版社，2005：10.

需要的，展现的是“以学定教，顺学而导”的境界。一个好的教学设计，就是教师个性化的创造过程，蕴涵着教师的人文素养、思想观念、情感态度及价值观，凸显着教师对教材到位的理解和对学情准确把握的能力。如果要总结武凤霞课堂教学所包含的技术性要素，可以体现在以下几方面：

（1）课前准备。武凤霞在正式上课前喜欢给学生提供几组词语或成语。看似随意，实则精心，是为正式上课做准备、做铺垫，有利于丰富学生的语言，变消极语汇为积极语汇。

（2）教学导入。导入环节的关键是让学生入境。根据文本的特点，或从课题导入，或从内容导入，旨在拉近学生与文本的距离、与教师的距离。

（3）有坡度的研读。武凤霞的阅读课一般从内容和形式两个方面去体现。不同文体的课文教学的策略亦不同，诗歌教学重表现意象，教学侧重有层次的诵读，从读正确到读出节奏，再到有表情朗读。每一遍都目的明确，旨在体会诗歌的韵律美以及诗歌所蕴涵的情感。记叙文和散文的教学，则侧重有层次的研读，从初读感知课文内容，深读感受课文的意蕴和精髓，品读领悟课文的匠心独具。

（4）升华与运用。根据文本的特点，或扩展文本资源，升华文本；或鼓励学生在文本学习的基础上，用心灵去倾诉和表达。

4.4.3 武凤霞的教学风格

武凤霞的教学风格介于情感型与典雅型之间。她的生命课堂之所以能够贴近学生，源自她在课堂上充满活力声情并茂的感染力，能在学生心中弹奏优美和谐的乐章，与文本产生共鸣，享受文本世界带给学生生命的精彩。还表现出准确到位、娴熟优雅、蕴涵深远，源自她总能恰到好处地体悟到作者情脉、把握作者意蕴，准确把握教材的重点和难点，善于引导学生反复琢磨和体会。但无论是激情绽放还是庄重典雅，都是通过教师的教学语言实现的，是与教师的人格、文化底蕴和语言艺术紧密相连的。

案例 4-4

阅读武凤霞《渔歌子》（苏教版第 12 册）一课的教学实录①，思考武凤霞是怎样进行诗词教学的教学设计的。

一、歌曲导入新课

师：会读、会用，还能记住这么多，真了不起，奖励同学们听一支歌。（播放《西塞山》）如果你喜欢，可以跟着一起唱。

师：刚才听歌的时候我们看到了一幅幅画面，你都看到了什么呢？

生：桃花。

师：我相信，你不仅仅看到了桃花，还看到了什么？都说出来好么？

生：我看到美丽的桃花、青翠的山林、清澈的河流，还有一位老渔翁在钓鱼。

生：我还看到了一群鱼在游来游去，几只白色的鸟在自由飞翔。

师：除了看到这美丽的画面以外，我们还听到了一支优美的歌，这可不是一首普通的歌，歌中蕴涵着一首千年流传的词，谁能凭记忆背出其中一两句？

师：这两句诗就是我们这节课要学习的张志和的《渔歌子》中的诗句。（板书课题，出示全诗）

---

① “教学实录”由武凤霞提供；魏薇点评。

二、初读，读出词的节奏

师：谁来第一读这首词？

师：（指“鳜”）这个字读什么？（生读）“鳜”字很难写，和老师一起写。左边是“鱼”字旁，最后一笔的“横”变成“提”，要写的瘦一点。右边字的外面是“厂”字框，“厂”的一撇要长长的，托住这条鱼，里面的字要写得瘦长一点，这样这个字就不会太宽，就漂亮了。

刚才这位同学“箬笠”这个词读的也不流畅，（板书）问问大家，知道什么是“箬笠”么？

生：帽子。

师：这帽子是用什么做成的呢？（生不语。）这两个字是形声字。（教师轻声提醒，很多学生如梦方醒，纷纷举起手来。）

生：是用竹子做的，可以遮阳遮雨。

师：谁再来读读这首词，读得正确、流利。（生读）

师：诗词是有味道的，谁来试着读一读，让我们感受到诗词的味道来。（一生读，读得舒缓从容。）

师：我很欣赏他读的“西塞山前白鹭飞”一句，请你告诉大家，你为什么把“西塞山前——”的“前”字拖那么长的音？

生：（想了想，不好意思）不知道，凭感觉该这样读。（众笑）

师：可以啊，朗读有的时候就是要跟着感觉走的。（对同学们）你们听到他这样读有什么感觉？

生：感觉西塞山前有很大的地方，白鹭可以自由自在地飞。

师：真好，而且从朗读中我们就感觉到了白鹭飞得——

生：很高。

师：你怎么感觉到的？

生：因为他在读的时候把“飞”字读得高高的。

师：真会听！谁再来读一读，让我们再次领略诗词的味道。

师：你最欣赏他那句的朗读？

生：我最欣赏“桃花流水鳜鱼肥”，因为他把“花”字拖了很长，让我感觉眼前到处都是桃花。

师：桃花的一望无际让你感受到了。（对朗读的同学）你自己说说为什么要把“花”拖那么长呢？

生：因为桃花很美，我很想一直在这里看，所以，读得声音长长的。

师：好的朗读就是能引起人的遐想，让景物呈现在听者的眼前。你做到了。祝贺你！请同学们一起来读。

三、深读，读出词的味道。

“一幅美丽如画的景”

师：同学们，有人说诗词言情，诗词言志，诗词很多时候呈现给我们的是一幅画。那么，你从这首词中看到了什么呢？

生：我看到了白鹭在飞，看到了桃花、鳜鱼，还看到了细雨。

师：这画中的景物可是不少，可惜你没看完。还能看到什么呢？

生：（仔细看）还有箬笠和蓑衣。

师：谁能够把画中的景物看全面？

生：我看到了西塞山、白鹭、桃花、流水、鳜鱼、箬笠、蓑衣，还有斜风和细雨。

师：全诗只有 27 个字，却描写了九种景物，所以说，诗词是凝练的艺术。但是也正是因为它的凝练，作者没有在词中为我们详细描述景物的颜色、姿态等，下面就请同学们根据自己的想象把景物的颜色或者姿态补充出来吧。

出示：

____西塞山　____桃花　____箬笠和蓑衣　____斜风

____细雨　流水____　鳜鱼____　白鹭____

师：怎样的西塞山呢？

生：高大雄伟的西塞山。

师：说出了西塞山的姿态。

生：云雾迷蒙的西塞山。

师：我很想知道西塞山的颜色。

生：郁郁葱葱的西塞山。

师：掌声送给他。（学生鼓掌）知道我为什么让大家把掌声送给他吗？

生：因为他把课前积累的词语用上了。

师：真好！学以致用是学习的最高境界。继续交流。

生：一碧千里的西塞山。

生：桃红柳绿的西塞山。

生：姹紫嫣红的西塞山。

生：翠色欲流的西塞山。

……

师：怎样的桃花呢？

生：姹紫嫣红的桃花。

师：很多颜色竞相斗艳才叫“姹紫嫣红”，桃花的颜色有很多吗？

生：不是，它是粉红色。应该说粉红的桃花。

生：千姿百态的桃花。

师：是的，一朵又一朵的姿态，看看这一朵——

生齐：很美。

师：看看那一朵——

生齐：也很美。

师：这桃花的花瓣太薄太薄了——

生：娇嫩的桃花。

生：娇艳的桃花。

师：怎样的流水呢？

生：平静的流水。

生：清澈见底的流水。

师：我想听到流水的声音——

生：哗哗的流水。

生：潺潺的流水。

生：叮叮咚咚的流水。

师：听着流水声仿佛听着美丽的音乐。水中还有鳜鱼呢！

生：肥美的鳜鱼。

生：活蹦乱跳的鳜鱼。

师：鳜鱼在那里做什么？

生：鳜鱼在水中游来游去。

师：把“游来游去”换一个词，让鳜鱼在我们的眼前更可爱。

生：鳜鱼在自由自在地玩耍。

生：鳜鱼在自由自在地嬉戏。

师：真好！这是一群活泼可爱的鳜鱼。那斜风、细雨、白鹭呢？

生：微微的斜风，展翅高飞的白鹭，绵绵的细雨。

生：温柔的斜风，美丽的白鹭，淅淅沥沥的细雨，青绿的箬笠和蓑衣……

师：在同学们的描述中，一个个景物活泼泼地呈现在了我们眼前，但是，要把它们集中在一起才能形成画面。谁能结合诗词的顺序把画面完整地描述一遍？

生：美丽的西塞山前一群白鹭在自由自在地飞翔，桃花正盛开，流水里的鳜鱼正肥美，青色的箬笠，绿色的蓑衣，斜风细雨不愿意回家。

师：箬笠和蓑衣应该和谁联系在一起？

生齐：渔翁。（师示意刚才描述的同学自我修正。）

生：一个渔翁披着箬笠和蓑衣……

师：知道同学们笑什么吗？箬笠是什么？

生：帽子。一个渔翁头戴青箬笠，身穿绿蓑衣，在斜风细雨中不想回家。

师：很好，这次把后面的小问题一起订正过来了。谁还能描述一下这首词的景色。

师：在他们的描述中，你觉得这里的景色如何？

生：美丽得像一幅画。

生：美丽得犹如仙境一般。

师：浓缩成四个字的词语是什么？

生：美丽如画。

生：美如仙境。

（板书：美丽如画　景）

师：同学们，“美丽如画”这四个字概括了这里景色的特点，但是我并不满足，因为不同的地方有不同的美丽，东北的大雪纷飞、银装素裹是一种美；海南岛的阳光、椰林、沙滩又是一种美。这首词写的是江南的景色，江南的春天又是怎样的美丽呢？

课例点评：

武凤霞教学唐·张志和的《渔歌子》这篇课文，把人文性与工具性有机地融合在一起，课堂里既有入情入境的情意境界，还有扎扎实实的语言训练，是值得我们小学语文教师好好研究和学习的。

第一，该课注意把握古诗词的教学特点。《渔歌子》是唐代诗人张志和写的一首词，古代诗词的特点是重意象，即是通过景物、事物、人物等意象，体会诗歌意境，从而深入理解把握诗歌内容、情感。课堂上武老师引导学生理解诗词主要抓住诗词中的“景物”和“人物”，用这两个“物象”来切入到课文内容理解中，在“缘景明情、知人论世”的过程与方法分析体会诗词的意境。

第二，教学设计的浑然一体。听武老师的课一个深刻的感受是，她上课既能展示作为名师的风采，表现为教学过程没有生硬地照搬，而是环环相扣，自然清新流畅，所采用的教学方法都自然地与教学内容相吻合，展现了优秀教师的底蕴和对教材、学生把控能力。更可贵的是她的每一个教学环节都能清楚地指向学生的学，达到教与学的有机统一，理解与训练有机统一。例如，课开始时，武老师分别呈现了三组词语，有表示颜色的词语，表示春天景色的成语，表示人处世态度的成语，她让学生读过之后复述记住了那些词语。这一环节看似是复习和积累词语，实则是为后面教学中学生理解这首诗词后，有比较优秀的语言表达做铺垫；导入新课后，为了奖励学生在积累词汇时的出色表现，让学生观看《渔歌子》MTV，旨在让学生观赏诗词所描述的画面，在歌曲的韵律中，进入诗词的意境和达到吟诵诗词的目的；在课文的理解阶段，武老师没有沿用常用的处理诗词的方式，一句话一句话地理解，而是统而由两个问题贯之："从诗词中看到了哪些景色?"，"诗词中除了景物还有一个人值得我们关注?"，当学生从课文中抓住所描写的景物和人物后，武老师马上让学生利用课文开始呈现过的三组词语在填词训练的同时深入体会不同景色的韵致__________西塞山；__________白鹭；__________桃花；__________流水；____________鳜鱼；____________箬立和蓑衣；____________斜风；__________细雨。诗词正是在不断地诵读中，在相关的词语不断地被运用、丰富扩展中，得到理解和升华。在此基础上让学生把这些景物按照诗词描写的顺序用自己的话完整地表达。此刻，学生从诗词的表面知道了，在西塞山这样一个美丽的江南所在，有一个人（作者）留恋这里的山山水水，即使有斜风细雨也不肯"回家"，武老师当即抓住"归"字，进行"知人论世"（张志和），让学生明白诗人有着向往自由、远离俗世的志趣，因此，宁愿在自然的美景中沉醉不归，也不愿在俗世的名利纷争中迷失自我的情志。学生正是在武老师引导下，从开始毫无感觉地读课文到有滋有味地读课文，从理解文本的表层意义到理解文本的深层意义。经典此刻在这个课堂上又一次被熔铸。

第三，体现了优秀语文教师的实践智慧。一是教师在教学过程中对学生回答问题的及时诊断，及时修正。比如，武老师要求学生把表示景色的词语连起来说一说时，有一个学生把"青箬笠，绿蓑衣"与看到景物的词放在一起，武老师问"青箬笠，绿蓑衣"是什么？然后有一生说：一位老渔翁披着……武老师马上示意学生有口误，学生意识到后完整地说：一位老渔翁戴着青箬笠，披着绿蓑衣……在一次次的回合中，学生在教师有指向、循序地引导下，能够有序、完整、有水平地表达整首诗词的意义。二是对教学资源在教学过程中恰到好处地利用。比如在教学开始时提供的三组词语，在欣赏西塞山的美景后，扩展到赞美江南并引导学生背诵白居易的《忆江南》和李白对江南的赞美的一个诗句。在讲解"斜风细雨不须归"的"归"字时，方才介绍张志和的思想性格和生平际遇。由张志和钓鱼从不放鱼饵，继而了解他的生平，接着问学生"这个'归'只是作者不想回到他那个小家吗?"从而设身处地地揣摩人物的心境是"只羡神仙不羡官"。三是武老师善于对教材的充分、有效地利用。尽管语文课到底应该怎么上，仍然是仁者见仁智者见智。有一点我们应该很清楚，那就是一个真正优秀的语文教师能清晰地知道自己在语文课上要干什么，要抓住教材的哪些点进行训练，如何训练；知道在哪些地方对文本进行鞭辟入里的分析，以探求文本的深文奥义；还知道在哪些地方扩展文本，开阔学生的眼界，升华学生的认识。在武老师的课堂上的教学活动，一切都那么井然有序，水到渠成。让我们真正地领会了叶圣陶先生说过的一句话："课文无非是个例子"。

4.5 主题教学流派

窦桂梅（1967— ），现任清华大学附属小学副校长，小学语文特级教师，十杰教师提名。窦桂梅凭着一种“执著追求和脚踏实地的精神”，在小学语文教学中成绩卓著，自成风格，影响甚广。她出版了《窦桂梅与主题教学》《窦桂梅与语文教改的三个超越》《激情与思想》《创造生命的课堂》《梳理课堂——窦桂梅课堂捉虫手记》等多部个人专著。窦桂梅勇于创造与变革，不断超越自己，爱思考，有独特的个性，是小学语文优秀教师的杰出代表。

4.5.1 主题教学的基本理念

窦桂梅的主题教学思想，是在“三个超越”的基础上提出的。

1. 语文教学的“三个超越”

第一，学好教材，超越教材。“用教材教而不是教教材”。窦桂梅认为，语文学习重要的在于高品位的阅读和积累，教师应当有意识地扩展阅读内容，在尊重教材的基础上，积极审视和批判教材，科学地处理加工，准确地自选教材，大胆对现行教材进行增删取舍。甚至将读书的视野从课文引发开去，使学生在书籍的人文熏陶中建构精神世界，形成健全人格。

第二，立足课堂，超越课堂。“以社会当课堂而不是以课堂当社会”。学好语言不仅在课堂，生活也是语文学习的大课堂。将语文引向自然，引进社会，引进生活，引进时代，着眼语文与生活的密切联系，从而拓展学生的生活领域，扩大学生的视野。超越课堂，不仅要把语文从课堂延伸到学生的生活中，还要触及他们的心灵。只有这样的语文学习才能为他们身心的健全发展，为他们终身学习和精神成长奠定坚实的基础。

第三，尊重教师，超越教师。语文绝对不是只依靠教师就能学好，而是需要学生从鲜活的文字中感悟到独特的情感，从平凡的生活中感悟高尚的情操。教师要相信自己教给学生的和学生教给你的一样多。教师和学生在语文课堂一道成长，才是真正的教育和理想的学习。要学生超越教师，就要把思考、发现和批判的权利交给学生，要给学生一个喜新厌旧的头脑，而不是接受教师的答案。超越教师的过程，是学生独立思考、独立判断的过程，是教师和学生思想碰撞和观点交锋的过程，是追求真实、探求真知、献身真理的过程。

2. 从“三个超越”到“主题教学”

主题教学的提出一方面源于窦桂梅对自己学习经历的回顾与思考。“[①]另一方面源于当时她在教学上的困境，使自己对教学倾注了大量的精力和热情，增设了大量的活动项目和选读内容，但大多数只能利用课余时间努力实现对教材与课堂的超越。课堂教学是教育的主要阵地，是实施教育的主渠道。为了寻找让学生在较短的时间内有效地提高语文素养、积累智慧和情感的教学方式，她进行了广泛阅读并深入思考，同时借鉴西方统整课程理论以及比较文学中的母题研究，最终提出“主题教学”。

什么是主题教学？窦桂梅认为就是“要从生命的层次，用动态生成的观念，重新全面认识并整体构建课堂教学。简单地说，就是围绕一定的主题，充分重视个体经验，通过多个文本间的碰撞交融，在强调过程的生成性理解中，实现课程主题意义建构的一种开放性教学。”[②] 主题教学以人文性为线索，兼顾语文知识和能力以及思维发展等方面，将语文教材零

① 窦桂梅．“主题教学”的思考与实践．人民教育，2004，(12)：18.

② 窦桂梅．窦桂梅与主题教学．北京：北京师范大学出版社，2006，26.

散的甚至单一的内容和形式重新作一番统整，让语文教学紧紧地统一在主题创设的情境中，从整体上着重于人性的开发与启蒙，认识生命个体的尊严、价值与美好，建立人与世界和谐美好的联系，培育对生命的尊重，对审美的追求。每一个“主题”就是孩子精神成长的脚印，并构成学生的成长道路，成为其人生轨迹。

这里的“主题”是连接着孩子精神世界、现实生活或者与历史典故、风土人情等有关的触发点、共振点和兴奋点，[①] 如诚信、家乡、邮票、朋友，以及对自然的关爱、对弱小的同情、对未来的希冀、对黑暗的恐惧等。借助于主题，在学生入情入境的情况下进行语言的学习推敲，最终深化情感、磨砺思想，既避免了语文学习的枯燥，感受到语文学习与自己生活的息息相关，又引导学生亲近母语、关注文化，在熟悉的生活中，寻找语言文化厚重的根基。

4.5.2　主题教学的课堂教学模式

主题教学基本的操作框架是：话题切入—探究文本—比较拓展—连接生活—生华自我。但这个框架是开放的，因为主题内容的选择是多角度的，结构是灵活多样的，其教学模式也应该是灵活多样的。教师可以根据教材提供的主题单元，或者自己建构的主题单元，挖掘主题内涵，结合相关语文知识灵活地创意、规划、实施。实施过程中必须注意这样几方面：

首先，把握主题是关键。主题并非只是课文要表现的主题思想。主题可以是一个话题、一种情景、一种场景……如《圆明园的毁灭》，教参中的主题是“表达了对帝国主义的憎恨，要雪我国耻，振兴中华”，而窦桂梅在大量阅读相关文章的基础上将本文的主题落在了“毁灭”上，引导学生“走近圆明园”“走进圆明园”“走出圆明园”，思索“圆明园毁灭的究竟是什么”，“必须毁灭的是什么”“永远也毁灭不了的是什么”。围绕这一主题，通过与多个文本的碰撞，引起学生深层次的思考。

其次，尊重教材立足教材是基础。在教学程序的安排上，“钻入教材”是基础，“跳出教材”是拓展与深化，前者重认同与理解，后者重“反刍”与应用，遵循着从教材中来，到生活中去的认识路线。主题教学不但在“量”上扩展延伸，还应带领学生就教材的一些内容进行延伸、修改、重组、再创造，让教材成为学生积极发展的策源地。

最后，解构现有文本，围绕主题逐步形成多样、丰富的文本。如教《圆明园的毁灭》，窦桂梅研读本文，读了大量与之相关的文章，如吕厚龙的《告别圆明园》、樊美平的《透过圆明园的硝烟》、李仲琴的《由庚子国难看“愤青”的虚火》、袁伟时的《现代化与中国的历史教科书问题》以及李大钊等人写的一些现代诗歌等，并在教学中灵活恰当地选用部分内容，围绕“毁灭”这一主题建构了丰富的文本，使得课堂“动人心魄、荡气回肠”。

4.5.3　窦桂梅的教学风格

窦桂梅的教学风格属于情感型的，主题的确定在于她能够用心用情去体会学生的需要，因此总能触动学生情感的脉搏，使学生忘我地进入到课文的意境中去。课堂上窦桂梅善于用语言和副语言系统，全身心的融入，在课堂的时空里，把自己与课文、学生交汇，使学生发生对文本的体验、认识和思考，保证课堂教学的质量与效率。

---

① 窦桂梅．窦桂梅与主题教学．北京：北京师范大学出版社，2006，26.

案例 4-5

下面是窦桂梅对《秋天的怀念》一课的教学设计①，体会窦桂梅是如何挖掘文本主题的？又是如何升华主题的？

一、教学目标

(1) 学生能在默读、自由读的基础上初步感知内容，能说一说课文主要写了什么，从整体上把握课文。

(2) 抓住母亲对“我”关心的四件事谈体会。

(3) 反复诵读感悟，并交流体会。

二、教学层次

走进母亲怎样的好好儿活；

感受作者怎样的好好儿活；

思考我们要怎样好好儿活。

三、教学步骤

走进秋天——读出韵味

走出怀念——读出思考

四、教学过程

(读出韵味)

(一) 感受“娘俩”的“好好儿活”

(1) 介绍史铁生，出示《合欢树》里的段落，学生默读：读到了什么？引出课文《秋天的怀念》。

(2) 检查学生的自读情况，交给学生评价的主动权。重点指导几个儿话音，比如“咱俩儿”，“好好儿活”，倡导个性化朗读，读出韵味。

(3) 品味、比较“怀念的秋天”与“秋天的怀念”的不同，揭示课题。

(4) 课文写了几次秋天里看菊花的故事？师生品读语句，体会他脾气变得暴怒无常的心情。

(5) 是啊，作者觉得活得没劲，大胆想象，作者会怎样？

出示：独自坐在屋里，看着窗外的树叶“唰唰啦啦”地飘落，我……

小结：面对这样天大的打击，他活着好“苦”啊！(回扣板书的“苦”) 要是他是你的朋友，或者是你的哥哥、妹妹，面对他这副样子，你会怎样做？

(6) 面对这样的儿子，母亲会怎样做，读读课文谈一谈。①怎样理解母亲让儿子去看花？②品读文中几处形容母亲“悄悄地”的动作(课件出示)把出示的三句话中的“悄悄地”去掉，任意选择一句谈谈你的理解。

(7) 出示并品读重点句：母亲扑过来，抓住我的手，忍住哭声说，咱娘俩，好好儿活，好好儿活！重点解读“扑”“抓”“忍”。①母亲“扑”(课件在下面加点)过来，扑住的究竟是什么？②母亲抓住我的手，母亲“抓”(加点)住的究竟是什么？③母亲忍住哭声，母亲“忍”(加点)住的究竟是什么？所有的韵味，复杂的情感都蕴涵在这句话里，将感情送到句子中再读。

---

① 根据窦桂梅课堂实录整理而成。

（二）探究“我俩”的“好好儿活”

（1）就是这样的一位母亲，她出去了，就再也没回来！——引读课文，“邻居们……”

（2）原来的母爱儿子理解不了，一个秋天过去了，又一个秋天过去了，直到后来儿子懂得母亲没有说完的话，妹妹也懂。懂得的是什么？

出示母亲没有说完的话：“我那个有病的儿子和我那还未成年的女儿……”

（3）那么，这“好好儿活”，究竟是怎么活？结合课文的这句话，小组讨论，谈谈自己的理解——

（4）品读描写菊花的句子，品味怎样“好好儿活”。带着自己的感受读此句。

（5）望着望着北归的雁阵，他还会把玻璃砸碎吗？

出示：望着望着天上北归的雁阵，我……听着听着李谷一甜美的歌声，我……看着看着窗外的树叶“唰唰啦啦”地飘落，我……

（6）默读《病隙碎笔》中的段落：生病也是生活体验的一种，甚或算得一项别开生面的游历……刚坐上轮椅时……生病的经验是一步步懂得满足……（课件）推荐书目：《我与地坛》《病隙碎笔》《务虚笔记》（课件）。

（7）介绍史铁生的近况，出示并阅读《我与地坛》、《有关庙的回忆》片断，体会作者的“好好儿活”，引出并深情朗读课文最后两段。

（8）回过来看课题，《秋天的怀念》，怀念的究竟是什么？

（读出思考）

（三）思考“我们”的“好好儿活”

（1）课文的学习已经结束。这个故事的确感动了我们。我们一起跟着史铁生的情感世界走了一趟，经历他和他母亲别样的人生。一般情况下，我们的读书，读到此程度，总会说，史铁生和他母亲真伟大，活出了自己的性格和尊严。读书到此也完全可以。但我还要问你们，他们的故事感人，跟我们自身有关系吗？

（2）读出韵味——读出思考（课件）：我俩在一块儿，要好好儿活，好好儿活……”，这句话应该说是“我们在一起要好好活……”。

我的思考：世界上有看得见的残疾，也有看不见的残疾。身体的局限我们这辈子改变不了，但是可以改变的确是我们的心理残疾。为此，作为一个健康人，面对未来，我们在一块，必须好好儿活！

板书：

秋天的怀念

（苦） 我俩 好好儿活……

课例点评：

《秋天的怀念》的设计，紧紧围绕主题“好好儿活”建构了课堂的三个层次：感受“娘俩”的“好好儿活”；探究“我俩”的“好好儿活”；思考“我们”的“好好儿活”。从感受作者一家的“好好儿活”引导学生思考“我们”的“好好儿活”，从母子到兄妹，从他家到我们大家，学生的感受真切自然，在品读与思考中显示着学生生命的成长。而整个教材的处理，则是将课文置于作者史铁生一组作品之中，既引导学生走进教材研读课文，抓住关键词句，朗读、感受、思考、表达，展现生命的精彩，又引导学生走出教材、超越教材，走向更丰富、宽广的天地。[①]

复习与思考

1. 教学设计及教学设计流派的内涵与特点是什么？试加以举例说明。

2. 教学设计流派的衡量标准是什么？结合衡量标准，请你对一两个感兴趣的、有影响的教学流派进行分析和比较。

3. 小学语文不同流派的教学设计理念、教学模式和教学风格是什么？

4. 根据不同教学设计流派的特点，选择一两个教学流派进行课堂观察、课堂录像研讨或课堂实录分析，写出课例点评。

5. 为什么在小学语文教学中会出现各种教学设计流派，这些教学设计流派对小学语文教学的意义和价值是什么？

6. 阅读下面两段话，结合你对特级教师成长历程、教学思想的领会和学习，谈谈你对优秀教师内在素养的认识，以及你对自己未来职业生涯的设计。

把教学缩减为纯智能的，它就是冷冰冰的、抽象的；把教学缩减为纯情感的，它就成了自我陶醉；把教学缩减为纯精神的，它就丧失了现实世界之根基。智能、情感、精神依赖于相互之间的整体性，它们本来应完美地交织在人的自我中，结合在教育中。

真正好的教学不能降低到技术层面，真正好的教学来自于教师的自身认同与自身完整。好教师形成的联合力不在于他们的方法，而在于他们的心灵。

拓展资源

曹明海，史洁．2008．名师透视：语文教学智慧篇．济南：山东教育出版社．

雷玲．2004．听名师讲课·语文卷．南宁：广西教育出版社．

帕克·帕尔默．2005．教学勇气．上海：华东师范大学出版社．

钱理群，孙绍振，王富仁，等．2010．解读语文．福州：福建人民出版社．

夏家发，彭近兰．教学活动设计．武汉：华中师范大学出版社．

夏家发，杨再隋．2000．小学语文教育学．武汉：湖北人民出版社．

张文质，窦桂梅．2008．小学语文名师课堂成败探究．上海：华东师范大学出版社．

窦桂梅的博客．http：//douguimei. blog. zhyww. cn/index. html.

武凤霞的空间．http：//blog. xxt. cn/wufengxia.

薛法根的博客．http：//blog. sina. com. cn/xfg. 1968.

于永正教育园地 http：//yuyongzheng888. blog. 163. com/.

① 帕克·帕尔默．教学勇气．上海：华东师范大学出版社，2005，11.

第 5 章 小学拼音教学设计与案例研究

徐轶 人民教育出版社

学习目标

1. 准确把握小学汉语拼音教学的目标定位，了解各年段汉语拼音教学的侧重点。

2. 了解《汉语拼音方案》的制订背景和发展历史；知道小学语文教材中汉语拼音的内容与《汉语拼音方案》的异同。

3. 理解小学语文拼音教材内容的综合性；能充分发挥各部分内容的不同作用；能分清主次，根据学生的实际情况弹性安排教学内容。

4. 了解低年级游戏和活动设计的基本形式，能有效地组织游戏活动。

5. 知道怎样准确评价学生的汉语拼音能力；能够判断教辅图书中题目的优劣；能够编拟恰当的拼音测试题目。

6. 结合课堂观察，对拼音课的教学设计进行评析，能够较为准确地分析其特点与不足。

专题导向

专题 1：汉语拼音的教学目标
专题 2：汉语拼音的教学内容
专题 3：汉语拼音的教学策略
专题 4：汉语拼音的教学评价

5.1 汉语拼音的教学目标

中国社会产生声势浩大的汉语拼音运动，直接原因是中国人至今铭心刻骨的“甲午”国耻。对于这一点，在国语运动、白话文运动、新文学运动中作出杰出贡献的钱玄同，在《注音字母和现代国音》(1929 年）一文中说得非常清楚：“1894 年（甲午），中国给日本打了一次败仗，于是国中有识之士，知道非改革政治，普及教育，不足以自存于世界，但是提到普及教育，即有一个问题发生，则汉字形体之难识、难写是也。要解决这个问题，就非另制拼音新字不可……”

1958 年，《汉语拼音方案》正式颁布。自此，通过基础教育、扫盲教育等多种途径，方案迅速在社会上得到推广，并逐渐得到世界的认可。2001 年开始实施的《中华人民共和国国家通用语言文字法》第十八条规定：“国家通用语言文字以《汉语拼音方案》作为拼写和注音工具。”“《汉语拼音方案》是中国人名、地名和中文文献罗马字母拼写法的统一规范，并用于汉字不便或不能使用的领域。”“初等教育应当进行汉语拼音教学。”这些条文从法律上确立了《汉语拼音方案》的地位。

可以看出，汉语拼音的产生，是为了通过统一汉字的读音来建立和推广民族共同语而产生的注音工具。时至今日，信息化时代对中文信息处理的现代化程度要求越来越高，汉语拼音已经成为人们步入信息社会必备的重要工具。

汉语拼音是小学阶段不容忽视的重要的教学内容。拼音能够帮助识字，加快识字的速度；能够纠正字音，有利于推广普通话；能够帮助阅读，提高学生的阅读能力；能够用于查字典，发展学生的自学能力……汉语拼音，已经成为高速度和高效率的代名词，能够为小学语文教学起到减负增效的作用。正因为如此，汉语拼音理应在语文教学中得到应有的重视。

其一，汉语拼音有利于方言区儿童学习标准的普通话。

我国作为多民族、多语言、多方言的国家，语言不通给人们的相互沟通带来极大不便。汉语拼音对于推广普通话功不可没。方言地区的孩子，可以借助汉语拼音正音学习普通话。现代中国既需要“书同文”，又需要“言同语”。又要通过推行民族共同语，克服方言造成的交际障碍。如何使所有地区的学生都能学习标准的普通话？唯一的途径就是加强汉语拼音的教学，充分发挥拼音帮助学习普通话的功能。

其二，汉语拼音是自主识字的有效工具。

学习语言如果仅仅靠口耳传授，会遇到许多困难，容易导致效率低下。汉语拼音是识字的好帮手，既可以借助拼音巩固识字成果，还可以依靠拼音无师自通地学会更多的汉字。学会了汉语拼音，识字的主动权就掌握在了学生的手里，而不是老师的手里。

其三，由受束缚逐渐走向自由世界，在识字量不足的情况下扩大阅读量，开阔视野。

学习拼音，可以及早阅读拼音读物。阅读全文注音的文章，感受语言的优美，感受学习语文的乐趣，开阔视野，及早形成书面语语感。

怎样才能使学生无师自通地自由遨游于书海中？汉语拼音，就是交给学生的一把开启知识大门的金钥匙；汉语拼音，犹如给学生插上的自由飞翔的翅膀。所谓“工欲善其事，必先利其器”，在小学阶段掌握了汉语拼音，我们就可以在信息公路上通行无阻。

开展汉语拼音教学，首先要考虑的问题就是拼音教学的目标定位。历次语文教学大纲针对小学汉语拼音的学习提出了不同的目标要求，曾经提出过直呼的要求、默写的要求，以及拼音帮助阅读的要求。这些年来，小学汉语拼音教学有降低要求的趋势。2001年颁布的《全日制义务教育语文课程标准（实验稿）》中，提出的汉语拼音教学的总目标是：学会汉语拼音。能说普通话。第一学段的目标是：①学会汉语拼音。能读准声母、韵母、声调和整体认读音节。能准确地拼读音节，正确书写声母、韵母和音节。认识大写字母，熟记《汉语拼音字母表》。②能借助汉语拼音认读汉字，学会用音序检字法查字典。

作为汉语学习的“拐棍”，拼音最重要的是其工具属性及实用价值。课程标准的总目标和学段目标正是这样定位汉语拼音：汉语拼音是学习汉字的工具，是学习普通话的工具。课程标准对于汉语拼音的定位，并非刻意淡化或是弱化汉语拼音的功能，而是充分考虑了小学生特别是初入学小学生的学习需求和身心特点。

对于汉语拼音的这一定位，不乏质疑的声音，其中有一种意见比较典型：小学汉语拼音教学的要求一降再降，如何能够满足信息时代的需求？确实，汉语拼音的用途越来越广泛，如电脑输入、手机短信，人们的日常生活越来越离不开汉语拼音。但是，具体到基础教育阶段的拼音教学，我们不必要求一步到位，可以遵循逐层递进、循序达标的思路，以熟练掌握汉语拼音为目标，根据不同年段的不同需求，采用分步走的原则，处理好短期目标和长期目标的关系，使汉语拼音教学在不同的年级体现出不同的侧重点。

（1）一年级，起步阶段，集中学习拼音，认识字母，学会拼读。通过五周左右的集中学习，完成拼音教学的基本任务，达到保底的要求：能读准声母、韵母、声调和整体认读音节；能准确地拼读音节，正确书写声母、韵母和音节。这一阶段呈现出来的特点是，学生对汉语拼音的掌握情况不一，有的熟练，有的欠熟练；有时还会混淆，经过思考才能更正。但是，学生已经可以借助汉语拼音这一工具帮助识字，进而帮助阅读。

（2）一年级下学期至二年级，初步运用阶段，在运用中巩固，逐渐达到熟练拼读。这一阶段的主要任务是在不断运用中复习、巩固拼音，充分发挥汉语拼音帮助识字的作用。

（3）小学中高年级，学习使用拼音输入法录入汉字，满足信息社会对汉语拼音程度的要求。有条件的学校或班级，可以让学生试着把自己的习作输入电脑，引导学生在练习输入汉字的过程中不断提高运用汉语拼音的水平。

孩子能够认读拼音，准确读出音节，其认知水平是“再认”；让孩子运用拼音输入法录入汉字，孩子必须能够确切地回忆起音节，其认知水平是“再现”。到了高年级，学生对拼音的掌握已经越来越熟练，在这个时候提高汉语拼音的学习要求，引导他们完成从“再认”到“再现”的认知飞跃，学生已经有了很好的基础和条件。另外，让学生将习作输入电脑，承担的是有实际意义的学习任务，孩子在做中学，在有实际需要的时候学，在有了一定的自我调控能力和强烈学习动机的时候来学，效率会大大提高。

因此，应该将拼音教学贯穿在整个小学阶段的语文教学中，在把握汉语拼音的目标要求上，处理好短期目标和长期目标的关系。特别是起步阶段，要根据小学汉语拼音教学的实际需要，制订恰到好处的学习目标。将目光放长远，看学生的长远发展，而不是将所有的内容都集中在起步阶段，期待一蹴而就，试图毕其功于一役，无谓地增加初入学学生的学习负担。较之一开始学习拼音的时候就要求学生默写音节、给汉字注音等拔高要求的做法，分步走的措施是符合实际、切实可行的，既能够在起步阶段满足学生学习语文的基本需要，又能够使学生最终都能够达到信息时代对汉语拼音程度的基本要求。

具体到设计每一节课的课堂教学目标，应该为汉语拼音教学的总目标服务，结合学习需求，进行任务分析，恰当地选择教学目标并进行准确的语言表述。

1）教学目标要准确

准确把握汉语拼音集中学习阶段的教学目标：能读准声母、韵母、声调和整体认读音节；能准确地拼读音节；正确书写声母、韵母和音节；能借助汉语拼音认读汉字。在不拔高要求的前提下高效实施教学。

关于声母和韵母的教学，主要从音和形的角度设定目标：①读准音：把声母或复韵母的音读准确，以正确拼读、帮助学习普通话。②认清形：即把音与形对应起来，见其形知其音。③正确书写：在这里，“书写”的含义是抄写，而不是默写。

在学习拼音的起步阶段，并不要求运用拼音，如默写拼音、给汉字注音等，只是要求准确拼读音节、借助拼音认读汉字。在这一阶段，关于标调规则的教学，可以学习标调歌，让学生初步了解汉语拼音是如何标调的，为学生今后熟练地掌握和运用汉语拼音打下基础。但是，在这一阶段不应该要求每一个学生都掌握标调规则，并运用标调规则给音节标调、给汉字注音。这样的目标对于一年级的学生来说是不必要的。有人提出，低年级学生在写话的过程中，如果有不会写的字，可以用拼音代替，但是现在拼音教学的要求降低了，拼音不会写、音调不会标，学生怎么能够自如地运用拼音呢？其实，“可以用拼音代替”只是一个提供给学生的建议，只供有条件、有意愿的学生参考，而不是对所有学生作出的硬性规定，不应把写拼音作为所有学生必须达到的、一刀切的要求。另外，汉语拼音在低年级学生的书面表达中，只是一个暂时的替代品，虽然很多学生在这一阶段还不能自如地运用拼音，但是，随着年龄的增长、学习能力的增强，学生在大胆表达、独立运用的过程中，在自行纠错、不断调整的过程中，拼音的熟练程度和运用水平会不断提高。

2）教学目标的主体是学生

教学目标反映的是学习者在学习中所发生的本质变化，即教学完成时学生能做什么，是学生学习所达到的学习结果。在目标的表述中，所缺省的主语应是教学对象，即“一年级的小学生”，不宜从教师施教的角度表述目标。教学目标中罗列的，不是教师的教学行为，不是教师应该在教学中做什么，而应该是学生的学习行为，是学生学习结果的呈现。

另外，教学目标呈现的是应该是学习的结果，而不是学习的过程，“学习……”“练习……”等形式的表达，展现的是学习的内容和学习的过程，作为教学目标提出来也不妥当。

3）教学目标要明确、具体，有针对性

教学目标应明确、具体，其表述主要应使用行为动词，能够被观察、被测量，具有可操作性。如“能读准 b 与复韵母组成的音节”，“能说出带有 ui 和 iu 的音节的标调规则”。而一些语义模糊的表述，如“感受”“了解”“领会”“掌握”，不可观察，不便把握，给教师分析教学任务和监控教学行为带来很大困难。

另外，教学目标还应该有针对性，针对本课教学提出切实可行的、可检测的目标。与之相关联，在教学过程中安排为了达到教学目标所采取的具体教学策略，以及如何检测是否达到教学目标的评价手段。在教学目标中应尽量避免提出空泛的、一般性的、没有针对性的、没有操作性的目标。对于方法、习惯、个性品质等类型的目标，具体到某一课的教学目标设计，应该把将这些目标细化、具体化，与本课的教学内容联系起来。

案例 5-1

下面是几则教学目标设计，请对这些教学目标进行分析，具体说明这些案例是否存在目标定位不当或语言表述不当的情况。

案例 1　b p m f 教学

(1) 学会 b、p、m、f 四个声母，读准音，认清形，正确书写。

(2) 学会声母 b 与单韵母 a 的拼音方法。

(3) 充分利用插图、摆字形、编儿歌等多种不同的教学手段，激发学生的学习兴趣。

案例 2　ai ei ui 教学

(1) 学会复韵母 ai、ei、ui 及它们的四声，读准音、认清形、正确书写。

(2) 练习拼读音节，提高拼读音节的能力；正确书写规定的音节。

(3) 培养学生发现问题和勤于动脑的习惯，乐于运用所学知识。

案例 3　ai ei ui（第二课时）教学

(1) 能正确、快速地认读复韵母 ai、ei、ui。

(2) 能发现身边藏着 ai、ei、ui 音节的事物、物品。

(3) 能试着用汉语拼音讲故事。

案例 4　ai ei ui 教学

(1) 能认、读、写 ai、ei、ui 及其四个声调。

(2) 学习标调歌，掌握标调规则。

(3) 在游戏中体会学习汉语拼音的乐趣。

(4) 培养学生良好的听课习惯和写字习惯。

案例 5　ao ou iu 教学（人教版））

(1) 学会复韵母 ao ou iu 及其四声，读准音、认清形，并能正确书写。

(2) 掌握声母与 ao ou iu 组成音节的拼读方法。

(3) 在游戏中体验学习拼音的乐趣。培养积极思考、勇于发现、善于表达的品质和团结一致、克服困难的意识。

案例6 《汉语拼音8》第一课时教学预设(苏教版)

(1) 学习四个翘舌音声母以及整体认读音节,认准字母形,读准字母音。

(2) 区别平、翘舌音,读准带音调的整体认读音节。

(3) 能正确地书写四个声母以及相关音节。

5.2 汉语拼音的教学内容

5.2.1 小学汉语拼音教学内容的特点

课程标准对小学汉语拼音的教学内容作出了较为详细的规定。小学语文教材以课程标准为依据,在选择教学内容的时候,并不是机械地将《汉语拼音方案》系统地传授给小学生,而是根据小学生学习拼音、使用拼音的需要,根据小学生的身心发展特点,对《汉语拼音方案》采取了一定的教学变通措施,如引入介母的概念,用三拼音的方法教学拼音,以避免记忆大量复韵母;将Y、W两个特殊字母与其他声母归为一类,以简化教学头绪;引入整体认读音节的概念,以避免教学复杂的加头母和换头母的拼音规则。小学阶段的拼音教学,为了多快好省地达成目标,简化了关于拼音规则的知识,以小学生更容易理解和接受的方式,引导学生学会拼读音节,进而借助拼音学习汉字、帮助阅读。多年的教学实践证明,小学语文教材对于拼音教学内容的精心选择和重新组织,适合小学生的认知水平,能够达到学拼音、用拼音的目的,能够满足学生今后使用汉语拼音工具的需要。

2001年课程改革以来,拼音教材中的教学内容发生了很大的变化,各版本教材中,集中学习拼音的阶段都不再是单纯的字母和音节的学习,拼音教学内容呈现出越来越丰富的特点,教材的结构体系、内容编排和呈现方式等方面都与以前有了明显的不同之处。

汉语拼音教材中的教学内容,有以下几个鲜明的特点。

1. 教学内容更加综合

在小学生学习语文的起始阶段,除了字母和音节的学习,大多数教材都安排了识字的教学内容,有的教材还安排了词语、句子、儿歌等教学内容。在集中学习拼音的阶段,就开始引导学生使用拼音帮助识字,借助拼音尝试阅读,字母和音节不再是拼音教学阶段的唯一内容,拼音教学也不再是单纯的拼音知识的教学和操练。在选择教学内容的时候,将汉语拼音的实际运用放在首位,突出汉语拼音架设口语和书面语桥梁的作用,把学习拼音、认识汉字、积累词语、发展语言、培养观察能力等诸方面有机地结合在一起,为学生的自主学习打下基础,体现全面培养语文素养的教育目标,使学生初入学就受到比较全面的语文启蒙教育,为他们今后的学习和生活打下坚实的基础。

这种综合的内容编排,为教师教学提供了更为丰富的课程资源,也体现出较大的弹性空间,既照顾到没有拼音和识字基础的学生,为他们提供保底的教学内容,又给基础较好的学生提供了更多的发展空间,使所有儿童都能体验到学习语文的自豪感与成就感,感受成长的愉悦。教学内容丰富有趣,同时具有很强的实用价值,为教师和学生提供选择学习内容的空间,有利于幼小衔接、平稳过渡。

2. 教学内容更加贴近生活

在教学内容的选择上，注重语文与生活的联系，关注儿童的生活，调动儿童的生活积累，最大限度地贴近儿童的口语实际和认识水平，引导学生借助生活经验学习拼音，并且在生活中巩固、运用拼音。教材中音节的选择、练习的设计都在努力体现这一理念。

1）联系生活学习拼音

在初学字母和拼音的时候，尽可能地借助学生熟知的事物，帮助学生掌握正确的读音。如图 5-1 所示，人教版教材的《b p m f》一课中，借助“猪八戒”和数字“8”学习 bā 的音；借助“拔萝卜”的图片学习 bá 的音；借助“打靶”的图片学习 bǎ 的音；至于代表 bà 的事物“大坝”，是许多学生并不熟悉的事物，恰好可以借助新学习的拼音认识事物。拼音与学生的生活紧密地联系起来，使学习拼音与认识事物相辅相成，相得益彰。

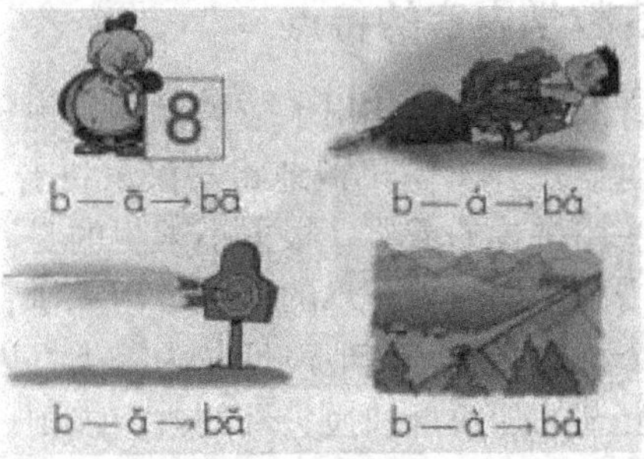

图 5-1 人教版《b p m f》一课的音节呈现

2）联系生活巩固和运用拼音

教材中安排了很多有趣的活动内容，关注学生的生活经验，打通书本世界与生活世界的界限。如人教版拼音教材复习二的“我会想”：哪些同学的姓里有下面这些声母？通过这样的练习设计，引导学生在生活中巩固拼音，把教师的教学引向开放，把学生的学习引向生活。又如图 5-2 所示，人教版拼音教材复习四的“秋游你想带什么”，学生联系生活实际复习巩固拼音，同时锻炼独立生活能力，树立“做自己生活的主人”的主体意识。

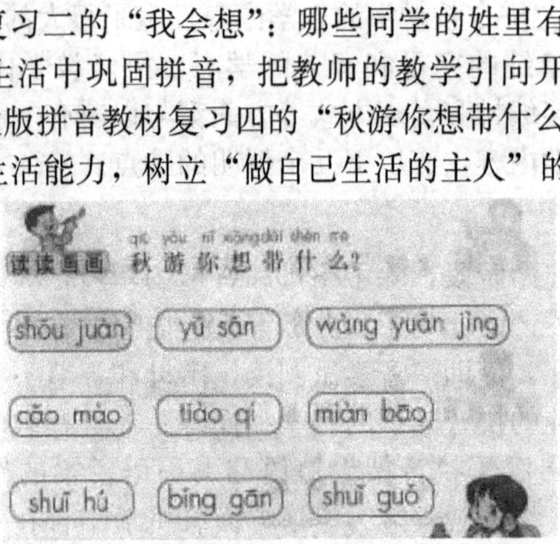

图 5-2 人教版拼音教材，复习四中的活动设计

3）教学内容更加关注人文

有人认为，在语文教学中，年级越低，工具性更强，随着年级的升高，人文性越来越强，人文性在小学阶段特别是小学低年级可以不加考虑。但是事实上，语文教学的工具性和人文性密不可分，不具有鲜明的年段特点。一年级起始阶段的语文教学，就要开始树立人文意识，在任何时候，语文学习都不只是知识的学习，要在掌握语文工具的同时，强调文化的传承，潜移默化地陶冶情操，要使学生通过语文学习成人，而不仅仅是成才。

如果忽略了语文教育的这一特性，在教学内容和教学策略的选择上就有可能出现偏差。如，有的教师在教学 jqx 和 ü 相拼 ü 要去掉两点这一拼音规则时，为孩子编写儿歌帮助儿童记忆：“j、q、x，真淘气，见到鱼（ü）眼就挖去。”从知识传授的角度来看并无不妥，同样可以通过孩子感兴趣的方式帮助学生掌握拼音规则。但是，这首儿歌在价值观的培养方面，却存在着相当大的偏差。如果使用“小 ü 小 ü 有礼貌，见到 jqx 就脱帽”这样的儿歌来引导学生学习这一拼音规则，效果就会大大不同。要让学生从一开始学习语文，接触到的就是真善美，感受到的就是浓浓的情和深深的爱。

汉语拼音教材中的内容选择，不只有工具的一面，同时具有丰富的人文内涵。拼音教材通过优美的图片和富有感染力的文字，使学生在初入学的汉语拼音学习阶段，就开始潜移默化地受到情感、态度、价值观的熏陶感染，而不再是仅仅把拼音作为机械操练的工具来学习。如图 5-3 所示，人教版教材的《zh ch sh r》一课，教材中安排的情境图是公园的早晨，学生在发展口头语言、巩固汉语拼音、认识汉字的同时，深深地感受到生活的美好。无需教师赘言，一幅美好的画面在学生面前展开，积极向上的人生态度在学生的心底里埋下种子。又如图 5-4 所示，人教版教材的《ai ei ui》一课，很简单的一个句子“你栽树，他培土，我去提水”，既大容量地巩固了本课和前面几课学习的拼音，又通过图片和文字渗透了现代社会必不可少的合作意识。

图 5-3　人教版教材《zh ch sh r》一课的情境图

图 5-4　人教版教材《ai ei ui》一课的情境图

5.2.2 小学汉语拼音教学的内容模块

新的时代赋予汉语拼音教材以更为丰富的教育内涵。下面结合人教版、北师大版、苏教版等几个版本的拼音教材编排，具体分析小学汉语拼音的教学内容：字母与音节；拼音的书写；汉语拼音教学阶段的识字；汉语拼音教学阶段的阅读；大写字母和《汉语拼音字母表》。

1. 字母与音节

声母、韵母、整体认读音节是目前小学拼音教学的常规内容。这些教学内容相对稳定，也得到了广泛的认可，但是，最为棘手的问题是：这些看似枯燥的教学内容应该如何呈现以符合儿童的心理发展特点？使拼音字母形象化，是解决这一问题的不二选择。教材中大量使用贴近儿童生活实际的图片，将抽象的字母转化为学生形象可感的生活，充分调动学生的生活积累，借助学生的已有经验学习拼音。

借助图画学习字母，有两种编排方式。最为常见的是单幅的表音示形图，也就是一个字母对应一幅图片。在这些图片中，有的表音，有的示形，有的既表音又示形。其价值在于，通过形象的方式引导学生记忆拼音，同时培养观察能力、发展儿童语言，增加学习的趣味性。

如图 5-5 所示，人教版教材的《j q x》一课，配有三幅图，分别提示三个字母的音和形。

图 5-5 人教版教材《j q x》一课的表音示形图

北师大版拼音教材中配合字母学习的图片，采用的都是这种画面简洁的表音示形图。

除了这种单幅的表音示形图，近些年来，教材中还创造了全新的情境图，将诸多内容整合在一幅图中，辅助学生学习字母和音节。

苏教版教材中的情境图，主要用于引出要学的字母，使学生感悟到汉语拼音字母的音与我们的日常生活有着密切的联系。

人教版教材中也设计了一部分情境图，画面的内容除了可以引出要学的字母，还同时提示字母的音和形（图 5-6，图 5-7）。

除了大量借助图画帮助学习拼音，教材还对字母和音节的呈现方式进行了精心的设计。

1）字母的呈现

人教版、北师大版和苏教版的教材，对每课要求学习的新字母，都采取了加大字号的方法突出显示。另外，人教版拼音教材中，把声母排成蓝色，韵母排成红色，整体认读音节带有紫色底框。通过不同颜色的视觉刺激，帮助学生区分声母、韵母和整体认读音节。

图 5-6　苏教版教材《b p m f》一课的情境图

图 5-7　人教版教材《g k h》一课的情境图

2）音节的呈现

以前的拼音教材中，安排了大量的射线状的拼读练习，体现出的教学理念是：通过大量的音节拼读，帮助学生熟练掌握拼音。现在，这种状况正在悄然发生变化，不同版本的教材中，音节以不同的方式呈现出来，体现了不同的编排思路。

如人教版，大都以一个音节为例呈现音节拼读的过程和结果，在这一音节下面再提供与与之相关或类似的音节。不再采用以往那种射线状的音节拼读，而是让学生在读出拼音的时候就可以直观地看到实际拼出的音节，提供机会让学生和音节多次见面，不断增加拼读的熟练程度，有利于今后更有效地发挥拼音帮助识字的作用（图 5-8）。

zh
zhi　zh—a→zha
zhe　zhu　zhua

ch
chi　ch—a→cha
che　chu　chuo

图 5-8　人教版教材《zh ch sh r》一课的音节呈现

北师大版非常强调带调拼读，教材中要求拼读的都是带调的音节，并且大都有汉字与之相对应。

在拼音教学阶段，作为教学内容的音节和音节词，都应该来源于学生的日常生活，与学生的口语发展紧密相连，不宜将没有实际意义的语素或学生不易理解的词语作为教学内容。学生拼读出音节，就立即能与自己的已有知识经验产生联系，这样的内容才有助于学生的拼音学习。相反，如果教学中选择的是学生不熟悉的、需要教师额外讲解词语含义的音节，会给学生增加不必要的负担。在这一阶段，应该充分利用学生的口语词来学习拼音；在学生学会拼音之后，再借助拼音来学习新的词语。

2. 拼音的书写

课程标准中第一学段目标中谈到的汉语拼音的书写，是指抄写，而不是默写。

人教版教材中的拼音书写，安排在集中学习拼音的阶段，与学习拼读同步安排。将字母安排在四线格中，并呈现字母的书写过程。在复韵母学习阶段，并不是每课都有书写拼音的内容，在某些课里提供了音节词的书写练习（图 5-9，图 5-10）。

图 5-9　人教版教材中《b p m f》一课的字母书写

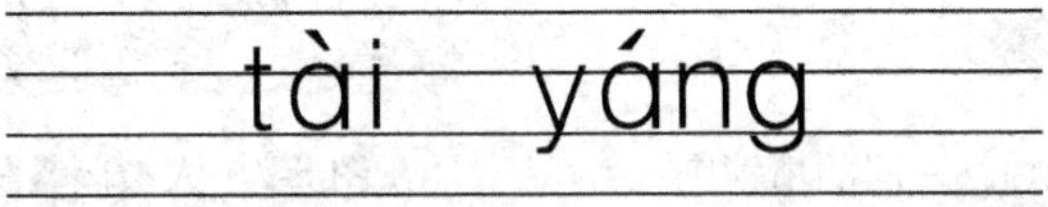

图 5-10　人教版教材中《ang eng ing ong》一课的音节书写

苏教版教材中的拼音书写，除了在四线格中呈现字母的笔顺分解，还在四线格上以较大的字体呈现字母的书写顺序（图 5-11）。

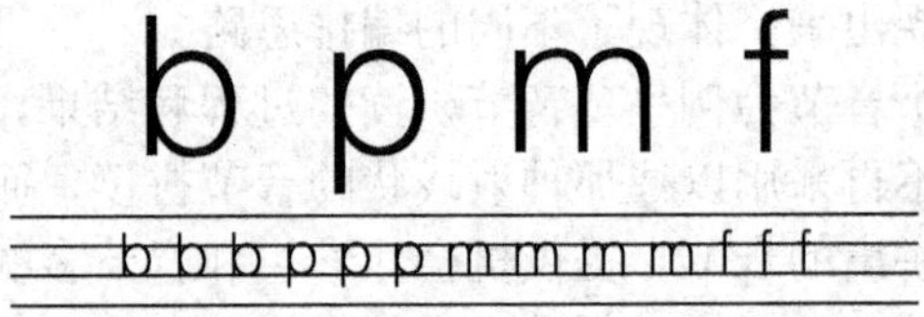

图 5-11　苏教版教材中《b p m f》一课的拼音书写

北师大版教材的拼音书写不提供书写过程的内容，只是在四线格中呈现本课学习的字母（图 5-12）。

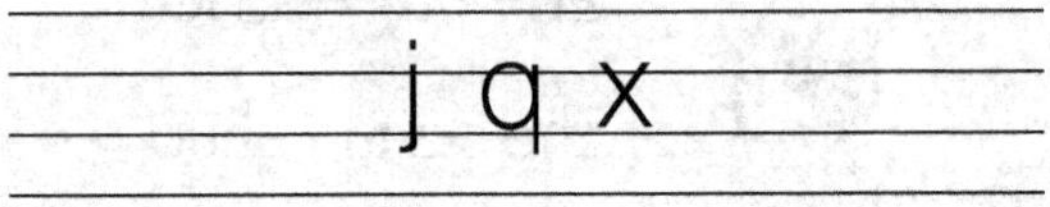

图 5-12　北师大版教材中《j q x》一课的拼音书写

书写拼音的教学内容，在教学中应该把握到什么程度？将书写的字母安排在四线格中，最重要的作用是给学生提供字母之间的大小比例关系，使学生通过观察了解字母的形体，尽量根据比例关系把字母写整齐。在具体实施教学的时候，教师引导学生大体了解字母在四线格中的位置即可，不必对学生要求过度。例如，某个字母的起笔应该在上格的正中间，不可以偏上或偏下。其实，从上面引用的几个版本的教学内容中可以看出，不同字库中字母的形体不尽相同，字母在四线格中的位置也并不需要十分精确。书写拼音在这一阶段并非重点，无需过于追求精确的字母位置，追求书写的漂亮美观，只要学生能够正确抄写即可。教师在教学的时候，要考虑拼音书写这一内容在拼音教学中的地位，做好时间分配，把握好指导书写的度，把握好拼音抄写的量，不宜过多地将时间花在书写上，而要把主要精力集中在学生的准确拼读上。

3. 汉语拼音教学阶段的识字

三个版本的教材都安排了识字的教学内容，体现课标所倡导的“学习汉语拼音要与识字相结合”的指导思想。在集中学习拼音的阶段，把学拼音和识汉字结合起来，直接体现汉语拼音的工具价值，实践证明是切实可行的。

人教版教材只安排要认的字，这些字从每课的词语、句子和儿歌中提取，所有要求认的字的音节都是由学过的字母组成的，学生可以借助拼音学习字音，凭借词语、句子、儿歌的语境理解字义，使汉字的学习与拼音的学习有机地融为一体。如图 5-15 所示，学习《b p m f》一课，在掌握拼读要领之后，学生可以借助新学习的拼音自己认识“爸、妈”等汉字。学生学了拼音，就能立即帮助认识汉字；如果学生以前认识这个汉字，可以借助汉字帮助识记拼音；拼音与识字相得益彰，协同发展。从一开始就强调拼音的实用价值，使学生感受到学习拼音的用处，激发起强烈的学习愿望（图 5-13）。

爸 妈 我

图 5-13　人教版教材《b p m f》一课的汉字学习

苏教版教材采用的是拼识同步、双线并进的方式，将拼音、识字交叉起来安排。要求认的字，集中安排在每个拼音单元的后面，采取韵文的形式编排。

北师大版教材的拼音内容，没有安排在小学语文教材的起始阶段。在一年级上册教材中，汉语拼音的内容集中安排在第五至第八单元，在此之前的四个单元里，先安排学习一些常用字，阅读一些短浅的文章。汉语拼音学习阶段名为“字与拼音”，不但安排要求认的字，还安排要求写的字。

4. 汉语拼音教学阶段的阅读

专注地学习拼音，集中精力打歼灭战，以求得牢固地掌握拼音这一工具，这是编排拼音教材的传统思路。但是，这样做并非没有弊端——学生入学后的一个多月时间里，整天与拼音字母打交道，不明就里地学习这些生活中并不常见的字母，学生不知为何而学，体会不到学习拼音的意义所在。

近年来的语文教材编排，开始尝试将阅读的内容纳入集中学习拼音的阶段，并且逐渐成为一种趋势。例如，人教版教材采用了由易到难的内容编排：前几课借助拼音读词语；之后几课借助拼音读短语；最后几课借助拼音读句子；其中所有的音节都是学生学过的，都可以由儿童自己拼读出来。不但有助于巩固拼音，熟练拼读，而且学生可以充分利用刚刚获得的拼音知识，及时运用于实践。另外，在人教版教材中，还从《d t n l》一课开始，每一课都安排了儿歌。每个儿歌里都有本课新学的音节，并对新的音节做了标红处理。学生在复习音节、巩固拼音的同时，体会学习拼音的价值，感受学习拼音的乐趣。教材中选择的这些儿歌富有童心童趣，有丰富的人文内涵，在发展学生语言和培养学生正确的价值观方面也有其独特的价值。

在集中学习拼音的阶段，引导学生及时运用拼音帮助识字，进而帮助阅读，在具体的语言环境中学习拼音、运用拼音。学生刚刚学了音节，就能学以致用，使学生体验到阅读的乐趣，感受到语文学习的快乐。在学习拼音的几个星期里，学生从一开始只能借助拼音认读几个汉字，到可以借助拼音认识更多的汉字，直到最后可以借助拼音读出整首儿歌，在这一过程中，体验着由完全不能独立阅读逐渐发展到可以独立阅读拼音读物、从不自由逐渐到自由的巨大成就感，可以有效地激发学生的学习动机。

5. 大写字母和《汉语拼音字母表》

《汉语拼音字母表》是小学拼音教学的重要内容。语文课程标准针对低年级的学段目标有如下表述："认识大写字母，熟记《汉语拼音字母表》。"这是二年级结束之前所有学生应该达成的基本学习目标。

拼音字母表是音序查字法的重要前提。学习字母表，是为学习音序查字法作准备；熟记字母表，是为了提高音序查字法的速度。各版本的小学语文教材，都安排了认识大写字母和学习《汉语拼音字母表》的内容。

1）人教版教材

将大写字母和《汉语拼音字母表》的学习安排在一年级下册的"语文园地五"。如图5-14所示，将学习内容安排在"读读背背"这个栏目中，以大小写字母对照的方式呈现。

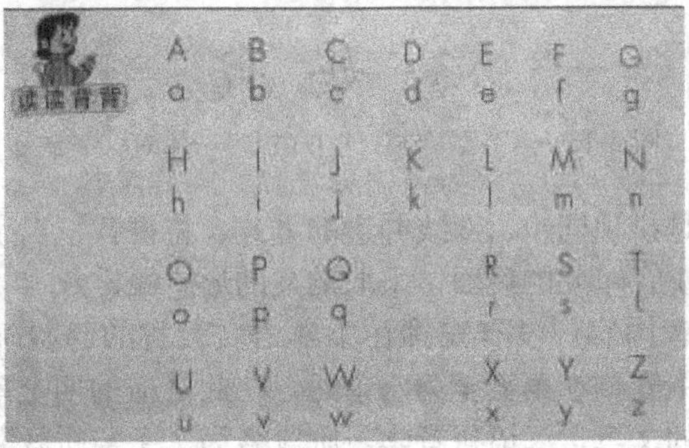

图5-14 人教版一年级下册教材中安排的大写字母和《汉语拼音字母》的内容

关于编排思路，在教师用书中有如下提示："读读背背"主要是帮助学生掌握汉语拼音字母表，为学习查字典打基础。学生已经学会汉语拼音，教学指导时可先让学生读读小写字母，再对应认识大写字母。识记大写字母是教学重点。

另外，教师用书还建议学生学唱《字母歌》，以帮助记忆字母顺序，但是未提及在学唱《字母歌》的时候是采用字母的呼读音还是字母的名称音。

2）北师大版教材

大写字母和《汉语拼音字母表》的教学安排了两次，分别在二年级下册的第二单元和第三单元。

第二单元"认一认"，呈现大小写字母对照表，并提示"字典中的字条是按音序排列的"。教师用书中的指导如下：尽量自学，不必书写；大写字母及其顺序需要在应用中反复实践才能掌握，教学中没有必要在这个环节停滞很多时间。

第三单元则以"唱一唱，背一背"的形式，在教材中呈现拼音歌，以小写字母加简谱的形式，引导学生学习字母顺序。

另外还给出一个计算机键盘图，要求学生“在键盘上认一认大写字母”。教师用书中写道，其安排意图是复习巩固大写字母，加强使用电脑的意识。

这两个单元的分工是：第二单元先认识大写字母，把大写字母和小写字母对应起来；第三单元的学习要点是记住大写字母的顺序，为学习音序查字法打基础。教师用书指出，“不必教字母名称”。

3）苏教版教材

将大写字母和《汉语拼音字母表》的学习安排在二年级上册的“练习一”。

如图 5-15 所示，苏教版也是采用大小写字母对照的方式呈现汉语拼音字母表。

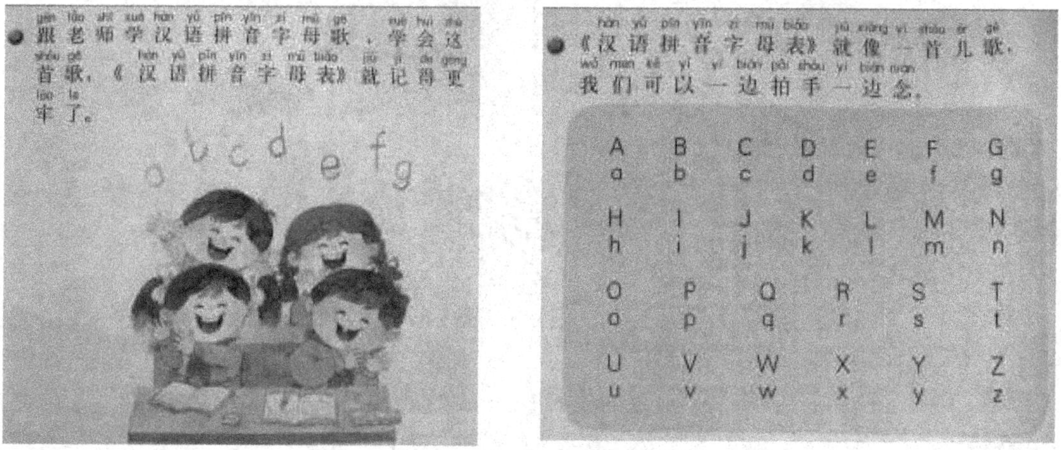

图 5-15　苏教版二年级上册教材中安排的大写字母和《汉语拼音字母》的内容

在教师用书中，标示了 26 个字母的名称音，并且说明，在认读字母的时候，可以用它们的呼读音，也可以用它们的名称音。

教师用书提出，教唱《汉语拼音字母歌》，必须用名称音来唱，以帮助学生熟记字母名称，记住字母顺序。教师用书中提供了由丹路谱曲的简谱版“汉语拼音字母歌”。

可以看出，对于大写字母表和《汉语拼音字母表》这一教学内容，各个版本都给予了重视。关于“认识大写字母”，大家的理解比较一致，即在小学阶段的教学要求是认读、辨识大写字母，而不要求掌握、运用。但是，对于“熟记《汉语拼音字母表》”，大家的理解并不完全一致，特别是在是否教学字母的名称音这个问题上，还存在较为明显的分歧。

以上主要以人教版、北师大版和苏教版的教材为例，分析了小学汉语拼音的教学内容。各个版本的教材，都遵循了课程标准的目标要求，但是在具体的教学内容的选择和呈现上，体现了不同的编排思路，呈现出不同的面貌和风格。教师在设计课堂教学的时候，应该把握所教教材的突出特点，并根据学生的实际情况对教学内容进行大胆取舍，突出重点和难点，充分发挥教材的特点和优势。

案例 5-2

以下是人教版、北师大版和苏教版教材中安排的《ao ou iu》一课的教学内容，试着分析其不同特点，并简要说明在教学中如何把握。

案例 1 人教版教材中《ao ou iu》的内容

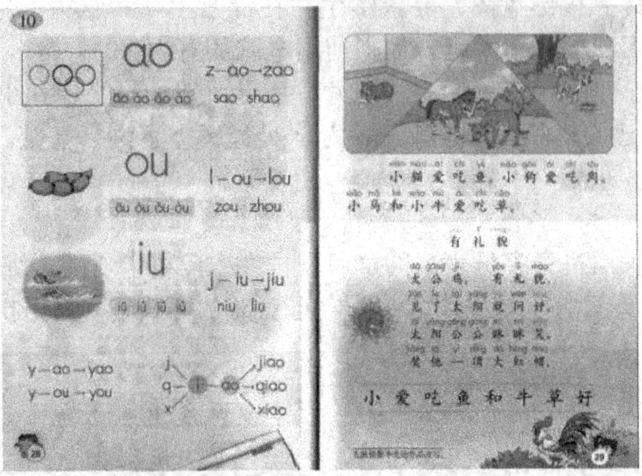

案例 2 北师大版教材中《ao ou iu》的内容

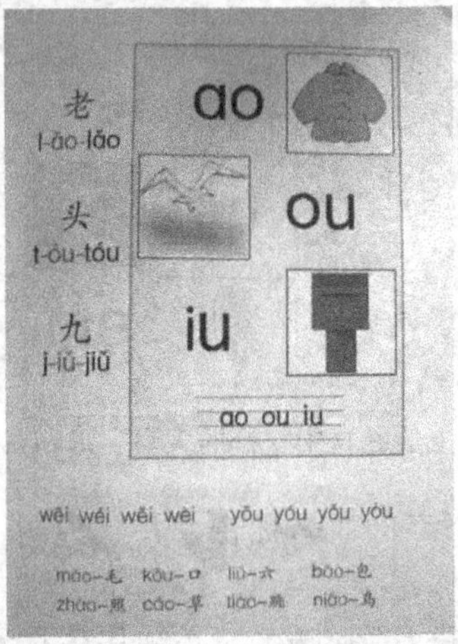

案例 3 苏教版教材中《ao ou iu》的内容

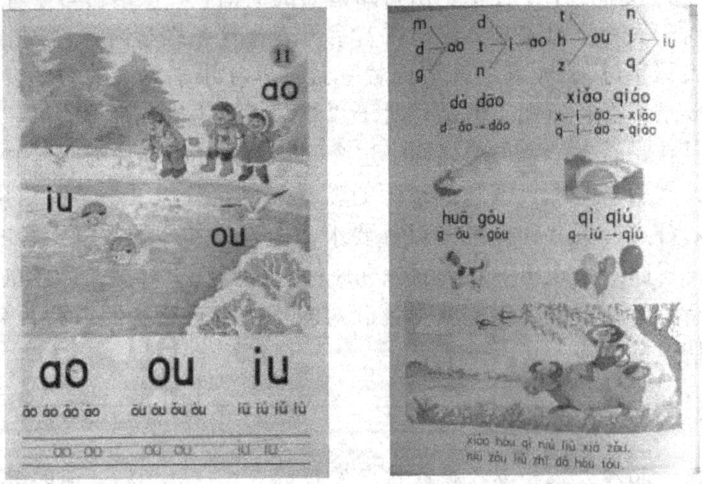

5.3　汉语拼音的教学策略

汉语拼音的教学策略选择，应该从汉语拼音的特点出发，遵照小学生的身心发展规律，为达成汉语拼音教学目标服务。

5.3.1　选择恰当的教学方式，让学生在游戏和活动中成长

语文课程标准针对汉语拼音的教学，提出以下具体建议："汉语拼音教学要尽可能有趣味性，宜多采用活动和游戏的形式，应与学说普通话、识字教学相结合，注意汉语拼音在现实语言生活中的运用。"

汉语拼音在游戏中学，在活动中学，是初入学儿童的心理特点所决定的。拼音阶段游戏和活动的教学方式，与幼儿园阶段的教学方式一致，可以使学生平稳地从幼儿园过渡到小学阶段的学习，顺利完成小学生的角色转换，帮助解决幼小衔接的难题。

这些年来，汉语拼音的学习已经不再是枯燥的朗读和记诵，教师们创造了大量适合学生年龄特点的游戏活动，引导学生在丰富多彩的游戏活动中学习拼音，取得了很好的教学效果。仅举几例游戏活动如下：①当小邮递员。在信封上用拼音写上班级同学的名字，让学生当小邮递员，把信封送到同学的手中。②打扑克牌。学生将声母和带调的韵母制成扑克牌，每个声母和带调韵母分别制作一张牌。同桌的学生分别拿声母和韵母的扑克牌，两个学生同时出牌，谁先拼出两张扑克牌组成的音节，这两张扑克牌就归谁。以上两项游戏活动，以有趣的形式融入大量的音节练习，可以有效地帮助学生提高拼读音节的能力。③表演儿歌。学生边唱儿歌，边与同桌一起做动作："右下半圆 b b b，左下半圆 d d d。b d 对坐笑呵呵，我们都是好朋友。"这首儿歌的前两句描述了字母 b 和 d 的字形特点，但是因为很多六岁的孩子还分不清"左"和"右"这两个概念，所以即使能够记住这两句儿歌，也不一定能够分得清这两个字母。但是儿歌的后两句将两个字母放在一起，形成"b d 对坐笑呵呵"的画面，学生在表演动作的同时，形象地记忆 b 和 d，有效地辨析这两个形近字母。

需要注意的是，好的游戏活动，应该是学生喜闻乐见的，同时更应该是省时高效的。一个设计精妙的游戏活动，不仅在于学生参与的积极性有多高，也在于其是否有丰富的内涵和实际的效果。打算在课堂中开展的游戏活动，教师可以事先进行分析，对学生的参与程度、游戏的知识含量、游戏开展的时间效率比等方面进行全面的评估，思考并回答以下几个问题：这个游戏的目的是什么？这个游戏需要开展多长时间？有多少学生能够参与到这个游戏中来？他们的角色分别是什么？学生在游戏过程中的收获有哪些？这样，可以避免开展那些费时低效的游戏活动——学生看似"动起来"了，却在游戏的过程中没有什么收获。

5.3.2　紧密联系学生生活，彰显汉语拼音的实用价值

汉语拼音源于实际生活，所有的音节都存在于我们的日常语言之中。这是一个非常有利的教学因素。在教学时，要着眼于汉语拼音的运用，关注学生的生活实际，想办法激活儿童的生活经验，调动儿童的生活积累，使抽象枯燥的拼音符号变得具体生动，使汉语拼音的学习生活化，将学生生活中丰富的语文课程资源利用起来。

拼音的学习，要与学生的口语实际相联系，与学生的生活经验相联系。要关注音节的实际意义及其与学生常用口语词的对应关系，让学生在读音节的时候能够与自己的生活经验建立联系，能够唤起实际意义，在脑海中浮现形象。因此，在教学中宜大量增加带调音节的拼读，开展与学生的生活世界紧密联系的活动。如《b p m f》一课，可以让学生拼读带调音

节，并顺势做“拨”“泼”“摸”等动作。《d t n l》一课，可以借助“梨”“踢”“拿”“打”等有实际意义的名词或动词学习或巩固音节。又如，在拼读了 dā、dē、dī、dū 几个音节之后，可以引导学生想一想：什么声音 dā dā dā？什么声音 dē dē dē？什么声音 dī dī dī？什么声音 dū dū dū？可以让学生用带调音节组词或造句，赋予音节以意义。如果音节仅仅是一个没有意义的符号单独存在，很难激发学习兴趣，学生难以识记而且容易遗忘。相反，如果把音节放在具体的语言环境中，拼音学习就成为了有意义学习，有利于激发学习兴趣，有利于学生保持长久记忆。

在学生已经初步学会拼读以后，更要避免无意义音节的反复操练，特别是无对应汉字的“死”音节，如 nüē，něng。要避免纯书本知识的学习，避免陷入读读背背、抄抄写写的怪圈中，给学生提供大量有实际意义的拼音实践的机会，珍视“学生生活”这一最重要、最丰富也是最有效的课程资源，引导学生在生活中学习，在实践中提高。

5.3.3 体现弹性设计，恰当运用教科书中的课程资源

近年来，越来越多的孩子在入学之前通过各种途径学习汉语拼音。所以，初入学儿童的拼音基础参差不齐：有的一点儿也不会；有的虽然学过，但是读音不很规范；有的孩子则掌握得相当好。这种情况给小学拼音教学带来很多困扰：学生程度不一，教师难以开展教学；有的学生因为学过拼音，在拼音课堂上难以产生认知矛盾，进而对语文课失去兴趣。

基于对客观现实的考虑，教师在开展拼音教学之前，可以为学生进行细致的前测，了解每一个学生的实际语文水平，并在此基础上进行幼小一体化设计。不只在教学形式上，以游戏活动为主，体现幼小衔接；在教学内容的选择上，也从学生的实际情况出发，让每个孩子都能够在原有的基础上有较大的发展空间。

目前，拼音教材编排的综合性趋势日益显现，为不同程度学生的学习提供了更多的选择余地。但是，在教学中要恰当地运用教科书中的课程资源，不可以眉毛胡子一把抓，不切实际地要求学生在各方面都达到较高的要求。

下面仅以情境图和儿歌为例，谈谈怎样有效地运用教材。

(1) 情境图的运用。情境图不但可以帮助学习汉语拼音，还可以发展观察能力、发挥想象力、促进思维发展、促进口语能力的发展。应该说，教材中的情境图，不只是拼音教学的背景材料或辅助材料，它本身也是教学内容的一个组成部分，对于学生语文素养的提高有着极大的帮助。在教学时，教师要有意识地挖掘其中丰富的教育因素，使学生在学习拼音的过程中得到全面的发展。例如，教学人教版《i u ü》这一课的情境图，可以让学生找一找图中的哪些部分和字母的形相似，通过观察画面，说出本课要学的字母或音节；可以提示学生把带调的音节和口语词联系起来，说一个词或说一句话，进而巩固这些音节；可以用竞赛的形式，如选择一个音节，看谁组词组得多，“乌鸦、乌云”；也可以看图说一句话，比一比谁说的句子里面包含本课学习的音节最多，如“阿姨晾衣服”，“小弟弟在屋前喂鱼”。但是，一定要在充分调研学情的基础上，根据学生的实际情况，考虑借助情境图开展教学活动的深度和广度。如果大多数学生在上学之前没有接触过汉语拼音，那么就应该把课堂的大部分时间花在字母的学习和音节的拼读上。在学生学有余力的情况下再开展依托情境图的口头表达活动，发挥情境图的多方面功能。只有这样，才不至于因教学内容偏差而导致忽略汉语拼音学习这一最基本的教学目标。

(2) 儿歌的运用。教材中安排儿歌的意义在于，引导学生在语境中复习音节，在具体的语言环境中巩固拼音，体验拼音帮助识字、帮助阅读的重要价值。这些儿歌，虽然有着非常

丰富的教育价值，但是其基本的功能依然是巩固拼音。儿歌不要求达到背诵或是表演读的程度，教师要根据学生的实际情况提出恰当的要求。儿歌中标红的音节，是用于巩固拼音的，要让学生自己拼读。在入学一两个星期之后，学生能够拼读的音节越来越多，这时候，可以让学生试着拼读儿歌中所有以前学过的音节，而不只是拼读标红的音节。初入学儿童的发展程度很不一致，丰富的教材内容，给所有孩子提供了发展的机会和空间。但是在教学的时候不应平均用力，要对教学内容有所选择，突出教学重点。在教学中，要处理好拼音教学、识字教学、词句教学和儿歌教学的关系。学习拼音是保底的要求，其他内容的教学及其在课堂中所占的时间比例，要视学生的发展状况而定。要关注所有学生的发展，体现弹性设计、分层设计，使学生在保底的前提下全面提高。

5.3.4 树立全局观念，不断提高学生汉语拼音的运用水平

小学阶段的汉语拼音教学，教师要有全局意识，不能将汉语拼音教学的阶段性目标当作拼音教学的终极目标，因为在集中教学拼音的阶段，只是完成了拼音教学的基本任务。在整个小学阶段，都要不断地引导学生在语文学习的过程中巩固拼音，提高运用汉语拼音的水平，既不在集中教学拼音的阶段人为拔高要求以至于增加学生负担，也不在集中教学拼音之后让学生的拼音学习放任自流以至于降低拼音教学的效果。

正确的做法是，有意识地引导学生在语文学习中运用拼音，在运用中提高能力。例如，在教学一、二年级的全文注音课文和难字注音课文的时候，可以有意识地加强拼音的练习，鼓励学生独立阅读，借助拼音把汉字读准。当学生读错字音的时候，可以让学生再次借助拼音读一读，而不要急于教师示范或让同学帮助。另外，低年级的课后练习题和考试题都是全文注音的，可以充分利用这一有利条件，引导学生利用拼音读懂题目，有意识地增加运用拼音的机会，使学生在学习中处处体会到拼音的重要价值和功能。教师也可以有针对性地进行一些诊断性测试，根据测试中反映出来的本班学生的实际情况，适当调整教学进程，帮助学生巩固一些拼音难点，或是想办法解决一些普遍存在的问题，如进一步区分形近字母：b-d，p-q。另外，还可以通过练习音序查字法和部首查字法巩固拼音。如果在教学中经常使用字典，经常用到音序查字法和部首查字法，也会促进学生对拼音的熟练掌握。

在学习课文的时候，查字典的时候，引导学生课文阅读的时候，都要有巩固拼音的意识。到了中高年级，如果有条件，可以让学生练习输入汉字，尝试中文信息处理，体验学习拼音带来的乐趣，并且在这些有实际意义的活动中提高汉语拼音的运用水平。

案例 5-3

研读下面这篇文章，说说作者在教学中采用了哪些教学策略，你从中受到哪些启发。

发现·感悟·运用——前鼻韵母教学例谈

柳　涟

知识经济时代的到来，必将对整个教育，包括教育思想、教育内容、教育方法和手段，乃至教学模式等产生巨大的影响。教师将由知识的传授者变为学生学习的指导者；学生将由被动的接受者变为学习的主体；教学过程将由传统的传授知识变为学生发现信息、捕捉信息、加工信息、研究问题、增长知识的过程。这就要求我们教师必须更新观念，树立“学生主体”意识，学生是学习的主体，应处于学习活动中的中心地位。教师引导学生去积极探索，发现规律，从而培养学生求知、求新、求真的探索精神。

汉语拼音是帮助识字、学习普通话的有效工具。然而对刚入学的一年级学生来说，那些

平时生活中从未接触过的拼音是些抽象的符号，枯燥乏味，既难认又难记。传统的拼音教学是教师示范、领读，学生跟着读记，一节课无休止地认读，单纯地机械识记，学生感到厌烦，教师也感到劳累，教学效果往往不理想。那么拼音教学如何突破传统教法，把学生从厌烦中解脱出来，由机械跟读的被动接受者变为学习的主人，去积极探索，发现规律，掌握方法；使教师减轻劳累，由反复示范、领读的知识传授者变为学生学习的指导者，创设学生积极探索的良好氛围。我以前鼻韵母教学为例，进行了探索与实践。

一、联系旧知，迁移方法

任何知识都不是孤立形成的，知识之间总是有着一定的联系。有目的地组织复习，能激活学生相关已知，为即将进行的学习提供良好的支撑。前鼻韵母的发音，可借助复韵母的发音方法和口型变化的动程。因此，在学习前鼻韵母前，我先采用“猜哑谜”的游戏形式来复习单韵母和复韵母。“猜哑谜”形式新奇，比常规的看字母卡片认读更能吸引学生，使学生兴趣盎然。他们在游戏中观察教师的口型变化，分辨出单韵母和复韵母（分别举起小卡片），学得既愉快，又有效。二是利用旧知，引出方法。请学生将这些字母卡片分组，说说为什么这么分，引导学生联系“哑谜”（口型的变化），通过比较，找到异同因素，从而得出单韵母发音时口型不变；复韵母发音时口型要变化，从前一个音滑向后一个音。复韵母发音时的这一特征也恰恰是发好鼻韵母所必备的基础，可由此进行类推、迁移。这样，通过旧知识的复习，引发了新旧知识之间的联系，从旧知中迁移方法，为新知学习做好了铺垫。

二、感悟规律，尝试学习

传统的拼音教学往往是教师示范、领读，学生跟着读记。既然拼音知识也是有规律可循的，那么在大力推行素质教育，强调培养创新人才的今天，能不能让一年级学生也自己来发现规律，感悟规律，自己尝试着去学习呢？于是，我便引导学生自己去发现前鼻韵母中的规律，并感悟出规律进行自我尝试学习。在教学时，我同时出示 5 个单韵母（o 除外）和 5 个前鼻韵母，引导他们观察：“这是我们要学习的 5 个新韵母。你们发现什么了吗？”教师以设问的方式激发学生的好奇心和探索欲。学生观察后纷纷发现这 5 个韵母都带有一个“n”；都是由一个单韵母和一个“n”组成的。教师由此借助声母“n”的发音，引出韵尾“—n”的发音和前鼻韵母的名称，并指导学生发好前鼻韵母韵尾—n，这是读准前鼻韵母的关键。在学生掌握了韵尾“—n”的发音这一关键后，引导学生先观察教师发“an”时口型是怎样变化的（教师只摆口型，不发出读音），想象一下会发出一个怎样的音。这时，有的学生已在尝试发“an”的音，再听一听教师是怎样发音的。通过这样的分解观察，学生觉得这太简单了，不就和发复韵母一样嘛，就纷纷试着发起“an”来，从而得出发音方法和复韵母相同，从前一个音“a”滑向后一个音“n”，要连成一个音。这样，既减轻了学生对学习新知识的畏难心理负担，又引导学生自己得出了发音方法，增强了学习的自信心。当学生感悟出发音规律后，我就大胆地让他们自己尝试着去发一发“en”，人人体验一下口型变化的过程，在尝试中感知领悟发音的方法，然后教师再示范发“en”，学生感到自己真能干，尝到了学习成功的快乐，脸上都显露出成功的喜悦。这样，使学生更多地感受、理解知识产生和发展的过程，让他们获得积极的情绪体验，进而成为他们进一步学习的有效动力。

三、运用规律，自主学习

主体精神是 21 世纪教育的时代精神，21 世纪的语文教学应注重知识的学习，更应该注重语文能力的培养和学生个性的发展。学生的认知结构和良好的心理品质都不是完全靠他人的传授给予的，而是主要靠自己主动积极地构建培育的。新大纲中指出：“学生是语文学习的主人，在教学过程中，要加强学生自主的语文实践活动，引导他们在实践中主动地获取知识，形成能力。”学生的知识缺陷和能力缺陷的改善，只有靠自己的学习与实践才能得到解决。因此，教师在课堂教学中要创造条件，让学生有充分的时间去尝试，进行有效的参与，培养参与能力。在“an”、“en”的学习过程中，学生对前鼻韵母的发音规律已有所感悟，初步掌握了发音的方法，因此后面 3 个韵母的教学，我就充分发挥他们的主体作用，让他们自己尝试学习“in、un、ün”，愿意学哪个就选学哪个，能学会几个就学习几个。把学习的主动权还给学生，“自选学习内容”，运用规律自主地学习，让每一个学生都有可能“跳一跳”而摘到桃子。然后在学生自主学习的过程中，教师巡回指导，加以点拨，达到准确认读，促进学习能力的提高。这样，学生真正成了学习的主人，学习环境也极宽松愉快，心理潜能获得自然发挥。

四、合作学习，互教互学

素质教育的最高境界是让孩子在心情快乐的氛围中受到教育。小组合作学习，能使学生置身于“无拘无束”的快乐学习环境中，每个学生既是老师又是学生，他们不断转换角色，互教互学，在无拘无束的合作学习中流露情感，发展语言，并发出智慧的火花。也只有在学习中善于和别人合作，尊重他人的建议，这样的孩子才是会学习的孩子。21 世纪是交流的世纪，也是合作的世纪。已有科学研究发现，成功者的成功有 70%得益于他的和谐人际交往能力，只有 30%依靠他本身的专业能力。因此，我们教师应多给学生提供合作学习的机会，让他们在小组中互相学习，互相交流，互相帮助。在学生自主学习“in、un、ün”的基础上，我请学生选择自己学会的一个前鼻韵母，写在小卡片上（每人备有几张小卡片），在小组里互教互学。“我教大家学 in，in 是这样发音的……”顿时，教室里热闹开了，你教我，我纠正你的发音和口型，使个人学习与合作学习结合起来了，置身于交流的环境里，充分发挥了群体学习的智慧，人人参与了学习过程。这样的小组合作学习，改变了传统教学中师教生跟的静态的和单向的人际交往模式，使每个学生都参与到教学中来，提高了参与学习的机率，满足了每个孩子的社会交往需要，也增强了合作意识。又由于自主学习、合作学习等形式的变换，小组中“教”与“学”角色的不断调换，从生理上减轻了孩子的疲劳反应，增强了学生的学习兴趣，变单调呆板的学习为丰富多彩、兴趣盎然的体验，使学生感受到学习的乐趣。

五、学当老师，发展个性

经常让学生登上讲台当小老师，能打破封闭的心态，充分发挥学生学习的主动性和积极性，能以“自我实现”的方式满足学生希望当众“展示”的参与欲望，体验成功的喜悦，个性也会得到充分发挥。儿童和成人一样都“本能”地存在着不同程度的追求成就，希望获得成就的需要。因此，在小组合作学习的基础上，我又让学生上台当小老师，把自己学会的韵母教给大家，比一比，谁学得好，谁的发音准确，口型正确。学生好胜心强。心理学研究得出，只要有比较对象存在，人们就会自然地产生好胜的意识，不管有意无意总想分个高低，于是便激发出力求超过对方成绩的竞赛行为。特别是小学生，在竞赛的条件下比在默默无闻的条件下，往往能更加努力学习。因此，学当小老师，参与竞赛，顿时活跃了课堂气氛，只见小老师举着自己写的小卡片，对全班同学说：“我教大家学一个 un，un 发音时口型从 u 滑向 n，请大家跟我读 un……”而教师适时地进行正音，强化学习方法。这样，课堂上形成了师生共同探索的局面，给学生提供了反复实践的机会，让他们在喜学、乐学的氛围中，把学到的方法转化为能力，从而达到举一反三、触类旁通的目的。

在学生掌握了 5 个前鼻韵母的发音后，我又通过“找孪生兄弟”的游戏，运用大“y”在音节中的领头规律，引导学生自己得出 3 个相对应的整体认读音节。出示“yin”和“yun”，让学生找一找谁和谁是一对孪生兄弟，上台摆一摆卡片，说一说为什么“yin”是“in”、“yun”是“ün”的哥哥，学生从“yi”、“yu”中运用迁移方法，得出：小“i”出门，大“y”来带领，所以“in”前面加个“y”，成了“yin”；小“ü”出门，大“y”来带领，小“ü”擦干两点眼泪，成了“yun”。这样，读音自然就解决了，不必再机械地去识记。“yuan”比较特殊，没有相对应的韵母，我也用“ü”的变化规律来引导，让学生想象一下“yuan”的弟弟应该是谁——“üan”，然后说明因为现在我们不需要用它了，所以只剩下哥哥了。从而使学生明白每个整体认读音节的来由和演变过程，可以用相对应的韵母来巧妙地识记整体认读音节，既省时又省力。不仅让学生感受、理解了知识产生和发展的过程，使枯燥的知识生动化，减轻了机械识记整体认读音节的难度，还活跃了课堂气氛，感受到学习的生动有趣。

这样，教师在课堂上努力创设一种“发现—感悟—运用”的学习氛围，着力诱导学生主动探索，自求得之，以替代传统的拼音教学教师示范、领读，学生被动接受，一遍又一遍机械、枯燥地跟读的教学模式，让学生从发现规律、感悟规律到运用规律去自主学习，从“依赖他人的学习”、“被动接受”转变为“自主学习”、“主动地去探索”，真正成为探索问题、发现新知的主体。

5.4 汉语拼音的教学评价

关于汉语拼音的教学评价，课程标准提出了这样的建议：汉语拼音学习的评价，重在考查学生认读和拼读的能力，以及借助汉语拼音认读汉字、说普通话、纠正地方音的情况。

这一段文字给出了明确的方向，直接指导着汉语拼音阶段的教学评价实施：重在汉语拼音的实际运用能力，而不是汉语拼音的知识或规则的把握程度。

以课程标准的评价建议作比照，我们日常使用的汉语拼音评价存在许多较为普遍的倾向性问题，如拔高要求、以知识为导向、考查方法不当。为使纸笔测验能够真正检测出学生的实际水平，起到改进教学、促进学习的作用，有以下几方面需要加以关注。

5.4.1 评价的出发点是教学是否达成目标

低年级汉语拼音教学最重要的目标在于帮助识字、帮助学习普通话，应以此为出发点设计教学评价的思路。在集中学习拼音阶段结束之后，学生可以准确地拼读音节，就已经很好地完成了起始阶段汉语拼音学习的目标。但是，由于对汉语拼音定位的理解不同，以及多年以来教师教学存在着巨大的惯性，使得汉语拼音评价普遍存在目标偏差，最为突出的问题就是拔高要求，超标的现象比比皆是，如依然要求学生默写字母表，默写音节，要求学生给汉字注音、标调，考查纯拼音句群、拼音短句甚至拼音短文。事实上，汉语拼音的学习与识字教学中的认读字相似，并不需要通过书写来检测掌握程度，而更适合在运用中考查、在具体的语境中考查。实施纸笔测验，不应该因为片面拔高要求而导致学生学得辛苦，教师教得没有信心。以上提到的这些评价内容，不但无助于学生掌握汉语拼音这一工具，反而人为地增加了低年级汉语拼音教学的难度，增加了学生的学习负担，使学生刚入学就对语文学习产生畏难情绪，也使教师因未能达到“目标”而产生挫败感，确实是一种得不偿失的做法。

5.4.2 评价的着眼点是实际的拼读运用能力

怎样检测汉语拼音的掌握程度？考查的主要内容不应该是关于拼音的知识或规则，而是实际的拼读能力和应用水平。借助拼音读难字，进行音序查字典比赛，都是很好的办法。一些程度适合的纸笔测试也是简便易行的，如把音节词和相应的事物连线。但是，一些试卷中的内容，如分析音节的构成，要求圈出哪些是整体认读音节，找出三拼音节中哪个是介音，诸如此类的题目偏离了教学评价的正确方向。实际上，介母、整体认读音节等概念，是为了方便小学生学习汉语拼音，小学语文教材对《汉语拼音方案》进行简化和浅化的一种变通处理，是小学语文教学中特有的内容，而不是汉语拼音方案固有的规则。对学生来讲，这些拼音知识在学习过程中有其存在的必要价值，是学生发展拼音能力的先决条件，但是一旦学生拥有了拼读能力，这些内容就不再是要求学生必须掌握的、考试必须涉及的知识。它们很大程度上是作为过程而不是作为结果而存在。教材中所采取的这些变通措施，是为了使学生尽快地学会拼读；而所有的测查内容，也应该以学生是否可以准确拼读、并借助拼音帮助识字为标准，不应该把拼音的测查指向拼音知识掌握得是否牢固，而使学生误以为拼音学习的价值仅仅在于熟练掌握拼音知识。

5.4.3　纸笔测验应选择恰当的题目形式

应根据评价的具体目标，选择恰当的题目内容和题目形式。

不建议采用尝试错误的方法，如以下音节，谁和谁不能相拼？不建议呈现并不存在的音节让学生作出选择。又如，给下面的汉字选择正确的读音：外（wài uài）。对学生来说，正确的概念尚未巩固定型，如果再加上错误的干扰，相似的音节会更加混淆难辨。与识字教学的规律相同，应该大力提倡示范（model）的作用，通过多次复现正确的内容巩固所学知识，而不是以正误对比的方式去刻意强调某些易错的地方，因为如果提供错误的内容给学生作对比，结果可能导致错误率更高。

除了传统的纸笔测验，汉语拼音更适合以口头的方式进行评价。口头测试除了可以考查学生的拼读能力，同时考查学生借助拼音学习普通话的能力，能够更全面地了解学生的拼音水平。以《人教版汉语拼音教学质量测评意见》为例，谈谈可以怎样把握目标、实施评价。

一、测评对象

使用“义务教育课程标准实验教科书”的一年级学生。

二、测评时间

汉语拼音部分教学结束之后。

三、测评内容

（一）测评学生能否准确地拼读汉语拼音音节。

（二）测评学生能否准确地认读教材中汉语拼音部分要求认识的生字。

四、测评方法

（一）测试方法

1. 拼读音节的测试方法。

（1）使用四年级以上各册语文教科书后的生字表，让学生认读生字上的音节。

（2）可以从生字表中的任何一行开始让学生认读。认读 50 个音节，统计认读的正确率。

（3）学生拼读时，教师不催促，不作提示，只对读错的音节做上记号。如果学生开始拼错，后又自行纠正，应视为正确。

（4）测试个别进行。可由教师进行测试，也可培训几个高年级学生帮助测试。

（5）测试开始时的指导语：“请你从这一行开始拼读生字上的拼音，要看清楚，读正确。”

2. 生字的测试方法。

(1) 用汉语拼音部分所学生字组成的句子让学生认读。提供两套测试卷供教师选用（附件1）。

(2) 每套测试卷含汉语拼音部分所学的50个生字，少数几个未学过的字加注了拼音。学生认读时教师不催促，不作提示，只对读错的字做上记号，学生开始读错，后又自行纠正，应视为正确。加注拼音的字学生如果读错不必作记号。

(3) 测试个别进行。可由教师进行测试，也可培训几个高年级学生帮助测试。

(4) 测试开始时的指导语："请你准备一下，把这几个句子读一读，要看清楚，读正确。"

(二) 评价方法

1. 拼读音节方法和认读生字均为50个。对学生的测试成绩以给"星"的方法进行评价。50个全部读对，给5颗星。

读错1～5个，给4颗星。（认读生字中，相同的字只算一个，下同。）

读错6～10个，给3颗星。

读错11～15个，给2颗星。

读错16～20个，给1颗星。

读错21个以上，暂不给星。

2. 鼓励成绩不够理想的学生针对自己的薄弱环节进行复习。可根据他们自己选定的时间再作测试，有进步就给加"星"。

五、统计分析

测评的主要目的是为了检验和改进学生的语文学习和教师的教学。测评后可以从两个方面进行统计分析。

(一) 对学生个人学习情况进行记载和分析，作为学生语文学习情况的档案资料（附件2）。

(二) 对全班学习情况进行统计和分析，找出成功之处和薄弱环节，及时采取补救措施，并改进和完善以后的教学（附件3）。

附件1

认读生字测试卷（一）

测试材料	生字数
1. 我爱爸爸、妈妈和老师。	7
2. 天下过雨了。	5
3. 你画云朵，他画山水，我画花草。	9
4. 哥哥骑车，弟弟读书，文文洗衣服。	10
5. 左边（biān）有大片田地，右边有一条小河，小河上（shang）有桥。	11
6. 鸡吃米，牛和马吃草，白鹅吃小鱼。	8

认读生字测试卷（二）

1. 我听（tīng）爸爸、妈妈和老师的话。	8
2. 天上（shang）有白云，有飞机。地上有山有水，有花有草。	11
3. 你读书，他画画，小乐在家洗衣服。	12
4. 小鸡爱吃米，牛马爱吃草，大白鹅爱下河。	10
5. 一朵花　　一条鱼　　一片田地　　一个哥哥　　一个弟弟	9
	共50字

附件 2

汉语拼音部分测试成绩登记表

时间____________年____________月____________

序号	姓名	拼读音节		认读生字	
		成绩（打星）	读错音节	成绩（打星）	读错生字
1					
2					
3					
4					
5					

附件 3

汉语拼音部分测试结果统计分析表

______省______市______学校 一年级______班　学生人数______

	拼读音节测试			认读生字测试		
		人数	百分比		人数	百比分
成绩统计	5 颗星			5 颗星		
	4 颗星			4 颗星		
	3 颗星			3 颗星		
	2 颗星			2 颗星		
	1 颗星			1 颗星		
	未得星			未得星		
错误率较高的音节和生字						
经验总结与改进措施						

这是一份严格遵照课程标准的程度要求设计的测评方案。具体分析这份测评意见，可以发现，无论是在考试内容、考试方式上，还是对考试结果的分析处理上，都比较充分地体现了新课程的评价理念。

1. 选择恰当的评价内容

新课程背景下的考试，在内容方面，要淡化以记忆性内容为主的考试，重视考查学生分析问题、解决问题的能力，关注学生的实践能力。测评意见在这方面体现得较为突出，大力加强了实践能力和应用能力的考查，加强了与学生生活的联系。

汉语拼音的考查，以往采用的方式多数是笔试。其结果是，很多学生考试分数很高，但普通话不行，会写不会说，成为“行动上的巨人，语言上的矮子”。这样，实际上忽略了汉语拼音帮助学习普通话的功能，使汉语拼音教学不能充分地发挥应有的作用。《汉语拼音测评意见》要求学生当场拼，当场读，既关注学生是否正确掌握了音节，又关注学生是否能读准音节，在推广普通话方面有着重要的指导意义。另外，以前的考试方式往往是就拼音考拼音，学生不了解学习拼音的价值，因此学得枯燥无味。《汉语拼音测评意见》要求学生认读的不只是一个个孤立的音节，而是赋予汉语意义的音节，使学生深深体会到，拼音可以帮助识字，拼音可以帮助阅读，它使学生了解学习汉语拼音的意义所在，更加激发学好汉语拼音的兴趣。

测评意见在考试内容方面的重要意义，还在于它准确地把握了教学的目标要求，凸显汉语拼音帮助识字、帮助学习普通话的工具价值，从考查学生实际的汉语拼音能力出发，摒弃了以往那种对汉语拼音方案穷追不舍、人为拔高要求的题目，对教师平时教学起到指导作用。

又如汉语拼音阶段的识字，测评意见采用在语境中考查识字的做法，而不是孤立测查每一个字，这样就较好地把握了识字的标高：只要在各种不同的语言环境中认识，就算认识。这样，帮助老师较好地把握认写分开条件下的识字要求，使老师平时教学时，学生学得放心，老师教得放心，不必再一字一字地深入分析，或要求学生抄写，而导致学习负担过重。

2. 选择适合的评价方式

测评意见提供的考试方式灵活多样，倡导给予多次考试机会，也较为突出地体现了新课程评价理念。在汉语拼音学习结束之后，如果测评结果不理想，还可以在期末，或是自由选择时间再次考查，给学生提供了充分选择的权利和空间。在学期末的测查中，汉语拼音测试中获得五颗星的学生可以免测此项。这样的做法，使学生体会到，考试是为了自己更好地进步，为了自己更大的发展，而不只是为了与他人排队比较。这样，消除了考试可能给学生带来的恐惧感，使每一位学生都有机会品尝到成功的喜悦，使他们学得更有兴趣，更有信心。

3. 恰当运用评价结果

考试结果以星级评定的方式来呈现，改变了以往过分注重分数、注重等级的做法，或是简单地以考试结果对学生分类的做法。以等级的评价方式，以及老师对考试结果作出的分析、说明或建议，辅之以激励性的评价用语或改进意见，突出了考试评价的激励和调控的功能。这样做，充分体现了发展性评价的基本内涵：评价的根本目的在于发展。就考试而言，淡化甄别和选拔的功能，充分发挥激励和改进的作用。应充分认识到，考试不是为了给学生排队或是区分好坏，而是为了增进对学生的了解，进而改进学生学习，是为了增进对教学的反思，进而改进教师教学。唯有如此，考试才能正确地发挥它的作用，而不是在课程改革中扮演消极的角色。

案例 5-4

下面提供了几份纸笔测验题目的样例，请对这些题目进行分析，说明它们是否适用于检测学生的拼音水平，并具体说明：如果适用，题目在哪些方面对学生的拼音学习有帮助；如果不适用，题目在哪些方面存在问题。

案例1 拼一拼，再看图想一想，横线上应该填什么？

案例 2　拼一拼，把句子前面的号码写到合适的图下面。

pīn yi pīn bǎ jù zi qián miàn de hào mǎ xiě dào hé shì de tú xià miàn
拼一拼，把句子前面的号码写到合适的图下面。

(　　)　(　　)　(　　)　(　　)

(1) huá hua cā bō li.　(2) lù lu xǐ wà zi.

(3) dì di shuā yá.　(4) lì li huà huà.

案例 3　你能帮它们找到自己的家吗？

nǐ néng bāng tā men zhǎo dào zì jǐ de jiā ma shì yi shì
你能帮它们找到自己的家吗？试一试。

an　ang　en　in　ing　eng　un　ün　ong

qián bí yùn mǔ
前鼻韵母：

hòu bí yùn mǔ
后鼻韵母：

案例 4　你能把下面的音节组成句子写下来吗？

nǐ néng bǎ xià miàn de yīn jié zǔ chéng jù zi xiě xià lái ma shì shi ba
你能把下面的音节组成句子写下来吗？试试吧！

shān pō　zài　xiǎo yáng　chī cǎo　shàng

____

fēi xiáng　lǎo yīng　tiān kōng　zhōng　zài

____

案例 5　拼一拼，想想括号里该填什么。

pīn yi pīn xiǎng xiang kuò hào lǐ gāi tián shén me
拼一拼，想想括号里该填什么。

d—ǎ→(　　)　t—ù→(　　)　n—ǔ→(　　)

(　　)—ī→tī　(　　)—ó→mó　(　　)—ù→lù

pīn yì pīn tián yì tián
拼一拼，填一填。

小ü小ü有礼貌，
见了j、q、x就脱帽。

j—ī→（ jī ） q—ǔ→（ ） h—ē→（ ）

x—ū→（ ） l—ǜ→（ ） j—ǔ→（ ）

q—i—à→（ ） （ ）—u—ó→guó

x—i—ā→（ ） （ ）—i—ǎ→jiǎ

案例 6 汉字和哪个音节是朋友？

hàn zì hé nǎ gè yīn jié shì péng you lián yì lián
汉字和哪个音节是朋友？连一连。

大 马 土 米 地

tǔ mǐ dì dà mǎ

案例 7 读一读，选出正确的音节。

dú yì dú gěi zhèng què de yīn jié huà shàng
读一读，给正确的音节画上“____”。

shè sè tīng tīn nái lái wú ú

色 听 来 无

dú yì dú gěi zhèng què de yīn jié huà shàng
读一读，给正确的音节画上“____”。

nǐ lǐ jiǔ jiu shí sì pù qù

里 九 十 去

pīn yì pīn zài zhèng què de yīn jié cí yǔ hòu biān huà
拼一拼，在正确的音节词语后边画“√”。

xiǎo gǒu
xǎo gǒu

zòu cāo
zuò cāo

huā māo
huā miāo

dì qiú yí
dì qui yí

案例 8　读一读，把词语前面的号码填到合适的括号里。

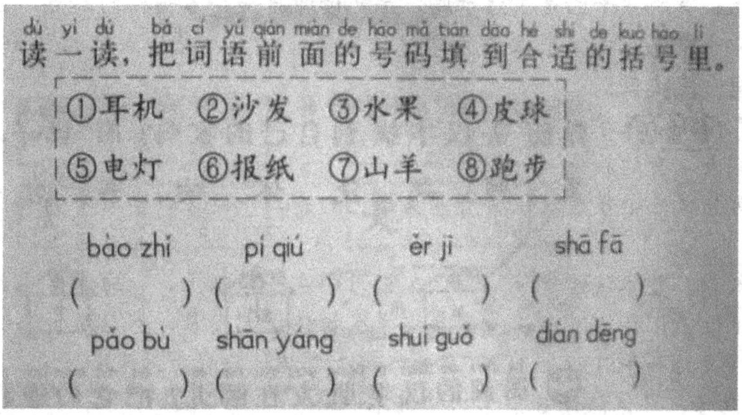

案例 9　快来拼一拼，再做一做这些动作！

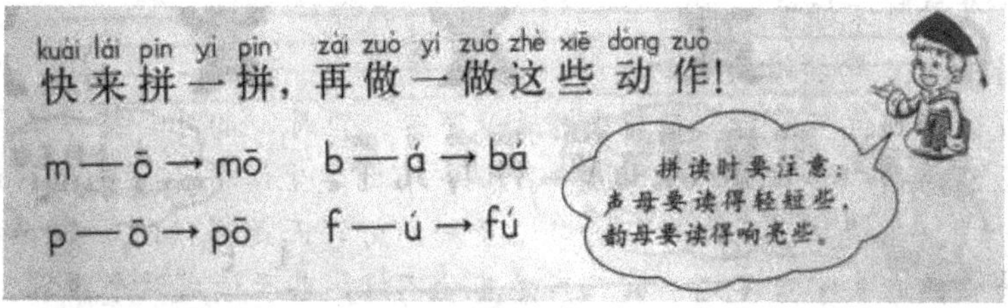

案例 10　拼读音节，再学一学这些动物的叫声。

实践反思：专业智能与专业态度

有的老师抱怨，拼音知识很枯燥，拼音教材中安排的内容又太多，教师难教，学生难学，花费了很多时间，学生却没能很好地掌握拼音。下面我们一起来看看浙江省特级教师余琴老师是怎样突破汉语拼音教学难点的。在阅读文章的时候，结合自己在汉语拼音教学中遇到的问题，思考可以给出怎样的解决方案。

学情测查 把握目标 以学定教——破解汉语拼音教学难点三招

余　琴

人教版教材汉语拼音部分共安排了 13 课，涉及 23 个声母、24 个韵母、两拼音节、三拼音节、16 个整体认读音节，学会拼音的同时还需要认识 70 个常用字，会读 10 篇儿歌、少量短语与语段，还有 4 次拼音复习。从全册教材的教学进度看，这么多的内容必须在 44～48 个课时，即五周左右的教学时间内完成。这些内容单调、枯燥、抽象，学生刚入学，基本的课堂常规还没有形成，拼音难教！

如今的孩子入学时已不是一张白纸，学习起点参差不齐。有的孩子对汉语拼音的学习一无所知，零起点；有的孩子已是了然于胸，早就读背自如。不一样的起点，在课堂教学中容易使起点高的孩子难以养成集中注意力学习的习惯，也容易使起点低的孩子失去学习信心，渐渐地落后，拼音更难教！

如何破解汉语拼音教学的难点？

一、学情测查，有的放矢

在教学前可先做一个学前汉语拼音掌握情况测查，以便在教学时有的放矢。测查方法很简单：

把声母、韵母、整体认读音节、带调单韵母印在一张纸上，让每个学生认读，并在会认的字母或音节上做上记号，可以聘请高年级学生担任小测查员，然后统计与分析。笔者连续三年抽取不同学校的一年级新生1000名进行测查，统计与分析结果如下：

1. 声母、韵母、整体认读音节掌握情况不一样

学生对26个声母掌握得最好，16个整体认读音节掌握得最差。从韵母掌握情况看，单韵母掌握较好，复韵母掌握差一些。

2. 学生学前掌握汉语拼音存在的问题

(1) 字母发音不到位。前后鼻音与平翘舌音不分；声母、韵母与整体认读音节的发音长短、轻重没有区别，如“w-u-wu”都读成一个调；有的学生读拼音时发音不正确，如“u-o”发音混淆；有的学生在读整体认读音节时，不是一口呼，而是拼读的，如“yuan→y-u-an”；大部分学生对声调的四声掌握不好，第三声尤其读不好，甚至读成两个声调。

(2) 认读字母机械。较多学生虽然对声母表与韵母表读得像顺口溜一样，但是单独抽出一个字母读就不认识了；有的学生对一些形近字母难以分辨，如“b-d”“f-t”“p-q”；有的学生对四声按顺序能读好，单独出示一个声调又不会读了。

(3) 字母书写不正确。在测查中，随意让学生写了几个字母，发现学生在书写上存在着很多问题：有的学生书写笔顺错误，如“i”应该先写竖再写点，“y”应该先写左点再写右斜竖，大部分学生都写倒了；有的学生在写字母时，不考虑字母在四线格中的位置，显得非常随意。

奥苏伯尔说：“影响学习最重要的因素是学生已经知道了什么，教师应根据学生的原有知识进行教学。”通过学生学前汉语拼音掌握情况测查，教师就能很好地掌握班级中每个孩子拼音学习的起点，教学就具有了针对性。

二、把握目标，理解教材

教师普遍认为在五周时间内完成拼音教学任务很难，主要原因还是没有准确把握拼音教学的要求。汉语拼音教学的核心问题不是方法，而是目标定位。教材是编者智慧的结晶，反映了一定的目标意图和教学思想，教师应该把目标与教材结合起来思考，体会编者意图，完成教材的基本要求。

1. 把握拼音教学标高，定位准确

(1) 准确把握汉语拼音教学的标高。课程标准要求第一学段的学生“学会汉语拼音。能读准声母、韵母、声调和整体认读音节。能准确地拼读音节，正确书写声母、韵母和音节。认识大写字母，熟记《汉语拼音字母表》。能借助汉语拼音认读汉字”，这个目标可以在整个学段中逐步完成。给音节标调、看图或看字词写音节等要求显然已超课标要求，有的教师在指导学生写句子时喜欢让学生用拼音代替不会写的字，这一手段如果演变为教学目标，就会增加教学难度，加重学生负担。

(2) 正确认识汉语拼音教学的重点。人教版教材在汉语拼音学习阶段，还需认识 70 个常用字，会读 10 篇儿歌、少量短语与语段。汉语拼音、识字、儿歌三者的教学，汉语拼音是重中之重，儿歌作为辅助，是为汉语拼音教学服务的，不能做分析讲解。汉字的认读要求不宜过高，在汉字的复现中可以进一步学习，汉语拼音教学要把达成拼音教学的阶段目标放在首位。

2. 发挥教材编写优势，用好教材

教材内容的组合更体现了拼音学习的规律。把声母 y、w 提前，和单韵母 i、u、ü 整合为一课，减轻学习负担；音节呈现减少射线的形式，避免干扰视线；增加了和学生生活紧密联系的内容，如表示学习用品的音节词 qiān bǐ、yuán zhū bǐ、xiě zì běn 等，贴近学生生活，教师可以结合学生的生活积累展开教学。

以自主学习的方式呈现多种多样的复习巩固形式。教材充分考虑学生的年龄特征与认知规律，在 13 课的拼音教材中安排了 4 次阶段小复习，每个复习有 5-6 题，这些题目形式多样，复习巩固了所学汉语拼音和汉字。有认读声母、韵母、整体认读音节，有区别音近或形近字母，有联系生活实际复习拼音，有认读巩固学过的字词，有趣味十足的动手做一做……教学中要充分利用这些题目，抓住拼音教学的重点，突破难点，让学生及时巩固每个小阶段内的拼音学习内容。

学拼音与认汉字有机结合，获得学习拼音的成就感。教材从第 3 课学习声母开始就出现汉字，在图中或图下，出现了词、短语或句子，体现了由易到难的编排。这部分中，所有的音节都是学过的，可以由学生自己拼读出来。这样有助于巩固拼音，提高拼读能力，加强拼音和识字的结合，及时发挥汉语拼音帮助识字的作用。激发学生学习汉语拼音的兴趣，也是早期进行说话训练及提前阅读的一条有效途径。

三、以学定教，寓教于乐

建构主义学习观认为，学习是学生利用已有知识经验主动建构新知的过程。依据学生的学习起点，合理处理教材，调整课堂结构，是提高课堂教学效率的关键。教师应根据学生年龄与心理特点，想方设法使学生兴趣盎然，主动地投入课堂学习活动中。

1. 依据拼音测查结果，以学定教

(1) 教学内容要分层。通过学前测查，教师已经明确学生掌握拼音的程度和学习难点，对学生感到困难的地方，在课堂教学中就要花时间突破，对学生已掌握的新授知识，只需一笔带过，这样既能节约时间，又能突破难点。例如，学习单韵母“i、u、ü”，由于发音比较简单，字形也不难，教学时可以充分借助插图学习并掌握。但是这一课首次出现了整体认读音节，学生对于整体认读音节比较陌生，掌握得也最差，教学时就应多花一点时间。有位教师采用了讲故事的形式，让孩子知道整体认读音节，再比较韵母“i、u、ü”，声母“y、w”，整体认读音节“yi、wu、yu”在字形与发音上的区别，进行区分巩固，形成知识组块。

(2) 教学对象要分层。拼音字母对每个学生来说，不再是最新鲜的事物，教师要充分考虑大多数孩子的学习起点，课堂中及时调整教学策略，从便于学生学的角度来设计教学过程，让教学始终吸引孩子。对拼音掌握较好的学生要调动他们的积极性，课堂上多让他们当小老师，把难的问题留给他们去解决；对拼音掌握不好的学生，教师要多帮助，课堂上要留给他们更多的时间与空间，让他们多练习，可以与掌握得较好的学生结成学习伙伴与学习小组，共同提高。同时教师耐心的个别辅导也是不可少的。孩子们刚刚启程于语文学习之路，教师要多一份心平气和，让每个孩子都有发展。

2. 基于学生年龄特点，寓教于乐

不要把简单问题复杂化。教师要考虑低幼孩子的思维特点，教学要深入浅出，以具体可感的教学方法告知孩子知识要点。例如，三拼音音节是学生的拼读难点，曾听到一位教师通过这样的口诀告诉孩子拼读方法："声轻介快韵母响，三音连读很顺当。"这样的口诀学生不能理解，不如教师反复示范，效果会更好。

游戏精神观照下的教学预设。游戏精神主要包括自由精神、创造精神和体验精神，游戏是儿童的存在方式。所以教师要尽量让学生在游戏式的活动中掌握并巩固拼音。例如，设计一套字母操，让手指来做一做拼音字母；为了体验拼音字母发音时的口型，教师抹好口红，将拼音字母发音时的口型印在白纸上，给学生直观感受；自编各种拼音儿歌，比如字母发音歌、字母识记歌、声调符号标调歌等，边唱边做；组织一些具有竞争性的游戏活动，调动学生学习拼音的积极性。让学生在游戏中学习，在愉悦中识记。

在多样的拼读练习中逐步熟练。任何技能的熟练都有一个训练过程，因此教师要为学生营造学习拼音的氛围，如教室环境的布置、充分利用课文中的情景图、在生活中寻找拼音、在学习中运用拼音等，充分让学生感受拼音的作用，时刻与拼音见面。拼读是拼音教学的重点，学生学会拼读需要一段时间。拼音教完了，也许学生还没有全部过关，这很正常。随着教学时间的推移，在识字与阅读中，学生仍然可以复习拼音。例如，可以在识字教学中，让学生找一找生字的音节哪些是翘舌音、哪些是平舌音、哪些是整体认读音节等，这其实是进行拼音的分类复习，在循序渐进的过程中达成拼音教学的学段目标。

复习与思考

1. 你认为小学汉语拼音教学的目标定位是什么？你在教学中有超出或达不到教学目标的现象吗？
2. 请对小学阶段的汉语拼音教学作出整体规划，分别阐述不同学段的教学重点。
3. 试着设计几个拼音游戏活动，并简要分析活动的有效性。
4. 怎样评价学生的汉语拼音能力？试着设计几道题目，并简要说明题目设计的意图及考查的重点。
5. 选择一篇公开发表的拼音课教学设计进行评析，分析其长处及不足。
6. 根据自己的学习收获，设计一节拼音课。

拓展资源

曹榈．2008.《b p m f》教学．小学教学设计．(7)：26，27.

郭军霞．2003. 快快乐乐学拼音——试谈如何激发学生学习拼音的兴趣//郭军霞．小学汉语拼音教学研究．北京：人民教育出版社：4.

蒋菊香．2006. ai ei ui 教学．小学教学设计，(1)：30，31.

金晓芳．2006. 新课程小学语文幼小衔接教学游戏指导与设计．北京：人民教育出版社：6.

蒯福棣执笔．人教版汉语拼音教学质量测评意见．http：//www.pep.com.cn/peixun/xkpx/xiaoyu/cs/201008/t20100818_663939.htm.

李虹，伍新春，张洁，等．2011. 不同阅读形式下拼音对儿童汉字学习和阅读动机的长期影响．心理科学，34 (2)：367-370.

柳涟．2003. 发现·感悟·运用——前鼻韵母教学例谈//小学汉语拼音教学研究，北京：人民教育出版社：4.

陆俭明，苏培成．2004. 语文现代化和汉语拼音方案．北京：语文出版社：2.

陆瑞芹．2010.《汉语拼音 8》第一课时教学预设．小学语文教学，(3)：40.

全国小学语文教学研究会汉语拼音教学研究分会秘书处．2003. 小学汉语拼音教学研究．北京：人民教育出版社：4.
舒华，刘宝霞．1994. 拼音在小学低年级儿童早期阅读中作用的研究．心理发展与教育，(3)：11-15.
苏培成．2004. 中国语文现代化的回顾与展望//苏培成．语文现代化和汉语拼音方案．北京：语文出版社：2.
王理嘉．2003. 汉语拼音运动与汉民族标准语．北京：语文出版社：11.
吴寿英．2008.《ai ei ui》教学．小学教学设计．(9)：25，26.
夏家发，彭近兰．2010. 教学活动设计．武汉：华中师范大学出版社．
夏家发，杨再隋．2000. 小学语文教育学．武汉：湖北人民出版社．
徐四海．2008. 小学拼音教材与《汉语拼音方案》的理论阐释．继续教育研究，(10)：168-170.
徐雅锋，段文辉．2007.《ao ou iu》教学．小学教学设计．(11)：40，41.
颜红英．2005. ai ei ui（第二课时）教学．小学教学设计，(9)：33-35.
余琴．2010. 学情测查把握目标以学定教——破解汉语拼音教学难点三招．教学月刊，(9)：31-33.
郑国民．2003. 小学汉语拼音教学的改革——《语文课程标准》解读．小学语文教学，(1)：4-7.
中华人民共和国教育部．2011. 全日制义务教育语文课程标准（2011 年版）．
周有光．1983.《汉语拼音方案》的制订和应用——《汉语拼音方案》公布 25 周年纪念文集．北京：文字改革出版社：2.
人教网小学语文栏目．http：//www. pep. com. cn/xiaoyu/.
北师大基础教育教材网．http：//www. 100875. com. cn/.
凤凰语文．http：//www. xxyw. com/.
超星图书馆．http：//www. chaoxing. com/.

第 6 章　小学识字写字教学设计与案例研究

杨兴芳　咸宁学院

学习目标

1. 识记：汉字的特点与学生识字写字的心理规律，识字教学的步骤、环节和方法，写字教学的方法。

2. 理解：识字写字教学的难度，写字的素养，小学生书法学习的意义，课堂与课外作业的设计与布置的特点。

3. 简单运用：根据小学识字写字总体目标和学段目标进行单元目标和课时目标的设计；小学生书法学习设计；课堂作业和课外作业的设计。

4. 综合运用：单元教学内容与课时教学内容的选择与整合；课堂教学思路与教导活动的设计；课堂学生识字写字活动的设计。

专题导向

专题 1：单元目标与课时目标的设计

专题 2：单元教学内容与课时教学内容的选择与整合设计

专题 3：课堂教学思路与教导活动设计

专题 4：课堂学生识字写字活动的设计

专题 5：小学生书法学习设计

专题 6：课堂作业和课外作业设计

6.1　单元目标与课时目标的设计

教学是一门科学，也是一门艺术。教学设计，就是为了达到一定的教学目的，对教什么（课程、内容等）和怎么教（组织、方法、传媒的使用等）进行设计，从教学论的角度看，小学语文教学设计就是执教者依据一定的教学思想和理念，为达成一定的教学目标和要求，针对具体的教学对象和教学内容，选择恰当的教学方法、形式和媒体辅助手段，运用科学的方法，对小学语文教学的整个过程及其具体环节、总体结构及其有关层面作出的行之有效的规划。教学设计的过程实际就是优化教学的过程。所以说，小学语文教学设计是一种具有特定内涵、有科学的理论支撑的教学应用技术。它也是每一位小学语文教师必须掌握的一门科学、一门技术。

6.1.1　汉字的特点与学生识字写字的心理规律

识字写字是语文学习的基础，要提高小学识字写字教学的效率，首先要了解汉字的特点与学生识字写字的心理规律。

汉字是世界上最古老的文字之一，它是记录汉语的书写符号。在形体上逐渐由图形变为由笔画构成的方块形符号，所以汉字一般也叫“方块字”。它由象形文字（表形文字）演变成兼表音义的意音文字，但总的体系仍属表意文字。所以，汉字具有集形象、声音和辞义三者于一体的特性。但汉字数量多，结构复杂，信息量大，这给学习者带来一定的困难。

然而，汉字可以开发智力。日本的森木哲朗先生启发本国青年，认为汉字信息量极其奇妙，它的本身就是一种集成电路。日本幼儿汉字教育专家石井勋说，“汉字记得越多，头脑愈灵活；头脑愈灵活，语言也就记得住。通常能力愈使用愈发达，头脑在幼儿期最需要活动的，然而世界上的幼儿教育并没有做到‘让孩子动脑筋’的程度，学习汉字是让孩子动脑筋最好的方法。因为，例如由汉字‘眼睛’可推知‘看’，由‘耳朵’可推知‘听’，他国的文字不能如此（eye 与 see 没有这样的关系），是故，汉字可以培养推理能力，并且愈早起步愈好。”“幼稚园的小朋友，从 5 岁教汉字智商达 115，4 岁接受汉字则智商达 125，3 岁开始实施三年的汉字教育智商可达 130 以上。”中国著名的记忆专家王维说：“我们认为，没有任何活动能像文字在开发智力方面达到那样的深度和广度。诚然，许多智力活动都能使孩子聪明起来，但都是局部的、零散的。其效果有一定的限度。而识字可以使知识系统化，并且在此基础上的智能开发是无止境的。”

汉字的学习要建立在儿童一定的言语和心理发展的基础上。儿童是在一定的心理发展水平上学习汉字的，他们要用自己的观察、想象、思维等能力来学习汉字。在学习的过程中，不仅要识记音、形、义这三个要素，还要建立起对这三者的统一联系。尤其是写字，其心理历程会发生更大的变化。写字是大脑、眼睛、手臂、手腕、手指等功能联合协调的活动。初学写字的人是很难顺利进行写字的一系列动作的。一般来讲，学生的写字学习要经历三个阶段：第一个阶段是学习要素阶段，这个阶段是学生初步感受写字的基本要求的阶段，第二个阶段能够感知字的整体，在统观整个字的布局基础上进行书写，第三个阶段是书写达到自动化阶段，可见汉字的识写对于小学生来讲是有一定难度的。

其难点主要表现在以下几个方面：

其一，字形的掌握是学生学习汉字的难点。就音、形、义来讲，字形的掌握要明显难于字音和字义。有研究显示，字形遗忘率要高于其他两者，学生写字“形错”要高于音近、义混的三倍左右。另外，汉字的形状、度量和空间配置也是掌握字形的难点。尤其是对初入学儿童来讲，他们的空间知觉能力虽然有了很大的发展，但空间知觉的精确性和分化性水平还不是很高，所以在对字形状、度量和空间配置的感知方面就会有困难，这就需要老师的正确指导。学生学习字形时也容易出现一些心理问题，如对字体各部分的左右、上下、正反、里外等的关系，容易弄混、弄错、颠倒。在字形辨认方面，很难对一些汉字的笔画作出正确的顺序判断。一般来讲，初入学儿童识字写字要经历三个心理阶段：第一阶段，是对字形各组成部分和音、形、义之间建立模糊联系的泛化阶段，第二阶段是对字形结构各组成部分和音、形、义之间统一联系的初步分化阶段，第三个阶段是形成字形结构各组成部分和音、形、义之间统一联系的牢固精细分化阶段。儿童在学习单个字时往往呈现这样一些心理特点，如对字形的辨认是先整体后个别笔画，服从知觉整体性原则，容易漏掉字的细节；在无意注意的状态下，对一个字的知觉一般是左胜于右，上胜于下；对一个字中熟悉的偏旁部首往往会掩盖对生疏部分的学习和认识。

其二，字音的学习也呈现一些心理特点。汉字注音的辨认服从知觉整体性原则；读拼音最重要的是依靠组成音节的形母的外形；前后鼻音混淆、有些复韵母易念错，形母构造越相近，混淆程度越大；影响字音掌握的心理因素主要有听音辨调能力的发展；标准音与方言不一致时，识字的难度在一定程度上也会有所增加；字音掌握的难易与该字词在口语出现的机会有关；学习声调是字音学习的一个重要方面。

其三，字义也是字的主要因素之一。我们知道，词是语言的最小单位，它是概念的体现，具有概括性、指物性等特点，能够标志着某物体的特性、动作、关系等，学生只有恰当地表现出明确的概念时，才算深入掌握了词义，所以掌握词义的过程也是一个极其复杂的思维过程。

小学阶段儿童形象思维的发展要优于抽象思维，汉字的音、形、义比较复杂，而儿童的注意稳定性和有意识记能力都很差，学习时容易感到枯燥，往往会产生厌倦情绪。所以识字写字教学必须遵循儿童认知规律，创设情境，采用多种形式，尽量使枯燥乏味的内容形象化，使抽象的东西具象化，以培养学生的兴趣，调动学生的学习主动性和积极性。

识字与写字教学是小学语文教学的重要任务之一，从语文教学的一般规律来看，识字是阅读和写作的基础。要阅读和作文，就必须先识字。从语文教改实践来看，识字教学的重要性也一再得到证明：识字问题解决得好，往往能促进小学语文的改革；识字教学搞好了，可以推动语文各项基本功得到扎实的训练，提高教学效率。《语文课程标准》明确指出“语文应该激发学生的学习兴趣”，从兴趣出发，通过过程与方法，培养学生的知识与能力，渗透情感、态度和价值观。

6.1.2 识字与写字教学的总体目标简析

小学阶段识字与写字教学的总体目标是“能说普通话。认识3000个左右常用汉字。能正确工整地书写汉字，并有一定的速度”，又分学段目标，学段目标有数量的要求，如第一学段“认识常用汉字1600～1800个，其中800～1000个会写”，第二学段“累计认识常用汉字2500个，其中2000个左右会写”，第三学段“累计认识常用汉字3000个，其中2500个左右会写”。也有能力的要求，如第一学段“掌握汉字的基本笔画和常用的偏旁部首，能按笔顺规则用硬笔写字”，“能借助汉语拼音认读汉字。能用音序和部首检字法查字典，学习独立识字”，第二学段“会使用字典、词典，有初步的独立识字能力”，“能使用硬笔熟练地书写正楷字，做到规范、端正、整洁。用毛笔临摹正楷字帖”，第三学段“硬笔书写楷书，行款整齐，有一定的速度”，“能用毛笔书写楷书”。还有情感目标，如第一学段“喜欢学习汉字，有主动识字的愿望”，“养成正确的写字姿势和良好的写字习惯，书写规范、端正、整洁”，第二学段“对学习汉字有浓厚的兴趣，养成主动识字的习惯”，第三学段“在书写中体会汉字的美感”。

6.1.3 识字与写字教学的单元目标与课时目标

小学语文识字与写字教学的单元目标与课时目标是在总体目标与学段目标的前提指引下，根据学生的特点与教学的需要设计的。教师在设计单元目标和课时目标时应把握这样几点：

首先，低年级学生应“多认少写”。这不仅符合学生的生理发展特点——低年级学生手指还很稚嫩，少写一些，更有利于学生的正常发育和健康成长。另外，低年级学生多写还可能影响握笔姿势的正确，影响写字的速度，进而影响识字写字的兴趣。低年段要求学生认识1600～1800个（一年级上册要求认识400个生字、一年级下册教材要求认识550个生字，加上二年级上册的450个生字和二年级下册的400个生字）；会写800～1000个（一年级上册要求会写100个汉字、一年级下册要求会写250个汉字，加上二年级上册的350个汉字和二年级下册的300个汉字）。中年段要求学生认识汉字2500个，会写2000个左右。具体到三年级上册，要求学生认识200个、会写300个。这样的识字写字安排，符合学生学习重点与主要任务的变化——阅读与习作的要求开始加强，识字写字的任务逐渐减弱。

其次，“识”与“写”要分开。一年级上册要求认识的 400 个字，都是高频字，可以覆盖日常阅读书报用字的 50%。学生认识前四册安排的 1800 个字，可以覆盖书报杂志用字的 90%以上。届时，学生已初步学会了查字典。这就是说，到二年级，学生阅读书报已基本上没有文字障碍了。与以往教材相比，实验本将认字速度差不多提早了一年。这对于提高儿童阅读兴趣和阅读能力，丰富知识，启迪智力，对于日后的学习和一生的发展，都有非同小可的意义。

教材中要求认识的字，只要求认识，即在课文中认识，换个地方、换个语言环境还认识，大体知道意思。不要求具体分析字形，不要求书写，这些任务留待安排书写时完成。这就使认字的任务变得单纯，降低了要求，减轻了学生的学习负担。教材中要求写的字，体现了写字的规律，按照由少到多、由易到难、由简单到复杂、由独体到合体顺序来编排。这样量少易写，受到师生的欢迎，既能激发学生写字的兴趣，又能提高写字的质量，还有利于学生养成良好的写字姿势和写字习惯。

然后，利用汉字特点，遵循识字规律，采取多种方法识字。在长期的教学实践中，教师们创造出了多种多样的识字方法，如集中识字、分散识字、随文识字、韵语识字、转转盘识字、归类识字、注意识字、谜语识字、图画识字、生活识字、游戏识字、环境识字、情境识字、计算机辅助识字等。这些识字方法都积累了许多宝贵的经验，我们应博采众长，灵活运用多种识字方法组织教学，不应囿于一种方法。①

案例 6-1

识字写字教学的三个结合②

一、“眼看”与“手写”结合，重视观察过程

认识总是从感性上升到理性，没有丰富的感性基础，是不可能自觉地去总结规律，从而提高识字、写字水平的。

（一）学会观察田字格中的范字

田字格中的字是学生学习和模仿的范本，我们要引导学生认真观察这些字的笔画、结构，以及各部分的位置，并努力记住它。

（二）学会对比观察，能自己区分形近字的细微差别

这一点是学生掌握好字的关键所在。学生错字主要就错在形近字、笔画多的字上，而要减少这种错误，就必须培养学生具有敏锐的观察力。例如：“未”和“末”这两个字所有的笔画都一样，区别只在于两横的长短不同，如若不引导学生仔细观察，得出结论，只由教师讲，学生肯定不感兴趣，印象也必定不深；反之，教师不讲，而是引导学生通过仔细观察，找出区别，并把各自观察的结果告诉大家，出于一种强烈的表现欲，大部分学生会很投入，效果也会比较好。

（三）仔细观察教师的范写

教师的范写是最直接的指导，要引导学生看清每一笔的运笔方法，并试着这样写。这既是指导书写的过程，也是巩固识字成果的过程。

---

① 节选自人民教育出版社小学语文室《人教版一年级上册识字写字的编排及其教学建议》2008-07-24 人教网. http：//www. pep. com. cn/peixun/xktj/xiaoyuljcjx/201008/t20100819-682277. htm.

② 乔翠红 . 2002-11-26. 识字写字教学的三个结合 . http：//www. pep. com. cn/xiaoyu/jiaoshi/jxyj _ 1/shizi/xiezi/201008/t20100817 _ 661365. htm.

（四）仔细观察同学的书写，学会评价

评价是一个有相当难度又相当重要的学习过程。要做到正确评价，必须以观察为基础，只有观察到位，评价才能恰如其分，也才能起到提高自己的作用。

二、“脑思”与“手写”结合，重视思维过程

（一）用心识记单个汉字

无论做什么事都要用心，记字、写字当然也如此。我们要善于引导学生把观察到的字形通过大脑的加工与生活经验、已有知识联系起来，得出最好的记忆方法，储存在大脑中。这里要特别强调与生活经验的联系，经过这种联系，字就记得特别牢。像“春”下面是“日”字，有的小朋友总会把它写成“目”字，如若我们在记字形前先引导他们想一想，春天有些什么特征（春天，阳光明媚，天气暖和，植物开始生长），然后引述：春天到了，太阳暖洋洋的，你们看，“春”字的下面是——（日字），日也就是——（太阳）。这样学生的错误率必然会大大减少。许多形声字都可以用这种方法。像提手旁的字与手有关，木字旁的字与树有关等等。在教学时我们不要仅仅满足于学生用拆部件、换部件等方法记字形，而且要引导学生积极地与生活经验联系，发挥思维的作用。

（二）积极进行规律总结

要经常指导学生把学过的字进行整理，得出规律性的东西，一方面防止遗忘，另一方面为以后学习同类生字打基础，提高识字、写字能力。汉字中有许多规律性的东西。在识字上，如形声字的规律；写字，如提手旁、木字旁、三点水等基本上所占位置及写法都差不多，要经常帮助学生整理，引导学生举一反三，不断提高独立识字的能力。

三、“口说”与“手写”结合，重视表达过程

表达是小学生相对薄弱的环节，因为表达要经过几个过程。首先，表达要以观察为基础，没有观察得到的表象，表达就无从进行；其次，表达要有思维的基础，没有头脑的加工、整理，表达就不可能全面、有条理；最后，语言是表达的外显形式，有了观察和思维的基础，还得看你能不能说出来。因此表达得不好，未必就是掌握得不好，但表达得好，则肯定掌握得好。在识字、写字教学中，我们往往会忽视表达的作用，这是识字教学失败的一个主要原因。在识字、写字教学中，我们可以从这几方面来训练学生。

（一）说字形

说说自己是怎样记住这个字的（换部件、拆部件、数笔画、联系生活经验……），说时要学生按一定的格式。如记“播”字，要学生说出：我用拆部件的方法来记这个字，左边是提手旁，右边的上面是一撇加上个米字，下面是田字，米在这儿指种子，春天我们用手把种子撒到田里就叫播种。经过这样一说，学生就不会把右上面写成“采”了。

（二）评价

评价主要指对别人说的记忆方法、书写的字，用自己已有的知识、经验进行评说。这不仅要求学生认真听别人的发言，还要求学生对此进行比较整理，得出自己的结论并表达出来。学生听的过程、比较整理的过程、表达的过程都是学习，这样同一个字反复作用于大脑，印象自然深刻。

（三）说写法

说一说这个字在田字格的什么位置，每一个笔画、部件写在哪里，写时应注意什么。这不仅是指导书写的过程，也是巩固识字成果的过程。

另外，“听”在识字、写字过程中也有着重要的作用，它是评价的基础。识字、写字教学和其他任何一种教学过程一样，都应当是“看、听、说、写、思”的综合过程，这几方面

相互联系、相互制约、相互渗透、综合作用，才能取得最佳效果。

6.2　单元教学内容与课时教学内容的选择与整合设计

6.2.1　何为识字写字的教学内容？

教学内容是指为实现教学目标，要求学习者系统学习的知识、技能和行为经验的总和。我们分析教学内容是为了规定教学内容的范围、深度及教学内容各部分的联系，回答“学什么”的问题。教学内容的选择与整合不仅是为了提高教师的教学效率，更重要的是便于学生自主、生动、活泼地学习。真正有效的课堂，教师都会在课前认真钻研教材、把握教材意图，对教材有一个深度、全面、系统的解读。

6.2.2　选择与整合识字与写字教学内容时应考虑的因素

识字与写字教学内容的选择与整合、编排与设计充分考虑到小学生的心理认知规律，考虑到字词本身的特点，当然生字的编排是一项系统性很强的工作。因为语言是一个系统，那么，作为记录语言的书面符号——文字，也必须具有很强的系统性。任何一本教材在对生词的编排上，都遵循了这样一些基本原则：

一是尽量先安排高频字和覆盖率高的字，以利于识字的巩固和日后的读写实践活动；

二是尽量先安排常见的偏旁部首及构字能力强的基本字；

三是尽量先安排笔画较少比较简单的字，后安排笔画较多比较复杂的字。

教师可以在单元教学内容与课时教学内容的选择与整合上进行自主发挥，鼓励教师对教材作出合理、适度的加工与改造。教师在进行教学设计时，可以进行如下方面的考虑：

首先，理清教材中各个内容的编排体系。例如某些生字的识写可以放在某个单元、某个学段甚至整个知识体系中去审视。每个小单元课文中出现的生字、生词，根据阅读的需要，围绕阅读的要求，来确定每次集中识字的数量和形式。把每个小单元课文中的生字集中起来，加入适当新字，按同音字、会意字、形声字、基本字带字等多种方式，进行同类相聚，分类排比的归类组合，使每个小单元的教材成为由集中识字、阅读课文两部分组成的统一体。

其次，体会教材中蕴涵的教学理念。新教材是课改理念的文本体现和载体，需要每一位教师去认真研读、感悟、领会教材，了解教材的基本精神和编写意图，把握教材所提供的教学活动的基本线索，分析教材所渗透的教学思想、方法，体会新教材中蕴涵的教学理念，才能实现有效的课堂教学。如有些教材专门安排“识字”课文，其主要目的是让学生比较集中地识一批字，并揭示汉字的造字规律，激发学生学习汉字的兴趣，从而提高识字教学的效率。

最后，用好、用活、用实教材。教材内容并不等于教学内容，教材是教学的重要课程资源，但不是唯一的。新的教材观强调要按照学生的情况进行教学，而不是完全拘泥于教材，对教材要科学地使用或“再度开发”，要用好、用活、用实教材。用好，就是基于教材但又不完全拘泥于教材，能根据学生的实际，考虑学生的知识背景，或根据教学的需要，或针对教材中的一些不足之处，对教材进行改进和补充，化难为易，以简驭繁，使之更好地为教学、为学生服务。用活，体现在解放思想、勇于创新，大胆对教材进行“再加工、再创造”。用实，就是使教材更加切合本地实际和学生的实际，提高课堂教学的有效性，使学生学得主动、扎实，富有成效。

在识字写字教学的编排上，不同版本的教材有其自身的特点，但都呈现这样几个共同的取向。第一，在识字方法上。现在的识字方法不再是一种单一的模式，而是既有集中识字、又随课文识字，同时也有“字族文”识字、注音识字的这样一些综合。第二，这些教材都吸纳了语文课程标准的一个观点，识写分开，多认少写，让孩子多识一些，以便于他们尽早地进入阅读状态。少写一点是因为孩子开始学汉字的时候，学生手的发育不是很健全，这样做是为了他们能写好一些。第三，所有的教材都非常重视写字教学。在教材的编排当中，写字教学的成分安排得很重。像人民教育出版社的教材和苏教版的教材的后面，都有描红仿影的要求，都有写字习惯的要求。第四，在教材的编排上都不约而同地在拼音和识字这两个部分的编写方式上采取了双线并进的办法，也就是说在学拼音的同时，还要边学习一些汉字。[①]

案例 6-2

语文教材中识字写字教学内容的呈现方式[②]

在低年级归类识字部分，采用了多种形式，体现汉字规律，体现汉字表意的特点，体现儿童学习汉字的规律。主要采用了这样几种形式。

一、利用汉字造字规律编排识字教学内容

汉字是一种表意文字，在古代有“六书”（指象形、会意、指事、形声、假借和转注）造字之说。它们体现了汉字各种各样的构字规律，对于理解汉字意义、掌握汉字字形有很大帮助。虽然理解“六书”内涵并正确区分某一汉字所属造字法，对小学生来说有一定困难，但在小学生识字过程中适当借鉴一些“六书”构字规律，是可以提高他们的识字效率与识字数量的。人教版教材在识字编排中借鉴了“六书”造字法，编排了一部分利用“六书”构字法识字的内容。比如：

形声字：一（下）《识字 4》将“蜻、蜓、蚂、蚁、蚯、蚓、蝌、蚪、蜘、蛛”等字成组编排，就利用了形声字有声旁、形旁的特点，将相同形旁的字归到一起编排。

象形字：一（上）《口耳目》在教“口、耳、目，日、月、火，羊、鸟、兔，木、禾、竹”等字时，把这些字在古代的象形字写法附在旁边，同时画上这些字所代表的事物，将几种因素结合起来，大大提高识字效率。

会意字：一（上）《日月明》在呈现“明、鲜、尘、尖、灭、男、休、看、林、森、从、众”等字时是这样设计的：“日月明、鱼羊鲜，小土尘，小大尖。一火灭，田力男，人木休，手目看。二木林，三木森，二人从，三人众。”

总之，利用“六书”构字法帮助儿童识字，能让小学生在轻松愉快识字的同时，也很容易地掌握字义，同时对今后他们自学生字、提高独立识字能力大有帮助。

二、利用《三字经》编排识字教学内容

《三字经》是古代家喻户晓的蒙童识字教材。由于它影响深远，所以与《百家姓》《千字文》《千家诗》一起并称为蒙学教材的“三、百、千、千”。《三字经》的特点是：前后两句大致押韵，读起来朗朗上口。人教版教材的一部分识字内容就借鉴“三字经”的语言形式，

① 节选自杭州市余杭实验小学．洪春幸《新教材　新亮点新理念——人教版一册语文教材透视》2007-03-29．人教网原创．http：//www.pep.com.cn/xiaoyu/jiaoshi/tbjx/jiaocai/tbls/201008/t220100819-682273.htm.

② 章琴．语文教材中识字写字教学内容的呈现方式．http：//blog.sina.com.cn/s/blog _ 609610e60100jqbq.html [2010-05-03]．

利用三字经的押韵上口、好记易读的特点，编排教材，如：

一下《识字 2》：在教学“懂、貌、父、母、教、认、错、事、改、愿、碗、筷、扫、夸”等字时，就采用了“三字经”的编排形式：“小朋友，正年少，尊长辈，懂礼貌。父母教，认真听，做错事，即改正。长辈错，要提醒，态度好，心意诚。家务事，要承担，洗碗筷，扫庭院。家爱我，我爱家，好孩子，人人夸。”

二上《识字 3》：教学“神、州、川、诵、岛、隔、峡、与、陆、民、族”等字时，采取的也是“三字经”的形式：“我神州，称华夏，山川美，可入画。黄河奔，长江涌，长城长，珠峰耸。台湾岛，隔海峡，与大陆，是一家。各民族，齐奋发，争朝夕，兴中华。”

这样编排，一改单纯识字枯燥乏味的弊端，让小学生在兴趣盎然的读书中学习生字，同时也能受到一定的人文教育。

三、利用“对子”编排识字教学内容

对对子本来是传统语文教育中私塾先生训练蒙童作文时采用的一种方法。训练顺序先从一字对开始，以后逐渐增加至二字对、三字对、四字对，直至多字对。当代小学作文教学不再要求学生对对子。人教版教材却充分利用这一传统语文教育的精华，将它巧妙地借鉴到设计识字教学内容中来。比如：

一下《识字 3》：安排“雾、霜、朝、霞、夕、蝶、蜂、碧、紫、千、李、杨、秀”等字时，就采取了对对子的方式，将这些要认识的生字以对子的形式出现：“云对雾，雪对霜，和风对细雨，朝霞对夕阳。花对草，蝶对蜂，蓝天对碧野，万紫对千红。桃对李，柳对杨，山清对水秀，鸟语对花香。”

《识字 7》：教“虚、骄、傲、诚、实、赢、赞、招、嫌”等字时，也以对对子的形式出现：“是对非，长对短，虚心对骄傲，热情对冷淡。诚实赢得千家赞，虚伪招来万户嫌。”

二上《识字 6》：教“恨、漠、忱、炭、贫、富、饥、索、奉、永”等字时，编了这样的对子：“美对丑，爱对恨。真诚对虚伪，冷漠对热忱，雪中送炭见真情，助人为乐献爱心。贫对富，冷对暖。饥寒对温饱，索取对奉献，人人献出一点爱，人间永远是春天。”

由于这些对子语音上平仄相对、词汇上词性一致、语法上结构相同，小学生读起来朗朗上口，因而也就兴趣盎然。同时在诵读对子、快速识字的过程中，他们还可学到一些日常生活常识与为人做事的道理，潜移默化地学习一些语法知识，这对今后的习作表达会有很好的帮助。

四、利用“古诗”编排识字教学内容

古诗是我国重要的文学遗产，其精巧的对仗、高低的平仄、悦耳的韵律以及综合而成的优美意境即使今天读来也是一种美的享受。将识字教学与古诗的吟诵结合起来，既符合孩子的天性，又能有效提高识字效率。人教版教材识字部分就采用了在读古诗中识字的方法。在 1-2 年级上册共安排了《一去二三里》《画》《静夜思》《春晓》《村居》《所上》《小池》《赠别景文》《山行》《回书偶书》《赠汪伦》等 11 首内容浅显易懂、读起来朗朗上口的古诗。孩子在吟诵古诗中识字，兴趣就会大大提高，识字效果自然也很好。但二年级以后编排古诗的目的，主要不是用来识字，而是让小学生了解一点关于诗歌的知识。

五、围绕专题编排识字教学内容

人教版教材最大特点即围绕专题组织教材内容，加强整合，便于培养学生的语文素养。如第二组，在简短的导语之后，以三字经的形式编写识字课，既认了字，又使学生懂得要尊敬长辈、敬爱父母等道理。接着，编排了《看电视》《胖乎乎的小手》《棉鞋里的阳光》《月亮的心愿》等四篇课文，还配有同步阅读篇目《好孩子》，教育学生关爱他人，尊敬长辈，乐于助人。在语文园地里，“读读背背”安排了反映温馨家庭生活的短诗《鞋》；“口语交际”

安排讨论爸爸妈妈不让自己做家务事该怎么办。整组教材围绕“家庭生活”这个主题，把各项内容组合成一个有机整体。从识字教学的角度讲，这实际上是创设的一幅幅生动、丰富的识字情境，要求学生学习的生字新词多次地重复呈现，这有利于低年级运用听读识字方法，在丰富多彩的语言情境中识字学词，使识字教学既轻松愉快又省时高效。

六、引领拓展编排识字教学内容

人教版在每册语文园地里设有“展示台”，有的是“识字加油站”——我走在大街上，特别注意街道两边的招牌。这样也能认很多字呢！有的是“识字擂台”——我在数学书、美术书、音乐书上认了许多字。是吗？我来考考你！……这样的设计是从课本到生活、从课内到课外、从学校到社会的延伸，是引领学生到“外面”去学习，拓宽识字途径。

对于要求写的字在第一册识字（一）开始安排，从笔画最简单的开始，优先选择构词率高的字。每一课要求写的字，都有一些共同之处。如识字（一）第一课，要求写的字是“一、二、三”，练习最基本的笔画。识字（一）第二课，要求写的字是“十、木、禾”，练习基本笔画竖、撇、捺，三个字在字形上有相近之处，有利于学生区分形近字，巩固识字成果。课文第二课，写“七、儿、九、无”，主要练写笔画竖弯钩和横折弯钩；课文第三课，写“口、日、中”三个字，主要练写笔画横折。每课要求会写的字有的是本课认识的字，有的是以前认识并在本课再现的字。这样按照汉字的字形规律编排写字教材，教师通过指导书写这些笔画最简单的字，有利于学生扎实掌握基本笔画和笔顺规则，有利于学生把字写对，写好，打下坚实的写字基础。教师教学用书后面附有基本笔画表和常用偏旁表，供教师指导认字写字时使用。

6.3 课堂教学思路与教导活动设计

6.3.1 识字教学

1. 识字教学的步骤与环节

综观各版本小学语文教材，识字教学内容的编排主要有两种形式：一是学“识字课文”识字，二是随课文识字。识字课文是编者借鉴传统语文教育经验和多种识字方法精心编写的教材。教学这部分教材内容的一般步骤包括：复习检查，教学生字，巩固练习，布置作业等。其中教学生字这一步骤，一般情况下安排看情境图、听说、拼音、识字和诵读五个教学环节。

随课文识字要安排好以下几个环节：

一是出示生字。一般有集中出示生字和分散出示生字两种形式。采用何种形式出示生字，视识字内容的多少、识字能力的强弱、学习年级的高低而定。

二是音形义教学。生字出示之后接下来就是字音、字形、字义的教学。分散识字的一般做法是：第一步，初读课文阶段，借助拼音和查字典重点解决字音，初认字形，粗解字义；第二步，讲读课文阶段，在讲读中重点理解字义，巩固字义，再认字形；第三步，总结写练阶段，有重点地讲辨字形，指导书写。

2. 识字教学的方法

介绍几种成功的识字方法。

1）集中识字

集中识字直接承继蒙学识字教育的经验，旨在通过一二年级快速大量识字，使学生尽早做到能大量阅读，来解决识汉字和学汉语的矛盾。基本做法是一二年级的四册教材每册都分作几个部分，在每部分中先归类识字，再读若干篇课文，“识字-阅读”不断循环编排。

在归类识字中，基本字带字是最主要的识字方法。如，由基本字“青”，带出“清、蜻、情、晴、请、睛”；由基本字“方”带出“房、访、放”。这里的基本字，是指在字形相近的一组字中共同含有的能够独立成字的构字部件。而带出的字，多为形声字。由于在一组字中形、音、义有一定联系，易学易记易掌握。此外，基本字带字还采用部首带字的形式。如“氵”带出“河、滴、洗、游”；“穴”带出“空、窗、穿”。基本字组字，如“禾—火—秋”“门—口—问”，会意字、反义词归类等也常采用。

总之，集中识字主要依据汉字中占有很大比例的形声字的规律，以字形为中心组织识字。为了使基本字带字顺利进行，在识字起始阶段先学一批构字率高的基本字，打好汉语拼音、笔画笔顺、偏旁部首、间架结构等识字基础，是十分重要的。

2）分散识字

1958 年由江苏南京的斯霞老师实验成功的一种注重音、义联系，以“字不离词、词不离句、句不离文”为主要特征的识字教学方法。它与集中识字以字形为核心不同，强调在具体的语言环境中识字，把生字词放在特定的语言环境中来感知、理解和掌握。

分散识字先教学汉语拼音，采取看图识字等方式教学一些独体字，打好识字基础，而后采取“多读课文多识字”的方法，随课文识字，两年学习课文近 180 篇，识字 2000 多个。

3）注音识字

这种识字方法一改集中识字、分散识字力求加快识字的做法，旨在从发展语言入手，解决识汉字和学汉语的矛盾，使初入学儿童不至于因为完成繁重的识字任务，而中断了语言的发展。具体地说，以学好汉语拼音并发挥其帮助阅读的功能为前提，以认识汉字于学汉语之中为原则，在儿童未识字或识字不多的情况下，借助汉语拼音，使听说读写同时起步，相互促进，达到发展语言、训练思维和同步识字的目的。

注音识字的局限是：由于汉语拼音功能扩大，汉字的形义关系被淡化，识字量逐步增加后，容易产生错别字。

4）字族文识字

受传统识字经验和集中识字等经验的启发，在 2500 个常用字中，总结出一定数量具有派生能力的“母体字”，“母体字”可以衍生出几乎所有的常用字，称为“子体字”。把用母体字带出的一批批音形相近的合体字，组成一个个“字类”“家族”，称作“字族”。在 2500 个常用汉字中，确定母体字 220 个，字族 389 个。而后，以一个字族中的字为主，编写出课文，称作“字族文”。

利用编就的一篇篇字族文来识字，是字族文识字的主要方式。例如，围绕母体字“青”以及衍生的子体字（合体字）“请、清、情、晴、睛”，编写了课文《小青蛙》：河水清清天气晴，小小青蛙大眼睛。保护禾苗吃害虫，做了不少好事情。请你保护小青蛙，它是庄稼好哨兵。

5）字理识字

是 20 世纪 90 年代初由湖南省岳阳市教育科学研究所贾国均提出的。所谓字理，是指汉字的构字依据和组成规律。字理识字是依据汉字的构字规律，运用汉字形音义的关系进行识字教学的方法，也就是说通过对象形、指事、会意、形声、转注、假借等造字法的分析，运用直观、联想等手段识记字形，以达到识字的目的。

字理识字的核心是揭示和解析字理，以使学生牢固建立字的形音义之间的联系。其基本方法是启发学生展开想象和联想。字理识字的大体程序是：读准字音，解析字理，识记字形，指导书写。

6）听读识字

这是由上海师大小学语文研究中心吴忠豪主持的一项低年级语文整体教学经验。所谓“听读识字”就是使学生通过听故事、说故事的途径理解并熟悉课文内容和语言，然后根据记忆（或跟随老师或录音），尝试阅读课文，在阅读活动中和各种生字见面。经过一个阶段多篇课文的阅读，对一个个生字从陌生到逐步熟悉，最后达到识字的目的。简单地说，听读识字的教学就是通过“听故事—说故事—读故事—认汉字”等语言实践活动，帮助不识字或识字量很少的儿童进行自主识字的教学方法。

7）韵语识字

韵语识字确立“字从文”的观念，遵循“整体输入”原则，借助定位联想，以达到尽早阅读的目的。

其基本教学程序是：认读—理解—背诵—识字—写字—巩固应用。

任何一种识字法都有其可取的一面，同时，也可以这么认为，到目前为止，没有一种识字法能很好地解决认识所有汉字的难题。那么，博采众家之长是我们开展识字教学的基本出发点。

6.3.2 写字教学

写字是一项十分精细的活动。这种活动的顺利进行，需要眼睛、大脑、双手（手臂、手腕、手指）等器官的高度协调。也就是说，要想把字写得正确、美观，写字者必须有效实现双手“三动”：动眼，认真观察；动脑，深入思考；动手，细心操作。其中，动眼是关键，动脑是核心，动手是根本。因此，写字教学只有强化动眼、动脑这个基础，才能保证“动手”的优质和高产。只有让学生的大脑、眼睛和手得到和谐发展，才能保证学生把字写好。从这方面看，写字教学应指导学生细心观察，让字“入眼”；指导学生认真思考，让字“入心”；指导学生精心历练，让字“入笔”；指导学生用情写字，让字“入格”。

小学写字教学有三种基本形式，即入学后的写字准备教学、识字教学中的写字教学和写字课教学。写字教学的基本方法有以下几种。

1. 培养学生书写的基本技能

要掌握千变万化的书写线条，离不开扎实的基本功。“学好规矩，循序渐进”。写字技巧的学习离不开这条基本原则。如果把一个字看成是一部组合巧妙的“机器”的话，那么，八个基本笔画则是组成“机器”的“零件”。“零件”是否精确，直接关系到“机器”是否能正常运转。为此，写字课中，对规范、漂亮的基本笔画、笔画的变化及汉字部首进行教学是重中之重。

2. 培养学生“读”字的能力

读字，是学习生字的一个重要方法。所说的“读”，并非出声去读，而是“观”之意。在写字之前，详观和揣摩字的点画、用笔、结体和神韵等，将它们观之入眼，铭记于心，然后去临习。宋代姜夔在《续书谱》中引用唐太宗的话：“皆须是古人名笔，置于几案，悬之座右，朝夕谛观，思其用笔理，然后可以临摹。”讲的就是写字前，一定要先读好字，牢牢记住字，才能把字写好。“读”字可以从这三个方面入手：读准字的笔画；读好字的结构；读准字的占格位置。

3. 训练正确的写字姿势

正确的写字姿势是：头正、身直、两臂撑开、两脚平稳。

头正：写字时头应端正，微低。不能左右倾斜，不能左右扭转；下巴略内收，头微前倾，但不能过低；眼睛距离桌面一尺，专心致志，嘴巴闭拢，呼吸自然。

身直：身直的关键是直腰，不能腰弯背弓，或左右扭转；身体的重心要落在椅子上；胸距离桌沿一拳，不能靠在桌沿上，靠上则会给胸部造成挤压，时间长了还会感到疲劳，呼吸不畅，对身体没有益处。

两臂撑开：两臂齐平，自然展开；左手按书本；两臂距离不可忽宽忽窄，以自然舒适为好，成均匀之势。

两脚平稳：两脚自然分开，与肩同宽；小腿与地面垂直，脚掌着地，不要摇腿、跷脚或任意伸缩，更不要将两脚踩在前面桌椅的横棱上。

正确的执笔方法是：拇指食指压住笔，中指从下来托起，最后两指垫在下，笔靠虎口齐用力。就是：捏、托、垫、靠。

捏：用拇指和食指的指肚靠指尖处捏住笔杆。食指的第一节不能弯曲。

托：用中指的指甲上端左侧与肉相连处从内向外托住笔杆。写字时，这儿最为吃力。写字多时会压出小坑，甚至磨出茧来。这儿不用力，笔就抓不牢，运笔也就不得劲儿。

垫：小臂、手腕和小指落放在桌上，无名指和小指轻轻垫在中指下，保证运笔灵活。

靠：笔杆向右后方倾斜，靠在虎口食指指关节的位置上。

注意执笔不可过于用力，否则影响运笔的灵活性，也易产生疲劳，执笔不可过低，手指距离笔端一寸为宜。执笔太低会影响运笔，还会挡住视线，造成头歪的毛病。

学生正处于生长发育的关键时期，以正确的坐姿和握笔姿势书写，不仅有利于书写的规范，也有利于学生的健康成长。

4. 注意识字、写字的有机结合

俗话说："眼看千遍，不如手写一遍。"的确，手写在学习过程中有着举足轻重的地位。但一味地强调手写而贬低"看"、"思"的作用也是不可取的。心理学研究证明，学习是学习者调动眼、耳、口、脑、手多种身体器官来认识新事物、掌握新知识的过程。在这个过程中，眼、耳、口、脑、手都有其独特的作用，只有这些器官协同活动，才能取得最佳的学习效果。识字、写字也是一个学习过程，这个过程安排得合理，字就能记得快，记得牢。反之，就是写上很多遍，效果也未必好。因此，识字、写字教学必须有机结合起来，重视学习过程的优化。

案例 6-3

识字教学的策略①

下面就来谈谈"标准本"语文教材的三个识字教学策略。

一、识写分流，多识少写

怎么做到既多识字，又不加重负担？1994 年苏教版第一册教材刚刚启动，大家就提出了这个问题。通过多次研究，大家终于取得了共识：识写分流，多识少写。

什么是"识写分流"？简单地说，就是将生字分为两类：一类是能识会写，一类是只识

① 张庆．国标本（苏教版）识字教学策略．http：//xxyw.fhedu.cn/html/5/Menu/11/Article/1029/［2009-09-15］.

不写。大家都知道，识字负担重，不是重在识上，而重在写上。小学低年级学生的手部小肌肉不发达，对笔画的长短、轻重的控制不大精确，手眼还不够协调，写字既缓慢又吃力，相对来说，只识不写就要轻松一些。

这个编排思想，是与“标准”的精神一致的。“标准”中说：“识字与写字的要求应有所不同，1～2 年级要多认少写。”

按“原大纲”要求，一、二年级识字量为 1150 个，阅读覆盖率约为 94%。苏教版“标准本”小学语文教材用“识写分流”的方法，一二年级识字量增加到 1700 个（其中要求写的 1000 字），比过去的识字量增加了 550 个，阅读覆盖率可以达到 96.5%。

识字的途径有三个：

一是与汉语拼音同步安排的“认一认”。每单元安排 16 个字，5 个单元共 80 个字，要求只识不写。最后又整合成“生字表（一）”，实际上是一篇四字韵语，读起来朗朗上口，便于儿童复习记诵。收入的主要是部首字。

先学 80 个“只识不写”的字，解决识字教学中的不合理现象。因为排生字是据文定字的，所以会有一些编排不合理的现象。如先学会“妈”、“姐”、“妹”等字，还没有学“女”。先学了“向”、“问”、“听”等字，还没有学“口”。先出一批部首字让学生认一认，这问题就解决了。其次是可以让小学生提早认字。小学生进入小学，认字的积极性很高，家长也很希望孩子进校认一些字。现在学汉字与学拼音同步，满足了孩子与家长的这一要求。

二是专门安排的“识字”课文。每册两个单元，每单元 3～4 课。

三是随课文识字写字。

课后生字按“识写分流”的方法排。要求“能识会写”的字排在田字格内，要求“只识不写”的字，用较小字体排在两条绿线内，意思是“绿色通道”，识了这些字，读课文就可以畅通无阻了。

二、揭示汉字构字规律

（一）看图会意明字理

这主要是就象形字、会意字讲的。课文类型是“看图会意识字”，即让学生通过看图来体会构字的原理，如一年级下册“识字 7”：人、从、众、木、林、森。为“人、从、众”所配的图是一个小朋友、两个小朋友、三个小朋友。为“木、林、森”所配的图是一棵树、两棵树、三棵树。学生看了图，再通过诵读为识字提供语境的韵文加以巩固与深化：“二人从，三人众。众人一条心，黄土变成金。”“二木林，三木森。单丝不成线，独木不成林。”就能悟出这两组字的构字原理。

（二）转盘识字辨形声

形声字在汉字中占到 80%以上，让学生掌握形声字的规律，对他们学习汉字十分有用。如一年级下册“识字 8”就属于这种类型的识字。声旁“青”不动，转转盘换形旁，带出一串字。学生可以悟出：这几个字声旁相同，故读音相近；形旁不同，表示的意义也不一样。“清”是表示水的清澈透明，所以从水。“晴”是雨过天晴，太阳出来了，所以从日。“睛”是眼睛，所以从目。“请”是请求，请求与说话有关，所以从言。“情”是感情，人有七情——喜怒哀乐爱恶欲，这些都是表示心理状态，所以从心。“蜻”，蜻蜓是昆虫，所以从虫。

（三）抓住部首带一串

“标准本”小学语文教材注重抓常见部首。“部首”好比是一个部队的队长，抓住了“队长”，就可以解决属于这个部的一大批字。部首在教材里出现两轮。一年级上册安排了部首

62 个，是看图识字。先让学生认识常见部首。二年级上册以后陆续安排了 44 个，采用“图画—古字—部首”的方法，进一步揭示这些部首的意义，这不仅有助于学生查字典，而且有助于学生理解大批同部首字的字义，如“页”，学生知道是人头的象形，就知道凡从“页”的字（如顶、项、劲、颅、颧、领、颞等）都与头面部有关。

三、吸收传统蒙学经验

“标准本”小学语文材料在以下几个方面吸收了传统蒙学识字写字教学的经验：

（一）韵语识字的经验

在识字教学阶段，如果让儿童去学一个个不能表音的单字，那会是十分困难的，而且枯燥乏味，引不起学习兴趣，勉强学了，也不容易记住。这是学习汉字不利的一面。而另一面，正是由于汉字是单音节的，就非常容易构成整齐的词组和短句，也非常容易押韵合辙。相形之下，要比多音节的拉丁文字容易得多。整齐押韵，念起来顺口，听起来悦耳，既合乎儿童的兴趣，又容易记忆，这显然比学一个一个的单字好，比一上来就念参差不齐的句子好。启蒙识字课本差不多都是韵语，如《三字经》、《百家姓》、《千字文》等，因为非常有效，所以一直流传下来。凡是不采用这个办法的，不管你是多大的权威（如朱熹的《小学》），都不能收到好的效果，甚至被淘汰。“标准本”小学语文教材就充分地吸收了这个经验。如“词串识字”（骏马秋风塞北/杏花春雨江南/椰树骄阳海岛/牦牛冰雪高原），“认一认”（人口手足/舌牙耳目/金木水火/山石田土/虫贝鱼鸟/羊犬龟鹿……），“成语歌”（金风送爽/雁过留声/秋色宜人/天朗气清）。

（二）读书识字的经验

传统蒙学最主要的识字方法是读书识字（即所谓随文识字）。即便是开始的集中识字，也是在诵读韵文的过程中实现的。这条经验对于我们今天的识字教学仍有现实意义。

识字是为了阅读。儿童认识了生字，是不是就能阅读课文了？还不能这么说。小学生在读书的时候，如果把每个字的细节看清了才能识别，那就无暇把这个字放到上下文中去领悟其义，也就是说不能顺利地进行阅读。因此，阅读对汉字识别的要求就不仅仅是能识别，而且要达到“自动化”的整体认知。也就是说，不必看清字的每一个细节，只要看到字的轮廓或特征，就能准确无误地加以识别。只有达到这样的程度，儿童才有可能联系上下文体会语义，从而顺利地进行阅读。由此看来，孤立地教儿童识字的方法是不可取的，只有坚持识读同步、寓识于读才能有效地提高识字教学的质量。

明白了这个道理，我们才能恰当地处理好识字与阅读的关系。识字是低年级的教学重点，这是大前提。识字又要兼顾到与阅读的结合，这是应予以注意的。如一年级上册“识字 1”《一去二三里》，其用意是借这诗的语境来学 10 个数字。这是教学重点。学会了这 10 个生字，又要将它们放到这首古诗里去诵读，从而训练学生“自动化”地整体认读汉字的能力。

“词串识字”是韵文识字，自然应以识字为主，但也要让学生诵读。如一年级下册“识字 6”：“夜晚繁星亮晶晶/爷爷奶奶小丁丁/蒲扇竹椅萤火虫/牵牛织女北斗星。”看起来是一串词语，其实这些词语都是典型的事像，其间是留有空白的。儿童借助这几个典型的事像加以想象、补充，就能在头脑里浮现出一幅祖孙夏夜乘凉的画面。将识字与阅读结合起来，就好比将应征入伍的新兵尽快地投入战斗，让他们在战斗中历练，尽快地顶用。

（三）重视写字的经验

前人十分重视写字，可是所写的不是按“三、百、千”的顺序，而是另有写的一套，即“上大人孔乙己化三千七十二尔小生八九子佳作仁可知礼”。分几个步骤：第一步写大字。首先描红（有的还先把腕）、仿影，进一步是写米字格，再进一步临帖。大字写得有点基础才写小字。识写是不同步的。

6.4 课堂学生识字写字活动的设计

心理学研究证明，学习是学习者调动眼、耳、口、脑、手多种身体器官来认识新事物、掌握新知识的过程。在这个过程中，眼、耳、口、脑、手都有其独特的作用，只有这些器官协同活动，才能取得最佳的学习效果。识字、写字也是一个学习过程，这个过程安排得合理，字就能记得快，记得牢，取得事半功倍的效果，反之，就是写上很多遍也未必有用。我们往往会发现，字掌握得好、写得漂亮的，往往是那些学习态度好、对语文兴趣浓、课堂上特别活跃的学生。这些学生的共同点是会观察，会评论。一个新字出现，他们能够比较准确地看清字的笔画、结构以及各部分的位置，并能较流利地说出记字方法。这样他们能够在较短的时间内使生字在头脑中留下深刻的印象，保持长时间不忘记。而有些学生不参与这个学习过程，只靠一遍一遍地机械抄写来强化记忆，即使当时记住了，过不了几天又会忘记。因此，识字、写字教学必须重视学习过程的优化。

6.4.1 识字活动设计

识字是语文基础能力之一，识字教学主要是培养学生的识字能力，使学生能够根据汉字本身的规律特点，举一反三，学会识字，爱好识字。教会学生掌握一定数量的汉字，培养学生的识字能力，是小学语文教学的重要任务之一。小学生爱玩、好动、做事没有耐心，注意力很难长时间集中，根据这些特点，举行各种识字活动，让学生在活动中乐于识字，学会识字。

如何才能提高识字效率呢？在识字活动的设计上，不少老师利用各种途径，采用各种方法，多种识字渠道，让学生首先乐于识字。如有的老师就通过图画导入、听音导入、看录像导入等各种导入形式来激发学生的学习兴趣；有些老师抓住学生的心理特征，让他们轻松识字，如借助色彩，借助电教媒体剪辑、组合，借助顺口溜，借助动作、实验演示等；还有些老师教给学生各种学习方法，让学生学会学习，如直观演示识字、动作体验识字、编儿歌辨字形、游戏识字、猜谜语识字、添减笔画识字、拆字法识字、联系句意填空识字、交换生字的前后位置进行组词，理解识字等。这些都为我们提供了宝贵的经验。

1. 鼓励学生采用个性的识字方法，独立进行识字

孩子天性好奇、好胜，富有个性化的问题更能引起孩子的兴趣。老师可设计一些求异问题，如：你怎样去记这个字？你还有不同的识记方法吗？你还有更好的识记方法吗？这些求异问题，打开了学生思维的闸门，富有个性的识记方法层出不穷，如有位学生记“办法”的“办”，别出心裁，他把两手一摊，说：“怎么办呢？我的两只手就是‘办’字的两点。”在学生独立识字的过程中，交流了识字方法，培养了学生独立识字的能力。

2. 按构字规律识字

汉字是一种表意文字。无论是象形字、指事字、会意字，还是形声字，都有其自身的构字规律。教师在教学中要充分利用汉字的构字特点，引导学生主动识字，如一年级下册《识字 4》，韵文中 12 个生字都是形声字：蜻蜓、蝴蝶、蚯蚓、蝌蚪、蜘蛛。教材的编写意图就在于根据形声字的构字特点，引导学生自主识字的。

3. 在游戏中识字

爱玩好动是孩子的天性，注意力难以保持是其年龄特点。只有尊重孩子的天性，让孩子

在玩中学习，在快乐中学习，才能收到理想的效果。因此，教学中要创设学生主动参与的教学情境，激发学生的积极性，让学生主动识字，体验识字的乐趣。例如，一位教师在上一年级下册《松鼠和松果》时，把各种动物的头像戴在学生的头上，扮成小动物，并模仿动物的声音做自我介绍，教师扮成鸽子姐姐。教师说："今天，我们要到大森林去看望松鼠弟弟，快坐上火车出发吧。"在隆隆的火车声中师生出发了。学生的学习兴趣被调动起来，教师又告知只有完成了本课的识字任务，火车才能顺利到达目的地。于是，学生按分好的小组合作学习生字，交流识字方法，互相帮助，在浓浓的兴趣中学生愉快地识记了生字。

4. 在生活中识字

生活是学习语文的大课堂。学生生活在多彩的世界中，随处可见的汉字为学生营造了一个良好的识字环境。教师要采用多种渠道，鼓励学生在课外尽可能多地识字，如上学路上的广告牌，每天看的电视，看的课外书籍等，都是学生识字的好教材。教师要鼓励学生做识字的有心人，不断积累、收集，扩大识字量。同时，也要给学生提供交流、展示的舞台。如：一年级下册《识字 6》一课，要求会认的生字中有个"舰"字，一位学生说："我这样记'舰'字，舟字旁加上'再见'的'见'，就是'军舰'的'舰'。"老师紧接着追问："'舟'字我们没有学过，你是怎么认识的?"学生说："我是从公共汽车上的路牌中认识这个字的，路牌上写着：舟水桥至火车站，我就认识了'舟'字。"老师及时鼓励学生，说他是个学习的有心人。这种课内识字和课外识字相结合，给学生提供了两条识字的途径。殊途同归，目的就是多识字，早阅读。

6.4.2　写字活动设计

认识写字的意义十分必要。通过写字教学，可以培养了学生的观察能力、分析能力、表达能力；通过写字教学，可以促进学生养成细致、专注、沉着、持久的学习品质；通过写字教学，还可以培养学生的审美情趣；通过写字教学，有利于发展学生的健康个性，培养他们的创新精神。

首先，写字是传承文化的一条有效途径。写字的过程是体会和认识民族文化的过程，在这个过程中增强学生对祖国语言文字的热爱和对中华民族文化的理解。汉字作为一种文化符号，是一种有生命的符号，蕴涵着智慧和文明，蕴涵着图画和节奏，蕴涵着做人的道理，而这些人文的东西的传达，也是蕴涵在老师和学生个体一笔一画的训练中的，蕴涵在老师和学生的交流中的。老师是活的文化载体，老师认认真真、一笔一画的演示，是一种写字态度的演示与传达；学生也是一种文化载体，通过学习写字，把这种带有文化性的东西接受过来，表达出来。

其次，写字能益智，使智力得到很好发展。书写是一种手脑并用的动作技能，写字时，视觉分析器与运动分析器会联系协调起来，长期书写汉字时的手指运动对脑的智力发展有很大促进作用。另外，汉字构字有一定规律性，要把字写规范端正，必须通过观察、比较、辨析、联想、想象、动脑、动手等活动，反复地认字、写字，才能把字写好，在写好汉字的过程中，学生的智力会获得较好的发展。

再次，写字也有利于培养良好的心理素质。写字可以使人细心，容易集中意志。写字是一项十分精细的活动。要想把字写好，就得全神贯注，凝神静气，仔细观察字的结构，揣摩笔画的呼应、避让、穿插，并要脑眼手相应，准确控制运笔的轻重徐疾。这样久而久之，就能潜移默化地改变一个人的心理素质，养成沉着、镇静的习惯。学生通过写字养成的细心、沉着、注意力集中等心理素质，又能对学习其他课程产生良好的影响。

最后，写字可以陶冶学生的性情，培养审美能力。“与其他任何一种文字的书写相比较，汉字的书写无疑是具有最多的讲究，因而也是最需花费心智的一种活动。与此相应，在世界各民族文字之林中，唯有汉字的书写才能形成人类最伟大的艺术门类之一——书法”。[①] 语文课标对此也有正确的认识，在表述识字与写字的目标时，提出要让学生“喜欢学习汉字，有主动识字的愿望”，并能“初步感受汉字的形体美”，这样的目标与原来仅仅注重识字与写字的知识、技能的目标不同，更注重培养学生对汉字和汉字学习的态度与情感。

因而，写字教学活动的设计也是我们不容忽视的。有研究显示，低年级老师在书写指导的时候过于粗糙，对于一个字的关键处、细微处没有指导到位。学生一旦形成首因效应就很难再改变写字手法了；学生在写字的时候多数重在速度快慢、对错与否，没有注意汉字的间架结构、笔画之间的关系，即没有注意字的细微之处要写好。于是，有部分学生的书写就不规范，有部分学生就只能把字写出来、写正确，而无法做到写工整甚至写美观了。因而，教师在写字教学活动的设计上，要把握这样几点：首先，写好笔画、抓住要点；其次，分析结构，抓好起笔；然后，对照笔画，抓住关键；最后，观察中空，摆正笔画。如何才能提高写字素养呢？

1. 营造氛围，激发学生强烈的写字欲望

营造良好的写字教学氛围，让师生自觉能动地投入其中，游弋于写字教学的美妙海洋，乐此不疲，益智增思。开展课内指导与课外练习相结合，以练为主；语文课写字教学要求与各科教学要求相结合，不分主次；习字册书写与各科作业相结合，做到“提笔即是练字时”；教师水平提高与学生提高相结合，师生同练相结合的原则。这些原则强调以课堂教学为主阵地，以学校为主战场，多渠道、多层次开展训练，齐抓共管，多管齐下，创设了写字教学的良好氛围，切实做到重指导，重训练，重提高，重普及，重实效，力避形式化、教条化、虚空化。

2. 规范训练，落实考核，形成良性发展

为实现这个目标，教师首先要悉心指导，培养良好的写字习惯，将教师示范与检查指导相结合，力求持之以恒，真正使“头正、肩平、背直、足稳”八字要求落实到学生写字的每一时、每一处；其次是保证训练，形成制度，低年级以铅笔字为主，中高年级以钢笔字、毛笔字为主，使写字训练有时间保证，才能夯实学生的写字基础，同时在考核方面，采用多种考核方式，充分挖掘少部分学生的写字禀赋，张扬其特长，让小荷露出“尖尖角”，培养写字特长生。

3. 加强研究，丰富活动，推动写字教学长足发展

写字教学是一门学问，一项技能，我们要潜心研究，提高写字教学的效率，同时，为陶冶学生情操，培养学生浓厚写字兴趣，开展了一系列形式多样，内容丰富，新颖别致的写字教育教学活动，开展一些益智增技的作业展评、书法竞赛等活动，充分利用写字展板、展览室、黑板报等宣传阵地，推波助澜，锦上添花，让师生真正能在活动中受益。

我们要将识字写字教学相结合，在识字写字活动的设计上，每位老师发掘自己的聪明才智，让学生乐于学习，善于学习。其一，“眼看”与“手写”结合，重视观察过程。学会观察田字格中的范字，学会对比观察，能自己区分形近字的细微差别，仔细观察教师的范写，

① 刘志基．汉字文化综论．南宁：广西教育出版社，1996：137．

仔细观察同学的书写，学会评价；其二，“脑思”与“手写”结合，重视思维过程。用心识记单个汉字，积极进行规律总结；其三，“口说”与“手写”结合，重视表达过程。通过说字形、说写法、评价等，让学生在活动中能认、会读、会写。

案例 6-4

快乐识字一二三——中年级语文活动课设计①

一、活动目标

（1）培养学生收集材料、整理材料的能力，让学生在生活实践中轻松识字。

（2）增强学生动手操作的能力，培养学生团队合作的精神。

（3）以地方特色资源——银杏（又名白果）为载体，激发学生热爱家乡的思想感情。

二、活动准备

（1）要求学生利用课余时间，分组收集以地方特色资源——银杏为原料的各种产品的包装，通过剪剪、贴贴、画画，整理成一本本融欣赏性、知识性、趣味性于一体的“识字课本”。

（2）抓住典型人物和场景，将上述活动过程拍摄下来，加工成一部艺术片。

（3）准备一些烘烤熟了的银杏果。

三、活动过程

（一）快乐大比拼

1. 播放艺术片。

民主评选出在收集材料过程中涌现的优秀学生及优秀合作小组，并颁发奖品。

2. 评选最佳“识字本”

标准是：

（1）银杏产品分类条理；

（2）剪贴的画面新颖、美观，有一定的审美价值，画面间含有一定数量的文字；

（3）“识字本”装帧考究，有厚度，具备较强育人功能。

活动伊始，学生就初尝成功的喜悦，个个兴趣盎然，为下面的活动创设了快乐的氛围。

（二）快乐练功房

（1）继续以活动准备时的分组为单位，留足时间，组与组之间相互交换传阅“识字本”，让学生在翻翻、玩玩、看看的过程中自然而然地记住生字。这种方法符合学生的心理需求——劳动的成果急需与他人分享，既陶冶了情操，又愉悦了身心。就识字而言，这种方法很受学生欢迎，是实用的、个性化的、效果极佳的。

（2）大屏幕打出文字，以小组为单位比一比，看哪组识字最多。

比赛规则：①小组推荐一名代表参加比赛。②如遇到不认识的字，组内同学可作补充，甚至可换人。③比赛结束后记团体总分，获第一者，组内同学均可获得“识字大王”的称号。文字内容：食品类：银杏晶、清水白果、白果精、天然银杏粉……化妆品类：银杏迪斯香水霜、银杏女士增白粉、银杏美容霜、银杏高级香皂……药品类：银杏减肥茶、哮喘冲剂、银杏叶保健冲剂、如泰脑康口服液……

（3）得出比赛结果。

---

① 顾伟生．快乐识字一二三——中年级语文活动课设计．http：//www.pep.com.cn/xiaoyu/jiaoshi/jxyj _ 1/huodongke/201008/t20100818 _ 679350.htm［2003-11-21］．

学生积极性空前高涨，团结协作的精神得到了升华。学生在识字的同时，进一步加深了对“银杏”的喜爱之情。

（三）快乐模仿秀

（1）分给学生每人一些银杏果，让学生边品尝边畅谈本次活动的感受。先自由练说，再同桌互说，最后全班交流，师生共同评议。

（2）用一两段话给本次活动作一小结，尽可能用上刚刚认识的汉字。

（3）学做推销员。通过今天的活动，学生对银杏产品及银杏在人们息息相关的生活中所起的作用，一定有了更深层次的认识，请学生就银杏某一方面的产品作一模拟推销，给演得好的同学以适当奖励。活动效果深植人心，打破常规，课堂向生活化延伸。很好地达到了在生活中识字，识字为了更好地生活的目的。

（4）活动结束。

总评：快乐而激烈的比赛氛围，将活动一步步推向高潮，知识的积累，智慧的启迪，情感的陶冶，这一切正是开放识字所带来的丰厚回报。

6.5 小学生书法学习设计

6.5.1 小学生书法学习的意义

书法作为中华民族的传统艺术，有着悠久的历史和辉煌的成就，书法教学的真正目的是立足于美育，培养学生对艺术美的敏锐的鉴赏能力。小学生学习书法，好处多多。

首先，可以熟悉笔画，认识汉字。笔画是汉字的基本构件，小学阶段熟悉笔画、认识汉字是其年龄阶段非常重要的学习目标。书法的过程慢，观察仔细，更有利于加深学生对笔画、字形的记忆。而且学习书法过程远比死记笔画、机械记字有趣。通过对书法的学习，既达到了学习的目标，又增加了学生学习的兴趣。

其次，可以练好字形，提高审美能力。熟悉了笔画，认识了汉字，并能在这个基础上在把字写得好看，如注意组成汉字笔画的粗细、长短、轻重，偏旁部首的高低、大小、参差等等。小学生练书法虽不能说达到“曲尽物象”的目的，但通过对书法的学习，逐渐把字写好，从小养成辨别美丑的审美习惯和能力，扬善弃恶，对学生个人美好、健康心理形成有一定促进作用。

再者，可以培养学生的毅力和吃苦的品质。练习书法的过程并不是一帆风顺、水到渠成的，古代曾有“墨池”“笔冢”范例，只有艰辛地付出，才能够成功。学习书法虽不能使人都成为书法家，但在学习的过程中能培养和磨炼出坚强的毅力和吃苦耐劳的精神品质，也是终身受益的。

最后，是对传统书法艺术的吸收和发扬。学生对传统文化艺术的关注越来越少，中国传统艺术中的书法与现代学生也好像渐行渐远。从小抓起，从娃娃抓起，才能把我们民族传统文化的精华发扬光大。

6.5.2 小学生书法学习设计

在小学书法教学中，应特别注意学生兴趣的转移和发展，对不同类型的学生采取相应的教学方法和手段，激发学生的习字兴趣和冲动，使他们有足够的热情投入到书法学习中去。

就字体来说，一般先学楷书（也有从隶体入手的），再学行书及其他字体。楷书点画分明，结构平稳，用笔方法齐备，便于学习。因此，先学楷书是符合学习规律的。当然，先学楷书，并不是说，等到楷书学好了，才能学行、草。一般地说，楷书基本笔法和结构方法较为熟练后，即可学习行、草书。楷书与行、草书交替学习，还可以互相借鉴，互相促进，提高学习效率。

就某一字体来说，先学笔画，再学笔顺、偏旁、部首及结构。以楷书为例，笔画是楷书的基本部分，犹如“机器”上的“零部件”，先有“零部件”才好组装“机器”；掌握或基本掌握楷书的笔画后，才能再按笔画顺序组合偏旁部首，以至完整的独体或合体结构的汉字。当然，先学笔画，并不是说，等到笔画学好了再学写字。一般地说，从笔画入手，更符合学习规律；而在学习偏旁部首和结体的过程中，又可进一步掌握笔画的写法。

就专与博的关系来说，先专学一体，后博学多家。初学就想“博”，必定贪多嚼不烂；建议应先从一体入手，集中精力，把运笔和结构特点掌握好，领悟精神，融会贯通，再学同一字体的其他风格或别的字体也就不难了。

案例 6-5

小学生书法教学一二三①

从学生时代过来已有几十年的时间，期间没有太多中断的大概就是写字课了。回想自己从小学时的描红开始，到现在喜欢用毛笔写字，也颇有感受。其实，习练书法，历来是“我要学”，不是“要我学”，这是至关重要的。小学时代的书法教学，只能说是让学生通过写字去感受传统文化的魅力，至于能否培养写字的兴趣，实现从“要我学”到“我要学”的质的转变，要有很多很多条件，一是学习过程中是否有老师和家长的积极引导支持，二是学生本人是否具备艺术天赋，是否有恒心和毅力。现在很多学校开设了以书法作为特色教学的课程，培养了不少书法苗子，实属不易。今撰文一篇，谈点感受，意在抛砖引玉。

一选，即选帖和选字。小学生习字宜从楷书学起，所选择的碑或帖，俱要做到点画简洁、规范，备选的字体以及点画结构要有代表性，既考虑有左右、左中右结构的字，又要有上下、上中下结构的字，以及半包围、全包围等结构的字，并遵循宜于临习和先易后难的原则。

二比，即比字。对备选习练的字，指导老师要教会学生如何去观察分析，揣摩其偏旁、部首以及点画结构上的差异。考虑到中国书法的文字繁体较多，习字时，指导老师应从文字的渊源着手予以讲解，使学生能对文字的由来和结构的变化有一个比较清晰的印象。通过比，让学生明白书法文字是用毛笔书写出来的，是有粗细变化的，是有提按顿挫的。左右结构的字，在什么情况下是有谦让的；宝盖头（天覆）好比是人戴的帽子，该写大一点还是小一点；用一个生动有意思的比喻，描述什么是起笔和收笔，什么是长短和粗细的对比，等等。总之，老师以较为形象的方式教会学生善于发现文字结构点画的共性和个性，做到熟记于心，是一个可行的方法。

三摹，即描字。用米字格描红簿或薄宣纸，覆盖在所选的范字上，按笔顺仔细描摹，力求神形兼备。摹字不求数量，重在质量。起初指导老师对学生习作的点评也以鼓励褒奖为主。

四临，即临字，即对照范本临摹书写，临字应严格要求。但如何临，既有方法问题，也有临书人的悟性问题。临帖第一阶段是照着样子写，第二阶段是开始写得有样子，第三阶段是写得跟样子一样。从最基本的临、背、默帖开始，如此一遍两遍三遍四遍，数十

① 流沙．小学生书法教学一二三．http：//blog.sina.com.cn/s/blog_60f027730100lt86.html［2010-10-15］．

遍，从眼到手不到，到眼到手到，再到眼手心合一，等到写得与范本几乎没有差别的时候，临写就算过关了。而这一个过程恰恰是最难的，连成人也很难熬，何况是正值好动贪玩时的学生。

五评，即评字，评学生习作与范本的差距，通过点评形成一种学习的互动，既要有老师对学生的习作分析，又要有学生与学生之间的互评，最后由老师当堂示范，达到应有的课堂教学效果。

六创，这是小学生习字的高级阶段，也是对书法教学成果的最真实有效的检验。所谓创，就是要敢于和范本不一样，在指导学生遵循用笔法度的前提下，根据各自爱好和习惯的不同，加重或减弱点画的变化，墨色的变化等等方式，收到不同的艺术效果。创作的形式很多，可以选择两个或四个字的词语，进行“少字法”创作，还可以选择诗词或楹联多字的“集字法”创作。对学生的优秀作品要逐一点评，鼓励举一反三，鼓励活学活用，激发他们爱写字、写好字的兴趣和信心。

小学生时代的书法教学，最好的方法就是从硬笔书法开始，把课堂认生字与写好字结合起来，一举两得。小学时代于学生的学习生涯而言，极为短暂，而书法艺术的追求是一辈子的事，写好字固然很重要，但写好字不是终极目标，从小培养良好的写字习惯、学习习惯和生活习惯，比什么都重要。

6.6 课堂作业和课外作业设计

6.6.1 作业设计的特点

作业是检查学生学习情况，反馈教学效果的重要手段之一，它既能使学生巩固已学知识，又能发展学生能力，培养学生的创新精神与意识。因此，小学识字写字教学后的课堂与课外作业的设计也是我们关注的课题。近年来，随着中小学生减负问题的基础，特别是教育部一再强调：“严格控制作业总量和考试，小学一、二年级不留书面家庭作业，其余各年级的家庭作业总量控制在1小时以内……”作业布置的量已经有了一定的控制，然而在质的方面还有待于进一步提高。小学阶段的学生，课堂与课外作业的设计与布置应体现愉悦性、自主性、实践性等这样一些特点。

所谓的愉悦性，就是考虑作业是否能激发学生的学习兴趣，调动其学习积极性。识字写字作业，我们可以通过问一问、想一想、读一读、说一说、背一背、查一查、做一做、画一画、写一写等多种形式来设计，如课堂上通过“开火车”的游戏，把新学的字读出来，记下来，再如通过“我来当老师”的活动，把在学校里学的生字词在家里教给爸爸妈妈等。

所谓的自主性，就是在承认并尊重学生的差异的前提下，作业的布置应体现层次性，给学生选择作业内容、作业形式的自由。例如，在学习完《菜园里》一课后，教师布置了这样几项作业：第一，读一读：①把生字读给家长听，让家长评一评读得怎样。②把你读的儿歌录下来，和家长一起听，一起评。第二，说一说：①把课文中你认识的蔬菜瓜果的名字和它的样子说给小朋友听。②除了课文中写到的，你还认识哪些蔬菜、瓜果，学着课文的样子，说说它们的特点。第三，认一认：到超市或菜市场去认识一些蔬菜、瓜果，试着将这些瓜果蔬菜的名字写下来。这些由易到难、形式多样的作业，有利于调动各个层次学生学习的积极性。

所谓的实践性，包括动眼、动口、动手的实践性作业。以“动眼”为主的实践性作业，可以培养学生的观察能力；以“动口”为主的实践性作业，可以培养学生的语言文字感受能力；以“动手”为主的实践性作业，可以培养学生的创新意识和创新能力。在实践活动中也能体现愉悦性和自主性。

6.6.2 如何进行课堂与课外作业设计

作业是课堂教学的补充和延续，它可以最大限度地拓展学生的课余空间，让学生有更多的时间自由支配，丰富他们的课余生活，发展他们的个性。低年级的孩子正处于识字的阶段，学会了一部分字以后，阅读对他们来说充满了好奇，他们也愿意在阅读中学习新的知识。所以，我认为可以与阅读相结合来布置课堂与课外作业。这里所讲的阅读并不是让学生漫无目的地乱读，可以通过让孩子读过之后讲，把大概意思讲给同学、老师、家长听，或者老师提几个问题来检测。这样，不仅让孩子在阅读中获取了新的知识，也让孩子在阅读中对学过的字进行再认（巩固和复习），还可以让孩子学会更多的新字。比如，在教学一年级语文的时候，要求孩子们掌握一些字词，就把枯燥的抄写设计成让学生自己制作字卡、词卡。这样既动了手，又动了脑。孩子们对这样的作业充满了兴趣，把自己的字卡、词卡设计成了各种各样的形状，还配上了各种图案，最重要的是在这一过程中，他们都在潜意识中进行了生字词的识记。

同时，课外作业，包括家庭作业，也是教育教学的重要组成部分，能培养孩子的创造精神和实践能力，促进学生全面发展。各国布置学生家庭作业的做法：法国政府自1956年起就明令禁止给小学生留家庭作业，以保证少年儿童的课余活动时间和他们的身体健康。但1987年的一项调查表明，近99%的小学教师仍给学生布置作业，当然作业量不大，平均初级班学生每天做一刻钟到半个小时的作业，中级班为半个小时至1小时。前苏联曾规定一年级不留家庭作业，二年级学生用于家庭作业的时间每天在30分钟以内，三、四年级在1小时以内。俄罗斯基本上沿用了前苏联的做法。德国各州为了减轻学生的学习负担，保证儿童有充足的自由活动时间，都在学校法中对小学阶段学生家庭作业量进行了限制，一般规定，一、二年级学生家庭作业每天不得超过半小时，三、四年级学生家庭作业不得超过1小时。英国政府文件规定，禁止为12岁以下的儿童布置家庭作业，也就是说小学不能给学生布置家庭作业。美国各州对学生家庭作业的规定与做法差异很大，甚至因校而异。小学低年级一般不布置作业，而且并不是每天都有作业、小学高年级每天的家庭作业一般不超过1小时。我国规定，小学一、二年级一般不留书面家庭作业，三、四年级每天课外作业量不超过30分钟，五、六年级不超过45分钟。一些国家取消了学生的家庭作业。韩国在1981年公布了《教育改革的新方针》，不但禁止教师、家长给学生布置课外作业，而且连补习夜校也一律停办。土耳其从1985年开始禁止学校给学生布置家庭作业。西班牙禁止给6～14岁的学生布置家庭作业。

所以，作为小学教育教学工作者，我们更应该清楚地认识到小学生作业中存在的问题，采取有效的措施，合理地设计和布置作业，才能让我们的孩子在小学这个起跑线上，学得丰富，学得快乐，学得有意义，能让我们的孩子充实而又快乐地度过自己的童年生活！[①]

---

① 武春娥．一年级实验教材课后练习的新特点．http：//www.pep.com.cn/xiaoyu/jiaoshi/jxyj_1/zuoye/201008/t20100818_679099.htm［2002-12-29］．

实践反思：专业智能与专业态度

我的识字教学观①

南京师范大学附属小学　斯霞

识字是阅读和作文的基础。识字教学的质量直接关系到语文教学的质量，关系到学生掌握语言文字这一工具促进其他各门知识的学习质量。研究识字教学，探求出既减轻学生负担又提高识字质量的更科学、更艺术、更符合儿童接受能力的识字教学途径，实在很有必要。当然，这不是短期内能实现的，而是要经过广大教师、科研人员长期的努力，逐步接近这一目标。

我一直认为，教学领域的发展同其他科学领域的发展一样，是永无止境的，通过研讨，可以提高认识，更好地指导识字教学的实践，推动识字教学的不断发展。

为了论述的方便，先谈一下随课文分散识字的概念。

随课文分散识字最突出的特征是“字不离词，词不离句”，把生字词放在特定的语言环境中来感知、理解和掌握。现在有的老师对什么是集中识字，什么是分散识字，认识上有些模糊。把一篇课文中的生字提出来先教就以为是集中识字，而提到分散识字，就以为要学生识的每一个字都必须在课文中出现，随课文教学。这是一种误解。分散识字之前，同样要教汉语拼音，要教看图拼音识字，要学若干短语、句子，但以后的大量识字任务是分散在一篇篇课文中，通过教学课文使学生掌握汉字的。就像现在三年级以上的语文教材，都是一篇一篇的课文，没有单独的识字教材。至于一篇课文中的生字词，是集中先教，还是部分先教，还是边学课文边教……那是分散识字中的具体技巧处理问题。我曾经写过一篇文章，叫作《字词的出现、讲解和巩固》（原载《江苏教育》1960年第4期，《斯霞教育文集》第20页）归纳了4种字词的出现方式：按照课文内容顺次出现字词；课文中占主要地位的生字词先出现；结合讲读提出字词；在理解课文内容以后再提出生字。这就是说，随课文分散识字注重研究生字在具体语言环境中的地位，也要充分考虑学生是否便于学，是否学有兴趣，并且教学生字时要分析笔画、笔顺、字形、结构，进行听说读写的各种训练等。随课文分散识字运用得好，字的音形义紧密结合，读说写紧密结合，可以提高识字的数量和质量，使学生切实掌握语文这个基础工具。

下面谈几个观点。

一、识字教学要遵循儿童的认识规律

识字教学的对象是学龄初期的儿童，他们只有6～7岁。心理学研究证明，这一年龄段的孩子共同的心理特征是：好动、爱玩，不能长时间专注某一事物，喜欢接触形象的具体的有趣的东西，记忆力比较强，但易记也易忘……即使是那些“神童”，也同样是通过与他们的心理特征相适应的内容和方法而获得知识，产生兴趣的。

我们教6～7岁的儿童识字，切不可忽略这一普遍的规律性的特点。识字教学要从内容、形式、方法等方面为儿童接受新知识提供方便。比如，识字教学的内容要由易到难、由简到繁、由浅入深；教学形式要生动活泼，教学难点要分散，教学方法要灵活多样，使儿童喜闻乐见，易于接受，易于记忆。如汉语拼音，是一个个毫无意义可言的表音符号。死记硬背固然也能让儿童掌握，但耗时多精神压力大，不可取。教材的编者为此在不断地加以改进，为汉语拼音字母设计出了越来越便于教学的图像。实践证明，这样的教学内容再加上恰当的教

① http://www.xxyw.com/ar/MuJy_Read.aspx?KindID=26&ID=1858.

学方法，可以用较短的教学时间（如两周多一点）使儿童学会声、韵、调及拼音方法，会临写。以后在汉字教学中不断运用，反复重现，学生就能熟练掌握乃至终身受用。但如果在以后的教学中不善于运用汉语拼音，初期即使记得滚瓜烂熟，后来也会回生、遗忘。

识字教材同样如此，内容要贴近儿童的生活实际、思想实际，字形要由简单到复杂，要配上色彩鲜艳的图画，儿童就乐意学。汉字中几十、上百的独体字，字形简单，又有独立的意义，便于用图形表达字义，有不少独体字还是以后学合体字的组成部分，看图识字便应运而生，经久不衰。低年级的课文，句子宜短，篇幅宜小，要有点故事性、趣味性，读起来朗朗上口，再配上插图，图文并茂，就能吸引儿童。

教材内容符合儿童认识规律，只是提供了学习的条件。教材要靠教师去贯彻实施。如果教学中不遵循儿童认识规律，仍然会出现这样那样的问题，影响儿童学习积极性。如机械地读、抄、写，儿童从精神到肉体都会感到疲倦、厌烦，影响他们生动活泼主动地发展。因此，越是在低年级，越是在学龄初期，越要讲究教学方法的灵活多样，越要善于组织儿童学习，调动儿童学习的积极性。要根据教材和儿童的实际，尽可能地采用实物、标本、模型、图画、幻灯片、录音、动作、表情或语言描绘等手段，把生字词的第一印象深深印在儿童的脑海里；还要引导儿童的眼、耳、鼻、舌、手等感官参与获得新知识的活动，瞧一瞧，听一听，闻一闻，摸一摸，尝一尝，做一做，有时候远远胜过单纯的听、记、背。因为这样做，强化了汉字音形义的联系，符合儿童爱动、好奇，容易接受具体形象的事物等心理特点，才能收到事半功倍之效。

二、识字教学要教给儿童识字方法，提高智力，增强能力

识字教学是儿童学习文化、掌握知识的奠基工程，是为使我们的学生将来都能正确使用祖国语言文字而进行的关键工作。识字教学决不是低层次的简单劳作——仅仅教儿童孤立地识字。识字教学应“刺激儿童心智的发展”，教儿童学会自觉地去识字。

1）识字教学要教给儿童识字方法，培养识字能力

大家知道，汉字有其自身的特点、规律。汉字本身不能表音，故教好汉语拼音，使儿童有借助汉语拼音读准字音的能力，是识字能力中基本的一条。汉字是方块字，有其结构规律、书写规则。无论哪种识字方法，都要使儿童具有分析字形的能力，正确书写的能力。汉字是音形义的统一体，使用时不能同音替代，而汉字中同音不同形、义的字特别多，掌握了 411 个音节，可以读出成千上万的汉字，但成千上万的字各有不同的形和义。汉字还有一字多义的特点，联系上下文正确理解字义是一项重要的能力。查字典的能力是学生自觉识字的关键，有了这种能力，字的音形义某一方面不清楚，都可分别通过音序查字法、部首查字法、难字查字法等获得解决。这些识字的方法和应有的能力，是通过教学活动逐步教给儿童，从而形成他们识字的能力。如果只靠教师一遍遍反复讲解、交代，让学生死记硬背，是不能形成学生识字能力的。

2）识字教学要开启儿童心扉，发展智力

这既是思想上要充分认识的问题，又是在方法上要具体渗透的问题。有时，只看到眼前短期的效益，忽略了长远的发展的需要；有时，犯了顾此失彼的毛病，抓了识字，忘了和听说读写的联系；教给了方法，忽略了经常性的训练，结果方法不熟练，发展智力、培养能力也成了空话。我遇到过一个孩子，入学前已认识了五六百个汉字，但后来在写话、作文中并未见得比原先未识字的学生强。因为家长在教这个孩子识字时未和发展其认识事物的能力一致起来，识字和听说读写也没有相互配合好。这个例子说明认识的字不一定都能正确理解，而只有理解了的才算真正认识。我的体会是，在识字教学的步骤、环节上，尽可以有主有

次、有重有轻，但思想上却不可存“单打一”的想法。在教给识字方法的同时，要重视听说读写的训练，在进行听说读写训练时，切不可忘记还负有培养识字能力的任务。我一直认为，真正达到读准字音，认清字形，了解字义，学会运用，才是识了字。识字教学就要在这方面下工夫。衡量识字教学质量也要从听说读写几方面考查。

在识字教学中，学用结合是开启儿童心扉的好办法。识了字就要用。用多了，用熟了，就能“生巧”。这个“巧”，就是智力。从这个意义上说，识字和听说读写应是一体，不能人为地把他们分割开来。听说读写就是把识的字付诸应用。可以这样说：谁学用结合得好，结合得早，谁就在发展智力上占了优势。在低年级，以语言训练为中心，把识字、阅读、写话结合起来是一条行之有效的途径。学用结合要由易到难、由简单到复杂，紧扣儿童知识基础、思想水平和生活实际需要，教师有意识有步骤地示范、引导，如把要告诉学生的话写在黑板上，让学生读并按要求去做；鼓励学生自己写姓名，辨认同学姓名；识路牌、看商店名称；记班级日志，记种植情况、作物生长情况；给家里的器具贴上自己写的名称，提倡有事给老师写条子……这些措施可让学生和字词反复见面，体会到识了字用处大，进而提高识字、学习文化科学知识的积极性、自觉性。教师要善于捕捉各种机会，不断刺激学生的求知欲，要及时树立一个个学生通过努力达得到的目标，要热情点燃学生智慧的火花。

熟练掌握知识是学用结合的必要条件，而学用结合又能促使学生进一步牢固掌握知识。教学过程中经常性地抓新旧知识的联系，抓字词句的联系，组织多样化的有意义的字词句练习，是熟练掌握知识的重要手段。这些，都要安排得使学生感到兴趣盎然，精神振奋，这样才有助于智力发展。

三、识字教学要着眼于减轻学生负担，促使身心健康发展

减轻负担，提高质量，是教学改革要解决的难题。小学教学的研究、改革同样不能避开这个难题。迄至今日，一年级小学生负担过重的呼声仍不绝于耳。一上小学，孩子回家就要读呀，背呀，写呀，忙个不停。课业负担重了，影响到身心健康，影响到个性发展。孩子从小觉得读书苦，总不是好现象吧！学生如果能在轻松、愉快、积极、主动的状态下获得好成绩，岂不更理想？因此我以为研究识字教学既要提高质量，又要着眼于减轻负担，要把这两者统一起来。1958 年我接受学制改革任务时，领导交代得很明确：儿童的思想品德要和平时一样抓，学制缩短一年，不能加班加点，不能影响儿童的身体健康。我们学校甚至规定抄写生字不超过五遍。我牢牢记住这些要求，通过认真备课，努力改进课堂教学，提高课堂教学效率，采用各种方法使儿童爱学、易学。课堂上的“文章”做好了，学多、学快、学好才有了保证，有了基础，避免了加班加点、加重儿童负担的做法。去年 12 月，58 届学生从各地赶回南京，回忆小学生活时说：当年我们学得很轻松，很愉快，小学阶段是最快乐的时候，可现在我们的孩子学习负担比我们当年重得多，不知为什么。这真是一个值得研讨的问题。

我主张识字数量不要太多。一些暂时难认、难理解的字词不必硬灌给儿童，以后他们有了相当的知识基础就不难掌握。这有利于减轻负担，也有利于智力发展，还有利于常规训练。皮亚杰说：过早地教给学生一些他自己日后能够发现的东西，会使他不能有所创造，结果也不能对这东西有真正的理解。这话是很有道理的。

四、识字教学要把握要求，明确目标

我把这一点放在最后是基于这样的认识：识字教学是语文教学的重要部分，但识字任务并不是某个阶段能全部完成的。从广义说，和文字打交道，一辈子都在识字，都需要不

断识字。譬如，一个早已认识的字，在某个语言环境中怎么理解它的义？得翻翻字典，问问人。我这个姓（斯），学生早就认识了，可是看到“斯文扫地”这个词语时，他不一定懂得意思，就得学习。当然，基础教育阶段的识字教学，大纲中已有明确要求，教材中分年级分册作了具体安排。但大纲、教材是靠人去贯彻的。要是我们对大纲、教材的理解不全面、不深刻，具体实践中就会发生许多偏差，如汉语拼音是识字的工具，小学各年级都有识字任务，只是多寡不一。可是有人把汉语拼音仅仅看作是低年级的识字工具，中高年级就舍弃不用，以至小学毕业时学生遗忘了，再搞突击“复习”“补课”，应付考试。过去教学大纲中有一、二年级以识字为重点的话，有的就理解为只要抓识字，不重视阅读、写话等训练，语言训练更是丢在一边。现在不提识字为重点了，有的就放松了识字教学。这类情况的产生，实际上对识字教学的要求没有真正弄清楚。过去提识字必须“四会”（读、说、写、用），对所有的汉字都作统一要求显然是不合适的，我在教学实践中早已做到区别对待了：难写的字，不要求默写；这个年级、这个年龄段不易运用的字不要求用（即1978年小学语文教学大纲中提出的两种不同识字要求——一类字、二类字）。但实际上，识字最终都应达到“四会”。我以为，这就是教者心中必须明确的目标。这个目标，又必须抓住各个阶段有重点有步骤地实现，必须渗透在整个的语文教学活动之中。没有“四会”，尽管学生识了几千字，当他在作文中频频出现错字时，我们能说是达到了识字教学要求、完成识字任务吗？当然不能。

现在识字教学行之有效的方法很多，我认为各种方法之间切磋交流，有助于百花齐放，有助于取长补短，有助于我国小学教学逐步科学化、现代化。

复习与思考

1. 汉字有哪些特点？小学生识字写字的心理规律有哪些？
2. 识字写字教学的难度在哪里？
3. 识字教学的步骤、环节和方法有哪些？
4. 写字教学的意义是什么？写字教学的方法有哪些？
5. 如何提高小学生写字的素养？
6. 小学生书法学习的意义在哪里？
7. 如何根据小学识字写字总体目标和学段目标，进行单元目标和课时目标的设计？
8. 如何进行单元教学内容与课时教学内容的选择与整合，并结合案例进行设计？
9. 如何就识字写字教学，进行课堂教学思路与教导活动的设计？请举例说明。
10. 能否就某一教材内容进行课堂学生识字写字活动的设计？
11. 小学生书法学习的意义在哪里，如何进行书法教学设计？
12. 课堂与课外作业的设计与布置的特点有哪些？如何进行设计？

拓展资源

崔峦 . 1999. 小学语文教学论 . 北京：中国人民大学出版社 .

胡根林，陶本一，于龙，等 . 2008. 上海市小学低年级识字教学字量、字种研究——以上海一期课改 H 版、S 版和现行 2004 年版小学语文教材为研究对象 . 上海教育科研，（4）：4.

倪文锦 . 2003. 小学语文新课程教学法 . 北京：高等教育出版社 .

倪文锦，欧阳汝颖 . 2002. 语文教育展望 . 上海：华东师范大学出版社 .

施良方 . 1996. 课程理论——课程的基础、原理与问题 . 北京：教育科学出版社 .

王策三 . 1985. 教学论稿 . 北京：教育科学出版社 .
王丽 . 1998. 中国语文教育忧思录 . 北京：教育科学出版社 .
吴立岗 . 1998. 教学的原理　模式和活动 . 南宁：广西教育出版社 .
夏家发，彭近兰 . 2010. 教学活动设计 . 武汉：华中师范大学出版社 .
夏家发，杨再隋 . 2000. 小学语文教育 . 武汉：湖北人民出版社 .
语文课程标准研制组 . 2003. 小学语文新课程案例与评析 . 北京：高等教育出版社 .
周一贯 . 2000. 小学语文尝试教学设计 . 北京：教育科学出版社 .
朱家珑 . 2008. 小学语文教科书文化价值的取向与构成——以江苏教育出版社版本为例 . 教育导刊，(7)：34.
凤凰语文网 . http：//www. xxyw. com.
小学语文教学资源网 . http：//xiaoxue. ruiwen. com.
小学语文资源网 . http：//xy. eywedu. com/.
语文网中网 . http：//www. laomu. cn/.
中国知网 . http：//www. cnki. net.
中华语文网 . http：//www. zhyww. cn/.

第 7 章 小学阅读教学设计与案例研究

易 进 北京师范大学

学习目标

1. 初步了解小学语文阅读教学实践的普遍问题；
2. 理解确立阅读教学目标的多种角度及确定具体教学目标的依据；
3. 掌握在阅读教学中进行语文知识教学、阅读方法指导、思维训练的内容和策略；
4. 在设计、实施和分析阅读教学时能考虑单元要求和多篇课文间的联系；
5. 掌握课外阅读指导的方式方法。

专题导向

专题 1：确立阅读教学目标的多种角度
专题 2：单元教学与多篇整合教学设计
专题 3：阅读教学中的语文知识教学：字词句片段、修辞格、文体和表达方式
专题 4：阅读过程和方法指导
专题 5：阅读教学中的思维训练
专题 6：课外阅读指导

7.1 确立阅读教学目标的多种角度

根据《语文课程标准（2011 年版）》课程目标的规定以及其他国家母语阅读教学的实践，阅读教学的内容一般包括：①常见的文本类型及其基本特点，如儿童文学、常见应用文、诗歌、叙事性作品、说明性文章、书报等；②基本的阅读习惯和策略，如读书看报、课外阅读、批注或做笔记、积累词语和句段、质疑、猜测和验证等；③常用阅读方式，即朗读、默读、背诵、复述、略读和浏览等；④语文基础知识，包括词句的理解、积累和运用，篇章内容如人物或景物特点、文章主要内容、思想感情等的理解和感悟，掌握常用标点符号，把握文章组织结构和表达方式，等等。

上述教学内容要通过一系列的阅读教学，也就是许多篇课文、许多节语文课的教学才能实现。具体到某一篇课文和某一节课，则是根据课文的内容和特点，恰当选择其能够实现的某一方面教学内容，突出重点，按照学习心理的规律来设计和组织教学。

我国的阅读教学主要围绕一篇篇的课文进行，且每一篇课文的教学时间有限，因此，每一次阅读教学还是很有必要对每一篇课文的重点教学目标和教学内容有所选择和设计。面对同一文本，教师可以从不同的角度确定阅读教学目标，进行多样化的教学设计。“同课异构”或“同课异教”的教学案例是这方面的最好例证。同课异构的基础是“同课”，即同一教学内容；“异构”概括起来说，包括文本解读上的异、教学资源重组和利用上的异、教学设计与构思上的异、教学方法上的异、教学风格上的异等。

教师面对同一教学内容，可以立足所教学生的具体学习需要，凭借自己的教学经验，依

据课文在单元、在整册教科书以及整套教材中的地位和价值，针对课文的文体和语言特点，选择某个角度确立教学目标，设计教学流程并实施教学。

案例 7-1

下面是针对两篇阅读课文的同课异构教学设计和课堂实录，请结合上述内容，对以下教学做法进行鉴赏和评论。

一、同课异构：《去年的树》①

2007 年年底在北京举行的“小学语文教学观摩”活动上，来自不同地区的老师都执教《去年的树》这篇童话故事，但具有不同的设计理念、教学目标和教学过程。表 7-1 是四位老师确立的教学目标。

表 7-1　对同一篇课文《去年的树》的几种教学目标

教师	教学目标
王清凤（香港）	学生能借探讨小鸟的心情指数，了解故事的脉络，并加以复述 学生能对“诚信”二字作出个人见解，并从生活中发掘事例 学生能从不同有关“友谊”“诚信”的故事中，找出朋友之道，并与同学分享
黄敏（台湾）	愿意参与小组讨论，进行合作学习 对朋友、守信及牺牲奉献等概念与行为进行深入的探讨 学习如何深刻地描绘朋友的关系
卢静（北京）	多元理解感悟童话《去年的树》 打开学生的想象空间、思维空间 激发阅读新美南吉写的童话的兴趣
梁怡安（澳门）	透过角色的扮演理解课文内容 以多元学习形态进行思想教育，并感受童话的寓意 开发感官想象力及肢体的美感 培养学生的创意思维 增加团体合作性

在王老师的教学设计中，第一条目标与阅读方式有关，学生要把握文章的脉络，按照小鸟的心情变化练习复述；后面两条目标侧重课文主题的理解和感悟。黄老师的教学设计首先是以课文为媒介对学生进行合作技能的培养，其次也是围绕文章主题，让学生深入思考。两位老师对文章主题的处理有相同之处，都侧重诚信、友谊，但前者较注重理解、感悟，教学过程与课文内容结合比较紧密，而后者则侧重批判性思考，通过课文引出讨论话题后，主要是引导学生联系生活经验来思考和讨论。卢老师的教学设计没有突出某一个或某几个主题，而是以课文为媒介，指导学生交流对课文的理解和感受，让学生感受对课文的多元理解；同时通过补充其他童话，让学生感受和理解童话的特点，引导阅读兴趣。梁老师的教学设计也不是围绕课文主题来组织，而是将课文作为戏剧表演的素材，侧重指导学生排演故事，教学重点落在学生的语言表达和戏剧表现方面。

二、特级教师同课异构：《林冲棒打洪教头》

这篇课文是古典章回小说《水浒传》中的一个章节。根据小说的文体特点，其阅读重点是把握人物特点。因此，这篇课文的教学通常会将理解林冲这个人物的形象和特点作为一个

① 王清凤，黄敏，卢静，等.《去年的树》教例（一）（二）（三）（四）. 小学语文，2008，(3)：30-38.

学习重点，通过教师指导的过程使学生体验把握小说人物特点的过程和方法。除此之外，这篇课文的教学还可以涉及其他方面的阅读教学目标。从下面两位特级教师的教学实录中，我们可以看到不同的设计思路和教学重点，以及引导学生理解人物形象的不同教学策略。

（一）孙双金老师的课堂实录①

第一环节：音乐激趣，学生质疑

上课伊始，教师播放电视剧《水浒传》中的《好汉歌》。……

师：……刚才同学们讲了好汉的许多特点，今天我们就重点来研究一下《水浒传》里面108将中第一位出场的好汉。他是谁？

生（齐答）：林冲。

师：板书课题（一笔一画，苍劲有力）。一起把题目读一读。……

师：看到这个题目，你有什么问题？孙老师最喜欢发言的同学，讲对的表扬，讲错的还是表扬。

学生提出的问题：林冲为什么要打洪教头？林冲棒打洪教头的原因是什么？林冲打的是好人还是坏人呢？林冲为什么要棒打洪教头，而不是拳打洪教头呢？最后是林冲赢了，还是洪教头赢了呢？林冲是怎样棒打洪教头的？……

第二环节：熟读课文，分享阅读，理解词句

师：……我们现在来读读课文，从课文中找一找答案。……（学生自由读课文，时间长达8分钟。之后请学生在自然段前标上序号，再读自己喜欢的段落。）

师：……因为这篇课文是从《水浒传》当中节选、改编来的，它里面有些词是不容易懂的，请你拿出笔来，找一找，课文里面哪些词和句是你不懂的，先在书上作个记号，然后同桌讨论讨论。开始。（生画词，讨论）

师：……如果你提出的词语你会解释，你就是他的小老师，帮一帮他；如果你遇到的词语，你不会解释，你又没有提出来，那你向你的同桌请教一下：你是怎么发现的？我刚才怎么没有发现呢？让他做你的小老师。好不好？……

师：如果你们两个都解决不了的问题，提出来，我们大家来解决。你们两个已经解决的问题就不再问了。什么地方是你们两个都解决不了的问题？

生：依草附木。

师：这是你们两个人都无法解决的，我把它写下来。（板书：依草附木）

（教师指导学生理解词语意思）

第三环节：对比分析，体会人物特点

师：好。今天同学们情绪都很好，孙老师就两节课连着一起上了。今天这节课我们就重点研究一下课文中的两个人物。一个是谁？

生（齐答）：林冲。

师（板书）：我这里黑板上有一个填空“（　　）的林冲”，你读了这篇文章之后，你觉得林冲是怎样一个林冲？前面加一个什么词语？加词的理由是什么？你从课文哪些句子当中找出这些理由？……还有一个要求，待会儿我让你起来讲的时候，你不仅要讲出你认为林冲是一个怎样的林冲，还要讲出你的同桌——他认为林冲是怎样一个林冲。就是要把同桌的话、同桌的语言原原本本说给大家听，就是要学会倾听同桌的发言。知道了吗？

……

① 姚春杰．小学语文名师同课异教实录．上海：华东师范大学出版社，2008：3-18.

师：研究了林冲，必然还要研究一下另一个人物，谁？

生（齐）：洪教头。

师（板书“（　　）的洪教头”）：你认为洪教头是个怎样的人呢？

……

师（指着黑板上的词语）：好汉应该具有什么样的性格？

生（齐）：谦虚、机智、心胸广阔、善于思考、镇定自若、武艺高强。

师（指着黑板上的词语）：洪教头是什么人？

生（齐）：骄傲、心胸狭窄、自不量力、自以为是、小肚鸡肠。

第四环节：朗读表演，情感升华，运用语言

……

师：同学们都读得很好。现在我们来演一演这两个人物，……你们两个要随着她（旁白）的朗读，作出相关的动作，怎么把火烧天，怎么拨草寻蛇。其他同学都是什么？（生齐答：观众。）洪教头倒地以后，你们应该怎样？（生齐答：哈哈大笑）

生：两男生表演第七段内容。（表演与旁白不合拍，但仍逗得学生大笑。）

师：看来表演和旁白合不到一起。这样吧，这次不要旁白，你们两个自己说，自己演，好吗？开始。（两男生再次表演第七段内容）

师：课文已经学完了，谁愿意把全文给大家美读一遍？（一生有感情朗读全文）

师：……现在拿出练习本，听写十个词语。请一位同学到黑板上来写。

（听写的词语：依草附木、拨草寻蛇、满面羞惭、杀鸡宰羊、劈头打来、流配、恼恨、踉跄、厅堂、理睬。听写完之后，教师当堂订正，同桌之间互相订正。）

师：这篇课文是从《水浒传》中节选的，《水浒传》里像这样精彩、有趣的故事还有很多，下课以后，同学们可以找来儿童版本的《水浒传》认真读一读，找出你最感兴趣的故事，讲给全班同学听，评出你们班的故事大王。好不好？（生齐答：好。）下课！

从孙老师的课堂实录看，一个重要的教学目标是让学生把握林冲这个人物的特点。这一目标与课文的体裁——小说很符合。小说是以塑造人物为主的一种文体，小说的教学要引导学生关注人物形象和特点。孙老师通过林冲和洪教头两人的对比，以及随后的表演都让学生很深切地感受到林冲这个主要人物的特点。此次教学的另一个目标是语文知识，主要是词语的学习，孙老师请学生提出自己不理解的词句，先让学生合作探究，对仍未解决的问题再进行全班指导。其中有相当部分教学是针对词语来进行的，最后还进行了生词的听写，可以说是对生词教学目标的一种检测。教学的最后一个环节是分角色朗读和表演，这不仅有助于学生对人物的理解，而且也是对学生进行语言运用的训练，使学生可以及时运用课文的相关语句，练习口语表达。在上课期间，孙老师还特别注重同伴合作的指导，特别是在同桌讨论环节，孙老师要求学生不仅自己想好，而且要好好听同桌的想法，这又在训练听话和与同伴讨论的能力。

（二）于永正老师的课堂实录①

第一环节：课前营造互动氛围、检查预习（略）

第二环节：读通课文

（指名读各个自然段，于老师及时点评、示范）

第三环节：分析人物形象

师：课文读通了，还要把不同的人物的思想感情读出来。我想问大家一个问题，通过读

---

① 于永正．“林冲棒打洪教头”课堂实录．http：//www.szteacher.net/？F=View.html & Rid=30012 [2008-12-11]．

课文，同学们读了这么多遍，刚才又读了一遍，我想问一个问题，林冲这个人给你留下了什么样的印象？也就是说林冲这个人怎么样？……

生：林冲是一个武艺高强的人。

师：……为什么我料定同学们一定会这样说呢？因为这点同学们一眼就看出来了。三年级同学读了以后也能看出来，也会说林冲了不起，武艺超群。

师：再说“武艺超群”就是好汉吗？就是英雄吗？林冲还是怎样的人？

生：林冲是个谦虚的人。

师：还有吗？

生：深藏不露的人。

师：……“武艺高强”的林冲和洪教头比试的时候多激烈，不到一个回合，就把洪教头打倒在地。“有礼貌”是表现在一看洪教头进来，躬身施礼，所以说有“有礼貌”。

（生读林冲有礼貌的句子）

师：武艺高强并不是好汉或是英雄，但武艺高强有礼貌可以说算好汉。在林冲身上他的为人最可贵的是什么？……请大家认真默读第3、4、7自然段，用心读，在字里行间中找一找，想一想林冲的为人，他的性格和人品。林冲和其他的好汉不一样吧！细心地读一读，不要放过每一个字。（生默读）

师：下面我再请同学读第3自然段，其他同学要做好两件事，眼睛看书，脑子思考。耳朵听，眼睛看，脑子记。（生读）

师：“不敢，不敢。”从刚才的表现中，看出了林冲的为人。下面老师再请同学读，其他同学眼睛看，耳朵听。（生读）

师：“请教了。”林冲对洪教头很恭敬，注意他的说话语气。林冲只好从地上捡起一条棒，只好说：“请教了。”你看他的为人、人品怎么样？洪教头是“打”的姿态，而林冲把棒一横，什么姿势，完全是防守的姿态。再来读。（生读）

师：我们可以讨论了吧！林冲的做事和他的为人中，有个非常突出的特点，这个特点是非他人能比的，也不是其他的梁山好汉可以比的，他这个特点用一个字就能概括，一个字，说说看。

生：忍。

师：再说一遍。不准，这个字和“忍”有关系。

生：快、沉。

师：快不是为人。站起来说。

生：稳。

师：默读3、4、7自然段，这个字出现了好几次，只是不思考的人发现不了，只有思考的人才能发现。思考是很重要的，思则得知，不思则不得也。

生：让。

师：把掌声送给他。这是最核心，最突出的一个字。让我们恭恭敬敬地写好这个字。老师板书。

师：“让”啊是一种美德，再看一个“让”字，就能概括出林冲的为人，概括他的人品，一个人只是武艺高强不能算好汉，也可能是个坏人，一般的有礼貌也不能成为英雄，他的为人，他的人品最重要，体现林冲人品的字就是这一个“让”。

……（引导学生说出“忍让、礼让、谦让、退让、故让、宽让”等字词）

大屏幕出示：子禽问于子贡曰：“夫子至于是邦也，必闻其政，求之与，抑与之与？”子贡曰："夫子温、良、恭、俭、让以得之。夫子之求之也，其诸异乎人之求之与？"

师（讲解古文大意后）："让"是一种美德，是一种胸怀，是一种境界，林冲作为 80 万禁军教头，是一个教官，一个有身份的有教养的人，到了梁山，他不仅武艺高强，他的人品也值得大家称道。他才受到了大家的喜爱，流传至今，还要流传下去。我们读小说就要读人，这样读才能使自己有收获，有启发。

师：那么看一看洪教头吧！洪教头是坏人吗？

生：不是。

师：如果不是从哪里看出来的。把原因告诉我。

生：我认为他不是坏人。

师：何以为证？

生：我从第 3 自然段看出的，因为他是柴大官人的师傅。

师：虽然不修边幅，歪戴头巾，但不是坏人。

生：第 7 自然段，因为他不抢银子，而是比武。

师：眼光放远点。

生：洪教头满面羞惭，灰溜溜地走开了。

师：知道羞耻不是坏人，一个人要正确地对待自己，要有羞耻之心，从这点看，洪教头不是坏人。正因为林冲如此谦让、忍让、宽让，所以洪教头满面羞惭，我忽然想起来一个问题，这个问题请大家写下来。洪教头回家一定心里面很不平静，心里有很多想法，题目是：洪教头内心的独白。（生写）

师：他回家一定会说哎！你看人家林冲……看你能不能走进洪教头的内心。

（学生写好后，于老师请几位同学来念自己的作品，并及时肯定性地评价了其中用得好的词句。）

师：亲爱的同学们，这是《水浒传》里的一个故事，于老师最喜欢这本书，等你长大了和于老师交流，108 将，个个是好汉，林冲是被逼上梁山的，他一让再让，最后无路可退的时候，奋起反抗。他也不是什么都让着的，当无路可退时也是毫不留情的。对坏人也是毫不留情的。

师：好，今天的课就上到这，行吗？

于老师的教学重点也涉及理解主人公的形象和性格特点，但其具体目标与孙老师有所不同。孙老师侧重引导学生根据上下文用自己的语言概括人物特点，而于老师将人物的理解与思想和文化教育结合。对林冲，突出其"让"的品质，并指导学生理解这种品质所代表的中国传统价值；对洪教头，强调其"能正确对待自己"。

在如何理解人物特点方面，于老师的指导也有自己的特点。对林冲主要是精读课文和讨论，让学生仔细研读课文，然后提出对人物特点的想法。进而通过教师提问引出林冲的最大特点——"让"。于老师还结合其他文本，引导学生说出带有"让"字的反映人的品质的多个词语，从而使学生对"让"这种品质有更加丰富的认知和理解。关于洪教头有廉耻之心的特点，于老师设计了一个练笔活动，在学生把书读熟了、读懂了，也把文中的英雄人物读活了之后，引领学生走进人物的内心世界，想象"洪教头回去以后，左思右想，唉！……"提示："洪教头一定会把林冲和自己作一个比较。初次相见，林冲是怎样做的……自己又是怎样做的……他会有怎样的内心独白？"从学生展示的练笔内容看，他们对两个人物的特点都形成了比较深刻和准确的理解。

除了引导学生把握人物特点外，于老师的教学还对学生进行了朗读和读书习惯的指导。

在读通课文的环节，于老师提示学生要根据文中不同人物的身份和特点朗读相关动作和语言，读出不同的语气；分析人物形象环节，于老师又及时提示学生要一边读书一边思考，在字里行间找出人物特点。

7.2 单元教学与多篇整合教学设计

语文教学设计要有全局意识，把对课堂教学的整体把握和细节处理二者有机结合起来，追求整体最优化。解读一册、一单元或一篇教材，都要考虑册与册、单元与单元、篇与篇之间的编排位置和相互之间的联系，把每一部分教材都看成是整套教材的有机组成部分，弄清它在整套教材体系中的地位和作用。

小学语文教学需要一种“整体观照”的视野，在教学设计中由着重对课堂教学的细节的思考转向着重对课堂整体教学的框架的思考。有了整体关照的视角，阅读教学就不会仅仅局限于零散的一篇篇课文。教师会考虑课文与课文之间的联系，将针对共同教学目标或涉及相同教学内容的课文结合起来组织教学。

例如，针对某种读书方法（如抓重点句理解课文主旨）的教学，教师可以先以一篇文章为例，指导学生找出重点句，再围绕重点句理解课文的主要内容和作者的写作意图；然后联系一两篇重点句比较明显的其他课文，引导学生发现其共同特点——通过重点句来表达中心，然后要求学生运用抓重点句理解课文的思路和方法来学习这些课文。

又如，围绕同样的主题，可以将不同文体的几篇课文进行整合，一方面可以通过比较，使学生体会同样的题材可以有不同的表达形式，而且每种表达形式各有其意图和优势；另一方面可以整合，促进学生对这个主题的多角度理解，深化学生的认识。

案例 7-2

下面是单元教学与多篇整合教学设计和教学片段，请结合上述内容，对以下教学做法进行鉴赏和评论。

一、外国名篇名著单元设计（人教版教科书六年级下册第四单元）①

（一）总体构想

本单元的教学共分为四个模块：

模块一：预习（2课时）。在以往预习的基础上，鼓励学生自己设计预习单，检验学生的自学能力，为初中的学习打基础。

模块二：理解内容（2课时）。了解不同的文化背景，促进对课文内容的理解。让学生在自读自悟中加深认识。

模块三：领悟表达（2课时）。以《卖火柴的小女孩》为例，让学生继续在比较中阅读，归纳表达方法，提高文章的鉴赏能力。

模块四：习作指导（4课时）。鼓励学生进行文学创作，引导学生写“小小说”，用欣赏文学的标准评价自己的文章。

（二）学习目标

（1）学习本组课文中的生字、生词。

（2）了解课文内容，能够整体把握课文内容，体会作者表达的思想感情。

---

① 李怀源．小学语文单元整体教学构建艺术．重庆：西南师范大学出版社，2009：119，120．

(3) 有感情地朗读课文，感受人物形象。学会通过人物语言、动作、神态来表达人物心理的方法。

(4) 通过语文实践活动培养学生具有多向思维的能力，提高学生的语文素养。

(5) 能够通过学习文章表达的方法，体会作者为什么这样写，进行写作训练，鼓励学生利用小说的手法进行写作。

(6) 激发学生珍爱生命，学会生存，具备自我保护的本领。能把自己看到、听到、督导的有关事情说清楚，并能发表自己的看法。

(7) 培养学生说话大方、认真倾听的习惯，并能自然地与他人交流。

(8) 能够通过小组合作、练习课外学习资料等学习方法进行深入阅读、提高课堂效率。

二、主题单元教学设计："祖国啊，你永远在我心中"（苏教版六年级上册第一单元）①

(一) 教材综述

本单元课文有诗歌《我们爱你啊，中国》、记叙文《郑成功》《把我的心脏带回祖国》以及《古诗两首》；单元练习涉及轻声的作用、《爱我中华》歌词欣赏和口语交际《介绍我国的一个民族》；习作《我的假期生活》。

几位作者用不同文体，分别向读者讲述了不同时代、不同国家的人关心祖国命运，为祖国的统一而不停努力的故事；也展现了不同时代，不同国家，被侵略被瓜分后人们的苦难。不约而同地告诉读者：唯有国家的强大才是不被欺凌，维持统一的保障；每个人都是自己民族的一员，国家的一分子，都有责任关心自己的民族与国家。

阅读本单元文章，一方面，增强学生的民族自豪感；另一方面，更要增强学生的民族荣誉感、尊严感，危机感，关心国家命运，从小事做起，维护国家统一。

(二) 教学模块、模块目标、课时安排与教学流程（表 7-2）

表 7-2 以教师为中心的教学设计和以学生为中心的教学设计的比较

模块	模块目标	课时	教学流程
课内外自主预习	凭借预习单，自主预习本单元课文，自学本单元生字新词，初步了解课文内容，思考单元主题，正确流利朗读课文，结合感兴趣的问题小组合作自主探究	1 课时＋课外	课内指导课外自主
检测预习整体感知	通过游戏、练习等形式，检查学生自主预习情况，总结自读方法，初步感知课文内容，重点理解《古诗两首》主要内容，体会人物情感，提炼单元主题，提出探究问题	1 课时	游戏练习检测，导入逻辑阅读，通顺阅读，提炼主题，提出问题
探究主题品文悟情	品读《郑成功》《把我的心脏带回祖国》《古诗两首》，通过诵读、表演读、抓关键词联系实际对比、想象、品悟等方法，理解课文内容，体会人物情感 品读《我们爱你啊，中国》，拓展阅读《爱我中华》等文章，激发学生爱我中华，振兴中华，维护祖国统一的强烈情感 进行比较阅读，全面深化学生对探究主题的认识，增强整体意识，学习自主阅读方法，培养主题阅读能力	2 课时	课前准备，自主探究，小组合作，品悟重点，对比总结，深化理解

① 顾春明，丁俊．苏教版六（上）"祖国啊，你永远在我心中"．小学语文教学，2011，(7)：54.

续表

模块	模块目标	课时	教学流程
主题拓展实践运用	知道从我做起，从小事做起，为中华民族的振兴与统一做贡献；搜集了解我国的少数民族，向同学作介绍；推荐阅读《钢铁是怎样炼成的》，确定感兴趣的话题，指导课外研究方法，自主课外阅读探究，全班汇报	2课时	课前准备，自主阅读联系实际，谈谈想法了解民族，介绍民族推荐阅读，简单导读
主题表达习作迁移	赏析《郑成功》《把我的心脏带回祖国》课文中作者进行场景描写的方法，想象《古诗两首》中的场景训练表达，并运用《我的假期生活》，完成习作，相互评价修改	3课时	探究表达，课堂练习运用表达，完成习作评价修改

三、一篇带多篇：古诗《咏柳》教学流程（执教者：杨屹）①

（一）语言积累，丰其辞

学生交流课前搜集到的描写柳树的优美句子或段落，教师引导学生抓住重点语句读出自己的喜爱之情，为下一步深刻领会古诗的意境做好语言的积累与铺垫。

（二）读画结合，感其形

采用学生边叙述，教师边绘画的方式，让学生直观、形象地感知贺知章笔下的垂柳之形，有助于学生对诗词的整体把握与深入理解。

（三）进入情境，悟其情

引导学生走近诗人，去亲历诗人的情感世界，达到学生与作者的情感共鸣，并通过学生自己的感悟来真切地品味诗中所描绘的情景。

（四）赏词吟诵，品其精

教师、学生、文本三者对话，深入赏词析句，感受诗中精彩的语句，将品与诵、诵与思、思与说有机结合，提高学生的欣赏与朗读能力。

（五）拓展想象，陶其性

1. 以一带三，引导拓展

（1）贺知章是用生机勃勃的柳树，来赞美生机盎然的春天的。而杜甫、白居易这几位大诗人又是怎样来赞美春天的呢？

学生自由朗读白居易、杜甫描写春天的诗词：《题大理寺桃花》、《春夜喜雨》。

（2）学生交流自己的阅读体会。引导学生从“盛开的桃花、润物的细雨、衔泥的燕子、春睡的鸳鸯”等诗句中体会诗人对春天的赞美之情，教师在学生的描述过程中将黑板上的垂柳图丰富、完善成生机盎然的春景图。

（3）学生自主选择最喜欢的古诗吟诵。可采用先练习后比赛诵读的方式增加学生的实践机会。

（4）还有谁写诗赞美过春天，介绍你所知道的写诗赞美春天的诗人及诗词。

2. 即兴赋诗，情动辞发

（1）春风不仅裁出细叶，剪好丝绦，妆成碧树，更是剪破严冬笼罩，裁出万紫千红，为大地带来生机一片。让我们做个真正的诗人，展开丰富的想象，来赞美春天吧！小组合作运用“不知（　　），二月春风似（　　）”的句式，赋诗一首。

（2）教师巡回指导，随时介绍想象丰富、比喻贴切的作品，开启学生的思路。

---

① 周一贯．小学语文名师课堂教学经典设计．上海：上海教育出版社，2004：200-204.

(3) 各小组交流诗作，评出最佳创意奖。

（补充从不同角度赞美春天的古诗，让学生从教师不断完善的春景图中感受春的妩媚，从首首诗词的吟诵中体会中国古诗词的博大精深。在学生动情之时，让他们做一个真正的小诗人，通过诗句来表达自己对春天的赞美之情，使学生情感进一步得到提升。）

3. 广泛涉猎，陶冶情感

小诗人们，中国可是一个诗的国度，仅流传下来的唐诗就有五万余首。课后，让我们继续步入浩瀚的古诗词海洋，去感受我国特有的文化瑰宝吧！

7.3　阅读教学中的语文知识教学

没有哪一门课程，能够既在现代教育体系中作为一门课程而存在，又能离开一个完整的知识体系而展开它的教学过程。然而语文知识在语文课程中的价值和地位，在当今却受到最为严厉的质疑，甚至可以说语言知识已经在事实上渐渐淡出语文教学①。

另一方面，一些学者和一线教师一再地呼吁和强调语文知识的价值。有学者认为从科学角度讲，任何一门学科，它之所以能够存在，就是因为它能为教育作出自己独立的、别人无可替代的贡献，这个独立的贡献，才是该学科的本质特征。语文教师之所以是语文教师，他的标志性工作是语文知识教育②。

语文教师的本职工作是以课文为一种教育资源，帮助学生掌握必要的语文知识，同时进行人文熏陶。在构建语文教学框架的时候，首先应该考虑的肯定是语文知识的系统，而不是人文精神的系统③。

那么语文知识为何？

有学者对整个20世纪语文知识教学进行总结分析，认为从1978年大纲中首见“语文知识”这一概念起，关于“语文知识”的论述，大纲要么就是以“包括……”的形式来说明，要么就在“教材内容”（或“教学内容”）部分列举出若干项。人们对“语文知识”外延的理解，实际上只是停留在一种“约定俗成”式的水平上，即所谓的“字、词、句、篇、语、修、逻、文”④。

21世纪之后的《课程标准》理念是“不宜刻意追求语文知识的系统和完整”，仅在附录中提出语法修辞知识若干要点，包括字词句的语法知识与常用修辞格。在第三学段目标中提出“领悟文章基本的表达方法”、“阅读说明性文章，了解文章的基本说明方法”等要求。

基于以上分析，语文知识的价值尽管受到批判与质疑，但是作为语文教学之所以是语文教学，语文教师之所以是语文教师的关键，实在是不容忽视。然而，传统语文知识的认识逻辑不清、内容庞杂，难以为据。本书将从《课程标准》的理念和目标要求出发，选择字词句知识、修辞格知识、文体知识三项为例，分析阅读教学中语文知识的教学设计。

案例 7-3

下面是阅读教学中的语文知识教学设计和教学片段，请结合本专题内容，对以下教学做法进行鉴赏和评论。

---

① 刘大为．语言知识、语言能力与语文教学．全球教育展望，2003，(9)：15-20.

② 王晓春．语文教师的标志性工作是什么．人民教育，2006，(10)：34.

③ 王晓春．不要动辄让学生“感动”——再答闫学老师．人民教育，2006，(10)：36，37.

④ 屠锦红，徐林祥．20世纪语文知识教学述评．中学语文教学，2009，(11)：13-16.

一、字词句教学片段：《只有一个地球》（人教版教科书六年级上册第十三课）[①]

师：下面我还要检查同学们理解词语的情况。看屏幕。

先理解带点的字，再解释词语：

同茫茫宇宙相比，地球是渺小的。

生：渺，是细小。渺小，就是小的意思。

师：再用同样的方法解释下列词语

居住 遨游 扁舟 枯竭

师：请同学们相互说说。

（学生相互说词语的意思）

师：请同学们认真思考一下，理解这些词语时，有没有规律可循？

生：这些词语前后两个字意思相近。我们在理解这些词时，可以用其中的一个字的意思来解释它。

师：再看下一个词。举例解释词语：自然资源

师：请迅速地读课文，举例说说哪些属于“自然资源”？

生：矿物资源、水资源、森林资源、生物资源、大气资源。

师：现在我们将自然资源分为两类，你知道为什么这样分吗？

矿物资源（不可再生）

水资源、森林资源、生物资源、大气资源（可以再生）

师：再看下面的一组词。

朗读理解词语：……不是……而是……甚至……

师：请找出有关的句子朗读，要把这些词语在句子中的意思读出来。

（学生练习后，教师请一学生读，表达得不是太好）

师：“几百万年，甚至几亿年……”，怎么才能把几百万年和“几亿年”读得区别开来？

（学生再读，理解得比较好）

师：课文中还有几组关联词，请找出有关的句子，用上面的方法自己读。

（学生读有关的句子）

字词句的积累是每个语文教师对学生的基本要求，在小学语文教学中地位举足轻重。于永正老师曾经说：“语言靠积累，能力靠实践。该记住的没记住，该积累的没积累是最大的失误之一。在孩子们记忆的高峰期不让他们读、背，我们是有愧的，而且对每个学生来说都是无法挽回的”[②]。然而，在字词句这些语言材料积累之时，老师们往往感觉单调乏味、千篇一律，认为无非都是不断重复、都是读读背背。

这个简短的案例就像一把钥匙，给我们打开了通往其他道路的大门。陈金才老师在短短几分钟的教学中就用了三种不同的方法来帮助学生积累词语。

一是联系词语中其他字词的意思。这是老师们惯用的方式，所谓望文生义，学生可以通过每个字的意思来推断整个词语的意思。陈金才老师的独特之处在于举一反三，他出示课文中的一个词语让学生学习，然后引申出构词原理同类的词语，并且在最后让学生发现这类词语的规律。他在学生有限的记忆能力下，通过分类的方式让学生积累了更多词汇。而且，这种分类的方法和意识是学生的探索所得，这就是“授人以渔”之举。

---

① 张文质，窦桂梅．小学语文名师同课异教实录．华东师范大学出版社，2008：85，86.

② 于永正．我教语文．江苏教育（小学教学版），2011，(3)：20-22.

二是举例说明，扩展词语的外延。我们通常在学习概念和定义时，往往注重内涵而忽视外延，举例是一种检测学生是否理解词语意义的重要方式。学生举个“自然资源”的例子反映出来的对其理解会比学生记住“自然资源”的概念更深刻。在此之后，徐老师再次强调了词汇的分类。

三是通过朗读显现关联词的意义。相对学生能力而言，关联词中的单个字词通常是简单的，但是当这些简单的字词再次重组，学生往往很难理解其意义。而且，学生的理解都是内化的，徐老师通过朗读的方式将其显现出来。如案例中的“几亿年”在朗读时会通过重音和长音来表示强调，学生通过这种直观的形式就能更好地理解“甚至”的意义。

这个案例还特别注重迁移与操练，每当学过新知识之后立即强化。这也是非常值得借鉴的一点，字词句的积累是长期的过程，只有通过不断的强化训练才能扎实稳固。

二、辞格教学片段：《在古观象台上》(北京版教科书第八册第八单元)①

(一) 教学重难点

了解排比句的特点，体会表达效果。

(二) 教学过程

(1) 整体感知，了解课文主要内容（略）

(2) 学习第 2 自然段，感受我国古代天文学家不屈的探索精神

……

师：我轻轻地踏上石阶，缓缓地向上走去，此时“我”又联想到了什么？

出示本段中的排比句。观察一下这个句子，你们从中发现了什么？

生：这句话中连续出现了三个“他们”，三个“为什么”，这是一个排比句。

师：是呀，像这样用含有三个或三个以上类型的句子成分或分句来表示强调和层层深入的语句，我们称它们为排比句。

师：这句话该怎么读呢？练一练。(用越来越强的语势来读)

师：三个“为什么”之后用了一个省略号，如果你是古代天文学家，你还想向苍天提出什么问题？可以联系课文的第 4 自然段或根据天文学知识的了解进行思考。

生 1：为什么有日出日落？

生 2：为什么有电闪雷鸣？

生 3：为什么有月亏月满？

……

师：谁能一口气提三个或三个以上的问题？

生 4：为什么有阴云密布？为什么有烈日炎炎？为什么有细雨霏霏？为什么有雪花纷飞？

……

(3) 学习第 3 自然段，体会作者骄傲自豪的情感

……

师：我跨上最高一级台阶，在一件件天文仪器前，简直无法形容自己激动的心情。这是一件件怎样的天文仪器？请同学们默读批注。

师：能用精炼的词语概括这是一件件怎样的仪器吗？

生 1：这是一件件巨大而精巧的天文仪器。

---

① 北京教育科学研究院基础教育教学研究中心．小学语文学科主题教学案例研究．北京：首都师范大学出版社，2009：126-133.

师：你抓住了这段话中的重点词语。

生2：这是一件件形状各异的天文仪器。

师：你是从形状上概括的。

生3：这是一件件结构复杂的天文仪器。

师：你是从结构上概括的。

生4：这是一件件巧夺天工的天文仪器。

师：你是从制作方面概括的。

生5：这是一件件精美的天文仪器。

师：你是用自己提炼的词语概括的。

生6：这是一件件值得我们骄傲和自豪的天文仪器。

师：你是从感情上概括的。

……

师出示排比句的填空：

这是一件件（　　）的仪器，这是一件件（　　）的仪器，这是一件件（　　）的仪器……（学生发言）

在阅读教学的设计中，教学主线经常是文本内容或者是思想感情，很少将语文知识点作为设计的主线，修辞格等知识的教学通常是镶嵌在其一个教学环节中。该教案首先是在重难点中将“了解排比的特点和表达效果”提出来，然后在教学过程中通过环环相扣的教学设计，将排比修辞手法的训练贯彻始终。该案例主要设计了以下四个步骤：

第一步引导学生从课本的例句中发现排比句句式的特点，引出排比的概念。让学生发现排比句在形式上的特点这一任务并不难，学生能够顺利地完成。而后，教师让学生通过朗读感受排比句逐渐增强的语势。

第二步是借助课文资源，进行概念的迁移训练。教师巧妙地利用教材文本中的省略号，将其顺势拓展为排比句式的操练语境。学生接受概念后即时练习，排比句形式特点的掌握得以巩固。

第三步通过补白方式，再次深化排比概念。在这一步教师通过恰当的评价语加强了对学生语言的修饰和引导。使学生对排比句的理解从形式转向内容。

第四步将教材中的排比句拆分，师生共读来感受古天文学家的精神。在此处把修辞知识的学习与文章思想感情的体悟相结合。学生通过排比句层层递进、句句深化的表达效果来体会思想感情。

当然，这份教学设计也不是完美无瑕的，例如，排比句训练在难度梯度上跨度较小，学生的学习任务相对简单。尽管如此，它还是能为我们带来一些启示。阅读教学设计的主线可能有很多条，其中语文知识是其中一种选择。它不只是阅读课堂的点缀，也可以成为主角。

三、文体和表达方式教学片段：《太阳》（北师大版教科书四年级下册第十单元）①

目标：在理解课文内容过程中学习列数字、举例子、做比较等说明方法。

默读1～3自然段，作者是怎么把这些特点写清楚的，画出重点词句，画完读一读。

交流

1. 远

（1）指名汇报。出示句子：太阳离我们约有1.5亿千米远。到太阳上去，如果步行，日

① 北京市海淀区第二实验小学赵丽娜老师提供。

夜不停地走，差不多要走3500年；就是坐飞机，也要飞20几年。

(2) 你关注到了这几个数字。换算一下，1.5亿千米等于多少米？（150 000 000 000米），这些数字很容易就让我们感受到了“远”的特点。

(3) 通过这些数字，作者把“远”的特点就写清楚了，同时也让我们真切感受到了。这样的说明方法就叫列数字。

(4) 如果我把这句话变一变，同学们再读读，看行不行。

太阳离我们有1.5亿千米远。到太阳上去，如果步行，日夜不停地走，要走3500年；就是坐飞机，也要飞25年。

看来，在运用这种说明方法的时候，还要注意表达的准确性。

(5) 太阳离我们约有1.5亿千米远。到底有多远呢？——（步行约3500年；坐飞机二十几年）举了两个我们熟悉的例子，就更能让我们感受深刻，“远”的特点便更清楚地呈现了。(举实例)

(6) 朗读，感受用词的科学、严谨，读出自己的感受。

2. 热

(1) 介绍哪个特点的时候也用到了这两种说明方法？学生汇报。

(2) 6000℃的高温到底会热到什么程度呢？我还不清楚，谁来帮帮我？太感谢你了，举了一个例子就让我明白了。

(3) 表面温度有6000℃，那么中心温度会是多少？(18 000 000℃)

3. 大

(1) 学生汇报。

(2) 教师画一个太阳，指名画地球。——你为什么画这么小？可以看出，你已经从这鲜明的对比中感受到了太阳的“大”。你为什么感受这么深刻呢？——这就是“做比较”。

……

迁移运用：

1. 拓展阅读，完成练习

不少人看过象，都说像是很大的动物。其实还有比象大得多的动物，那就是鲸。最大的鲸有16万公斤重，最小的也有两千公斤。我国捕获过一头40 000公斤重的鲸，有17米长，一条舌头就有十几头大肥猪那么重。它要是张开嘴，人站在它嘴里，举起手来还摸不到它的上腭；4个人围着桌子坐在它的嘴里看书，还显得很宽敞。

(1) 作者为了使说明更通俗，更容易让人理解，用了（　　）、（　　）、（　　）等说明方法。

(2) 作者用鲸与大象作比较，说明（　　）；用我国捕获的一头鲸的舌头与（　　）作比较，说明了鲸的（　　）。

2. 搜集月亮资料，课后写一篇说明文《月亮》

阅读教学之所以是阅读教学而不只是学生的阅读体验，在于学生在阅读课中学习如何运用语言。如果这份教学设计的教学目标仅仅为目标一，那么它就是一堂认识太阳的科学课。因此，目标二的说明方法的学习正是整堂课所谓“语文味”的体现。

赵老师这份教学设计正如上个案例研究中提出的，主线就是语文知识——说明方法的学习。设计的主体部分就是运用各种直观多样的方式让学生体会说明方法的表达效果。如将1.5亿换写为数字，在黑板上画出直观的太阳和地球等。并且，赵老师的教学设计中，各种说明方法不是孤立的。文章中的说明方法穿插在各个语句中，学生在接触概念后在紧接着的学习活动中不断练习和巩固。

赵老师的教学设计最大的亮点在于将另一篇相同主题、相同文体的文章引入课堂。它可以起到两大功用：一是在教学环节上有检测评价的作用。教师可以采用章后的练习测试来评价学生的学习效果；二是对教学内容——说明方法的迁移运用。教学设计前半部分都是以教师讲授，学生倾听为主，学生动笔操练的机会较少。在此特意安排一个练习的环节，在课堂上就把教学目标落到实处，落到练习中、落到笔头上。

可见，课文只是一个例子，教材中的例子是经过专家筛选出来的优秀实例。但是，浩瀚书海，薄薄的教材实在难以承载，专家们也只能在弱水三千中取这一瓢。教师们却可以在教学设计中或是依据主题、或是依据体裁，适当地扩充课堂容量。将我们的目光跳出一篇篇的课文，对教学材料进行重组，以此更好地实现教学目标。

7.4　阅读过程和方法指导

我国进行的基础教育课程改革的目标之一是“改变课程实施过于强调接受学习、死记硬背、机械练习的现状，倡导学生主动参与、乐于探究、勤于动手，培养学生搜集和处理信息的能力、获取新知识的能力、分析和解决问题的能力以及交流与合作的能力 ”，并提出“以创新精神和实践能力的培养为重点，建立新的教学方式，促进学习方式的变革”①。而在学习方式的变革中，学法指导的作用和意义更为突显，只有指导学生掌握有效的学习方法，才有可能转变落后的学习方式。

但是正确的学习方法，学生不会生而知之，全凭经验的积累也有很大的局限性，所以需要发挥教师的指导作用，将学习方法作为学习内容的一个有机组成部分教给学生。这就是学法指导。

在语文阅读教学中，教师对学生进行学法指导，能够使学生更好地完成语文知识的学习，提高学习效率，培养学生的阅读能力。以下分别从朗读指导、批注、概括主要内容等方面进行案例研习。

案例 7-4

一、朗读指导

朗读是阅读教学中一项基本的、重要的训练。《语文课程标准》关于朗读学习目标的总要求是“能用普通话正确、流利、有感情地朗读”。“正确”是指读音准确、清楚、响亮、不错不漏、读出句逗、轻声儿化；“流利”是指能按课文内容读出适当的节奏和速度，词句连贯，句逗分明；“有感情”是指在理解文章思想内容和作者表现情感的基础上，正确地运用停顿、重音、速度、语调、节奏等进行朗读。

教师在对学生进行朗读指导时应该注意：①教给学生朗读技巧，如重音、停顿、语调、节奏等；②根据课文内容的特点及教学的需要选用多样化的朗读方式，如领读、齐读、个人读、分角色读、分组读、范读等；③对学生朗读中常常出现的丢字、添字、一字一顿、重复等现象，教师要做具体的分析，有针对性地加以具体的指导；④应根据学生的实际情况逐步提高朗读要求，有层次地加以指导，例如有感情朗读应在正确、流利的基础上进行，随着年级的升高朗读要求逐步提高；⑤读讲结合，朗读以理解文章内容为基础，通过朗读又可以促

---

① 朱慕菊．走进新课程．北京：北京师范大学出版社，2002．

进对文章的理解。

（一）特级教师顾家漳的《小壁虎找尾巴》教学设计[①]

（1）自己轻声读一遍课文。

要求：遇到生字，看拼音自学；边读边思考小壁虎为什么要借尾巴？向谁借尾巴？结果怎么样？

（2）分节读课文

看看课文一共有几节。指名六人，一人读一节，要求把音读准。

读后正音：读准"蛇""甩""傻"三个翘舌音；比较"拔—泼"、"争—挣"、"阿—啊"；注意"啊"的变音，如"多难看啊"、"不行啊"。

比较字形："甩—用"、"借—错—猎—惜"。

结合比较音、形，指名用动作演示"挣""甩"，帮助理解字义。

（3）再轻声读一遍课文，要读得正确、熟练

师：我们已经读了三遍课文，每遍读的要求一样吗？什么地方不一样？

小结：我们学课文就要一遍遍地读，开头先熟悉一下内容，把字音读准；再看看课文分几节，每一节从哪里到哪里；然后再读读，要读得熟一点儿。

你们读了三遍，想不想听老师读一遍？

（4）老师范读（或听录音）

请学生边听边看图。

你觉得老师读得怎么样？

小结：一篇课文是越读越有味道的。我们要读得好，就得反复读，要理解课文的意思。

顾老师的朗读指导每一遍都有明确的要求：第一遍，学生各自轻声读，读准字音，熟悉课文；第二遍，指名学生分节读课文，结合自学生字；第三遍，学生再各自轻声读，要读得正确、流利。最后教师范读。要求逐步提高，采用了多种朗读形式。目的不仅是让学生读懂课文，更是让学生读熟课文。

（二）通过添加提示语指导有感情地朗读对话

小树（抚摸着小狮子的头，好奇地/关心地）说："你怎么不学点本领啊？"

小树（奇怪地）说："那你以后怎么样生活呢？"

懒狮子（拍着胸脯、跷着大拇指，得意洋洋地/骄傲地）说："我爸爸和妈妈是林中大王，凭着他们的地位，我会生活得很好！"

这话被狮子妈妈听到了，她（亲切地/严肃地）说："孩子，将来我们老了，不在了，你靠谁呢？你也应该学会生活的本领，做一只真正的狮子！"

以上是一位教师教《两只小狮子》一课时[②]，根据学生讨论的结果在课文上加的提示语。在低年级，有时需要对课文做一些加工，例如增加一些描绘表情或态度的提示语，辅助学生读出课文人物的语气和语调。

（三）结合内容感悟指导有感情朗读[③]

师：感谢三位同学的朗读！A同学能为大家谈谈为什么作这样的朗读处理吗？

---

① 吴忠豪，小学语文课程与教学．北京：中国人民大学出版社，2010：179.

② 雷妙妙．两只小狮子．《人民教育》编辑部．新课程优秀教学设计与案例：小学语文卷．海口：海南出版社，2002：75.

③ 陈少华．朗读——让语感不再朦胧．中小学教学研究，2005，（12）：16.

生A：“妈妈”发现这么贵重的“羚羊木雕”不见了，先是非常焦急；后见女儿吞吞吐吐又开始怀疑是“拿出去卖了”，就又加了一份严厉；最后得知是女儿“送人”了，就想要女儿去要回来，因为觉得女儿不太愿意，所以就说得很坚定。

师：大家觉得A同学把“焦急”“严厉”和“坚定”的感觉读出来了吗？

生D：A同学“焦急”和“坚定”两处读得很真实，但“恼怒”好像过火了点，听起来像是在审问犯人，不太像妈妈生气的味儿。

师：哦？“像审问犯人”，为什么会产生这样的感觉？

生D：A同学在读“要说实话……是不是拿去卖啦？”这一句时，好像忘记自己是“妈妈”而只记得要“严厉”了，所以有意拖腔拉调，“是不是”三个字好像还咬牙切齿的。

师：是的，朗读不仅要讲究吐音技巧，更要准确地把握其中的思想、情感。请大家再试着读读……

上面的朗读指导实例兼顾了朗读技巧运用和课文内容感悟两个方面，来解决指导学生有感情朗读的问题。朗读时一方面要引导学生感知、理解和运用有感情朗读的基本技能（技巧），如重音、停顿、速度、节拍、语气、语调，以及表情和肢体语言，等等。另一方面要引导学生联系已有生活经验，理解和体会特定角色或自己在特定情境下的思想感情，以及表达这些思想感情的可能方式，然后把相应的表达方式在朗读中表现出来。

二、做批注

《语文课程标准》指出：“要珍视学生独特的感受、体验和理解。不应以教师的分析来代替学生的阅读实践，也要防止用集体讨论代替个人阅读。”可见，新课程重视学生对课文的个性化体验。

批注是我国文学鉴赏和批评的重要形式和传统的读书方法。“批”即批语，也指品评，如在文章旁边写上段落、层次大意，叙述、说明的方式，或对思想内容、观点见解、表达方法、遣词炼句加以评论，或提出质疑，或进行鉴赏。“注”，就是注释，如对难字生词、文章背景、作者材料、人物典故等加以解释或提示。

批注法简便易行，操作性强，使学生形成一种自然、率性的阅读姿态；能充分体现学生阅读实践过程中的主体性、探究性、创造性；强调学生对文本的直接领悟，便于教师摄取教学的生成点①。

教师在指导学生批注时，应注意首先根据不同的阅读目的，指导学生批注的重点不同。例如预习，重点应是勾画出需要注音、注释的生字、生词，标出段落序号，画出段落中心句或文章中心等等。其次要让学生形成自己的一套符号系统。符号要简单明了，符号所表示的意义要固定。最后注意保持书面的整洁、美观②。

在《那片绿绿的爬山虎》一课的教学中③，老师从指导学生学习作批注的角度进行教学。其中有一个环节如下。

师：同学们，学会作批注能帮助我们更好地读懂一篇课文。比如要读懂“叶圣陶帮我批改作文”这件事情，我们就要特别关注叶圣陶先生帮“我”批改作文的句子，读懂它，可以在旁边作作批注。怎么批注呢？先来看看老师的批注。

---

① 王圣颖．谈“批注法”在阅读教学中的运用．新课程（教研），2010，(11)：158.

② 徐玉琴．圈点批注，体验反思，拓展延伸——新课标下语文阅读教学模式浅论．文教资料，2010，(12)：51.

③ 舒静，批注：从帮助阅读到学会阅读．文教资料，2011，(2)：55.

我打开本子一看，里面有这次征文比赛获奖的20篇作文。翻到我的那篇作文，我一下子愣住了：映入眼帘的是红色的修改符号和改动后增添的小字，密密麻麻。几页纸上到处是红色的圈、钩、或直线、曲线。

感动于叶老的认真仔细。

批改得非常细致，一丝不苟。

师：请同学们看看老师在哪些地方作了批注？是用怎样的方法进行批注的？

生：两处地方作了批注。老师先打上着重号，再在旁边写上自己的感受。

师：是呀，批注就是要先加上着重号，再在旁边写上自己的感受。感受要写得简单，往往几个简短的词语来表示。你们能不能学着老师的样子，来给第 4 自然段作作批注呢？

生：能。

师：那就开始吧。请同学们拿起笔，细细地品读课文，一边读一边在能打动你的词语下面点上着重号，再在旁边写写自己的感受。等一下我们来交流。

（学生自主批注）

师：同学们，现在，请把自己的批注与大家一起交流一下：哪些词句给了你深刻的感受？你有什么感受？

生 1：（一边出示自己的批注，一边交流自己的感受）我最有感受的是“书皮改成包书纸”，这是一个很小很小的缺点，叶老先生也看出来了，说明叶老先生改得很仔细。

“怎么你把包几何课本的书皮去掉了呢？”叶老先生改成“怎么你把几何课本的包书纸去掉了呢？”删掉原句中“包”这个动词，使得句子干净了也规范了。而且“书皮”改成“包书纸”更确切，因为书皮可以认为是书的封面。

这么细小的地方也看出来了，真仔细！

师：同学们，还有谁也关注这一处的？补充一下。

生 2：我来补充一下。我也是批注这个地方的。我觉得从这个句子也能看出叶老对作文的要求是很严格的，一点细微的小错误都要改正过来，也就是对作文一丝不苟，我注的是“一丝不苟”。

生 3：我也是批注这一处的，我觉得从这句话也可以看出叶老对肖复兴是很关心的。叶老工作是很忙的，但因为关心，他才这样认真地帮肖复兴批改。我注的是“关心肖复兴”。

师：是呀，同一个句子，有时可以给我们带来不同的感受。我们读书的时候，就要多想想，多读读，这样能读懂更多的内容。

教师指导学生做批注，最直接、最有效的方法就是示范。在上面的教学案例中，老师先直观地呈现自己的示范批注，在此基础上再引导学生自主尝试，让学生学习批注有“法”可依。接着又进一步引导学生展开批注的交流，引导学生就其中的重点句子不断地进行补充、完善。通过交流点评批注，促使学生进入深层次的阅读教学对话。完善批注的过程，也是带给学生多元化体验的过程。

三、概括文章主要内容

在小学阶段，概括能力是一项重要的阅读能力，是学生语文素养的一个重要体现，也是阅读教学的一个重要内容。《语文课程标准》在第二学段的阅读目标中，明确提出“能初步把握文章的主要内容，体会文章表达的思想感情”。

但目前学生在概括文章主要内容上还存在一些问题，例如缩不短，概括课文大意时，常常变成复述课文；在概括课文大意时，分不清楚哪些内容该留，哪些内容该删；文章篇幅长抓不住重点，很难快速把握重点。因此，针对这些问题，教师需要给予学生方法的指导。概括文章主要内容的方法有很多，例如段意归并法、要素串联法、句子摘录法等等，但无论哪种方法，都需要教师在教学中有意识、有目的地对学生加以培养，从而提高学生的阅读能力。

下面是特级教师薛法根执教《爱之链》的教学片段①。

师：乔伊是小说《爱之链》中的一个主要人物，小说中还有哪几个人物？请简要地介绍一下。

生：还有一位老妇人，与乔伊并不相识；一位女店主，是乔伊的妻子。

师：谁还能说说他们之间的故事？

生：乔伊在回家途中遇到一位老妇人，看到她的车胎瘪了，就帮助她换好了车胎。老妇人想给他钱，他却认为帮助别人是天经地义的事情。后来，老妇人开车到路边的一个小餐馆里吃饭，看到一位女店主怀孕 8 个多月了……

师：（插话）有几位女店主？

生：一位。

师：所以，这里的“一位”可以省略掉。

生：看到女店主怀孕 8 个多月了，就给了她一些钱，还留了一张字条，上面写着：“在我有困难的时候有人帮助了我，现在我也想帮帮你。”

师：（打断）老妇人是亲手交给女店主的吗？

生：不是，是放在桌子上的。

师：对呀，你好好想一想，把这个地方说清楚些。

生：老妇人就悄悄地在桌子上留下一些钱，并写了一张字条。

师：看到女店主怀孕 8 个多月就要给钱，有这样的规定吗？

生：不是，是老妇人看到女店主怀孕了还要工作，很辛苦。

生：是老妇人看到一个大着肚子的孕妇还要这样工作，心想她家里一定很穷，为了挣钱才工作的。

生：老妇人看到怀孕的女店主，猜想她在经济上有困难，才悄悄地留下一些钱。

师：这样说，别人才能听得明白，懂吗？继续说。

生：老妇人看到女店主怀孕 8 个多月了，却还在努力工作，猜想她家里一定很困难，就悄悄地留下一些钱帮助她。女店主潸然泪下，回到里屋，看到丈夫已经睡着了，就吻了吻他。

师：吻完就没了？

生：没了！

师：最重要的一句话没说。

生：哦，她喃喃地说：“一切都会好起来的。”

师：你说得比较完整，能不能围绕这三个人物，把内容概括得更简洁一些？如字条上的内容可以省略，语句可以再简练一些。同学们自己也练习说一说。

生：（自由练习概括后）乔伊在回家途中遇到一位老妇人，帮助她换好了车胎，没有接

---

① 邵军．概括课文主要内容可以如此美丽——特级教师薛法根《爱之链》教学片段赏析．小学教学（语文版），2010，(11)：14.

受老妇人给的钱。后来，老妇人到一家餐馆吃饭，看到女店主怀孕8个多月了还在工作，就悄悄地留下一些钱。女店主看到老妇人留下的字条，不禁潸然泪下。回到里屋，发现丈夫乔伊已经睡着了，她喃喃地说："一切都会好起来的！"

师：这就是进步。

生：我还可以更简练些。乔伊在路上帮助一位老妇人换好了车胎，没有接受她的钱。老妇人到一家餐馆用餐，给生活困难而又怀孕8个多月的女店主悄悄地留下一些钱。而那个女店主就是乔伊的妻子。

师：了不起！言简意赅，简洁明了！最后如果改成"没想到，女店主就是乔伊的妻子"，就更加完美了。

生：对，这样就体现出小说结局很令人意外了。

回顾上述环节的教学，可以看出，薛法根老师在训练学生概括课文主要内容时，心中有目标，引导有方法。薛老师利用提问，让学生先根据人物关系概括主要内容，使学生的困惑浮出水面；在师生对话中，薛老师敏锐地捕捉到学生的反应，及时应对，适当点拨，让学生逐步领悟人物与事件的关系，从而使学生把主要内容说得简明扼要。这种先让学生尝试、在尝试中铺设台阶、层层提高的概括课文主要内容的方法，不仅新颖独特，而且能使学生获得成功的体验，充分享受语文学习的快乐，体现了真正的"以生为本"。

7.5 阅读教学中的思维训练

在语文学科的性质上，朱绍禹先生认为语文是语言学科，同时也是思维学科。同对语文是工具性学科和思想性学科等的认识一样[①]。有学者认为现行语文课程标准中贯穿了三条标准线：一是工具线，二是人文线，三是思维线[②]。可见，语文学科中思维训练的意义和任务长期以来是小学语文教学中一项重要议题。

叶圣陶先生曾说："教语文的一项很重要的任务就是训练学生的思维，训练思维的材料就是课文。一篇篇的课文都是作者动了脑筋写出来的。在学习一篇文章时，就要学习作者是怎样动他的脑筋的，看作者是怎样想和怎样写的。教师一方面给学生指点和引导，一方面督促学生练习，这就是训练。"[③]

具体到阅读教学中，朱作仁先生也与叶圣陶先生"作者思有路，遵路识斯真。作者胸有境，入境始与亲"的想法一致，认为形象思维与抽象思维，二者如鸟之双翼，车之两轮，不可偏废，都需要在阅读教学中得到发展[④]。

目前，在谈及思维时，所提出的"分析、综合、抽象、概括、判断、推理、联想、想象"等词汇，实际上是"思维加工方式"或者说是"思维过程"。事实上，对思维加工方式可以按所属的思维类型做进一步划分[⑤]。

属于逻辑思维的：运用语言概念进行分析、综合、抽象、概括、判断、推理等心理加工方式。

属于形象思维的：运用属性表象进行分解、组合、联想、想象（包括再造想象与创造想

① 朱绍禹．中学语文教学法．北京：高等教育出版社，1988：16.
② 冉正宝．语文新课标对思维培育理论的接受与排拒．语文建设，2005，(9)：26，27.
③ 卫灿金．叶圣陶的语文思维教育观．课程·教材·教法，2002，(2)：26-29.
④ 朱作仁．小学语文教学法原理．上海：华东师范大学出版社，1988：374.
⑤ 何克抗．儿童思维发展新论——及其在语文教学中的应用．北京：北京师范大学出版社，2007：162.

象），以及抽象、概括等心理加工方式。

属于直觉思维的：运用关系表象进行直观透视、空间整合、关系模式匹配、瞬间作出判断等心理加工方式。

据以上分析，本书将遵照逻辑思维、形象思维、直觉思维的分类。以每种思维类型中的一种加工方式为切入点来分析教学设计和案例，如逻辑思维中的推理、形象思维中的想象。因在语文学科中的直觉思维培养研究较少，故在此书中暂不论述。

在此基础上，还将进一步分析语文学科教学中对有别于常规思维的创造性思维的培养。创造性思维是重新组织已有的知识经验，提出新的方案或程序，并创造出新的思维成果的思维活动。它既是发散思维与辐合思维的结合，也是直觉思维与分析思维的结合，它包括理论思维，又离不开创造想象等①。

案例 7-5

一、培养推理思维的教学片段

课文理解的过程主要是判断、推理的过程②。分析以上案例可知，学生的推理过程都是常见的直言三段论推理。在三段论推理中，大前提和小前提都是已知的判断，结论则是一个新的判断。为了从已知判断推出新的判断，有两个基本条件必须遵守：一是大前提和小前提的判断必须是真实的；二是推理过程必须符合正确的逻辑形式和规则。下面看看蒋军晶老师在《麋鹿》（苏教版教科书六年级上册第五单元）一课教学中对学生进行思维训练的片段③。

师：看来，你们都读懂了麋鹿，如果我们的教室里出现了一头“鹿”，你能辨别出它是否是麋鹿吗?

生：能。（齐声）

（多媒体出现“驯鹿”图）

师：你觉得它是麋鹿吗?

生：（有学生说是，有学生说不是）

师：请举手说“是”的同学解释一下，你为什么认为它是麋鹿?

生：因为图上的这种鹿“角似鹿、面似马、蹄似牛、尾似驴”。

生：……

师：我首先要表扬你们善于抓住事物最主要的特点进行辨析，但是你们都认错了，图中的这个动物，人们也称它为“四不像”，角似鹿非鹿、面似马非马、蹄似牛非牛、尾似驴非驴，但它不是麋鹿。请你仔细观察这头鹿和读一读这篇课文，请你从文章中寻找它不是麋鹿的理由，找到一条，请简要记录一条。

（生开始读、寻找）

师：老师建议你们不要讨论，自己独立观察、寻找、辨析。

师：可以交流了吗?

生1：书上写着“站着的时候，麋鹿角的各枝尖都指向后方，而其他鹿的角尖都指向前方”，而这头鹿的角就是指向前方的，所以我认为它不是麋鹿。

生2：书上写着“麋鹿的尾巴是鹿科动物中最长的”，而这头鹿的尾巴像兔子尾巴一样几

---

① 彭聃龄．普通心理学．北京：北京师范大学出版社，2004：249.

② 朱作仁．小学语文教学法原理．上海：华东师范大学出版社．1988：369.

③ 蒋军晶．课堂打磨——蒋军晶小学语文典型课例．上海：华东师范大学出版社，2009：62，63.

乎没有，所以它不是麋鹿。

生3：书上说："麋鹿的蹄子宽大，行动轻快便捷"，但这头鹿的蹄子好像并不是很大。

师：你能注意到这一点很不容易，由于麋鹿蹄子宽大，横渡长江，易如反掌。

生4：麋鹿的生活环境是林茂草丰的湿地环境，但是，这幅图里，林不茂，草也不丰。所以，这不是麋鹿。

生5：书上说"麋鹿的毛色在夏季是棕红色的，冬季脱毛后变成棕灰色"，不管是冬季还是夏季，毛总是偏棕色的，但是图上的这头鹿却是灰色，因此，它不是麋鹿。

……

师：同学们，你们所说的这些理由，都是麋鹿区别于其他鹿的显著特点，作者紧紧抓住这些特点来写了，现在我可以告诉你们，这头很像麋鹿的鹿叫"驯鹿"，想看真正的麋鹿吗？

生：想！（激动）

师：可以给你们看。但有一个交换条件，你看了以后，要像一个讲解员一样上台来介绍麋鹿的主要特点，行吗？

生：行！（跃跃欲试）

这个教学案例中要求学生进行的推理如下：

大前提	小前提	结论
麋鹿"角似鹿、面似马、蹄似牛、尾似驴"	图上的这种鹿"角似鹿、面似马、蹄似牛、尾似驴"	图上的这种鹿是麋鹿
麋鹿角的各枝尖都指向后方，而其他鹿的角尖都指向前方	这头鹿的角就是指向前方的	这头鹿不是麋鹿
麋鹿的尾巴是鹿科动物中最长的	这头鹿的尾巴像兔子尾巴一样几乎没有	这头鹿不是麋鹿
麋鹿的蹄子宽大，行动轻快便捷	这头鹿的蹄子好像并不是很大	这头鹿不是麋鹿
麋鹿的生活环境是林茂草丰的湿地环境	这幅图里，林不茂，草也不丰	这头鹿不是麋鹿
麋鹿的毛总是偏棕色的	这头鹿却是灰色	这头鹿不是麋鹿

通过以上表格可以看出，为什么学生最早提出的结论是错的。大前提和小前提都是真实的，但是违反了逻辑形式和逻辑规则。麋鹿是角似鹿、面似马、蹄似牛、尾似驴，但是并未说所有的角似鹿、面似马、蹄似牛、尾似驴的动物都是麋鹿。所以，这个大前提加上小前提得出了错误的结论。而后面5位学生的推理完全符合逻辑规则。

小学生虽然不懂逻辑术语和推理规则，但小学生在潜移默化中，是能够在口头语言和书面语言的学习中初步体会到逻辑思维方法的。也正是因为教师不能对学生讲逻辑术语和规则，只能通过意会的方式传递。所以，教师需要在自己的课堂中作正确的逻辑思维的榜样，善于引导学生运用正确的思维模式进行思考。虽然在这个案例中没有看到蒋军晶老师更多的推理思维的引导，但是他创造的这个环境就很值得肯定。另外，从学生的表现来看，六年级的学生已经具有相当的逻辑思维能力。

二、培养想象力的教学设计案例

（一）《冬阳·童年·骆驼队》（人教版教科书五年级下册第六课）教学片段[①]

师：在你们的记忆当中，小时候做过哪些有意思的事？

……

① 张文质，窦桂梅．小学语文名师课堂深度解析．上海：华东师范大学出版社，2008：94，95.

师：刚才大家谈了很多小时候有意思的事。一个人，一个玩具，一件事情，甚至一座房子，都能够唤起我们童年的记忆，这些记忆将成为我们一生的财富和珍藏。可是不同的人，生活在不同的年代，生活在不同的地方，人们关于童年的记忆也不一样。有一个台湾女作家叫林海音，她的童年是在老北京城南度过的。后来又去了台湾，她把自己在北京城南的生活写进了一本书里，这本书叫做《城南旧事》。今天我们就来读读这本书的出版后记——《冬阳·童年·骆驼队》，先读课题。

（生齐读课题）

师：冬阳、童年、骆驼队，这三个词组成了文章的题目。请同学们展开想象的翅膀，从这三个词中，你仿佛看到了怎样的画面？

……

生：在一个冬天的早晨，刚刚从地平线上升起的太阳，暖暖地照耀着大地。一群骆驼从遥远的地方来到了北京城南，一群小孩子围上去东摸摸西摸摸，觉得非常新奇，长大后，这一段美好的回忆就留在他们的心里。

师：这一群孩子中也许就有文章的作者林海音。……正如作者在文章结尾所说的，"看见冬阳下的骆驼队走过来，听见缓慢悦耳的铃声，童年重临于我的心头"，那么当作者的脑海中无数次浮现出这一画面的时候，童年的哪些往事又重临"我的心头"呢？请同学们读一读这篇文章。

（二）《月光曲》（人教版教科书六年级上册第二十六课）教学片段[①]

师：贝多芬决定为盲姑娘再弹一曲，这时候一阵风把蜡烛吹灭了，月光照进窗子，茅屋里的一切仿佛披上了一层银纱，贝多芬望了望站在旁边的兄妹俩，有所触动，他想用音乐来抒发自己的情感，这时候他心里究竟在想什么呢？请拿出作业纸，联系上下文展开联想，把贝多芬内心的想法写下来。

（学生写，师巡回指导，再请一些学生交流所写文字。）

师：贝多芬说过，"我为什么要作曲，因为我有很多想法要释放出来。"最终他用月光曲、用音乐释放自己的情感。同学们，听——月亮正从水天相接的地方升起，微波粼粼的海面上……涌过来。（播放《月光曲》片段，教师配音朗读）

师：同学们，这就是月光曲的片段。贝多芬在这首乐曲中表达了怎样的思想感情呢？下节课我们围绕这段话，再次走进贝多芬的内心。

案例一是闫学老师执教的《冬阳·童年·骆驼队》，案例二是蒋军晶老师执教的《月光曲》。两位特级教师一个在阅读课开始之时，一个在阅读课结束之处，不约而同地想到了激发学生的想象力。

《冬阳·童年·骆驼队》的课题以三个不同意象的词语叠加而成，"冬阳"为文章创设了一种伤感与温暖交织的情绪基调，"童年"揭示了本文的内容主旨，而"骆驼队"则是贯彻课文的一条线索[②]。所以这三个词语的包容量极其大，闫老师让学生根据这三个词进行联想，使他们在还未接触课文之时就已经在广阔的思维空间中驰骋。根据学生的回答来看，学生凭借个性化的理解几乎把握住了文章的主旨。

《月光曲》中在贝多芬为盲女兄妹弹奏乐曲与他创作月光曲之间存在一个重要的问题——为什么贝多芬创作了月光曲？蒋老师就是让学生采取补白的方式，把贝多芬的心理活

① 蒋军晶．课堂打磨——蒋军晶小学语文典型课例．上海：华东师范大学出版社，2009：9.

② 雷玲．小学语文名师教学艺术．上海：华东师范大学出版社，2008：126.

动想象出来。这项想象活动把学生对贝多芬创作动机的理解展现得淋漓尽致。

小学生的想象力非常丰富，并且随着逻辑思维的发展，想象的合理性更是迅速提升。教师们将其作为组织课堂的重要资源时，也需注意学生想象能力的培育。

实际上，语文课的阅读材料大多是文学作品，而文学作品多是以具体形象来打动人。学生要感受作者的思想情绪，必须在头脑中再现作家创造的艺术形象，这些都需要想象，需要形象思维。我国的语言文字更是深刻地体现了这一点，如想品味伴随着悠久历史留下的优秀诗篇，想要体会它们精炼的文字创造出的唯美情境，无不需要借助学生的形象思维。

三、培养创造性思维的教学片段：《去打开大自然绿色的课本》（苏教版教科书五年级上册第四课）①

周老师："想想，诗人为什么说大自然是绿色的呢？"

生：因为大自然里有绿树、翠竹、碧草、青山，它们就是绿色的。

生：不对，大自然里也有红花、彩霞呀，并不完全是绿色的。

师：说得有道理！那么诗人为什么偏要说它是绿色的呢？想想，绿色是不是有着某种……

生：我明白了，绿色是生命的颜色，象征着活力。

生：确实，在沙漠里，只要看见绿洲，就等于获得了生命的希望。

生：王安石"春风又绿江南岸"中，"绿"的运用被历代称颂呢！

（就在这时，一个角落里传出一声嘀咕。）

生：我就不同意，难道其他颜色就不能代表大自然的色彩了？

师：好啊，那你说说看，你认为大自然是什么颜色的？

生：我认为大自然是红色的，红枫、红花、红云，万紫千红。红色代表着喜气洋洋，象征着红红火火。

师：红色的大自然，好！蕴藏着热烈、昭示着兴旺、传递着幸福，古诗中对"红"吟咏也很都，像……（学生接了一些古诗句）

……

师：哦，这就是说大自然是一本巧妙的科学课本了！啊，谢谢你，你打开了我的思路，我的脑中突然冒出一个很有意思的话题，咱们不妨来讨论讨论：大自然是本什么课本呢？

（这下孩子们来劲了，先是交头接耳一番，随即便是一片小手的森林。）

生：我认为大自然是本语文课文，当你看到树木的时候，就会想起"木"字，我们倚靠在大树旁，不就是"休"字吗？

生：我认为大自然是音乐课本。小燕子是音符。《燕子》中写道：停着的燕子成了音符，谱出一首春天的歌。

生：我也认为是音乐课本。小蝌蚪才是音符呢，小河哗啦哗啦地往前跑，像在唱着一首古老的歌谣。空中，小鸟在赛歌，那是民族唱法，"自在娇莺恰恰啼"嘛；林间，野兽在狂吼，那是摇滚。

……

师：同学们，大自然真是神奇而又美妙，打开它，你就会感受到它的魅力。我相信，只要我们用心体会，它还会是数学课本、体育课本，甚至舞蹈课本等等。就像我们心中各有一种大自然的色彩一样，我们只要用心阅读，也同样会拥有一本属于自己的大自然课本。

---

① 雷玲．小学语文名师教学艺术．上海：华东师范大学出版社，2008：214，215.

吉尔福特认为发散思维是创造性思维的主要成分。他在测验中用发散思维的流畅性、变通性、独特性的好坏来衡量创造性的高低。流畅性是指单位时间内发散项目的数量，变通性是指发散项目的范围和纬度，独特性是指对问题能提出超乎寻常的、独特新颖的见解①。我们也可以通过吉尔福特的角度来评价这个案例中的学生和教师的创造性。

学生的创造性主要体现在发散思维的独特性上，学生在思考大自然的颜色时，不是采用常规的惯性思维——对作者的话语给予合理的解释，而是采用了逆向的做法，用作者解释者的逻辑为自己的观点辩护。所以，周老师的课堂中学生的质疑有相当的思考含量，与一些课堂中教师美其名曰“创造性思维的培养”，让学生在课堂中满堂问的差异很大。掌握住了学生是认知冲突点，在认知冲突之下，学生发散思维的广度与深度不断被激发。

教师的创造性思维主要体现在思维变通性与流畅性上，周老师在短时间内以适宜的方式解决了学生课堂生成的问题。“大自然是教科书”这一情境的创设完全在他的预设之外，他能够及时运用已有的知识经验创造出了解决问题的合理方案，这就是周老师的创造性思维的体现。

培养学生创造性思维是整个时代对教育的要求，语文学科理应在其中扮演重要角色。尽管创造性思维是如此复杂的问题，如何培养至今尚无定论。作为小学语文教师，至少应该创造适当宽松的氛围，让学生有机会创造性地表达自己的看法。

7.6　课外阅读指导

《全日制义务教育语文课程标准（实验稿）》对小学阶段的课外阅读作了具体明确的规定：“小学生要扩展自己的阅读面，小学阶段课外阅读总量不少于 150 万字，背诵优秀课文 60 篇。”在语文教学的过程中，永远都存在引领学生“自主阅读”的任务，历代都重视让学生自由阅读，大家也都能意识到阅读的重要性。大量的课外阅读不仅能提高学生的语文学习能力，而且能全面提高学生的素养。要做到让课外阅读真正有实效，可以从以下几个方面着手。

首先，要注重激发阅读兴趣。教师示范是引发学生阅读兴趣的方法之一。教师的一言一行都会在学生的心目中留下深刻的印象，因此，教师自己首先应该好读书，成为学生心目中的读书楷模。一有空闲，教师就可以围绕读书与学生畅谈感受和对人生社会的体悟；或围绕着精彩情节，引导学生猜想故事的发展与结局；或将一段有趣的资料读给学生听，并告诉学生它的出处，向学生介绍获得资料的渠道。总之，若能让学生嗅到教师身上的“书香”，学生的读书兴趣也会越来越浓烈。

教师的推荐、指导对学生的阅读兴趣也有很大的影响。语文教师要结合学生的心理和年龄特点、生活实际，做好精心推荐书目的工作，内容要多样，种类可以繁杂。此外，教师还要精心指导读书方法，语文教师可以经常在阅读课上渗透，也可以在学生有需要的时候提供帮助，使学生形成爱读书的良性循环。

其次，多种方式交流阅读感受。课外阅读的方式有很多，有由点到面的研读式阅读、由读到写的反思式阅读、由己及人的亲子式阅读等，不同的阅读方式带给学生的情感体验是不同的。学校要为学生提供展示和交流读书经验的平台，如利用晨会时间有感

① 彭聃龄．普通心理学．北京：北京师范大学出版社，2004：282.

情地朗读图书，课前五分钟交流读书体会，以主题班会形式组织图书报告或交流活动，在校本课程时间进行班级图书会活动，等等。这些交流活动既为教师提供了监控学生课外阅读的机会，也促使学生所读图书内容进行深入的分析和概括，学习读物的语言，并转化到自己的语言表达中。学生还可以从这些展示活动中感受到自己的阅读收获，从而增强对读书的积极态度。

再次，营造书香环境，兼顾文化熏陶和便捷获取图书。外部读书环境的营造有着"润物细无声"的效果，教师应努力为学生创设良好的读书环境。在校园的环境布置方面，应创设能引起学生求知欲的文化氛围。如张贴"读书名言警句""图书推介园地"等。学校和班级创设方便获取图书的环境，学校图书馆、小花园等场所应发挥供学生读书的功能；在教室内，可以开辟"藏书角""走进经典"等栏目。在家庭中，小书房应是读书的好地方，书架上可摆放喜爱的书籍；墙上张贴名人励志书画，书桌上摆放可以随时查找资料的电脑。学生在这样的环境中读书，可获得较好的读书效果。

案例 7-6

下面是课外阅读指导的课堂实录，请结合上述内容，对以下教学做法进行鉴赏和评论。

六年级《小王子》（节选）班级读书会（执教者：周益民）[①]

第一环节：回顾以往的读书经验

师：（开场白略）好！咱们同学喜欢看书吗？

……

师：那我考考你们，你看看我说的这个故事是哪本书里的。听明白了就举手。

（教师分别简要讲述《木偶奇遇记》、《皇帝的新装》、《小巫婆真美丽》、《皮皮鲁历险记》等图书内容，学生猜书名，并一起谈论作者和作品的相关信息。）

师：……刚才咱们说了那么多书，今天我们要介绍的一本书，它的名字叫……

生（齐）：《小王子》。

第二环节：谈论对图书内容的感受

师：《小王子》这本书据说是目前发行量最大的一本童话。它从1943年出版以来已经被翻译成四十多种语言。《小王子》小孩喜欢，大人也喜欢童话《小王子》，这本童话人人都喜欢。我们还应该记住《小王子》的作者。咱拿起课本，一起读一读，读……

生：圣埃克苏佩里。

师：我们应该记住他，因为他是为我们带来快乐的人，带来欢乐的人。《小王子》如今已经被翻译成很多语言，甚至在一些邮票上也能看到小王子的形象。作者是圣埃克苏佩里，他的头像还上了法国的钞票，有机会的同学可以收集了看看。

那我们今天要讨论的呢，是《小王子》里的一个片段。咱们同学课前已经读过了这片段，我想问一问，《小王子》给你们带来的感觉，跟刚才咱们提到的那些书的感觉或者看到的其他书的感觉，是不是有不一样的地方？谁来说说看？

……

第三环节：联系生活经验感悟图书主题

师：小王子和狐狸的故事多么打动人心啊！但是，我想请问你，在这世上真的有小王子和狐狸吗？想一想，真的有小王子和狐狸吗？你说说看好吗？

---

① 雷玲．小学语文名师教学艺术．上海：华东师范大学出版社，2008：221-226.

生：我觉得应该是没有的，因为《小王子》是一部童话。

师：对啊，是童话中的人物，是童话中的角色。

生：我觉得应该也是没有的，因为我从狐狸说的这句话知道了“人只能了解自己驯养的东西……你要朋友就请驯养我吧。”从这句话我知道了，现在的人都没有任何时间去了解什么了，他们只知道买现成，并没有真正意义上的感情交流，所以现实生活中没有小王子和狐狸。

师：现在这个社会太复杂了，人们急急忙忙地去买房子去，但是买不了家。到商店里面去买商品，但是买不了朋友，没有小王子也没有狐狸，你有不同看法？

生：我觉得世界上应该是有小王子和狐狸的。其实小王子和狐狸就住在我们的心中，像一些心灵纯洁的人，他们需要朋友就相互需要爱，他们的心中既有小王子又有狐狸，所以说小王子和狐狸在他们心中就存在。但是这些人，他也会找到自己的朋友，那么他的朋友心中也就会有小王子和狐狸，一传十，十传百，那所有人心中就都有小王子和狐狸了。

师：我但愿这美好的一天能够早日到来。这样吧，我想带着同学们穿越时空的长河，回到一千多年前的古代，看看你是否能够找到小王子和狐狸。

（出示一些古诗词中的句子）“孤帆远影碧空尽，唯见长江天际流”，春日的江上千帆尽化，但是为何在诗人李白的眼中只有一艘船（孤帆）呢？

“海内存知己，天涯若比邻”。

“在天愿做比翼鸟，在地愿为连理枝”。

“曾经沧海难为水，除却巫山不是云”。

谁来说说看，你是否找到了呢？是否发现了？

……

师：再来看看最后一句。“此在齐闻韶三月不知肉味”。你又受到什么启发？孔子在齐国听到了韶这种音乐，太喜欢了，三月都在吃肉，居然不知肉味。他太喜欢了。同学们，你是否从孔子的这个故事对“驯养”有了新的认识，这是人和人之间的……

生：我觉得不一定是人和人之间才能够“驯养”，人和音乐之间，人和动物之间都可以，只要你觉得对方是世上唯一的，对方也觉得你是世上唯一的，就是“驯养”。

……

师：周老师可以给你们讲一个我自己的故事。我小时候非常喜欢看书，从小就迷上了一个作家，非常喜欢他。后来周老师长大了，一直在打听这位作家。但是令我非常遗憾的是，这位作家定居国外。后来经过重重的，怎么说呢，想了很多很多的办法终于跟他联系上了。我们通过 E-mail 互传信息。就在前几天，他给我发了个邮件，说你有空吗，13～17 号我正好回国，到南京，有空的话，咱们见个面。你猜想周老师当时看到这个信息的时候有多兴奋，我说恰好，那两天我在南京，我正好上课，我来找你。我刚刚打了电话，这两天太忙了，今天晚上要到 9 点以后才有空，同学们可以想象，这九点钟对周老师来说是什么呢？

生：是仪式。

师：对了，就是仪式呀，时间越是临近，我就越是激动，越是幸福，今晚的九点跟任何时候的九点都是不一样的，对我来说，这是唯一的，因为我被他的作品也带着对这位作家……

生：“驯养”了。……

第四环节：练笔拓展，想象人物内心体验

师：同学们，狐狸和小王子幸福地分别了，但是彼此还在挂念着，小王子回到了他的星球上，回到了他的玫瑰花的身旁。而狐狸呢，每天聆听着麦田的声音，聆听着风吹麦田的声音，心里面在想什么，他要对小王子说什么？小王子回到玫瑰花的身旁，又会对狐狸说什么呢？我想请各位同学从狐狸和小王子当中任选一个角色，想象他们的内心，写那么几句话，我给大家几个话题，你们可以选择其中的一个。

狐狸：我的失去和拥有，聆听那麦田的风声等待回音。

小王子：想起了狐狸，那一天真的很重要，它改变了我，我发现了玫瑰。

动笔吧！

（学生书写后交流）

师：本质的东西眼睛是看不见的，你为你的玫瑰花花费了时间，才使你的玫瑰花那么重要……你必须对你的玫瑰花负责。同学们，《小王子》是一个动人的童话，但是我想又不仅仅是一部童话。好，下课！

实践反思：专业智能与专业态度

自语文独立设科以来，语文教学经历过太多的变化和动摇：与政治思想结过太深的缘；与烦琐分析贴过最紧的心；与所谓训练攀过极近的亲……原本充满灵性鲜活的语文，一到课堂上就变得枯燥乏味，如同嚼蜡。其实，语文教学不能“千变万化”，它有自身的规律。语文教师通过不断的教学反思才能对语文教学的性质和规律形成清晰的认识，按照语文学科特点有目的有意识地组织教学，促进学生语文素养的全面提升。下面是吉春亚老师基于其实践反思对语文学科教学特点提出的思考。

“语文味”即语文本色的回归①

吉春亚

《语文课程标准》的颁布、实施，新教材的推广使用，为传统语文教学注入了鲜活的生命力，使语文教学改革不断走向深入。但是，我们也不难发现，由于个人素质的差异，解读新“课标”的能力不同，致使钻研出来的各种“推陈出新”的绝招也令人眩目。

乱花渐欲迷人眼

与综合结太深的缘。如有老师处理《只有一个地球》一课时，忽略了这篇课文是如何遣词造句来说明“只有一个地球”的道理的，而是详细讲解了关于地球的知识和人类应该如何保护地球，把语文课上成了自然课；再如，《将相和》一文的阅读重点是如何从字里行间找到依据评价人物，说出自己的看法，并复述课文和学习课文布局谋篇的思路，但有教师把教学的重点放在了介绍当时的时代背景上，把语文课上成了历史课……至于语文课被“异化”为音乐、美术等大杂烩的例子也比比皆是。一味地去搞课外延伸，“文理沟通”的潜台词是“淡化学科界限”，加强学科间的纵横联系，注重学科间的整合。这样的所谓“综合”实在是令人担忧：学完一节课后关于语文的知、能、素养的收获得之甚少，学课文只不过是走马观花式地“到此一游”而已。这，还有语文味吗？

与人文攀太近的亲。如教一篇主题是“诚实守信”的文章，仅致力于如何做一个诚

① 吉春亚．“语文味”即语文本色的回归．语文教学通讯，2005，(4)：4-7.

实人的大讨论，充实理由是提高学生的思想认识；上《落花生》仅努力于探究怎样做一个像花生一样的默默无闻的奉献的人，美其名曰培养学生的道德情操；读《鸟的天堂》仅注重于感受大榕树如何如何美丽，美其名曰培养学生的审美情趣；读《山泉流过的地方》，深刻地体会年轻的女教师献身山区教育事业的奉献精神，重要缘由是提升学生的精神境界；教《跳水》《称象》等课文时，仅着力于引导想出更多更好的救人或称象的办法，美其名曰培养学生的创新思维。上课时，漠视那人事、情感、性灵背后的“言语”，于是，课文学习完了，学生不会读意境优美的文字，不会品其间的精美诗句，更不用积累其间的语言运用于生活中的语境来表达自己内心的感受了。细细品来，与“人文”攀得这么近的课，还有多少语文味吗？

与多媒体贴过密的心。我们会看到，不恰当的多媒体的课件充斥着各种场合的公开课、评优课，也殃及日常的语文教学。集中了大量声音图像信息的课件在课堂上充分运用，不仅挤掉了学生读书的时间，而且过于直观的视觉冲击，一再干扰了学生的形象思维。于是学生朗朗的读书声，在多媒体“辅助教学”的冲击下“日薄西山”。学生“海阔凭鱼跃，天高任鸟飞”的思维时空在多媒体的泛滥展示中渐趋狭窄，学生对文本言语的感悟在多媒体的富有动感的演示中浅尝辄止……为了追求所谓的多媒体展示的视觉效果，而使言语的欣赏、积累、运用等本色的“语文学习”退出了语文课堂的舞台的做法，岂不是与有“语文味”南辕北辙之嫌，管中窥豹的失真之举已是“乱花渐欲迷人眼”，非“语文味”的教学与语文教学有多少补益呢？

删繁就简一树花

有人问一位著名的雕塑家：“你是怎样把石头雕成人像的？”雕塑家答道：“把石头上不是人像的地方去掉。”同样的道理，语文课尽可能地把不是语文或不具有“语文味”甚至是语文但不是重点的东西清除出语文课堂，可谓是“删繁就简一树花”。那么，什么是“语文味”呢？我们还是从叶老的话中来领悟“语文”的内涵吧。“什么是语文？平时说的话叫口头语言，写在纸面上叫书面语言。把口头语言和书面语言连在一起说，就叫语文。”“口头语言和书面语言都有两个方面的本领要学习：一方面是接受的本领；另一方面是表达的本领，说给别人听，写给别人看，口头语言的说和听，书面语言的读和写，四种本领都要学好。”

叶老的“语文”就是口头语言和书面语言的合指，也即“话”和“文”的合指。“语文”一词其实涵盖了人们语言交际的听、说、读、写的行为和“语言运用”的结果。那么按照“语言”和“言语”的理论，听说读写的活动及其结果，都应该属于运用语言的行为和产物，即是与“语言”既联系而又有区别的“言语”，这么说来，“语文”的内涵是“言语”才合适。

首先，“言语形式”是语文教学的立足点，为特定的教学对象。诚然，在生活中，我们读一篇文章着眼点往往在于获取这篇文章所反映的内容，是“得意妄言”的，但在语文教学中，我们的目的不仅在语文负载、传达的内容，更在语文本身。老师高超的教学艺术，不仅反映在引导学生通过语感实践反复诵读，在认识上、情感上习得和积淀语感，而且更表现在引导学生从炼字的角度品味语言，思考这样的思想感情为什么用这样的语言文字，而不用那样的语言文字来表达的理由，从而懂得这样运用语言的所以然，掌握渗透着思想感情的、生动活泼的语言文字。如学习朱自清写的散文《春》，绝不是为了记住春天具有“春风美”“春景美”“春雨美”等知识，而是学习朱自清先生如何抓住关键词句来描绘春色的，如何将情感用恰当的言语表现出来的，如何组织文章的结构等，这才是我们要学习的着力点。其他课程（外语除外）是借助言语学习言语的内容，如数学课以数学原理即数学公式定理（一门知识）作为教学内容，历史课则把中国在世界历史发展的进程作为教学的内容……它们以各自不同内涵的言语内容为教学本体，唯独语文以言语形式为矛盾的主要方面。

其次，“言语能力”，即“言语行动”优化组合（人品、文品综合表现）的必然结果成了语文教学的目的。这里的“人品与文品”的优化组合不妨认为是“言语”与“精神”同构共生，即是学生的言语表达能力和心灵世界携手走向丰妙境界。也就是说，既要丰富和优化学生的语言系统，使之拥有适合年龄阶段的言语能力，又要完善和丰富学生的精神境界，使之情趣情思越来越丰妙。但后者绝不是游离在外，必须是融入前者之中。众所周知，语文课是学习者接近、理解文字，感受文字的魅力，学习文字整合的诀窍，并较为成功地外化为各种（书面的、口头的）“言语作品”，逐步形成能够独立听说读写的“言语能力”的。说“白”一点，语文课是学习怎样把“话”说“美”，把文章写“美”的一门课。

由此来推断，“语文味”可以这样来定位——在富有情感意味的“真实”环境中，在富有诗情画意的润泽氛围中（否则就是机械死板的训练），在教师的精心组织与指导下，主要通过典型的“言语作品”剖析、玩味和模仿，在各种（课内、课外的，单项、综合的，模拟、生活的）“言语行为”中，不断内化各种（知识的、思想的、情感的、精神的）收获，并较为成功地外化为各种“言语作品”，逐步形成能够独立听说读写的“言语能力”，以运用于广泛的社会生活的“言语行为”之中。

如果这样来定位“语文味”，那么如何去理解语文素养的三维目标呢？

语文能力是奠基性的，是语文课程、语文学科“质”的规定性得以存在、显现的基础，也是语文课程、语文学科得以发展的依托，舍此不称其为学科。语文素养的三维目标中字词句篇的积累，语感的培养，识字写字、阅读、写作和口语交际的能力，都属于这一范畴；过程和方法，是知识和能力目标、情感态度和价值观目标得以实现的手段、途径；情感态度和价值观既是学科教育的重要目标，同时又是实现知识和能力、过程和方法目标的动力或激励力量，在新的历史条件下它被赋予了新鲜内容，它指向发展个性、完善人格的高层次目标。在这三维目标中语文能力的培养是语文教学的（专职）任务。语文能力是语文素养的核心。语文课对人的关注和培养不是空洞的，而是通过语言学习实现的。换句话说，语文课必须通过听说读写的能力的训练达到对人的情感、思想、态度、价值观的培养，如果没有了听说读写能力的培养，那语文课就没有开设的必要。学语文就是为了学习语言，为了能正确理解、运用祖国的语言文字；语文教学的根本任务就是组织指导学生学习语言，培养学生的听读说写能力。

咬定青山不放松

“为师不识语文味，教尽经典也枉然。”那么，如何使自己的语文教学具有真正的“语文味”呢？

首先，“腹有诗书气自雄”才能为上出“语文味”的课奠定基础。让读书这剂心灵的鸡汤，不断地滋养着曾经“气虚”的自己。

其次，“望闻问切”，探求“庐山真面目”。教无定法，这儿只是向大家说明一般的课文教学的操作要义，以一斑见全豹。

第一，凭借例子——积淀语言，悟得规律。

（1）预习入手，感知语言材料。按照学习语言的认知规律，在教学程序安排上，就应该让学生先直接接触课文，而且应是整篇课文。正如叶圣陶先生所说，学习课文第一步应该“通读课文”“知道文章之大概”。这就是让学生首先从整体上把握教材内容，让学生获得对课文的总体印象，以利于下一步学生居高临下对各部分进行品读、领悟。

（2）品读领悟，重视语感培养。老师高超的教学艺术，不仅反映在引导学生通过语感实践接受其负载的信息，更要认识掌握载体本身。即表现在引导学生从炼字的角度品味课文恰到好处的言语。入选课本的文章，文质兼美，特别是他们的言语更具鉴赏性。教师应有意识地将一篇作品的言语推至学生注意力的中心，体会运用——不是分析语言的表面特征（词性、句式、修辞、表达方式等）的神奇效果。品味点可以是文章中的精彩句段，可以是写法上的独特之处，可以是句式上的有意变化，可以是修辞上的别具一格等凝聚着作者的心血的言语。品味的方法常用的是比较法，增删补换，和原文对比，显出优劣，再结合感情朗读，“使其言皆出于我口”“使其意若出于我之心”，懂得这样运用语言的所以然。那么，言语对象的形态、句式、语调、含义等自然就能够充分地内化为品读主体的语感图式之中。

(3) 熟读背诵，积累语言材料。学习语言，重在直接吸收和积累语言，熟读背诵是最基本的语言实践，也是小学生学习语言的成功经验。人们常以满腹诗书、“出口成章”“下笔成文”来反映一个人的语文素质。之所以有这样的说写能力，就是因为语言积累丰富。否则，说写能力就成了无本之木，无源之水。语言积累的多少决定了一个人的语文素质的高低。

(4) 练习迁移，形成言语能力。积累的言语若在脑海中长期不使用，那么，这些言语也就成了静态的知识，失去了积累的意义。因而，应不断地促其成为动态，即在新的语境运用中焕发活力。如每篇课文均有生字新词，让学生把生字新词抄写数遍还不如改成“生字——组词——造句”的形式练习，既掌握生字的音形义，又化静态的积累为积极地运用，一举多得；又如，我们可以仿照课文中新出现的语言现象让学生进行模仿——旧瓶装新酒；还如，“摘抄好词佳句”是我们经常布置的作业，如何利用这些词句可能很少考虑，不妨让学生用造段的形式将摘抄的内容运用于新的语境中。

第二，超越例子——延展运用，形成能力。

把选文当作一个“例子”，只是将教学局限于选文之内，即使完成了训练的项目，达到了训练的要求，也不一定就能在现实世界里通畅地交往，实现语文教育的目的。因此，还须超越“例子”——以选文里的言语运用实例为基点，延伸扩散到现实生活之中，激发学生的联想与想象，以选文的“一”引发现实生活言语运用的“三”，“举一反三”；由现实生活言语运用的“三”又复归于选文的“一”，如此地往复。

形式有把课文新的言语形式出现之处作为课外衔接的“靶心”，拓展相关材料，让学生学习表达。如教学《游园不值》时，补充写春天景象的古诗；学习《和时间赛跑》拓展珍惜时间的名人名言，学生设计个人名言。还有将教材重组。比如，以作家重组。如教学巴金的《海上日出》，将这篇文章与《新语文读本》《亲近母语》中选择的巴金的文章《繁星》等组成一个新单元，体会巴金文笔的魅力。又如古代诗人李白、杜甫等，现代作家冰心、老舍等，我们进行集中阅读，可以更全面地了解这些诗人和作家。再如，以题材重组。在教《桂林山水》和《火烧云》单元时，可将选读课文的《镜泊湖奇观》和《新语文读本》中写景状物的文章引进教学单元。又如，以情感重组。如教学《特殊的礼物》等文章，我们发现当代学生物质生活丰富了，而对父母的亲情却熟视无睹。我们便推荐学生阅读萧云儒的《我的母亲》、朱自清的《背影》、丰子恺的《母亲》等文章，从而加深他们的情感体悟。

另外，通过组课的形式，将阅读、写作、口语交际、综合性学习有机地进行整合。如教学《武松打虎》时，先上阅读指导课，指导学生如何读小说；第二拓展阅读课，阅读《亲近母语》中的《宋江是一个什么样的人物》和《可爱的李逵》；第三，口语交际课，说说“我认识的水浒人物”，畅谈自己的感悟。这种大语文观的教学，对学生影响是深远的。再如，教材和课外读本中数篇想象新颖、奇特的童话、科幻、寓言作品，通过组合教学使学生享受了一次想象大餐。教学这个单元，阅读只是起点，应着重发挥它的辐射功能。首先，开展

“故事大搜寻”活动，让学生分小组搜集神话、寓言、童话、科幻作品，编一本选集。第二，开故事会，让学生讲自己所搜集的故事。第三，编故事比赛，要求不能抄袭别人的作品，根据自己对事物的理解来编故事。第四，开“梦想大展示”主题晚会。学生根据自己所读到的或自己编的故事，重新改编成小品，自编自导自演。这样将阅读教学延伸到了综合性学习、口语交际、写作教学等多个领域，进一步体现了教材使用的整合功能。

这样的超越例子的教学使选文的教学充满现实生活的气息的同时，又使学生掌握更为广泛的适应性更强的语文能力，还提高了学生运用母语在当今社会里进行言语交往活动（听说读写活动）的能力。

“一朝悟罢正法眼。”“语文味”不是“语文是个筐，啥东西都能装”，“咬定青山不放松”，定心静气，不被“语文的外延”之类似是而非的口号所迷惑，而专心致志地耕好自己的“一亩三分地”，回归语文的本色，把握好这门教育学生更多、更高、更好、更自觉地掌握与运用言语交往活动形式——听说读写的形式的课程，让我们的学生通过语文学习形成现代社会人必须具备的运用语言文字的能力，这是我们语文老师应有的共同追求。

复习与思考

1. 小学语文阅读教学的目标有哪些？
2. 确定一次阅读教学活动具体目标的依据是什么？
3. 你对小学语文阅读教学的内容和方法有怎样的了解？
4. 运用本章所学分析一个阅读教学案例。
5. 任选一项阅读教学内容完成一份教学设计，并说明教学设计与本章所学的联系。

拓展资源

吉春亚．2004．新理念与语文教学设计．北京：方志出版社．

雷玲．2008．小学语文名师教学艺术．上海：华东师范大学出版社．

李怀源．2009．小学语文单元整体教学构建艺术．重庆：西南师范大学出版社．

潘旭敏．2011．切实提高写奥学生课外阅读的实效性．小学语文，(5)．

吴忠豪．2010．小学语文课程与教学．北京：中国人民大学出版社．

夏家发，彭近兰．2010．教学活动设计．武汉：华中师范大学出版社．

夏家发，杨再隋．2000．小学语文教育学．武汉：湖北人民出版社．

杨九俊．2005．小学语文课堂诊断．北京：教育科学出版社．

姚春杰．2008．小学语文名师同课异教实录．上海：华东师范大学出版社．

易进，王庆华．2007．我们需要真正的“书声琅琅”——关于小学语文朗读教学的对话．小学语文，(2)．

易进．2009．漫谈语文训练——国外母语教学给我们的启示．小学语文，(6)．

易进．2011．从学课文到用课文学语文——谈小学语文阅读教学的转向．小学语文，(3)．

易进．2011．课堂提问设计要有的放矢．小学语文教学，(1)．

张慧．2001．小学语文阅读教学专题．长春：东北师范大学出版社，(1)．

张玉兰．2010．语文教学的同课异构．语文教改先锋，(11)．

周一贯．2004．小学语文名师课堂教学经典设计．上海：上海教育出版社．

朱慕菊．2002．走进新课程．北京：北京师范大学出版社．(1)．

第 8 章　小学作文教学设计与案例研究

李白坚　上海大学

学习目标

1. 生活是作文的唯一源泉，调动学生五官摄取生活源泉；
2. 感情波动导致写作心理，运用生活体验激活表达心理；
3. 在游戏参与和动态观察中完成从思维到文字的转化；
4. 将教材中抽象的写作要求转化为积极的课堂活动；
5. 读、写结合，将“改编—排练—表演—作文”熔于一炉。

专题导向

专题 1：摄取生活素材进入写作状态的作文教学设计
专题 2：通过体验生活激活表达愿望的作文教学设计
专题 3：运用游戏活动诱发表达心理的作文教学设计
专题 4：将抽象概念转化为形象活动的作文教学设计
专题 5：以表演课本剧为内容的读、写结合教学设计

8.1　摄取生活素材进入写作状态的作文教学设计

《全日制义务教育语文课程标准（修改稿）》指出：“在写作教学中，应注重培养学生观察、思考、表达和创造的能力。要求学生说真话、实话、心里话，不说假话、空话、套话。”

要求学生说真话的前提，是学生必须知道从何处获取要说、要写的材料。

因此，写作教学的设计，就不能不把让学生获得写作素材放在首要地位。而要获得写作素材，只有一个办法——通过学生自己的五官向生活、向自然、向社会摄取。

任何文章，都是生活的反映。现实生活，是写作的唯一源泉。生活素材摄取得好，“自有源头活水来”。没有生活素材或者生活素材吸收得不好、不多，必然“难为无米之炊”。

传统的作文教学大多没有注重学生运用自己的五官摄取生活素材的方法的教授，因此，学生学习作文多年，仍然没有弄清楚自己的写作素材来自何处，依旧不能解决作文素材来源的问题。

本节将展示如何通过组织室外活动，让学生学习运用自己的五官进行观察以及怎样通过教学设计的指点，了解各种观察点的诸多细节，直接把学生推上“深入生活”的第一线。而诸如此类的训练的长期而系统的坚持，将使学生掌握摄取生活素材的本领，从而打通作文难的第一个关隘。

下面请看案例设计。

案例 8-1

一、教材要求

人教《语文》2004 年版四年级（上册）“口语交际・习作一”。

口语交际习作

本组的每一篇课文，都像瑰丽壮美的图画，使我们感到大自然是那样的奇妙。有人曾说，世上并不缺少美，而是缺少发现美的眼睛。

是啊，峭壁深渊、怪兽云海当然神奇，风雨雷电、花鸟虫鱼等平常的事物也有令人称奇的地方。让我们交流一下各自了解的自然奇观。要讲清楚景观的奇特之处，还可以说说这样的奇观是怎样形成的。听的同学可以提问，可以补充，还可以就共同感兴趣的问题进行讨论。

在口语交际的基础上，围绕自己游览过或了解到的一些自然景观，写一篇习作。

可以写著名的旅游景点，也可以写身边的景物，写之前要想想主要突出哪一点奇特之处，大体按怎样的顺序写。希望通过你的习作，读者能够想象出画面，感受到大自然的奇妙。

二、教材分析

要写“著名旅游景点”，则学生必须有游览“著名旅游景点”的经历。但是，对国内大多数四年级学生来说，这点要求也许较难做到。即使个别学生游览过“著名旅游景点”，那也是“过去时”的事情。

处于小学阶段的孩子，一般不会有意识地为写文章而在“著名旅游景点”有准备地进行观察。而单靠学生的回忆来完成习作，则由于记忆的忘却机制，仍旧难以完成。

看来，作文训练只有写“身边的景物”较为合适。

为了手把手地教会学生摄取生活素材，观察身边可视、可闻、可摸、可觉、可感的景物，我们将为学生选取一些现实的、来自他们身边的景物如校园、上学路上、超市商场、居民小区等作为写作对象。

由于以上“景点”都是孩子们最熟悉的地方，而且都可以进一步采访、观察和了解，因此，教师只要适当引导，充分调动孩子的五官，进行实地考查，即可获得感性资料，写出相应的记叙文章。

以下，我们重点对“学校游览”进行介绍和讲解。

三、教学设计

（一）教学内容

带领学生在学校“游览”，写一篇学校游记。

（二）教学目标

带领学生对学校进行具有写作目的的参观游览，通过学生自身的感觉器官，学习观察、收集和记录生活素材，并运用收集到的生活素材即时完成一篇以景物为对象的记叙文。

（三）操作程序

（1）学生阅读教师设计的《作文学案》：“今天写什么？”和“观察与记录”；

（2）教师询问学生是否看懂《作文学案》中的教学目的和程序，如有问题，进行解释；

（3）带领学生根据《作文学案》中规定的程序，到学校“景点”有序“参观游览”，记录下自己看到、听到和一切感官体验到的内容；

（4）“游览”顺序为校门—教室—操场—校园—办公室；

（5）回到教室后，让学生完成《作文学案》中的“题目”和“提纲”部分，也可以不完成这两个部分，直接开始作文；

（6）作文；

（7）作文完成后，让学生互换作文，互相批改；

(8) 教师请一两个学生上台朗读自己的文章并进行“口头批改”。

(四)《作文学案》

1. 老师对你说

同学们，根据课本的要求，我们今天要写一篇在学校游览的记叙文。

虽然你几乎每天都来学校，但是猜想你并没有仔细观察过学校的一草一木、一房一舍，包括正在上课或者活动着的同学们。

所以，在写这篇文章之前，我们要带领大家到学校各处去参观访问一番。请你在学校里做一次特殊的“游览”。

请仔细观察学校的房屋、校园、操场、教室，办公室以及学校的大门……这一切，都是你们眼中的景物呢！也都是你写作的好材料！

我们都知道，“巧妇难为无米之炊”，没有生活素材，作家也是写不出好的文章来的。素材在哪里？就在我们的生活中。

请你一定带好自己身上的眼、耳、鼻、舌、手指这“五员大将”，好好观察和收集作文的生活素材，并立刻把它们记录下来。

注意，这是素材，不是正式作文，因此，收集材料的文字可以简短、格式可以任意，因为这只是你作文时的参考材料。

2. 观察和记录

1) 学校大门

首先我们来参观学校大门，请你重新从校门外面走进学校。

你是否看到了大门的样子呢？它是用什么材料做的？是木头做的，是铁做的，还是其他材料做的呢？校门有多高？多宽？由几扇门组成的？是一般的大门还是电动的栅栏呢？

你们学校的门口是否有校牌？校牌大概有多宽，多长？上面是用什么字体书写的校名呢？这些字大约有多大？

学校是否有门房？门房有多大？窗户和门都是什么样的？

看守学校安全的门房老师是什么样的？是男的还是女的？年纪有多大了？你是否可以采访一下这位老师，询问一下关于门房的工作？

这些，都可以写进你的文章啊！

2) 学校教室

接着请你来到学校的教室看看。

你们学校共有几幢教学大楼，或者是教学平房，或者是教室？它们分别坐落在学校的什么位置？如果是楼房，请看看每幢楼有几层楼？每层楼大约有多少间教室？如果是平房，看看这栋平房有多宽？有多长？一栋平房有几间教室？

请你随意走进一间教室，估计一下教室有多大？宽有几步？长有几步？能容纳多少学生在一个教室里？

看看教室里有没有学生，是几年级的学生，你是否可以采访一下这些学生，询问一下关于他们的学习生活？

这些，都可以写进你的文章啊！

3) 学校操场

现在，请你到学校的操场看看。

学校的操场是什么形状的？操场上有没有一些体育设施呢？你能说出这些体育设施的名称吗？它们分别放在操场的哪些部位？

同学们平时最喜欢的是什么体育设施呢？它是什么样子的呢，你能略微介绍一下吗？

你是否愿意围着操场跑一圈呢？跑的时候，能否勾起你什么美好的回忆或者联想？

这些，都可以写进你的文章！

4）学校校园

现在我们去校园参观。

请注意，你们的校园是什么形状的？校园里都有些什么样的植物？它们分别长得什么模样呢？看看是什么植物在这个季节中长得最茂盛？什么花儿开得最灿烂？

请你用手去摸摸花儿的花瓣和草儿的叶子，是什么感受呢？你再低下头闻闻看，那些花都香吗？校园有大树吗？哪棵树最吸引你呢？它长得什么模样呢？

站在绿化当中，伸开双臂，用劲呼吸，你闻到什么气味吗？

校园里是否有特殊的绿化，比如紫藤、葡萄棚等等？有的话，可别忘记具体介绍啊！

以上这些，都是写进文章的好材料。

5）办公室

最后，请你到老师的办公室看一看。老师的办公室是怎么样的？有几个？有多大呢？

办公室和教室是在一幢楼里呢，还是和教室分开的？

一般每个办公室有几位老师一起办公呢？办公室里的桌子、椅子和同学们用的课桌椅有什么不一样？

此时此刻，有没有老师在办公室里？有的话，是否采访一下，询问一下老师们工作的感受？

这些，都可以写进你的文章！

对了！无论是在教室还是在操场、在校门口还是在办公室，请应该注意到活动中的人物，写记叙文的时候，也可以把看到的人物带上一两笔啊！

四、设计说明

(1)《作文学案》是直接供学生阅读的文字材料，是写作教学设计的重要组成部分，也是有关本次写作游戏活动的大致程序和要求。教师可打印或者复印后发给学生自行阅读，也可在屏幕上让学生阅读。

运用“学案”，是提高学生阅读理解能力的重要措施，而且是更为实用的措施。

学生自行阅读后，有任何问题，可以提请老师解释说明，如果学生已经看懂，教师可以立即带领学生进行活动，这样，就免除了教师一切不必要的言语。

《作文学案》中的“观察和记录”，是对学生的观察路径、观察内容和观察方法的指导，至关重要。“观察和记录”是学生观察获取生活素材、收集材料，并进行速记之处。

此处并非习作，所以可以告知学生在此可以随意速写、速记，文字不必苛求清楚条理，只要自己能看懂、作文时能用上即可。

(2) 即使是熟悉的“景点”，只要有条件，写作前也要进行必要的观察和采访。

正因学生比较熟悉学校，也就可能熟视无睹。如果以为学生已经对学校很熟悉了，不进行“参观游览”就让学生写作，由于观察的深度有别，记忆的深浅不一，还是难以获得写作效果的。

因此，在进行写作前的重要教学工作就是必须带领学生带上纸笔，到校园进行一次真正的“游览”和“采访”，让学生对观察的顺序、内容和角度都有一个即时的认识，然后再进入写作程序。

本次设计，最重要之处在于寻找采访和观察的“景点”，一旦这个“景点”确定，写作设计的大方向便确定了。而进行“校园游览”的目的在于：让学生获取生活素材，解决写作内容的问题；让孩子们到外面走一走，看一看，放松心情，这对提高学生的写作兴趣、减少对传统作文的心理负担，也颇有裨益。

（3）实质上，“著名旅游景点”的旅游和“学校旅游”是没有本质性区别的。只是前者范围大、内容多，不好掌握，而后者范围小，内容少，更适合于孩子们观察和掌握罢了。

“学校旅游”是“著名旅游景点”旅游的“缩微”、“迷你”或“袖珍”形式。“校园旅游”“麻雀虽小、五脏俱全”。

“著名旅游景点”的旅游见闻，在“校园旅游”中都可以找到对应点。如，前者有大门，后者也有；前者有人物，后者也有；前者有山有水，后者有房有洼……唯一区别，范围而已。

只要带领小学生学会了写“学校游览”，以后写任何景点，都没有问题。

由于经济和时间条件的限制，我们不可能带领学生到名山大川旅游，但是我们却可以带领孩子们旅游学校和超市、参观马路和街道，只要认识到了这一点，作文就有了广阔的矿藏！

实践反思

“前”作文教学的意义和方法①（节选）

一、“后”作文教学的弊端

多少年来，在作文教学中我们所注重的往往是“后”作文教学——也就是从学生开始提笔作文之“后”开始的作文教学。

“后”作文教学大略包括以下几个方面：

（一）命题。命题之后的审体和解题的教学。

（二）批改作文。对学生已经形成的文章做书面或者口头的批改。

（三）作文评讲。对学生已经形成的文章做批改后的口头评讲。

这种“后”作文教学的传统模式已经贯穿了中国上千年的历史。中国教师几乎从来都是这样教作文的。鲁迅先生在谈到他学习写文章时说过的“突然有一天发现自己作文本上圈圈多起来，而叉叉少了下去，于是终于学会了写文章”，大抵也是这种“后”作文教学模式的反映。

“后”作文教学是一种不太全面、不太科学的方法。它注重的是学生开始形成文章以“后”的教学辅导工作，而不是学生写文章之“前”的教学诱导过程；它致力于学生文字的形成过程，而不是学生思维的发生状况；它运用的是学生业已收取在大脑里的生活素材，而不是教给学生通过眼睛、耳朵、鼻子、嘴巴、手指的观察现时摄取活生生的生活素材；它依赖于学生开始写作时的理性思索，而不是写作酝酿时的感情积聚。

可以说，“后”作文教学是一种带有“马后炮”性质的作文教学方法。

略略考查文章的形成，总是“生活—感情—思维—文字”这样一个过程，文章是思维的表现，而思维又是存在的反映。因此，文章在生成之“前”，写作者是有许多准备工作要做的，而教师也是有许多先期教学要执行的。

其中最主要的“前”作文教学，就是教会学生“摄取生活素材”的本领和激发学生的写作激情这两重任务。

① 李白坚．“前”作文教学的意义和方法．语文教学通讯，2005，(10)：55.

二、帮助学生学会“摄取生活素材”，是“前”作文教学的首要内容

生活是写作的唯一源泉。“生活素材”摄取得好，写作就“自有源头活水来”。“生活素材”没有吸收或者吸收得不好，就必然“难为无米之炊”。

但是由于传统的作文教学大多从“命题”教学发轫，教师并没有注重怎样教会学生进行“源头活水”的摄取和“下锅之米”的收集。命题作文开始以后，写作过程的本质也就是要求学生把自己于“过去时”业已“摄取”的“水”和“米”重新通过自己的形象记忆和感情记忆拿出来“淘米烧饭”。

如果某个学生在此前已经摄取了一些“水”和“米”，如果某个学生的这个“过去时态”的观察工作做得好，如果某个学生的记忆力比较强，那么，就有可能“烧”得出或者烧得好这锅“饭”。

如果某个学生平时没有注意摄取“水”和“米”，或者对以上“生活素材”摄取得不多、不好、不全，自然就烧不出这锅“饭”来。

在这样的情况下，假如教师硬要他们“烧”、不“烧”也得“烧”的话（我们的许多命题作文教学就是如此，譬如“记一件有意义的事”），就必定烧出“夹生饭”来。或者，学生实在没有生活积累，只好来一个“时挑野菜和根煮，旋斫生柴带叶烧”，以假、大、空充数。

作文教学大多从小学生开始，他们刚处于学习写作的起步阶段，都没有经历过“摄取生活素材”的训练、也没有充分运用自己的眼睛、耳朵、鼻子、嘴巴和手指摄取过生活的博大丰厚的源泉。所以，可以说，大多数的小学生在以“命题作文”为方式开始进行作文学习时，是没有足够的“生活素材”垫底的。

但是大多数小学生又必须写“命题作文”，于是，就造成了今天写作教学的尴尬局面。

可能有人会说，学生是要上《语文》课的，他们可以通过语文课的阅读学习写作。

不错，通过阅读各种文字作品可以学习作文。从他人的文字作品中学习“摄取生活”的方法、学习他人“摄取”的“生活素材”乃至学习“摄取”别人已经“摄取”的“生活素材”，也是有可能的。

但是，单单通过阅读来学习写作肯定是片面而隔膜的，因为从根本上说来，单是阅读别人的作品的话，仍然不能获得写作的最鲜活、最直接、最丰厚的“生活素材”，仍然没有得到生活最宝贵的赐予。

套用毛泽东的话来说，通过阅读获得的不是生活的“源”，而是生活的“流”——是作家在“彼时彼地”通过他们自己的观察和体验所获得的“生活”，而不是自己观察和体验所得到的“生活”。（毛泽东：《在延安文艺座谈会上的讲话》见《毛泽东选集》第三卷）

自己亲身观察和体验的“生活”和从别人的文章里得到的“生活”是不一样的，这里有“文野之分、高低之别”，这也就是“纸上得来终觉浅，深知此事必躬亲”的道理。

可能又有人说，今天的学生本来就很少“生活”，原因是他们学习负担太重，上学、回家，两点一直线，生活贫乏甚至枯燥——仿佛因为学生没有丰厚的“生活”，我们就没有帮助学生学习“摄取生活素材”的必要似的。

是不是学生真的没有这种生活的“源头”“活水”？是不是学生本来就没有“下锅”之“米”？小学生到底有没有我们所说的“生活源泉”呢？

回答应该是肯定的！

我们的小学生不但有生活，而且还有比较丰富的“生活源泉”，问题在于，学生是否具有“摄取生活素材”的眼睛、鼻子、耳朵、嘴巴和手指，而教师是否教会了学生“摄取生活素材”的高招！就像我们常说的“不是没有动听的音乐，而是没有听得出音乐美的耳朵；不

是没有绚丽的风景，而是没有看得出美景的眼睛”一样，小学生不是没有丰厚的“生活源泉”，而是我们教师没有开发他们“摄取生活素材”的五官！

童年的鲁迅是在“从百草园到三味书屋”那枯乏的环境中度过的。和今天的孩子们相比，鲁迅不知道电脑、没见过网络、不参加第二课堂、也没有春游、秋游……童年鲁迅的生活大概还不足今天孩子们的百分之一！但是，正是从那枯燥乏味的“从百草园到三味书屋”中，鲁迅先生通过自己的观察和感悟，发掘到了其中的美丽和趣味，写出了充满童趣、脍炙人口的作品——《从百草园到三味书屋》！

为什么呢？因为即使是“枯燥乏味”的生活，也是创作的源泉！鲁迅观察、体验、感悟到了自己的特殊的“枯燥”的生活，也就写出不同于任何人的文字来了——生活的“源泉”处处是宝贝，而且是“取之不尽、用之不绝”的！

曹雪芹在《红楼梦》中写道：“世事洞明皆学问，人情练达即文章。”《红楼梦》除了写了两件大事：省亲和抄家，其他的内容几乎全是生活中的“鸡毛蒜皮”：吃饭、睡觉、吵架、争风吃醋、补衣服、看戏、谈天……真是到处是生活、到处是文章啊！以至于我们可以说，生活有多大，作文就有多大！

由此看来，帮助学生学会“摄取生活素材”是必要的也是可能的，这是“前”作文教学的一项重要内容。

三、诱导学生产生表达激情，是“前”作文教学的又一重要内容

一个人要进行正常的写作活动，除了要“摄取生活素材”之外，还必须具有一定的表达激情。激情，是写作产生的酵母。

唐朝诗仙李白做诗必须喝酒，如果李白戒了酒，我们就看不到那么多汪洋瑰丽的诗歌了。

大文豪鲁迅写作必须抽烟，要是鲁迅戒了烟，我们也就看不到洋洋二十卷《鲁迅全集》了。

看来即使会写作如李白或鲁迅，也是要有刺激、需要激情，才能写出作品的！

太史公司马迁在《史记·报任安书》中写道：周文王被拘，写成了《周易》。孔圣人周游列国遭到厄运、受到污辱后写了《春秋》。屈原被流放，写出了《离骚》。左丘失明后，才发愤著成《国语》。孙膑被挖去了膝盖骨，发愤写成了《孙膑兵法》。吕不韦被迁往蜀地，完成了《吕氏春秋》，韩非子被囚，著成《说难》和《孤愤》两个名篇，“诗三百篇大抵贤圣发愤之所为作也。”

是的，即使是“圣贤”，也必须在极大的精神刺激下，才得以完成不朽的著作！

《毛诗序》写道：“诗者，志之所之也。在心为志，发言为诗。情动于中而形于言。言不足故嗟叹之，嗟叹之不足故咏歌之，咏歌之不足不知手之舞之，足之蹈之。”

这段话，强调了文章的生成乃是“情动于中”的产物。倘若作者的“情”不“动”，或者“情”动力不足，都不可能使文章得以生成。

有成语道是“骨鲠在喉不吐不快”，这说明只有在“不说不行”的状况，才能生成语言文字表达的心理基础；还有成语道是“不平则鸣”，指出了只有高低不平，才有发出声音的物理基础。这些，都说明了“前”写作的心理的需求和感情的促进作用。

这样看来，刺激学生的表达心理、帮助他们产生写作激情，也是“前”作文教学的重要内容。

可惜的是，“后”作文教学从来就没有理会过“摄取生活素材”的写作规律和“情动于中”的祖先遗训，硬要我们刚刚学习写作的中小学生在没有“生活素材”的积累和“无动于

衷”的心理状况下作文，是不是太苛求孩子们了?!

由此看来，“摄取生活素材”和产生表达心理，是作文前的重要基础环节，而“前”作文教学则将注重于此二者的诱导与形成，把它们看成是作文教学的重要先导。

现在要研究的问题是，生活那么辽阔广大，怎样教会学生去摄取、观察、感悟生活和激起他们的表达热情呢?

复习与思考

1. 在小学生作文之前，先带领他们根据作文题目的要求进行一番参观、观察和采访的意义何在?

2. 你同意“生活是写作的唯一源泉”的论断吗?

3. 在写作教学案例中，设立《作文学案》，让小学生自己阅读《作文学案》，自行获得课程目的和程序的意图是什么?

拓展资源

李白坚 . 1998. 走向素质教育 . 上海：上海科学技术文献出版社 .

李白坚 . 2005. “前”作文教学的意义和方法 . 小学语文教学通讯，(10) .

夏家发，彭近兰 . 2010. 教学活动设计 . 武汉：华中师范大学出版社 .

夏家发，杨再隋 . 2001. 小学语文教育学 . 武汉：湖北人民出版社 .

8.2 通过体验生活激活表达愿望的作文教学设计

任何人要进行正常的写作活动，除了要运用自己的五官“摄取生活素材”之外，还必须具有一定的表达心理基础。而受到外界的刺激后出现的感情波动，将是表达心理产生的契机。

营造一定的情景，让学生体验特殊的生活，刺激学生产生心理感情的波动，应该是作文教学中不可忽视的重要环节。

帮助小学生产生表达心理的方法之一，是在课堂上进行一种预设的、具有系统性、趣味性和科学性的游戏活动，并配之以竞赛、模仿、奖惩和猜测等方式，促进学生产生感情波动。而一旦感情被触发，写作表达的心理机制也就生成了。

在小学阶段，促使学生表达心理多次反复地生成，比单纯教授写作方法更为重要。

下面请看案例。

案例 8-2

人教《语文》2005 年版五年级（上册）“口语交际 · 习作六”。

一、教材要求

口语交际

父 母 的 爱

每位父母都爱自己的孩子，爱的方式却不尽相同，请先阅读几则生活中的小故事。

（1）妈妈很爱刘明明，在家里什么事情也不让她做，连书包都是妈妈帮着整理。有一次，妈妈出差，几天不在家。刘明明上学不是忘了带文具盒，就是忘了带作业本。

（2）冯刚的学习成绩一直不太好，每次考试结束，是他最害怕的时候，因为少不了又要被爸爸训斥。爸爸每次骂完他，总是说：“我爱你，才会这样严格要求你。”

(3) 李路杰对什么东西都很好奇，喜欢动手试一试。有一次，李鲁杰把家里的电话机拆了，却再也装不好了。爸爸知道了，没有批评他，而是亲切地说："既然你能拆开，就一定能把它装起来。"在父亲的鼓励下，李路杰终于把电话装好了。

你怎么看待上述故事中爸爸妈妈的做法？你在生活中有过类似的事吗？给同学讲讲你和父母之间的故事，再谈谈自己的想法。回家以后，还可以把这三个小故事讲给爸爸妈妈听，并请他们谈谈看法。

习作

世上最爱你的人就是你的父母。可是，在生活中，有没有你不理解父母或者父母不理解你的时候？让我们借这次习作的机会和他们交流、沟通吧！

你可以从以下几方面考虑习作的内容：

(1) 你曾经有过不理解父母的时候，但通过一些事情，体会到了父母的爱；

(2) 你可以对父母提出一些建议，比如，请他们改进教育方法，或劝说他们改掉不好的习惯；你想和父母说的其他心里话。

不论写什么，都要敞开心扉，写出你最想对爸爸妈妈说的话，表达自己的真情实感。写完以后，读给爸爸妈妈听，和他们交换意见。

二、教材分析

本次教材要求学生以"父母的爱"为主题，通过一些经历，体会父母的爱，向父母讲一讲自己的心里话，然后把这些心里话写出来。

如果学生能够在自己的感情生活积累中找到这样一件事情，当然很好。

但是由于小学生的心智还不够成熟，他们比较注重"现在时"发生的事情而不大注重"过去时"的记忆，因此，让学生运用回忆的思维方式去写"过去时"的事情，一般都比较困难。

能否设计一件可以让孩子们体验父母的爱的实践活动，让他们通过行为体验来理解父母的爱呢？能否设计一件比较趣味、比较特殊的"现在时"的活动，刺激孩子们的幼小心灵，让他们感受父母的爱，从而产生感情的波动呢？

经过多次试验，我们选取了一个称为"怀孕妈妈"的游戏活动：让学生怀里"揣"着一只与自己出生时体重差不多的"书包娃娃"，通过穿外套、观模样、上下楼、系鞋带和写作业几个连续动作行为，体验"十月怀胎"的妈妈的艰难生活。

这样，既给了孩子以深刻的体验和感受，又让他们感情受到了一次深深的震撼。

体验之后，再请小学生写一篇有关做"怀孕妈妈"的记叙文，既有内容，也有体验，几乎毫无困难都写出来了。而且所有的孩子都在文章结尾把主题推向了高潮："我十几分钟的体验都难受得很，妈妈要在肚子里怀我十个月，真了不起！我应该……"

三、教学设计

(一) 教学内容

体验母亲怀孕时的艰辛和困难，培养对母亲的感恩的心情，完成一篇有关记叙文。

(二) 教学目标

通过做"怀孕妈妈"的体验，获得生活素材、体验"做一次怀孕妈妈"的艰辛，从而体会母爱的伟大，激发表达心理的生成。

(三) 操作程序

(1) 上本课前，请先通知学生采访自己的妈妈：①了解妈妈"十月怀胎"时的身体情况和心情感受；②了解自己出生时的身体重量，然后，在自己的书包中装上一定的书籍，要大致相当于自己出生时的重量。上课的那天，把那些书放进书包，带到学校里来。

(2) 开始上课，教师让自行阅读《作文学案》；

(3) 告知学生今天我们做的是体验妈妈怀孕情形的活动，我们将设置多个内容，体验妈妈“十月怀胎”的艰辛；

(4) 让学生在自己的“书包娃娃”上套一件自己的外套，还要扣上扣子，让大家观察自己和其他同学的模样，然后在《作文学案》的“观察和记录”一栏简要、快速地写下自己的体验观感；

(5) 带领系着“书包娃娃”的全班同学排队走出教室，从一楼走到二楼，再走回一楼，回到教室后，在《作文学案》的“观察和记录”一栏简要、快速地写下自己的体验和观感；

(6) 请同学们带着自己的“书包娃娃”，俯首在课桌上默写一首唐诗。然后，在《作文学案》的“观察和记录”一栏简要、快速地写下自己的体验和观感；

(7) 请学生在自己的座位上，带着“书包娃娃”脱掉一只鞋子然后再穿上。然后在《写作指导》的“观察和记录”一栏简要、快速地写下自己的体验和观感；

(8) 体验结束时，大家可以解下书包，此刻，问一问学生：经过这次特殊而辛苦的体验，对妈妈“怀胎十月”的艰辛有何体会？有什么话想对妈妈说？

然后，参考自己收集到的生活素材，写一篇有关“做一次怀孕妈妈”的文章。

(四)《作文学案》

1. 老师对你说

前几天我们已经布置了作业，请你回家采访一下妈妈，问问她肚子里怀着你时的感觉和身体状况，以及你出生时是几斤重。并且要在书包里放一些书，最好相当于你出生时的重量，想来大家都已经准备好了。

今天，我们要做一回“怀孕的妈妈”，体验一次当年妈妈的艰辛过程。

那么，我们该怎样体验“怀孕妈妈”时的艰辛呢？

首先，先请你将已经准备好的和你出生时体重相当的书包挂在自己的肚子上，如果不好挂，可以用绳子帮忙。

接着，要请你做好几件事情，在每做一次事情的时候，都请你仔细观察和体验，然后把自己观察到的景象和体验到的感受赶快写到你的观察和记录本子上去。

等到这些素材收集得多了，再请你写一篇500字左右的完整的记叙文！

2. 观察和记录

好，现在你已经打扮好了吗？如果已经打扮就绪，就可以开始行动了。

请你一定带好自己身上的眼、耳、鼻、舌、手指这“五员大将”，好好观察和收集素材，并且立刻把自己的见闻记录下来，以便作文时用。

注意，这是素材，不是正式作文，因此，收集材料的文字可以简短、格式可以任意，因为这是参考材料！

(1) 请把“书包宝宝”挂在肚子上，然后再穿上外套，自己看一看，“肚子”是不是“大”起来了？大概有多大？像什么一样？

你觉得自己的形象好看吗？妈妈怀你的时候是不是也是这样呢？请你自己撑着腰、抚着肚子到处走走，感觉如何，舒服吗？

请你看看其他同学，他们的形象如何？样子美吗？教室里是否有笑声？同学们都在说些什么？请注意，这些，都是可以写进作文里去的。

(2) 请排好队伍走出教室。

现在请你上楼去。

你是怎么爬楼梯的？是撑着腰爬还是抚着肚子爬？肚子上的“书包娃娃”听话吗？有没有歪来歪去？走上楼梯后你有没有气喘吁吁？有没有休息一下？其他的“怀孕妈妈”是不是也和你一样？他们累不累？他们喘不喘？

请注意，这些，也是可以写进作文里去的。

(3) 现在开始下楼。

下楼的时候你又是怎么走的？手有没有扶着楼梯？脚步快不快？你的眼睛一直看着自己的“书包娃娃”，还是看着自己的脚下，还是看着前方？

其他的“妈妈”下楼的时候是快还是慢？“娃娃”有没有掉下来呢？你觉得“怀”着孩子上楼容易还是下楼容易，还是都不容易呢？

请注意，这些，都是可以写进作文里去的。

(4) 现在请你坐在课桌旁边，默写一首唐诗。

写字时，你习惯吗？腰酸不酸，背疼不疼？当橡皮、铅笔掉地上，你弯腰去捡的时候，行动方便吗？你能捡得到吗？你觉得难受吗？

请注意，这些，都是可以写进作文里去的。

(5) 现在是最后一项活动了——请你弯腰脱下一只鞋子，然后再穿上。

你觉得这项活动难度如何？弯腰的时候肚子是不是被撑住了似的？“书包娃娃”有没有往下掉的感觉？你是否时不时要把“书包娃娃”往上拉一拉？你的手是否够得到自己的鞋子呢？

是的，这些，也都是可以写进作文里去的。

(6) 当解下书包袋的那一刻，你觉得轻松吗？经过这次特殊而辛苦的体验，你觉得妈妈“怀胎十月”容不容易？你有什么新的想法？以前你有没有不理解妈妈的时候，通过这次体验，你有什么想对她说的？以后你会怎么做呢？请敞开心扉，与妈妈说几句贴心的话！

四、设计说明

(1)《全日制义务教育语文课程标准（修改稿）》指出：“提倡学生自主选题，少写命题作文。”

本课设计中，已经提出了作文内容是“做一个怀孕妈妈”，也就是说，学生的记叙文可以用“做一个怀孕妈妈”为题。但是在教学中，却应该要求学生重新提出自己的作文题目，而且鼓励不同的题目，鼓励求异思维。

在“做一次怀孕妈妈”的游戏结束后，教师可以请学生为自己所做的游戏出一道记叙文题目了。题目可以让学生都写到黑板上去，然后大家进行评议，看哪个同学的题目出得好。教师也可以进行评选，说出道理。

这样做的好处是：①提高学生的概括和提炼生活素材的能力；②让学生理解，同样一种体裁，实际上是可以套上许多种不同的题目的；③让学生了解作文题目是哪里来的，熟悉“生活—题目—文章”三者之间的关系，从而提高他们的审题能力和水平。

作文之前也可以练习写提纲，提纲同样可以多种多样，同样可以进行评议。让叙述通过同学们之间的题目、提纲或者文章的比较，自己判断优劣、明确优劣，是同学之间互相教育、提高水平的重要一环。

(2) 本课有一个作业，就是课前学生必须采访自己的母亲，获得以下信息：

一是母亲在怀着自己的时候有些什么身体反应？是否呕吐？是否吃不下饭、睡不好觉？

二是了解自己出生的时候有几斤重，以便称出相当于这个重量的带有书籍的“书包娃娃”。这个工作有的学生会完成得比较好，有的就做得不好或者忘记做。

教师上课时最好能够准备三四个大致相似的“书包娃娃”，如果学生忘记带来或者没有准备，可以提供帮助。

(3) 在学生的读本中，大凡《作文学案》上已经有叙述和说明的地方，教师不要口头重复，应该让他们自己阅读、自行理解。这是编写《作文学案》的重要目的。

作为引路者、设计者、调控者的老师，应该把40分钟宝贵的时间尽量留给学生，让他们根据《作文学案》的提示自己参与整个教学活动。学生自行体验、领悟、感受并收获知识的同时，也就自行掌握了学习方法，端正了学习态度。

(4) 在每个情境体验过程中，提醒学生注意细节的观察。有了细节的观察，也就为作文中的描写打好了基础。很多教师喜欢指导学生的描写方法，却不注重学生的观察指导，如果没有观察，哪来的描写呢?

如上下楼梯，就要带领学生强调观察手、腰、脚的分别动作、上下楼梯时“书包娃娃”在肚子上的位置变化以及每个人的表情神态，只有让学生目睹了这些细节，作文中才有可能把这些细节用文字表述出来！

实践反思

让学生写“现在进行时”[①]

我们都熟悉这样的情况。年纪越大的人，对“现在进行时”的记忆就越模糊，对“过去完成时”发生的事情就越清晰。我们的爷爷奶奶们最喜欢唠叨年轻时的事情：“想当年……我……”，而对今天早上发生的事情，譬如说吃了些什么的早点，则对不住，已经忘记了。

与此相反，由于中小学生的生理和心理上还不健全，记忆中的积累也不多，他们观察事物和记忆事物的方式和成人就有着极大的不同。他们最感兴趣的是“现在进行时”的事情，而对“过去完成时”发生的事情却经常抛到脑后，不能或者不愿回忆和思索。

这个“现在进行时”包括两层意义：一个是“现在进行时”的生活事件；另一个是“现在进行时”的感情活动。“现在进行时”的生活事件，孩子们最善于记叙，“现在进行时”的感情活动，孩子们最容易表达。

经常听到家长指责孩子：“你看他，刚刚打过，就忘记了！”是的，只要眼下有更新鲜、更刺激、更趣味的事物吸引着孩子，他立刻就会把此前发生的一切都忘记得干干净净！

正因为青少年对刚刚发生的事情特别感兴趣、记忆最清楚、观察最仔细、感情最浓烈，所以如果抓紧这个时候让他写当前发生的事情，才是最恰当的教授摄取生活素材的大好时机。而给予一个过去、远逝或者是将来才发生的生活或者感情状态的“命题”，让他们去搜肠刮肚地“回忆”或者“憧憬”然后作文，则无异于给他们出了一个违反生理、心理发展规律的难题。

举个例子，如果孩子们上作文课时课桌上有一个玩具，而那时的“命题”作文却是“记一件有意义的事”，学生就很难回忆自己做过的“有意义的事”。因为玩具呈现的“现在进行时”的刺激远比让他回忆“过去完成时”的“有意义”的事情要强烈得多。

这时，要是我们把题目改成“现在进行时”的“课桌上的玩具”，才符合学生摄取生活素材的独特习惯，他们的文章也就比较容易获得成功。

由于长期的命题作文教学，使学生从一开始就没有做过从“现在进行时”的生活中摄取

① 李白坚．21世纪我们怎样教作文．上海：上海教育出版社，2005：6，7．

生活素材的训练和教学。而小学没有解决的这个关键性问题，到初中、高中以后，又被变本加厉的命题作文所放大和覆盖了。文章不采用自己活生生的生活实践作为原材料而去抄去背他人的东西，就是这种情况造成的直接后果。

上海的小学教材有一篇作文练习，要求学生写“商店的橱窗”。但是由于没有“现在进行时”的生活经验，孩子们一般不会写，也写不好，教师也不知道应该如何指导。当时上海《少年报》的一位编辑找我询问，教师应该怎样辅导这节作文课的训练。

我的方法实在简单，让孩子们拿好纸笔，带他们到附近一家商店的橱窗前进行现场采访即可。孩子们通过自己的眼睛观察、通过自己的小手触摸，通过自己的现场记录，回到教室再正式作文。结果，孩子们很容易就把文章写出来了，而且还写得非常不错。

在这个例子中，孩子们如果能够看到大型美丽的橱窗当然不错，但是作为小学生来说，看一看附近烟纸店那陈旧、狭小、简陋的橱窗也许更好。原因有二：一是孩子们的视角比较狭小，不可能掌握那么大的场面，太大了反而看不周全，不能很好地掌握现实的生活材料；二是“麻雀虽小，肝胆俱全”。虽然是小商店的橱窗，却同样具有橱窗的一般特性。由小见大，更能够训练孩子们的观察能力。

有位教师发来电邮，谈及有个作文题“我们是环保小卫兵”，不知如何辅导。我想那就更简单了。请全班学生在作文课堂上用点时间做一次大扫除，把教室打扫得干净一点，不就是在做环境保护工作了吗？做完扫除，孩子们的写作一定没有困难，因为他既有了生活素材，又有了现实感受，还是刚刚做的“现在进行时”，写点记叙文，怎么会有问题呢？

由于这些写作材料都来自“现在进行时”的生活，而不是藏在大脑里的只鳞片爪，所以写成的文章都显得特别鲜活可爱。而经过长期不断地对鲜活生活素材的摄取，学生也就渐渐学会直接从生活中摄取写作素材了。

复习与思考

1. 为什么先做一个活动，然后再让小学生记叙这次活动的作文方法比较容易成功？理论根据是什么？
2. 请举例说明“情动于中而形于言”的道理。
3. 除了做“做一次怀孕妈妈”的活动可以提供孩子们写作素材并拨动他们的对父母爱的心弦，你还能想出一些其他的游戏活动来吗？

拓展资源

李白坚．1993. 论课堂写作教学．上海大学学报，(4)．
李白坚．1999. 现场演示作文教学法．香港：高效能中文教学．香港中文大学．
李白坚．2005. 21 世纪我们怎样教作文．上海：上海教育出版社．
李白坚．2006. 新体验作文．南京：南京大学出版社．
夏家发，彭近兰．2010. 教学活动设计．武汉：华中师范大学出版社．
夏家发，杨再隋．2001. 小学语文教育学．武汉：湖北人民出版社．

8.3　运用游戏活动诱发表达心理的作文教学设计

游戏，是人生之所必需，男女老少皆然。各项体育竞技比赛、各种游艺玩耍、各种娱乐活动，大都以游戏的形式出现。而世界杯、奥运会，简直就是人类所发明和组织的全人类的游戏活动。

游戏，更是孩子们的天使。从“办家家”到“老鹰捉小鸡”，从马路足球到电子游戏，无不给孩子们带来身心的快乐。

游戏，是学生们将要进行的活动和工作的预习，是他们渴望长大并且显示自身力量的显示，是他们进行创造的序幕。

游戏，能激起学生们的冲动、启迪他们的智慧，培养他们的机敏，协调他们的五官，充沛他们的体魄，游戏给学生们带来的精神与身体的健康，怎么估计也不为高。

那么，是否能够将游戏的机制引入到课堂教学中来，让学生快乐地上好作文课呢?

回答是肯定的!

作文课一旦加入游戏的成分，就会使学生渐渐放宽对“作文”二字的沉重负担和警觉，淡化学习的紧张气氛和戒备心理，使紧张的神经因为积极的休息而有所松弛，解除了对作文的惧怕心理。

看来，要扭转目前学生们对作文的厌恶态度，还须让他们从不害怕开始，而游戏就是使孩子们不再惧怕作文的灵丹妙药!

游戏需要模仿。

模仿的本质是一种新型的角色体验，能启迪学生们的情感体验和逆向思维。

游戏需要竞赛。竞赛能使学生超乎寻常地发挥潜能，而将严肃的学习活动变为一争高下的荣誉较量。

游戏需要奖惩。一些并不值钱的奖品都会使孩子们为之热血沸腾。

游戏需要猜测。猜测使学生不经意间坠入“打破沙锅”的情景，从而调集自己全部的知识和能力储存。

如果在游戏进程中，教师能够掌握时机、适时助兴，时为“主持”，时为“裁判”，在关键的时刻“推波助澜”、“挑拨离间”，则更能调动学生的主观能动性，让课堂中普遍生成一种积极向上的竞争心理，这对学生参与教学、掌握知识、活跃创意，尤为有益。

作文教学的游戏化，打破了以往严肃、死板的教学环境，使原本应该是快乐轻松的作文训练恢复了应有的生机。在游戏活动的驱使之下，学生们可以在无拘无束、嘻嘻哈哈的氛围中，完成理性的文字升华。

《全日制义务教育语文课程标准（修改稿）》写道：“写作教学应贴近学生实际，让学生易于动笔，乐于表达……”，要想达到那种美好的境界，游戏将不失为一种实用而经济的手段。

下面请看案例。

案例 8-3

一、教材要求

人教《语文》2004 年版五年级（下册）“口语交际·习作二”。

习作要求

口语交际·习作

难忘童年

本组课文讲述的童年故事是那样真实、有趣，一定勾起了你对往日美好生活的回忆。说不定你从祖父的园子联想到自己玩耍过的一个地方；从“我”看见骆驼吃草的样子联想到童年生活中某个记忆犹新的场景；从课文《童年的发现》联想到一次自认为是了不起的发现……让我们把童年生活中这些难以忘怀的事说出来，和同学分享。要说清楚，说具体。

观察上面这幅图画，注意图中的人物，看看守门员是怎样守门的，场外的观众是怎样观看足球比赛的，想象正在进行的足球赛的紧张、激烈，再把你看到的、想到的内容写下来。内容要具体，语句要通顺。写完后自己加上题目。

如果你不想写看图写作文，也可以写童年趣事。写之前，可以借助童年生活的照片打开记忆的闸门，也可以和爸爸、妈妈或小伙伴一同回忆……要把事情经过写清楚，写出自己的真实感受。写完后，把习作读给别人听，再根据他们的意见进行修改。

二、教材分析

本次教材要求的“习作”主题是“难忘童年”，教材提出了两类作文内容：

(1) 把“童年生活中难以忘怀的事说出来”；

(2) 欣赏《语文》第 43 页上的图画，看图作文。

小学生本身就处在童年时期，他们的生活积累尚处于基础阶段，较多感觉而较少感悟，较多“随意注意”而较少“不随意注意”。

正因为在孩子们的大脑中现成的生活素材贮存不多，所以在进行写作活动时，教师必须设法让他们运用五官现时现刻地摄取一些新鲜的生活素材，作为即刻的写作活动储备。

此外，小学生也不大会像成人那样经常沉浸于对过去的回忆中，更不善于提炼事情的理论意义。在这样的情况下，要求他们把自己“童年生活中这些难以忘怀的事”写出来，似有些勉为其难。

教材已经考虑到这些因素，所以对作文的活动内容做了提示，提出可以借助童年生活的照片打开他们记忆的闸门，是获得本次作文素材的一个途径，在此不赘述。

下面，着重讨论教材提出的作文内容 (2)。

教材提出的作文内容 (2)，要求观察《语文》课本第 17 页上的图画，写一场课外小足球赛。

书上这幅前苏联画家的油画虽然生动地描画了马路小足球赛的精彩场面，虽然有球员、球迷、守门员，但相对于真正的足球赛，毕竟是瞬间定格，平面呈现，看一场图画中的足球赛，和实际地进行一场足球赛不可同日而语。

那么，如果将课本中的油画在教室里“还原”成一场真实的小小足球赛，然后再让学生写有关足球赛的记叙文呢?

只要将座位稍稍向教室前后两边移一移，中间腾出的一块空地就可以成为球场，用两只书包往地上一摆，就成了球门，捏一个网球大小的报纸纸团，就是足球，球员、裁判、观众，都由教师和学生来充当!

最重要的是，这场情趣无比的足球赛半场只有 30 秒钟的赛时，比赛过程中还必须有一次“定格”—— 教师一声令下，无论比赛如何激烈，都必须停下来，做成“木头人”!

短暂的球赛结束，刚过去的情景还在眼前，激烈的情绪还在燃烧，如果教师趁热打铁，指导写作，然后立即让大家写一写这场真实的足球赛，则一个有内容、有激情的写作教材就成型了!

三、教学设计

(一) 教学内容

进行一场“一分钟足球赛”，获取材料，写一篇记叙文。

(二) 教学目标

学习观察动态中的人物，将动态进行静态处理、分割观察，然后用记叙的方法加以重现。

（三）操作程序

（1）学生阅读《作文学案》；

（2）教师询问学生是否看懂了今天的《作文学案》中的教学目的和程序，如果有问题，教师进行解释；

（3）将座位分别挪移至教室两侧，腾出中间一块空地做足球赛场。如果教室太小，可以到室外找一块空地上比赛，但是范围同样不能太大，因为范围一大，就不是“迷你的、缩微的、袖珍的、趣味的”足球赛了；

（4）教师宣布“一分钟迷你足球赛”隆重举行，随即将班内学生平均分成两部分，并指定各方队长；

（5）带领学生观察“足球比赛场”的位置和大小；

（6）取出比赛用的“足球”——报纸捏成的纸团，再在球场两边地上各摆放两只书包“球门”；

（7）分别从两部分人员中选定参赛双方的足球队：各2个队员，各1个门将，共6人；

（8）公布比赛规则；

（9）教师自任裁判，宣布比赛开始；

（10）比赛分上下两场：半场为30秒钟，全场为一分钟，每场都必须出现“定格”的场面。

（四）《作文学案》

1. 老师对你说

同学们，《语文》课本中“口语交际·习作二”提出了看图画“小小足球赛”写作文的任务。

虽然通过看图学习写作是个不错的方法，但是要写出足球赛的激烈程度，倒不如真实地在教室里踢一场足球来得有趣！

好，现在就让我们来组织一场教室内的足球赛吧！只不过这场足球赛上、下半场加起来一共只有“一分钟”！

既然这足球赛场摆在教室里，足球、球门、球员、球迷、裁判也就当然得自选自定！

先请大家把座位移到教室两边，中间空出大约长6米，宽2米的地方，并在空地两边放上两只书包，就像球门的两个门柱一样。

我们把全班同学一分为二，再各选出2个球员，1个门将，分成两队。

裁判由老师担任，其余同学分成两拨成为“球迷拉拉队”。

足球呢，我们可以用一张大报纸揉成一团代替。

请大家注意了，今天的足球赛的最终目的，还是为了提供写作的材料。

为了能够仔细观察球赛的细节，裁判将在比赛各个半场中的关键时刻，突然地大喊一声“定格！”大家听到这个命令，必须立即保持原来的活动状态，静止不动，像“木头人”一样保持着瞬间的动作和神态。

趁着这个时刻，请你快速地看看自己，看看周围同学，都有哪些有趣的姿势？看看场上的球员、守门员的表情。待裁判老师宣布“定格结束”时，比赛再继续进行。

两场比赛时间总共只有一分钟，胜负就在这短暂的瞬间。比赛现场所有的人都会很紧张，请你关注自己的心理活动，希望也能在文章里写上一些。

下面还要宣布一下本次一分钟足球赛的规则：

(1) 服从裁判；

(2) 比赛时，双方球员不得踩压“足球”——因为“足球”太软；

(3) 双方球员不得冲撞和拉扯对方——因为地方实在太小。

2. 观察和记录

(1) 教室里如何成为“足球比赛场”了呢？请分别仔细观察球场大小，球门的模样，并记录下来。

(2) 参加这场球赛的双方队员分别是哪些人？他们各有什么特点？他们紧张吗？守门员是谁？裁判是谁？各队“球迷拉拉队”的队员都有些怎样的表现？

请赶快你记录下来。

(3) 这场比赛用的是什么样的“足球”？

请你仔细观察、描述一番。

(4) 这场比赛的时间是多少？你对这种足球比赛有什么想法？

请记录下来。

(5) 请你预测一下：哪一队会获得胜利？

(6) 比赛开始前，场上场下是什么样的气氛？有没有人耍赖？有人在给球员鼓劲吗？一边的守门员、裁判老师各自摆出了什么姿势？

请注意，这些，都是可以写进作文里去的。

(7) 比赛开始后，双方队员如何拼抢这只奇特的“足球”？踢得是否顺利？有没有将足球踩扁？有没有球员犯规？

这些，都是可以写进作文里去的。

(8)“球迷拉拉队”的队员表现如何？教室里，哦，不对，应该说球场上，有没有声嘶力竭的叫喊？有没有人上场去帮忙助阵？裁判的水平如何？

请你赶快一一记录下来。

(9) 比赛结束时，现场是怎样的情景？有没有吵闹的声音？有没有双方队员握手、拥抱、祝贺的情景？

四、设计说明

(1) 本次设计最关键处就是如何将图画还原成现实生活。

一切带有人物、情节的图画都是可以还原为生活实际的，而让学生先活生生地体验一番还原到生活的活动再写作文，其效果往往比单纯看图画要显著得多。

图画是平面的，一旦还原为生活，就为学生的写作提供了立体的内容。原来的图画只能通过个体的想象来写作，还原为生活后，却是有血有肉、原汁原味的动态生活反映了。

(2) 本课中设计的“定格”程序，只要做得好，是让学生写动态的最好方法。

踢足球的过程始终在运动之中，小学生还没有把动态的过程在自己大脑里进行影像固化、分割成某片段，然后记录下来的能力。因此，必须运用“定格”的方法，先把活动着的场景“定”下来，然后平心静气地让大家仔仔细细、一分一寸地观察，这样，动态就被记录下来了。

长期的“定格”训练，可以提高学生不经“定格”而捕获动态瞬间的能力。

“定格”，是为了让学生看清楚动态中人物动作的方法，因此，在若干秒钟的静止状态时，教师要将场面上“最有趣”、“最典型”、“最特殊”的动作仔细地指示给学生看，并嘱咐他们写进自己的文章。

此外，在球赛进行特别激烈的时候，喊“定格!”，也可以给过热的比赛适当降温，确保游戏的安全。

(3) 比赛的目的不在乎输赢，因此也不在乎要完全遵守规则，而在乎学生摄取到比赛的生活素材，以完成作文。所以，踢得精彩或者踢成平局或者踢得一塌糊涂，都是没有关系的。

此外，“一分钟”的比赛时间，是个约数，教师可以根据比赛情况，将比赛时间适当稍稍延长或缩短。

实践反思

换一个方向看“减负”①

同一门功课，不喜欢的学生会感到“负担”，但对喜欢这门课的学生来说，就未必是“负担”。在谈及减轻学生“负担”的时候，能不能在“加”字上也做文章呢？譬如说，增加课文的趣味性，增加教学手段的多样性，增加课程的吸引力等。

在学生负担沉重的时候，教师并不轻松。当教师也负担重重，没有时间学习新观念、新方法来改进教学、提高效率的时候，教育的成本又大大提高了

当教师用新的教学方法使学生提高了学习效率，从而节约出更多的时间让学生进行自我发展的时候，“减负”才真正具有了经济的效益。因此，转变教育观念，改进教学方法，将是减轻学生乃至老师的“负担”、降低教育成本的重要途径。

近来，各种职能部门都在关注学生负担过重的问题，加大了“减负”工作的力度，采取了大量的举措，如讨论在《青少年保护条例》中是否加入“减负”的条文、将小学生课时减为35分钟、取消小学生期中考试等等。这些措施无疑受到了学生的普遍欢迎。

但是，当我们在做“减”字文章的同时，能不能换一个方向，也做一做“加”字文章呢？

“负担”，是一个具有极大心理内涵的概念。相对来说，人们进行一项有趣味的活动，往往就较少“负担”，尽管活动并不轻松；而开展一项没有趣味的活动，多数会感到负担，尽管这项活动并不劳累。

同一门功课，不喜欢的学生会感到“负担”，但对喜欢这门课的学生来说，就未必是“负担”；同一门课程，某个“填鸭式”上课的教师会使学生感到“负担”，换一位以“启发式”上课的教师，就可能使学生反而感到是一种享受。

我们一定不会认为计算几麻袋的数学草稿是件赏心乐事，但是陈景润却在那繁难的公式中快乐地度过了自己的数学人生；一些孩子玩游戏甚至通宵达旦，不能说眼不酸、手不痛、人不累，但是从没有听到孩子们感到游戏机的“负担”。为什么会这样呢？古人说得好：“知之者不如好之者，好之者不如乐之者。”什么东西，一旦心生快乐和喜好，“负担”就没有了，而做自己不喜欢的事情，就会感到痛苦。

我们在谈及减轻学生“负担”的时候，那办法和指向，大抵也总是减少课程、减少课文、减少作业、减少课时等等，总之是在一个“减”字上做文章。能不能在“加”字上也做文章呢？譬如说，增加课文的趣味性，增加教学手段的多样性，增加课程的吸引力，增加学习的活动性？

如果我们在加大教学的趣味上做些文章，使学生因兴趣的增加而在心理上减轻对学习的“负担”，大概也不失为一种减轻学生“负担”的做法。只有在那样的情况之下，我们的教学

① 李白坚．换一个方向看“减负”．文汇报，2004-11-15.

改革或者说"素质教育"才是成功的。

其实"负担"二字，可以有不同的内涵和不同的理解，似乎应该具体分析。

课时太长、书包太重、考试太多，固然是"负担"，但是错别字的订正，要学生抄 100 遍甚至更多；写作文，要学生去背诵同辈们的"达标作文"，以便考试时改头换面；为了应试，采取铺天盖地的题海战术等等，不能不说也是类似于体罚的"负担"。因为有许多有趣的方法可以立刻纠正学生的错别字，有许多趣味的方法可以诱导学生学会作文，也有许多好的方法可以应付考试。

问题是前者的"负担"比较"硬"，看得见，摸得着；后者的"负担"比较"软"，倘若要加以改变，花费的工夫和精力恐怕更为巨大。然而，后者的"负担"似乎更应该引起我们的注意——因为那是软刀子割肉，伤人不见血！到目前为止，许多大学、中学的课堂教学还停留在现成知识的结论性传递上，多数学生缺乏学习的主动性和创新精神。小学教育，则离开青少年心理和生理需求甚远，缺少诱导和趣味，游戏与活动。在这样的情况下，一些科目，如语文和作文，失去了那温柔可爱的面目，变成了学生们憎恶的东西。

由此又想到了教育的成本。

有人指出，炼一吨钢材，先进国家只需要几吨水，而中国却需要几十吨水的单耗。中国的教育成本几何，大概没有炼钢那样容易统计。

当教师让学生在比较轻松的情况下就学会了某种知识技能时，其成本是低的；当学生英语通过了六级，但是看见了老外却有口开不得的时候，其成本就是高的。当教师运用一种新的教学方法使学生对本学科产生了浓厚的兴趣从而爱上了它、献身于它时，其成本是低的；当学生上课时不能很好地完成规定的教学任务，下课却去请"家教"或者上补习班时，其成本就是高的。

今天，智力的竞赛已被方法和方法论的竞赛所代替。新的教育观念的树立和新的教育方法的掌握，是降低教育成本、提高教育效率的重要手段。只有接受知识经济时代所带来的新的教育观念和新的教育理论，才能有高屋建瓴的目光和通观全局的气魄，驾驭好每一节课，使之成为最大限度地发掘学生潜能、培养学生创造力的教育支出。

由此看来，"减负"工作，似乎还应该包含教师教学观念和教学方法的改变这一项内容。当教师用新的教学方法使学生提高了学习效率，从而节约出更多的时间让学生进行自我发展的时候，"减负"才真正具有了经济的效益。

这也许是并不繁难的教育经济学。

采取先进的教育观念和教学方法，在使学生"减负"的同时，也减轻了教师的负担。实际上，在进行"题海战术"时，教师也少不了同样艰辛的重复劳动。在学生负担沉重的时候，教师并不轻松，并以失去自身宝贵的学习、进修、知识更新的机会为代价。当教师也负担重重，没有时间学习新观念、新方法来改进教学、提高效率的时候，教育的成本又大大提高了。可怕的是，这是一种恶性循环。低劣的教育质量，将导致低劣的学生，而低劣的学生又将拉扯住了低劣的教学水平。

看来，转变教育观念，改进教学方法，将是减轻学生乃至老师的"负担"、降低教育成本的重要途径。

复习与思考

1. 为什么让孩子们进行一次真正的足球竞赛以后再作文要比看一幅足球画写作文要容易得多?

2. 在“一分钟足球赛”进行中，教师突然喊“定格”，让全体同学都保持原来的动作不动的目的是什么？

3. 以“一分钟足球赛”为例，如果足球赛进行得非常糟糕，对后面的作文是否有影响？换一句话说，教师是否要对作文前游戏活动的成功赋予太多的指导和精力？为什么？

拓展资源

李白坚．1999. 写作教学中的诱导环节．上海师范大学学报，(6)．

李白坚．2004. 大学题型写作训练规程．上海：上海大学出版社．

李白坚．2004. 作文教学的四个要点．语文教学通讯，(7、8)．

李白坚．2005. 21世纪我们怎样教作文（中学版）．上海：上海教育出版．

夏家发，彭近兰．2010. 教学活动设计．武汉：华中师范大学出版社．

夏家发，杨再隋．2001. 小学语文教育学．武汉：湖北人民出版社．

8.4 将抽象概念转化为形象活动的作文教学设计

由于心智尚未发育健全，儿童了解社会、了解自然、获取知识的方式，常常不是静态的而是动态的，不是逻辑的而是形象的。

告诉孩子烧开水的水壶碰不得，沸腾时有100℃，碰到人的皮肉，将产生二三度烧伤……是没有意义的，因为儿童不懂得什么是“沸腾”、什么是“二三度烧伤”。最易行的教育方法是捏着他的小手，在已经比较烫的开水壶上轻轻地、快速地触碰一下。

如果告诉孩子，窗口爬不得，掉下楼去是很危险的，重力加速度会使你……也无作用，因为儿童不能理解这些概念。最奏效的教育手段是让他看着一只苹果从窗口掉下，然后带着他下楼去把那只稀烂的苹果捡上来观察。

同理，任何科目的教学中，教师都应该用较多的范例、实践、身体力行、“动手动脚”的形式进行课堂教授，让小学生通过自己的五官进行行为的认知。

以阅读教学为例，课文中出现的所有可以进行动作模仿的动词，都应该带领孩子们模仿一遍，以加深体验和认识。

比如，当读到“我们高兴得跳起来了!”的时候，应该让孩子们一起站起来“跳”一“跳”；当读到“他一屁股跌倒在地上”的时候，也应该让他们真的“一屁股”到地板上“跌”一“跌”，这些动作行为，将大大加深小学生对词句的形象理解。

同理，在写作教学中，教师也必须设法先将教材的抽象要求化为形象、可视的活动，再带领学生进行实践性的操作，只有这样，学生表达意愿的产生和生活素材的摄取才具有了现实的意义。

以下案例，我们将教材中的抽象要求做了游戏活动的转化处理，使抽象概念变得触手可摸、可闻可视。孩子们在课堂上都能动起来、兴奋起来，而动起来和兴奋起来的结果，表达心理也就得以形成了。

案例 8-4

一、教材要求

人教《语文》2004年版四年级（下册）“语文园地五”。

口语交际・习作

我们学习了本组课文，还搜集了有关的资料，对生命有了进一步的认识。让我们把这段时间的学习收获和大家交流交流，可以说说自己了解到的生命现象，也可以说说身边的那些热爱生命的故事，还可以说说自己获得的感受，得到的启发。

在全班交流的基础上，选择自己感受最深的内容写下来。内容要具体，要写出真实的感受。习作的题目由自己定，写完后认真修改，而后把习作和搜集到的资料整理整理，办一期以“热爱生命”为专题的墙报。

二、教材分析

生命教育，是我国九年制义务教育中一项重要的内容。

本次习作要求学生搜集有关生命迹象或热爱生命故事的资料，与同学或交流学习收获，或交流自己了解到的生命现象、生命故事，然后把感触最深的内容写下来。

原教材中提供了三种活动形式：一是可以让学生交流学了本单元课文后的学习收获；二是在阅读生命现象或生命故事的基础上，向同学们介绍，谈谈自己的感受和得到的启发；三是让学生办一期以“热爱生命”为主题的黑板报。

但是，教材提供的三项英雄事例，都离小学生生活甚远，警察、医生等职业，如非亲眼见闻，成人也很少了解；至于小草、枝条的顽强生长，偶尔可能会让小学生看到，但是想要理解它们的顽强生命现象，不经过长期而持续的观察，恐怕很难引起共鸣。

鉴于小学生的年龄特性，本单元试图将“生命”的概念转化为一种动态的活动，让学生真正触摸到“生命”的力量、感受到“生命”的存在。

这使我们想到了心脏。

心脏是人体最重要的器官之一，认识它就能意识到生命的存在，这正符合了本单元的习作要求，即“认识生命、热爱生命”。

心脏是最具有生命体征的器官。通过触摸脉搏，可以感到心脏的跳动；通过谛听心跳的声音，可以感受生命的力量。所以，观察和了解心脏，比较容易让小学生体验和感觉到的最直观、最清晰的生命过程，比较符合小学生的认知规律。

此外，通过对心脏的认识，还可以设计诸多动态的活动，以便获取作文的生活素材。

这样，我们的设计主题就定为：“听——心脏的搏动”。让学生通过对心脏的文字理解和现实观察，懂得爱护自己的心脏、保护自己的心脏，爱护自己的生命，也尊重别人的生命。

三、教学设计

（一）教学内容

观察和体验心脏的搏动，形象地理解生命体征，通过游戏活动，写一篇记叙文。

（二）教学目标

了解心脏的基本知识，通过触摸、聆听的方式，体会心脏的运行现象，认识生命的存在和意义，培养热爱生命的情感，并用记叙文加以记录。

（三）操作程序

(1) 让学生自行阅读《作文学案》；

(2) 让学生阅读科普短文，对心脏的大小、形状、功能等有所了解；

(3) 教师告知学生怎样摸到自己的脉搏，然后感受脉搏的跳动；教师计时一分钟，让学生数一数脉搏的跳动次数，并互相交流摸到脉搏的感受；

(4) 教师带领全班同学到教室外小跑两分钟，回到教室，再次让学生触摸自己的脉搏，比较前后脉搏跳动的次数和自己的不同感受；

(5) 每位同学对自己的心脏说几句话，全班进行交流；

(6) 参照自己的观察与记录，完成一篇有关这次活动的记叙文。

（四）《作文学案》

1. 老师对你说

同学们，今天我们要与人体中最重要的器官——心脏来一次近距离了解。

先摸一摸自己的脉搏，记录每分钟脉搏的律动次数后，我们一起运动两分钟，再看看自己每分钟脉搏的律动次数。

通过一系列的活动，你会发现，生命，就在我们的身体里，是随时随地能够感觉到的。

在这次活动中，你的触觉是很重要的，它将帮助你感受心脏的神奇表现。

活动完成后，请把你触摸到的和心里想到的事情及时记录下来，写成一篇记叙文，与大家一起分享你的感受！

现在，先请同学们阅读一篇有关心脏的短文。

心脏自述

我的大小和主人的拳头相当，主人长大后，我重260克左右。我住在主人胸腔之内，略偏左；受到胸骨、食管、大血管和脊椎骨、肺的有力保护。我的形状像个长歪了的鸭梨，心底宽而朝向右上方，心尖朝向左下方。

我的外表似乎很简单，然而内部构造却较为复杂。我的身体里除去血液，可分成左心房与左心室、右心房与右心室。

我可是血液循环的动力装置，如同一部机器中促使水流循环往复的打水“泵”一样，通过昼夜不停地有节奏地收缩和舒张，推动血液在全身血管系统中不停地流动，从而维持着主人的生命活动。

我不停地收缩、舒张，形成了有节奏有规律的搏动，人们把这种搏动的规律叫做心律。心率是指每分钟的心跳次数。成年人心率平均为每分钟75次左右（60～100次），但有时在运动中、在情绪发生波动时，或者在某些药物或神经体液因素的影响下，会使心率发生变化。

平时，人们无论运动还是休息，都未曾有意识地指挥我跳动，可是我却总是不知疲倦夜以继日地跳着。因为我具有一种特殊的性能即自律性。

在生活中，难免遇到一些使你发怒、激动和紧张的事情。每当此时，你可能会注意到我跳得异常快，几乎有跳到嗓子眼的感觉，如再测量一下血压，肯定高于往常。这是为什么呢？

原来这些紧张、激动的刺激，先进入大脑的心加速中枢。心加速中枢把接收到的刺激下传到脊髓的交感中枢。交感中枢传到我——心脏，所以此时你会感到心跳加快、加强。

人们最好是在年轻时就做好心脏病的预防工作，合理安排学习、工作的时间，培养豁达、平和的个性，经常进行运动，不要暴饮暴食，这样才能保护好我——心脏。

2. 观察与记录

（1）看了上述科普文章，你对自己身体里最重要的器官——心脏，一定有了进一步的了解。

（2）现在，请你静坐一两分钟后，试着用手指摸摸自己的手腕脉搏。

脉搏在你的手腕内侧。

请你顺着大拇指一直往手腕向下滑动，在靠近手腕和手掌的交接处，会遇到一个突起的骨节，在这个骨节内侧下面，就可以摸到脉搏了。

在寻找脉搏的过程中，请你留意了，你是用哪个手指触摸的？你是否很快地就找到了脉搏，还是找了很长时间也没找到？有没有请人帮忙一起找？

如果你找到脉搏了，请你轻轻地用食指、中指和无名指三个指头按住，感觉一下脉搏的跳动。

此时，你的手指有什么感觉？觉得跳动中的脉搏像什么呢？脉搏跳动的范围是比较大还是比较小？脉搏跳得有力还是无力，或者甚至跳动得十分微弱？脉搏好像在对你说什么呢？数一数，你的脉搏一分钟跳了多少次？

请把观察到的现象赶快简要地记录下来。

（3）现在，老师将带领同学们或者在教室里，或者到教室外，慢跑两分钟，跑的时候一定要注意安全。

在跑步过程中，请你细心地体会一下心脏在运动时的变化，包括你的呼吸是不是越来越急促？你的嗓子有没有干涩的感觉？你还可以看看其他同学在跑步时是不是很兴奋呢？有没有在大口地喘气？他们的脸红了吗？

请注意，这些，都是可以写进作文里去的。

（4）慢跑结束了，你觉得此时自己的心脏和刚才平静时的心脏有什么不一样？呼吸呢，急促吗？

回到座位上以后，请再一次摸摸你的脉搏，你的心跳是比慢跑前快了，还是慢了，还是一个样？

请把观察到的现象赶快扼要地记录下来！

（5）和活动之前相比，你是否对自己的心脏有了进一步的认识呢？你想对自己的心脏说几句话吗？你能从心脏的搏动中，体会到生命的存在吗？你对生命是否有了新的感受？

请把你心里的想法赶快记录下来！

四、设计说明

（一）由于活动中要提供学生此后写作的具体内容，所以活动设计的关键是必须有一定的活动内容，而且活动和活动之间必须有清晰的阶段性，这样处理有两重意义。

一是便于学生的观察和体验。

二是让学生感觉到生活的层次感，因而在作文中也会注意层次感。比如本课活动有三个层次和项目，学生在作文的时候，很自然地起码就会分成四个段落：

（1）静坐一两分钟；

（2）摸自己的脉搏；

（3）到室外慢跑；

（4）回到教室再摸自己的脉搏，比较运动前后心脏跳动的不同。

（二）设计提供的具有阶段性的活动越多，可以提供学生进行写作的材料就越丰富，训练学生取舍材料的教学就越容易进行。

如果心脏一课中我们提供这样多的活动层次：

（1）阅读有关心脏的文章；

（2）俯伏在同学背部倾听同学心脏的跳动；

（3）到室外慢跑；

（4）再倾听同学的心跳，比较运动前后心脏跳动的不同；

（5）摸同桌的脉搏，同时听同桌的心脏，测试心脏跳动和脉搏是否同步；

（6）记录实验的结果；

（7）学习自己摸自己的脉搏；

（8）学习摸同学的脉搏；

(9) 全体同学到室外慢跑；

(10) 回到教室再摸自己的心脏和同学的脉搏，比较运动前后心脏跳动的不同；

(11) 记录实验的结果；

(12) 写心脏测试活动的感想。

活动完成后，教师就可以请同学们进行选择和讨论："你准备选择哪些内容写到记叙文中去呢?"

有的同学可能全选：从 (1) 到 (12)；

有的同学可能选：(7) (9) (10) (11)；

有的同学可能选：(2) (3) (4)；

有的同学可能只选：(5)。

这样一来，就可以指导学生讨论，为什么要这样选？怎样选更好？选哪些更好？

让学生先自己选择材料，再根据自己选择的材料作文。作文完成后，进行对照，看看究竟哪种选择对作文有利。

这样的练习最能够帮助学生认识选材的重要性，以及如何选材才能够事半功倍的道理。

(三) 如果室外小跑两分钟不方便，也可组织学生在教室里绕着课桌跑几圈。

在作文课堂设计中加入适当的动态环节，往往是后期作文获得成功的前提。因为只有动态的结果，才能使学生形神放松和舒心投入，在无拘无束中享受活动。也只有在无拘无束中，学生才有可能驱除作文的功利目的，把作文变为"我要说"的自然表达行为。

实践反思

作文教学呼唤"训练规程"(节选)①

作文是一门带有技艺性质的课程，它需要的是学生通过自己的动手写作来提高自身的实际写作水平，它似乎不太需要老师做过多的理论说教。所以，老师从学生的实际需要出发，设计出种种有趣而且便于操作的"训练规程"，让学生"从战争中学习战争"也许是一个较好的方法。

我们在教孩子学习走路时，总是把一个新鲜有趣的玩具放在他的不远处，引诱他暂时忘却举步中具体动作的艰辛与危险，而在拿到玩具的更高目的中不知不觉地迈开他人生的第一步。

作文教学的"训练规程"原理有类于此。

一个已经认识数千字的学生理应具有表达自己思维的能力和条件，因为语言文字乃思维之直接的现实。正如只要孩子能够站立，就已经具备了行走的先决条件。

作文的"训练规程"必须具有趣味性，这样才能调动学生的思维积极性和情感活跃性，使之在内在联系的触发中，自然而然地脱手就写出千把字甚至两千字来。

至于语言文字的问题、篇章结构问题，完全可以放到后面去考虑。到了那个时候，因为已经有了可资批评的靶子，可作修改的模特，学生对写作理论的理解，也一定会领悟得更多。这也正如只有等到孩子已经会走路了，才能去纠正他行走的步伐和迈步的姿势。

这些作文"训练规程"不是孤立的，而是系统的。

它不但训练学生的眼的观察，鼻的体察，耳的觉察，手的触摸和舌的味觉，要训练学生文字的组合和辨别能力，还要训练学生去进行假设、联想、自由想象，甚至还有进行情绪的

① 李白坚．写作教学的新观念和新方法．上海：交通大学出版社，2001：32，33.

体验、角色的代替、经验的揣摩，以便去适应各种文体的把握与表现。

多读多看，固然能积蓄素材，多写也能使笔墨流畅。但是从现代科学的作文教学观点看来，思维是可以进行训练的，是有章可循的，写作能力的培养也如是。

纯粹的无规律的零散的写作目标（各种各样的命题作文）当然也能够提高一个人的写作能力。但是要快速地、循序渐进地、有系统地、高效率地提高学生的作文能力，在课堂教学中则恐怕需要一整套的“训练规程”，一整套将情感训练、思维训练、文字训练熔于一炉来加以安排组织的训练套路与计划。

运用这些规程进行课堂作文教学，再也不是单一的作文概念，而是作为统一的“思维——文字”的综合训练，它在提高学生的作文水平的同时，还将全面涉及学生的诸多的能力。其中，最主要的就是创造能力。

如果要借用一下“大作文”和“小作文”的名词的话，那么，通过“训练规程”进行的作文训练，将是一种“大作文”。而这种意义上的“大作文”，在以“素质教育”为本的方向上，跨出了不小的一步。

复习与思考

1. 为什么小学生比较容易接受动态和形象的教学方式？
2. 为什么写作教学设计中的游戏活动步骤必须鲜明而有层次？
3. 请你为主题“我们是环保小尖兵”设计一种课堂写作教学游戏？

拓展资源

李白坚．1996. 21世纪写作教学展望．上海：上海大学学报，(3)．
李白坚．2001. 让小学作文课堂动起来．福建：福建教育，(2)．
李白坚．2002. 写作教学论．高等师范三能写作教程．北京：人民教育出版社．
夏家发，彭近兰．2010. 教学活动设计．武汉：华中师范大学出版社．
夏家发，杨再隋．2001. 小学语文教育学．武汉：湖北人民出版社．

8.5　以表演课本剧为内容的读、写结合教学设计

“阅读理解”是将文字信息通过视觉吸收进大脑，经过大脑处理以后对有关信息获得解析的过程；“写作表达”则是经由外界各种信息刺激大脑、使大脑发生新的思想后，运用文字将这些思想表达出来的一种反馈方式。

“阅读理解”和“写作表达”是语文学习的两个重要方面，是语文学习的双翼。

只有“阅读理解”，没有“写作表达”，充其量只是一个书橱，因为没有主观能动的发挥，也没有对客观世界的应有回馈；只进行“写作表达”而没有“阅读理解”，必然导致主、客观信息链的断裂，长此以往，使得主体信息量透支。

怎样将两者在课堂写作教学中结合起来呢？

带领学生将某些情节、人物、结构、对话比较适宜课本剧表演的课文改编为剧本，根据剧本进行课本剧的演出，再根据表演素材写作有关记叙文，是将“阅读理解”教学和“写作表达”教学结合起来的有效方法之一。

改编和表演课本剧，务必对原作特别熟悉，这就促进了“阅读理解”的进行；改编和表演课本剧，要将原先陈述性表述改变为对话性表述，必然增加添枝加叶、增设情节、设计对

话的写作活动，又锻炼了学生的写作能力；表演对原作从文字状态到生活状态的转换，还将反过来加深对原作的理解和认识。

于是，一个“原作—改编—表演—作文”的循环过程，将“阅读理解”和“写作表达”串联在一起，完成了一次有效的“多赢”。

案例研习

一、教材要求

人教《语文》2005年版五年级（下册）“口语交际·习作五”。

口语交际

让名著中的人物走上舞台

本组课文情节生动，人物形象鲜明。这次口语交际，我们来演演课本剧，先商量选哪篇课文的哪一部分演课本剧，然后商量怎么演。例如，怎样把课文中的叙述语言改编成人物的对话？可以加上哪些表情或动作？需要哪些简单的服装，道具？怎样上场、下场？商量好后，就可以对角色进行排练。最后，在班上表演，互相观摩、评议。

习作

缩写是把内容复杂，篇幅较长的文章进行压缩，而能保留其主要内容，使人一目了然。

缩写之前，要把文章多读几遍，读懂内容，抓住要点；再根据文章的主要内容，想清楚哪些内容必须保留，哪些内容可以删减，并考虑怎样连缀成文。对需要保留的内容，不要照搬原文，而要适当改写。缩写以后再和原文比较一下，看看是否保留了主要内容，意思是否比较准确、完整、语句是否通顺连贯。请仿照下面的例子，缩写《草船借箭》或《金色的鱼钩》，也可以缩写其他文章。这次缩写最好不要超过400字。

二、教材分析

本次练习的内容有两项，本节着重讨论表演课本剧。

小学中的许多课文是有人物、有故事、有情节、有对话的，都是现实生活的反映。因此，那些课文都是可以还原到生活状态去的——用学生的表演，把课文的生活内容真实地重现出来。

表演是一种高超的艺术，它“源于生活”却“高于生活”，它可以还原生活的模样，但是，又不能跟生活一模一样。

第一，表演必须有一定的时间，或者两小时，或者15分钟，或者两分钟，因剧而异。

第二，表演必须有一定的空间——舞台。因此，许多情节比较复杂的课文就必须将矛盾冲突或者最主要的场景集中在一个固定的场景中出现，所以，表演内容必须集中，不能拖沓。

第三，表演以对话为主要形式，因此，许多描写、陈述都必须改变为对话。

这样，我们在表演课本剧的时候，就出现了相对应的学习需求或者能力训练：

第一，学生必须对课文了如指掌，了解其中的人物、情节、对话、结构和情景。

第二，在改编时，要对原作进行一些删减、添加和改变，使故事情节更加集中、使人物形象更为鲜明、使矛盾冲突更为强烈。

此外，还要体验人物的性格、心理和具体场景的具体人物动态，并且设计或者创设有关独白或者对白。

第三，在表演时，声音要响亮，要面对观众，要有相对的肢体动作，要背诵台词，要有肢体语言，要体验人物心理状态……

这样看来，对原课文的剧本改编以及根据剧本的表演，对小学生来说，将是形象思维和逻辑思维的集中训练，是写作和阅读共同作用的综合学习。

这次我们选择的课文为毕必成的《军神》。《军神》情节紧凑，有较多的对话，地点仅限于诊室，非常适合于改编和表演。

排练和表演，本身就是一种现实活动。

在排练和表演的过程中，也是有场景、有人物、有行为、有动作、有语言、有开始、有高潮、有结果，也许还会有矛盾和冲突。所以，排练和表演结束以后，实际上已经有了足够的生活素材，又可以马上进行“记叙课本剧排练和表演”的记叙文训练。由于演出刚刚结束，表演历历在目，激情犹在，正是火候！

三、教学设计

（一）教学内容

改编、排练和表演课本剧后，写一篇记叙文。

（二）教学目标

通过课文的改编、排练和表演，训练学生不同体裁之间文章改换的能力以及台词背诵、肢体语言、表演体验的能力，最后，写一篇有关记叙文。

（三）操作程序

1. 课本剧的改编

（1）让学生阅读《作文学案》，通过《作文学案》中的说明了解什么是剧本、剧本样式和改编剧本的方法；

（2）如果学生有不明确处，教师答疑；

（3）学生根据课文《军神》改编剧本；

（4）教师讲评学生改编的剧本《军神》。

2. 课本剧的排演

（1）如果班级人数较多，须先行分组；

（2）明确演员和职员的分工；

（3）由各组“导演”领导全组学生进行排练；

（5）宣布大体排练时间；（一般说来，15～20分钟即可，由教师掌握）

（4）抽时间选择资料进行“观察与记录”。

3. 课本剧的表演

（1）如果班级人数较多，可以请各组小导演上台用“锤子剪刀布”的方法或者其他的方法抽签，决定先后表演次序；

（2）各个小组轮流表演课本剧《军神》；

（3）教师讲评各个小组的表演；

（4）抽时间选择资料进行“观察与记录”。

4. 表演课本剧的记叙

（1）学生根据改编、排练和表演的事件出记叙文题目，讨论题目优劣；

（2）学生提出记叙文提纲，并讨论提纲优劣；

（3）写一篇有关记叙文。

（四）《作文学案》

1. 老师对你说

同学们，我们准备将一篇课文改编为剧本，还要经过排练，将剧本表演出来，最后，再写一篇记叙文，记叙这次课本剧的改编、排练和表演活动。

很多具有情节和对话的课文，都是可以进行课本剧表演的。因为课文大都是生活现实的反映，所以，很多课文就可以还原到生活去——用我们的表演，把课文的内容像现实生活一样重现出来。

表演是一种很高超的艺术，它可以还原生活，但是又不能跟生活一模一样。

第一，表演必须有一定的时间限制，戏院里的戏剧表演，一般在一个半小时到两个小时。它不能毫无限制地表演下去，如果那样，看戏的人一定受不了。

我们表演的课本剧，也必须有时间限制，我们一节课只有40分钟左右，如果有好几组同学表演的话，时间就很紧张。所以，每场表演最好控制在三五分钟左右。

第二，表演有一定的空间——舞台。演员不能一会儿在台上表演，一会儿又跑到操场上去表演，待会儿再到马路上去表演。不能让观众跑来跑去、疲于奔命。

第三，情节必须集中，不能拖沓，对话必须精练，不能乏味。也就是说，剧中的故事，必须很集中、很精彩，如果戏剧中的人和事以及对话和我们生活中的人和事以及对话一个样，观众就不愿意看戏了。

第四，所有的戏剧表演都是虚拟的、都是假的。表演受伤，不可能让演员真的出血；表演打针，不可能真的朝演员屁股上注射。

第五，表演还必须有剧本，就是表演的文字底本。演员讲些什么、做些什么，都要根据剧本进行，不能自说自话。

懂得了以上这些基本道理后，我们就可以改编剧本了。

(1) 如何将课文改编成为剧本？

现在，我们先学习将有关课文改编成剧本。请先阅读今天选定的课文《军神》。

（略）

这篇课文讲的是刘伯承元帅青年时代参加革命时眼睛受伤动手术不用麻药，害怕伤害大脑的英雄故事。文章场景单一，就在医院的诊室；人物只有三个：刘伯承、沃克医生和护士；有不少对话。这样的文章，最适宜改编为课本剧剧本。

要改编课本剧剧本，首先必须了解课本剧剧本的格式。

课本剧剧本的格式和一般的记叙文大不一样，课本剧剧本和话剧的剧本相似，都是有时间、地点、人物的规定，并且都是以对话为内容的。

比如，课本剧剧本的前面部分就可以这样写：

军　神

时间：半夜11点钟；

地点：重庆临江门外，一家德国人开的诊所内；

人物：刘伯承、沃克医生、护士……

然后，即开始对话。如：

沃克医生：你叫什么名字？

刘伯承：刘大川。

沃克医生：年龄？

刘伯承：24岁。

……

请注意，以上每一个人物的对话，都必须另起一行，前面都要空两格！如果对话很长写不完，则换行顶格写。

每个人物名称后面都要加上冒号，表示是他说的话。后面的具体文句，不需要加引号。

如果完全按照课文的内容写剧本，就应该写成以上的模样。

但是，那样写，似乎还缺少一些趣味和内容，表演也比较单调。因为我们生活中的对话要丰富得多，所以，根据课文的故事和人物，我们还可以来一点“添油加醋”——用简略的语言铺垫一下沃克医生见到刘伯承之前发生的事情，然后再让沃克医生和刘伯承开始对话，另外，再加上一个护士小姐，如：

军　神

时间：下午 3 点；

地点：重庆临江门外，一家德国人开的诊所内；

人物：刘伯承、沃克医生、护士甲、护士乙……

护士甲：下一个病人是哪位？请进！

刘伯承：我就是。

护士乙：请摘掉您的帽子，让我看看伤口。

刘伯承：哦！可以。

护士乙：啊哟！妈呀！伤得不轻啊！

刘伯承：别大惊小怪，小姐！

护士乙：沃克医生，您的下一个病人好像伤得不轻，而且是枪伤……

沃克医生：枪伤？……带他进来！

护士甲：是。

护士乙：快点！别小心翼翼的！

刘伯承：这么干净的地方，我不得不小心哪！

沃克医生：你叫什么名字？

刘伯承：刘大川。

沃克医生：年龄？

刘伯承：24 岁。

……

这样一来，不是剧情就显得丰富一些了吗？后面的情节，同学们也可以似这样“添油加醋”！

好！下面，就请大家把《军神》改编成剧本吧！一定要注意格式啊！

(2) 如何排练课本剧？

剧本写成后，就要进入排练程序了。在排练前，首先要确定这个课本剧的演员和职员。

一般说来，要演出一场话剧，演员和职员是很多的。

首先必须有导演，指导这场戏剧的表演方法：运用怎样的肢体语言？对白的声音应该大还是小？声调应该如何？应该站立在什么样的位置等。

这些都是导演的职责。

还有布景。

所有的表演都是有布景的，布景可不能没有人管理。还有灯光、还有舞台调度、还有音响、还有服装、还有道具、还有舞台美术、还有……

但是，我们表演的是小型的课本剧，就没有那么高的要求，也不需要那么多的演员和职员了！

根据我们表演的课本剧《军神》，大概需要以下这些演员和职员。

导演：一人；

演员：四人，包括刘伯承、沃克医生、护士甲、护士乙；

旁白：一人（介绍剧情）；

提示：一人（躲在桌子底下，万一演员忘记了台词可以提示）；

布景：二人（负责准备“手术台”等布景）；

警卫：若干（护送刘伯承来医院并接他离开，要带手枪，还要帮助站岗放哨）。

当然，如果班级同学人数比较多，就可以多选一些演员和职员，如果人数比较少，除了演员，其他人员都可以省了。

演员和职员选派好，就可以开始排练了。至于如何排练，就由导演负责啦。

老师给大家15分钟的排练时间。

（3）如何表演课本剧？

因为我们表演的是课本剧，我们没有专业的演员、没有宽大的舞台、没有厚重的幕布、没有可以乱真的道具……所以我们的表演也没有专业剧团那么高的要求。

只要做到：

（1）对白的声音响亮——让在座的小观众们能够听见小演员说的话；

（2）面向观众，而不要背对观众——让在座的小观众能够看到小演员的表情动作，就行了！

（3）有始有终，不要半途而废。

具体怎样表演才好，请导演想想办法。因为这是导演的职责！

如果班级可以组织成几个表演小组，则可以进行竞赛，看看哪个小组表演得精彩。

2. 观察和记录

（1）你们读了一篇怎样的课文，课文讲的是什么内容？

（2）当听到老师要求同学们表演课本剧，你心里有什么想法？

（3）你是怎样改编《军神》的？在改编的时候碰到过什么问题？如何解决？你在改编剧本的时候，感觉顺利吗？

请把你的体验和体会快速记录下来！

（4）你在课本剧《军神》的表演中担任什么角色？是导演还是演员，扮演医生还是护士，或者，你什么角色都没有扮演？你负责什么工作呢？你觉得担任的工作有趣吗？你是怎样完成你的工作的？

请注意，这些，都是可以写进作文里去的。

（5）你的表演小组有些什么同学？他们在排练时是认真的还是随意的？是否有人特别捣蛋？小组的同学们在排演过程中有什么矛盾和意见？矛盾和意见是如何解决的？上台表演之前，你觉得你们小组的表演水平如何？

这些，也是可以写进作文里去的。

（6）在整个的排练和演出过程中，有些什么趣味或者好笑、好玩的事情发生？你觉得演课本剧有意思吗？你喜欢表演吗？

这些也是可以写进作文里去的。

（7）这次班级的演出活动是成功的还是失败的？你对自己小组的表演有些什么评论或者想法？你觉得表演得最好的同学是哪个？为什么说他表演得最好呢？

以上这些，都是作文的好材料啊！

四、设计说明

(1) 由于很多同学都是第一次参加表演，更兼时间紧迫，所以学生的表演不可能完美。对他们的要求只要以下三点就足够了：①声音洪亮；②面向观众；③有始有终。

不必对学生的表演有过高的要求，能上台表演就是好、能够大声背诵台词就是好、演到底就是好。表演的目的是复习理解原作和为了最后写记叙文收集生活素材，因此，演得好、演得不好、甚至演砸了都无关大局——无论表演成功或者失败，都可以写记叙文的。

而从某种角度来说，表演得糟糕、甚至演砸了，记叙文反而更有内容可写。由此可以推及，在以游戏为生活素材的一切课堂活动中，都没有必要要求游戏活动的完美。

(2) 之所以要设置群众演员和其他职员，第一在于让全体学生都有事可干，第二可以吸收更多的写作素材。

演员和职员的分工要看具体情况进行，如果班级人数众多，则多安排些角色，（比如“提词”、“报幕”、“幕布”等）人数不多，则不需要。

设计中顾及大多数甚至是全体同学的参与，是做好表演活动的关键，也是互动后写好文章的关键。这点，我们在进行游戏活动设计时不可掉以轻心。

实践反思

作文教学的综合运用[①]（节选）

在新观念的影响下，作文课的形式发生了一些变化。其最主要点就是作文的训练形式完全摆脱了那种老师出题学生写作的陈旧方式，课堂不再是一种单纯的写作环境，而是变成了舞台、变成了实验室、变成了一个情境。

学生们在教室里将不单是进行写作，而且还进行一系列的活动。这就最大规模地调动了学生的全部的感官，激发了他们的积极性，为他们的五官的感觉、心理的体验，以及对生活的理解，提供和创造了有利的条件。

在现场演示教学中，有不少通过表演来提高学生综合素质的课程设计。此处的“表演”与一般的所谓“课本剧”又有所不同。演“课本剧”，目前在一些学校已经十分流行，通过演“课本剧”理解和巩固课文的内容，提高学生们对语言的欣赏，确实对学习有极大的帮助。

但是，目前学校的“课本剧”都以真正的演剧为目的，这样就要花比较多的时间和精力，而“现场演示作文教学法”中的“表演”则不然，它的根本目的并不是为了“演”好这场戏，而是为了激励学生情绪，创设学生的写作素材。所以，完全没有必要对学生的演出有太高的要求。相反，学生演“砸”了，“出洋相”了，反而会为即将来到的写作提供丰富的素材和有趣的细节，而这些，正是写作练习中求之不得的。

此外，“课本剧”因为剧场效果的要求，往往限于少数的有演戏天赋的学生参加。“现场演示”的演剧，却需要大家的参与，并且慢慢地把那些不喜欢“抛头露面”的性格内向的学生也吸引了进来，这就为许多学生提供了表演的舞台。无怪乎许多小学生都在作文中表示，课堂里的“演出”是“第一次圆了从小的‘演员梦’”。

在现场演示中进行“演戏”，确有不少的好处：①通过演戏，学生们都能够比较透彻地理解某些充作剧本的课文；②把学过的课文通过演戏的形式重现出来，不言而喻，一些语言

---

① 李白坚．写作教学的新观念和新方法．上海：交通大学出版社，2001：77-81.

必须背出来，但在很短的时间里又不可能背得出来，老师就要求同学们根据自己的理解临时编一些语言——把课文的语言变为自己的语言，无形中锻炼了他们的语言再造能力；③演戏需要表演，表演本身就是一种创造。例如，在演鲁迅的“立论”时，学生必须做个“抱孩子”的人。那么，课堂上哪来的孩子可抱呢？可有个学生顺手拿起老师讲台上的提包抱在怀里，演得很像；④演戏还可以培养学生的胆量。有些学生性格内向，平时不大发言，通过演戏，虽然是“群众角色”，却得到了很大的锻炼，敢开口，也敢亮相了。

复习与思考

1. 带领小学生进行课本剧的表演有什么意义？

2. 为什么在进行表演的时候要充分调动所有孩子们的参与性？

3. 带领学生进行了一次《军神》的课本剧表演，以这次表演活动为生活素材，能够写多少种不同内容的记叙文呢？请你将有关题目一一列出来。

拓展资源

崔峦 . 1999. 小学语文教学论 . 北京：中国人民大出版社 .

李白坚 . 2004. 21 世纪我们怎样教作文（小学版）. 上海：上海教育出版社 .

李白坚 . 2011. 新体验阅读 . 出版前言 . 南京：南京大学出版社 .

夏家发，彭近兰 . 2010. 教学活动设计 . 武汉：华中师范大学出版社 .

夏家发，杨再隋 . 2001. 小学语文教育学 . 武汉：湖北人民出版社 .

凤凰语文网：http：//www. xxyw. com.

人民教育出版社网：http：//www. pep. com. cn.

第 9 章 小学口语交际教学设计与案例研究

唐子江 广西师范大学

学习目标

1. 熟记《全日制义务教育语文课程标准（实验稿）》中口语交际教学的总目标；了解口语交际教学前三个学段的目标和要求。

2. 能解释为什么将听说教学合称为口语交际；理解口语交际教学设计的原则、规律和基本方法，并能据此对相关口语教学课例进行评价。

3. 能够创设（设计）具体场景、对象和内容对学生进行口语交际训练；能够就相应的情景和主题作出口语交流示范。

4. 能指导学生在课堂、学校、家庭和社会生活中利用多种口语交际技巧进行实际交流。

专题导向

专题 1：单元目标与课时目标设计

专题 2：单元教学内容与课时教学内容的选择与整合设计

专题 3：课堂教学思路与教导活动设计

专题 4：课堂学生口语交际活动设计

专题 5：小学生讨论与分享学习设计

专题 6：课外拓展性交际活动及成果展示活动设计

教学设计是对教学活动事前的设想与计划。新课程理念下的教学设计应是一种以预设为基础，以生成为追求，将预设与生成有机结合起来的设计活动。一般而言，教学目标的确定，教学内容的选择，教学场景的创设，主题活动的开展等都是应该也可以预设的，而教学过程中师生之间、学生之间的交际互动，学生在学习过程中的感触和发现等则是生成的。教学设计主要针对预设的方面来进行，对“生成”的部分只能是创造条件促成其出现，无法事先进行准确的预想或设定。所以，口语交际教学设计的基本程序就是在确定教学目标和内容的基础上，设计课堂教学活动及其课外的延伸拓展。其主要环节包括确定教学目标，明确教学思路，选择教学内容、安排课堂活动及课外拓展延伸等。①

9.1 单元目标与课时目标设计

《全日制义务教育语文课程标准（实验稿）》从现代公民必须具备的口语交际素养出发，根据口语交际的特点和各阶段学生的认知规律，提出了口语交际教学的总目标和四个学段的分目标（其中前三个阶段属于小学阶段）。显然，口语交际教学的总目标必须由各学段目标来完成，而各个学段的目标又必须落实到每个单元与课时的目标上。这也就是说，在口语交际教学中进行单元与课时的目标设计时，必须以阶段目标和总目标为依归，结合具体内容和

① 谢雄龙. 小学口语交际教学导引. 上海：上海教育出版社，2005：249-259.

学情来综合确定。

课程标准对小学口语交际教学的目标要求。

“口语交际”总目标：

具有日常口语交际的基本能力，在各种交际活动中，学会倾听，表达与交流，初步学会文明地进行人际沟通和社会交往，发展合作精神。

第一学段（1～2 年级）“口语交际”目标：

(1) 学讲普通话，逐步养成讲普通话的习惯。

(2) 能认真听别人讲话，努力了解讲话的主要内容。

(3) 听故事、看音像作品，能复述大意和精彩情节。

(4) 能较完整地讲述小故事，能简要讲述自己感兴趣的见闻。

(5) 与别人交谈，态度自然大方，有礼貌。

(6) 有表达的自信心。积极参加讨论，对感兴趣的话题发表意见。

第二学段（3～4 年级）“口语交际”目标：

(1) 能用普通话与人交谈。在交谈中能认真倾听，养成向人请教，与人商讨的习惯。

(2) 听人说话能把握主要内容，并能简要转述。

(3) 能清楚明白地讲述见闻，并说出自己的感受和想法。

(4) 能具体主动地讲述故事，努力用语言打动他人。

第三学段（5～6 年级）“口语交际”目标：

(1) 与人交流能尊重、理解对方。

(2) 乐于参与讨论，敢于发表自己的意见。

(3) 听他人说话认真耐心，能抓住要点，并能简要转述。

(4) 表达要有条理，语气、语调适当。

(5) 能根据交流的对象和场合，稍作准备，做简单的发言。

(6) 在交际中注意语言美，抵制不文明的语言。

通过分析我们不难看出，总目标涵盖了口语交际教学的价值追求，那就是培养学生口语交际的基本能力和基本素养。基本能力主要包括倾听、表达和交流三种能力；基本素养则包括良好习惯，文明礼貌，合作精神等。小学三个学段的阶段目标其基本精神与总目标是一致的，同时呈现一种递进关系。例如，在听的能力方面，第一学段要求是“能认真听别人讲话，努力了解讲话的主要内容”。第二学段的要求是“听人说话能把握主要内容，并能简要转述”。

第三学段要求“听他人说话认真耐心，能抓住要点，并能简要转述”。从“努力了解讲话的主要内容”到“能把握主要内容”，再到“听他人说话认真耐心，能抓住重点”，要求是一步步提高的。在表达能力和交际能力方面的目标要求也是如此。还有就是三种能力是相对独立又不可分开的，如“听人说话能把握主要内容，并能简要转述。”“听他人说话认真耐心，能抓住要点，并能简要转述。”都是将听和说还有听说过程中应有的态度揉合一并提出。在进行口语交际目标设计的时候，我们不仅要了解各个项目的要求，而且还要理解总目标和阶段目标的精神实质。

口语交际教学的课时目标显然就是指一节课所应实现的目标。就其构成而言，口语交际教学的课时目标要按照“知识与能力”、“过程与方法”、“情感态度与价值观”三个维度来设计。新课改要求各个学科课程的目标都按三个纬度来设计，口语交际教学当然也不能例外。当然，由于课时教学内容的容量比较小，目标的实现也比较有限，所以不必要三个纬度的目标面面俱到、平均使力，而应有所侧重。就其表述形态而言，口语交际教学的课时目标应该是直接陈述且具体可测的，口语交际的特殊性在于言语转瞬即逝，所以口语交际教学的目标更要明确具体，便于操作、实施，便于检测、评价。

案例 9-1

《解开心结》教学目标：①鼓励学生敢于发表自己的意见。②培养学生多角度思考问题，并用准确的语言表达自己观点的能力。③培养学生思维的条理性和深刻性。

《学会安慰》教学目标：①通过教学，使学生学会通过留心观察和询问了解他人遇到的“不顺心”事，并用“同情”“委婉”“鼓励”的话语安慰人，培养学生的观察、分析及应变能力。②在具体的交际活动中，培养学生关心他人的品质。[①]

这两个口语交际教学课时目标大体都按“三维”来设计，相比较而言，前者比较空泛，缺乏针对性和可操作性，因为这些目标既可以用来完成《解开心结》这个主题的口语交际，也可以是语文学科乃至其他各个学科的其他学习内容的掌握，这样的目标很难执行，自然也很难实现。后者则完整、具体、可操作性强，“同情”“委婉”“鼓励”这几个概念虽然还是比较抽象，但“用‘同情’‘委婉’‘鼓励’的话语”这样的行为是可以理解和施行的；另外“在具体的交际活动中”指明了教学的“过程与方法”这一维度的目标，这也是前一组教学目标所没有的。所以，口语交际《学会安慰》的教学目标是比较可行和规范的，可以对口语交际教学起到真正的导向、引领作用。

单元目标的设计其基本精神和构成与课时目标是一致的，但也有其特殊性。传统上我们的语文教科书其实就是阅读教学教材，作文教学和听、说教学（即口语交际教学）相关材料与要求只是镶嵌在阅读教学单元中，成为阅读教学单元中的组成部分。在新课改，口语交际虽然也编在阅读教材中，但是有自己的“单元”了，以人教版《语文》三年级上册为例，此册教材共安排有八次口语交际，口语交际的主题秉承了前面四册的传统，都是与单元学习的主题紧密相连的。这八次口语交际内容的编排，有以下两种类型：一种是紧密结合“综合性学习”，与“习作”一起成为“综合性学习”的有机组成部分；另一种是提供让学生进行互动讨论的口语交际训练材料。这样，口语交际的单元目标就与阅读教学的单元目标交织在一起。赵志祥老师在对人教版国标本五年级下册第三组口语交际教学进行整体设计。他对该组口语交际教学的目标进行了如下的分析和设定。[②]

《语文课程标准》对第三学段的口语交际提出的几条要求是：①与人交流能尊重、理解对方；②乐于参与讨论，敢于发表自己的意见；③听他人说话认真耐心，能抓住要点，并能简要转述；④表达要有条理，语气、语调适当；⑤能根据交流的对象和场合，稍做准备，做简单的发言；⑥在交际中注意语言美，抵制不文明的语言。对五年级的学生来说，达到第二至五条要求已经没有太大问题，关键是第一条和第六条，这往往是被教师忽视而恰恰又是学生容易出错的地方。因此，在设定本组口语交际的目标时，要把尊重、理解对方和注意语言美、抵制不文明的语言作为重要的目标之一。本次口语交际的话题是“劝说”，劝说别人改掉不良的习惯。根据课标的要求，结合本组课文及口语交际的特点，我制定了以下教学目标。

（1）充分感受祖国语言文字的精妙，养成搜集、整理、运用优美语言的良好习惯。

---

① 张中原 徐林祥．语文课程与教学论新编．南京：江苏教育出版社，2007：200．

② 赵志祥．铺厚、垫稳、抖得脆——人教版国标本五年级下册第三组口语交际教学设．语文教学通讯·小学刊，2006，(5)：29，30．

(2) 在交际中了解规劝语言的特点，注意语言美，抵制不文明的语言，学会怎样动之以情、晓之以理地劝说别人。

(3) 体会养成良好的行为习惯的重要性，在劝说他人的同时，自己也受到良好的启迪和教育，学会尊重、理解他人。

(4) 以口语交际为契机，引导学生广泛阅读，扩大知识面，开阔视野。

以上这个案例让我们看到口语交际单元教学目标设计的一些基本特点和要领。首先，口语交际的单元教学目标同样要按“三维”来设定，对“三维”课时教学目标可以有所侧重，而单元目标要求三者更加均衡；其次，口语交际的单元教学目标为所在单元的阅读教学服务，同时又将阅读教学乃至作文教学纳入口语交际的单元教学目标体系中；最后，口语交际单元教学目标同样要求表述的直接性和可测性，但相对于课时目标来说有更大的模糊性和灵活性，从而为课程的生成预留更大的空间。

教学目标是课堂教学的指针，教学内容的取舍、教学方法的采用、教学活动的设计、教学评价的开展，都围绕着教学目标来进行。新课程标准规定各科教学按知识与能力、过程与方法、情感态度与价值观三个维度去确定。口语交际教学的三维目标，情感态度与价值观是容易受忽略的，所以尤其要加强。课时目标与单元目标有区别也有关联，两者都要以学段目标和总目标为指向。口语交际教学目标的表述本身直接影响目标可操作性。口语交际教学目标的可操作性要求比阅读教学、作文教学更不易把握。

9.2 单元教学内容与课时教学内容的选择与整合设计

教学内容的选择对口语交际教学是一个中心环节，一般而言，确定教学目标之后，就要根据目标组织教学内容，但在实际教学中，教学内容往往就是教科书相应的内容，教师是根据教学内容来确定教学目标的。可见，内容是更为根本的，是教学活动开展的载体。《语文课程标准》强调：“应拓展语文学习和应用的领域，注意跨学科的学习”，“提高学习效率，初步获得现代社会所需要的语文实践能力。”口语交际教学要体现这一精神，那在教学设计内容时就既要注重教材自身资源的开发利用，又要注重从生活实践和其他学科中挖掘、选取并整合口语交际教学的内容。为此，要深入研究教科书提供的内容，首先要理清编排意图，弄清楚整套教科书、整册教科书安排了哪些口语交际的训练内容，着重训练哪些能力、技能，做到心中有数；其次要分析教材中口语交际的内容哪些适合、哪些不适合本班学生的学习、训练之用，要舍弃不适合的内容，同时要从生活中有目的、有计划地选择教学内容。经过取舍的教材内容与从生活中选取的内容不会自动成为浑然一体的教学内容，对它们要进行一番整合才能有效服务于口语交际教学目标的实现。

课时教学内容一般就是教材中给定的内容。这是因为口语交际课时教学目标非常明确而有限乃至是单一的，内容直接针对目标而设置，并且在全册乃至全套教材中是成系统的，所以，直接采用教材的内容作为教学的内容是可取的。所谓设计，主要是在原有内容上适当补充，一定要以本为本，非常忌讳将教材中的原有内容丢掉而另起炉灶采用另一套内容。那样不仅增加备课的难度，更容易模糊乃至偏离教材的编写意图，不能很好体现全书乃至全册口语交际教学内容的连续性和目标的连贯性。当然，适当补充课外的内容不仅是可以的，甚至是必要的，只是这种补充的内容只能起到辅助作用。

口语交际教学的单元教学的固定内容由语文教材中专门的口语交际教学内容、所在单元阅读教学内容（即课文内容）构成；另外，作文教学内容以及课外阅读、课外生活内容都作为单元口语交际教学的重要组成部分。这些课外的内容在单元教学中比在课时教学中所占的比例更高、所起的作用也更大。语文教材中的课文内容首先是为阅读教学服务的，而不是为口语交际教学服务的，但在一个单元中它们构成一个整体，有很大的关联性，所以课文内容也是可以为口语交际教学服务的，只是这种“服务”是潜在的，必须进行加工，并整合到口语交际教学的内容体系中才能真正从“阅读教学内容”转变为“口语交际教学内容”。作文教学内容也是如此。作文教学与口语交际教学一样至少从编排形式上是依附于课文（阅读教学）的，呈现在课本中的作文教学内容比口语交际教学内容更少，但是作文在性质上更接近口语交际，因为作文属于表达，口语交际也是重在表达，所以作文教学的内容更加便于整合到口语交际的单元教学内容中去。要特别指出的是，由于目标的一致性和内容的简略性，有些口语交际单元教学内容的分量在一个课时内就可以完成，那么单元教学与课时教学就是同一的。口语交际单元教学与课时教学的内容不是截然不同、泾渭分明的。

案例 9-2

《学会赞美》教学设计——苏教版第八册第四单元口语交际[①]

指导老师：王梅兰　执教：陈梅

（泰兴市第二实验小学，江苏，225400 泰兴）

一、设计意图

通过指导学生对不同对象的赞美，引导学生学会发现别人的长处，掌握赞美他人的技巧，同时感受赞美带来的快乐。

(1) 创设交际氛围。“赞美”别人这样的口语交际，不仅仅是一种面对面的表达，更体现了对别人的赞美。赞美什么？怎么赞美？只有将学生带入可视可感的情境中，才能培养学生发现美的能力，感受赞美的魅力。本节课通过有效的手段，将课文中提供的材料转化为生动的情境，让学生在具体的情境中感受被赞美着的优点，体验受到赞美后的愉悦心情，从而激发起真诚地赞美别人的愿望。

(2) 变换交际对象。社会上、生活中，值得赞美的人很多。让学生学会赞美，不仅要懂得怎样赞美别人，而且要指导哪些人值得赞美。因而本节课以对王凯的赞美为引子，过渡到对妈妈、对老师的赞美，拓展学生赞美的空间，同时在交际的过程中引导学生多角度、多方面发现美、感受美、评价美。

(3) 体现交际互动。口语交际是一种双向互动的动态的言语实践活动，交际过程中不仅要引导学生学会赞美别人，而且要让学生学会接受对方赞美，发现并赞美对方身上的亮点，形成一种平等真挚、温馨和谐的交际氛围。

二、课前准备

制作多媒体课件：①鞠萍姐姐讲话录像；②王凯同学劳动的录像；③黎芳妈妈做菜的录像。

三、课前交流

师生互相介绍，互相赞美，送“见面礼”。(注：借班上课)

四、教学过程

(一) 导入新课

1. 引导“赞美”

---

① 王梅兰，陈梅.《学会咱们》教学设计——苏教版第八册第四单元口语交际.文教资料.2005，(28)：187，188.

通过刚才短短几分钟的接触，老师给你留下了怎样的印象？

2. 揭示“话题”

听得出同学们都在赞美老师，老师心里那个甜就甭提了！赞美别人是快乐的，得到别人的赞美是幸福的，我们要学会赞美。（出示课题）

（二）了解“赞美”的方法

1. 看录像。赞美别人需要注意什么呢？听鞠萍姐姐的话。（放录像）

2. 归纳注意点。从鞠萍姐姐的话中你听到了什么？（板：发现优点 声音响亮 态度真诚 说话得体）

（三）学习赞美

1. 赞美王凯

（1）看录像，赞美王凯。

①看录像，思考：王凯同学有哪些地方值得赞美？

②讨论：你觉得王凯同学哪些表现好？

③老师扮演王凯，学生赞美王凯。

（2）赞美身边的同学。

①让我们把赞美送给自己朝夕相处的同学吧，你有没有发现同学身上的亮点呢？就请你真诚地赞美他吧！考虑一下，你想赞美谁，打算如何赞美他？

②面对面赞美自己的同学。

③引导学生从多方面发现同学的亮点，赞美自己的同学。其实每个人都有自己独特的亮点，比如说有同学每天早早到校帮同学们开门；有同学从家里带墨水给同学使用，可多啦！就看你有没有一双慧眼去发现。

④赞美默默无闻的同学。让学生知道生活中不是缺少美，而是缺少发现。

2. 赞美妈妈

（1）刚才大家送出了很多赞美给自己的同学，可有时我们至亲至爱的人却被忽略了，比如说妈妈，当妈妈为你织一件漂亮的毛衣时，当妈妈为你扎一个好看的辫子时，当妈妈为你烧一桌可口的饭菜时，你有没有想过给妈妈一声赞美呢？

（2）看录像，教师扮演妈妈，学生赞美妈妈的厨艺。

（3）赞美妈妈的其他亮点。

3. 赞美老师

（1）引导。同学们真的很棒，真羡慕你们老师有这样一群可爱的学生，为了培养你们，老师一定付出了很多。在今天这样温馨的时刻，是不是也应该把赞美送给可亲可敬的老师呢？回忆成长历程中印象最深的老师，考虑如何赞美。

（2）教者扮演被赞美的老师，学生赞美。

4. 赞美身边的人

今天我们把赞美献给了自己可爱的同学，亲爱的妈妈，敬爱的老师，其实在我们身边值得赞美的人很多。相信只要人人都献出一份赞美，世界将变成美好的人间！

（四）总结

配乐朗诵关于赞美的小诗
赞美
赞美是一泓清凉的山泉
滋润人们的心田
赞美是一朵芬芳的玫瑰
装点人们的生活
赞美是一支动听的歌曲
激荡人们的情怀
赞美，能使平淡的生活变得美丽
赞美，能让平凡的人生得到升华
多一声赞美
给天空增一片彩霞
多一张笑脸
给大地添一束鲜花

这是一个单元的也是一个课时的口语交际教学过程。执教者在“设计意图”中提道：“本节课通过有效的手段，将课文中提供的材料转化为生动的情境，让学生在具体的情境中感受被赞美着的优点，体验受到赞美后的愉悦心情，从而激发起真诚地赞美别人的愿望。”在这里，“课文中提供的材料”就是口语交际教学教材的内容，“转化”则是经由设计的整合。经过一番整合教材内容才变成教学内容。而所谓整合，则包括两个方面的意思，一是将教材中静态的内容动态化、立体化、活动化；二是将课外的、生活中的相关内容镶嵌到原有的教材内容中，使之成为教材内容的有机组成部分。在这个教学过程中，赞美王凯、赞美妈妈、赞美老师、赞美身边的人，一步步从教材里延伸到生活中，教学的内容在这种延伸中得以扩大。这个单元（课时）的教学由此显得内容充实而贴近学生，能很好地实现口语教学的目标。

口语交际教学内容是用于实现口语交际教学目标的凭借。无论是口语交际单元教学的内容还是课时教学的内容，都由相当的课外内容的成分。教材内容转化才成为教学内容；课外内容要成为口语交际教学的内容更需要进行整合。在口语交际教学中，缺乏课外内容，或者缺乏对课外内容的整合是值得注意的问题。

9.3 课堂教学思路与教导活动设计

教学思路的清晰是教学内容有效组织、教学目标得以实现的重要保证。课堂教学的重要特点就是学生的学习活动是在老师的教导下开展的，显然，教导活动最直接地体现课堂教学的思路。老师可以用言语陈述自己的教学思路让听课者明确，也可以通过教导活动本身让自己的教学思路体现出来并让学生感受到并跟随老师的思路开展学习实现有效的师生互动。教导活动体现教学思路，引发学生的学习活动。

口语交际教学的教导活动设计要注意几点：一是以教学理念为指导。在新课程改革的背景下，语文教学必须体现新的教学理念，口语交际教学也不例外。二是以教学目标为导向。教导活动的开展就是要实现教学目标，因此教导活动不能为了教导而教导，而是为了达成教学目标而教导，任何教导活动设计都应该服务于而不是背离口语交际教学目标的实现。三是以教学内容为依托。口语交际教学虽然没有单行本的教材，但是在语文阅读教材中有自己相对独立的序列，教师的教导活动要依托教材中的内容以及补充的课外内容来进行，没有内容的教导活动设计只能是空泛的纸上谈兵。四是安排示范。口语交际教学非常强调实践，“教导”基本上是言传加身教，这也就是说，在教导活动设计中，老师除了要告诉学生怎么做，还要亲自示范如何做。如果只能是停留在理论层面条条框框的说明，自己不能作出一定的示范，那这样的所谓教导就只有“教”没有“导”，也就是只有说教而没有真正地去引导学生如何做。五是要结合学情。教导活动虽然主要是针对教师来说的，但是教导活动的指向是学生，如果不顾及具体的班情学情，那么再精细的教导活动设计也无法落到实处。

案例 9-3

还原生活 回归真实
——人教版《语文》三年级（上）口语交际[①]
《我们的课余生活》模块备课与教学

陆 虹

语文课程标准（实验稿）对口语交际教学提出了这样的要求：“口语交际能力是现代公民的必备能力。应培养学生倾听，表达和应对的能力，使学生具有文明和谐地进行人际交流的素养。”课程标准创造性地将“听话、说话”训练改变为“口语交际”，这不仅是名称上的改变，还包含着重要的语文教育思想：学习说话，是为了更好地交际。通过良好的人际互动，营造和谐的生存环境，同时在交际中体会思想碰撞、信息交流、真情共鸣的快乐。因此，我以为，口语交际教学，展现的应该是一种“生活”，一种实际生活中似曾或很有可能会经历的生活场景。真正为孩子所喜欢的、觉得有用的口语交际教学，应该植根于孩子的生活世界，这样才能激活孩子真切的表达需求，才能让他们在学习过程中体会口语交际的乐趣。现以人教版《语文》三年级上册口语交际《我们的课余生活》为例，依照模块备课思路，做以下课堂教学设计，力图体现口语交际教学和学生的真实生活密切相连，让学生乐于交际！在交际实践中学会交际。

此册教材共安排有八次口语交际，口语交际的主题秉承了前面四册的传统，都是与单元学习的主题紧密相连的。这八次口语交际，除“讲名人故事”之外，都是学生在自己的生活中能看到、能听到、会遇到的事，是学生真实生活的再现。八次口语交际形式的编排，有以下两种类型：一种是紧密结合“综合性学习”，与“习作”一起成为“综合性学习”的有机组成部分；另一种是提供让学生可以互动讨论的话题进行口语交际训练，“我们的课余生活”就属于第一种类型，这次口语交际所在的单元主题是“多彩的生活”。在单元导语之后，安排了《我们的民族小学》这篇精读课文。这篇课文介绍了民族小学学生的学习和课间活动。在课文学习后提出开展“记录自己的课余生活”的综合性学习要求，并提示记录的方法“可以用文字叙述，可以填表格，可以画图画……”接着学习两篇分别表现孩子在草地上玩耍和假日里登山游玩的精读课文《金色的草地》和《爬天都峰》。因为是初次接触综合性学习，学生对这一活动不太了解，对如何进行综合性学习，掌握的方法还比较少，因此在《爬天都峰》后，再一次安排了“综合性学习提示”提醒学生注意记录活动进行得怎样，并提供记录的示范供学生参考。在“语文园地”里，“口语交际”是在前面综合性学习基础上的一次展示：学生交流在课余都做了什么事，有哪些收获和感受。接下去的“习作”是让学生写写课

---

① 陆虹．还原生活回归真是——人教版《语文》三年级（上）口语交际《我们的课余生活》模块备课与教学．人民教育，2005，(15-16)：39-43.

余发生的事。

从对该组课文的分析中可以看到，这次口语交际活动不是孤立的交流，而是与课文学习和综合性学习活动以及习作训练紧密相连的。综合性学习活动的开展和课文的学习为口语交际积淀了生活素材，打开了思路。口语交际既是前面学习和活动的成果展示、生活经历的分享，又让小学学段的第一次习作训练水到渠成。

一、学情分析

三年级上学期是第二学段的起始，学生在进行本次口语交际的学习活动前有哪些基础？又会存在什么问题呢？

(1) 基础一，阅读量大，言语储备丰富。《语文课程标准（实验稿）》对学生的阅读提出了具体可操作的要求。一是提倡扩大阅读面，强调喜欢阅读，感受阅读的乐趣。二是对阅读量作出规定，第一学段课外阅读总量不少于5万字，以后逐渐增加。三是提出积累各种素材、加强背诵的要求。在第一学段要求背诵优秀诗文50篇，背诵，正是“丰富语言积累，培养语感”的必要途径。因此，从理论上说，通过第一学段的学习，学生应有大量的阅读积累。这些阅读积累一旦被激活，就会产生综合效应，极有利于接受和表达能力的整体提高，使三年级上学期的口语交际活动开展得更为顺畅。

(2) 基础二，生活多维，视野日益广阔。在上这组课文之前，我对本班学生进行了有关课余生活的问卷调查。调查结果显示，孩子的课余生活一般安排在晚饭后、双休日、寒暑假。“课余生活内容”一项，学生填写了看电影、溜冰、上网、学习钢琴、舞蹈、旅游等37种不同的活动。这使孩子的本次口语交际活动有了相当好的生活基础。

(3) 存在的问题：缺乏感受生活的能力。学校生活、社会生活乃至家庭生活中，有取之不尽的场景、故事可以成为语言表达的素材。但是，由于小学生认识水平的局限，面对丰富多彩的生活，他们常常视而不见，听而不闻。记得有一次听二年级的口语交际课，老师要求学生说说同学之间互相帮助的事，面对朝夕相处了快两年的同学，孩子们竟然低下头，无话可说。还有一次，在我自己的课堂上，在课文的内容学习之后，让学生说说妈妈对自己的关心，孩子们说来说去，大同小异。归结起来就只有两类事例：一是生病了，妈妈无微不至地照顾；二是考试考砸了，妈妈怎样谆谆教导。每天沉浸在丰富的生活中，可表达内容却是如此苍白，究其原因，就是因为缺乏感受生活的能力。因此，鼓励学生在生活中“睁大”自己的眼睛，“伸长”自己的耳朵，运用自己的听力和观察力，留心周围的一切，从生活中发现新事物，获得新感受，以培养观察生活的习惯，提高认识生活的能力，这很重要。

二、教学目标定位

《语文课程标准（实验稿）》提出第二学段的口语交际教学目标：“在交谈中能认真倾听，并能就不理解的地方向人请教，就不同的意见与人商讨。”较之第一学段的口语交际要求：“有表达的自信心”“与别人交谈，态度自然大方，有礼貌”，第二学段更突出了口语交际教学中的交际性，更注重在交际过程中的双向互动，并要求能“倾听、请教、商讨”。另外，交际是听方与说方双向互动的活动，双方在对话中的情感、态度就显得十分重要。如诚恳、热情、礼貌、负责、尊重、理解、谈吐文雅等。在第二学段的教学目标中延续第一学段的教学目标，体现了“情感、态度”方面的正确导向，重视口语交际的文明态度和语言修养。作为第二学段的第一次口语交际教学，应该发挥好承上启下的重要作用，在第一学段要求的“有表达的自信心”的基础之上，更要求学生能把自己亲历的真实课余生活作简单描述，使听者清楚明白，增进相互间的了解。本次口语交际的题目是“我们的课余生活”而非“我的课余生活”，因此，重点不单单是锻炼表达，更要重视学生倾听别人发言的习惯和能力的培养。根据别人的发言，对感兴趣的部分可以提问、补充，使本次口语交际活动真正能够互动，也使课余生活更真实、丰满起来。

三、整体构思和设计

在本次口语交际的教学设计中，我暂且把教学活动分为“序曲”、“主旋律”、“高潮”和“尾声”四部分。

（一）综合性学习是口语交际教学的“序曲”

在歌剧演出的开始，常常有一段器乐演奏的开场曲，一般称作“序曲”。序曲的作用是昭示歌剧的开始，提示听众安静。同时通过序曲的欣赏，为歌剧的欣赏作好铺垫，把听众带入情节之中。在这次口语交际活动之前，有两次综合性学习活动，其作用是为口语交际活动作准备和铺垫，如同是口语交际活动的“序曲”。第一次综合性学习活动是在第一课《我们的民族小学》学习之后，内容是把自己的课余生活记录下来。教师在指导中会提出综合性学习活动的内容、要求并介绍记录活动的方式：文字叙述、填表格、画图画。其中，用文字叙述和画图画是学生熟知的记录方式，用表格记录对学生来说比较陌生，可以重点提示一下。当然，记录课余生活的方式一定不止这样三种，教师可以引导学生交流自己所想到的更多的、不同的、独特的记录方式。第二次综合性学习安排在第三课《爬天都峰》之后，这是一次综合性学习的提示，一是督促学生做好课余生活记录，二是可以让学生对已经记录的课余生活作非常简单的交流，拓展思路，激发后续交流的兴趣。在此次提示时，可以先出示课文中的表格，让学生读表格，再出示教师事先准备的不同种类表格，让学生对用表格记录课余生活这一方式有正确、清晰的认识，也鼓励学生尝试用这一全新的方式记录自己的课余生活。

（二）口语交际活动是“主旋律”所在

序曲之后，进入主旋律。学生已有充分的心理准备和资料准备。在记录课余生活的过程中，逐步产生了交流的愿望和兴趣。在交流的过程中，再现温馨的、快乐的、激动的或许也会是懊恼的、失落的生活场景，用自己的话说自己的课余生活，很有意义。在本次口语交际的教学设计中，我在形式上进行了新的尝试，也收获了一点小小的惊喜，现呈现如下。

1. 课前准备

贴出海报，让学生明白此次聚会活动的主题。海报题为“让我们聊聊吧——我们的课余生活”。时间安排在语文课上。作为尝试，我还大胆地允许学生可自愿参加（不参加的学生可以到学校图书室看书），当然，又以果珍饮料作为奖励，并伴有抽奖活动。结果，如我预期的那样，全班35个学生全部参加。

教室布置：撤去桌子，留下椅子。保证学生和教师可以有自由走动的空间。

2. 教学设计

教师导语：欢迎各位参加本次由我组织的聊天活动。今天我们一起来聊的一个话题是——我们的课余生活。

学习了《我们的民族小学》之后，有几个同学说，她们在课余也玩许多有意思的游戏：跳牛皮筋、踢毽子、跳房子。学习了《爬天都峰》这篇课文之后，有同学告诉我，他也很喜欢爬山，爬山给他的课余生活带来了许多乐趣。其实，同学们的课余一定有许多有意思的活动，今天，就让我们一起来聊聊吧！

【把口语交际定位在聊天，可以消除学生对课堂发言的紧张感，在课的开始就能够让学生觉得亲切、自然。教师是聊天活动的组织者，但不是高高在上的指导者，师生关系是民主的、平等的，这样才可能听到学生的真心话。】

活动一：分组交流，说说自己觉得最有意思的一次（或一项）课余活动。

每位参加活动的同学都拿到一个信封，信封中装有三样东西：涂有颜色的卡片、1～100中的一个数字、一种小动物图片。在活动一开始时，请学生拿出表示颜色的卡片，寻找拥有同色卡片的同学，合为一组（事先已经计划好，6人为一组）。找到自己的小组成员后，开始交流。

【这样的游戏活动形式，让学生觉得有新鲜感，符合儿童的年龄特点。】

活动二：分享快乐。

师：刚才大家进行了热烈的交流，谈了自己最有意思的课余生活。现在，由我来做记者（教师把手中白纸卷成筒状），即时采访一下各位。让我们把有趣、有意思的课余生活和大家一起来分享。看看自己的信封，谁的信封里藏着一只小青蛙呀？请拿到小青蛙图案的同学先来说说自己的课余生活。

【以这样的形式来确定发言对象！可以避免以往表达能力强的学生经常有发言机会！而另一部分学生在口语交际课中只做听众的情况发生。】

接下来可以请4～5位同学发言，教师引导学生与他们交流。以下是一个教学小片段。

生1：我特别喜欢看书，平时一有空，我就在自己的小房间里看自己喜欢的书，有时候看着看着还忘了吃饭呢！

师：哦，这个爱好很好，看书可以增长知识，让我们成为精神丰富的人。我知道，在我们的同学中，也有喜欢看书的人。跟他一样也喜欢看书的同学，请你们也来说说自己是怎么看书的。

生2：我也喜欢读书，我也像他一样，读书会入迷。有一次我在家里看书，连妈妈按门铃都没有听见。

生3：我也特别喜欢读书，我看了综合性学习的要求，还和爸爸妈妈制订了一个读书计划，每个月都有不同的阅读内容。我想把我列的表格给大家看看。（在大屏幕上展示。）

师：我听了生1的发言，还有一个问题想问你，你看过哪些书呀？

生1：我看过《伊索寓言》、《淘气包马小跳》，最近在看一本书，书名叫《我的野生动物朋友》，讲的是一个叫蒂皮的法国小姑娘从小在非洲长大，是怎样和野生动物交朋友的。

生2：这本书一定很有意思，以后可不可以借给我看看？

生1：当然可以。

【教师要充分引导学生互相交流，让学生真正交际起来。以上教师的两次引导让学生意识到交际中可以谈对同一话题的相关感受，也可针对这一话题提出自己的问题。】

活动三：推荐精彩。

请学生从信封中拿出数字，请1、6、10、16、20、26、30号举高手臂。1～5号组成一组，6～10组成一组，以此类推。

学生在重新分组后再次在小组当中交流自己的课余生活，可以说得与刚才相同；课余活动丰富的同学也可以说其他有意思的事。每个学生还要认真倾听小组同学的发言，在接下来的集体交流当中，要推荐自己听到的觉得最精彩的课余生活。

学生分组交流之后，教师通过报数字的方式请学生推荐自己小组交流时听到的最精彩的课余生活。以下是一个教学小片段。

生1：我听生3说，他特别喜欢体育锻炼，经常和爸爸妈妈一起跳绳、跑步，最近还学会了滑滑板呢。我觉得他的课余生活很有意思。他还用照相机把自己玩滑滑板时的照片拍下来了，真帅。（教师拿到照片，在大屏幕下展示。）

师：我知道大家对这项活动很感兴趣，有什么问题要问生3吗？

生2：你学滑板的时候，摔跤了吗？

生3：当然摔过跤，腿上还有几块大乌青呢！

生2：呀，那你可真勇敢，我胆子太小，不敢学。

生3：学的时候会有点害怕，但是学会了以后特别开心，找个时间让我来教你吧。

生2：谢谢！

生4：我听生5说，她特别喜欢跳舞。每天早上起床后，她都要练功，每周有三天，放学后要参加学校舞蹈队的排练呢！我看过她跳舞，跳得可好看了。

师！是吗？生5能不能现场表演一段？

生5表演。

【口语交际一定要让学生不仅会表达，还要会倾听。学会欣赏别人是一种非常重要的交际品质。当然，在交际过程中，可以选择适当的时机让学生表演、展示，这样既能活跃气氛，又能让学生在课堂中获得成功感。】

活动四：共商打算。

师：同学们，刚才我们交流了课余生活和课余生活中的收获与感受，那么今后的课余生活，你们又有什么新的打算呢？你可以想一想，对同桌说一说，然后写在我给你们准备的打算卡上，再投到教室中间的幸运箱中。（学生写打算，投入幸运箱）

接下来请4～5位同学在幸运箱中抽出打算卡，读一读卡片上所写的对今后课余生活的打算。被抽到打算卡的学生是今天聊天活动的幸运者，可以获奖品一份。

【在口语交际活动中一定要加强互动性，通过游戏活动，提高学生的参与积极性和参与质量。在以上口语交际活动的过程中，把课堂变成聚会场所，至少有以下几个优点：①模拟日常生活的场景，以游戏活动串联起来，消除学生在课堂教学中发言的紧张感，使他们比以往更愿意表达自己的所思所想。②学生多次组合交流，打破了以往交流伙伴比较固定的传统，增添了交际时的新鲜感。多次组合也使学生收获的信息量比以往更多，无形中提高了交际质量。③为学生将来参加各种生活中的聚会交流打下基础。】

（三）习作交流将口语交际活动推向“高潮”

以往，习作之前一般都会有习作指导。此次习作的内容和口语交际活动的内容是一致的。在口语交际活动中，学生已经充分展开讨论，因此在习作开始之前，可以由口语交际顺势引入，不必再作过多指导，避免教学资源浪费和教学行为的重复。建议口语交际和习作可以两课时连上。在习作之后，安排习作交流，将口语交际的内容转化为书面语言，使活动内容表述更加清楚、完整。同时，书面语言对口语表达进行梳理，也能促使口语表达条理分明。同学间的习作交流，在互相朗读、互相评价的过程中将“课余生活”这一主题推向高潮。

（四）课外交流是口语交际活动的“尾声”

课堂中的口语交际活动是为了提高学生口语交际的能力和兴趣。口语交际要从生活中来，再回到生活中去。因此，在习作交流和评价之后，教师可以提出课外交流的要求，提示学生：课堂之外的现实生活才是口语交际更广阔的天地。口语交际活动进入“尾声”。

四、备课与教学的思考

（一）准备先于交际

1. 记录生活

我们的生活像个万花筒，有趣的事情时时刻刻在发生。就像前面所提到的那样：为什么我们的生活如此丰富多彩，而需要学生开口说的时候，却无话可说呢？心理学研究证明：人的记忆分为有意识记忆和无意识记忆。小学阶段的学生正是由无意识记忆向有意识记忆过渡的阶段。“无话可说”，正是因为学生对生活的记忆往往是无意识记忆，这种记忆在头脑中保存的时间很短暂，容易遗忘，特别是对于生活细节的记忆。而要促成无意识记忆向有意识记忆转变，需要一定的方法。利用多种方式，记录下自己的生活，就是方式之一。学生通过拍照、文字、录音、表格等记录方法及时让生活在头脑中留下深刻记忆，记录本身也成了学生生活的一部分，学生在记录的过程中真情投入，当需要再现时，就能把信息轻松地从头脑中调用出来，因此教师要重视口语交际之前的相关记录准备，让学生有备而来，打有准备之仗。

2. 小组交流

心理学研究发现：随着年龄的增长，儿童再也不像以前低年级时那样单纯，而是有了思想包袱，生怕发言不到位被老师批评或被同学嘲笑，有失“面子”，因而课堂主动发言的次数逐年减少，以致越爱面子越怕发言，越怕发言越丢面子，长此以往，造成恶性循环。在我校的一次有关课堂文化的调查中，有学生在问卷上这样写道：“我有时候明明觉得自己有很多话想说，但是一站起来，就不知该从哪里说起。于是，这里说一下，那里说一下，就是表达不清楚，和前面想的完全不一样，真是懊恼。”这个孩子的心理状态带有普遍性。那么，如何让学生甩掉包袱，轻装上阵，说自己想要说的话呢？有一个步骤很重要，那就是“预热”。让学生在小组交流中进行情感、心理、口语表达的多重预热，这对学生口语交际能力的提高是有很大帮助的。

（二）来自生活，回归生活

1. 切忌拔高要求——自然成长

如同学习写作文一样，很多老师喜欢在教材要求的基础上，对学生提出更高的要求。口语交际经过第一学段的学习，学生已经有一些相应的习惯和能力。第二学段口语交际的要求应该在第一学段的基础上有所提高。但三年级上学期毕竟只是第二学段的初始，教师们不要一味强调说话的流畅与语言的丰富，要更多关注学生对口语交际活动的兴趣和学生在口语交际中所要具备的品质。让学生说自己真实的生活经历，允许说得不完整，通过补充、提问，把事情说清楚；允许说得不精彩，甚至要允许说错。多鼓励，让每一个学生敢于交际，让全班学生的口语交际能力都能够在自己原有的水平上有所提高，避免两极分化现象的出现。

2. 重视课外交际——细水长流

课堂时间毕竟有限，单单靠一个单元一个课时的口语交际活动时间，就想提高学生的口语交际综合能力是不现实的。因此，课外交际是学生提高口语交际能力的重要途径。可以鼓励学生延续课堂的话题，与同学、父母进行交际。为了让课外交际活动不至于落空，教师可以把课外交际的任务作为作业布置，并且抽时间反馈。

（三）模块备课——变平面为立体

模块备课是我接触到的全新的备课形式。在备课过程中，最深刻的感受是，原来单课备课，视野比较狭窄，眼前看到的是一张薄薄的纸：一个课堂的场景。一节 40 分钟的课。模块备课视野广阔，更像是一个立体的箱子：里面装着学生的昨天、今天和明天；装着教师教学经验的积淀和升华。通过模块备课，教材的前后关联，编者的良苦用心清晰地展现在眼前，让人不由得会有“不识庐山真面目，只缘身在此山中”的顿悟。模块备课应该是提高教师教学设计能力和提高课堂教学效率的有效途径，建议教师们尝试。

这个案例比较全面而直观地体现了口语教学的思路。第一步是对整册教材八个单元的口语交际教学来个总体的把握，第二步进行学情分析，第三步是作出目标定位，第四步就对教学过程进行整体的构思和设计。第四步是教学活动的主体，也就是教导活动、师生互动的展开。在主要的教导活动、教学环节之后都加以说明揭示设计的理由，从而凸显教学的思路。最后还对备课和教学进行反思，从理论上说明教学思路，并提炼出“模块备课与教学”的教学思想和“还原生活回归真实”的教育理念。这样的教学思路不仅有微观的教学流程安排，还有宏观上的教学思想、教育理念揭示，也就是能让人知道做什么，还清楚为什么那样做。

口语交际教学有大量的实践活动，学生的参与度一般都很高，所以，教学思路的清晰对于口语交际活动的开展非常重要。教学思路在教导活动中比较直观地呈现，所以口语交际教学思路设计与教导活动设计要兼顾进行。在具体实践中非常忌讳教学思路模糊，或者是教师用言语来使其“清晰”，那样的教学思路好像是附加上去的，学生难以把握和领悟。通过教导活动的设计来凸显教学思路不仅使口语交际教学思路清晰，也使教导活动本身紧紧围绕教学思路展开。

9.4 课堂学生口语交际活动设计

言语是一种技能，言语能力的形成和提高最根本在于实践。如同必须在水中学会游泳一样，口语交际能力应该也只能在口语交际活动中进行培训、形成和提高。理论的讲解、经验的传授在口语交际教学中也起到一定的作用，但是最根本的还是学生亲自投入其中的口语交际活动。老师再精彩的讲授，再高明的示范都无法取代学生亲力亲为的实践。相对于阅读教学乃至写作教学来说，口语交际教学的活动要求更加频繁和丰富。口语交际活动设计主要包括情景设计、话题设计和练习设计几个重要环节。作为在教室进行的教学行为跟真实的生活环境是不一样的，而口语最终要在现实生活中运用和检验，所以创设相应的生活场景就成了口语交际非常重要的一个方法手段，逼真场景的存在为学生口语活动的开展提供了一个动力场，促使学生口语交际活动的生发与推进。当然，交际场景的创设只是提供背景，直接引发口语交际活动出现的是话题，所以设计场景之后就要顺势从中引出相关的话题，话题就如一把直接打开学生口语交际的“话匣子”特制钥匙。有了话题，接下来最主要的任务就是设计互动练习，“互动性是口语交际的本质特征。”[①] 所以，口语交际教学设计的核心是设计好互动练习，让师生之间、学生之间互为对象展开多种形式的交流与交际，切实增加学生口语交际的实际经验和能力素养。口语交际活动设计要注意几点：

(1) 活动要有趣。口语交际活动形式尽可能多样，让学生感到新鲜有趣，能调动学生参与的积极性。兴趣是最好的老师。教师可以通过以新引趣，以奇诱趣，以美生趣，以疑激趣等多种方法，促使学生带着浓厚的兴趣投入到口语交际活动，这就为口语交际活动的有效开展提供了可靠的保证。

(2) 活动要可行。口语交际活动的开展要切实可行，所有同学应该都能够参与其中得到锻炼。要考虑教室的环境条件，考虑时间成本。比如采用课本剧的方式进行口语训练，参与的人数往往就受到限制，而对没有任何表演才能和欲望的同学来说很可能就沦为看客，即便勉强参与进去也不得要旨，难以起到应有的锻炼作用。

(3) 活动要适量。口语交际教学必须有活动，最主要的是学生参与的学习实践活动。学生在课堂上的口语交际活动要有一定的数量保证，但也不是越多越好，口语交际活动要适应课堂教学特有的时空环境，太少的活动起不到应有的训练作用，过多的活动又容易造成学生

---

① 张中原，徐林祥．语文课程与教学论新编．南京：江苏教育出版社，2007：202.

的疲倦乃至厌倦。

案例 9-4

铺厚、垫稳、抖得脆
——人教版国标本五年级下册第三组口语交际教学设计（节选）[①]

……

四、搭建交际的展示平台——“抖包袱”

（一）挑战难关，在师生交际中选择话题

本组的“劝说”，提供了三个内容，一是要求学生劝说好朋友不要把果皮随手乱扔；二是劝说别人不要在剧院观看时没完没了地说话；三是劝说邻居家的大哥哥不要总是玩电子游戏。就这三个话题，首先，我利用课外师生交流的时间与学生们逐一分析，确定难度。

大家一致认为，第一个比较容易，原因有三：一是同学们都受过遵守社会公德、维护公共环境卫生的教育，扔果皮的同学可能是一时忘记了，提醒他一下就会改正；二是既然是好朋友，什么话都能说，可以开诚布公地采用“直劝法”，不必“绕弯子”，甚至采用“当头棒喝”的方法也没有什么大碍；三是劝说此类事件的材料（主要指语言素材）比比皆是，不必花费太大的工夫搜寻。第三个话题，尽管有些难度，但是，只要解决了“入门”（搭上话茬）的问题，再晓之以理、动之以情，身为学生的“大哥哥”一般情况下还是能够接受劝说的。再说，“劝学”的材料铺天盖地，完全可以拿来“慷慨陈词”一番，用孩子们的话说，“只要在情在理，可以无坚不摧”。最难的就是第二个话题———劝说别人不要在剧院观看影剧时没完没了地说话。原因有四：一是面对陌生人，不好开口；二是面对这样的人自己容易生气，情感不好控制；三是大家都在看戏，劝说的声音不能太高，不能“当头棒喝”，也难以用精心准备的材料“慷慨陈词”；四是弄不好就有“瓜田李下”之嫌，不能多说，说多了的话，自己也就和那两个“说个没完没了”的人一样了。

看到大家因分析得合情合理而不得不产生的畏难情绪，我只能采用“以退为进”的“激将法”，提起他们的兴致：

师：看来，这场劝说之战，我们是不战而败了！

生（齐）：是啊！

师：我觉得，在影剧院里不停地说话的人啊，不但嘴皮子厉害，而且还懂得最高明的兵法。

生 1：为什么？

师：“不战而屈敌之兵，善之善者也。”唉，没想到，一向以顽强自诩的我老人家，如今调教出来的弟子们，竟然如此窝囊哦！

生 2：请老师不要用窝囊这个词语来形容我们！

师：面对“知难而退”的人，难道要我用不畏艰险、机智勇敢等华丽的辞藻来描绘吗？

（生无言、无奈，但又明显地不甘心。）

师：算啦，我们不劝说这样的人了。以后真的在影剧院里遇到这样的人，咱们就逆来顺受，说不定还能锻炼我们的心理承受能力呢！这不，最近报纸上刊载，深圳有 60% 的人感到心理压力大，等到你们长大了，一定会使这个比率大大地降低哦！

---

① 赵志祥．铺厚、垫稳、抖得脆——人教版国标本五年级下册第三组口语交际教学设计．语文教学通讯·小学刊，2006，(5)：32-36.

生3：好啦，好啦！老师，我们劝！

师：君子一言——

生（齐）：驷马难追！

师：哈！这是你们自己说的，不是我逼迫的哦！

生4：哎呀，我们上当了，中了老师的“激将法”。

师：天哪，我比窦娥还冤！我可没有用什么“激将法”，那是你们的专利。我只是尝试着“请君入瓮”。哈哈！

生5：赵老师好“坏”！太“狡猾”了！

生6：哎呀，你怎么对老师说话没礼貌！这叫“姜还是老的辣”。

生5：哎呀，我这是正话反说。连这种技巧都不懂，还语文课代表呢！

师：哈，好了，好了！坏也罢，狡猾也罢，反正我这块“老姜”准备充当那位“说个没完没了”的人。你们准备应战吧！

（二）分组演练，在生生交际中

集体攻关这里的分组有三层含义：一是将学生分成若干小组针对话题进行劝说练习；二是将在剧院里“说个没完没了”的人根据假想的身份分成若干个小组，如一对父子（母子）、一对夫妻、一对“拍拖（情侣）”、一对姐妹、一对兄弟、一对同学、一对醉汉等；三是根据“说个没完没了”的人的个性、品行进行分组，如一劝就听的、屡教不改的、动辄发怒的、蛮不讲理的等。在自愿的基础上，让各小组学生各自“领走”自己的劝说对象，一起研究劝说的方法。

研究的过程中，我提出了如下要求：一是要“演”。组内成员要有人扮演“说个没完没了”的角色，更要模仿他们的各种态度，或比较有修养一劝就闭嘴，或屡劝不停口，或发酒疯撒泼，或蛮不讲理乃至口出脏话等。二是要“简”。剧院是个特殊的场合，正如前面分析的那样，不宜大声劝说，不宜长久劝说，贵在简练。三是要巧。简练不是简单，如果仅仅简练了却达不到劝说的目的还不能算好，所以一定要巧妙。这就需要将有关社会公德、品格修养等方面的格言警句之类的精美的语言，与灵活的劝说技巧巧妙地结合起来。

（三）创设情境，在模拟环境中展示成果

(1) 营造真实的氛围。为了让学生有身临其境的感觉，同时还能真正考验他们的耐性、技巧及礼貌程度，我故意选择了他们爱看的《大话西游》在教室播放，但是，为了劝说的需要，音量很小，若有若无。

(2) 做好角色安排。上课开始，我就给学生声明：我就是那两个“说个没完没了”的人之一，下面，我要扮演不同的角色，我到谁跟前坐下，谁就是我的搭档——另一个“说个没完没了”的人，就要与我一起谈笑风生。当我们开始谈笑的时候，周围的同学就要“开劝”。

(3) 提出纪律要求：“背投”里播放的节目只是我们的“道具”，不能只顾着看电视而忘记劝说，特别是不能忘记倾听别人劝说。否则，就关掉电视。如果劝说精彩，将在两周内将此片分期全部播放作为奖励。有道是，“只要工夫深，铁杵磨成针”。一分耕耘，一分收获！孩子们的工夫果然没有白下，他们劝说的水平之高，令我激动不已。下面是部分劝说的片断。

师：现在，我就是一位比较有修养但是有点爱激动的父亲，我与我的孩子一起看戏。（走到一女生跟前，坐下，大声说话）啊，婷婷，你说是猪八戒可爱还是孙悟空可爱？（笑声）怎么不理老爸？说呀，乖女儿！（笑声）长辈问话时，晚辈要认真回答，这是礼貌哦！

生1：老师，啊不，叔叔（笑声），您的女儿很有礼貌呀！

师：是吗？我怎么没看出来？

生 1：她怕影响别人看电视，啊不，是看戏，才没有回答您的问题。您说，她是不是很有礼貌呀？

师：哦！对不起，我忘记这里是剧院，是公共场所了。请原谅，我这个人好激动，在家里看电视时总是忍不住地评头论足，养成了坏习惯。

生 2：叔叔，您真是一个有修养的人。您老人家（笑声）一定读过很多很多的书吧？

师：哈，书是读过几本，但是不敢说很多。怎么了，你有什么话要说？

生 2：是的。您一定知道一个大名人——奥斯特洛夫斯基。

师：知道知道，我就是读他的“钢铁”长大的。

生 2：他有一句名言，送给叔叔吧。“人应该支配习惯，而决不能让习惯支配人，一个人不能去掉他的坏习惯，那简直一文不值。”（老师带头鼓掌，掌声四起。）

师：啊，好孩子，你不但制止了我在剧院里乱说话的行为，而且规劝我改掉坏习惯！看来你的修养比叔叔好啊！

生 2：叔叔客气啦。我比您还差得很远哪。

生 1：我也有一句名言要送给你，是萧伯纳说的：“自我控制是最强者的本能。”

师：啊，谢谢！你连萧伯纳都知道啊！

生 1：当然啦！

师：那——他是哪国人？有什么成就？

生 1：不知道！（笑声）

师：叔叔我知道一点点，想告诉你，愿意听吗？

生 1：愿意。

师：萧伯纳是爱尔兰剧作家，诺贝尔文学奖获得者，代表作品是《卖花女》。

生 1：啊，叔叔的知识真丰富！

……

师：现在，我是两个中学生中的一位，注意，我们是女生（笑声）。（走到一个女生跟前坐下）嘉玲，你觉得猪八戒笨吗？

生 3：不笨。

师：哎呀，你怎么和我想的一样呀！我觉得，他不但不笨，倒是很可爱呦！（笑声）

生 3：是呀！

生 4：（从后边轻拍二人的肩膀，在二人回头时用一个手指挡在嘴边，随后抱拳作揖状）

师、生 3：哦！对不起！

师：大家注意了没有，古轶轩同学用了一种特殊的语言来劝说。

生 5：我知道，是“拍肩膀语言”。

生 6：不对，应该是“手指语言”，她把手指挡在嘴边才让赵老师和倪嘉玲不说话的。

师：哈，你看得很准哦！但是，不应该这样说。拍肩膀，用手指挡在嘴边，这叫肢体语言，或者叫体态语。（板书：体态语）看到没有，有时候，与人交流不一定要开口说话，非常简单的一个动作，甚至一个眼神，都能达到非常好的效果。

生 5：“放电”！（笑声）

师：不要笑，此“放电”非彼“放电”也！她说的“放电”是用眼神制止某个错误的行为。还记得《琵琶行》吧，其中的一句叫此时……

生（齐）：此时无声胜有声。

师：是的，此时无声胜有声！现在，我要扮演“拍拖”中的一个人了。（大笑）谁愿意与我一起表演？（走向学生中间，学生几乎都在笑着做躲避状。）

师：哈，你们真逗！我们是表演一下而已。好了，我们不表演了。如果你在剧院里看戏时，身边就有一对拍拖的，两个人在那里不停地嘀咕，虽然他们说话的声音不大，但是也很影响人看戏的。此时，你应该怎么劝？

生7：我会对着那位哥哥的耳朵说悄悄话。

师：耳语一番。说什么呢？

生7：我说，大哥哥，你好帅呀！（笑声）

生8：你说这个有什么用？又不是劝说。

生7：你急什么？我这是用的“迂回法”。

生8：你这样站起来说话，会挡住后边的人看戏的。

师：哎——咱们要让人家把话说完再评论。

生7：大哥哥，你身边的姐姐好好漂亮哦！（笑声）

师：注意，该入正题了，当心“瓜田李下”。

生7：大哥哥，漂亮的姐姐最喜欢有绅士风度的哥哥。您就很有风度，看戏时说话都很小声，怕影响到别人。要是能不说，就更有风度啦！

师：哇！精彩！！

生9：我觉得不精彩！

师：哦？为何？

生9：他说得太多了。我只说一句话，就能让他们住嘴！

师：嗬，好厉害的小陈锦！快，说说看！

生9：我会说剧情的前段好精彩，错过了你们会后悔的喔！

师：果然精彩！言简意赅，一语中的，妙！

生9：撒撒水啦，一般般啦！（笑声）

生10：你好臭美啦！（笑声）

师：说话要文明啦！（笑声）

师：请注意，我现在是一对醉汉中的一位。我找到谁，谁就要和我一起说醉话，不然，我就向他发酒疯！

生11：打醉拳行不？（笑声）

师：不行。打乱了套，怎么收场？现在开始！（走到一个全校有名的调皮男生面前，坐下，开始说话）冯亮，你……你看看孙悟……悟空，（笑声）演得一点都不……不像，我说周星驰比六小龄童的演技差……差远啦！

生12：赵……赵……（暂停手势）老师，我可以喊你的名字吗？

师：当然！

生12：那你别给我老爹说，他要揍我！

师：哎呀，我有毛病啊？咱们现在是演戏，你不用怕！把平时的调皮劲头和勇气拿出来。开始！

生12：耶——！赵……赵……赵志祥（全班大笑），你懂……懂什么？

师：我……怎么不懂？

生12：人家周星驰是港台明星，六小龄童怎么……相比？（笑声）

师：啊……啊呸！我最……最不喜欢港台明星。（面对其他同学）喂，你们怎么光看了，快点“开劝”啊！

生 13：你们表演得太好玩了，比电视好看。

师：切——！怪我们喧宾夺主了。抱歉！现在，我们不演了，周围的同学，开劝！

生 14：二位叔叔，咱们出去再喝几杯如何？(笑声)

生 12：去去去，小孩子喝什么酒！

师：是的，小孩子不能喝酒！

生 14：小孩子不能喝酒，大孩子就应该影响别人看电视吗？

生 12：谁是大孩子？你骂人，对长辈一点都不尊敬。

生 14：是你们先不尊敬别人的！有一句名言说得好，嗯……（翻开笔记本。生大笑）“对人不尊敬，首先就是对自己的不尊敬。”这是美国诗人惠特曼说的，他可是自由诗的首创人！

师：哎哎哎——停下来。你们这样就成了吵架了，哪里是在劝说呀！

生 14：他以大欺小，仗势欺人，伤害弱势群体！

师：哈，好厉害的一张小嘴巴，不愧为律师的女儿！可是，别忘记你的角色，是劝说者哦！(生 14 伸了伸舌头坐下)

生 15：老师，喝醉酒的人是很难劝好的，因为他们不能控制自己了。

生 16：我觉得要想让他们不说话比较难，最好的办法就是哄他们睡觉。

生 17：哈哈，他们又不是小 Baby。(笑声)

生 16：不是小 Baby 也要睡觉的呀！

师：让他们睡觉确实是一个闭嘴的办法，问题是，这一个“哄”字难于上青天哦！我也觉得醉汉很难劝！说实话，我曾经遇到过这样的情况，是一个醉汉，他不停地自言自语，我一劝他就给我瞪眼，最后，我只好离开，站到剧院的最后看戏。大家想想，遇到这样的情况，我们应该怎么办？

生 18：这样的人不用劝，因为劝他就像瞎子点灯——白费蜡！

师：可是总要想个解决的办法呀。

生 19：我有个办法不知道行不行。

师：请讲！

生 19：请保安人员来劝说他们，如果保安的劝说没有效，保安就会把他们赶出去。

师：大家觉得怎么样？

生：(纷纷地）好！行！也只能这样。

（四）趁热打铁，下笔成文时扬长避短

尽管本组的写作要求是写发言稿，但是，我认为与口语交际的联系不太密切，因此我改变了作文内容，在对本次口语交际总结的基础上，请学生以“劝说”为题写一篇 400 字左右的文章。以往的写作，一般都有习作指导，本次作文内容的更改，使得作文与口语交际的内容相一致，在口语交际过程中，学生已经展开充分的资料搜集整理、讨论、演练，亲身经历了“劝说”的始末，素材、技巧基本上了然于胸，这样，不仅省去了指导，而且使学生在口语交际活动中获得的知识与技巧进行系统化的加工和巩固。所以他们感到此次作文非常好写，写起来自然兴致勃勃，大多数同学都写出了 500 多字的文章。

在这个案例中，口语交际教学活动如同一出相声，明确口语交际的话题之后，别出心裁地设计相应的场景和互动练习，通过老师幽默的言语、表演，激发起学生浓厚的兴趣，积极地投入口语交际活动中。这样的口语交际活动不仅丰富而且具有成效，还充满兴趣、智慧和笑声，学生增强口语交际能力的同时还增加师生之间、同学之间的理解和感情，另外写作能力也得到锻炼和提高。

学生口语交际活动是课堂口语交际教学的核心，我们要遵循教育教学规律，因地制宜地设计学生的口语实践活动。保证口语交际活动中学生参与的广泛性、真实性，这是口语交际教学成功的根本保证。实践中课堂学生口语交际活动设计单调，缺乏反弹性和可行性。

9.5 小学生讨论与分享学习设计

讨论是常规课堂教学的一种组织形式，每个学科的各种内容的学习都可以用到。在语文学科中，讨论本身则是口语交际教学的一种形式。在其他学科或者语文学科的其他内容的学习中，我们关注的是讨论的内容，而在口语交际教学中，我们同时还要关注“讨论”这种口语训练形式本身。口语交际中的分享主要是指发言者讲述自己的经历、经验、感悟等，让听者得到与讲述者相同的认识和感受。一般而言，所分享的是具有价值、值得褒扬的东西。在讨论中互相不作保留地贡献自己的发现本身就是一种分享——反过来，分享是参与者双向乃至多向进行的，那么这所谓的“分享”就是讨论。在课堂口语交际教学中，“讨论”和“分享”往往是合一的。在设计讨论与分享学习时应该注意的是：

(1) 问题明确。讨论的问题要明确，进而才能确定讨论的重点。如果讨论流于空泛，就很难有效果或者是效率不高。

(2) 要求明确。讨论的时间，是否要做记录，如何检测讨论的效果等作出明确要求，学生能更有效地开展讨论。要求不明确的话，讨论和分享往往就焦点模糊，导致没有效果或者效率很低。

(3) 指导及时。学生在讨论或分享的时候，老师要做一个积极的参与者，在保证不打断、不过度干涉的前提下，老师要对讨论的重点、议题等进行相机指导，以保证讨论与交流的顺畅进行。

(4) 反馈及时。在讨论与分享时，学生基本都是参与者、“局中人”，老师作为一个指导者和旁观者，比较容易发现讨论与分享中的优点和不足，及时地向学生反馈会有利于学生尽快发现而扬长避短，促使讨论与分享更加有效地开展，也有利于激发和保持学生深入讨论与分享的兴趣。

案例 9-5

口语交际《怎样保护周围的环境》教学设计[①]

曹维财

一、导入情境，激起说话的兴趣

(1) 师：随着社会的进步，生活水平的提高，人们越来越关注周围的环境——（课件出示一组录像：公园里，树木葱郁，鲜花盛开，绿草如茵，鱼儿欢游……）

(2) 师：看你们一边欣赏一边惊叹的样子，我就知道你们对看到的画面有很多话要说。谁来说说？（让学生充分表达自己对刚才看到的景象的看法，教师适时从态度是否积极、声音是否响亮、语句是否连贯等方面略作即时评价、鼓励。）

（过渡）师：看来，同学们都希望我们周围的环境是清洁、美丽、舒适的。但是，在现

① 曹维财. 口语交际《怎样保护周围的环境》教学设计. 小学语文教学，2004，(9)：37，38.

实生活中，我们还是很遗憾地看到一些不和谐的现象——（课件出示一组录像：被污染的河水，被践踏的花草，被滥砍滥伐的森林，被乱写乱画的墙壁，垃圾遍地的街道……）对于这种现象，你是怎么想的？

二、自主思考，表达真实的想法

（1）让学生自主思考自己对刚才看到的破坏环境现象的问题。（教师鼓励学生养成先想后说的习惯）

（2）鼓励学生自由表达自己对破坏环境现象的真实看法。（教师适时表扬注意倾听的同学）

（3）引导学生主要从语言表达、情感态度等方面对发言进行评价。

（4）让学生自由汇报自己还知道哪些污染环境的现象。（教师相机引导、疏理，开阔学生视野，开拓思路，丰富口语交际的内容。）

三、互动交流，发表独特的见解

（1）师：从大家的汇报中，可以看出同学们对这样美好的环境被污染非常气愤，同时也非常惋惜。那么，为了我们美好的家园，该如何来保护周围的环境呢？

（2）学生各自开动脑筋，想想自己准备采取什么行动。（教师引导学生重点选择一种破坏或影响周围环境的现象，有针对性地思考。要有独特的想法和打算，要摆出事实，有一定的道理，准备采取的行动要切实可行，讲求实效。）

（3）学生自由选择三五个小伙伴组成“环境护卫队”，进行队内交流，把自己的想法和打算向其他队员说一说。先队内评价、讨论：哪位同学的见解最独特，行动切实可行，然后围绕该同学的见解作补充，推荐代表向全班汇报，争夺“优秀环境护卫队”称号。（教师巡视，主动参与到各小组内与学生交流，鼓励学生大胆地向队内其他同学说一说自己的想法和打算。）

（4）各护卫队派代表发言，队内成员可作必要的补充。其他同学认真倾听，可随时提出疑问，现场解答。

（5）不同小队的同学互相对发言的同学进行评价，评选出“优秀环境护卫队”，给每个队员奖励一顶“优秀环境护卫队员”头饰。（教师引导学生从语言表达是否清晰、吸引人，以及想法是否独特、行动是否可行、有实效等方面进行评价。）

四、总结延伸，拓展交际的内容

（1）师：保护周围环境，需要全社会共同参与，从你我他做起。通过今天的交流，同学们对保护环境有了明确的认识和想法，用你发自内心的语言和行动去劝告和感染他们吧。同学们可以设计一些宣传口号，上讲台向大家宣传宣传。

①强调注意行动大方，说话有礼貌，以情动人，以理服人。说、听都应认真。

②鼓励学生走出座位，有目的地找一个同学交流，也可找老师交流，还可找一个人当“某人”进行交流。教师适时主动找学生交流。（特别注意胆子较小、较少发言的学生）。

③教师带头宣读自己即时设计的宣传口号，鼓励设计好了宣传口号的同学大胆上讲台宣读。

④师生共同对所设计的宣传口号作评价、评比。

⑤给优秀设计者颁发奖品（如教师被评上则由学生颁发奖品）。

（2）师：同学们，今天的表现真不错。大家都能关注我们周围的环保问题，积极把自己“怎样保护周围环境”的想法和打算清楚地表达出来。同时能认真倾听别人的发言，作出恰当的评价，学会了怎样与别人合作、交流，我对你们的表现非常满意。希望今后继续努力，同时，把你们今天所说的付诸行动，共同保护我们周围的环境，共建我们美好的家园。

（作者单位：广东清远市佛冈县振兴小学）

在这个案例中，教师通过精心的设计，让学生充分讨论，分享他们各自的发现。在组内讨论之后再选代表上讲台发言分享本组的共识。在学生讨论的时候，老师积极地参与进去，“教师适时主动找学生交流”，老师主动找学生交流大大减少学生由于畏惧心理带来的交流障碍；“特别注意胆子较小、较少发言的学生”使得最容易被忽略的一个群落也得到发言的机会，这就大大提高讨论的参与面；上课伊始播放环境污染的图片，让学生组成“环境护卫队”，就创设了环保的环境氛围；评选“优秀环境护卫队”，给每个队员奖励一顶“优秀环境护卫队员”头饰，则意在激发学生的口语交际兴趣。

讨论是口语交际活动的一种形式，分享与讨论存在交叉关系，一定条件下两者可以互相转换。在口语交际教学中，讨论是常用的方法，“讨论”要主体集中，否则容易被淘汰，“分享”是一个褒义词，所分享的是有正面的东西。

9.6 课外拓展性交际活动及成果展示活动设计

新课程改革强调打破课堂内外、学校与社会的界限，拓宽学习的空间与内容。口语交际活动在学生的课外生活中更为频繁，口语交际教学的课外拓展有得天独厚的便利。然而，作为学校语文课程一部分的口语交际教学与日常的口语交际活动是有区别的，可以说它源于日常口语交际又高于日常口语交际。课外拓展性口语交际活动成果在课内展示可以作为一种生成性的课程资源积累下来，又可以检验课内口语交际教学的效果，对学生还有激励引导作用，可以说是一举多得。需要注意的是：

（1）课外拓展要源于课内。作为课内教学的有机组成部分，不能让拓展游离在课内课程之外。为此，课外拓展性交际活动与课堂口语交际教学活动一起设计，从而保证两者的关联性和衔接性。课外口语交际教学在进行实践训练的同时，必须传授方法提供范例，让学生运用方法参照范例以便在课外进行有效的拓展性交际活动。

（2）课外拓展要因地制宜。课外拓展性交际活动要根据学生所处的环境条件进行设计，不可过于强求一致，生搬硬套，不能凭着理想化的愿望去要求学生作拓展。课外拓展两个“接近”：一是接近课内教学的内容，二是接近学生真实的生活情状。这种“接近”可以使学生比较容易、比较自然地从课程过渡到生活，从课内走向课外。

（3）课外拓展成果展要多样。口语交际课外拓展成果的展示是课外口语交际的呈现，又是课内口语交际教学设计、教学思想的检验。可以通过文字材料、图片、音像资料等来呈现，还有就是现场报告、演讲、表演等方式呈现。

案例 9-6

寻找春天的脚印

——小学第十册积累·运用一《口语交际》教学设计①

黄政兴　陈兴凤

一、教材分析

（1）训练内容：小学语文第十册积累·运用一的口语交际《春天的发现》。

（2）训练目的：①通过口语交际，让学生在实践中锻炼思想思维能力和口头语言表达能力，敢于发表自己的见解。②激发学生热爱生活，热爱大自然的情感。③使学生学会倾听，

① 黄政兴，陈兴凤．寻找春天的脚印——小学第十册积累·运用一《口语交际》教学设计．陕西教育，2004，(3)：35.

养成尊重别人的良好习惯。

（3）训练重点：能有条理地表达意思，能正确地评议别人的发言。

（4）训练准备：以学校附近的小溪及田野作为教学活动的课堂，学生准备笔和笔记本，教师准备录音机、照相机及手提扩音器。出发前要做好安全教育工作。

二、设计理念

新的《课程标准》指出："语文课程应该是开放而富有创新活动的……语文课程资源包括自然风光，文物古迹……要去开发，积极利用这些课程资源。"在新课标中还指出："口语交际能力是现代公民的必备能力，应在具体的口语交际情境中，培养学生倾听、表达和应对的能力，使学生具有文明、和谐地进行人际交流的素养。"为了贯彻这个指导思想，教师第一次进行大胆尝试，克服语文课传统、封闭的室内教学模式，带领学生走进自然，到野外去寻找春天的脚印，到大自然中去上这节口语交际课。

三、教学程序与设计意图

（一）创设情境，激发表达欲望

（1）把学生带到事先选好的活动场地。教师谈话：同学们，你们喜欢春天吗？春天，风和日丽，一切事物都睁开沉睡的眼睛；春天，播种希望，努力耕耘，期待秋天的收获。今天，让我们一起走进春天，用我们的眼睛去观察，用我们的耳朵去倾听，用我们的鼻子去闻，用我们的心灵去感受春天给我们带来的快乐，让我们一起去寻找春天的脚印吧！

（要激发学生参与的兴趣，良好的情景氛围是前提。所以我把学生带出教室，走进生活，把春天的景色真实地展现在学生的眼前，可以创设出一种生活情境，有利于激发学生的表达欲望。）

（2）明确目标：①把自己看到的、听到的、感受到的春天气息和同学们相互交流交流。要说出自己发现的春天景物的特点，并说说自己的内心感受。②评一评，看谁说得好。（提出具体的听说要求，为学生下面的口语交际提供方向。而且口语交际的内容来源于生活，这对学生来说，他们有一定的生活经验，能更流利地表达出自己的意思，有利于活跃气氛。）

（二）小组讨论

（1）将学生分成若干小组，在田野上一定的范围里去寻找春天的脚印。

（2）组织学生把自己看到的、听到的、闻到的、感受到的春天的气息在小组里进行交流。让学生从不同的角度说出自己发现的春天的特点，可以是春天里的景物，可以是春天里的色彩，可以是春天里的气味，如绿叶红花，鸟语花香，燕子飞蝶，弯弯的溪流以及春播的人们等等。

（引导学生从不同的角度，如嗅觉、听觉、触觉方面，说出自己与众不同的见解，有利于创新能力的培养。正如著名教育家刘佛年说的"我们要把创新的范围看得广一些，不要看得太神秘，只要有一点新思想、新意思、新观念、新意图、新做法就可称得上是创新"。）

（三）全班交流、评议

（1）让每个小组推选代表，在全班交流所收集到的有关春天的信号。学生在发言的时候，教师可以在旁边适时地引导学生怎样更完整地表达自己的意思。如我发现春天里的什么景物，这些景物有什么特点；我发现了春天的哪些秘密，我感受到什么……

（2）组织学生进行评议。主要是组织学生及时地进行评议，可以从发言者的语言、内容是不是能准确地表达出春天景物的特点，是不是能完整地表达出自己对春天的感受进行评议。

（由小组讨论提升到全班交流、评议，体现了交流面的拓展和交流层次的提高，也进一步贯彻了“自主、合作、探究”的教学理念。而评议是听说互动过程的体现，在互动中体现了信息的沟通和交流。）

（四）拓展延伸

1. 游戏：传花颂春天

做一个传花的游戏，来不及传花的同学要说出一句描写春天的古诗或自己说出一句赞美春天的话语。（用录音机播放歌曲《春天在哪里》）

2. 活动：春天留影

让学生选择一个自己喜欢的背景，用相机为学生留下与春天相约的画面。

3. 练笔

(1) 把自己在这节课上的所见所闻，所思所想整理一下，为教材中的下一个训练项目作准备。

(2) 用自己的画笔，把自己最感兴趣的一幕描绘下来。

（通过游戏、照相留影及练笔活动，使这节课向课外拓展延伸，可以促使学生养成发现美，欣赏美的习惯，也体现了“语文的综合性和实践性”，加强了课堂与课外，与生活的联系和沟通，使小课堂连着大世界。）

这节口语交际教学的课外拓展成了课内教学一个有机组成部分。通过“传花颂春天”游戏，让学生中来不及传花的同学要说出一句描写春天的古诗或自己说出一句赞美春天的话语，这个游戏中学生人虽然在教室里，但是所说到的春天的古诗和赞语是属于“课外”的知识，所以这也是一种“课外拓展”；“春天留影”活动以及练笔写春天的感受、画春天的景象都用形象生动的方式将“春天的发现”口语交际教学向课外进行拓展。当然，拓展出结果自然也就在课内展示出来。这是身处课堂环境中教学内向课外拓展，并不是学生走出课堂之后在社会环境、自然环境中拓展学习。严格上说这个“课外拓展”是在课内进行的，这是这个课例一个很大的不足。①②③

复习与思考

1. 为什么要将过去的听说教学改称为“口语交际教学”？这仅仅是名称的变化吗？

2. 口语交际教学设计应遵循哪些基本原则？

3. 小学三个学段之间的口语交际教学目标其区别性和连续性是什么？如何处理口语交际教学课时目标与语文教学总目标及阶段目标的关系？

4. 实践中口语交际教学的困难是什么？如何通过教学设计较好地解决口语交际教学中的困难？

拓展资源

曹宗祺，等．2002.《全日制义务教育语文课程标准》（实验稿）解读．武汉：湖北教育出版社．

夏家发，彭近兰．2010. 教学活动设计．武汉：华中师范大学出版社．

夏家发，杨再隋．2001. 小学语文教育学．武汉：湖北人民出版社．

谢雄龙．2005. 小学口语交际教学导引．上海：上海教育出版社．

杨显槐，等．2000. 言语交际指津．北京：语文出版社．

① 杨清海．如何进行口语交际的教学设计．中小学电教，2008，(4)：111.

② 陈小燕．小学口语交际教学的探索与思考．珠江教育论坛，2010，(2)：33，34.

③ 韩洁．美国口语交际教学对我国口语交际教学内容建构的启示．语文教学通讯·初中刊，2005，(9)：11-13.

张中原，徐林祥 . 2007. 语文课程与教学论新编 . 南京：江苏教育出版社 .

中华人民共和国教育部 . 2011. 全日制义务教育语文课程标准 .

小学口语交际教学录像专辑・名师讲堂・56. com. http：//www. 56. com/w25/play _ album-aid-6735801 _ vid-MzkxMDUyNzA. html.

小学生口语交际百集 . 土豆网 http：//www. tudou. com/playlist/id/11174313.

第 10 章 小学综合性学习活动设计与案例研究

黄丽辉 玉溪师范学院

学习目标

1. 识记：综合性学习的含义及在小学进行语文综合性学习的意义；一项完整的小学语文综合性学习活动大致要经历的基本阶段。

2. 理解：小学语文结合性学习目标的阐述视角；理解小学语文综合性学习活动的特点；理解小学语文教材综合性学习活动教材的组织与编排的特点。

3. 简单运用：能根据需要选择语文综合学习主题，能设计出该主题活动的目标，并能说出小学语文综合性学习活动目标的设计理路。

4. 综合运用：能结合小学语文教学中的综合性学习活动，进行小学语文综合性学习活动的设计并进行实施，并呈现实践成果。

专题导向

专题 1：小学语文综合性学习概述

专题 2：小学语文综合性学习活动的设计与实施

10.1 小学语文综合性学习概述

20 世纪 80 年代以来，在科技革命和知识经济浪潮的推动下，人类社会进入了飞速发展的快车道，未来社会的不确定性和人们对未来的未知感日益增强，如何实现人和社会的同步发展？人们只有学会学习和调整才能适应社会，于是，学校教育要让学生“学会学习”成为当今时代的呼唤。众所周知，长期以来，由于种种原因，我们的语文教学处于一种相对封闭的状态，“语文的外延与生活的外延相等”，在很大程度上是停留在理念的层面上。实际教学中的语文课程，课本是唯一的信息源，教师是唯一的信息传递者，教室是唯一的信息交流场所，题海战术是提高学生语文成绩的唯一方式。语文教学的这种封闭状态再也不能继续下去。《基础教育课程改革纲要（试行）》指出：“倡导学生主动参与、乐于探究、勤于动力，培养学生搜集和处理信息的能力、获取新知识的能力、分析和解决问题的能力以及交流与合作的能力。”这就是综合性学习的价值所在。综合性的学习，必然要进入我们的视野，运用到语文教学中来。《全日制义务教育语文课程标准》（以下简称《语文课程标准》）中专列“综合性学习”的目标，就是在这样的背景下考虑的。

10.1.1 语文综合性学习的含义及意义

1. 语文综合性学习的含义

语文综合性学习是指以语文学科为依托，注重语文学科与其他学科、学生生活、社会生活之间的整体联系。它是以问题为中心内容，以活动为主要形式，以综合性的学习内容为学习方式。《语文课程标准》倡导综合性学习，旨在改变过去那种学生单纯接受教师传授知识的单纯学习方式，为学生构建开放的学习环境，提供多渠道、多层面的学习机会，培养学生的创新精神和综合实践能力；倡导打开学生的思维天窗，倡导综合性学习，倡导多学科的整合，倡导在生活中学习语文，在实践中学语文。

在小学语文的教学中，无论是学习内容还是学习方式，都具有很强的基础性、综合性，所以《语文课程标准》规定各阶段的具体目标，除了从“识字与写字”、“阅读”、“写作”、“口语交际”四个方面提出要求外，专设“综合性学习”，小学语文综合性学习是指在教师的指导下，立足于小学生的生活和经验，以实践活动为主要形式，有意识地综合开发和利用学生生活、社会生活以及其他学科等课程资源，运用合作、探究等学习方式，在自主活动中发展提高学生语文素养的一种语文学习方式，充分体现了在分科视野下对课程综合化的追求，成为语文课程创新的一大特色和改革的亮点。

2. 语文课程设置综合性学习的意义

1）有助于推动语文教学改革的发展

语文课程改革必须推动语文教学改革的发展。语文教学的“学科中心主义”使语文教学和改革走进了死胡同。“语文综合性学习”的提出，为当今的语文教学和改革注入了新的生机和活力，它将有助于推动语文教学改革的发展。新课程改革中倡导的“自主、合作、探究”的学习方式是综合性学习的核心，有利于学生学习潜力的发挥。语文综合性学习的实施把学生引进了生机勃勃的大自然，引进了丰富多彩的大社会，引进了浩瀚无边的生活海洋，引进了广博宽大的书籍世界。这样，学生对语文产生了一种前所未有的兴趣。

2）有助于拓展学生语文学习的空间

传统的语文教育，语文学习的时间、空间和内容都是封闭的，综合性学习就是打破语文教学的封闭状态，“沟通课堂内外，充分利用学校、家庭和社会等教育资源”，“拓展学生学习空间，增加语文实践机会”，让学生在综合性学习活动中，丰富知识，培养能力。

3）有利于促进学生多元智能的发展

在小学语文的综合性学习活动中，学生通过参与综合性学习活动，听说读写贯穿始终，增加了阅读量，扩大了知识面，语言积累增加，表现在学生口语交际的能力的增强，习作水平的提高，搜集提取信息的能力得到锻炼与加强；再者，我们充分把握综合性学习的综合性与实践性，学生参与综合性学习，融入社会、生活，增加了与社会、生活接触的机会，策划、组织、协调、实施能力以及解决实际问题的能力得以提高；另外，我们充分把握综合性学习中的人文性，学生在参与综合性学习活动中品德修养和情感体验得到了升华，在各种各样的实践活动中丰富了情感体验，陶冶了情操，净化了心灵。

学生在综合性学习活动中自主、合作、探究的学习方式，把交互式、多样化的教学融合在一起，拓宽语文学习和运用的领域，让学生在不同的内容和方法相互交叉、渗透和整合中开阔了视野，提高了学习效率，从而促进学生多元智能的发展。

4）有利于促进学生综合运用能力、探究能力的提高

综合性学习重学科的联系，重学习过程，重激发学生的创造潜能，有利于学生在学习与运用语文的实践中培养学生的观察感受能力、综合表达能力、人际交往能力、搜集处理信息的能力、团结协作能力以及探究能力。

10.1.2 小学综合性学习的目标

在《语文课程标准》，小学阶段关于综合性学习的目标表述见表10-1。

表10-1 小学语文综合性学习目标

总目标		能主动地进行探究性学习，在实践中学习、运用语文
阶段目标	第一学段（一、二年级）	1. 对周围事物有好奇心，能就感兴趣的内容提出问题，结合课内外阅读，共同讨论 2. 结合语文学习，观察大自然，用口头或图文等方式表达自己的观察所得 3. 热心参加校园、社区活动。结合活动，用口头或图文等方式表达自己的见闻和想法
	第二学段（三、四年级）	1. 能提出学习和生活中的问题，有目的地搜集资料，共同讨论 2. 结合语文学习，观察大自然，观察社会，书面与口头结合表达自己的观察所得 3. 能在老师的指导下组织有趣味的语文活动，在活动中学习语文，学会合作 4. 在家庭生活、学校生活中，尝试运用语文知识和能力解决简单问题
	第三学段（五、六年级）	1. 为解决与学习和生活相关的问题，利用图书馆、网络等信息渠道获取资料，尝试写简单的研究报告 2. 策划简单的校园活动和社会活动，对所策划的主题进行讨论和分析，学写活动计划和活动总结 3. 对自己身边的、大家共同关注的问题，或电视、电影中的故事和形象，组织讨论、专题演讲，学习辨别是非善恶 4. 初步了解查找资料、运用资料的基本方法

从中我们可以分析得到，小学语文综合性学习目标主要从四个视角和两个重点来进行阐述（表10-2）。

表10-2 小学语文综合性学习目标示例

	第一学段（1～2年级）	第二学段（3～4年级）	第三学段（5～6年级）
问题视角	能就感兴趣的内容提出问题	能提出学习和生活中的问题 尝试运用语文知识和能力解决简单问题	解决与学习和生活相关的问题
观察视角	结合语文学习，观察大自然	结合语文学习，观察大自然，观察社会	关注自己身边的、大家共同的问题，或电视、电影中的故事和形象
资料视角	结合课外阅读	有目的地搜集资料	利用图书馆、网络等信息渠道获取资料； 初步了解查找资料、运用资料的基本方法
表达视角	用口头或图文等方式表达自己的观察所得 用口头或图文等方式表达自己的见闻和想法	书面与口头结合表达自己的观察所得	尝试写简单的研究报告； 学写活动计划和活动总结 专题演讲
重点一：活动	热心参加校园、社区活动	能在老师的指导下组织有趣味的语文活动，在活动中学习语文	策划简单的校园活动和社会活动
重点二：合作	共同讨论	共同讨论，学会合作	对所策划的主题进行讨论和分析； 组织讨论

小学语文综合性学习目标阐述中的四个视角：

一是“问题视角”，即在日常生活和学习中，能就自己感兴趣的内容提出问题，能提出学习和生活中遇到的问题；问题提出来后，能面对问题，尝试运用语文知识和能力去解决与学习和生活相关的简单问题；

二是“观察视角”，即结合语文学习，做个生活的有心人，去观察大自然、观察社会、关注自己身边的大家共同的问题，或关注电视、电影中的故事和形象；

三是“资料视角”，即有目的地围绕问题去搜集资料，学会利用图书馆、网络等信息渠道获取资料，学会通过课内外的阅读，去分析整理资料。初步了解查找资料、运用资料基本途径和基本方法；

四是“表达视角”，即学会表达学习的结果。能用口头或图文等方式表达自己的观察所得，表达自己的见闻和想法，尝试写简单的研究报告，学写活动计划和活动总结，或者会进行专题报告专题演讲。

小学语文综合性学习目标阐述中的两个重点：

一是“活动”，即主要是通过参与一系列的语文实践活动，以活动为载体，让学生在活动中学习，在活动中综合运用语文知识，使听说读写能力整体发展，使语文课程与其他课程沟通，书本知识与实践活动紧密结合。学生要亲历活动并获得相应的情感和认识，学生在活动中体验，在体验中探究，在合作探究中增知、创新，获得积极的学习态度，培养搜集和处理信息的能力，分析和解决问题的能力。

二是“合作”，即开展语文综合性学习，由于内容和活动环节比较多，仅靠传统的个体学习，力量太弱，要顺利完成综合性学习，就需要共同讨论，通过分工与合作来完成，活动的分工必须要明确。每次的合作与分工，学生都要从多个角度对所策划的主题进行讨论和分析，在合作中，学生学会观察学习，学会与人交流沟通、学会与人相处、学会与人合作。

10.1.3　小学语文综合性学习的教材安排特点

为了实现《语文课程标准》设计的教学理念，我们以人教版小学语文教材中的综合性学习部分为例，来看看教材内容、形式的组织与组织安排特点（表 10-3～表 10-5）。

表 10-3　人教版教材三个学段综合性学习的比较

学段	出现次数	呈现方式	学习时间
第一学段	每组都有但不标明，跟语文实践活动不作明确区分（举例：寻找身边的雷锋）	课文后有建议，在语文园地中的“展示台”交流	课外活动，课内交流
第二学段	每学期两次	在精读课文后布置，（三年级还有一次提示）在语文园地中的“展示台”交流	课外活动，课内交流
第三学段	每学期两次 一“大”一“小”	“大”：有一组集中安排，以活动建议为主，阅读材料为辅； “小”：在精读课文后布置，在语文园地中的“展示台”交流	课内外一体化

表 10-4 人教版第二学段教材综合性学习的安排

教材册次	综合性学习主题	编排特点及实施要求
三年级上册	1. 记录自己的课余生活 2. 了解生活中的传统文化	先在该组的导语中点出，再在第一篇课文的后面作具体的布置，接着在后面的课文后还安排了“综合性学习”提示，最后在语文园地中进行交流展示 强调学生的主体性，尽可能地让学生自己开展活动，让学生自己确定内容，选择学习伙伴，自己制订活动计划，并开展活动。活动中，教师要参与其中，有督促和检查。活动后，要通过不同的方式组织学生展示活动的成果，体验成功的快乐
三年级下册	1. 调查周围环境 2. 回忆、了解父母的关心爱护	
四年级上册	1. 走进童话宝库 2. 成长的故事	先在该组的导语中点出，再在第一篇课文的后面作具体的布置，最后在语文园地中进行交流展示。与三年级的教材相比，去掉了“综合性学习提示”这一步 教师对综合性学习的指导要着重抓好三个环节：一是通过布置，使学生明确任务，知道要做些什么，该怎么做；二是在学生自行开展活动的过程中，教师要时时关心，了解活动开展的情况，及时表扬好的做法，帮助解决遇到的困难；三是采用多种形式，充分展示交流。语文园地中的口语交际、习作、展示台，都是展示交流的形式
四年级下册	1. 观察大自然现象并得到启示 2. 了解乡村景物和人们的生活	
五年级上册	感受读书的快乐	编排特点及实施要求同四年级
五年级下册	语言的艺术	
六年级上册	祖国在我心中	

表 10-5 人教版第三学段教材“大综合”的安排

教材册次	综合性学习主题		编排特点及实施要求
五年级上册	遨游汉字王国	有趣的汉字	编排方式完全改变以往教材的编法，突破了以课文为主体的单元结构，改为围绕专题、任务驱动、活动贯穿始终的编排方式。每次综合性学习有两个板块，原则上一星期完成一个板块的学习。 每个板块分“活动建议”和“阅读材料”两部分。“活动建议”是主体部分，采用任务驱动的方式。“阅读材料”是活动的参考材料，不要当作课文来教。 除了学习的专题和必读的阅读材料要予以落实外，学习的具体内容、方法步骤、学习成果的呈现等，师生有相当大的自主权。
		我爱你，汉字	
五年级下册	走进信息世界	信息传递改变着我们的生活	
		利用信息写简单的研究报告	
六年级上册	轻叩诗歌的大门	诗海拾贝	
		与诗同行	
六年级下册	难忘小学生活	成长足迹	
		依依惜别	

从教材内容、形式的组织与安排来看，为了实现课程标准设计的教学理念，综合性学习的教材组织与编写体现了以下特点：

(1) 教材内容组织的综合性。教材把识字写字、阅读、写话与习作、口语交际有机地整合在一起，把语文和其他领域的学习也结合了起来，把课堂内外有意识地结合在一起，把有利于比较、有利于多元解读、有利于从多个角度认识思考、有利于激发讨论、有利于学生课外延伸的内容组织在一起。例如，人教版第三册把描写祖国的几篇文章集在一起，《欢庆》引导学生了解祖国妈妈的生日的由来；《北京》使学生认识我国的首都北京，还可以引导学生去认识北京的名胜古迹，感受北京作为中国政治、经济、文化中心的魅力；《我们成功了》可以引导学生了解奥运会申办的意义和条件……这样的教材组织与设计，给教师引导学生开展综合性学习提供了广阔的空间，充分体现了综合性学习的综合、开放而富有创新活力的特点。

(2) 活动的多种多样和专题设计。综合性学习活动的开展，人教版第五册第五单元专题是“灿烂的中华文化”。简短的“导语”点明专题之后，编排《孔子拜师》这篇精读课文，让学生认识古代大思想家孔子和老子，并在课文之后提出结合本单元的学习，开展“综合性学习”——“了解生活中的传统文化”的要求。怎么开展？教材提出了活动要求、活动内容和开展活动的途径等建议：“大家自由组成小组，先商量一下，打算了解哪些方面的内容，准备怎样开展活动，然后分头行动，用多种方式了解传统文化。”然后学习精读课文《盘古开天地》，了解我国古代劳动人民对创造天地的一些神奇想象。接下来学习精读课文《赵州桥》，从建筑的层面，了解古代文化的灿烂和古代劳动人民的聪明才智；课后安排“综合性学习提示”，引导学生进一步搜集资料，做好展示的准备。再用一段简短的过渡语，由古代建筑引到古代绘画，引导学生略读介绍《清明上河图》的课文《一幅名扬中外的画》。最后，在“语文园地”的“口语交际”中，让学生在“综合性学习”中了解到的传统文化，在“习作”中写自己活动中最想写的内容。“日积月累”让学生借助生肖邮票，读背体现传统文化的十二生肖。在“展示台”中，引导学生用写春联、做风筝、办手抄报等形式，展示在“综合性学习”中了解到的中华传统文化。在这一单元的语文学习中，围绕“灿烂的中华文化”这一专题，开展听说读写各项活动，既培养了语文能力，又增进了对中华传统文化的了解，增强了民族自豪感。

10.1.4 小学语文综合性学习的特点

从上述目标分析和教材分析我们不难看出，新课程理念下的小学语文综合性学习活动体现了以下特点。

1. 综合性

（1）表现为学习目标的综合。包括识字与写字、阅读、写作和口语交际这四个方面的学习目标的综合；还包括“知识和能力”、“过程和方法”、“情感态度和价值观”三个维度目标的综合，目标呈现的三个维度是相互交融、渗透的关系。

（2）表现为跨领域学习目标的综合。“综合”的范围包括学生学习和生活的各个方面，要使他们学会在各个领域里用语文，在运用中进一步学好语文。

（3）表现为学习方式的综合。综合性学习是书本学习与实践学习的结合，是接受学习与探究学习的结合，还是课堂的学习和课外的学习的结合。课堂上学到的能力，在实际运用中得到锻炼，课内的学习在课外得到延伸。

2. 实践性

小学语文综合性学习是以实践活动为载体的，是书本与实践活动的紧密结合，让学生在实践中学习语文，在实践中运用语文，因此具有很强的实践性。实践的主题内容是以学习的现实生活和社会实践为基础发掘出来的，和学生的实际生活紧密联系，是学生在学习和生活中感兴趣的问题。

小学语文综合性学习不只关注知识和能力学习的结果，更注重学生学习过程的参与程度，强调学生亲自经历和参与，在“做、考查、实验、调查、方问、探究”等一系列动手、动脑的活动中发现并解决问题、体验和感受生活、增强动手实践能力和创新能力。

3. 主体性

在小学语文综合性学习中，教师应充分尊重学生的兴趣爱好，在教师引导和鼓励下学生可以自主选择自己感兴趣的学习内容和目标，自行组织活动过程，自己收集资料，提出问题、解决问题等，在过程中还可以不断地修正，这样的学习方式可以激起学生的学习兴趣，使他们在活动中情绪高涨，兴趣盎然，认识和体验不断加深，创造性的火花不断迸发。体现为“选择内容、确定时空、组织活动、总结展示”等方式的自主性。

4. 开放性

语文综合性学习的开放性主要反映在：

设计目标的开放性：即按照学生不同需要和特点进行设计。

设计内容的开放性：贴近学生的生活实际、自然、生活、社会等方方面面，包含的内容多样化。

活动过程及结果的开放性：不给学生下绝对的定论，注重学生在活动过程中所产生的丰富多彩的学习体验和个性化的创造性的表现。

5. 统整性

综合性学习的统整性，不仅包括学生发展的统整性、和谐性，而且包括不同学习内容和学习方法的相互交叉、渗透和整合。

案例 10-1

“诗海拾贝·与诗同行”综合性学习案例

安徽省芜湖市绿影小学　贾红娟

一、教学构想

小学语文综合性学习如花中奇葩，在我校更是开展得如火如荼。诗歌这一中华传统文化宝库中的瑰宝，有必要通过多种渠道、各种形式让学生领略诗歌的美，在诗歌中感受学习语文的氛围和激情，让这一深厚的文化资源走进我们的语文综合性学习，不仅可以提高学生自主学习、实践的能力，还可以更深入地认识到诗歌的魅力。

二、学习目标

(1) 多渠道、多途径地搜集诗歌或记录芜湖当地流传的民歌、童谣，能搜集有关诗歌的知识和故事，激发对诗歌的喜爱之情。

(2) 整理资料中感受诗歌的魅力，并学会欣赏诗歌、交流从中体悟到的情感，并能运用多种手段和形式展示自己的学习成果。

(3) 学会制订学习计划和策划分组合作，在活动中培养口语交际、社会交往和自主合作的能力。

三、活动程序

本次综合性学习分为三个阶段进行：

1. 策划分组，制订计划阶段。

2. 自主合作，计划实施阶段。

3. 总结经验，成果展示阶段。

四、活动过程

(一) 第一阶段：策划分组，制订计划（课内）

课堂指导

1. 导入

诗歌是中华民族文化宝库中的一颗璀璨的明珠，学习诗歌不仅能丰富我们的知识，还能开阔我们的视野，陶冶我们的情操。今天我们就要走进诗歌的殿堂，领略它的无穷魅力。同学们准备好了吗？

2. 交流

学生交流搜集来的创作的诗歌及家乡芜湖流传的民歌、童谣，在小组中读读找到的有关诗歌的知识和故事。

【目的：激起学生对诗歌的关注和兴趣。】

3. 阅读、欣赏诗歌

(1) 自读阅读材料中提供的诗歌，选择自己最喜欢的一首诗，借助字典或有关资料中的注释了解大意，体会情感。

(2) 在小组内向同学说说自己喜欢的诗，再说说自己为什么喜欢这首诗。

【目的：激发学生的思维，在对话、讨论中，碰撞出思维的火花，帮助学生逐步构思出本次活动的具体做法。】

4. 运用多媒体课件展示诗歌作品，引导学生构思、策划活动

(1) 小组讨论：怎样整理搜集到诗歌，如何分类？

(2) 小组交流：关于诗歌有哪些知识和故事？

(3) 说说你知道我们家乡芜湖的哪些民歌、童谣？

(4) 策划分组。

学生按照兴趣、爱好和研究的专题不同，自由组合，分成5个学习小组，并民主推举组长，组长在小组内集体制订一份详细的活动计划，并要在组内演说通过。经过全班交流讨论，成立以下学习小组：

一组：诗海畅游组；

二组：民歌童谣组；

三组：知识故事组；

四组：艺术表演组；

五组：诗歌创作组；

六组：网络编辑组。

【目的：通过明确活动任务，让学生的综合性学习与实践更有针对性，自由按兴趣组成小组，能增强学生凝聚力，并充分调动学生的激情和动力，更大发挥学生的潜力。】

(二) 第二阶段：自主合作，实施计划（课外）

各组按指定的计划进行活动，诗歌组的同学要在老师的指导下上网查询，到图书馆里翻阅资料，阅读报刊、杂志和相关书籍并作分类整理。创作组的同学通过阅读同龄人的诗歌，想想他们是怎样通过诗歌表达自己情感的，并自己试着创作诗歌，与本组同学交流。民歌童谣组的同学邀请当地老人，聆听他们唱芜湖流传的民歌、童谣，并用摄像机拍摄下来，在小组里进行整理。艺术表演组的同学利用休息时间，在老师带领下到少年宫找老师学唱诗歌改编的歌曲及由芜湖民歌改编的舞蹈。传说故事组要通过查资料、走访调查等方法搜集资料后按内容进行分类。

(三) 第三阶段：总结经验，成果展示（多媒体教室）

各小组按组排列，展示长达两周的“走进诗歌”语文综合性学习成果。

1. 谈话导入

经过两周的“走进诗歌与诗同行”语文综合性学习活动，同学们无不惊叹诗歌的博大精深，它的确是祖国文化典籍的百花园中一枝引人注目的奇葩。这堂课就来展示我们的学习成果。

2. 分组展示

1) 艺术表演组

①歌舞展示：学生将诗配以舞蹈，演唱朗朗上口的优美诗歌。

②小品：学生分别扮演诗歌中的人物角色。

2）诗歌畅游组

①多媒体展示学生的诗配画、配乐诗作品——小组成员配乐朗诵。

②诗朗诵——组长领诵，其他小组成员集体诵读，让大家从动人的画面上，从传情的乐声中，想象、体味、感受诗歌的艺术魅力。

③展示本组同学通过想象为诗歌绘出了生动活泼的画面而创办的诗画报。

3）诗歌创作组

①介绍本组同学阅读同龄人写的诗歌的收获，重点说说他们如何通过诗歌表达自己感受的。

②朗诵自己创作的诗歌，并展开互动点评。

4）知识故事组

①资料展示——学生在广泛搜集诗歌知识、故事和诗人趣闻基础上，进行了整理分类：传说类、知识类、故事类等，剪贴成小报、小册子或者制作成电子幻灯片。

②诗歌知识竞赛——该组选派组员主持竞赛活动，用电子幻灯片出示赛题，选派两名组员当判官，公布正确答案，并选派两名组员现场发放奖品。

5）民歌童谣组

①组长介绍本组成员如何搜集整理资料的情况并相机展示图文资料、影像资料。

②展示本组成员将精选的童谣在跳皮筋、跳绳、踢毽子的同时，拍手击掌吟诵的情景，激发学生形成健康向上的校园文化氛围。

6）网络编辑组

①该组同学在组长带领下，请信息技术老师指导，将本次活动作为一条新闻发布到校园网上，并把所有资料整理、合并，建立一个“走进诗歌与诗同行”的专题学习网站，定期刊登同学们抄录绘制的诗配画及配乐诗影像，并刊登同学们创作的诗歌，利用网络的互动性，发动同学们用诗歌互相交流。

②展示本组同学录制的各组开展本次语文综合性学习的精彩花絮，交流总结综合性学习的经验和新的收获。

10.2 小学语文综合性学习活动的设计与实施

10.2.1 小学语文综合性学习活动的设计

从构成课程的四个基本要素，即教学目标、教学内容、学习方式和教学评价来看，语文综合性学习的设计可以从以下几方面来考虑。

1. 教学目标的综合设计

“倡导学生主动参与、乐于探究、勤于动手，培养学生搜集和处理信息的能力、获取新知识的能力、分析和解决问题的能力以及交流与合作的能力。”这就是综合性学习的价值所在。因此，我们认为它的目标定位与一般的语文学科教学目标既有一定联系，又有较大差异，应从下面几个方面去定位。

（1）培养学生发现问题、提出问题、信息收集和处理的能力。综合性学习的主要目标要和学生的实际生活相联系，设计的活动应该是“为解决与学习和生活相关的问题”、“自己身边的、大家共同关注的问题”、“学习和生活中感兴趣的问题”、“共同关注的热点问题”等。就综合性学习的过程而言，需要培养学生发现问题、提出问题的能力，提出解决问题设想的能力，利用多种有效手段、通过多种途径获取信息搜集资料的能力，分析资料和得出结论、交流成果的能力。

（2）学会沟通与合作，获得亲自参与与研究探索的积极体验。综合性学习的过程，是一个人际沟通与合作的过程，它强调通过学生自主参与、积极参与，获得体验，逐步形成一种在日常学习与生活中喜爱质疑、乐于探究、努力求知的心理倾向。学生掌握方法的途径主要是通过点拨、示例，在实践中体验，不需要教师大量讲授一套又一套有关方法的道理。学生在参与过程中往往会碰到各种各样的问题和困难，要求他们学会从实际出发，通过认真踏实的探究，获得能力，并懂得尊重他人的成果。

（3）激活各种学习中的知识储存，尝试相关知识的综合运用。随着学生的发展，各门功课所学的知识实际应用的范围渐大，学生的实践能力渐强，课内学到的东西、长时间积累起来的各种知识材料在实践中渐显其作用，学习时的应用意识及“学”和“用”之间的联系、反映也渐趋增强。但是，如果让这些知识长期处在相互分割和备用状况之中，它们就会被遗忘。综合性学习的重要目标是在综合运用中提高各科知识的价值，对培养学生的创新精神和实践能力具有重要的积极意义，对于学生从事各门学科的学习、打好基础、掌握方法、提高能力、培养积极性都是大有好处的。

例如，人教版五年级上册第五组的综合性学习《遨游汉字王国》是围绕着“汉字”这个主题，组织学生开展为期两周、课内外一体的综合性学习。这组教材的编排方式与其他各组完全不同，不再以课文为主体安排阅读、习作和口语交际，而是分成“有趣的汉字”和“我爱你，汉字”两大板块。两个板块贯穿的主线是感受汉字文化，提升对祖国语言文字的感情，各有侧重。每个板块的主体是“活动建议”，希望学生按照这些建议的提示自主地开展综合性学习活动。“阅读材料”是供学生在开展活动时阅读的，但开展活动的材料不限于此，学生可以自己动手去搜集，教师也可以作补充。根据学生已有的知识和能力，这次综合性学习的单元目标可以定位为：①策划并开展简单的小组活动，学写活动计划。②通过了解字谜、谐音的特点，体会汉字文化的博大精深、丰富有趣。初步了解汉字的起源，引发学生对汉字的兴趣。③初步了解汉字的演变，学习欣赏汉字书法艺术，培养学生对祖国语言文字的自豪感，提高对祖国语言文字的认识，养成防止和纠正写错别字的习惯。④学写简单的调查报告或分析报告。⑤认识 21 个生字。

（4）预设目标与生成目标的结合。预设目标与生成目标是两种不同性质的目标。教学是一项复杂的活动，它需要教师作出周密的安排，制订出详尽的计划，做好充分的准备，这一切就是预设目标，这种目标是极其重要的。但如果所有的教学活动及其活动程序的每个环节都是预设的，这就漠视了学生生命体的主动性、丰富性、整体性和个体间的差异性，不利于发展学生的个体和开发学生的潜能，在一定程度上扼杀了学生的创造力与主动发展。生成性目标是教师在教学活动前没有预设的、是在教学活动展开过程中生成的目标。小学语文综合性学习活动的实践性和开放性，总会在活动中突破着活动的预设，一些更有价值的生成资源被开发成预设外的“生成性目标”。正是这类目标的适度而有序的不断生成，让课堂焕发出了生命的活力。所以，教师在做目标设计时，既要有充分的预设，也要保留足够的生成空间和做好应对的准备。

2. 教学内容的综合设计

1）学科内部的综合

小学语文综合性学习应体现语文知识的综合运用，听说读写能力的整体发展。因此，在教学过程中要尽可能加强字、词、句、篇的综合运用，加强各方面能力的整体发展。在口语课“我会拼图”中，可以让学生欣赏收集到的各种拼图，让学生在美的感染中产生自己动手拼一拼的愿望，这时可以创设“夸一夸自己的拼图”、“比一比谁的字最端正”等情境，让学生写下赞美拼图的话语，拼图完成后，组织一次展评，师生共同评议、欣赏，以此加强语文学科内部知识的综合运用，同时，也培养了审美情趣。

2）各学科之间的综合

《语文课程标准》在“教学建议”中指出，综合性学习的基本特征之一就是“语文课程与其他课程的沟通”、“提倡跨领域学习”。语文综合性学习要通过语文与音乐、美术、体育、思想品德、自然、数学、劳动等相沟通的综合性学习活动，让学生综合性地学语文、用语文，全面提高语文素养。因此，在教学过程中要尽可能地放，少一些条条框框，给学生自由度，鼓励、引导学生将语文学习与其他学科相融合，发挥特长。

例如，教师将语文教材中的《你姓什么》、美术教材中的《为老师画名字》、《彩色的名字》和《名片》的教学有机结合起来，确立了“畅想名字”这个探究主题，让学生了解自己名字的由来，明白制作名片的过程，通过对“名字”的多角度畅想，让学生感受其中的乐趣，培养学生的语言表达能力和动手、动脑的创造能力。

例如，《四个太阳》是一年级下的一篇阅读课文，可以布置以下作业：①创作一幅《太阳图》；②学唱一首关于太阳的歌；③了解太阳的知识；④搜集有关太阳为主题的美术作品、文学作品、儿歌等；⑤写一首有关太阳的儿歌、几句话等。

这一综合性学习过程，既有相关学科知识的结合，又有学生各科能力的结合，学生要完成以上任何一道作业，绝非简单的抄抄写写就能了事，必须将语文知识与相关学科知识相融合，通过这种形式，使学生的语文综合素养得到了提高。

3）语文学习与社会生活的结合

书本学习与社会活动的紧密结合是综合性学习的又一特征，一切自然风光、文物古迹、民俗民情、国内外和地方的重要事件以及日常生活话题，等等，都可以成为语文综合性学习的渠道，也就是说语文学习的外延与生活的外延是相等的。教学中应结合实际情况，充分利用学校、家庭、社区等教育资源，开展综合性学习活动，拓宽学生的学习空间，增加学生语言实践的机会，提高学生的语文综合素养。

比如，“长江在哭泣”这一综合性学习活动，可以这样设计：

（1）长江特产知多少；

（2）为长江特产写广告词、做广告画；

（3）采访渔民，了解水产资源的现状；

（4）察看长江水质，访问环保部门；

（5）为了子孙后代——致渔民的一封公开信。

这一综合性学习活动，完全打破了课堂教学的局限性，学生课堂上学到的知识与能力在社会这个“大课堂”上一展风采，既培养了学生搜集、筛选、整理资料的能力，又培养了学生发现问题、分析问题、解决问题的能力，使得语文综合素养在“小课堂”中生根，在“大课堂”中发芽、开花、结果。

3. 教学方式的综合设计

1）教学方式的整体考查

根据《语文课程标准》所提出的“积极倡导自主、合作、探究的学习方式”要求，明确让学生成为学习和发展的主体，确定学生在课堂、教材和教学中的主体地位，要改变语文课程传统教育中强调接受学习、死记硬背、机械训练的方式，转而倡导学生主动参与，团结协作，乐于探究，勤于动手，努力培养学生自主收集和处理知识信息的能力。例如，在教学《只有一个地球》这一课，教师没有多讲，而是给出三个问题：①我们生活的地球是怎样的？②人类的哪些行为是对地球毁灭性的破坏？③怎样保护地球？让学生自主选择感兴趣的一个问题与有相同兴趣的同学组成学习小组，一起查找搜集有关资料，加工整理信息，形成自己的观点，小组汇总，再全班交流。这一教学设计，打破了传统课堂教学的框架，变成了学生的全员参与，让每个学生都有发表意见、享受成功的快乐体验。学生不仅学到了许多有关地球的知识，更重要的是，通过自主探究、积极合作，培养了学生语文实践能力，提高了学生的语文综合素养。

2）教学方式的重点转变

一是要体现自主性，学生要成为自主参与的能动主体，因为语文教学的最终效果是体现在学生这一主体上的，没有学生参与或者学生参与得不充分，语文综合性教育就无法开展或者说是不完美的。

二是要体现合作性，让学生人人都积极参与，不是只让一些相对较优秀的学生多发言，而是要让每一位学生都“主动动手”，使教学成为整体智慧的交融、碰撞和升华。

三是要体现探究性，要强调学生不能被动地等待知识的传递或者说是知识的获取，而是通过自身主动与外界的接触、沟通、了解、感受、体验形成构建自己的“知识”，从而获得自身合理的认知结构，达到发现问题、解决问题、获取知识、形成能力的目的。

例如，在学习了《丑小鸭》之后，学生对安徒生的童话产生了浓烈的兴趣，教师可以抓住机会开展一次“走近安徒生”的语文综合性学习活动，让学生分组寻找安徒生的童话、寻找安徒生的故事、寻找安徒生曾经游历过的一些国家和城市，最后学生们整理资料，以小报、漫画、照片的形式在教室里展出，还可以开展“安徒生童话故事演讲比赛”等。由于活动完全由学生自主开展的，学生可以放松地投入到活动中。

4. 教学评价的综合设计

语文综合性学习该如何评价呢？《语文课程标准》中明确指出：“综合性学习的评价应着重考查学生的探究精神与创新意识。要尊重和保护学生学习的自主性与积极性，鼓励学生运用多种方法，从不同的角度，进行多样化的探究。”

由于受长期以来的“应试教育”模式的影响，语文课程的评价主要是通过考试、考查、考核等手段，以成绩论优劣，从学生中选拔所谓“尖子生”，评价已成为事实上的“选拔”，学习好就是样样好，以偏概全。小学语文的综合性学习活动的评价必须改革传统的评价方式，才能确保活动的顺利开展。

（1）在评价目标上，要从重“选拔”转为重“促进发展”。语文综合性学习活动是把学生综合素质的发展作为活动的出发点和归宿来设计，其根本目标是学生综合能力得到提高，并且特别注重学生自身的知识结构、能力结构、内部情感结构能得到同步和全面的发展。因而在评价活动时，除了紧扣语文的基本目标外，还要关注是否关注了学生综合素质的发展这一根本目标。语文新课程里评价认为，评价的最终目的在于为学生更好地学习、更好地发展服务，体现教学以“育人为本”的理念，改变过去从高分到低分给学生“排名次”的做法，从而为每一位学生提供一个展示自己长处的机会，保证学生获得实实在在的发展，获得整体发展。

（2）在评价过程上，要从重“结果”转为重“过程”。小学语文综合性学习是通过一个一个的项目来展开的，评价应侧重学生学习的过程，要注重使其形成综合素质，而不能侧重于看学习结果，着力点应放在过程上。既要注重学生的量化成绩指标，又要把着眼点放在教学过程中，看学生学习过程中主动性如何、参与的积极性如何、探究的能动性如何，以及方法的科学性如何，等等。像语文档案袋之类的评价就是一种很好的方法。

（3）在评价主体上，要从重“教师评”转为重“大家评”。传统的评价有一个较明显的欠缺，即把作为评价对象的学生排斥在评价体系之外，仅作为“旁观者”或“局外人”，具体评价由教师一个人来完成；而新的评价理念则强调评价的多元化和民主性，即实现学生自评、学生互评和家长、师生互评的多元化评价。同时，增强评价的民主性，评价中注重双向选择、沟通和协商，使被评价对象最大程度地“接受”评价结果，而不是把评价结果“强加给”学生。

（4）在评价标准上，要从重“班级成员参照”转为重“自我参照”。“自我参照”就是“个体标准”，它是以第一个体的现实基础和条件为依据所确定的适合个体发展需要的内差性评价标准，这种评价因人而异，具有个体性、灵活性的特点。它能促使学生在对自己过去、现在和未来的认识中，增加自信，发挥潜能。

（5）在评价方式上，要从重单一的“量化评定”转化为多样化的“综合评定”。在进行小学语文综合性学习活动的评价时，要做到定量评价与定性评价、形成性评价与总结性评价相结合，通过多维化、多侧面的综合评定，全面客观地反映学生的语文综合性学习效果。通过综合评定，既让学生分享获得成果的喜悦，又让他们找到自己下一步努力的方向。

10.2.2 小学语文综合性学习活动的实施

开展小学语文综合性学习，必须通过一个个具体的项目来展开探究活动，这是实施语文综合性学习的关键。一项完整的综合性学习活动，大致要经历“选择主题——制订学习方案——开展探究活动——交流与分享探究的成果”这四个阶段。

1. 小学语文综合性学习主题的选择策略

语文综合性学习的主题设计是将语文综合性学习目标落到实处的一个重要环节，也是解决综合性学习教学难的首要问题，它是小学语文综合性学习活动的灵魂，没有主题，活动就会失去方向，内容就会零散，缺乏内在联系，不利于学生完整知识、能力、情感结构的形成。综合性学习是以学生为主体的学习，主题的设计要基于学生已经具备的知识和能力储备，考虑学生关心什么，对什么感兴趣，把握机遇，诱导启发，激发学生的学习兴趣和问题意识，并进行讨论、协商，充分开发和利用生活中广泛的课程资源，从中提炼出有意义、有价值的主题，为综合性学习活动提供明确的方向。主题的确定，既可以由学生自主设计，也可以由教师引导诱发。根据实践，小学综合性学习主题确定可以从以下四个方面考虑。

1）依据语文综合性学习内涵确定主题

语文综合性学习的“综合”，既是听说读写的综合，也是语文与其他学科知识的沟通和融合，更是语文与生活的水乳交融。无论是哪一方面的“综合”都不会放弃，也不应放弃“语文味”，它们应该是“语文的”综合性学习。根据综合性学习的内涵特征，我们在设计综合性学习时必须要牢牢地把握“语文味”。可以从学科整合中提炼主题，也可以从生活实践中发掘主题。

这一类语文综合性学习的内容和目标都在语文学科范围之内，往往将“听、说、读、写”整合在这一活动中，进行语言、阅读、写作、口语交际的学习与实践。如一年级可以围绕“汉字”这一主题开展“汉字的故事”、“字词大观园”等活动；二年级围绕“歌谣”这一主题开展“儿歌欢乐岛”、“走进谜语”、“绕口令”等活动；三年级围绕“谚语”这一主题开展“歇后语大观”、“谚语大搜索”、“酒令顺口溜”等活动；四年级围绕“成语诗词”主题开展“成语故事”、“成语拼装”、“走进儿童诗”、“古诗乐园”等活动；五年级围绕“语言的艺术”的主题开展“生活中的提示语”、“广告语，爱你没商量”、“分享短信”、“对联欣赏”等活动；六年级围绕“修辞的魅力”开展“比喻”、“借代”、“回环”、“拟人”、“对偶”等多种修辞鉴赏运用活动。

2）基于学生的认知水平确定主题

语文综合性学习有其特定的活动目标、内容和活动方式、评价维度，而且活动内容的广度和深度随着年级的上升而具有层次性，这是由不同年级的小学生知识、经历和心理水平的不同所决定的。因此设计活动时，要充分考虑各年级小学生的认知水平，选择的主题要与学生的生活实际紧密联系，采用的活动形式是小学生力所能及、喜闻乐见的。

如果说中年级的综合性学习的选题范围相对较小、活动形式更注重有趣新颖，更多的是引导学生在“玩中学语文”的话；那么高年级确定的综合性学习范围则相对较广，耗费的时间会更多，活动目标会更明确地指向通过综合性学习活动培养学生今后在生活中直接需要用到的语文技能和素养，因而高年级设计的综合性学习应具有更多的挑战性和创造性，需要学生制订计划，调查访问甚至进行课题研究，侧重培养他们综合运用知识以及社会实践的能力。

3）结合课堂教学内容确定主题

语文综合性学习在活动内容的选取上还要结合语文课堂教学内容来设计，强调学用结合。可以从语文课堂教学中创生主题。教师可以在某一篇课文学完以后开展拓展延伸型的综合性学习活动，也可以在一个单元学完后，围绕单元主题设计综合性学习。这些活动具有鲜活的现实性、强烈的挑战性，它不仅仅是针对语文的某个知识点进行巩固应用，也是对课堂教学内容的有效拓展延伸，更是学习主动探索、亲身体验和合作交流，培养学生个性品质的重要平台。

如：一位教师结合课文《五月端阳》的学习，开展了“话说端午”的综合性学习活动，围绕“端午”开展“端午来历”、“端午风俗”、“端午拾趣”、“我爱粽子”等系列活动，收集有关端午的传说，让学生说说自家过端午的情况，让学生了解粽子的来历，调查市场上粽子的种类，设计粽子的广告语等，通过一系列的活动，提高学生多方面的素养。

4）根据时令环境、地域特点确定主题

由于学生所处的生活环境不同，教学进度与时令有一定的差距，教材上特定的综合性学习不一定适合所有的学生。因此，教师要充分利用社区资源优势或季节特点，选择最近的、最新的、适合学生年龄、经历的鲜活题材来设计活动方案，调动学生参与的热情。各个地方都有各自的地域文化、家乡历史、名人古迹以及本土物产，这些都是综合性学习资源库，教师若能从地方文化活动中挖掘主题，就能使综合性学习更具有现实意义，更具鲜活价值。

这类综合性学习往往贴近学生生活，满足学生的兴趣，适应社会的需要，学生积极投入，活动成效明显。例如，“野炊活动”这一综合性学习，除了涉及语文学科中的撰写通知、拟订计划、告家长书、通讯报道等环节，还涉及选择地点、实地考察、申请批准、活动组织、行车安排、安全保障等问题。通过这类活动，学生不仅获得语文学习的收获，还能学会交际沟通的本领，提高解决问题的能力，学到课本上学不到的本领。

2. 小学语文综合性学习活动方案的制订

主题确定后，教师要教会学生制订语文综合性学习活动的方案。制订活动计划、步骤，体现适度的自主性和选择性，为顺利有效地实施做好充分的准备。因而，在开展综合性学习活动前，教师和学生都要有明确的活动计划与方案。活动实施方案应具体详细，层次清楚，具有阶段性和可操作性。首先，要让学生了解制订活动方案的目的在于增强研究的目的性和计划性。其次，要让学生了解语文综合性学习活动方案的内容形式及制订过程。

构成语文综合性学习活动方案的基本要素有：活动的主题或课题；活动的目标和具体内容或任务；活动的对象、情境、时间和地点；活动开展的步骤或过程；任务分工及具体要求；活动预期结果及呈现方式；相关条件与保障。

活动方案并非要求面面俱到，但应做到目标、任务明确，重点、步骤清楚。

3. 开展探究活动

此阶段以小组或个人为单位，以合作或独立探究的形式进行调查、访问、搜集资料、统计数据、分析整理……体现一定程度的合作性。由于学生个人活动、小组活动和全班活动交叉进行，教学时间需要调整，有时需要几节语文课连着上，还要适当使用课余时间。原有的教室要充分利用，而学校图书馆、阅览室、学生的家以及街头都是综合性学习的课堂。教师要鼓励学生走出学校，走向社会，开展调查、访问、参观等实践活动，通过观察调查、查阅资料、协商交流，感受生动的现实生活，在现实生活中发现新的知识，掌握新的技能。

4. 总结、交流与分享探究的成果

此阶段主要是用口头或书面、图片或多媒体等形式交流汇报活动的成果。通过交流，取长补短，探讨不足，体现一定程度的探究性。需要注意的是不要让学生的学习成果悄无声息地湮没。要向本班同学宣传——互相激励，增强自信心；向全校宣传——成为其他年级学生的学习资源；向家长宣传——使家长支持和鼓励学生参加综合性学习；向社会宣传——争取社会更多的支持。交流与分享的成果，不仅包括物化的研究报告、改革建议、图片资料等，还包括实践活动的过程和内心体验。例如，在探究过程中曾遇到过哪些困难，如何克服的，克服后有什么样的感受等。

这个阶段，既是对学习成果的检验阶段，也是学习成果的分享阶段，还是相互评价、自我反省阶段，这一阶段非常重要，不可或缺。它不是学习的结束，而是新的学习的开始。

10.2.3 教师在小学语文综合性学习活动实施中的指导

在上述基本环节的基础上，教师要上好综合性学习的计划讨论课、过程指导课、交流汇报课等三种基本课型。

计划讨论课。主要任务是浏览整组教材，明确本次综合性学习的内容、方式和阅读材料；讨论全班可以开展哪些活动；组成小组，讨论和制订小组活动计划；交流和完善小组活动计划。

过程指导课。主要任务是小组介绍计划实施情况；肯定成绩，提出存在的困难，师生合作寻求解决办法；阅读必要的材料或教师适当讲解一些知识；进一步确定呈现形式，继续搜集材料或在内容和形式上完善。

交流汇报课。主要任务是小组呈现学习成果；师生评价，肯定成绩，提出建议；适当总结规律，提升认识；提出继续开展活动的建议。

10.2.4 小学语文综合性学习活动资源的开发和利用

《语文课程标准》指出："自然风光、文物古迹、风俗民情、国内外的重要事件、学生的日常生活……凡现实生活中有的且适合语文课程的，都可以成为语文课程的资源。”小学语文综合性学习课程资源广泛存在于社会生活之中，涉及自然、社会、文化等范围，但社会生活本身并非天然就是语文综合性学习的资源，而是需要有意识地加以开发和利用，才能为语文综合性学习服务，发挥其教育功能。教师和学生作为课程的主体，理应承担起课程资源开发的责任，成为语文综合性学习课程资源的开发者。我们应充分利用现实生活中的语文教育资源，优化语文学习环境，引导学生开展丰富多样的语文实践活动，拓宽语文学习的内容、形式和渠道，使他们在广阔的空间里学语文、用语文，拓宽视野，丰富知识，锻炼能力。

1. 物质资源的开发和利用

课程物质资源主要涉及对教材的再度开发、网络资源和现代教育技术的开发与利用、社区资源的开发与利用。

1）教材的再度开发

教材包括课本（或教科书）以及相关的教辅材料。有效教学的基本前提是为学生提供有结构的教材。无论教材如何“完美”，作为课程资源的开发主体，必须增强挖掘课程资源的意识，提高组织和加工与本综合性学习单元有关的课程资源的能力。在综合性学习的课内外语文实践活动中，语文教师的责任是通过对教材的再度开发、补充、拓展和重组来保证学生所接触的教材是有意义的。教师在对教材进行加工和改造时，不可忽视的是必须以课程改革、文化历史和学生学情特点为基础进行适度开发。

如在《有趣的汉字》计划指导课上教师发现该板块蕴涵了历史、地理、文化、美术、音乐等多种知识，浓缩了中华民族古今文化的精华，这是不可多得的课程资源，要不失时机地拓展课程知识，挖掘课程中潜在的内在信息，创造性地使用教材。

2）网络资源和现代教育技术的开发与利用

除教材资源之外，教师还可从网络资料、影视资料或利用现代教育技术开发有价值的课程与教学资源。如在《有趣的汉字》的过程指导课中，为了促进学生的“视野融合”，在“猜字谜”、了解“汉字知识”环节中多角度、全方位地引用多媒体课件、网络资源，通过大量图文并茂的资料，让学生在小组讨论基础上再各自汇报对汉字知识的了解，使学生愉快地进入下一阶段的学习。

3）社区资源的开发与利用

《语文课程标准》指出：“各地都蕴藏着自然、社会、人文等多种语文课程资源。要有强烈的资源意识，去努力开发，积极利用。”；“充分利用学校、家庭和社会教育资源，开展综合性学习活动，拓宽学生的学习空间，增加学生语文实践的机会。”所以学习内容的确定应当因地制宜、因时制宜、因人制宜，从生活中来，到生活中去。

在《有趣的汉字》计划指导课上要充分体现“开放”，就要体现在资源开放上，与汉字文化相关的故事、诗文、相声、小品、观察日记等成了新的信息源，住地居民、图书馆、网络、学生、老师同时成了信息传递者，学生家庭乃至整个社会中各种可用于教育教学活动的设施和条件以及丰富的自然资源成了课堂，这些都和学生已有的生活经验、教材中“阅读材料”组成了学生开展综合性学习不可忽视的条件性、素材性课程资源，从而打破了封闭式的教学内容，真正实现了学生—文本—教师之间的有效对话，突出了汉字文化的精神内涵，让学生在课程资源中捕获新的情感延伸点和自主探究点，从而积极体验汉字特有的文化底蕴。

2. 人力资源的开发

人们往往只承认教材、教具、图书馆、博物馆等课程资源，都很少理会教学过程中教师、学生、师生互动中的“差异”不仅是一种课程资源，而且是一种具有生命力的课程资源。

课程人力资源的开发和利用至少可从三个方面考虑：

一是发挥学生的主动性，学生作为重要的课程资源，也应充分发挥其“主动学习”的作用。通过教师的激励、引导学生的“主动性”就像一块等待开发的富矿，成为整个教学活动的“发动机”。

二是发挥教师主动性。

三是在教师的组织、引导下，教师和学生各自以特有的语言、情感、经历、知识、能力和想象营造构建课程的富有生命力的生态系统。他们在互动、对话中不断生成瞬时性的、不可重复性的课程资源。教师敏感地发现了学生身上的“资源”，即他们独特的看法，意想不到的质疑或答案，甚至是他们在课堂中犯下的“错误”等等。这种课程资源在教师备课时往往无法预料和估计，具有瞬时性、不可预料性和不可重复性。有效教学有时需要教师保持“无为而教”的自我克制，不过多地干扰学生的自由学习空间。教师的使命，更多地是为学生提供大量的课程资源，唤醒和激励学生亲自去接触、体验课程资源。

10.2.5 教师在综合性学习活动指导中应该注意的问题

语文综合性学习虽然是以学生的自主学习和亲身体验为主要活动方式，但这并不排除教师的指导。相反，教师及时、适度的组织指导是综合性学习取得较好效果的重要保证。教师在具体的实施过程中要注意“四性”。

1. 注意活动的开放性

学习活动的开放性是保证学生主体能够自主活动的一个重要条件。教师在组织、指导学生学习活动时要注意：

(1) 内容的开放。要求教师一要保证活动内容的丰富多样性，二要保证活动内容的可供选择性。因为只有具备这两点的活动内容才能满足处在不同发展水平、具有不同兴趣、爱好的学生的多方面需要；才能促使他们通过对活动内容的自主选择、积极参与，获得各得其所的相应发展，才能实现真正意义上的面向全体。

(2) 过程的开放。要求活动的过程应是动态的、变化的。学生的活动表现、活动需求应是调整活动进程的基本依据。

(3) 空间的开放。这是指要把以往固定的空间（教室）变为弹性的空间（如图书馆、植物园、社区等等）。活动的场所要根据活动内容的需要确定。即便确定在室内，也可以根据活动的特点，打破单一的“秧田式”座位排列方式，进行多种形式的座位组合。

(4) 结果的开放。包括两个方面：一是活动结果的表现形式要具多样性。学生可根据自己的实际情况，采用不同的表现形式，如调查报告、实物说明、诗歌、小品表演等等。二是活动得出的结论要具多样性，既可以得出统一认识，也可以保留多种意见；既可以形成完整结论，也可以留有一块“空白”。

(5) 师生关系的开放。表现在两个方面，一是在人格上师生之间建立一种相互尊重、民主平等、情感和谐的人际关系；二是在角色扮演上形成良好的转换机制，教师可以是传道者、真理的代言人，也可以是学习者、意见的倾听者；可以是长辈、导师，也可以是兄长、朋友。向何种角色转换，何时转换，视活动的需要而定。

2. 注意活动的阶段性

学生的活动具有鲜明的阶段性特征。这是因为学生身心发展的年龄特征制约着学生活动的内容、活动的形式、活动的质量。教师要依据学生身心发展的规律，科学地制定活动主题，确定活动内容，分阶段提高学生的综合能力。

（1）内容选择的阶段性。《语文课程标准》在不同的年龄段所制定的综合性学习的内容是不同的。教师必须依据新课标，依据学生的年龄段选择内容。

（2）活动形式的阶段性。不同年龄学生的智力、心理发育是不同的，活动的形式也应是不同的。教师在进行活动设计时，必须依照学生的心理发展规律，设计出符合学生年龄阶段特点的活动形式。以“社区活动”为例，低、中年级的学生宜侧重于对社区各种设施的了解，因此活动形式可以是教师带领下的参观，汇报展示的形式以语言描述、图画展示为主；而高年级活动的重点应放在理解和思考社区的设施建设与人们生活之间的关系，活动形式可以小组活动为主，考查的结果可以用报告、图片、模型或统计数据等形式表现。

3. 注意活动的综合性

语文综合性学习，顾名思义，要体现综合性。教师在组织活动过程中，要从以下三方面注意活动的综合性。

（1）知识的综合性。语文综合性学习是“以语文学科为依托，以某种程度的学科的学习作为基本条件，强调学科之间的联系”，因此知识必然综合。

（2）教育功能的综合性。学科课程由于内容的系统、连贯，使得学科课程的教育功能比较单一。语文综合性学习活动由于其内容、方式的综合，必然导致教育的功能也是综合的。因此教师在设计活动时要从情感态度价值观、过程与方法、知识与技能三个维度综合考虑，体现教育功能的综合。

（3）考查评价的综合性。教育功能的综合必然使考查和评价学生要体现综合性。教师要从学生参加活动时的态度、情感以及参加活动时的能力、行为等诸多方面对学生进行综合评价。

4. 注意活动的实践性

语文综合性学习强调的是学生的亲身经历、直接体验，因此实践性是语文综合性学习的一大特点。教师在设计活动时要注意：

（1）突出活动的可操作性。一是活动的设计要适合学生的年龄特征，要利于学生的实际动手操作；二是活动的设计要符合当地的实际情况，便于操作。

（2）保证时间的充足性。主要体现在三个方面：一是要保证学生有足够的“体验”、“探究”的时间；二是要保证学生有足够的小组讨论、交流的时间；三是要保证学生有足够的汇报、展示、交流的时间。

（3）突出过程的完整性。要求教师要转变观念、转换角色，由学生学习活动的“主宰者、控制者”变为学生学习、实践活动的“指导者、参与者”，要敢于“放手”，还学生一片自由的天地，凡是学生可以做到的事情，教师决不越俎代庖，教师要让学生经历一个完整的自主实践的过程。

（4）保证全员参与。

语文综合性学习作为一种语文课程，是所有学生都必须完成的学习内容。教师不应该有功利思想，将其变成少数优秀学生的专利。义务教育阶段的教师任务，就是如何将所有学生都吸引到综合性学习的过程中来。

案例：在教学《走进春天》一课前，教师和学生一起研究了教材中提供的“春天的探秘”：春天的山水、花草、树木、动物、玩具、吃的、节日以及描写春天的诗文、故事、歌曲、成语或句子等内容。先让学生根据自己的兴趣、爱好选择自己喜欢的内容，给学生充分的时间、空间，到书中、到大自然中、到生活中去搜集资料，进行自主学习。然后回到课堂中互相交流所找到的资料和所学到的知识。接着引导学生以小组为单位，每个小组选择一个主题进行作品的创作。经过小组讨论，六个小组分别选择了春天的山水、春天的节日、春天的小吃、春天的校园、春天的花草树木、春天的旅游等主题，进行分工合作，分别搜集资料创作各自的作品。

案例 10-2

综合性学习《我们都来研究“姓”》教学实录

执教：吉林省吉林市教育学院　邹春红（特级教师）

点评：吉林市第二实验小学　张晓华（特级教师）

（本课于 2010 年 9 月在哈尔滨举办的东北三省小学语文首届年会中做展示）

一、推荐词

《我们都来研究“姓”》是长春版小学语文二年级下册第四板块中的一次综合性学习。综合性学习作为和识字写字、阅读、写作、口语交际四项等重的一个领域，是语文课程改革的新举措和新突破，对改变学生的学习方式和全面提高学生语文综合素养有着深远的意义。综合性学习的根在语文，要有“语文”的味道，但又要突出“综合”，体现语文知识的综合运用、听说读写能力的整体发展，强调语文和生活的联系，书本学习与实践活动的紧密结合，更要突出学生的自主性，重视学生主动积极地参与精神与探索过程。本堂课的教学从低年级学生的语文实际出发，引导学生走进书本、走进生活，走进大语文天地，通过课前的调查统计，课堂上的互动与交流，课后的延续与再研究，让学生初步感受到中国姓氏中蕴涵着的文化，在自主识记大量关于姓氏的汉字的同时，也激发了学生主动了解中国姓氏的愿望。让综合性学习的课堂真正地做到：从封闭走向开放，从给予走向自主，让学生带着研究而来，又带着研究而去。

二、教学目标

（1）在调查、统计、查找、交流“姓氏”的过程中，巩固认识的汉字，自主识记更多感兴趣的汉字。

（2）了解有关“姓氏”的一些知识及故事，初步感受中国姓氏文化的魅力，对“姓氏”有好奇心。

（以上的教学任务拟在两周内完成的。）

三、学习过程

（一）调查与统计

师：你有姓，我有姓，我们大家都有姓，名字可以随便起，但“姓”却不可以，其实在我们的姓氏中还藏着许许多多的学问呢！我们来进行一次语文综合性学习活动吧！（师板书：我们都来研究“姓”）

师：你都知道哪些姓？到哪里能找到更多的姓呢？

生：张、王、李、赵……每个人都有姓，在路上问一问，能知道很多的姓。

生：同学们都有姓，在班级的名单里可以找到很多的姓。

生：到《百家姓》中找，能找到好多！

生：书中有好多的人物，可以找到姓。

生：我姓王，我家中每一个人都有姓。

……

师：既然有那么多的姓氏，大家来商量一下，看看大家想进行哪些的调查，打算怎样来调查？

（学生在小组内进行商讨后确定调查内容："班级的姓"、"家里的姓"、"书中的姓"，制订了调查表及行动计划，并在课后开展了一周的调查与统计。）

【点评：提出一个问题比解决一个问题更重要，对于小学二年级学生，教师从学生已知入手，迅速把学生带入到研究情境，并趁热打铁，组织小组合作确定研究主题，极大唤起了学生的学习欲望，充分体现了以学生为主体。研究性学习的关键就是不断地增强学生的问题意识，引导学生学会发现问题、提出问题、寻找解决问题的方案，处理好学生产生的问题，推进学生的研究性学习。】

（二）交流与发现

交流一：班级的姓

师：能把咱班同学的姓都读下来吗？

（师拿出字卡，开火车让学生认读班级的姓，一名学生将"曲"姓读成了三声）

师：这是谁的姓？你来读一读？

（学生仍读成三声）

师：（板书：邹　曲）你的姓和老师的姓一样，有时真的让我们很苦恼，总有人把我们的姓读错！（板书：zōu　qū）"曲"字做姓的时候要读一声，大家读一读。

……

【点评：语文综合性学习尽管注重综合，但它首先应该姓"语"，即不管我们的学习活动涉及哪个领域、哪门学科，采取哪些方式，其落脚点都在"致力于学生语文素养的形成和发展"，而不是对其他学科知识的掌握。教师引导学生读准班级同学们的姓，并及时抓住学生生成的错误问题，巧妙结合教师自己的"邹"姓也易读错，有效地引导学生读准字音，体现了"语文"的味道。】

师：读准了咱班同学的姓，我们来交流一下你们的调查吧！

生：我是从老师那要来了我们班的点名册来进行统计的。我班姓王的同学最多。

生：我和妈妈在家里一起来统计的，我们班一共有 31 个姓。

生：我统计到姓王的有 8 人、姓张的有 2 人、姓赵的有 2 人、姓陈的有 2 人、姓刘的有 2 人、姓李的有 3 人。

生：我觉得咱班的"亓""姬"姓很特殊，姓这几个姓的人不多。

生：我的姓是咱班姓得最多的，我姓王。

……

【点评：波利亚说过："学习任何知识的最佳途径是由自己去发现的。因为这种发现，理解最深，也最容易掌握其中的内在规律、性质和联系。"因为是孩子自己提出的问题，因此他们想尽各种办法解决，这种学习才是真正意义上的自主。】

师：为了进一步了解我们班的姓，我给大家带来两份材料，一个是中国百家姓的最新排名，一个是我国流传很久的百家姓原文，你们在其中找找你自己或同学们的姓，看看你们又能知道些什么？

「中国百家姓最新排名表：1 李 2 王 3 张 4 刘 5 陈 6 杨 7 赵 8 黄 9 周 10 吴 11 徐 12 孙 13 胡 14 朱 15 高 16 林 17 何 18 郭 19 马 20 罗 21 梁 22 宋 23 郑 24 谢 25 韩 26 唐 27 冯 28 于 29 董 30 萧 31 程 32 曹 33 袁 34 邓 35 许 36 傅 37 沈 38 曾 39 彭 40 吕……

百家姓原文：赵 钱 孙 李　周 吴 郑 王　冯 陈 诸 卫　蒋 沈 韩 杨……」

（学生们自主阅读两份材料，发现虽然都是百家姓，但排序却不一样，引起了学生们的议论。）

生：我们班级姓王的最多，但我国姓李的最多。

生：百家姓中排在第一位的是“赵”姓，因为当时皇帝就姓“赵”，所以排在了第一位。因为中国姓“李”的最多，所以百家姓最新的排名中“李”姓排在了第一位。

生：“李”姓还有一个来历呢！在很久很久以前，有一个“理”姓的贵族，在逃亡的过程中，一路上靠吃李子维持生命，为了报答李子的恩情，就把姓改成了这个姓，木子李的李了。到了唐代，皇帝姓李，他为了奖赏有功的大臣，就把自己的姓赐给了他们。在唐代时，李姓就成了中国最大的姓氏之一了。

【点评：综合性学习是一种待建构、待开发的课程资源——有待师生去写就的大教科书。教师把最新的“百家姓排行榜”和“百家姓”原文引入课堂，拓宽了学习内容，极大地调动了学生学习的积极性，在兴趣盎然中学到了更多的知识。】

……

（在查找姓氏中，多数学生找到了自己的姓，但有两位同学在两份材料中都没有找到自己的姓，分别是“付”姓和“亓”姓，还有两位同学的姓在前一百的排名中没有找到，分别是“姬”姓和“聂”姓。学生由此提出质疑。）

教师针对此进行讲解：

“付”姓其实很常见，那为什么“百家姓”与前一百名中都没有呢？老师再给大家再写一字，（板书：傅）你们看看这个姓在百家姓中排第几位？（学生查到是 36 位）其实在很早以前，是没有“付”姓的，“付”姓是从“傅”姓变化而来的，有一个时期，我们国家进行简化汉字，其中一部分人把自己的姓写成了这样。这个百家姓的排名中是把这两个姓合在一起进行统计的。

“亓”姓其实是一个复姓，在百家姓中你们找找看。（生找到：“亓官”）其实在古代，有好多人的姓都是两个字，如：司马光、诸葛亮等都是复姓。流传到今天，好多的复姓都简化成单姓了！

“姬”姓是中国最古老的姓了，黄帝就姓“姬”。但现在姓“姬”的很少了，它没有排在前一百位。

……

【点评：教师的导应导在学生的疑问处、不解处。当学生出现问题时，邹老师通过学生熟悉的“傅”“付”姓对比，并从“亓”姓自然引到复姓等，把研究引向深入，这是一种过程性的、非线性的语文实践，不是结论式的、直线式的知识掌握。】

交流二：家里的姓

（学生出示调查表，介绍家中成员的姓名及发现）

生：我的爷爷姓于，奶奶姓马，爸爸姓于，妈妈姓李，我姓于，我发现：我爷爷、爸爸和我都姓于。妈妈和姥爷是一个姓。

生：我的爸爸、姑姑、我都姓赵，妈妈不和我一个姓。

生：我发现我们每个人都和爷爷、爸爸一个姓。

师：（笑着说）你将来要是有了孩子，会姓什么呢？

生（男生）：我姓张，我的孩子一定也姓张。

生（女生）：那我也不知道。

生：老师，她将来的丈夫姓什么，孩子就会姓什么。

（老师和学生都笑了。）

师：大家看这个字“姓”，是由“女”和“生”组成的，其实在很久很久以前，是随妈妈姓的，但随着社会的不断变化，后来就随爸爸的姓了。其实在一个大家庭里，爷爷就像是树根，爸爸就像是树干，我们就像是一片片叶子，无论我们走到哪里，心都会系在家这个根上！老师相信同学们已经能够把咱班同学每位爷爷和爸爸的姓都认会了，那你们想不想也认认咱班同学妈妈和奶奶的姓呢？那就快快把你们课前做的姓氏字卡拿出来吧！

（学生举起字卡开始读妈妈、奶奶的姓，教师随机将学生不容易认识的姓氏的卡片贴在黑板上，指导学生读会……）

【点评：让学生调查班级同学的姓、家里人的姓，这是在真实的、具体的现实中去学语文，是“活化”的学习实践，探究性的学习体验。】

交流三：书中的姓

师：听说同学们在书中找到了好多名人的名字，还做成了卡片，那你们就先在小组内互相地读一读，介绍一下这位名人，再多了解一些姓氏吧！

（学生在小组内交流，教师参与其中，发现有同学在争论“贝多芬”“列宁”等外国人姓什么？还发现有一位同学写了“乾隆”的名字。）

师：（出示贝多芬、列宁、莎士比亚、达·芬奇等名字）大家来说说，他们姓什么？

生：姓“贝”、“列”吧？

生：不对，这些都是外国人的名字，我听说外国人的姓在后面。

……

师：既然提到了外国人的姓，我这里有一个外国人的一家人的姓名，你们看看。

美国总统：巴拉克·胡赛因·奥巴马； 妻子：米歇尔·罗宾逊·奥巴马； 女儿：玛丽·安·奥巴马； 萨莎·奥巴马

生：外国人的姓和中国人的姓不一样，在后面。

生：奥巴马的妻子也和他同姓。

生：不是，她应姓“罗宾逊”，因为是奥巴马的妻子，嫁给他后就随丈夫姓了。

生：我们方才找的外国人名字不是全名，只是一部分，要知道“贝多芬、列宁、莎士比亚、达·芬奇”等姓什么，我们要找到全名后再判定。

……

师：（出示：乾隆）他是谁？姓什么？

生：是清朝的皇帝，他姓乾。

生：乾隆是国号，不是他的真名，他不姓乾。

师：你说得对，乾隆的名字叫“爱新觉罗·弘历”，他们是满族人，姓“爱新觉罗”。你们看看，姓氏还和民族有关呢！

……

师：我从你们那里拿来了好多名人的名字，你们来读一读，再说说他们姓什么？

（出示：毛泽东、邓小平、张衡、杜甫、钱学森、聂耳、杨立伟、郑和、姚明、宋祖英、斯蒂芬·霍金、袁隆平等名字）

师：有没有和你同姓的？你还知道哪些和你同姓的名人？

……

师：其实这些人都是因为自己在某一方面非常有成就，才让这么多人记住了他们，你们想不想长大后也让更多人也记住你呀，那你可要努力呀！

【点评：自主不只是“自己做主”，更重要的是“自觉主动”！孩子们在课前找到了大量名人的名字，有一代伟人，有体艺明星，有外国人，还有中国古代的皇帝……他们和伙伴、教师一起交流、分享学习的收获，发现、讨论、解决学习中遇到的困难，共同探讨不断出现的新问题……享受到学习的快乐。】

分享提升：专业智慧与专业境界

关于“语文综合性学习”本质定位的思考

一、它是一种语文学习活动，而不是其他学科性活动

“语文综合性学习”尽管注重综合，把自然、社会、人类历史等方方面面整合在一起，让学生学习，但它首先应该姓“语”，即不管我们的学习活动涉及哪个领域、哪门学科，采取哪些方式，其落脚点都在“致力于学生语文素养的形成和发展”。

其次，我们应该看到，任何学科的学习都有发展一般能力的功能，语文学习也不例外，具有多重功能和奠基作用。而语文综合性学习以其开放而富有创新活力的特点，更能在发展学生主动探索、团结合作、勇于创新的意识和能力上发挥重要作用。

另外，语文综合性学习的收获是多方面的、立体的。在跨学科、跨领域的学习中，肯定会对该学科、该领域有所了解，有所认识，尽管我们不把它当作语文综合性学习的目标来追求，但作为发展语言的凭借还是应该引起重视的，因为它支撑起了学生在这个学科或领域学习语言、发展能力的空间。

二、它是一种“综合性学习”，而不是一般意义上的“综合学习”

语文学科渗透在我们生活的方方面面，可以毫不夸张地说，只要有人的地方就有语文，因此，语文学习本身就带有综合性质。但“语文综合性学习”与一般意义上的“综合学习”不同，一般意义上的“综合学习”是以学科综合为基础，其学习目标是综合性的，不单独强调某门学科的目标和学科性质。

“语文综合性学习”的“综合”主要指：一是语文知识的综合；二是语文能力的综合；三是语文课程与其他课程的综合；四是语文实践过程的综合。

三、它是一种“活化”的学习实践，而不是“纯粹”的理性学习

“语文综合性学习”把整个世界作为语文学习的环境，注重让学生在真实的、具体的现实中去学语文，是一种“活化”的学习实践。说“语文综合性学习”是一种“活化”的学习，除其学习的对象、内容和环境是“活”的外，还在于：一是学习的过程是“活”的，学生不仅仅是静静地看书，还要调查、走访、表演等，在实践中去亲身体验语文，学习语文；二是学习的方法是“活”的，学生可根据自身实际和学习内容、环境的特点选择灵活多样的方法，如，以“走进童话世界”为题展开综合性学习，可阅读原著，观看影视片，调查童话对人们生活的影响，绘制童话世界，举办童话文艺活动，自编自创新童话等等，其学习方式可自由选择；三是学习的手段是“活”的，可以走进现实世界考查、采访等，也可借助现代信息技术，走进网络虚拟世界讨论、交流等，走进人们的心灵世界和情感世界。因此在开展“语文综合性学习”时要在“活”字上下工夫。

四、它是一种自主的文化生活，而不是逻辑严密的科学研究

“语文综合性学习”尽管具有综合性、实践性和研究性，但它不是按部就班的、逻辑严

密的科学研究，而是一种学习，一种生活，一种特殊的文化生活。在开展“语文综合性学习”时，要注重四点：一是语文实践的文化性，即所开展的语文综合性活动要有文化意味、文化内涵。二是语文实践的自主性。“主要由学生自行设计和组织活动，特别注重探索和研究过程”。三是语文实践的体验性。语文学习本身十分注重情感体验和感悟，综合性学习更是如此，要特别注重“让学生更多地直接接触语文材料，在大量的语文实践中掌握运用语文的规律”，“注意为学生设计体验性活动”，丰富学生的精神世界，重视学生的情感激发和牵引，把情感的价值引导和学生的独特感受有机地结合起来，而不是抽象的分析和说教。四是语文实践的合作性。人际交往和合作是必不可少的生活形态，也是语言交流和发展的重要基础，很难想象在没有交际和交流中却学会了某种语言，因此，“语文课标”特别强调合作，它指出“综合性学习应强调合作精神，注意培养学生策划、组织、协调和实施的能力”。在具体实践中，可让几个同学共同完成某一项综合性学习。

五、它是一种过程性的、非线性的语文实践，而不是结论式的、直线式的知识掌握

“语文综合性学习”通过一个个项目来展开，侧重在学习过程中形成语文素养，而不是通过获取最后的结论来掌握语文知识。因此在评价学生“语文综合性学习”时，应把着力点放在过程上，一看项目确立和内容设计是否具有学习价值和可探索性。二看其资源利用是否具有最优性，如“关于爬山虎的研究”，可供选择的资料很多，介绍爬山虎生长特点的，介绍爬山虎观赏价值的，等等，学生是否能选出最优的资料进行参考，也应作为语文综合性学习评价的一个指标。三看学习方法是否具有科学性，即看学生思考问题的方式、策略是否科学，如学生研究瀑布诗，把李白的《望庐山瀑布》和现代诗的《瀑布》对比起来分析，就应该充分肯定。四看学生学习实践是否具有全员参与性和全程体验性，即看是否人人参与到语文学习中，个个都经历了实践、领悟、探索和创新的全过程。五看学习结果是否具有深刻性和广阔性，也就是说，学生所提出的见解有没有一定的深度，看问题是否全面，是否有独到之处，所形成的学习成果怎样。六看学生提出的见解是否符合人类的基本道义和规范，如果所说的内容有违人类的基本道义，思想不健康，应予以正确引导。七看学习效率是否高，可从综合性学习的时间，所花的精力去分析。总之，在评价时要坚持宜粗不宜细、宜多鼓励少批评、宜启发少代替的原则，充分调动学生语文综合性学习的积极性，以促进学生可持续发展。此外，“语文综合性学习”是以一个又一个项目、一个又一个专题来进行的，各项目或专题之间尽管有许多联系，但并没有线性的逻辑关系。每一个项目或专题的学习就好像一块积木，一个个语文综合性学习实践的推进，就好像将那一块块“积木”搭成各式各样的建筑或物品，其搭建的过程和结果都是千差万别的，因此，切不可按直线式的逻辑序列机械地安排语文综合性学习活动，而应按多样性的、非线性的发展历程，设计语文综合性学习的内容，让学生在不同的综合性学习模块中，提高语文素养。模块组建和分层推进将是“语文综合性学习”的整体设计思路。

复习与思考

1. 什么是小学语文综合性学习？开展小学语文综合性学习活动的意义何在？

2. 小学语文综合性学习的目标是从哪些视角来进行阐述的？通过分析目标，你知道小学语文综合性学习活动的特点是什么？

3. 任选一个版本的小学语文教材分析综合性学习活动教材的组织与编排有何特点？

4. 小学语文综合性学习活动的设计应该从哪几个方面进行？

5. 请选择一个语文综合学习主题，设计出该主题活动的目标，并阐述小学语文综合性学习活动目标应

该如何设计？

6. 一项完整的小学语文综合性学习活动大致要经历哪几个阶段？

7. 小学语文综合性学习主题如何选择？

8. 教师在小学语文综合性学习活动指导中应该注意哪些问题？

9. 请选择一项小学语文综合学习活动任务，依照案例撰写出指导小学生开展活动的方案，并按照设计方案进行实践，向同学展示实践结果。

拓展资源

崔峦．2001．小学语文教学论．北京：人民教育出版社．

冯国瑞．2004．小学语文教材教法．郑州：郑州大学出版社．

江平．2004．小学语文课程与教学（第2版）．北京：高等教育出版社．

李家栋．2003．小学语文新课程教学法．北京：开明出版社．

刘淼．2005．当代语文教育学．北京：高等教育出版社．

夏家发，彭近兰．2010．教学活动设计．武汉：华中师范大学出版社．

夏家发，杨再隋．2001．小学语文教育学．武汉：湖北人民出版社．

中华人民共和国教育部．2001．全日制义务教育语文课程标准（实验稿）．北京：人民教育出版社．

吉林省教育社区．http：//club.jledu.gov.cn/？uid-47125-action-viewspace-itemid-180789.

凤凰语文网．http：//www.xxyw.com/ar/MuJy_Read.aspx？KindID=30&ID=1813.

第 11 章　小学语文考试设计与案例研究

罗昆霞　武汉市教育科学研究院
陈国荣　武汉市汉阳区教研室
夏绮云　武汉市江汉区教研室
辛从飞　武汉市江夏区教研室
刘　进　武汉市武昌区水果湖第二小学

学习目标

1. 了解小学语文学科期中、期末、年段及毕业考试的特点、基本框架和一般题型；
2. 能根据《语文课程标准》和测试目的，命制高质量的语文测试卷。能科学、合理地运用测试结果；
3. 能分析评价各种语文测试卷的优劣。

专题导向

专题 1：语文考试的一般类型
专题 2：小学语文考试的试题框架
专题 3：小学语文考试的结果分析

11.1　小学语文期中考试与评价技术

11.1.1　小学语文期中考试的性质

小学语文期中考试是学生在单元学习基础上的学业考试，属于阶段性的标准参照测验。所谓标准参照测验是依据事先明确规定的知识、能力和素质的标准而制定，并据此标准可以对学生的测验成绩作出解释和评价的一类测验。小学语文期中考试设计主要依据是《全日制义务教育语文课程标准（实验稿）》。

11.1.2　小学语文期中考试的意图

小学语文期中考试服从、服务于教学的需要，它是一种收集反馈信息的教学手段，出发点是通过了解学生学期过半已掌握语文知识、运用及发展情意方面的情况，评估阶段性教学目标或任务的实施成效，为下一段教学提供参考依据。期中学业考试是学校教育的一个中间环节，起着承上启下的作用，特别是对其后的教和学将产生重要的影响。小学语文期中考试关注的对象是全体学生，那些在考试中处境不利的学生更应该成为关注的重点，因为这些学生的语文学习困难相对更大，更容易放弃学习，导致教育的失败。小学语文期中考试是一种形成性考试，它是对学生的另一种方式的教育，这就要求试卷从拟题到评分都有利于对学生进行激励，有利于改进教师的教和学生的学。

11.1.3 小学语文期中考试的基本特征

（1）在学期中期进行，检查评估小学语文教学质量和水平。

（2）了解小学生阶段性日常语文学习成果，保证学生最基本的语文学力。

（3）是在多个单元学习基础上的学业检测，它的评价反馈具有及时性、过程性，有利于教师及时改进教学，有利于学生及时优化学习方式。

11.1.4 小学语文期中考试的基本要求

（1）命题指导思想要端正。考试内容以《义务教育语文课程标准》为依据，在细化学段目标的基础上，突出最根本最重要的东西，杜绝繁、难、偏、旧。

（2）在依标据本的前提下，试题应有一定的开放性。鼓励学生的独立思维、独立见解，在掌握书本知识的基础上，鼓励学生发挥创新精神。

（3）考试形式要多样化，坚持笔试为主，其他方法相辅。形式服从内容，内容服从目标，新课程目标的多元性必然要求考试形式多样化。

（4）注重发挥考试的反馈功能，发挥考试在促进学生学会学习和提高语文教学质量上的作用。期中考试，是对半学期学业情况进行检测，其命题范围、内容要与学习内容、进度相吻合。命题内容要点面结合侧重于面，因为半册语文教材训练点有限，所以要侧重于面。

（5）期中考试要多运用激励评价。让学生通过考试分数看到自己努力的成果，体验到成功的喜悦。期中考试当然要鼓励学业优秀的学生，对后进学生也要给予鼓励，多看他们的进步。要着眼于后进生发展，鼓励他们自我超越，不断进步。在达到课程基本要求下，鼓励他们发展自己的个性特长，而不求平均发展。要坚决摒弃利用考试分数对学生进行比较分类、挖苦打击学生的做法。

（6）废止期中考试管理上统得过死，师生被动的局面，把期中考试权、命题权、评价权还给教师。

11.1.5 小学语文期中考试的命题方向

1. 基础性

“语文基础”应该包括：知识与技能基础，过程与方法基础，情感、态度、价值观基础。听、说、读、写的基本技能，是语文教育教学的基本任务，也是人的发展的基础。小学生语文学习的过程与方法、态度习惯、道德情操与审美情趣在其终身学习发展中也起到奠基的作用，在期中考试评价中三维目标不可偏废。

2. 综合性

学生的语文素养是综合的，涉及听说读写、知情意行和字词句篇等许多不同的侧面。语文期中考试要加强综合性。语文评价无论是它的内容还是它的形式都应具有综合性的特点。以阅读测试命题为例，综合性一般需要满足两个基本条件：一是语言材料应该具有综合性，即与生活实际与学生经验密切相关的篇章或语段；二是测试的内容具有综合性，应该包括多种知识技能之间的联系，考查学生运用知识分析问题、解决问题的实际能力。

3. 创造性

不能简单地用一个统一的固定答案评价学生，限制学生的思维。不同的个体在阅读同一个文本时的体验与理解经常有差异，有时甚至是大相径庭。这体现了学生多角度、创造性的阅读。要鼓励学生不满足一种结论，提倡多角度地理解或表达。

4. 及时诊断性

为减轻学生课业负担，许多学校废止了单元测验，那么期中考试就成了课程跨度最小的考试了，它是在部分单元学习基础上的考试，因此它具有教与学的及时诊断性。及时诊断性是期中考试有别于其他考试最突出的特点。

11.1.6　试题编制的基本思路

1. 知识点的整合

课内知识点的融合、课内与课外知识点的融合、语文知识与其他知识的融合。

2. 知识与能力的融合

语文能力是语文素养的核心内容，掌握语文知识的最终目的是形成语文能力。因此，命题时要避免把知识点的考查细碎化、机械化，尽可能使所出题目与能力的考查相融合，使学生摆脱“死做题、做死题”的窘状。

3. 积累与运用的整合

积累方面还是以积累的目的为出发点与归宿。积累的目的一是丰富语言的内储，从而丰富语言的表面，比如词语的积累等；二是培养语感，厚实语言与文化底蕴，比如古诗词、名言警句的积累。目前，主要设计运用的环境（创设运用的情境），考查学生理解的准确程度和运用能力，使背诵必须和理解相结合；引导形成记忆储块，检测是否能迅速地对语言精品进行检索提取；还赋予积累的内容以丰富的文化内涵。如此，引导学生加强积累，以此为基础，进行语言迁移运用，重组仿造，提高语言感悟、理解、表达能力。

4. 能力与方法的整合

既考查学生的语文能力，同时又考查学生学习的方法，将考试与学习同步。

5. 态度与价值观的整合

既考查学生对生活的基本态度，又引导学生树立正确的价值观。

6. 课内与课外的整合

(1) 课内词句的课外运用。

(2) 教材内容的归类、拓展。

(3) 生活中语文的适当渗透。

(4) 阅读能力的综合考查。

一般情况，对一篇课外文章的阅读，题目的设计会遵循三点：一是教材中语文能力训练的重点；二是教材中字、词、句、标点方面的基本要求；三是学生阅读过程中的感受、体验、理解和价值取向。题序的编排则沿着文章的写作顺序与读者在阅读中思考进行安排，即由前到后、由浅入深，从而使题目的设计超越单纯考查学生的目的，为学生阅读提供引路性、启发性的帮助。

7. 单项与综合的结合

一份试卷中，单项题与综合题都是需要的。单项题的优点是知识点的分布广，答案比较客观，评分误差小，但思维含量不够，难以检测学生的实际运用能力。命题时，尽可能把单项的考题纳入综合题中，删繁就简……具体思路：综合教材知识点设计试题，引导联系建构知识；综合运用多项知识技能，考查解决复杂问题的能力；综合三个维度的目标考查等。

11.1.7 试题编写的一般建议

国际著名教育评价专家布卢姆教授在他主编的《教育评价》一书中，提出有关试题编写与挑选的7条一般性建议，对我们很有启发和指导意义。

这7条一般性建议是：

（1）试题应该清楚地提出一个单独而明确的问题；

（2）试题的阅读难度和语言难度应当适合考生的水平；

（3）所有试题均应该避免重复现象，并在无碍清晰度的条件下，尽可能地简洁；

（4）无论何时都要尽可能使用简明的单词——意义准确且清晰的单词；

（5）试题在语法和标点符号方面应该完美无缺；

（6）避免提供正确答案的线索；

（7）每一道试题都应予以编辑。

11.2 小学语文期末考试评价与技术

《教育部关于积极推进中小学评价与考试制度改革的通知》指出："考试是评价的主要方式之一，考试应与其他评价方式相结合，根据考试的目的、性质、内容和对象，选择相应的方法，促进每个学生的进步。"

语文期末考试评价是对学生一个学期语文学习的评价，教师通过书面或口头等方式，结合学生日常学习情况，考查学生在该学期掌握的语文知识与技能，属阶段性评价。它不仅指期末这段时间所进行的考试与评价，还应包括对学生整个学期发展状况的总体评价。语文期末考试应符合儿童心理特点，尊重个体差异，充分利用成长记录及各种评价资料，对学生全学期语文学习整体状况信息进行整合与判断，作出全面、客观评价。对教师的教和学生的学提出具体的改进建议，目的是促进学生发展，促进教师提高。

11.2.1 期末考试评价的范围与标准

（1）范围：原则上小学各年级考试应以本学期（年）所学内容为主，适当兼顾以前所学内容，并注意体现对学生课外语文学习的考查。

（2）标准：《语文课程标准》规定的课程目标是语文考试评价的依据和标准。要按年段目标结合教材和学生实际，制定学期教学目标，作为期末考试与评价的依据和标准。要按《语文课程标准》的"评价建议"指导期末考试与评价。

11.2.2 期末考试内容的选择

语文学习内容是多元的，其考试内容也应是多元的，不仅要符合三维课程目标的要求，而且要致力于学生语文素养的形成与发展，努力做到工具性与人文性的统一，体现语文考试的整体性、综合性和实践性特点，有利于培养创新精神和实践能力。

1. 基础知识的考试要简而不略

新课标指出，要"根据各学段目标达成的要求，抓住关键，突出重点，进行全面、综合的评价"。期末考试基础知识部分的命题也应如此，要做到简而不略，所谓"简"，就是题型简简单单，内容突出重点；所谓"不略"，就是简而有度，要抓住关键。题型可以包括：看拼音写汉字或听写；选择合适的解释；把词语补充完整（或按要求写词语）；按课文填空和默写；修改病句等。

2. 口语交际能力的考试要在语言活动中进行

新课标指出："评价学生的口语交际能力，应重视考查学生的参与意识和情感态度。评价必须在具体的交际情境中进行，以反映学生真实的口语交际水平。"期末测试中对口语交际能力的考查可采用多种形式进行。将教师平时观察与学生自评相结合，鼓励同学与家长参与进行综合评定，力求真实、全面。教师可以用评语的形式对学生口语交际能力予以评价，评语要体现三个维度。如，你在口语交际中敢说会说，但在说的时候还应按顺序表达，以养成说话时的有条不紊、层次分明的好习惯。

3. 阅读能力的考查要体现整体把握与重点探究的结合

命题要在整体把握与重点探究的结合上下工夫。在阅读中要把整体把握思想内容和探究重点词句结合起来，防止对思想内容的浅识辄止，发挥考试的指挥棒作用。

4. 作文能力的考查要活而有度

语文课标倡导自由表达，鼓励有创意的表达。在新课标背景下，考试的导向作用仍是明显的，考试和教学要一致起来。因此，作文命题应贴近学生实际，让学生易于动笔，乐于表达，让学生有话可说，自由表达。第十册期末考试中有这样一道作文题："每个人都会被表扬，也会被批评。被表扬和被批评的感受总是不一样，关键是要能正确对待。请你把自己经历过的印象最深刻的一次表扬或批评写下来，表达真情实感。题目自拟。"这样的命题贴近学生生活实际，学生会有话可谈。这就提示老师平时要实实在在提高学生的写作能力。

5. 语文实践活动的考查重在考查参与

新课标指出：沟通课堂内外，充分利用各种教育资源，开展综合性学习活动，拓宽空间，增加学生语文实践的机会。因此，不宜在期末用书面形式考查语文实践活动。对语文实践活动的考查，应在平时的活动中观察，观察学生参与活动的主动精神、参与能力和合作精神。如鄂教版语文教材第十一册有"办小报，迎国庆"的综合实践活动。可以在指导的过程中，观察学生的参与热情、怎么做等。要注意吸收来自各方面的评价意见，用评语的形式给予评价。在保护学生自尊心的基础上给予激励，客观地指出不足和努力的方向。

11.2.3　提高命题检测效度，发挥命题导向作用

一份好的语文期末考试试卷，首先，要能比较客观地反映不同年龄段学生这一个学期以来语文学习目标的达成情况，让学生能够看到自己这一个阶段语文学习的主要成绩，知道自己今后努力的方向；其次，要能够体现新课程环境下语文教学的基本理念，对教师的教学起到正确的导向作用。

1. 目标意识决定检测效度

命题的检测效度是指命题内容检测学生学习效果的有效程度。提高命题的检测效度，要注意命题的针对性和科学性。期末考试命题质量如何，直接关系到能否比较准确地评价学生在这一学期的语文学习质量，也关系到能否对小学语文教学作出正确的导向。因此，小学语文期末检测，我们命题时要做好以下几项工作。

1）梳理学习要点，明确阶段目标

提高命题的检测效度，首先要对一个阶段学生语文学习的内容进行梳理，进一步明确该阶段的学习目标。就一个学期的语文学习内容而言，我们可以依据整册教材内容的安排，从以下几个方面梳理学习要点。

(1) 识字写字：①本册要求会认的生字的读音（课后认字表），注意容易读错的字音（如翘舌音、撮口音、鼻音、轻声、多音字等）。②本册要求会写的生字（课后生字表），注意容易写错的字。

(2) 词语：生字词、课后思考练习出现的常用词、单元综合训练（如，鄂教版的“语文乐园”，人教版的“积累·运用”，北师大版的“语文天地”，语文社S版的“语文百花园”）中要求掌握的词语。

(3) 句子：①课后思考练习及单元综合训练中出现的句子。②名言警句的积累与运用——单元综合训练要求掌握的相关内容。

(4) 课文：①课文的背诵默写。②古诗词的理解。③课文的主要内容及主要人物特点（第二、三学段）。④名篇（名著）及作者（第二、三学段）。

(5) 阅读：第一学段阅读思考题的具体要求。第二、三学段的单元导读及单元综合训练中提示的阅读训练要点。

(6) 习作（写话）：第一学段的写话训练要求，第二、三学段的单元导读及单元综合训练中提示的习作内容和要求。

(7) 口语交际：单元综合训练中的相关内容和要求（在口试中参照）。

(8) 综合性学习：单元综合训练中的相关内容和要求。

在此基础上，我们还要将这些分类整理的内容要求和课标中相对应的学段目标一一对接、检视。这样，我们对一个学期的语文学习内容和目标要求就有一个比较清楚的认识，就可以有效提高命题形式和命题内容的针对性。

2）确定检测项目，优化内容结构

梳理了一个学期的学习内容，明确了学期目标的具体要求，我们就可以确定相应的检测项目及具体内容。由武汉市教育科学研究院小学语文教研室编制的《学生学业质量监测评价标准》和《教学进度及课程安排基本要求》，这两本书中就有细致具体的说明，可参看学习。

期末语文试卷的内容结构，根据不同学段的目标要求，一般有以下两种安排。

第一学段：①拼音。②汉字。③词语。④句子。⑤课文的背诵、默写。⑥短文阅读理解。⑦造句或写话。

第二、三学段如表11-1所示。

表11-1 第二、三学段语文试卷内容结构

第二、三学段语文试卷内容结构	
积累与运用	识字写字 词语的积累与运用 句子的积累与运用 课内外阅读积累与运用
阅读理解	直接提取文本信息（如：故事发生的时间是________） 正确使用标点符号（可以安排在“积累与运用”部分） 联系语境理解词句 提炼内容要点 把握主题思想 领悟表达方法 （检测内容可依据学期末阶段的学习目标要求做适当增删和调整）
习 作	能根据习作要求，选取恰当的作文材料或展开合理的想象 能具体、清楚地表达自己的意思

为提高试卷命题的科学性，我们可以根据以上的内容结构和相应的检测项目，制作简单的试卷双向细目表。以语文社 S 版六年级上册语文期末考试为例，梳理本册教材的学习要点后，我们可以制作如下双向细目表（表 11-2）。

表 11-2　小学六年级上学期语文期末试卷双向细目表

项目		序号	内容	能级					取材	分值
				知道	领会理解	运用	分析综合	评价		
积累与运用50分	拼音	一	易读错的字音辨析，多音字辨析	√		√			课本	4
	汉字	二	看拼音写汉字	√		√			课本	8
		三	同音字、形近字辨析、改错	√		√			生活	4
	词语	四	词语积累及根据词义分类	√	√				课本	6
		五	在语境中辨别意思相近的词语		√	√			生活	3
	句子	六	运用关联词语造句			√			生活	2
			运用比喻手法把句子写得具体、生动些			√			课外	2
			根据语境填写名句名言			√			课外	2
		七	修改病句和用错的标点			√	√		课外	4
	课内外阅读积累	八	文言文背诵	√					课本	2
			课文背诵及课文理解	√					课本	3
			古诗词理解		√				课本	3
			课文背诵及对人物特点的把握		√				课本	3
		九	名著阅读	√					课本 课外	4
阅读20分	短文阅读	十	按短文内容填空		√				课外	2
			理解词语		√				课外	3
			理解句义，加旁注		√				课外	4
			抓住要点，提炼概括		√		√		课外	3
			体会破折号的作用		√				课外	1
			理解词语在语言环境中的恰当意义		√				课外	3
			根据表达顺序分段		√		√		课外	2
			把握文章主题		√		√	√	课外	2
习作30分	想象作文	十一	根据提供的材料，续写故事		√	√	√	√	生活	30

这样一来，试卷检测项目和检测内容的分布情况就能一目了然，试题内容的“能级”（依据布鲁姆的学习目标层次，分 5 个级别）、取材、分数比例等安排是否合理，就有了明确的依据。

3）调控难易梯度，提高区分效度

期末考试试题过难或过易都不利于客观地反映学生的学习成效。提高命题的检测效度，还应注意调控试题的难易梯度。试题难易比例一般要控制在 8∶1∶1（相对容易的题目占 80%，有一定难度的题目占 10%，有难度的题目占 10%）。也有的地区把比例控制在 7∶2∶1。

科学地调控试题难度，一般要根据试题的检测知识点或能力层次，通过抽样实测反馈数据后，进行难度统计。学校每学期末都要命制试卷，这样做不大现实。因此，试题的难度，我们可以站在学生的角度进行预估。例如：下面这道“根据课文内容填空”的试题，就能较好地体现难易梯度。

“那__________留做标本的叶子，成了我们的珍宝：圆形的、条状的、桃形的、针状的、蛋形的、__________状的、叶面带绒毛的……__________开来。”这句话写出了留做标本的叶子不但数量多，而且__________多。“珍宝”一词，流露出“我们”__________的感情。（语文社 S 版四年级上册《绿叶的梦》）

这道题的前三处填空，主要考查学生对要求背诵的课文内容的实际情况，相对容易；第四处填空，主要检测学生对句子内容的理解，有点难度；第五处填空，主要检测学生抓住重点词语体会思想感情的能力，比第三处填空的难度要大一些。这样的试题，符合第二学段的目标要求，答题内容由易到难，体现了试题的难易梯度，从而提高了试题检测的区分效度。

梳理一学期的学生学习内容的要点及相关要求，按照语文试卷的一般内容结构，确定相对应的检测项目，注意试题难易程度的把握和控制，我们才能避免语文期末试卷命制的随意和盲目，从而提高期末试卷的检测效度。

2. 科学引导发挥导向作用

试卷命制不仅要能比较准确地诊断学生学习目标的达成程度，也要对教学起到正确的导向作用，能够引导教师转变教学观念，改进教学方法，提高教学质量。就语文期末笔试命题而言，命题内容应着重在以下三个方面起导向作用。

1）引导注重学习能力的培养

“教材无非是个例子。”叶圣陶先生的这句经典名言告诉我们：教师的教学要立足文本，借助教材这个“例子”培养学生“自能读书”的能力。因此，期末试卷命制首先应该在“注重学习能力培养”这个点上起导向作用。

例如南安市 2009 年六年级上册期末试卷的“阅读理解”的部分命题就能较好地体现这种意图。试题出示了一篇短文，并在第一个画线句子的右边加了旁注。然后要求学生按要求作答：“‘不动笔墨不读书.’旁注是一种很好的读书方法，它能把我们读文章时的思考、感悟及时地表达出来。请照样子（短文中第一个画线句子右边的旁注①）在短文的右边给另外两处画横线的句子加上旁注。”

这道试题，主要考查学生“联系上下文和自己的理解，推想课文中有关词句的意思”（课标在第三学段中提出的目标要求）的阅读能力。试题这样设计，就能引导教师在教学中重视指导学生抓住关键词句理解课文内容，注重培养学生边读边想、“不动笔墨不读书”的良好习惯。

2）引导关注语文与生活的联系

语文教育的目的是要服务大众生活。因此，语文教学要尽量联系生活实际，在引导学习语文的过程中，让学生感受到语文学习是生活的需要。语文期末试卷的命制也要在这一点上发挥导向作用。例如，下面这道六年级期末考试试题就较好地体现这样的导向。

下面是一位母亲反映她的孩子陈晓东上网成瘾的情况。请你根据这位母亲反映的实际情况，写一段话，劝劝这位同学，尽量使他能够接受你的意见，改掉上网成瘾的毛病。

母亲反映的情况："我的儿子今年读小学五年级。他每天放学后，把书包一扔就去上网，有时候饭也顾不得吃，作业也拖得很晚才能做完。我多次劝他也没有效果。你能帮我劝劝他吗?"

我的规劝：____

这道试题抓住了现阶段学生生活中普遍存在的一个实际问题——沉迷网络而影响正常学习。通过设计"一位母亲对儿子上网成瘾的无奈，请求他人规劝、教育"的生活化情境，考查学生解决生活实际问题的语文能力。这样的试题，不仅可以引导教师在教学中关注教材内容，还可以让他们意识到要在教学中联系生活，重视培养学生的语文应用能力。

3）引导重视课内外阅读的沟通

教学实践证明，大量阅读，可以丰富语言积累，是提高学生语文素养的一个关键。语文期末试卷命制应在名言警句积累、古诗词诵读、名著阅读等方面引导教师在教学中重视课内外阅读的沟通，指导学生大量阅读课外读物。例如：

诗人李白用"飞流直下三千尺，疑是银河落九天"的诗句来赞美瀑布的雄伟壮观。你能用古人的诗句赞美下面的事物吗？请从下面几个事物中选择两个写出相应的诗句。

A. 小草　B. 春雨　C. 柳树　D. 竹子　E. 荷花

（1）赞美________的诗句：________________________，________________________。

（2）赞美________的诗句：________________________，________________________。

如果我们能够按照以上的思路和要求命题，语文期末试卷总体上就能够比较客观地反映学生语文学习目标的达成情况，也有利于教师明确语文教学方向，反思存在的问题，改进教学方法，提高教学实效。

11.2.4　质量分析的内容与要点

语文期末考试试卷含有丰富的教与学两个方面的信息量，答题过程所留下来的文字表达，是学生思想和思考的轨迹见证，是学生学习个性的集中表现，也是老师教学策略产生效果的真实反映。《基础教育课程改革纲要（试行）》中指出，"评价不仅要关注学生的学业成绩，而且要发现和发展学生多方面的潜能，了解学生发展中的需求，帮助学生认识自我，建立自信。发挥评价的教育功能，促进学生在原有水平上的发展"；还提出"教师应对每位学生的考试情况作出具体的分析指导"等要求。因此，了解试卷分析的基本内容，掌握分析试卷的若干方法，是时代对教师的要求。

1. 期末考试质量分析报告的内容

（1）对试卷内容的分析。包括试题质量的高低、试题难度是否适宜、重点的比重、覆盖的知识面是否到位等。

（2）对学生答题情况的分析。包括数据分析和实例分析。数据分析中，应包括各题的得分情况，得分比例；实例分析中，应包括每一试题答题的具体实例。典型错题的答题情况作定量分析，学生掌握和运用语文知识的能力作定性分析。

（3）得失分原因分析。应包括分析得分高的原因和得分低的原因。通过分析得失原因，以总结教与学两个方面的经验，并找出存在的问题及剖析产生这些问题的原因。

（4）建议及措施。根据以上三方面的分析，提出改进命题工作的建议和解决在教与学过程中存在的问题的措施。

2. 期末考试质量分析报告的要求

一要目标明确。即要围绕期末考试的目的进行。因此分析的内容要有针对性。

二要真实具体。所列数据，应是抽样的准确数据；所举实例，要典型具体，应体现大部分学生答题的情况。

三要突出重点。对试卷内容和试卷中出现的问题的原因，要抓住重点，突出关键所在。提出建议和解决问题的措施，应从实际出发，抓住共性，突出重点。

四要注重实效。进行试卷分析，其目的之一是为了查找教学中的问题，因此应该从教学的实际出发，对查找出的问题应持积极的态度进行解决。

11.3 小学语文学段考试与评价技术

全日制义务教育《语文课程标准》（实验稿）在“课程目标”的设计思路上，九年一贯整体设计。课程标准在“总目标”之下，按1～2年级、3～4年级、5～6年级、7～9年级这四个学段，分别提出“阶段目标”，以体现语文课程的整体性和阶段性。

学段考试，是学生在某一学段的学习已结束，即将进入下一学段学习之时，检测其达成该学段“识字与写字”“阅读”“习作”“口语交际”“综合性学习”这五个学习领域之目标情况的一种考试。这种测试的特点是它与学生在这个时期的学习内容密切相关，考查的目的在于测量学生是否掌握了规定的学习内容以及掌握的程度。如果说得通俗一点，这种考试在于测定学生的“昨天”。从时间跨度上看，它周期较长，小学阶段每两年举行一次；从性质上来说，它具有承上启下的作用。因为学段间学生心理及学习内容差异较大，如第一学段和第二学段、第三学段和第四学段，所以学段的过渡尤其重要，一次成功的学段考试，对于准确考查学生的学段语文学习状态，明晰学生语文学习中的阶段性成绩与不足，改进教师的后续教学，提高学生下一学段的语文学习效率，发挥着重要作用。

长期以来，我们的语文教学与测试可以说都是经验型的。在这些经验中蕴涵着丰富的宝藏，因为我国可以说是世界上母语书面语教学历史最悠久、经验最丰富的国家。但是经验型的教学与测试的最大弱点就是它的随意性。现在，该是我们进行理性思考、吸收教育测量学的科研成果，以升华我们的经验的时候了。

11.3.1 语文课程学段考试的特点

语文课程学段考试要紧扣学段内容和目标，学段目标是学段的终极达成目标，因此不必对目标再作分解。

中小学课程中，一般来说，年级越低，科目的综合性越强；年级越高，学科色彩越浓。但不同学科都有其学科特点，都有一定程度的综合性。就语文学科而言，它是一门综合性很强的科目。语文课涉及文化常识，它包含一定数量的文艺作品，作品是社会生活的艺术概括，其抽象程度也较高；尽管如此，从这门科目的主要功能——工具性来看，应用性，或者说培养实际操作能力，应该是语文教学的主要目标。所以，从其优势倾向来说，语文课是属于应用型的。

目前流行着一种观点，就是把语文课分解成若干“知识点”，在持这种观点的人看来，语文课是由这些“知识点”组成的。这是不正确的，它错误地理解了语文课中知识与能力的关系。根据以上对语文学科课程特点的分析，无论是语文教学还是语文测试，都应该以读、写、听、说这四项专门能力为主。全日制义务教育《语文课程标准》有助于澄清模糊认识，对语文教育和语文测试将起到良好的导向作用。

语文课是一门既有很强的工具性，又有很强的综合性的科目。从语文课程内部结构看，既含有语言因素，又含有文学因素和文体因素；从语言的能力要求来看，读、写、听、说相对独立；从知识构成来看，文字有形和音，词汇有基本语义、一词多义和语境语义，语句有语法和修辞，篇章有谋篇知识和文体知识……语文课包含如此之多的内容，怎样进行测试是值得认真研究的。

调查结果表明，语文测试属于异质性测试，亦即语文课的各因素之间彼此相关性很弱[①]。因为语文课内部名目繁多，不同的知识之间不相统属，不同的能力之间相对独立：各种语文知识丰富的学生不见得能娴熟地拼音，能够流利地使用现代汉语的学生不一定有很强的阅读古代诗文的能力。一般地说，成绩考试的覆盖面可以广一些，选拔考试则应突出其主要的方面。年段考试作为一个阶段学业结束的语文成绩的综合检测，内容可以全面一些，以检测学生的语文学习的整体状况。总之，不管是哪一种考试，根据语文课程的特点，都应该体现以能力为主的精神。

11.3.2　语文学段考试的基本框架

从教育测量的角度看，智力、能力、技能体现了智能结构的三个不同层次，并且也有与之相适应的测验形式。

根据语文课程的特点，我们应该清醒地认识到：构成语文测试核心的是语文专门能力的测试。语文的专门能力就是读、写、听、说能力。怎样才能有效而又可信地测试这四种能力，是语文教育测量研究的主要课题。

语文技能技巧的操作性测试构成语文测试的另一个环节。语文课要培养学生的专门技能技巧，例如标点、书写、在一定语境中的词语运用、句式的修辞变化，等等，这些技能技巧具有相对独立性，可以通过有针对性的操作题进行测试。

知识性测试构成语文测试的第三个环节。语文课中有一些内容如文化常识、文学知识等知识，是形成一个人文化教养的有机组成部分，也属于语文测试的范围。至于语文的应用性知识则最好通过操作题来检测，以免导致教学中的死抠概念。

专门能力的测试、技能技巧性操作、知识的检测，这三者构成了语文测试的总体框架。作为小学年段测试，其内部比例和难度的调整、考核的内容与题型，应当与一般期中、期末考试有所区别。

11.3.3　语文学段考试的题型

下面将结合写作、阅读的书面测试，对不同专门能力与题型功能的关系略作探讨。

1. 客观题型

经过多年的实践，证实客观题型在测试语文能力和技能方面是有效的，然而也存在着一定的局限性。

语文测试中常用的客观题型有判断题、选择题、配伍题、图表题、填空题等。

1）判断题

判断题只含是非或正两个选项，如

【题型示例】

下面带点字的读音哪一个是正确的？

倔强——qiáng　jiàng　（　）

---

① 章雄．中国当代写作与阅读测试．四川：四川教育出版社，2000.

判断题编制简易，学生作答迅速，短时间能测很多内容，是其优点。从测试功能看，判断题适用于基本知识技能层次较低的内容，对较高的能力层次不太适用。

2）选择题

选择题的正确答案可以只有一项，也可以不止一项。在小学阶段的测试里，一般只设计“单项选择题”。

【题型示例】

下面句中的横线上填入的词语，最恰当的选项是

趁敌军立足未稳，我军__________拿下了敌人的三个阵地。

A. 再接再厉　　B. 一鼓作气　　C. 雷厉风行　　D. 势如破竹

单项选择题有多种编制方法：可以选正确项，可以选错误项（否定项）。还有一种“组合式”选择题，可以包含较多的内容、比较复杂的思维过程，可以测试较高层次的理解和推理能力，这是其优点。

不过，选择题只能反映思维的结果，不能反映思维的过程。思维的过程对测试来说常常是很重要的。比如说，一位考生对所提的问题基本上能够解答，但由于思考过程中某一个环节出现了失误，其结果是错误的；另一位考生则全然不会，其结果也是错误的。从测试的角度说，这两位考生水平是不同的，然而编成选择题后，从考试的结果看，这两位考生的成绩却是相同的。

选择题只能测试求同（聚集）思维，而不能测试求异（发散）思维。选择题这一不足是非常明显的。

选择题不能测试出言语的实际操作能力。比如，许多语言现象，让学生集中注意力去辨析时，是可以识别的，但要他们自己去独立操作时，却仍然会出现同样的失误。这方面最明显的例子是错别字。从这一点来说，语文测试的一些操作题的成绩，与他们的实际应用之间也常有一定的距离。

不过，选择题具有一定的测试功能是毋庸置疑的。这种形式也将日益为人们熟悉并且获得发展。

3）配伍题

配伍题所测试的是可以两相对应的内容，通常采用的答题方法是连线，所以又称“连接题”。例如：

下面列出的中国古代文学有四人和古典文学作品四篇，请把每一位作家和他的作品分别用线条连起来。

【题型示例】

李　白	《红楼梦》
杜　甫	《将进酒》
罗贯中	《绝　句》
曹雪芹	《三国演义》

配伍题的两个系列之间，项目数不一定相等；此外，还可以设置一些迷惑项，或者让某一方的某项在另一方的对应项不止一个。采用这些做法的时候，配伍题的难度会明显提高。

配伍题的内容也可以采用选择、填空等形式。

4）图表题

连线的方法简洁而直观，在这种题型中，线条已经成为一种非文字的表意手段。如果再进一步，借助线条、图形等（也可以有部分文字）组成试题，就成了图表题。

【题型示例】

请根据《詹天佑》一文中的文字内容，在下面的“居庸关”和“八达岭”的山势图上，用“→↓←”的箭头符号，画出“两端凿进法”和“中部凿进法”的示意图（图 11-1）。

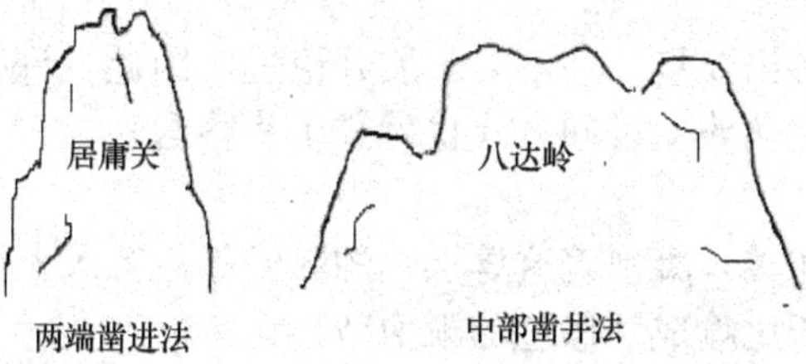

图 11-1

居庸关山势高，岩层厚，詹天佑决定采用从两端同时向中间凿进的办法。八达岭隧道长 1100 多米，有居庸关隧道的三倍长。他跟老工人一起商量，决定采用中部凿井法。先从山顶往下打一口竖井，再分别向两头开凿，两头也同时施工，把工期缩短了一半。

在这道题里，学生用箭头（线条）作为答题的手段。

5）填空题

作为客观题的填空题有各种形式，多数是以完整的表述为题干，留下适当的空缺让学生填补。

【题型示例】

《囚蚁》一文中的“我”和妹妹做了两次养蚂蚁的试验，第一次是把________________，结果________________；第二次是把________________，结果________________。

这道题测试的是阅读理解能力，考生只需从原文中筛选出关键性词句就可作答，答案是客观的，并且有适当的难度。但如果编制成选择题，考生一目了然，几乎没有难度可言。由此可见，并不是所有的客观题都适宜于选择题这种形式。

填空题也可以采取图表的形式。在这种情况下，图表可以节约许多文字，简洁而且直观。

填空题还有一种比较特别的形式，就是只填序号，不填文字。这种题大多用于测试排序能力，因此也称“排列题”。

填空题是介乎主、客观之间的一种题型。假如填空题的答案是唯一的，不需要考生用自己的言语加以概括、表述，它就属于客观题；假如需要考生用自己的言语加以概括、表述，就不是唯一的，它就属于主观题。

2. 主观题型

语文测试的主观题型，在评分要求上应注意语文学科的特点，把语文能力作为一个评分因素，这是和其他学科测试有所不同的地方。从题型与相应能力要求的关系看，按能力层次的高低依次为：填空题、简答题、论述题、作文题。

1）填空题

下面的填空题就不再属于客观题而属于主观题：

【题型示例】

这件事既然是你做错了，________________________________。

这道题所要求的是根据上下文语境填充句子，使之完整。实质上是要求学生按照特殊的规定造句，因此答案是灵活多样的。还有一些填空题，题干限定了答案的内容与表述方式。答题者必须能确切地把握住答案的要点，而且还要能准确地加以概括，这就是多数填空题的测试功能。

2）简答题

简答题只要求学生答出要点，并不要求展开论述，因此，许多简答题的内容也可以采用填空题的形式，有的填空题改变设问方式也就成了简答题。

【题型示例】

人们透过阴惨惨的薄雾，凝视着这尊黑色的雕像徐徐沉入大海。（薄雾怎么是“阴惨惨”的？为什么把哈尔威船长比喻成“黑色的雕像”？）

相对地说，简答题的内容容量可以大于填空题。把简答题与填空题加以比较，可以看出其异同：

二者都要求简明扼要地作答，都检测考生准确地把握要点的能力；

填空题的题干可以起到对答案进行完整表述的作用，简答题则需要考查独立自主进行语句完整的表述；

由于简答题的内容相对复杂化，考生答题有时还要注意要点之间的逻辑关系，进行合理的次序编排，使内容条理化。

检测考生能否把握要点、注意要点之间的逻辑排序、并且进行语句完整的表述，这就是简答题的测试功能。

3）论述题

在义务教育第三、四学段的语文年段测试中，有时也可以设计简单的论述（阐释）题。其要求在把握要点的基础上作进一步的阐述，答案的复杂程度要明显地高于简答题。例如：

【题型示例】

（原文略）

这篇文章在表达上有许多独特之处，请仔细阅读原文，归纳概括，并用具体例子展开说明。

这道题文字不多，但对答题的要求却比较复杂。与简答题相比，考生不单要列举要点，而且要予以阐述，这就涉及合理地引用材料，并加以论述；观点材料都需要用语言来表述，因此，语言水平的高低也应该成为论述题的一个评估因素。

4）作文题

这是语文测试的特有题型。

培养写作能力是语文教学的根本任务之一，然而写作能力的测定又是语文教学中最困难的项目。困难在于，衡量学生的写作水平有着极大的主观随意性。

从国内外学者对一般写作的心理过程、写作能力构成要素的分析，结合每个人的写作的体验，都能感受到：写作能力的评估相当复杂，有些技能和能力的测定客观性强，比较容易把握；有的则只能全凭测定者主观判断。

正字、行文格式、标点等这些属于书面表达的纯技术性要求，评估的客观性最强。

语言的流畅程度就要复杂一些。“通顺”包含规范性和连贯性两方面的要求，语言的使用是否规范虽然有客观标准，但评估的灵活余地仍很大，语言是否连贯也有一定的客观标准，但灵活程度更大。

对思维条理性与语言流畅程度的评估，主观程度更高。

认识的深度与广度、审美趣味的高低以及文章在内容与形式方面的独创性、协调性，在这些方面，已经很难有统一的客观标准，评估全凭主观。

由此可见，写作能力的层次越高，评估的主观程度也越高。

基于对写作能力测试主观程度高的考虑，在写作测试中，分解性试题就便于比较客观而准确地对写作某方面的技能和能力作出判断和评价。

写作测试的题型包含客观性试题、操作性试题、短文型试题、长文型试题等。

客观性试题的常见形式是选择题。言语技能的层次越高，灵活性越大，因此客观性试题对语言能力的测试是有一定限度的。

操作性试题提供限定性内容，只要求学生根据规定作语言处理。这样，就可以缩小测试面，排除写作中的其他因素，集中于测试言语技能的最基本方面。

短文型试题与长文型试题是指篇幅而言的，同时也是指测试因素的多寡而言的。短文型试题与学生语文课的缩写、扩写、改写、写片断等练习十分相近。也可以说，所有这些语文课的练习形式都可以编制成语文测试题，写片断一般属于短文题型。

写一篇相对比较长的文章是我国语文测试的传统形式，这种形式的基本题型就是所谓的“命题作文”。长文能够全面地反映学生的认识水平，能够更好地反映学生从整体上把握全局的谋篇能力，因此是不能替代的。

分享提升

PISA看国内语文阅读考试改革①

——以2002～2009年的上海阅读开放题为例

在基础教育阶段的众多学科中，没有哪一门学科像语文呈现出如此的复杂性，也没有哪一门学科的考试改革为一些基本问题长期争论不休。自21世纪初开始的新一轮语文课程改革强调学生独特的个人生活体验和阅读感悟，这种定位在人文性和工具性的争论中表现了对前者的偏好，但在语文阅读考试中，人文性和工具性的冲突并未因此而减少。

国际学生评估项目（programme for International Student Assessment）是经济合作与发展组织（The Organization for Economic Co-operaition and Develop ment，OECD）发起并组织和实施的评价项目。PISA是比较“实用”的测试，它的定位是检测完成义务教育的15岁青少年运用知识和技能迎接现实生活挑战的能力，目的并不仅仅是看学生掌握特定学校课程的程度，也不是重视学校学习的内容，而是看学生能运用这些内容做什么。毫无疑问，PISA的定位和国内的阅读考试是有很大差异的。

从PISA的视角来看，国内的阅读考试呈现怎样的状态？对我们有怎样的借鉴意义？PISA当然不是万能灵药，但它迥异于国内阅读考试的特征并能给我们一些新的观点和视角。

一、PISA阅读测试的主要特征：以开放题为例

PISA阅读测试共有5种题型，开放题是重要的类型之一。这种题型要求学生建构较长的回答，允许有范围的、多样的、个性化的回答和不同观点。这类题型是建立于PISA整体的阅读素养架构之上的，同时又带有与其他题型不一样的特征。

（一）大题量的检测

在PISA的阅读测试中，开放题占了重要的比例。PISA2000侧重考查阅读，在141道阅读试题中，有43道是开放题，占到了30.5%。PISA2006的阅读试题共有28道，开放题10道，占到35.7%。相比较于国内的阅读开放题只有1～2道的情况来说，PISA开放题无疑是

---

① 夏雪梅．从PISA看国内语文阅读考试改革．上海教育科研，2010，(5)：4.

大题量的检测。

（二）每一道题都有清晰的能力和难度定位

PISA 每一道试题都有清晰的能力和难度定位，开放题目自然也不例外。PISA 主要考查的阅读能力是检索信息、解释文本、反思与评价。就难度来说，根据 PISA 的题目地图，1 级是 335～407，2 级是 408～480，3 级是 481～552，4 级是 553～625，5 级超过 625。

（三）试题注重对高水平阅读能力的考查

虽然每一道试题都有相应的能力和难度层级，但与其他题型不一样的是，开放题更多的是考查高水平的阅读能力。所谓高水平的阅读能力，有两个含义：一是阅读认知活动高，二是阅读的难度高。从历次 PISA 阅读开放题的考查上看，2000 年解释文本和反思类的题目共占到 81%，而 2003 和 2006 年的开放题则 100%是对这两类能力的考查。

从难度上说，在 11 道公布的样题中，4、5 层级的题目达到 63.6%。

（四）在试题中创造多样化的阅读情境

PISA 的阅读情境共分为 4 种：个人的、公共的、工作的、教育的。这种多样化的情境设计和 PISA 阅读素养的定位一致，是为了解特定的学生是否为参加各种社会活动和参与各自的群体做好了充足的准备。

二、从 PISA 阅读素养架构看 2002～2009 年上海中考阅读开放题

三、语文阅读考试改进的可能方向：基于 PISA 的视角

根据 PISA 的阅读素养架构和试题对比分析上海中考的阅读开放题，则为改进国内的阅读考试提供了可能的视角。

（一）清晰定位“实用”与“人文”，确定其要考查的阅读能力

实用与人文一直是纠缠语文阅读考试，乃至语文教育的重要主题。哪怕就开放题而言，也能看出两者的重要分野。下面的两段话鲜明地体现了这两种对立的观点：

“我们要制定的开放题是要考查学生的价值观、人生观、思维方式的，是没有答案的，答案是无穷解的，你想象不到的。这样的题目是很难出的。”

“开放题的题目可以是主观的，但是，考查的能力是特定的，结论是客观的。好的开放题让不同老师批改，结果都差不多的。”

国内的阅读开放题其实走的是第一段话的思路，重在检测学生的情感态度价值观，阅读题变成了写作题、历史题。比如这道题：“列举一个中国历史上‘以弱胜强’的事例，并作简要分析。”有人认为，这是假语文之名行历史之实。为了表现出体现与其他学科、社会生活的关联，出现过多与文本无关的内容，削减了语文的性质。不仅是开放题，在其他类型的阅读题目中，也存在这样的现象。就语料的选择来看，绝大多数是记叙文，表达积极正面的主题思想。比较而言，PISA 的定位就很明确，欣赏、人文只是多种阅读情境之一，阅读也是为了能够有效地从中获得信息，服务于生活。这就给我们一个讯息，不管偏向哪一方面，关键在于清晰性一致性，“兼顾”解决不了问题，阅读考试需要定位清楚，转化成具体的能力架构，并在试题中一以贯之。

（二）加强课程标准、阅读能力架构与试题编制间的一致性

一致性是判断一种测试是否有效的重要依据。PISA 阅读素养架构主要由如下的 A、B、C 三个部分组成。PISA 的试题也是基于 A、B、C 而设计，形成多样的类型，与阅读素养架构紧密相连。在 PISA 中，我们可以毫不费力地看出某个试题考查的是什么。而在国内，我们则很难判断出试题的取向，它是模糊的。

PISA 是不和课程相连的，它只要阅读架构和试题编制一致就可以了。而国内的阅读素

养架构从哪里来，关键还在于课程标准，这是重中之重。因此，对国内的语文阅读考试来说，从课程标准开始，就要给出一套可供检测的阅读能力架构。让阅读考试基于课程标准，让阅读教学基于课程标准，用课程改革驱动教育整体变革，用课程标准驱动课程改革的题中之意。

（三）题目编制类型和语料选择的多样化

纵观上海9年来的开放题，每年的题量、类型是非常少的，近几年来更是如此，都是1题。相反，PISA的开放题类型多样且数量较多。为什么PISA能够设计出如此比例的开放题，而我们的考试出题人员却认为"千题难有一个开放题"呢？

素养结构	A文本结构	B任务类型	C情境
种类	A1连续性文本 A2非连续性文本	B1提取信息 B2解释文本 B3反思和评价	C1个人的 C2公共的 C3工作的 C4教育的

将上表的A、B、C三种类型分别搭配，则可以得出2×3×4=24种类型的设计题型，而从目前上海的情况来看，是以A1B2C1和A1B3C1为主，这大大限定了开放题的出题思路。参照PISA开放题的类型，有6类阅读试题是值得关注的：

（1）考查细微差别的语言内涵的题目。学生能够分析细微语言差别的语言内涵，从而体现出对文本的全面而细致的理解。这一类型的题目难度往往是4等级的。

（2）考查运用专业性知识进行批判性的评价或假设的题目。能利用常规的或大众的知识对文本进行假设或进行批判性评价。这种类型的题目往往是5等级的，需要学生依据已有的知识作出推论，进行假设。

（3）考查处理与预期相背离或冲突的概念的题目。这一类题目所选择的语料的话语结构不是很清晰，需要阅读者将文本特定的部分与隐晦的主旨产生联系。

（4）考查基于全文分析部分含义的题目。这类题目所对应的文本篇幅通常较长且较复杂，学生对背景也比较陌生，要求宪政对文本通盘考虑。

（5）以公共、工作、教育为情境的题目。PISA阅读素养的定位是检测学生日常生活中的阅读能力，因此，多种情境的阅读开放题成为PISA的重要表征，新闻、网络上的公告、博客等这些文章都是学生在日常生活中经常遇到的。

（6）涉及非连续文本阅读的题目。非连续文本，如剧本、表格、图表等与连续文本的阅读方式很不一样。阅读这一类文本在日常生活中也很重要。

（四）注重阅读考试中的深度阅读，改变考试评价中的"浅阅读"现象

阅读能力的分类中，理解是一个很重要的类型，更高层级的评价、创造都是建立在理解的基础上。从认知角度来说，阅读中的理解过程包含很多小类，需要学生解释、举例、分类、概要、推论、比较、说明。所有的PISA阅读题都是基于文本的阅读，它们的4、5层级都体现了"深度阅读"的重要性。而目前国内阅读题显然忽略了理解这一层次，直接跳到评价和创造，使得考试中的阅读停留在表浅层次。

11.4　小学语文毕业考试与评价技术

小学语文毕业考试是对学生小学六年（共三个学段）语文学习状态的一次终结性评价检

测，对合理评定学生六年的语文学习成绩，正确提供师生教学反馈的学习信息，科学预测学生未来的语文学习能力诸方面，具有不可替代的现实意义。

结合当前的语文教学形势来看，小学毕业考试试题的设计，应着力体现以下三点：

一要反映教改方向，彰显语文学科的本质特点，回归语文教学的真实常态，考查学生语言文字达到的水平，体现本色语文的教学思想；

二要传递课改理念，整体优化试题的呈现方式，题目难易适中，题量大小适宜，凸显试题的开放性和创新性，让学生品味学习的快乐；

三要强化整合意识，突出语文综合性强的特点，命题中不仅要加强听、说、读、写的整合，三个维度之间的整合，而且要强化语文和其他学科知识的整合。

小学语文毕业考试是检查六年教学效果和学生学习成绩及能力的重要工具。一次成功的毕业考试，应该是把脉语文，发现毛病，进行诊断治疗的过程。一份优质的毕业试卷，应具有检测功能、激励功能和导向功能。那么，如何命题才能“考”出学生现有的语文素养？如何命题才能“试”出学生潜在的语文能力？总结当前的毕业命题经验，我们可以从以下几个方面去努力。

11.4.1 透析“学情”，明确考试目的

一般来讲，小学语文毕业考试的目的是确定的，即对学生六年语文学习的诸方面的一次综合性检测。除了达标监测、甄别选拔功能以外，还具有展示激励、反思总结、记录成长、积极导向等功能。需要指出的是，结合不同学区的毕业评价传统和学生语文能力发展的实际情况，当前的毕业考试也逐步呈现出“一标多卷”的发展倾向，根据考试目的的不同，大致分为如下几种类型：

(1) 以“达标评价”为主的毕业统考。此类毕业试题依标据本，标准规范，题型较为传统，题量、难度适中，卷面相对“平和”，通常采用“7＋2＋1”式的命题结构，即基础题、能力题和创新题的比例分别是整套试题的70％、20％和10％。这类试题常常是为了适应整个学区的统一毕业统考而由教研室统一印制的。

(2) 以“甄别监测”为主的毕业调考。此类毕业试题虽依标据本，但综合性强，标准化程度高，倾向于语文素养的考查，通常采用“6＋3＋1”式的命题结构，即基础题、能力题和提升题的比例分别是整套试题的60％、30％和10％。这类试题区分度较高，往往是为教育行政部门进行学区内教学质量检测而专门研究设计的。

(3) 以“专项测查”为主的毕业会试。此类毕业试题针对性强，题型新颖多变，常常用于对某项语文能力的专门测查。例如，武汉市武昌区近两年的毕业试卷，就针对“阅读能力”这个重点检测项目，采用“5+5”的命题结构，课内外的阅读题和基础试题各占试卷的50％。这类试题通常是为了某项研究或实验而由学区课题组专门设计的。

因此，不论是什么性质的毕业考试，在试卷研制前，一定要先透析学情，全面熟悉、了解本学区或本校语文教学的实际情况，考虑本次毕业考试的具体需求，系统查阅相关的毕业考试资料，在“有备无患”的基础上“对症下药”展开命题。

11.4.2 依“标”扣“本”，锁定考试内容

显而易见，这里的“标”，即《语文课程标准》；这里的“本”，即语文课本。毕业考试命题要以“课标”第三学段目标为依据，以12册语文课本为根本，不能任意拔高要求，也不能人为地降低要求，真正做到“依标据本”。在具体命题过程中，要将第三学段的“阶段

性教学目标”和各册教材中的“具体教学要求”有机结合起来，再根据毕业考试的特定目的，锁定恰当的考试内容。所以，不论编制何种类型的毕业考试题目，不仅要纵向关照第三学段字、词、句、段、篇之间的语言逻辑关系，还要横向考虑听、说、读、写以及三维目标之间相互渗透的有机联系。例如，“课标”第三学段在“阅读”目标中指出要训练学生“联系上下文和自己的积累，推想课文中有关词句的意思，体会其表达效果”，结合六年级《匆匆》一课语言的表达特点，笔者在毕业统考中设计了这样一道题目：

例题：读句子，按要求答题。

“我赤裸裸来到这世界，转眼间也将赤裸裸地回去罢？”

（1）这句话是著名作家（　　）在散文《　　》中写的一句话。（1 分）

（2）这句话中，两个“赤裸裸”的意思不一样：第一个是____________的意思；第二个是____________的意思。（2 分）

（3）你觉得句中的两个“赤裸裸”能删掉吗？请写出你的理由。（2 分）

____

（4）读了这句话，你受到了什么启发？请写出你最真的心灵体验。

____

上述四个小题，紧扣重点词句，由词及义，由义及篇，不仅考查了毕业生对名家名篇的品味赏析能力，而且巧妙实现了词句理解能力和价值观的有机渗透，这样步步为营，题与题环环相扣，起到了“一箭多雕”的测试效果。

11.4.3　推“陈”出“新”，掌握考试技术

浙江教育学院朱作仁教授曾说：小学语文考试是一门科学，更是一门艺术。缺点不少，经验也多，关键是怎样“推陈出新”。因此，要熟练掌握毕业考试的评价技术，就需要在继承前人传统经验的基础上，进行适度的创新。

1. 制定考试大纲

为了加强对整张试卷的“宏观调控”，确保毕业试卷的编制质量，考试大纲的制定就显得尤为重要。一般来讲，以下内容是必须注明的：

（1）试卷内容要目：即根据学段要求、教材内容和学生实际，精选出本次毕业考试需要测查哪些语文重点训练项目，适当舍弃本次考试不需要的教学内容。一般来讲，先将考试要目大致分为“积累运用”、“阅读理解”和“写作实践”三大块内容。然后，再对照教材和学段要求，分别拟出三大块考试内容中要测查的第二级“具体子目录”。（详表 11-3 中的“知识点”）

（2）试卷具体结构：即基础类、阅读类、写作类题型各占试卷分值的多大比重，各类题型中基础知识题、能力考查题以及创新实践题又具体分配多少分，试题的呈现形式如何，题量多少，学生多长时间交卷等等。根据武汉市各学区的命题经验，基础、阅读、写作这三类题型的最佳分数权重为“3∶4∶3”；试卷中基础知识题、能力考查题以及创新实践题的分值比例为“7∶2∶1”，毕业考试全卷的题目数量不超过 30 小题为宜，考试时间以 90～100 分钟最易为学生接纳。

（3）试卷题型说明：即说明各类题目采用什么样式的考试题目，是开放题还是客观题，是以填空再现为主，还是和判断、勾画、排序等形式结合起来等。不同的学区也可以根据学生的喜好和特点，灵活选用学生适应的题型来制卷。

2. 编制考试“细目表”

即把每一项考试内容要目的分数比重逐一分配到若干必要的测验目标层次里去，形成一个网络状的分数分配方案，也就是毕业考试“双向细目表”。值得一提的是，在对能力目标赋予相对比重时，除了考虑学科特点外，应强调高级目标的重要性，以促进学生高级智能的发展。例如，针对毕业命题工作，重庆市彭水县的寒冰华老师就详细列出了下面的双向细目表（表 11-3）。

表 11-3　双向细目表

题项	题目	题号	知识点	考试水平				题型	取材	分值
				知识	领会	运用	分析			
积累运用	看拼音写词语	1	盘点读读写写中的词语	√				客观	课内	6
	根据提示填词	2	根据课文恰当运用积累的词语	√		√		主观	课内	3.5
	辨别词语色彩	3	词语的运用		√			客观	课内	1.5
	根据内容选择正确的序号	4	在语言环境中领悟语感，积累语言	√	√	√		客观	课内	6
	根据上下文意思填写经典句子	5	语言的积累与灵活运用及对课文背景的了解	√	√	√		客观	课内	7
	写环保公益语	6	创造性地组织语言		√	√		主观	课外	2
	写送别古诗句	7	背诵、积累古诗文	√				客观	课内	3
	推荐课外读物	8	拓展知识面					主观	课外	3
	按要求改句子	9	修改病句，句式转换，写拟人句	√	√	√		客观	课内	4
	一词多义	10	在具体的语言环境中理解词义		√		√	客观	课内	4
阅读理解	（一）温暖	1	在文中找出反义词	√	√			客观	课内	2
		2	在语言环境中辨读音		√		√	客观	课内	1
		3	加标点		√	√	√	客观	课内	2
		4	能根据内容提取信息		√		√	客观	课外	2
	（二）一次“撞车”	1	给文章加个题目	√	√			主观	课外	2
		2	读拼音，写词语		√		√	客观	课外	2
		3	在语境中理解字词的意思		√		√	主观	课外	4
		4	按要求缩句		√		√	客观	课外	2
		5	用关联词连接句子	√	√		√	客观	课外	4
		6	能根据课文内容提取信息。		√	√		主观	课外	2
		7	根据信息运用恰当的语言表达自己的独特感受		√		√	主观	课外	4
		8	整体把握主要内容，感悟写作方法	√	√		√	客观	课外	3
习作	习作	1	积累习作素材，表达独特感受			√	√	主观	课外	30

3. 编写答案及评分标准

试题编写好后，除了仔细修改、征求意见之外，更重要的是要作出详尽的参考答案，制定具体可行的评分标准，这是准确分析考试结果的必要保障。特别是对阅读理解题和写作实践题的阅卷，更要反复推敲，力争制定出简便易行、要点突出的评价标准。例如，针对叙事类半命题作文《××的爱》的评改，笔者就曾将学生作文分为四类，制定出下面的评价标准（表 11-4）。

表 11-4　作文能力评价表

学生习作的基本形态	得分
1. 题目完整，有事例，表述不具体，较少提及自己的个人感受	15～20
2. 题目完整，事例具体，能表现所填的中心词，有自己的感受	21～23
3. 题目完整，事例典型，能凸显中心词的含义，感受真实具体	24～27
4. 题目完整，选材精当，有层次地表现中心，语言生动，感情细腻	28～30

11.4.4　“字”斟“句”酌，优化考试题目

试题编写以后，在印制之前，还必须进行必要的“装饰”或“加工”，使整套试卷更适应学生考试的心理需求。更具有新课改背景下的鲜活气息。通常情况下，我们可以对毕业试卷进行如下几项必要的美化：

（1）撰写“轻松愉悦”的试前导语。参加毕业考试，步入考场，学生或多或少都会紧张。所以，精心撰写试卷前的对话式导语，适度缓释学生的考试心理，就显得尤为重要。一般来讲，这样的导语不仅句式灵活，语言精美，而且要鲜活有味，能起到放松学生心理的作用。例如，2007 年的毕业统考，笔者就设计过这样一段试前导语：

从“举头望明月，低头思故乡”的稚气童声，到“我是中国人，我爱中国”的少年吟诵，我们已在绚丽的语文园地中神游六载。今天，在这告别母校、依依惜别的时刻，就让我们凝神思索，自由表达，放飞自己的才思吧！相信你一定会微笑着走出考场。

（2）改写“活泼有趣”的题干表述。随着新课改的不断深入，当前的毕业考试试卷也氤氲着课改的滚滚风潮，呈现出“多姿多彩”的喜人局面。其中，题干表述的变化尤为突出，折射出越来越多的童真童趣。比如，“照例子填字组词”就可称为“模仿秀”；“辨析一字多义的选择题”称之为“火眼金睛”；“理解重点词句”称之为“咬文嚼字”；“阅读课外短文”称之为“文海冲浪”……这样的题干表述，不仅具有鲜明的时代气息，而且活泼有趣，学生喜闻乐见，给学生的考试旅程平添了不少朝气和生趣。因此，题目拟好后，我们不妨解放思想，顺应学生考试的心理需要，对题干进行适度的“包装”，以确保毕业考试的“鲜味”。

（3）设计“童趣盎然”的题目图标。针对不同题目的解题要求，我们可以灵活设计活泼生动的相关图标。比如，“积累与运用”中的基础题，就可以选用儿童睁大眼睛用心写字的童话图标，再配以“一定要仔细喔!”的泡泡语；“写作实践”中的作文题，既可以选用学生冥思苦想的情态图标，再配以“我手必写我心”的泡泡语……这样设计题目图标，既是良好学习习惯的提示和培养，同时也让学生感同身受，对学生深入细致答题起到较好的促进作用。

11.4.5　深“思”熟“虑”，深化考试评析

毕业考试结束并不意味着考试的完结。相反，为了搜集最真实的考试信息，充分发挥毕业考试的反馈作用，有经验的教师往往会做深入细致的考试评析工作，紧紧围绕以下三个方面下工夫：

(1) 准确计算，掌控数据。结合班级考试结果，细心计算每一小题的得分率和失分率，复查试卷，结合准确的数据，从中探寻学生本次考试的利弊得失。

(2) 追本溯源，深究原因。根据班与班之间的各项统计数据，反复比对，发现规律或共性，并结合教学中各项基本功训练的方法和策略，深入反思造成学生语文能力发展现实水平的真正原因。

(3) 填写表格，撰写报告。根据自己的统计结果和反思收获，认真填写“毕业考试质量分析表”，并分块撰写毕业成绩学情报告，为以后的毕业考试积累统计资料和分析性文档。

案例 11-1

湖北省武昌水果湖第二小学 2004 年小学毕业考试

语文试卷

亲爱的同学，经过六年的语文学习，你一定收获了累累硕果。这是小学阶段的最后一次测试，请你自信地拿起笔，凝神思索，自由表达，放飞自己的才思吧！相信你一定会微笑着走出考场。

一、积累综合（小学六年，相信你积累了不少知识！仔细回忆一下，再动笔吧。）

1. 你能将下面的成语补充完整吗？试试看！注意把字写美观。(6 分)

suǒ	yǐ	miào
死得其（　）	赞叹不（　）	神机（　）算
zhí	jiǎn	xié
理（　）气壮	精兵（　）政	同心（　）力

【评析】这道题是对学生拼读能力和写字能力的双项测查，既包括独体字“已”“直”，又包括形声字“妙”“协”，以及易错字“简”，覆盖面广，考查效度高。另外，将生字再现的检查放置于成语的背景中，深谙“字不离词”的教学精髓。

2. 根据“读读背背”或课文内容填空。(14 分)

(1) 落红不是无情物，化作________更护花。

(2) 照样子写词语：书声琅琅、大名鼎鼎、人才济济、________、________。

(3) 我们学过不少对联，如“删繁就简三秋树，________二月花”。

(4)“人固有一死，或重于泰山，或轻于________。”这句话是文学家________说的。

(5)《草船借箭》是我国著名历史小说《　　　》中的一个故事。

(6) 卖火柴的小女孩划燃火柴后，她分别看到了火炉、________、________、奶奶，最后她幻想到和奶奶一起飞走了。

(7)“宁信度，无自信也”是《郑人买履》中那个人说的最可笑的一句话，这则寓言告诉我们____。

(8) 学习课文时，我们认识了许多古今中外的人物，有机智勇敢的蔺相如，有________的桑娜夫妇，有________的铁路工程师詹天佑，有________的李大钊。

【评析】这道题是对学生语文素养的综合性检测。其中，考点广泛涉及 ABCC 式的词语盘点、古诗词名句的积累、课文情节的回顾、核心人物的特点以及精读课文主旨的把握，以少胜多，真可谓简洁高效。而且，第 2 题和第 8 题注重“示例引导”，渗透学法指导，答案相对开放，是不可多得的创新性题型。

3. 你积累了不少古诗词名句吧，请照样子把下面的内容用线连起来。(4 分)

登黄鹤楼，临江远眺，我们会想起　　“随风潜入夜，润物细无声”的名句。
春雨绵绵，侧耳倾听，我们会想起　　“待到山花烂漫时，她在丛中笑”的名句。
驻足长城，远望塞外，我们会想起　　“孤帆远影碧空尽，唯见长江天际流”的名句。
漫步江滩，俯视江涛，我们会想起　　“但使龙城飞将在，不教胡马度阴山”的名句。
隆冬时节，梅园赏花，我们会想起　　“百川东到海，何时复西归”的名句。

【评析】本题着重考查学生理解并运用语言的能力。左边的表述营造出生动的生活场景，并暗含与诗句内容相关的情感生发点，不仅能唤醒学生的想象，引导学生准确答题，而且潜移默化，是对学生运用语言文字的一次有益熏陶。

4. 判断下面说法的正误，对的打“√”，错的打“×”。(10 分)

(1)《示儿》是陆游的绝笔，表达了诗人渴望祖国统一的思想感情。　(　　)

(2)“青春做伴好还乡”中的“青春”指的是春天的景物。　(　　)

(3)《十六年前的回忆》这篇课文，作者运用了首尾照应的写作方法。　(　　)

(4) 朱自清先生说“我赤裸裸来到这世界，转眼间也将赤裸裸的回去罢”，这里两个“赤裸裸”的意思是一样的。　(　　)

(5) 开凿居庸关隧道时，詹天佑采用了中部凿井法。　(　　)

(6)《将相和》包括完璧归赵、渑池之会、负荆请罪这三个小故事。　(　　)

(7)“我知道那是只有体育才并发的旋律，是体育才具有的瑰力，是体育才能给予我的情感。”这句话中只有一个错别字。　(　　)

(8) 渔夫说“我们总能熬过去的”，说明为了抚养邻居的孩子，他准备过更艰苦的日子，准备付出更多的辛劳。　(　　)

(9) 鼎在远古的时候，是中国先民使用的一种炊具，后来又发展成为一种礼器。(　　)

(10) 李大钊对女儿说“你小孩子家知道什么”，意思是“你小孩子家不知道什么”。　(　　)

【评析】本题是对学生六年基础知识积累和品词析句能力的综合检测。考点涉及错别字的识辨、重点字词的理解、难点句型的感悟以及全文内容的概括等。这道题不仅内涵丰富，标准化程度高，从长远发展来看，而且是一道与初中考试巧妙对接的过渡性题型。

5. 今年的楚才作文竞赛，我校共有一百多位同学获奖。喜讯传来，校园里一片欢腾。课间，同学们情不自禁地议论起来。张华、李平、王芳、刘娟是好朋友，他们都喜欢作文，这次比赛王芳还获得了二等奖，下面是他们课间的一段对话。(8 分)

张华：这次获奖的同学可真多啊！真羡慕那些获奖的同学，我觉得他们作文写得这么棒，这里面一定有诀窍。

李平：对，我也是这么想的。我认为主要是老师们指导得好。你想，如果平时老师不进行指导，不教一些写作的方法，怎么能写出好作文来呢？

王芳：你说的有道理。我还觉得写好作文平时要多积累。如果平时不多读一些好文章，自己不勤于练笔，也很难写出好作文。

刘娟：我认为平时的观察也很重要。如果平时在生活中能仔细地去观察，去发现，就能收集一些有价值的材料。写文章时，我们就能得心应手，写出好作文。

(1) 这四位同学谈论的主要话题是什么？(2 分)

____

(2) 围绕这个话题，大家发表了哪些看法？(3 分)

____

(3) 听了他们的谈话，你对写作文有什么看法？请你写下来。(3分)

【评析】这道题是对学生口语交际能力的全面检测。第1题考查学生倾听谈话、抓住要点的能力；第2题考查学生概括他人观点、简要转述的能力；第3题则是引导学生敢于发表自己的意见，表达自己独特的见解。此题言近而旨远，是一次运用书面题型考查口语交际能力的有益尝试。

二、阅读感悟（阅读是心与心的交流。一边读，一边想，把你的感受写下来吧！）

1. 仔细阅读古代寓言《矛与盾》，按要求答题。(9分)

楚人有鬻盾与矛者，誉之曰："吾盾之坚，物莫能陷也。"又誉其矛曰："吾矛之利，于物无不陷也。"或①曰："以②子③之矛，陷子之盾，何如④？"其人弗能应⑤也。

注释

①或：有人。②以：用。③子：您，对人的尊称。④何如：怎么样。⑤应：回答。

(1) 文中打横线的一句话，你能联系注释读懂它吗？请你把句子的意思写下来。试一试，你一定行。(3分)

(2) 联系寓言内容说一说，卖兵器的那个人为什么答不上来？(3分)

(3) 这则寓言对我们有什么启发？请把你的看法写下来。(3分)

【评析】这道题是对学生简短文言文理解能力的考查。第1题考查结合注释"串译"文言文的能力；第2题考查学生联系上下文理解文言文的能力；第3题考查学生对文言文主旨的全面把握。本题一题一问，虽简明扼要，但考查角度各异，测查效度高。

2. 阅读下面的文章，按要求答题。(18分)

心中，那朵无瑕的云

她，是我的美术老师。

实在记不起她是怎么走进我们班的了。第一节课，心不在焉（yān）的我只捕捉到她那含蓄而智慧的大眼睛，这双眼睛小溪般清澈、透明。

大概是老师潺潺（chán）流水般的声音吸引了我，于是乎，平生第一次发现美术竟是如此有趣。整堂课，我都沉浸在老师娓娓（wěi）动听的讲解中，也是平生第一次认认真真做完美术作业。平时怎么都看不上眼的小花小草，现在竟变成了一个个可爱的精灵，钻进了我的心扉。新老师真好，我听见心儿轻轻地说。

星期天，我和玲子到学校的小树林里背书。午后的风暖暖的，带着栀（zhī）子花似的甜香。"新老师！"玲子惊喜地叫着。老师也看见了我们，含笑的眼里盛满了喜悦之情。她向我们招手："嗨！你们好，我在画画呢。"我和玲子凑到老师的画夹前。哇，好美呀！云霞满天，近岭吐翠，远山含情。

“老师，您喜欢山吗?”

“是的。不过，老师更喜欢云，洁白的云。”

“为什么呢?”

“因为她轻盈、洒脱、洁白无瑕呗！你们知道吗？每一朵云都有一颗纯洁的心。”

“是吗?”我们似懂非懂，“老师，那您也像一片云吗?”

老师笑了，好看的眼睛成了一弯月牙，笑容像春天的阳光一样灿烂。

后来，我们才知道，新老师还真有一个云一样美丽的名字——苏意云。苏老师家在农村，隔三岔五，她会带一些土特产同我们分享，也常跟我们谈起家乡的趣事。苏老师脾气特好，待我们就像大姐姐一样。从基本的线条，再到染色、素描，她用温柔的手指拨动了我们心理艺术的琴弦，奏出了一连串跃动的音符。

不过，欢乐总是太短太短，忧伤却悄然来临。不久，因为工作需要，苏老师被调到另一所条件极差的乡村小学。那一天，从不穿裙子的她，竟破天荒地穿了件裙子，云一样洁白的颜色。夏日的阳光金子一样洒在她身上。我们全班同学去为她送行。我握住苏老师的手，哭着说：“老师，您能不能不走呀?”苏老师摇摇头，笑了笑，平和地说：“傻孩子，哭什么，笑一笑呀！要知道，那所小学更需要苏老师啊。忘了吗？每一朵云都有一颗纯洁的心。”苏老师走了，洁白的裙子在微风中轻轻飘动，越飘越远，仿佛一朵消失在天边的云。

一个个记忆，串成了儿时窗前的风铃。每当阳光灿烂的夏日，每当仰视空中洁白无瑕的云朵时，有一个声音总会在我耳畔响起，极轻极轻，却又那般清晰：

“每一朵云都有一颗纯洁的心。”

(1) 给下面带点的字选择正确的读音，用“—”划出来。(2分)

钻进（zuān zuàn）盛满（chéng shèng）琴弦（xián xuán）耳畔（bàn pàn）

(2) 在括号里填上恰当的词语。(2分)

(　　)的眼睛　(　　)的笑容　(　　)的手指　(　　)的夏日

(3) 联系上下文，理解下面的词语。(4分)

①似懂非懂：________________________________

②破天荒：________________________________

(4) “每一朵云都有一颗纯洁的心”这句话在文中出现了________次，短文题目中的“那朵无瑕的云”实际上指的是__________。(2分)

(5) 作者一共回忆了与苏老师相处的哪几件事？请简要地写下来。(4分)

____

____

(6) 读了这篇文章，你喜欢文中的苏老师吗？为什么？请把你真实的想法写下来。(4分)

____

____

____

【评析】这道题考查学生深入阅读叙事性作品的能力。考点选择准确，一一关照第三学段阅读训练的重难点项目，即联系上下文正音、解词的能力，全面把握重点句段的感情变化、事件的梗概以及人物的主要特点等。其中，第2题和第6题较为开放，体现了尊重学生独特体验的新理念。

三、习作园地（想成为小作家吗？请大胆地写出来，内容一定很精彩！）

作文（30分）

童年是金色的，童年是难忘的。抹不去的，是童年金子一般的快乐时光。琅琅书声，欢声笑语，追逐嬉戏……童年的点点滴滴都将成为一生美好的回忆。请你选择其中的一个人或一件事写下来，让我们共同分享你童年的乐趣！写作时自拟文题，注意语句通顺，内容具体，叙述有条理，表达出自己的真情实感。

【评析】这道题是对学生六年写作能力的全面检阅。题目语言精致典雅，是记忆的唤醒，是语言表达的示范；题目要求简明扼要，是写作内容的提示，也是写作方法的点拨，更便于教师进行习作评价。

复习与思考

1. 语文课程考试有哪些特点？
2. 设计一份小学语文年段或毕业试卷，并联系学校试测，在师生中展开调查，作出试卷分析与改进。

拓展资源

董蓓菲．1997. 小学语文测验原理及实施方法．济南：山东教育出版社

雷实，张勇，夏雄峰．2003. 小学语文教学评价．长春：东北师范大学出版社．

武汉市教科院．2011. 义务教育学生学业质量监测评价标准．武汉：武汉出版社

夏家发，彭近兰．2010. 教学活动设计．武汉：华中师范大学出版社．

夏家发，杨再隋．2001. 小学语文教育学．武汉：湖北人民出版社．

章雄．2000. 中国当代写作与阅读测试．成都：四川教育出版社．

中华人民共和国教育部制订．2011. 义务教育语文课程标准．北京：北京师范大学出版社．

朱作仁．1989. 小学语文教学法原理．上海：华东师范大学出版社．

第 12 章 小学语文作业设计与案例研究

余国卿　武汉市硚口区崇仁路小学

学习目标

1. 了解语文作业设计的发展状态，掌握语文作业设计的基本要求。
2. 分析研究不同语文作业设计的典型案例，体会案例成功的经验。
3. 学习名师作业设计经验，反思自我语文作业设计得失。

专题导向

专题 1：识字与写字课堂作业设计
专题 2：阅读课堂作业设计
专题 3：习作课堂作业设计
专题 4：小学语文课外作业设计的新近发展

对于学生而言，作业就是老师布置的学习任务。按照完成作业的时间划分可以分为课堂作业和课外作业，按照作业的表现形式划分可以分为书面作业和非书面作业，按照作业的内容划分，则涵盖语文教学的每一个领域，识字写字、阅读、习作（作文）、口语交际、综合性学习等，都可以布置作业。

作业的功能主要是巩固、反馈和发展。巩固表现为及时对学习内容予以强化，便于学生牢记知识，促进能力转化。反馈是为了检验学生学习效果，便于及时查漏补缺。发展则是通过作业发展学生的能力，补充课堂学习的不足。

受应试教育的影响，作业常成为诟病小学语文教学的主要因素之一，“繁难偏旧”似乎都可以与小学语文作业相联系。新一轮课程改革以来，作业的研究也受到了一定程度的重视，在作业的优化与研究之中，出现了很多有价值的思想与做法。尤其是在以下四个方面取得了很大的进步。

第一，渗透人文关怀，让作业多一分和谐与趣味。

在小学低年级，作业要求与过去有很大的改变，语言贴近儿童，透射着命题者对学生的呵护和尊重。

如题目：根据韵母，请帮助迷路的汉字找到自己的“家”。

连　兰　乱　强　窗　长　先　半　黄　想　转　伤 an　uan　ian　ang　uang　iang

这是一道充满人文暖意的作业。过去，这道题会这样出：“把下面的汉字与相应的韵母连接起来。”而设置“汉字迷路”这样一个场景，不仅可以使学生自然地融入作业，成为作业中的一个角色，还可以有效地激发他们的爱心，培养他们的“爱家”意识，在文化知识的学习中完成一种审美的教育，一举两得。

作业的人文气息更多的是表现在作业的趣味性上。作业的形式可以丰富多彩，如学习了

《九色鹿》一课后，可以安排学生想象国王、猎人、九色鹿之间的对话，在口语交际中完成语言的练习作业。学习了《画风》一课后的作业也可以安排学生画一画风，并配上自己的一两句诗，这该是多么有意思的作业啊。学习了《九寨沟》一文后，为这个美丽的地方写上一两句广告词，也是学生乐此不疲的。

作业不应是冷冰冰的，应该充满着人文关怀，这样才符合小学生的心理特点，也是语文学习应有的规律。

第二，尊重差异，让每一个学生都能有成就感。

“为了每一个学生的发展”是新课程改革的核心理念之一，而学生之间存在差异是客观事实，如何在作业中，也能体现促进每一位学生发展的理念呢？近些年来语文作业中有一些尝试。如题目：

（1）在本学期学过的课文中，你最喜欢的是哪一篇？为什么？

（2）把自己最喜欢的一句话或一段话认真地抄写在方格中，并写出喜欢的理由。

（3）根据短文谈谈自己的体会和启发。

（4）假如让你读××一段话，你觉得应该用怎样的语气读？

这样的题目人人都有自己的答案，避免出现教师给定题目而学生无话可说的情况，在作业之中恰当出现，是有利于彰显学生个性，促进每一位学生发展的。

除此以外，分层设计作业也有这个作用。过去，语文老师为了便于批改，长期习惯学生都做同样的作业，最多也只是在同一作业的要求上予以分层考虑。现在，设置必做题、选做题，或者是基础作业、选择作业、自主作业，都是为了让学生能在自己的基础上有最大的发展，体验学习的成功感。

第三，加强整合，一题多用。

语文作业不仅要巩固和考查学生的语文知识和能力，还要引导学生树立正确的人生观和价值观，接受健康的情感熏陶，指导学生生活。尽可能使有限的作业成为融合听说读写能力、整合三维目标、汇合学科知识的载体，从而全面、综合地考查学生的语文能力，有效地促进他们语文素养的全面提高。如题目：

按同样的格式，将句子补充完整。

（1）啊！生活！你是一杯酒，散发着迷人的醉香；你是一条小溪，流淌着酸甜苦辣；你是（　　　　），（　　　　　　　　）。

（2）母爱如山，像山一样深厚；母爱如海，像海一样（　　　　）；母爱如（　　　　），像（　　　　　　　　　　）。

上述题例，一是考查学生对相关修辞手法是否有一个初步的认识，二是考查学生的分析能力和对生活的感悟能力。

第四，开放作业，培养学生创新精神。

《语文课程标准》强调在评价上尊重学生的个别差异和个性特点，让学生自由表达自己的思想观点、价值取向。因此，作业的设计也逐步具有相当的开放性，留给学生展现自我的空间。改变了传统作业“就教材练教材”的单一、呆板现象，摒弃答案的唯一性，从创新的角度出发，设计一些让学生自主选择、自由感悟的开放性题目。如一篇短文阅读后的题目：

（1）读了短文之后，你有什么疑问？请把你的问题写下来。

（2）大家都知道猫是老鼠的天敌，为什么猫一见到老鼠就要吃呢？是它们有什么深仇大恨吗，还是有谁从中挑拨？……请你展开想象的翅膀，编写一个童话故事，最好不要与别人一样哦。

这样的题目给予了学生提问的权力，表达自己情感的自由和空间，学生的童心、童真、童趣便可跃然于纸上，有利于创新精神的培养。

作业的开放，还表现在作业的形式变化上。非书面作业较以往受到了更多的重视，朗读、调研、访谈、表演等也成为学生常态的语文作业，丰富了学生的学习活动方式，拓宽了学习渠道，有利于促进学生的全面发展。

12.1　识字与写字课堂作业设计

12.1.1　识字与写字课堂作业设计的新近发展

识字与写字是阅读和写作的基础，在语文教学之中，新课程改革强调“认写分开，多认少写，识字提速，降低难度”，给识字与写字教学带来了较大的发展。

(1) 加强识字写字与汉语拼音的整合。在低年级作业中，特别注意把汉语拼音与识字写字整合在一起，既可以巩固学生的汉语拼音，也可以强化识字与写字。

(2) 加强汉字构字规律的渗透，提高识字写字能力。汉字的构字规律主要是象形、会意、形声、指事、假借、转注，也是小学识字写字教学中特别注意渗透的，所以在作业中需要设计这样的题目予以强化。特别是形声，这是汉字最为主要的构字规律，教材中也往往会安排专门的集中识字来体现这一规律，作业中就可以予以巩固和拓展。如教材中讲到了以“青”为音旁的形声字，教师就会设计作业巩固这类形声字的记忆，也可以拓展其他音旁的形声字。

(3) 优化语言环境，在运用中识字写字。语言的学习都需要运用的环境，识字写字也需要在语言环境中提高识字的兴趣，提供识字的契机，巩固识字效果，感受学习快乐。布置学生在生活中识字是常见的语文作业，课堂上则主要是展示课外识字的成果。另外，把识字写字作业设置在一定的语言环境中，模拟生活情境，便于学生识字写字。如给广告捉虫，改正错别字就是这样的作业。

(4) 加强形近字、同音字的辨析，提高识字准确性。在汉字运用中最容易出错的是形近字和同音字的混淆，小学生辨析它们的能力需要不断提高。在作业设计中需要把学生容易出错的字集中起来，加强辨析，并设计使用情境，不断巩固。

(5) 加强写字指导，提高写字效能。写字作业在一二年级是需要在课堂当堂完成的，教师的讲解和示范极为重要。学生独立练习的时候，也需要教师巡回指导，甚至坐在学生位置上，再次示范给学生看。中高年级的写字作业也很重视把字写正确、美观，很多时候提供“田”字格，提醒学生认真写字，便于学生写好字。

12.1.2　识字写字作业设计的典型案例

1. 看拼音写汉字，看谁写得最漂亮

dōng xī　　gāo xìng　　hóng huā　　hé píng

xié zì　　xué sheng　　yáng guāng　　hái yǒu

2. 我会汉字变魔术

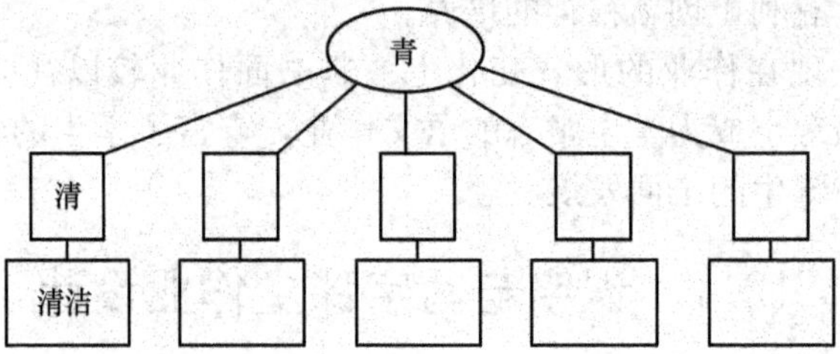

3. 我是一个小小魔术师

(1) 给下面的字加上一画，使它成为一个新。

牛（　　）　日（　　）　口（　　）

土（　　）　王（　　）　大（　　）

万（　　）　人（　　）　十（　　）

(2) 熟字加熟字可变成新字，真有意思！

不＋正（歪）

又＋寸（　　）　　日＋月（　　）

子＋小（　　）　　小＋土（　　）

口＋口（　　）　　人＋人（　　）

4. 做做汉字加减法

吗－（　　）＋（　　）＝（　　）

故－（　　）＋（　　）＝（　　）

5. 猜字谜

两个月亮交朋友。（　　）

两棵树，并排站。（　　）

一个人靠在木头上。（　　）

一棵小树苗，头上戴草帽。（　　）

十张口，一颗心，猜猜看，动脑筋。（　　）

6. 你一定记得这些同音字，想一想把字写准确，写美观

jiāo

（　　）往　（　　）傲　（　　）花　（　　）气

shì

（　　）迹　（　　）样　（　　）言　（　　）验

yù

沐（　　）　（　　）险　（　　）防　富（　　）

我有好办法区分同音字（　　）和（　　）：________________________。

7. 请你给下面广告词“消毒”，恢复成语的原貌

(1) 某消炎药广告词：快治人口。（　　）

(2) 某保温杯广告词：有口皆杯。（　　）

(3) 某皮鞋广告词：无“鞋”可“及”。（　　）

(4) 某白酒广告词：天“尝”地“酒”。（　　）

12.2　阅读课堂作业设计

12.2.1　阅读课堂作业设计的新近发展

阅读作业是学生作业中的重点，也是难点。因为我国语文教学以阅读教学为主的倾向，使得阅读的作业也深受教师和学生的重视。阅读课堂作业可以分为课内阅读作业和课外阅读作业，课内阅读作业是指针对教材中的课文设计的作业，课外阅读作业不是指课外完成，而是指阅读文本不是教材中的文本，是教师在课外阅读书籍中选择的并有针对性设计的作业。近年来对阅读作业的研究不断深入，出现了以下新的发展趋势。

1. 目标明确

课堂作业要在相对紧张的时间内完成，必须注意精简作业内容，控制作业量。同时，又要起到夯实阅读能力的作用，就必须要目标明确，直指课堂训练的阅读能力。

课内阅读作业往往是阅读教学中的重点语段的作业，其作用在于及时巩固、反馈学生的阅读能力，便于教师调整教学。如人教版四年级上册《观潮》一课的《同步测评》作业中的语段阅读就是这样设计的。

按课文内容填空，回答问题。

那条白线很快地向我们移来，逐渐拉长，变粗，横贯江面。再近些，只见白浪翻滚，形成一堵两丈多高的水墙。浪潮越来越近，犹如千万匹白色战马齐头并进，浩浩荡荡地飞奔而来；那声音如同山崩地裂，好像大地都被震得颤动起来。

(1) 潮水开始像____________，再近些就成了____________，更近些又像是__________________，由此可以看出钱塘大潮__________________________。

(2)“山崩地裂”在这里是用来描写声音的，除此之外，文中还有更多词语是描写声音的，如__________________________等。

(3) 这里用“犹如”来打比方，使潮来时那种壮观的画面更加真实可感。请试着用“犹如”写一两句话。

____

这段话是全文描写钱塘江潮最精彩的部分，作者主要运用了比喻的修辞手法形象表现潮水的形态，用夸张的手法表现潮水的声音。学生学习这一段话，就是要学习作者精彩的表达，学习作者如何写出江潮的形态和声音的。所以作业设计紧紧围绕语言的表达形式，从比喻和夸张两个方面设计了作业，显得目标集中，训练扎实。

2. 注重整合

语文课程致力于学生语文素养的形成，而语文素养又是一个内涵极为丰富的概念，“语文课程应激发和培育学生热爱祖国语文的思想感情，引导学生丰富语言的积累，培养语感，发展思维，初步掌握学习语文的基本方法，养成良好的学习习惯，具有适应实际生活需要的识字写字能力、阅读能力、写作能力、口语交际能力，正确地理解和运用祖国语言文字。语文课程还应通过优秀文化的熏陶感染，促进学生和谐地发展，使他们提高思想道德修养和审美情趣，逐步形成良好的个性和健全的人格。[①]”阅读教学是培养语文素养的主要渠道，阅读作业自然也需要整合多方面需要，发挥其应有的作用。阅读能力本身也是极为丰富的，一道

① 中华人民共和国教育部．义务教育语文课程标准．北京：北京师范大学出版社，2011：2.

题目往往涉及多项阅读能力的训练，故也需要多考虑阅读作业的整合功能。再次，阅读作业因为其题目完成时间相对较多，学生需要认真阅读文章方可完成作业，故从时间上考虑，也需要设计者尽量考虑题目的精炼和多重作用。江苏特级教师盛新凤老师提出作业要注意能力整合、目标整合和学科整合①，指出了阅读作业可以整合的几个方面。

1）目标整合

阅读作业的完成情况能比较全面地反馈学生的语文素养发展状况，也就是学生语文学习目标达成情况的全面诊断和反馈。知识与技能、过程与方法，情感、态度与价值观，三维目标的反馈都可以整合在一个阅读作业之中。如《二泉映月》课内阅读：

起初，琴声（委婉连绵），有如山泉从幽谷中（蜿蜒而来），缓缓流淌。这似乎是阿炳在赞叹惠山二泉的优美景色，在怀念对他恩重如山的师父，在思索自己走过的人生道路。随着旋律的（升腾跌宕），（步步高昂），乐曲进入了高潮。它以（势不可挡）的力量，表达出对命运的抗争，抒发了对美好未来的无限向往。

（1）根据课文描写，在括号里填上恰当的词语。

（2）从这些词中，我仿佛看到了______________；我仿佛听到了阿炳对______________；我强烈地感受到阿炳对______________。

（3）这段话主要写的是：____________________。

（4）朗读这段话时，我的语调要先（　　），再（　　）。

这几个作业，既有语言的积累，又有思维的想象、概括，还有情感的体验，作业功能的整合得以体现。

2）能力整合

语文阅读能力主要包括在阅读实践中展示出来的感受、理解、欣赏和评价能力，这些能力不能割裂开来，而是有机整体。阅读作业的设计要充分考虑巩固、反馈和展示学生多方面的阅读能力。如《富饶的西沙群岛》一课的阅读作业：

海底的岩石上长着各种各样的珊瑚，有的像绽开的花朵，有的像分枝的鹿角。海参到处都是，在海底懒洋洋地蠕动。大龙虾全身披甲，划过来，划过去，样子挺威武。

（1）这段话由（　　）句话组成。先后介绍了西沙群岛的海底有（　　）、有（　　）、有（　　）。这段话主要写的是：______________。

（2）我最喜欢西沙群岛海底的（　　）。我从（　　）、（　　）这两个词语感觉到它很（　　）。

（3）用“有的像……有的像……有的像……”写一句话。

____

____。

（4）这么优美的描写，我一定要积累下来。先一句一句地背，再试着将几句话连起来背一背。积累下来后，向家人或朋友介绍美丽的西沙群岛。

这几个作业就有对文句的理解、重点词句的品味、语段句式的感悟和精美语言的积累，较为集中地训练了学生的阅读能力。

3. 鼓励创新，展示个性

安伯托·埃柯说“一切阅读都是误读”，是在告诉我们阅读主体在阅读中的重要作用。

① 肖川．名师作业设计经验．北京：教育科学出版社，2007：31.

学生做阅读作业，也是作为阅读主体在阅读实践中表现自己的阅读收获而已。课程标准中提出要“珍视学生独特的感受、体验和理解”，所以阅读作业设计中尽可能提供学生表达独特感受、体验和理解的机会。如这样的作业：

学完本册语文书，你最爱读的课文是__________，因为____；课文中出现了不少人物，你最喜欢__________，因为____________________。

还有结合文章内容请学生表达自己见解的题目，如“闰土的生活丰富多彩，你的生活与他相比又有哪些异同呢?”有利于学生思考、比较自己与闰土之间的异同，从而表达自己对生活的理解。

12.2.2　阅读课堂作业的典型案例

《船长》一课的课堂阅读作业

哈尔威船长屹立在舰桥上，一个手势也没有做，一句话也没有说，犹如钢铁铸成的，纹丝不动，随着轮船一起沉入了深渊。人们透过阴惨惨的薄雾，凝视着这尊黑色的雕像徐徐沉入大海。

（1）“屹立”什么意思？为什么说哈尔威船长屹立在舰桥上？

____

（2）为什么称哈尔威船长为“黑色的雕像”？

____

（3）如果你是哈尔威船长，此时此刻你内心会想些什么？

____

____

12.3　习作课堂作业设计

12.3.1　习作课堂作业设计的新近发展

习作课堂作业主要包括传统意义上的习作（看图写话、习作）、随堂练笔、随文仿写等，是有目的地巩固、反馈、发展学生语言表达能力的一种作业形式。在以阅读教学为主的我国语文课堂教学中，习作教学及习作作业的设计总体上不够重视，教师对习作作业的布置随意性比较大。近年来，有一些老师开展了一些具有创新意义的研究，如浙江俞国娣老师的研究性作文①。随着语文课程改革的发展，习作作业也表现出一些新的发展。

1. 读写结合越来越紧密

上海版语文教材中特别强调读写结合，中高年级语文教材中，很多课文之后都有“说写双通道”，提示教师在课堂上及时落实说写训练。其他版本教材也都在课后阅读提示中有所表现。

在读写结合中落实习作作业的主要做法有：

（1）写法迁移。写法迁移是在阅读教学之中，依据教学内容，及时进行习作训练。

---

① 肖川．名师作业设计经验．北京：教育科学出版社，2007：58-68.

主要的形式有句式仿写，段落结构仿写，表达方式仿写，谋篇布局的仿写等。按照年段要求，在中低年级主要是句式和段落的仿写，高年级侧重全文的表达方式、谋篇布局等方面的仿写。

(2) 读后感。阅读教学中经常会出现针对文章精彩处、情感浓烈处、矛盾冲突处等重要教学节点上及时开展写的训练。这种“写”是基于理解、感受或体验之上的一种表达。可以写自己的感触，也可以写自己的评点，还可以写由此处而展开的联想、想象。读后感也可以是完整意义上的一篇习作，这在高年级较为常见。

(3) 拓展练笔。拓展练笔是常见的习作训练，有的是安排在阅读教学之后，如续写、扩写、改写、补白等，有的相对独立于阅读教学，与学生的课余生活密切相关，如春游之后写游记，运动会之后写比赛场面等。

2. 强调真情流露，个性表达

这是对习作作业的质量要求，与习作教学的要求一致，学生习作作业强调用自己的语言表达真情实感，做到“我口说我手，我手写我心”。

3. 形式灵活，便于学生表达

正因为习作作业内容的丰富多彩，所以作业的呈现形式非常灵活，既有按照模仿样本的规定样式，也有赋予学生足够自由空间的自由表达。

(1) 习作时间安排灵活。由于我国的小学语文教学中习作教学的分量远不及阅读教学，教材也一般是在一个单元之后才安排一次习作，时间上大约两周一次。这样的习作教学肯定不能满足习作训练的要求，所以教师会根据教学内容、学生活动等随机安排各种习作作业，以弥补教材习作安排的不足。习作的时间无固定的规范，主要考虑是否利于学生习作，是否能促进学生表达。

(2) 呈现方式灵活。习作作业既有命题作文（高年级），也有自由表达，还有教师提供材料、创设情境，学生学习、体验后的习作……小学生的习作作业最重要的是能激发学生的写作兴趣，便于学生表达自己的真情实感，故呈现方式上以激发、满足学生的需要为重，自由灵活。

12.3.2 习作课堂作业的典型案例

1.《去年的树》课内作业

扩写第5自然段。

课文第5自然段为：“春天又来了，原野上、森林里的雪都融化了。鸟儿又回到这里，找她的好朋友来了。”

当堂作业：想一想，鸟儿是怎么回到这里的，回来时的心情怎样？你能把作者没有写出的话写出来吗？（设计意图：指导学生体会并表达鸟儿归来找朋友的兴奋与喜悦，为后文教学作铺垫。）

2.《肥皂泡》课内作业

活动一：泡泡像什么。

小小观察员：泡泡像什么？注意看，吹出来的泡泡有什么特点，在方格中画出来，写出句子。

1.	我轻轻地吹气，一颗又一颗又圆又亮的泡泡冒了出来。 我的句子：
2.	我的句子：

活动二：吹泡泡真好玩。

小小调查员：除了吸管，还可以用哪些工具来吹泡泡？

工具	泡泡的样子或数量	看到的同学会怎样
吸管	许许多多的小泡泡，一颗一颗亮晶晶的	一个同学说："哇！我要把这些泡泡串起来，做成美丽的项链。"
漏斗		

活动三：泡泡中的梦想。

(1) 我说你猜：如果能吹出一个超级大泡泡，你希望泡泡可以载你飞到哪里？和同学玩"我说你猜"。

(2) 先画在下面的空格中，再写出你的想法。

	要飞到哪里？ 为什么？

创意思考站：讲到泡泡，你会联想到什么？请写出 5 个答案来。

12.4　小学语文课外作业设计

12.4.1　小学语文课外作业设计的新近发展

语文是实践性很强的学科，母语学习决定了其资源的丰富与形式的多样。所以适当布置语文课外作业是促进语文学习，整合利用资源的重要手段和措施。相对于课内作业而言，语文课外作业是指学生在语文课堂教学时间之外完成的学习任务，所涉及的内容非常丰富，形式更为自由。

注意联系学生生活是近年来语文课外作业设计的一大趋势，除了必要的一些知识性巩固作业外，语文老师都特别注意了以下几个方面：

1）尽量避免机械重复，强调课外作业生动有趣

课外作业是学生独立完成，老师的督促相对较少，兴趣就显得尤为重要。年段不同，教

学内容不同，生动有趣的表现形式也各有不同。

低年级学生活泼好动，课外作业就不能老是抄写、听写等，可以设计读一读、讲一讲、画一画、演一演这样的作业，学生乐于完成。高年级学生的思维已有深度，可以思考更为深刻的问题，所以可以设计查一查、评一评、议一议、写一写这样的作业，便于学生发表自己的见解。

2）尽量避免成为课堂作业的延续，突出语文学习的实践性

老师们越来越认识到语文知识、能力的学习必须要在语文实践中才更为有效，课外生活提供了广阔的实践机会，需要珍惜并利用好。

3）创造机会，促进学生之间合作共进

合作意识是现代人必备的素质，在完成课外作业中学习合作，是语文教学大力提倡的。例如开展课外的团队竞赛、社会实践，都需要学生之间开展合作。再加上独生子女增多，学生课余时间亟须伙伴生活，设计团队合作式的课外作业，也有利于学生合作意识的培养。

课外作业主要有这样一些形式：

1）整理复习及预习

这是最为常见，也是极为重要的课外作业。教师要从低年级开始在课堂上示范、教导学生学习整理复习和预习。然后逐步放手直至学生养成良好的习惯和形成较强的能力，方可布置类似课外作业让学生独立完成。

整理复习和预习都要强调针对性。语文教学的目标意识相对薄弱，不同的教师对相同教材的处理的差异很大，所以教师布置的整理复习和预习作业不能信马由缰，要在教学目标的统领下，精心设计，这样对学生能力的形成和教学效率的提高大有裨益。增强针对性，整理复习和预习作业在“量”上就会相对减少，学生也容易接受。

2）阅读欣赏

课外阅读应是学生每天的必修课，布置课外阅读作业是为了加强对课外阅读的指导和反馈，提高阅读效能而设计的。

在老师的指导下学生自由挑选课外阅读的内容。课外读物浩如烟海，也是良莠不齐。学生选择阅读内容需要家长和教师的指导。老师可以全程设计小学六年的课外阅读内容，分解至每个学期并制作推荐书目发给学生。

教师要适当指导阅读欣赏的方法和开展阅读反馈活动。课外阅读欣赏无疑是要用到课堂里学到的各种读书方法，但又不完全是按照小学语文教材所涉及的有序列的方法程序，其综合性更强，需要老师适当指导。如指导学生做批注、写读后感、查阅资料等方法，可以提高阅读效能。课外阅读展示反馈的形式很多，如读书报告会、读书笔记展评、读书小报展览、演讲、故事会等，只要教师把课外阅读置于课内展示，无疑会极大推进学生课外阅读欣赏的动力及效能。

3）社会实践及信息搜集整理

小学生比较喜欢参与社会实践，而语文的学习也需要这样的实践活动，所以课外作业就可以结合语文教学设计社会实践类作业。如在低年级安排学生认识、调查住所附近的商铺、门面、路牌等，把认识的字收集起来。高年级调查了解社区民生问题，撰写调查报告等。

信息的搜集与整理也是现代人必备的素养。随着信息技术的普及，很多学生都能利用好信息资源，语文教学也正可以与之结合，提高学生语文素养。如利用春游机会，布置学生查阅有关树木、花卉的资料，编撰导游图。运动会期间，设计班级口号，制作班级解说词。搜集整理课文作者事迹材料，开展专题性的知识讲座等。

语文的丰富性决定了语文课外作业的丰富多样，唯有真正激活学生主动学习的意识，实现语文与生活的融合，语文课外作业才能起到事半功倍的作用。

12.4.2　小学语文课外作业设计的典型案例

1.《去年的树》课外作业

(1) 写写《去年的树》的读后感，把自己的综合认识与感受集中表现出来。

(2) 和爸爸妈妈谈谈学习课文后的想法，把和家人的谈话内容以及讨论主题记录下来。

(3) 顺承课文，继续编写故事“这只鸟儿又飞回了树林，她……”。

(4) 结合自然学科，查阅相关资料，更进一步了解树与鸟的关系，明确树与鸟给自然环境带来的平衡以及对人类的益处，写下自己的学习收获和研究心得。

2. 苏教版第12册第4单元课外弹性作业（江苏丹徒区上会中心小学　李斌）

(1) 作业内容。

苏教版第12册第4单元。(课文分别为《12 孔子游春》《13 早》《14 彭德怀和他的大黑骡子》《15 一算惊世界》)

(2) 作业要求及方式。①初读与质疑。(运用做标记的读书方法，找出你认为有疑问的句段，多想几个为什么) ②学习与积累。(读后选出你认为最为动情的课文片段或最精彩优美的词语，反复诵读和记忆) ③收集与延伸。(选择自己感兴趣的人物，通过多种途径了解其生平、写作背景、主要业绩等，及时与同学进行交流)

(3) 完成时间。

4月8日～4月16日（两周）。

3.《秦兵马俑》课外作业①

A层次：学习比较困难，需要抓基础的学生。①抄写本课词语，并默写。②掌握多音字“乘”并分别组词。

B层次：学习成绩较稳定，需要适当进行拓展练习的学生。①把成语补充完整。(　　)世无双、所向(　　)(　　)等。②选择喜欢的段落，有感情地自由朗读，同桌互评。

C层次：学习有余力，需要拓展练习的学生。①模仿课文片段，练习写话：他们有的(　　)，似乎(　　)；有的(　　)，仿佛(　　)；有的(　　)，(　　)，好像(　　)……②收集同类型的文章学习，进行进一步的交流。

实践反思：专业智能与专业态度

浅谈小学语文作业与练习的有效设计②

薛书成

作业，一般是指老师为了达成某一学习目标而布置的各种练习（活动），它在任何一门学科学习中都是不可缺少的一环。对教师，它是及时掌握学生学习状况的一种有效的反馈手段；对学生它能有效巩固所学，提高举一反三、解决问题的能力。由此可见，作业与练习是巩固教学效果的有力手段，也是反馈教学效果的重要途径之一。所以无论是学校、家庭还是社会都很看重作业与练习的布置与批改，当然作为语文老师更不例外。然而，在语文教学中，只要我们稍加留意，不难看到如下镜头：

---

① 潘祝新．例谈小学语文个性化课外作业的设计．教师，2011，(15)：55.

② 梁书成．浅谈小学语文作业与练习的有效设计．科教新报（教育科研），2010，(16)：199，200.

镜头一：

师：同学们，今晚的语文作业是——

生：××课生字新词各抄两遍！

镜头二：

师：同学们，本双休日的语文作业是——

生：作文一篇！

师：同学们真棒，都已经知道老师要布置的作业了。本双休日的作业就是作文一篇，内容：×××，字数不少于500字。

以上镜头，不能不令我们深思：语文教学中，教师们日复一日地布置着单调、机械、重复的作业。这些作业，已经让学生熟悉到能准确地猜出来。这样的作业，可能做到关注学生的个性化发展吗？学生的作业兴趣又有几分呢？

为此，笔者曾专门对小学语文课外作业现状进行调查，发现许多语文老师布置的课外作业有如下一些特点，或者说是弊端。

一、重知识积累，轻能力培养

在语文教学中，教师布置的作业大多着眼于巩固已经学过的知识，比如重复抄写生字新词，进行形近、音近字组词、造句、背诵等。这些作业，大都以识记为主，主要用的是积累知识，这种方法有很强的针对性，对于打好语文基础也是比较有效的，但是忽视了学生的个性发展，无疑对培养学生的创新能力和实践能力，是极为不利的。

二、形式单一，内容单调

在语文教学中，课文中的生字新词、重点段落、课后的练习作业及作业本上的题目等构成了语文作业的主要内容。这些内容很少是根据学生的实际情况编拟出适合不同学生完成的作业，更不必说是能引导学生主动参与编写作业，严重时，这些简单、重复的作业往往还会严重挫伤孩子们学习的积极性。

三、统一任务多，自主合作少

为了便于布置、批改、评讲作业，教师习惯于面向不同的学生布置相同的作业，而可供学生自主选择的作业很少。就语文学科而言，这种把众多学生的思路统一到一条路上来的作业，是不利于拓展学生的思维的。同时，这也不利于增强学生合作探究的意识。

新“课标”中指出：“工具性和人文性的统一，是语文课程的基本特点。”“语文是实践性很强的课程，应着重培养学生的语文实践能力。”“积极倡导自主、合作、探究的学习方式，努力建设开放而有活力的语文课程。”这些崭新的理念，帮助老师提升了语文作业与练习设计理念，开阔了语文作业与练习设计思路。笔者认为，要想体现这些新理念，做到真正关注作业设计时的人文内涵，突出其有效性，就要摒弃目前课外作业与练习中的种种弊端，在小学语文作业与练习的设计上应从以下几个方面入手：

（一）激发兴趣，提高素养

我们在布置课外作业时，应首先考虑作业是否能激发学生的学习兴趣，调动学生的积极性。我们可以根据教学内容的不同、年段的不同，分别选用一些形式灵活多样的作业。

低年级段学生知识储备少，注意力难以集中，且以形象思维为主，因而宜设计一些符合低年级年龄特征的课外作业。如读一读、问一问、讲一讲、画一画、演一演等。如在学习课文《狐假虎威》这课之前，可以布置学生先预习课文，读一读这个故事，遇到不懂的地方问一问别人。学完课文后可让学生把这个故事讲给好朋友或者是家长听，还可以试着演一演这个故事。这样的作业，既轻松又有意义，让学生在看似玩乐中去学习读书，学会表达，既增知识又长才干。

中高年级段有了一定的知识与能力作基础，我们便可以融入一些综合性强一点的课外作业，以期提高学生的语文综合素养。我们可以采用读一读、想一想、查一查、背一背、写一写等形式。在引导预习时，让学生读一读课文，想一想能读懂什么，还有哪些不懂的？在学完了《鼎湖山听泉》课文后，可把自己喜欢的句子摘抄下来背一背；在了解了《特殊的葬礼》之后，写一写演讲词，抒发心中的情怀……这样的作业，从学生实际出发，既有可供深入探究的发展区，又能让他们在跳一跳的情况下摘到香甜可口的果子，而且这些都是学生感兴趣的，因而他们易于完成，乐于完成。

（二）突出学科，自主选编

在布置作业时，我们还是应该针对学科特性，结合教材，更多地考虑如何夯实学生的基础知识，如何有效地引导学生积累好词佳句、名家名篇，如何培养学生的听、说、读、写能力，如何指导个性化阅读，如何提高学生的语文综合素养。

在教学中，教师不仅可以根据课文内容及学生实际编拟出适合学生的作业，还可以引导学生自己参与到作业设计中来，自编富有特色的语文作业。比如教学《九寨沟》一文后，学生无不为九寨沟美丽神奇的自然风光所折服。这时，教师说："同学们，你们愿意为美丽神奇的九寨沟设计一项作业吗？"学生们都兴致勃勃地参与到作业设计中来，而且设计的作业远比教师布置的作业要丰富得多。请看：

生 1：配乐朗读。

生 2：选择自己最喜欢的句段背下来。

生 3：仿照文中"总一分"句式的写法写一段话。

生 4：画一幅艳丽多姿的"九寨沟"图，并配上解说词。

生 5：为"九寨沟"设计广告语。

生 6：以"九寨沟"为背景设计一张邮票。

……

学生完成自编的作业，不仅兴趣浓厚，而且作业质量很高，这也充分体现了新"课标"中强调的"学生是学习的主人"这一理念。

（三）体现层次，各尽所长

承认并尊重学生的个体差异，是学生发挥主体作用的前提。为了能极大限度地调动学生主观能动性，减轻学生压力，我们在布置作业时，应尽量体现层次性。留一些可供选择的作业，这样的作业弹性大，便于学生自己把握。总之，给学生选择作业内容、作业形式的自由，让学生在自己原有的基础上都能有所发展。

如：在学完《真想变成大大的荷叶》一课后，我们可根据不同层次学生的能力、兴趣爱好设计以下几种作业，供学生自主选择，以发挥学生的主动性。

（1）边读边评：把词语和课文读给家长听，并让家长给你评一评。

（2）边说边记：说说你从本课中认会了哪些生字，你是怎样记住它们的？

（3）练写结合：请家长监督听写本课生字，写对了给自己奖面小红旗。如果有写错的字先看清字形，再认真写上两遍。

（4）亲近自然：夏天来了，大自然发出了很大变化。走出室外，走进自然，观察哪些事物发生了变化，看看你还想变成什么？

以上几篇作业，你可任选两题完成。这样的作业设计由易到难，知识与能力并重，且课内课外相结合，有利于调动各个层次学生的学习积极性。

在学习了《燕子》后，我设计了以下几项作业：

(1) 爱写字的你，不妨摘抄本文的优美词句。

(2) 爱诵读的你，不妨有感情地朗读《燕子》，进行课文录音，并配上音乐。

(3) 爱绘画的你，不妨根据课文第一段的描写画一画燕子的外形。

(4) 爱查阅的你，不妨查资料寻找燕子的其他特性。

(5) 爱习作的你，不妨模仿《燕子》一文的写法，写一篇介绍小动物的文章。

(6) 爱故事的你，不妨把课文改编成小故事，讲给小朋友们听。

(7) 爱观察的你，不妨选一种鸟类进行观察，找找它的特点。

以上7题，要求学生根据自己的能力、兴趣任选一题或若干题完成。一项作业能使他们各尽所长，能享受到成功的喜悦，而学生的创新思维也将得到发展。

四、加强实践，培养能力

在语文课外作业与练习的设计中，教师可根据教材特点布置一些让学生“动眼观察”、“动口读讲”、“动手制作”等实践性强的作业，引导学生在活动中学习语文，在活动中增长知识，在活动中培养能力。

(1) 认一认。布置一些与学生生活或社会实践紧密结合的作业，让学生体会“学有所用”的乐趣。如让学生上街时留心店名、街名、路名、广告语等，从中揪出错字、错词、病句，然后在班上开设“错别字医院”，请“大夫们”会诊。至于不理解的词句可以自己查查字典，再在班上开一个“比一比，谁的本领高”的小队会，让学生用解答、互考、猜谜等方式展示所学知识。

(2) 做一做。学完课文后，可将所学的知识动手做一做，实践一下。比如学会《捞铁牛》后，让学生回家做一做水的浮力实验，验证课文所写怀丙和尚杰出的捞铁牛的方法。学完《乌鸦喝水》，让学生模仿乌鸦，往口小的瓶子里放小石子，体会“水渐升高”的道理，让学生在边动手边动脑中复习语文知识。

(3) 画一画。学完课文后，让学生把所学的内容画下来。以实践的形式帮助学生理解、感悟课文内容。如在教学《咏华山》时，让学生把诗和文相结合，画出文中所描绘的华山景象，突出华山的“高”和“险”。

(4) 演一演。比如教学《歌唱二小放牛郎》、《九色鹿》等故事情节较强的课文或具有较强动作性的场面描写，可以让学生编课本剧并演给家长看一看。

(5) 查一查。在教学完《人类的“老师”》这类知识性较强的课文时，问学生还知道哪些人类以生物为“老师”的事例，然后再让学生去图书馆、上网等查一查，搜集有关的文字或图片资料以帮助学习。

(6) 写一写。比如教学《只有一个地球》后，可以就“本市（县）重点污染的情况怎样？对人体健康有什么危害？污染源有哪些？怎样减少空气污染？”等问题组织学生进行调查访问和实地考察，并撰写考察报告，在看、问、想、写的过程中培养学生的创造能力和实践能力。

(7) 评一评。可让一些学生的作业与练习不定期拿出来展览展览，让学生评一评。这样，作业与练习不再是学生做——老师改，而是学生做——学生展示——师生共同学习、欣赏、纠正、完善。作业与练习的可选择性，答案的不唯一性，作业与练习呈现形式的多样性，又必然会使得这种展示丰富多彩。作业与练习不再仅仅是个巩固、训练、探索的手段，也成了学生之间、师生之间互动、学习的有效形式。

以上这些作业与练习设计融音乐、诗歌、绘画、创作、朗读等为一体。五花八门、充满个性的作业与练习说明学生在参与设计中兴趣浓厚、独立思考、敢于尝试、勇于探索，从而使学生的个性在享受作业带来的乐趣中得到发展。

让我们一起为小学语文作业与练习的有效设计而继续努力！

分享提升：专业智慧与专业境界

新语文作业：主题整合，表现本位[①]

著名学者潘新和先生在其巨著《语文：表现与存在》一书中指出："语文教育的终极意义指向言语表现与存在。语文教育的目的不仅是使人'活'着——所谓的生活着，而且是使人成为言语人、精神人，使人更像人：变得充实、美丽而崇高，感受到言语创造的永恒幸福。""言语立人"既是语文课程的终极关怀，也是语文作业设计的根本的价值准绳。

基于这样一种课程新视阈，我们探索设计了这样一套"新语文作业"。

一、"主题整合，表现本位"的作业设计理念

言语表现与存在是贯穿整个语文作业设计的命脉。由此推演出新语文作业设计的三大核心理念。

1. 言语生命观

促进学生言语生命的发展，是语文作业设计的终极旨归。我们知道，语言是一种约定俗成的社会现象，具有稳定性和长期性。言语却是一种个人的现象和实践，是个人的意志和智力的行为。个人通过言语活动表达自己的思想、情感和体验等，达到实现交际的目的。因此言语具有不稳定性和暂时性。语言是潜在的系统，言语则是潜在系统的实现；语言是词典性的，言语则是关系性的；语言是平面的，言语则是全息的；语言是可以妥割的，言语则结合为一个整体。语文课程要学习的主要是"言语"而非"语言"，语文教育致力于培养的是言语人，它指涉及言语生命的多个维度和多种要素，诸如言语动机、言语激情、言语潜能、言语智慧、言语操守、言语抱负、言语个性乃至言语人格等。

2. 言语生活观

人不仅生活在物质环境中，也生活在精神环境中，更生活在言语环境中。人们常说，人有物质生活和精神生活，却很少注意到人有以言语为主要形式的符号生活。从根本上说，人是一种言语的存在。人的言语生活不仅维系着、反映着而且替代从而包孕着人的物质生活和精神生活。我们认为，个人的心理世界、情感世界所建构的内心言语生活，以及个人与他人、与社会相互交往、沟通并在交往、沟通中不断重构的外部言语生活，是言语实践作业设计最根本的源头活水。敞开这两个言语生活世界，并致力于两个言语生活世界的交流和沟通，使之融会成学生全方位的生存空间和话语空间，并让其成为学生言语实践活动的动力、场所、对象、内容乃至目的旨归，真正使"语文学习的外延与生活的外延相等"。

3. 言语对话观

学生言语生命的成长和发展，是在多维度、多层面和多视域的言语对话过程中得以实现的。在此所谓的"对话"，既不能理解得过于宽泛，以为凡是甲问乙答都是对话；也不能理解得过于狭窄，以为只有甲问乙答才是对话。我们认为，对话双方须是平等、真诚和合作的，其结果必是双方都能通过对话而臻于一个新的精神境界。甲问乙答固然是对话的典型样态，作演讲、写文章或是听演讲、读文章等也可以具有对话性。只要对话各方处于"相互作用"的状态之中，对话就已经实现。在对话过程中，由于视界的融合、精神的际遇和理性的碰撞，双方都有输出、有吸收、有肯定、有否定、有再现、有创造、有理解、有困惑……这

① 肖川．名师作业设计经验．北京：教育科学出版社，2007：16-29．

一过程本身，对学生言语生命的发展就具有深刻的存在性意义。

二、“主题整合，表现本位”的作业设计目标

主张“主题整合，表现本位”的语文作业，不只是对字词句篇知识的了解和操练，也不只是对听说读写技能的培养和巩固，而是对文化精神、言语智慧和言语生命的传承，是言语上的自我体认、自我实现，是对言语人生、对话人生乃至诗意人生的理想、信念和抱负的唤醒、熏陶和激励。其设计目标包括以下四方面。

1. 激活学生的言语动机

在学生的内心言语生活和外部言语生活的交互沟通、深度对话中，形成并保持内在的、自觉的言语动机，变要我听、要我说、要我读、要我写为我要听、我要说、我要读、我要写。

2. 培养学生的言语热情

始终将言语实践和学生的精神需求、生活体验联结在一起、整合在一起，培养学生持续的、健康的言语热情，使学生爱听、爱说、爱读、爱写。

3. 指向学生的言语表现

着眼于学生言语生命意识的熏陶、言语创造力的涵养和言语人格的塑造，以写作能力作为语文能力的最佳呈现，带动和促进学生言语实践能力的和谐发展，使学生真正会听、会说、会读、会写。

4. 开掘学生的言语潜能

在开放而充满生命活力的言语实践活动中，明确言语目标、砥砺言语意志、培植言语专注、升华言语情绪和超越言语挫折，努力培养学生的言语天赋和个性。

三、“主题整合，表现本位”的作业设计构架

新语文作业的设计，以《语文课程标准》的学段目标和现行小学语文教材的基本序列为经，以“口语交际”、“阅读”、“习作”和“语文综合性学习”为纬，按话题构建单元。其中，“主题”、“语境”、“交际新干线”、“习作新乐园”、“活动新天地”、“成长新感悟”和“小贴士”等构成了每个作业单元的关键词。

1. 主题

主题即言语的中心。根据小学生的两种生活实际和《语文课程标准》的要求，由人与自然、人与社会、人与文化和人与自我等四个不同层面的范畴在一定语境中细化而来。如六年级的“今天我当家”、“过把记者瘾”、“生气了怎么办”、“难忘母校”等，五年级的“有报天天读”、“只有一个地球”、“我为学校献一计”、“照片里的故事”等，四年级的“我有一个温馨的家”、“吹牛大王”、“实话实说过生日”、“一次科学小实验”等，三年级的“请到我的家乡来”、“卡通世界大淘宝”、“广告就在我身边”、“健康，我要100分”等。主题建构要求贴近生活、辐射广泛、贯穿全局和统摄言语。

2. 语境

语境是指现实的、背景的、富含任务驱动和实践感召的言语环境。所谓“现实的”，即非模拟、虚设的，是生活中实有的，但也不苛求一律。所谓“背景的”，是语境中的“背景语境”，它创设一种较为广阔、深远的历史文化环境。无论是现实语境还是背景语境，都要求能激发学生的言语动机，感召学生的言语热情，使学生能在不知不觉中进入言语表现的生命状态。

3. 交际新干线

围绕单元言语主题，在一种更为贴近和直接的口语交际情境中，展开诸如讨论、交流、

发言、自我介绍、采访、访谈、演讲、辩论和解说等口语交际活动。交际活动一般按照创设交际情境、提供交际范例、渗透交际知识和参与交际实践的路径实施。

4. 习作新乐园

围绕单元言语主题，在一种真实、生动的习作语境中，引领学生进入言语表现和创造。习作活动一般按照创设习作语境、提供习作样例、结合启发式点评渗透习作知识、参与习作实践的路径展开。习作样例的提供力求亲近、典型，习作点评力求主线明晰、重点突出，富有启发性和激励性。

5. 活动新天地

围绕单元言语主题，按照语文综合性学习的思路设计活动内容和形式。活动载体在言语生活的统摄下，力求丰富多彩，为学生所喜闻乐见。诸如：科学考察、实验操作、社会调查、课题探究、参观欣赏、收藏展览、戏剧表演、诗词朗诵、摄影解说、即兴辩论、书信交往、书法创作、贺卡设计、名人访谈、活动策划、歌曲联唱和影视观摩等。

6. 成长新感悟

围绕单元言语主题和言语实践过程，启发学生真诚反思自己的言语收获，感悟言语人生的存在意义和价值。

如《打开心灵这扇窗》的感悟作业是这样设计的：

同学们，当你紧闭自己心扉的时候，你的心情如何？当你敞开自己心扉的时候，你的心情又是如何？

你能真诚地对自己的心写下一两句温暖的话吗？

____

____

当你敞开自己心扉的时候，你是不是觉得阳光真的变得格外灿烂了，空气真的变得格外清新了，风儿真的变得格外温柔了……

再如《春风化雨》的感悟作业则是这样设计的：

同学们，通过这个单元的学习，你对自己的老师有些什么新的感受和发现呢？

____

____

你觉得要写好《我的老师》，关键在哪里呢？

7. 小贴士

专为学生提供必要而精当的言语信息、言语知识和言语技巧，穿插于“交际新干线”、“习作新乐园”和“活动新天地”之间。

四、“主题整合，表现本位”的作业设计样例

为了给教师留下一个较为明晰而系统的印象，我们从新语文作业设计体系中撷取了小学语文五年级中的“朋友”单元作为一个完整样例呈示如下：

同学们，当我们还是一个连话都说不大清楚的小不点儿时，就开始咿咿呀呀地学唱这首歌了：

找呀找呀找朋友，找到一个好朋友，

敬个礼呀握握手，你是我的好朋友。

好朋友是一本带锁的日记本。你只管把秘密告诉他，再不用担心还有第二个人会知道。

好朋友是彼此竞争的对手。他得了第一，你却不妒忌，还买汽水为他庆贺。

好朋友是你在和爸爸妈妈赌气后跑出家门第一个想见到的人。他陪你一起伤心，陪你说

爸妈的坏话，然后又陪你回家向爸爸妈妈道歉。

好朋友是可以同吃一根冰棍彼此不嫌弃的人；知道你全身哪一处最怕痒的人；几天不见就念叨的人；50年后你也不会忘记，见面以后又是拥抱又是流泪的那个人！

“好朋友”，一个多么美妙的字眼啊。一个朋友就像一朵花，开放在人生这条路旁，风中雨中为我们送来淡淡的花香，还有如花香般的友谊。

让我们一起走近朋友。

1. 交际新干线

小学的五年学习生活，你一定交了不少朋友吧。但是，你可曾想过，怎样的朋友才是真正的朋友？带着这个问题，春晖小学五（2）班的王馨悦同学采访了她的奶奶、外公、爸爸、阿姨和班主任。以下是她的采访实录。

奶奶：酒肉朋友肯定不是真正的朋友。要说什么是真正的朋友，我也说不太清楚。我觉得，当你很困难很困难的时候，困难到连家里人都不来理你的时候，你的朋友还来帮助你，那就是真正的朋友。

外公：我觉得真正的朋友就是相互之间可以无话不说、无言不谈的人。而且说的、谈的都是心中的真实感情，没有半点做作。

爸爸：这样吧，我给你讲讲爸爸最要好的朋友杨政叔叔的故事吧。也许，这样会帮助你理解什么才是真正的朋友。

1995年年初，我和你妈都下岗了。更糟糕的是，这一年你奶奶被查出患了胃癌，手术、化疗、放疗的费用少说也得两三万块钱。这突如其来的灾难，差点把我急疯。两三万，到哪里去弄这笔钱？如果弄不到钱，你奶奶只好等死。

我四处找人借钱。可是，人情薄如纸，当初与我称兄道弟的几个朋友，有的是我过去帮助过的，这时却没有一个肯解囊相助。后来实在没有别的办法了，我和你妈只好贴出一张告示，决定卖掉咱们两室一厅的房子，为你奶奶治病。

贴出告示的第三天，我们家里来了一个不速之客，就是你的杨政叔叔。他是我中学时的同学，也是那时爸爸最要好的朋友。但参加工作以后，我们一直没有特别的来往。几年前，你杨叔叔下海经商去了。他进门就跟我谈买房子的事。最后，杨叔叔用5万元买下了咱们家的房子。考虑到咱们家目前的困难，他让咱们一家人继续住在这里。

我得了救命钱，急急地给你奶奶治病去了，也没想杨叔叔买房的真正用意。是你奶奶出院后，才听人说你杨叔叔买房是假，变着法子帮咱们才是真。后来，我用这剩下的“卖房钱”与你妈开了一间小吃店，起早贪黑地做生意。两年后，不但从你杨政叔叔手上“赎回”了房子，还扩大了生意规模。要是没有你杨叔叔的帮助，咱们家现在还不知是个什么样呢？

你说，杨叔叔跟爸爸是不是真正的朋友？

同学们，你能回答这个问题吗？

阿姨：我给你讲个关于朋友的寓言故事吧。有两个好朋友在沙漠中旅行，半路上他俩吵架了，一个还给了另一个一记耳光。被打得觉得受了辱，一言不发，在沙子上写下：“今天我的好朋友打了我一巴掌”。

他俩继续往前走，一直走到一片绿洲，就决定停下来歇一歇。谁知被打巴掌的那位一不小心，掉进了河里，差点被淹死，幸好被朋友救了起来。被救以后，他拔出一把剑在石头上刻上：“今天我的好朋友救了我一命”。

一旁的朋友好奇地问："为什么我打了你，你要写在沙子上，而现在却要写在石头上？"那一位笑着说："当被朋友伤害时，要写在容易抹去的地方，风一吹就什么也没了；相反，当被朋友帮助时，我要把它刻在心灵深处，那里任何风都不能抹去它。"

这样的朋友，才是真正的朋友啊。

班主任：真正的朋友，更多的时候是一种相互理解和相互慰藉。有了朋友，可以尽情地释放心情，自信地跨越人生旅途的障碍，轻松舒展地走过四季。这样的朋友，比亲兄弟还亲，比亲姐妹还近，你可以尽情地倾吐一切，不必像在父母面前那样考虑辈分的尊严。只要你想了，就可以放心地说，畅快地说，自由自在、无拘无束地说。

假如王馨悦来采访你，你会怎样回答这个问题呢？

采访结束后，王馨悦同学认真地整理了自己的采访笔记。这次有意义的采访，让她对朋友有了更深的理解。她在心里默默地对自己说：我一定要成为我身边人真正的朋友。

2. 习作新乐园

一说起自己的好朋友，你一定会眼前一亮，是吧？好朋友的音容笑貌、好朋友的穿着打扮、好朋友的言行举止，一定会像放电影那样呈现在你的眼前。怎么样？把自己最要好的朋友写下来。不会写？不要紧，看看人家是怎么写的，自然就会写了。

我的好朋友

我的朋友叫秋红。名字是俗了些，人可长得挺俊俏。两条小羊角辫扎着绿色的蝴蝶结，两道浓黑的眉毛下闪着两颗宝石般的大眼睛。够靓吧？

从外貌写起。眯上眼睛想一想，这朋友还真够靓的。

我们俩是邻居，小时候整天在一起玩。长大了又是同班、同桌。她爱帮助同学，不爱多说话。但办起事来却是快刀斩乱麻，从不犹豫的。

"快刀斩乱麻，从不犹豫"写出朋友的性格特点。

不信，我可以跟大家说件事儿。

那是一天中午，同学们在教室里自习，"啪"一声脆响，全班同学往后一看，原来是陈啸庆用竹竿碰坏了一块玻璃。

老师来上课了，脸上挂着微笑。她扫了一眼教室，马上"晴转多云"变了天。老师生气地说："谁打碎了玻璃，自动站起来！"一连问了几遍都没有人应声。"老师，是陈啸庆用竹竿碰碎的。"秋红站起来一字一板地说。同学们的目光一下子集中到秋红的身上。

放学了，我们几个女同学拥着秋红往家走。一路上我问她："秋红，你告他的状，自己还得提心吊胆的，图什么呀？"秋红认真地说："警告他别再损坏公物了，这是应该的，我有什么好图的呢？"

一件小事，窥斑见豹。朋友的性格跃然纸上。

你听听，这就是我的好朋友。

介绍朋友的文章，怎样才能写得打动人呢？小作者就摸到了窍门，那就是抓住特点，写最能体现朋友精神的东西。

秋红的特点是什么？不爱多说话，但办事却从不犹豫。如何看出？“秋红告状”就把她的这个特点凸显了出来。

这一招真能写好朋友吗？我们不妨再来看一篇作文——

我的好朋友

孙志力是我的同窗好友。他个子很矮，黑瘦黑瘦的。脸略微有些长，本来就不大的眼睛看上去就更小了。额头和颧骨却又高高凸起。难怪有的同学给他起了个绰号叫“北京人”，说破了，就是说他长得像猿人。但我却愿意和他在一起，因为从他身上我学到了不少有益的东西。

不以貌取友，才显出真感情！

比如说吧，读二年级的时候，他读课文时常把翘舌音读成平舌音，像“春、事”这些字，他几乎没一个读对的，常常引得大家哈哈大笑。说来也怪，他越是读不准，老师越是叫他读。他每次读课文，我都坐在一旁替他干着急。在同学们的笑声中，我奇怪地发现他读错的字越来越少了。

“我坐在一旁替他干着急。”想朋友所想，急朋友所急，才看出真友情！

有一次，我去找他，刚走到门口，就听到屋里传来“chun”、“chun”的声音。我轻轻推门一看，发现孙志力正对着镜子练习发音呢。我问他：“你经常这样练吗?”他点点头。看着他因为兴奋而微微有些发红的脸，我明白了他进步的原因。

更叫人佩服的，还得说另外一件事儿。有一次体育课测验跳绳，我的成绩只是个及格，但心里还是挺满足的。孙志力获得了良，我得去祝贺他，谁叫他是我的好朋友嘛！

下了课，我到处找他，老半天才在西院看到他。天哪，他居然还在练跳绳呢！我还没走到他跟前，就见他踉踉跄跄地走到旁边的大树前，扶着树干“呼哧呼哧”地直喘气。再看他的脸，涨得都跟猪肝似的，汗珠一个劲儿地往下掉。我狠狠地说：“你不要命啦？都考良了还练个啥?”他用手捂着胸口，好半天才说：“我想要个优。”听他这么一说，我心里好惭愧。

为朋友的成绩真诚地高兴，对朋友的优点真诚地学习，才露出真性情！

孙志力就是这样一个刻苦、认真、自强不息的人。他既是我的好朋友，也是我的小老师。你说我能不乐意跟他在一起吗?

写朋友，重要的是要写出两人之间的感情来。朋友是因为有感情才走到一起来的。读读这篇文章，朋友间的感情就深深地流淌在这样的字里行间：“我却愿意和他在一起”、“每次读课文，我都坐在一旁替他干着急”、“我得去祝贺他，谁叫他是我的好朋友嘛”、“听他这么一说，我心里好惭愧”。正是这些饱含真情的语言，让我们体会到了朋友之间的真诚、关爱和温暖。

朋友需要这样的感情。写朋友需要写出这样的真情。你说呢?

复习与思考

1. 小学语文作业设计有哪些新的有意义的发展动向?
2. 目前小学语文作业设计存在哪些弊端?
3. 你对小学语文作业设计有哪些建议和思考，请写下来。
4. 请选择自己感兴趣的课文，设计一次语文作业。

拓展资源

陈佑清 . 2001. 教育活动论 . 南京：江苏教育出版社 .

杜时忠 . 1998. 科学教育与人文教育 . 武汉：华中师范大学出版社 .

郭元祥 . 2002. 生活与教育 . 武汉：华中师范大学出版社 .

加涅 R M，布里格斯 L J，韦杰 W W. 1999. 教学设计原理 . 皮连生，等译 . 上海：华东师范大学出版社 .

盛群力，李志强 . 1998. 现代教学设计论 . 杭州：浙江教育出版社 .

涂艳国 . 2007. 教育评价 . 北京：高等教育出版社 .

涂艳国 . 2009. 中国儿童教育 30 年（1978～2008）. 长沙：湖南师范大学出版社 .

王坤庆 . 2005. 现代教育哲学 . 武汉：华中师范大学出版社 .

夏家发，彭近兰 . 2010. 教学活动设计 . 武汉：华中师范大学出版社 .

夏家发，杨再隋 . 2000. 小学语文教育学 . 武汉：湖北人民出版社 .

人民教育出版社网 . http：//www. pep. com. cn/xiaoyu.

凤凰语文网 . http：//www. xxyw. com.

语文网中网 . http：//www. laomu. cn/.

小学语文资源网 . http：//xy. eywedu. com/.

中华语文网 http. //www. zhyww. cn/.

小学语文教学资源网 . http：//xiaoxue. ruiwen. com.

中国知网 . http：//www. cnki. net.

第 13 章 小学语文课堂教学管理实务

沈爱华 武汉市东湖高新技术区教研室
彭近兰 华中师范大学

学习目标

1. 识记概念：课堂管理、学习动机、学生注意力管理、学生思维管理、学生情绪管理、课堂教学节奏管理、群体活动管理及课堂意外事件。

2. 能从一线教师处理课堂发生的意外事件中思考教师课堂教学管理的得与失。

3. 能从课堂教学管理中学生群体学习活动管理和学生个体学习活动管理两个角度分析课堂教学管理活动。

4. 能设计、组织学生开展读书交流活动。

专题导向

专题 1：小学语文课堂学生学习动机管理
专题 2：小学语文课堂学生注意力管理
专题 3：小学语文课堂学生思维管理
专题 4：小学语文课堂学生情绪管理
专题 5：小学语文课堂学生学习节奏管理
专题 6：小学语文课堂学生群体活动管理
专题 7：小学语文课堂意外事件的应急处理

优秀的小学语文教师，不仅关注学生要学习的语文学科知识，还要关注对语文课堂的管理，即教师不仅要思考让学生学好什么，还要思考该让学生在怎样的群体环境中，怎样好好学习。这就需要加强对语文课堂的管理。好的语文课堂的管理是语文课堂有效教学的基础，许多著名的小学语文特级教师的课堂教学艺术更多地体现在对语文课堂的高超的管理技艺方面。

当前，教师课堂管理的观念及行为随着我国经济社会和教育事业的发展，正在发生着悄然的变化。在我国，长期以来，人们把课堂活动主要框定在教学活动范围内，把教学活动的性质又主要框定在“教学活动是一种认识活动”的范围，人们通常认为学生在课堂中主要是在教师指导下进行学习活动，学习的内容不是随意、自发产生的，而是经过选择和加工的最基本的文化知识。在这个前提下，教师的任务是系统传递被列入教材中的知识，教师成为教材的传授者，课堂成为了教师主演的舞台，学生在课堂上实际上扮演着配合教师的角色。在这种传统型课堂相当长的发展与演变过程中，教师相应地形成了以权利为基础的管理观念。于是，维持课堂纪律、控制课堂秩序成为了管理的基本任务。在这一观念的指导下形成了教师的绝对权威、教师命令支配式管理模式、单向输出式交流方式和学生绝对服从的课堂文化。[①]

随着新一轮课程改革的推进，新课程的改革理念正在逐层深化，改革的聚焦点是提高学生的综合素质、创造能力，各项改革措施着眼于最大程度地发挥学生的主体性，进行个性化的教育，而不是一味实行自上而下的监控。在新课程改革的影响下，新的课堂管理理念主要是以发展人的主体性、自律性、培养健全的人格为管理的出发点和归宿。课堂是学生的生存、生活环境，其核心理念是要充分利用学生的一切的生命感官，使生命的意义与管理程序、制度、规范、纪律相结合。也就是说，管理过程是学生的一种愉悦的情绪生活和积极情感体验，也是学生的一种他律与自律的人生体验。课堂管理应根据学生的差异设置许多不同的管理策略，使每一个学生都有表达和生长自己思想的空间与机会，使教师能关注到学生的内心深处。

新的课堂管理理念需要教师用新的课堂管理行为来贯彻。贯彻新的课堂管理理念，就需打破以权力为基础的课堂管理理念，以人为本，从师生生命状态出发，把课堂管理建立在尊重、民主、平等、合作的基础上，以实现师生间的对话与交往。小学语文课堂管理也应该顺应这种变化的大趋势，积极构建小学语文新的课堂管理架构。本章将从小学语文课堂学生学习动机管理、注意力管理、思维管理、情绪管理、课堂节奏管理及群体活动管理等方面阐述。

13.1　小学语文课堂学生学习动机管理

小学语文课程与教学致力于学生语文素养的形成，但在小学生的意识里绝没有语文素养的概念，他们不可能自觉地想到要提高自己的语文素养。他们为什么要学习语文？是什么动力驱使他们的行动？又有什么力量能保持学生对语文学习的持久兴趣？我们的语文课堂应加强对学生学习动机的管理。

尽管学生学习语文的学习效果的好与差受多种主观与客观因素的影响，诸如学生的先天素质、学习基础、学习态度、学习方法、学习习惯、智力水平、人格特点、健康状况以及学习环境和课外指导等，然而学习动机始终是取得学习效果的直接动力。学习动机在学生学习中具有重大作用。从学习角度看，无论学习动机是来自内部的动力，或是外部条件的激励，其作用和功能有三个方面。“①发动并指引方向。动机对学习行为起发动作用，它可以‘激活’并‘唤起’学生的学习行为，并按照所激发的方向努力学习，以达到满意的学习效果。②控制并集中注意力。在学习过程中，由于动机的激励，可使学生排除干扰，自觉控制并集中注意力，全神贯注、专心致志地投入学习。③维持并增强心理活动。受到动机激励的学生在学习活动中表现出认真、紧张、主动以及自强不息、孜孜不倦的顽强学习心理品质。它表明：动机在学生学习的全过程，起着发动、定向、控制、集中维持和增强积极性的动力作用。”[②]

动机是个广泛而复杂的主题。行为主义者用一些概念如“奖励”和“刺激”解释动机。为学习者提供分数、标签、证书或给错误行为记过，这些都是通常使用的外在方式如刺激、奖励和惩罚来激发学生的动机。人本主义者对动机的解释则认为人们不断受到与生俱来的实现其潜能需要的推动。认知主义的动机理论认为，行为是由我们的思想决定的，不是简单地

---

① 赵立成．构建新型教学模式 让课堂教学焕发活力．黑龙江小学教研网 http：//www.hljxxjy.com/Article_Show.asp? ArticleID=1497［2006-04-24］.

② 王耘，叶忠根，林崇德，等．小学生心理学．杭州：浙江教育出版社，2007.

由我们过去的行为是否受到奖励或惩罚决定的，行为是由计划、目标、方案、期待和归因所激发的。社会认知主义者认为动机可以被看做是两种主要力量的产物：个人对达到目标的期望和目标对他的价值。即“如果我努力了，我能成功吗?”“如果我成功了，这个结果对我是有价值的吗?”社会文化主义的动机理论强调参加社会实践，人们参加活动来保持他们的身份和他们在社会中的人际关系。在学校课堂上，学生为了保持自己好学生的身份，就会积极地参与学习，因为动机来源身份，而身份来源于参与。①

在小学生学习动机结构中，随着学生年龄增长，社会性因素不断丰富和增强。比如低年级小学生好好学习，可能仅仅是为了得到教师和家长的赞赏，得到同伴的尊重和认可。然而，随着年级的升高，知识经验的积累，其学习动机的结构因素也发生了变化，其社会性意义越来越强。好好学习不仅仅是为了得到赞赏，而且是为班级争光，为学校争光等，个人的自尊感也越来越强烈。可见低年级小学生学习动机主要来源于外部，即家长和教师的要求、考试的压力及批评、表扬、期待和激励。随着年级的升高，知识经验的增多，自我意识和自我调控能力也不断增强，对学习的需要、求知欲等内在因素在学习动机结构中所占比例也越来越大，并逐步占有支配地位，成为学习动机结构的主导方面。

总之，小学生学习的动机是有一个发展的过程。一般地说，它的趋势是从比较短近的、狭隘的学习动机逐步向比较自觉的、远大的学习动机发展；从具体的学习动机逐步向富有原则性的、比较抽象的学习动机发展；从不稳定的学习动机逐步向比较稳定的学习动机发展。这个过程反映了小学生学习行为的动机及其整个学习活动的水平。教育的任务是逐步引导小学生能够及早地从前者向或者过渡。为促进小学语文课堂学生学习动机的形成及发展，应重视从语文课堂教学整体视角和语文课堂教学具体操作方法两方面加强管理。

从语文课堂教学的整体视角看，管理学生的语文学习动机重在培养学生学习语文的动机。

调整语文课堂教学的目的。杨启亮主张“以热爱为目的教学语文，可以超越认识的局限性。以热爱为目的，则不再把轻松愉快、兴趣盎然作为一种教学途径或手段来利用，而是确认它们本身就是目的，以此导引并升华着其他目的，所以是真正超越了认识局限……如果以热爱或兴趣为目的，语文教学有望激活创造力。可以认为，唯有热爱才是创造的真正动力，而且更是创造过程之艰难和坎坷的最忠实伴侣。人本主义心理学家马斯洛曾经这样描述创造性活动的状况：处于创造过程中的人，此时此刻忘掉过去和将来，全部沉浸于这件事中，被当前所进行的事件所吸引。而马斯洛认为，这种沉浸和被吸引，是源于强烈的兴趣和激情。其实马斯洛提出的创造过程三阶段，就是人的兴趣不断升华的过程，而热爱，或者以热爱不断地消解着可能发生的负性情绪，则是保持兴趣实现创造的更内在的动力。马斯洛的第一阶段是即兴，指个体被强烈的兴趣和激情激活；第二阶段是酝酿，指兴趣支持下的大量劳动和工作；第三阶段是灵感，指创造性活动取得突破，兴趣达到顶峰，注意全神贯注，思维升华，顿悟可能突然发生。马斯洛的三阶段及其分析，启示我们思考以热爱为目的的语文教学的两个问题：一是热爱语文可能真正创造语文；二是不以热爱为目的的语文或语文教学，并不存在真创造的可能性。如果不以兴趣和激情激活为始点，创造既无从发生，也更无从有什么真结果。”②

---

① Hoy A W，Hoy W K. 教学领导——基于研究、通向学习成功的指南．第二版．徐辉，张玉译．北京：中国轻工业出版社，2006：P112.

② 杨启亮．热爱语文，一种教学目的论的解释//蔡智敏．30 年教学理论与实录精华·小学卷．北京：华夏出版社，2010.

从语文教学整体视角来调整语文教学的目的，是管理学生语文学习动机的出发点。

课堂教学应突出年段特点。低年级的语文课堂应该符合低年级学生的学习特点，中高年级的语文课堂应体现中高年级学生的学习水平。低年级儿童处于“游戏时期”，他们还不能很好地区分现实与虚拟。他们会饶有兴趣地沉浸在情境中，他们对通过游戏的方式进行学习活动感兴趣；这个阶段的课堂教学，如果突出游戏味，让学生感到好参与，有简单的规则可遵循，自由活泼，充满想象，富有童趣，则一定会让学生喜欢，也一定会进一步培养学生享受语文课堂生活，热爱语文，要学好语文的动机。现实教学生活中，有一部分教师教学不明确，“低段高上”的现象频频出现，这在一些从高年段下来的老师身上表现尤为突出。过于理性，让低年级的语文课堂失去趣味，也会降低学生的学习内驱力。中年级以后，游戏因素在儿童兴趣上的作用逐渐降低，学生开始重视自己在群体中的角色与价值，自尊心与自我认同感开始形成。中高年级的语文课堂不再像低年段的语文课堂那样热闹，学生需要时间来形成自己的思考。因此中高年级躁动的课堂教学很不利于学生良好的自我成就感的形成。当学生感到在群体学习中没有能力或内有机会展现自己的时候，其学习动机无疑会降低。

从语文课堂教学具体操作方法看，管理学生的语文学习动机重在激发学生学习语文的动机。课堂教学中激发学生的学习动机应做到：①注意教学的良好开端，激发学生学习兴趣。心理研究表明：学习兴趣是构成学习动机中最现实、最活跃的成分。②科学组织安排教材，注意教学内容的新颖性。著名儿童心理学家皮亚杰认为，儿童和青少年的好奇心不完全决定于一个东西的物理性质，而要看它和主体的过去经验关系如何。学习者对新颖适度的和原有经验上的教材最感兴趣。因此，若教师能使学生对教学内容产生曾相识而又陌生的感觉，则易产生兴趣，激发学习动机。因此，为了能激发学生的学习动机，教师应注意在教学中形成一种使学生似懂非懂、一知半解、不确定的问题，由此产生的矛盾、疑惑、惊讶最能引起学生的求知欲和学习兴趣，产生学习的愿望和意向。③端正教学态度，建立良好的师生关系。心理研究表明：肯定的态度易形成学习动机，否定的态度易消退学习动机。良好、融洽的学习环境、气氛和师生关系，可激发他们的学习兴趣。近代教育家第斯多惠说过，“教学的功能不仅是传授知识，更在于激励、唤醒和鼓舞”。上课时，若教师能精神饱满、举止大方地踏上讲台，学生精神必能为之振奋，迅速集中注意力，尽快进入学习角色。有关研究还指出：学生之所以对某一学科深感兴趣，产生强烈学习动机，许多情况下是受教师的感染、启发和鼓励而促成的。师生关系良好，学生会因为对某教师持肯定态度，并希望得到自己所肯定教师的赞许和认可，而转化为对该老师所教学科“爱屋及乌”式的学习动机。④及时表扬和奖励，使学生进入学习的良性循环。苏联教育家索洛维契克在《学习与兴趣》一书中谈到：学生学习中“我不愿意”、“我不能”、“我不喜欢”等没有动机的心理表现，是导致学习“魔力圈”——恶性循环的根源。他提出采用一步一步排除一个个困难的逐步接近法，在老师的表扬鼓励下，使学生产生良好学习情绪的办法，用两只手抓住这个“魔鬼的车轮”——一点一点地扭向相反的方向去制服它。教师及时、真诚和恰如其分的奖励，能让被奖励者受到激励，又能使其他人感到鼓舞。在书中，他还指出：“对于教师来说，表扬是最易使用和最自然的有效形成动机的方法。”他还说，“有时，教师忘记了他们对于学生的评价是多么重要。我们看到一些教师从不对学生说一句好话，这种行为是不可原谅的。”[①]

管理学生的学习动机，就要做好培养和激发两方面的工作。每位教师在课堂教学中，在组织学生从事认知活动时，应考虑到培养学生的学习动机，激发学生的学习潜能，给学生学

---

① 殷炳江．小学生心理健康教育．北京：人民教育出版社，2003：11.

习以可持续发展的学习动力。

案例 13-1

下面是一位教师通过“课堂评价卡”来管理学生课堂学习的经验，请结合上述学习，对该老师的做法进行鉴赏和评论。

我班有一名叫毕啉洋的同学，接班时（六年级），她的学习成绩很一般，课堂不敢发言，说话就脸红，而且表达能力很差，每次习作只有200字左右，面对这样的学生，我充分利用了课堂评价反馈卡来激励她努力进步。一次我在反馈卡中写道：“虽然你在读的方面和其他同学有一定的差距，但是老师认为你这节课表现得还是很出色。你敢读了，我从你的眼神中看到了你的自信。这就是你成功的前提。老师相信你从今以后，一定会不断地超越自己，不断地超越别人。努力吧！”她看了我的评价后，在感言中写道：“老师，我一定会努力的。”果然在以后的课堂中，她学习的兴趣非常浓，敢于积极表现自己了。这使她的“听”、“说”、“读”、“写”等能力都有了很大的提高。

记得在学习了《只有一个地球》之后，我布置了这样一个小练笔：让学生针对生活中的一些保护环境和破坏环境的有关现象，谈谈看法和意见。第二天，毕啉洋交上来的习作让我非常满意。文章言之有物，充满了真情实感，见解有个性，语言通畅。看后，我给她写了这样的评价：“你真是个有心人，能捕捉到这么好的生活现象，真了不起！同时你能用发展的眼光看问题，且很有个性，话语又是那么通畅，进步真的很快呀！老师真为你高兴。这次练笔你写得最棒！”看了我的评价后，她在感言中写道：“谢谢老师对我的夸奖，还从没有人像您这样表扬过我呢。老师您放心吧，我会尽最大努力学习的，不会让您失望的。”自此不论是小练笔还是一篇完整的作文，她都完成得那么认真、那么出色。

毕啉洋的进步让我感到高兴，家长更是对我充满了感激之情。事后仔细一想，这一切变化都源于一张小小的课堂评价反馈卡。它让我陷入了深深的沉思之中：我们平时的课堂评价也许太匆忙、太粗糙了，致使我们师生之间的感情麻木、迟钝了，都无法打开对方的心扉，走进对方的心灵，进行心与心的交流了。而反馈卡却不同，每当我提笔书写时，我的心便先柔软起来，尽量把温馨话语献给孩子，把最真诚的赞美献给孩子，把最美好的期待和关注柔声地告诉孩子……总之把一颗温柔的心奉献给了孩子。让孩子们感到被期待和被关注的美好，让课堂评价像春雨一样流进孩子们的心，滋润着孩子们的心田。

13.2 小学语文课堂学生注意力管理

课堂上出现的所谓纪律的问题都可以和学生的注意力联系起来。因为学生注意力不集中或注意力转移而导致课堂学习秩序不佳，教学效果不好甚至引发师生间的冲突的现象越来越多。管理好学生的注意力，让学生能集中注意力学习，高效率的学习，是教师课堂教学的一项基本功。小学语文课堂教学中，学生注意力的管理既要遵循小学生的心理特点，也要遵循语文教学的规律。

著名教育家乌申斯基曾经说过：“注意是心灵的门户。”注意力是一种心理状态，它伴随着感知、记忆、想象和思维等认识活动而生，又维持这些活动继续进行。小学生注意力的发展主要表现在注意的自觉性和注意品质的完善程度上。具体表现为：①有意注意逐渐发展，无意注意仍起作用；②注意的范围依然有限；③注意的集中性和稳定性较差；④注意的分配和转移能力较弱。

因此，小学语文课堂上，教师管理学生的注意力应做到：一要充分利用无意注意，激发学生的学习兴趣。上课时，要让学生在不知不觉中做到聚精会神，需要借助于无意注意将学生的心理集中、指向到具有吸引力的事物上。比如教李白的诗歌，可以先给学生讲几个小故事。教生字时，可以让学生猜猜谜等。二要启发有意注意，培养学生学习语文的自觉性。有意注意是一种有自觉目的、需要作一定的意志努力的注意，相比之下，它没有无意注意那么轻松。但如果一味地依赖无意注意来进行教学，把系统的学习活动完全呈于暗示的背景下，将会使学生获得的知识零碎而不成系统。所以，注意学生意志品质的锻炼，达到自觉运用有意注意来学习，是教师必须坚持的工作。三要多用暗示的方法去组织学生的注意力，对个别精力不集中的学生，可利用手势、提高音调、行间巡视或个别指点等，引导他恢复注意力。至于有些比较复杂的问题，则应留待课后处理，切忌停课处理学生纠纷。四是多用眼神调节学生的注意力。在授课进程中，教师发现某些学生注意力分散、精神不振、纪律松懈时，应该轻轻地走到学生身边，瞅着学生的目光，两眼“瞪一瞪”，这眼神意味着对学生的提醒和批评，教师不用言传，学生就能意会。五应注意严格有度。教师严格执行学习纪律是必要的，但也要严而有格。就是说，要以学生的年龄和个性特点为基础，诱导他们自觉集中精力学习。如果违背少年儿童的身心发展规律，一味地指责他们，向家长告状，甚至加重他们的作业负担，那么结果必然会适得其反。因为过于严厉，学生在心理上产生逆反和逃避的情绪，学生就很难在课堂上集中注意力。注意力分散，不仅降低学习效率，而且对他们日后的学习带来不良影响。六应注意优化影响学生注意力的环境。优化环境包括优化教室的布置、创造良好的课堂的氛围、端庄的教师的个人形象与富有激情充满热爱的教学魅力、学生群体间的和谐关系以及现代化的教学条件等。

在课堂教学操作方法上，管理学生的注意力可以采用下面的策略。

（1）把握最佳时间，集中学生的注意力。小学生注意力集中的最佳时间在上课后 5 分钟到 20 分钟。上课的前 5 分钟学生的注意力还停留在课下的事情上。而铃响后 5 分钟到 20 分钟是学生注意力集中的最佳时间。在这段时间里，学生的思维最活跃，理解知识最快，掌握知识最准。为此，在这段时间里应抓紧讲授新知，突出重点、难点，启发提问。

（2）搞好形象直观的演示，吸引学生的注意力。对小学生来说，形象直观的事物更容易激发其好奇心和求知欲。因此，在日常的教学中，要充分利用身边现有的教具，吸引学生的注意力，使其对知识的理解格外深刻。

（3）进行多种形式的练习，稳定学生的注意力。练习的内容需结合学生实际，有目的、有计划地进行，由浅入深，由简到繁，逐步提高练习的要求，使练习不仅有密度而且还有梯度，更有多种多样的形式。

（4）巧用课间律动，避免学生注意力的分散。注意的集中和分散都是相互交替的。为了避免学生注意力的分散，在每节新授后安排易于为学生接受的律动。如唱表情歌及欢快的儿童歌曲，跳节奏明快的儿童舞蹈等。有时还针对所学的内容进行课间律动。如学习儿歌时，可以让学生随着节奏拍手。这样，使学生边拍手边欢歌，在轻松愉快的气氛中，既解除了学习新知识的疲劳，又对学习内容加深了印象。

（5）让学生主动参与学习，保持学生的注意力。学生是学习的主体，只有诱发了主体的内部动机，使学生感到学习是一种需要，他们才能以最佳的状态去完成学习任务，取得良好的效果。因而在课堂上，尽可能地让学生多动手摆一摆、画一画、读一读、写一写，亲自去操作，使其亲历学习过程，减少疲倦感。

案例 13-2

下面是北京市第一实验小学韩春荣老师总结自己按照注意规律组织教学的经验，请结合上述学习，进行鉴赏评论。

我们都知道上课时学生注意力集中是有效地进行教学的主要条件之一。即使我们备课很下工夫，教案也写得很有条理，但是如果上课时学生的注意力很不集中，这样也不会收到预期的效果。因此，按照注意的规律组织教学是搞好教学、提高教学质量的主要手段。下面是我的几点做法和体会。

一、在教学中要充分利用无意注意

（一）适当地利用实物和直观教具进行教学

《乌鸦喝水》这一课，孩子们很喜欢，但也有难懂的东西。如：在这一课中有一个动词“衔”。我问学生：把小石子一个一个地衔来的“衔”字当什么讲？孩子们都没有勇气回答我的问题。原来在孩子们的日常口语中没有这个词。如何让他们理解呢？如果以词解词效果肯定不好，为了让学生准确地理解词义，我就利用乌鸦标本，把乌鸦的嘴轻轻地打开，把小石子放到乌鸦的嘴上，让它叼着，这个叼着的动作让学生看清楚，并告诉学生这就是“衔”，学生点了点头。这时我再问他们，他们异口同声地说“衔”就是用嘴叼着。至于乌鸦把小石子一个个地衔起来放到瓶子里，瓶子里的水是不是升高了，我让学生把石子放到乌鸦的嘴上，然后嘴碰到瓶口，石子掉进瓶子里，瓶子里石子越来越多，水就慢慢升高了。这时大家都非常注意，当乌鸦的嘴能喝到水之后，孩子们都高兴得不得了。通过这些实物和教具以及演示的动作，学生的兴趣很浓，积极性很高，注意力很集中，也比较容易地理解了课文和词义。

我还尽量用刺激物之间的对比关系，引起学生注意，提高学习效果。如：在有些字的字形需要突出的地方，就用彩色粉笔标出来。“兔”字，学生写起来往往容易忘了点，我就把全体用白色粉笔写，只有那一点用红笔标出。有些字形较复杂，难记，我就用大字样的方法突出这个字形。这样一来，学生对于白字当中的一点红，印象很深，终生难忘。在平常字中出现了一个“大样”的字，又会由于印象突出而无意之中牢牢记住。

（二）预防和排除分散儿童注意的各种因素

（1）教室要布置恰当，要整齐清洁，以免分散注意。教室是学生度过一天学习生活最主要的地方，在这里要求儿童集中注意，遵守纪律，努力完成学习任务。我们对教室里的秩序和教室布置都要十分注意。我认为教室里的布置要符合它的用途，应该是整齐清洁，朴素大方的，绝不应是花花绿绿使人眼花缭乱。除去教室的布置之外，还应该把教室打扫得清洁，安排得整齐。这也是保证学生注意力集中的条件。如果走进教室一看，很脏，也不通风，地板上到处是碎纸和踩碎的粉笔痕迹，课桌里散乱地放着书包、水杯、学习用品，讲桌上盖着一层粉笔末或凌乱地摆放着教学用具，黑板没有擦干净，桌椅歪摆着。在这样的一个教室里，不管教师怎样精通教材，上课时也不会有很好的教学效果。

（2）师生做好上课前的准备，以免课上忙乱分散注意。做好上课前的准备工作，养成课前准备好学习用具的习惯，对学生是很重要的，尤其是对刚刚入学的儿童更为重要。这样才不会在教学中因为找本、找书、找铅笔、橡皮之类的东西而分散了学生的注意力。因此从学生入学的第一天起，我就使他们知道做好课前准备与上好课之间的关系。对一些平时不大注意的学生，课前或前一天我都做特殊的嘱咐，偶尔有学生没带学习用具，课前我也要为他解决好，以免上课他要去借用具而影响他和其他学生的听课，分散他们的注意力。我自己在上课前一定把这一节课该用的教具都准备齐全，如：白粉笔、彩色粉笔、发给学生的练习本、听写用的空白纸、字词卡片、给学生批阅作业的红笔等，以避免上课时因没有而抓瞎，或把学生放下自己到办公室去取或派学生到办公室去取，就会严重地分散了学生的注意力。教师使用教具不能杂乱无章，如：小黑板拿倒了，没挂住掉下来了，字词卡片拿反了，教科书里夹着的纸片掉出来了等，这些都会分散学生的注意力。甚至老师的衣着也是分散学生注意力的条件。如果星期天老师理了发或换了一件新衣服，就早一点到学校去，让班里每个学生都看到都习惯，然后再上课也就不会觉得新鲜了。

(3) 恰当地处理课堂上的偶发事件，以免分散注意。处理好课堂上的偶发事件也是避免分散学生注意力的一个重要问题。有一次上课写作业，一个学生眼睛不时地往下看，两腿还直动，一会儿整个身体往下溜。我走过去一看，原来是想把掉在地上的橡皮捡起来。我走过去帮他把橡皮捡起来，放到他手里，他用眼睛看了看我没做声埋下头又写作业去了。这件事没有引起任何人的注意，也就没有分散其他学生的注意力。我觉得如果把捡橡皮的孩子不经调查就斥责一顿，不但这个孩子当时不能很好地学习，还必然会使全班同学的注意力集中到这个孩子身上。这样注意力的转移，教学的中断，对一堂课的影响是很大的。

二、在教学中发展学生的有意注意

(1) 加强组织教学，使上课有一个良好的开端。我认为一节课的开始是很重要的。多年来，我一直遵循着这样一个原则，即不在没有安静下来的情况下上课。为了保证这一原则的实施，我除了要求他们养成课前准备好一切学习用具的习惯外，我还要求他们听到上课铃响后，立刻进教室，安静地坐在位子上。对于迟到的学生，要妥善处理而不要使他们影响集体。课间我尽量在操场上照顾学生游戏，以免他们之间发生矛盾或狂奔乱跑影响了上课情绪的安定。我要求学生上课铃响立刻进教室，我就首先在铃响前在教室门口等候上课，照顾他们进教室。如果教室里还没有完全安静下来，或者还有个别学生没有坐好，我就在门口或门外停一下，引起学生的注意，从而使学生利用这些检查自己的行为，达到老师的要求，使课堂一开始就有个良好的秩序和安定的气氛。在这种情况下上课，一节课有了好的开始，老师很快就能把学生的注意力吸引到教学内容方面来，效果也就会很好。

(2) 提问时面向全班，使每个学生都有一定的任务。人的精神状态在很大程度上影响注意，所以老师讲课一定要调动起学生的积极性。课堂提问一定要面向全班，使每个学生的注意力都集中到老师提的问题上，积极争取回答老师的问题以保持旺盛的精力，就是消极的儿童也要调动起来，使每个儿童都有事可做。在指定一人回答提出的问题时，要引起大家都来注意，要求辨别、纠正、补充等。要抓一点带一片。就是叫几名学生到黑板前来写字，其他学生在自己的座位上也要在老师的指导下有相应的活动，这样老师要调动全班学生的积极性，实际也是集中到教学上了。

三、在教学过程中，重视有意注意和无意注意的交替和轮换

要引导学生完成一节课的学习任务，无意注意和有意注意都需要运用，并使二者不断交替轮换。学习是一种艰苦的脑力劳动，单凭无意注意是不能很好地完成任务，因为在这个活动中不可能都是有趣的东西，一定会有很多困难，这就需要有意注意参加。但是单凭有意注意又不可能持久，尤其是低年级儿童，用过多的意志努力来维持注意，会使儿童很快疲倦。在授课中这两种注意可以交替轮换使用。例如：在识字教学中，可以让学生利用5分钟学习生字字音。这时学生就要在这5分钟之内克服困难集中注意完成任务。这段时间不要太长，接着就要组织他们转移注意，让他们利用6～7分钟用学过的熟字和部首去分析字形，他们又一次地组织注意力。在这一段时间内，学生的目的明确，老师教给了方法，学生利用了有

意注意。这段时间以10分钟左右为好。在巩固练习阶段，有时是有意注意，如：在老师的指导下学生自己在练习本上写字，这就需要独立完成。有时也要引起学生的学习兴趣，如：分角色朗读，化装朗读，给独体字找朋友，这些就能吸引注意力，完成学习任务。

总之，我们在教学过程中要正确地运用注意的规律，只有这样才能保证教学任务的顺利完成，也才能保证教学质量的提高。①

13.3 小学语文课堂学生思维管理

智力的核心成分是思维。朱智贤在《儿童心理学》一书中指出：小学生思维发展的基本特点是从以具体形象思维为主要形式逐步过渡到以抽象逻辑思维为主要形式；但这种抽象逻辑思维在很大程度上仍然是直接与感性经验相联系的，仍然具有很大成分的具体形象性。在从具体形象思维向抽象逻辑思维的过渡中，存在着不平衡性。不平衡性既表现为个体发展的差异，也表现为思维对象的差异。在整个小学时期内，儿童的抽象逻辑思维水平在不断提高，儿童思维中的具体形象成分和抽象成分的关系在不断发生变化，这是发展的一般趋势。但具体到不同的个体及不同的思维对象（不同的学科、不同的教材等）的时候，在发展的一般趋势的范围内又常常表现出很大的不平衡性。总之，小学生的思维是感性的成分多，理性的成分少；形象的成分多，抽象的成分少；群体中个体思维差异较大，发展不平衡。这些都是管理学生思维时所要面临的现实基础。

课堂中管理学生的思维，有三个主要目的。一是发展学生的思维能力。这就需要教师激发学生思考，鼓励学生思考，创造条件促使学生思考，让学生在积极的思考中实现从具体形象思维向抽象逻辑思维的过渡。二是提高学生的思维品质。这就需要教师在教学中关注学生思维的敏捷度、灵活度以及思维的深度与广度等。三是让学生在语文学习中形成具有个性的创新思维方式。

13.3.1 在课堂教学中发展学生的思维能力

思维能力的发展总是和言语的发展分不开的。学生思维能力发展是在言语发展过程中逐步发展起来的。因此，教师在语文课堂教学中，要积极引导小学生掌握词汇、概念，训练小学生言语表达的规范性，给小学生提供充分的口头言语和书面语言表达与练习的机会，从而训练小学生思维的准确性和逻辑性。例如，要求小学生回答问题、复述课文、坚持写日记、加强作文训练等来提高小学生的言语表达能力等。此外，引导小学生阅读课外读物，参加演讲会、辩论会、故事会，举办班报、黑板报、壁报等活动，可以进一步丰富小学生的词汇，促进小学生正确地理解词意，学会准确地表达思想感情，从而促进小学生思维的发展。

思维是在感知基础上进行的高级认识活动。思维的全部材料来自于感性经验。因此，要发展小学生的思维，首先要丰富小学生的感性经验。帮助小学生掌握丰富的、生动的感性知识是发展其思维能力的必要条件。在教学中，教师应注意适当运用实物、图片及各种直观教具，并根据教育教学的需要组织参观、访问、游览等活动。在活动中，教师要有意识地引导小学生去全面观察、深刻分析，积累思维的材料。同时，教师要帮助学生将丰富的感性材料和词语概念建立联系，打通思维的通道。

词语教学是语文教学发展学生思维的关键和基础，可惜的是无论传统教学还是当前语文

---

① 韩春荣．按照注意规律组织教学．心理发展与教育，1986，10：(62)．

教学的发展都不够重视词语教学，更不重视词语教学与学生思维发展之间的联系。在整个小学阶段，许多教师往往只在低年段重视词语教学，到中高年级后，受教学内容影响，往往重视阅读技能的训练，忽视词语教学，这对学生思维的持续发展不利。另外，在低年级进行词语教学有脱离学生思维发展水平的现象。低年级学生对词语概念的理解受词语概念本身所包含的直观特征所支配，主要依靠感性表象来理解词的概念。如一年级学生用“水”组词时，组出了“水田、河水、开水、热水”等词，这是切合实际的，但有的教师引导学生组出“水泵”一类词。学生没见过“水泵”，就难以建立“水泵”的概念。尽管教师的语言直观（生动的描述）或图片、标本、幻灯等手段能帮助学生理解“水泵”的概念，而学生自己组词就没有这些条件。所以，教师教学生自己组词时，必须全面考虑。儿童认识客观事物是由具体到抽象，由感性到理性，由事物的外表到事物的本质。教小学生掌握词义，也应遵循这一认识事物的规律。学生对词语概念理解的程度如何，既决定词语概念本身的难易程度，又决定思维对象与学生生活经验的一致性。因此，在组词练习中，只能由日常生活概念到社会政治生活概念，由物质概念到精神概念，由具体概念到抽象概念教学生掌握词义，做到由易到难，由简单到复杂，循序渐进，日积月累。

思维是从问题开始的，有了问题，学生才会积极地思考，所以，教师要培养学生善于发现问题和提出问题的能力。这就要求教师要善于进行启发式教学，激发小学生的求知欲和积极思考的愿望。教师要善于把小学生置于有趣的和能激发好奇心的情境中，引发他们进行积极的思考。每节课教师留出一段时间让小学生练习、提问题、谈看法，鼓励小学生发表各种见解。这样，既可以活跃课堂气氛，提高课堂教学效果，同时又可以培养小学生善于独立思考并尝试解决问题的习惯，做到在传授知识的同时，发展学生的思维能力。

课堂上，老师的提问要少而精。我们课堂提问的一大弊病就是老师的提问太多太滥太浅，学生跟着老师的问题转，没有时间来读书，没有时间来思考，课堂大量的时间花费在没有什么思考价值的问题上。老师的问题应能引发学生的深入思考。比如于永正教《草》引导学生思考：到了冬天草叶子都冻死了，野火用不了多长时间，就会把草烧得干干净净，白居易为什么说烧不尽呢？学生有的说大火有烧不到的地方，有的说河边上的草烧不完。于老师又引导学生联系下一句，想一想是什么没烧完。学生很能动脑筋，说虽然烧着了地上的草，但草根没有烧着。这种切入到文字深处的思考正是老师循循善诱的结果。

13.3.2　在课堂教学中提高学生的思维品质

思维品质体现了个体思维的水平和智能的差异。小学生的思维品质主要包括思维的敏捷性、灵活性、深刻性、独立性、批判性等。培养小学生思维的敏捷性。思维的敏捷性是指思维过程的速度。培养小学生思维的敏捷性，就是要培养他们迅速而准确地表达；思维的灵活性是指思维活动的灵活程度。培养小学生思维的灵活性，就是要重视培养他们的发散思维。如理解词语在不同语言环境中的意义，同样的表达包含的多重的意义等；思维的深刻性是指深入到事物的本质，揭露其根源的思维品质。要培养小学生思维的深刻性，一方面要培养他们善于透过现象看本质的能力，重点应放在对语段的概括能力上；思维的独特性是指在思维活动中能够进行独立思考，独立地发现问题与解决问题的思维品质。要培养小学生思维的独特性，就要培养他们独立思考的自觉性，把独立思考的要求作为学习常规加以训练；思维的批判性是指在思维活动中善于严格地估计思维材料和精细地检查思维过程的思维品质。要培养小学生思维的批判性，就要鼓励学生不迷信，不盲从，用审视的眼光来思考。

有位教师在教学时通过设计矛盾冲突的情景来培养学生的思维品质。他向学生提供一些素材，引导学生进行探索，利用学生认识活动的内部矛盾，从而产生强烈的解决问题的内部动机，调动学生思维的积极性。如教学古诗《赠汪伦》的教学中，在品读诗句“李白乘舟将欲行，忽闻岸上踏歌声”时，学生提出疑问：李白不是和汪伦是朋友吗，怎么李白已上了船，汪伦才出来送行？一石激起千层浪，学生学习探究的热情被激发了出来，在讨论中不时闪现思维的火花。有学生提出：这并不矛盾，可能是李白怕离别时的伤感，悄悄地离开了也可能汪伦在送别宴上酒饮得太多的缘故吧，竟没有发现李白已悄然离去，等酒醒急赶到江边，李白已“乘舟欲行”。通过发现矛盾，学生质疑，再进行讨论，学生思维有了一定深度，课文内容和蕴涵的思想领悟也更到位了。

13.3.3 让学生在语文学习中形成具有个性的创新思维方式

最新的语言学研究表明：语言规律的获得和个体言语的发展，可以促进思维能力的发展，并且可以塑造不同的思维品质和思维方式。美国语言学家 B.L. 沃尔夫在《语言、心灵和实在》一书中说：“语言的研究表明：一个人的思维方式，是受他意想不到的语言形式的那些不可抗拒的规律支配的。”B.L. 沃尔夫还说：“使用截然不同语法的人被自己的语法结构强制着对外表相同的事物进行各种不同的观察，作各种不同的评价。”这就是说，使用的语言和语言规律不同，人的思维方式和思维也不同。

汉语对人的思维方式，会产生什么样的影响呢？对于这个问题，法国语言学家克劳德·汉格哥在《语言的力量》一文中说：“汉语的思维方式不同正和负、存在和不存在的概念，而是用相互交替、相互结合又相互补充的概念。”另一位西方学者普利高津也说：“西方的科学家和艺术家习惯于从分析的角度来观察现实，中国的哲学则表现为一种整体观念。”

结合汉语的特点，小学语文课堂上，培养学生的创新思维和具有个性的思维方式，应重点在两方面加强培养。一是激发学生想象和联想。爱因斯坦说过：“一切创造性劳动都是从创造性想象开始的。”想象和联想是创造思维能力的重要标志也是语文阅读教学重要的培养目标，想象和联想作为一种能力，只能通过训练才能形成和提高。教学中要启发引导，拓宽学生想象和联想的空间。二是打破思维定式，培养学生发散思维。思维定式是在学生学习的过程中始终存在的，它在教学中是一个重要障碍，就是习惯从固定的角度去看事物，无意从不同角度去分析问题，思考常常受习惯性思维的束缚。而发散思维是思考者根据已有的知识、经验，从不同的角度或朝不同的方向，进行各种不同层次的思考，是一种不依赖常规寻求变异，多触角、全方位地寻求与探索新的多样性的方法及结论的开放式思维，因此，我们要努力克服思维定式的消极作用，在师生互动的过程中，多进行发散思维，培养思维的多样性。可以做到同一任务，鼓励学生寻求不同的学习方法完成，适当安排一些具有不确定的答案的练习等培养学生的创造性思维，教师要善于发现并肯定具有不同思维方式的学生。

案例 13-3

下面是某教师对阅读教学中培养学生思维能力的思考，请结合上述学习，予以评鉴。

换位思考，培养思维的变通性[①]

同一个问题，可以变换不同角度、不同角色去思考，从而丰富思维方式。首先，要训练

① 胥翠芳．在阅读教学中培养创新思维初探．http：//www.pep.com.cn/xiaoyu/jiaoshi/jxyj_1/yuedu/201008/t20100818_677446.htm［2011-10-11］．

学生变换角度思考问题，使思维灵活多变。如词语训练，可以用换词比较的方法；句子训练，可以用句式变换的方法；理解课文有时也要换个角度，如教学《将相和》一课，可这样引导学生换位思考："如果你是蔺相如，当听说廉颇要给自己下不了台时，你会怎样做？而蔺相如是怎样做的？""如果蔺相如也像廉颇一样的态度，结果会怎样？"学生通过变换角色的思考，对蔺相如以国家利益为重，顾全大局的精神就有了更深刻的认识。多元思考，培养思维的发散性。对于问题的认识，还应该是多条线索，多条思路的，这就要求学生从多个不同的侧面去思考，拓展思维的空间。从课文内容上说，一种情况，可以沿着文章的思路作顺向的或逆向的思考。如学习《穷人》一课，顺着作者的思路想："渔夫和他的妻子收养了西蒙的两个孩子以后，生活会怎样？"学习《卖火柴的小女孩》一课，逆着作者的思路想："假如小女孩没有死，结果会怎样？"另一种情况，可以改变文章原来的思路作其他情况的思考。如学习《捞铁牛》一课，启发学生思考："除了课文中写的利用水的浮力捞铁牛的办法以外，你还能想出什么办法？"从课文的表达形式上说，也有两种情况：一种是肯定延伸式，一种是比较式。以词训练为例，可以这样导思："你认为用上这个词有什么好处？为什么？"让学生从正面体会用词的精妙；也可以这样导思："如果去掉这个词，句子的意思有什么变化？换成另一个词可以吗？"让学生从反面体会用词。在探究性阅读的过程中，教师要有意识地训练学生多问几个"为什么"，多做几种设想，使学生的思路更加开阔。这样，不但能调动学生学习的积极性，而且也可使学生的思维更加活跃，更有创造性。

13.4　小学语文课堂学生情绪管理

处于身心快速发展时期的小学生，由于学习的压力、生活节奏的变快、自由时间的减少、父母过高的期望、不良的同伴交往关系等诸多因素，使他们不时经历情绪、情感上的困扰，受到孤独、失望、忧郁、焦虑、愤怒、嫉妒等不良情绪的侵袭。虽然这是成长过程中所避免不了的，但若不及时调整，将会使这些不良情绪转变成严重的情绪障碍，从而阻碍个体身心的健全发展。[①] 在小学语文课堂中重视学生的情绪管理，有利于学生身心健康，也有利于课堂教学的高效。

小学语文课堂上管理学生的情绪首先是预防学生不良情绪的发生。预防学生不良情绪的产生，就要弄清楚引起学生不良情绪的因素。语文课堂上不和谐的师生关系、不和谐的同学关系、难度过大的学习内容、沉闷无趣的课堂氛围、不够安全的学习环境、不公正的班级课堂文化以及教师不当语言行为等都有可能引发学生的不良情绪，当然，学生不和谐的家庭生活和不安全的社会环境也是引发学生不良学习情绪的重要原因。

管理学生情绪要善于发现学生的不良情绪，并给予高度的重视。小学生的不良情绪主要表现为过分紧张、多虑、退缩、恐惧、躁动、焦虑、忧郁、消沉、狂躁、暴怒等不良的情绪状态。他们的不良情绪往往表现在异常的行为和语言中，也有些学生的不良情绪不轻易表现，长期闷不作声，也不惹是生非，总是消极避让，这样的学生很容易被教师忽略。因为年龄特征的原因，大多数学生的不良情绪容易被发现，教师应做有心人。

语文课堂上管理学生的情绪很重要的任务是充分发挥语文的人文性作用，帮助学生培养积极健康的学习和生活情绪，使他们拥有积极向上、热情大方、开朗乐观的情绪状态，使他们逐步养成良好个性心理品质，培养健全的人格。

---

① 卢勤．写给年轻的妈妈．北京：中国妇女出版社，1998：8.

从教学层面解读语文，语文是“工具”课；从教育的层面审视语文，语文是育人的基础；从学生的层面体察语文，语文是学生形成良好情绪的教科书。课文中的典型人物的言行举止都透露出人物对待外部环境的情绪反应，从课文中的典型人物的身上，学生可以认识真善美和假丑恶，获取正确的价值观，产生向上的积极情绪。语文教师应该用自己的激情，给学生传递向善向上的信息，用自己的热情激活学生的情绪，点亮学生的“心灯”。

语文课堂上充分运用表扬奖励等手段，可以较好地管理学生的情绪。正如马克·吐温所说：“一句好听的赞辞能使我不吃不喝活上三个月。”这句略带夸张的话体现了“表扬”的魅力之所在。每个老师都应当适时地多正面表扬学生，激发他们的学习热情，因为表扬具有激励引导等作用，同时又能提升课堂融洽度，拉近师生关系。老师要抓住表扬的最佳时机，当学生取得好成绩时，表扬能让他再接再厉；当学生面临困境时，表扬如一针强心剂，让他振作起来；当学生沉浸在失败的痛苦之中，表扬如黑暗中的明灯，让他重燃希望。每个学生都有得到老师表扬的渴望，“不错，真棒，你还可以做得更好”，“其实你什么都能做好”，“我相信你能完成”等，老师应不失时机地表扬他们。同时老师要把握好表扬的分寸，表扬不仅是对学生的肯定与鼓励，也是向其他同学树立榜样。表扬要做到言如其实、恰如其分。过轻的表扬让学生失望、泄气；过头的表扬有时让学生产生自满情绪。课堂上学生一个正确的回答，一个巧妙的解题，一个新颖的提问都值得我们用心去欣赏。教师应用欣赏的眼光评价学生。批阅作业、写评语、谈心、个别辅导等都是教师管理学生情绪的主要途径。

建立民主、平等的师生关系，建立公平公正的课堂管理制度，建设平等和谐的课堂文化有利于学生积极健康情绪的养成。语文教师都应努力成为学生的良师益友，培养自己良好的心境，把自己生活中的不良情绪消除在课堂以外，以乐观、向上的精神面貌对待教学，对待学生。心理学的大量研究表明，民主、平等的师生关系，开放、宽松、积极的学习气氛，有利于小学生的心理健康成长；相反，紧张的师生关系，容易使学生学习压力过大，学习效果下降。

语文课堂上多给学生提供积极的情绪体验。积极的情绪体验，如高兴、快乐、满足、成功等可使学生增强自信心，情绪高涨，精神饱满，既能提高其完成学习任务的热情，又能增加其心理健康，避免长期体验消极情绪而引发的种种情绪障碍。相反，如果经常产生消极的情绪体验，则会打击小学生的学习积极性，使其产生畏缩心理而害怕学习。因此，教学中要因材施教，对优等生提出更高的要求，使其不断产生新的成就感；对后进生要给予耐心细致的帮助，对他们的要求不能太高，对他们的每一点进步都要给予鼓励。教学难度要适度，检测评价要符合学生的认知水平。

要通过课堂制度培养小学生控制和调节情绪的能力。语文课堂是学生群体学习的场所，教师应通过制度让全体学生知道要善于控制和调节自己的情绪，互相支持，共同营造良好的人际关系和课堂学习氛围。教师要教会小学生控制和调节情绪的手段，让他们正确对待自己的情绪表现。如愤怒情绪的释放可采用转移注意对象，向亲密的人说出自己的感受等方式。在感到烦躁时，可通过读书、写日记、交谈等方式改变心境。而在非常兴奋的状态下，也要尽力保持冷静，与友人分享快乐，遇到挫折要学会多角度看待问题，不要自寻烦恼等。

建设良好的课堂生态环境。良好的课堂生态环境有利于学生产生积极的情绪。如，一个干净整洁、充满书香味的课堂环境，会令人心旷神怡，心情舒畅，感到一切都是那么美好，充满对生活的热爱，人的情绪也会因此而变得积极。反之，在一个学习空间狭小、环境脏乱的教室中，会使人心烦意乱，思绪不清，情绪消极。教师可以在教室的四周张贴色彩鲜艳的图片，设置优秀作业展示栏、班级图书架、学生成长记录表、表扬栏等让学生感受到更多积极的课堂文化氛围。

案例 13-4

请结合自己的成长经历和上述学习，分析下面案例中张舟同学的变化，并能思考帮助张舟走出困境的办法。

张舟是从农村花钱借读到这所小学的，学习一直很努力，成绩在班里一直名列前茅，来到这所小学，家里就是希望他能考上重点中学。可是不知为什么，这个学年以来，张舟的成绩有些下降，上课总是心不在焉，很少举手回答老师提问，长时间地情绪低落，表现反常。一天下午老师把张舟找来，问："张舟，最近学习上有什么困难吗?"，他一言不发地看着地。"张舟，最后冲刺的时间越来越紧了，有什么需要老师帮助的吗？"看他不吭声，老师又问："家长和你本人不都希望考上重点中学吗？"没想到，张舟"哇"的一声哭了起来，"老师，我不想上重点中学，我要回家。"他哭得很伤心，看到这种情况，老师说："老师就是你的知心朋友，有什么话就和老师说。"等他的情绪稳定下来以后，他向老师说了自己情绪变化的原因。原来，家里节衣缩食供他在外念书，就是为了让他考上重点中学。这使他压力特别大，觉得考不上给父母丢脸，自己也不光彩，可能是由于太紧张、太害怕，上课听不进老师在讲什么，而且期中考试又没有考好，这使他觉得自己是不是变笨了，无论怎样努力也学不好，老师和同学也不会再喜欢他了，所以干什么都没有兴趣，不想再学了。

13.5　小学语文课堂学生学习节奏管理

有人说，好的课堂是一首歌，是一首有着节奏变化绝美的歌，它是在教师的指挥下，师生共同演奏的一段美的旋律。课堂里，有教师演绎的独奏曲，有小组合组学习的小合唱，有师生互动的交响乐，也有学生独学的轻音乐。课堂节奏和教学效果之间存在着形式和内容的辩证关系。不同的节奏会产生不同的教学效果，适宜的节奏可以把学生带入教学美的环境，有利于教学质量的提高；混乱失调的教学节奏则容易导致学生不满，并可能引发课堂问题行为。课堂节奏的和谐变化，不仅使受空间限制的课堂富有了变化与生机，还有利于学生的用脑用眼健康，促进课堂教学高效，利于学生发展。小学语文课堂上管理学生学习语文的节奏，就是要让语文课堂教学节奏符合学生学习语文的规律，符合学生年龄特点。好的语文课堂的节奏应该是动静结合、张弛错落、疏密相间、起伏有致、整体和谐的。

动静相生。高明的电影导演，总是在闹场之后安排一个静场，以调节和平衡观众的情绪。课堂亦是如此。教师课堂教学方式的间隔变换，有助于学生消除疲劳，保持注意力，提高教学效率。因而，教师在组织教学时，要巧于安排教学方式，使之有动有静、动静结合，把师生间的双边教学活动，按照科学顺序有机组合搭配，使教学活动在动静交替中有节奏地进行。小学语文课堂教学中，教师可以合理地安排学生的听、说、读、写的活动，用不同的学习方式组合成动静相生的语文课堂。著名的语文特级教师贾志敏在教学《惊弓之鸟》时，先让学生齐读课文第一段："更羸是古时候魏国有名的射箭能手。"教师板书："手"——"能手"并请学生说说带"手"的词语。(水手、神枪手、弓箭手、杀手 、猎手……)；接着出示句子，请学生根据读的第一段，进行句子扩展练习。"更羸是能手。——更羸是射箭能手。——更羸是有名的射箭能手。——更羸是魏国有名的射箭能手。——更羸是古时候魏国有名的射箭能手。"然后，老师给学生讲了两个射箭能手的故事（李广射虎、百步穿杨），让学生对更羸不用箭就能射下大雁更为敬佩。接着，老师让学生用填空的方式让学生概述课文主要内容，自主学习探究更羸能射下大雁的原因：①观察（仔细)；②分析（入理)；③推理(合情)；④判断（正确）请学生找出相应的部分，做上记号，然后进行交流。整节课师生互动节奏做到了动静相生，非常和谐。

张弛错落。“张”，就是紧张、急促；“驰”，就是轻松、舒缓。如果课堂教学一味地“张”，会造成学生紧张心理，影响学生的身心健康；如果课堂教学一味地“弛”，致使学生精神涣散、注意力不集中。如果教师不注意约束他们或不注意用各种教学手段吸引他们，那么教学就会成为一盘散沙，课堂教学就会陷入没有弹性，没有张力的状况。一张一弛，文武之道，张与弛既是对立的，又是统一的。在教学中，教学节奏应该是有张有弛有起有伏的和谐统一，只有张弛交错才能相得益彰，韵味无穷。小学语文课堂上，教师要利用好课文所暗含的节奏，张弛错落地组织学生学习。如有位教师在教学《跳水》一文时，就能根据课文情节的变化，调节课堂教学。课文开始写水手们拿猴子取乐，猴子拿走孩子的帽子，这是故事的起因，作者用流畅的笔触写得清清楚楚，文字间流露出轻松愉悦，老师教学时，让学生自主阅读，读后让学生说说这几段叙述描写有什么作用。教学时间不长，难度不大，学生学得松弛。当猴子和孩子爬上桅杆顶端的横木时，甲板上的人们都惊呆了，所有的人都知道孩子面临着怎样的危险处境，这是故事的高潮。教师教学时将教学的着力点放在孩子的处境上，让学生读出孩子的险境，探究孩子身陷险境的原因，体会甲板上人们的复杂的心情，思考化解孩子险境的办法等一系列的活动，使学生注意力高度地集中，全身心投入，让学生有如情入境之感，也让学生体会到课堂教学节奏的紧张。故事结尾，写船长用枪逼小孩跳水使小孩化险为夷，人们也因此松了口气。师生用表演朗读的形式让教学节奏也松弛下来。张弛有度的教学节奏往往能营造好的课堂教学氛围，给学生一种变化的美感。

疏密相间。课堂教学可通过教学内容和教学时间分配的多少与信息交流的快慢使课堂节奏疏密相间。课堂教学既要“密”又要“疏”，疏密相间则会给学生带来有张有弛的心理节律，保持旺盛的精力。“宽松而不涣散、严谨而不威慑的和谐统一”是课堂教学不懈的追求。小学语文课堂的年段特点最需要在不同年段将教学内容合理地分配。小学低年级，以拼音识字和阅读短小的童谣儿歌为主要教学内容，因此，课堂教学节奏相对疏松，教师在教学时可以通过教学游戏等形式来从容地组织教学。随着年级的升高，教学内容越来越充实，教学难度也越来越大，教学节奏也越来越紧凑，中高年级的教学，在教学内容分配上要立足整体教学课时合理分配，还应协调好预习、新授、复习、作业巩固等环节的时间分配，保证学生有序高效地学习。

起伏有致。潮有涨落，山有峰谷，事物运动的过程往往呈现波浪式状态。教学过程也是贵在曲折起伏、跌宕有致，才能富于变化、引人入胜。学生如果较长时间处于较高激动水平，对他们学习较困难的内容有干扰，这又提醒我们设计教学起伏要注意时间阈限。因此，教师要精心安排教学的开始、发展、高潮和结局，使教学过程有起有伏、形成节奏。小学语文课堂上，让学生长时间反复朗读课文、让学生长时间机械地抄写等都属于没有合理地管理好课堂节奏，这些做法很容易让学生产生厌倦情绪。

整体和谐。课堂教学“起承转合”的每一细节，都应缜密思考、精心设计，才能真正把一堂课“雕塑”成精美的“艺术品”。课堂教学的节奏也必须综合考虑，巧妙安排，使各要素搭配合理，穿插得体，衔接有序，融合统一，以构成整体节奏的和谐美。课堂教学的节奏要有一定的章法，它存在于每一课时自始至终的渐变之中，符合一种有生气的变化规律，通过规律性变化，体现出一种流动美，使整个课堂教学节奏分明、充满活力。教学节奏的整体和谐程度，体现着教师教学艺术的水平。教师在讲台上，犹如乐队指挥，要精心调动每一种乐器，演奏出节奏和谐、旋律优美的乐曲。

小学语文课堂教学节奏的管理集中了教师对课堂教学内容的布局，对学生学习状态的把握，对学生学习情绪的调控，对课堂教学实施的组织，是教师“课感”好坏的集中表现。

案例 13-5

下面是一位教师对课堂教学的描述，请结合上述学习，评析下面两段话。

（1）课堂教学不是一潭死水，它应当像大海，永远变幻，就是在宁谧的时候，也孕育着丰富多彩的波澜。当你直面大海，有时你会感到它奔腾似虎，有时你会感到它平静如练；有时狂涛跌落，若幽深峡谷；有时怒浪突起，似高高峰峦。就是在潮涌潮落时分，你也会看它或像猛士般强悍，或像处子般安然。是的，大海是富于变化的。一个善于驾驭课堂的教师，就应像舵手善于驾驭海船，在上每节课的时候，都应当立于教学艺术之海的千变万化……

（2）把握课堂教学的节奏就要讲究动（“动”是讲学生在教师的指导下进行练习、解答、讨论）静（教师讲，学生安静地听）互补。有人讲一堂课老师能使学生“静”的时候“动”起来，“动”的时候“静”下来，这堂课大体便成功了。我觉得此话颇有道理。“动”和“静”就像音乐中的高低音组合，两种音组合得好，才能产生出美妙的乐章。只有“静”，教学成了老师的演讲或个人表演，学生就会被动而分散注意力；光是“动”，也不称其为教学。所以教师在每讲一个内容时，要给学生留有相互探讨，积极参与的时间，让他们在活动中理解、消化、掌握技能。

古人在论及中国画的构图技巧时说：“疏可走马，密不透风。”意思是说留下的空白，可以用来跑马，用墨多的地方连风也吹不过去。把握课堂教学的节奏也应讲究“疏”与“密”的技巧，对非重点的内容，学生自己可以学得懂的部分，则或放手自学，或以读代讲，是教学上的粗线条，是写意；而对重点部分，特别是既是重点又是难点部分，则必须是“工笔画”，浓墨重彩，认真描画。同时，要讲究“疏中有密”“密中有疏”“疏密有致”。“一张一弛，文武之道。”“张”是快节奏，“弛”是慢节奏。有人把节奏当作是开启生命奥秘的钥匙。符合生命节律的课堂教学节奏，不仅能提高教学效率，而且能陶冶学生的身心。在教学中，教学内容简单的，学生自学可以学懂的，或内容比较有趣的，可以快节奏进行。内容比较难的，比较枯燥的，比较抽象的，或是课文的重点部分，则要“慢动作”，提问后要留出较多时间让学生思考、讨论、交流，老师适当的讲解也要放慢些语速，让学生来得及消化。在教学中，应张弛有度，“张”，时间不可太长，应以学生身心不会过度疲劳为度；“弛”，也不可过度，应不致使学生注意力涣散。

13.6　小学语文课堂学生群体活动管理

叶澜教授说过：“课堂学习的价值在于它是群体学习与个体学习的活跃，通过群体的活跃带动个体的主动。”著名语文特级教师余映潮先生说过：一节语文课一定要安排一定量的学生群体活动，才能保证课堂教学的有效。课堂是由师生群体组成的，课堂中的学习活动既有学生个体的学习活动，也有学生群体的学习活动。好的学生群体学习活动能集中全体学生的注意力，增强全体同学的凝聚力；好的群体学习活动能营造良好的学习氛围，形成学习的“场”；好的群体学习活动能提高学习效率，形成比、学、赶、超、帮的局面。课堂中学生的群体活动的管理是课堂管理的重要内容，也是一个新的探索领域。

当前，已有学者开始关注课堂教学中学生的群体学习活动。徐炜炜在《我国中小学课堂教学中学生群体问题的探讨》一文中谈到我国中小学课堂教学中学生群体问题的具体表现为：学生群体角色的失范、学生群体意识的缺乏和学生群体的从众。课堂教学中教师面对这些问题时往往表现出忽视与误诊。作者从群体的角度透析这些问题发现：缺乏有机的组织联系导致学生群体角色的失范，课堂交往时间比重的失调导致学生群体意识的缺乏，课堂环境失谐导致学生群体的不良从众心理与行为。作者从群体的角度提出了解决学生群体问题的有效策略：①建立有效的学习群体组织。②加强学生的群体意识与群体活动能力培养。③利用群体的镜像效应，培养学生在群体中的独立思考能力。[①]

这些表明，课堂教学中学生的群体学习活动研究已经进入学者的研究视野。在具体的语文教学实践中，许多教师也在不知不觉中管理着学生的群体学习活动。下面介绍一些教师在小学语文课堂教学中，对学生小组合作学习、学生写字活动、学生读书活动、学生游戏活动、学生展示交流活动等群体学习活动的组织与管理，希望能引起研究者的更多关注。

13.6.1 小学语文课堂教学中小组合作学习的管理

小组合作学习是新课程理念极力倡导的学习方式之一。小组合作学习的目的在于变学生独学为群学，扩大学生参与面，培养学生合作意识，提高学生交流水平，实现互相启迪、智慧共享，在合作中提高课堂学习的效率。

当前课堂上的小组合作学习在小学语文教学实践中还没有取得理想的效果，存在着以下几方面的问题。

(1) 小组活动重形式，缺乏实质性合作。有的课堂，虽然学生是分小组坐在一起，学习活动也是以小组为单位开展，但学生在小组内活动时，组员间的交流很少，基本上停留在独立学习的层次上，没有真正的讨论和合作，没有发挥小组合作的优势。

(2) 合作学习小组建设不到位。很多教师的课堂上小组建设不到位，学习活动中大部分时间是学生在为分工而争论。分工经常会出现不友好、不倾听、不分享的现象，这会影响合作学习的顺利开展。

(3) 学生的参与度不均衡。小组合作学习确实增加了学生参与的机会，但是好学生参与的机会更多，往往扮演了一种帮助的角色，困难学生成了听众，往往得不到独立思考的机会而直接从好学生中获得信息，致使困难学生在小组合作学习中的获益比在班级教学中的获益还少。

(4) 群体与个体学习协调不够。我们研究小组合作学习时，认为小组合作学习以小组团体的成绩作为评价标准，这无疑是正确的。但教师在教学时往往把评价和奖赏过多地放在小组整体上，从而忽略个体的发展。

针对以上问题，管理小组合作学习应重点做好以下几方面工作：

(1) 要花工夫管理好学生合作学习小组的建设。一般来说，每个班级里学生的学习能力强弱不等，在组建合作学习小组时必须充分考虑到学生能力水平的高低和兴趣爱好的异同。通常组建合作学习小组的做法大致有两种：一是根据学生学习能力分组，将学习能力强的学生安排为一组，将学习能力弱的学生安排为一组。这种做法的优点在于注意了学生的个性差异，方便了教师进行个别辅导，却很难对学生的合作交流学习起到作用。二是以学习伙伴分组，将学习能力强的学生和学习能力弱的学生杂糅在一起。这种做法的优点在于使学习能力强的学生带动了学习能力弱的学生，但结果却往往造成了学习能力强的学生“滔滔不绝”而学习能力弱的学生“望洋兴叹”。因此，在小学语文课堂教学中组建科学、适宜的合作学习小组应该综合以上两种做法，弥补它们的不足之处，合理地搭配各类学生。让学习能力强的学生带动学习能力弱的学生，教师要注意各个合作学习小组中每位学生的参与度，并相继进

---

① 徐炜炜．我国中小学课堂教学中学生群体问题的探讨．教育科学研究，2007，(5)：9.

行个别辅导，让学生人人参与合作交流，人人得到锻炼的机会，从而得到共同进步。学习小组的建立绝不是将学生简单地分组。教师要动员学生学习小组，帮助他们建立自己的小组文化，有自己小组的标志，有自己小组的名称，有自己小组成员的分工，有自己小组的共同愿景，有自己小组的规章制度、奖惩细则等，总之，教师要帮助学生学习小组建立自己的小组文化。

(2) 有效地管理好学生小组合作学习。在完成小组建设的同时，教师就要着手指导学生有效地开展小组合作学习。在小学语文课堂教学中开展小组合作学习首先要让学习小组有明确具体的学习任务。如合作朗读，互报听写，完成讨论题，合作表演等。其次，组织开展小组合作学习要选择恰当的学习时机进行。

(3) 充分发挥小组合作学习的交流优势。小组合作学习的优势在于小组内的交流。杜郎口中学的小组合作学习让每个学生都有展示自己学习成果的机会，给每个学生评议同学学习成果的权利，真正发挥了小组合作学习的交流优势。小组合作学习的基础是组内每个学生能自主学习，这时就要求教师在组织学生小组合作学习前先有充分的自主学习，在学有收获的基础上再在小组内开展交流，使智慧得到分享，思维得到碰撞。例如，有位教师在教学《军神》一课时，让学生在独立阅读课文的基础上，请学生在课文中至少找到三处描写表现刘伯承坚强意志，非常人所能做得到的词句，然后在组内交流。交流的结果是，每个组至少找到了八处表现刘伯承元帅坚强意志的词句，全班同学在一起交流就更多了。这就是小组交流的优势。

(4) 组织合作学习小组进行自主整理知识体系。知识体系的整理和复习，目的是使学生巩固学习过的知识，使之对知识的理解和掌握有一个系统化、整体化、形象化的过程。因此，课堂教学中复习整理知识体系时，我们就应该将主动权归还给学生。让学生自己去开动脑筋，对学过的知识进行梳理、总结。通过小组内对比交流，争论辨析，从而构建符合学生个性实际的知识结构网络。

在小学语文课堂教学中，开展小组合作学习目前还没有固定的模式可以让我们参照，需要我们教师根据不同的教学内容和时机灵活地加以运用。小组合作学习是课堂教学中的一种群体学习活动，作为一种新理念的学习方式，它必须和自主、探究、有效接受等学习方式相结合，才能有机地渗透于课堂教学之中。

13.6.2　小学语文课堂教学中学生读书活动管理

小学语文课堂教学中最常见的活动是读书活动。不管是在教师教学开始前还是教学中、教学后，教师都可以随时组织学生读书或开展形式多样的师生互动的读书活动。

在语文教学中组织学生开展读书有这样几个目的。一是为了熟悉课文，开始学习一篇课文时，让学生读书，其目的在于让学生熟悉课文内容，对课文有初步的感知。二是为了理解课文，在教学中，教师组织学生读课文，希望通过读，让学生自读自悟理解课文。三是为了实现对课文重点、难点的突破，教师教学课文的重点段落、语句、词语、生字时，有意识地让学生多读几遍，让学生在读中体会这些重点难点内容的意义和作用，实现对课文教学中难点的突破。四是为了品读欣赏课文，让学生在读书活动中体会欣赏课文的美好情感、好的语句、好的谋篇布局、课文中的哲理等。五是为了记忆背诵，对课文关键内容需要学生加强记忆，教师可以通过读书活动实现这个目的。

在语文课堂教学中，读书活动有这样一些常见的形式：学生单独朗读、集体默读、分角色表演读、教师范读、学生分组读、比赛读书、边读边记的分析性读、入情入境的欣赏性读、读后评议的交流性读等。其中朗读和默读是语文课堂教学中应重点训练的。

对学生读书过程的管理重点在评价。教师要有意识地通过教师点评、学生互评等评价方式引导学生爱读书、会读书，积极主动参与读书活动。课堂上我们经常看到这样的场景：教师让学生分段读课文时，能站起来读书的只有几个孩子，为了能让别的孩子有事做，教师交给这些学生的任务是“听听他们哪个地方读得好”“听听他们有没有读错”。这样，教师就较好地将全班同学组织到了读书活动之中。还有这样的场景：每当有学生读错的时候，立马就有学生将手举得高高，很高兴地表示自己发现了同学的错误。遇到这样的情况，教师应示意学生静静听，待同学读完后再集中评议。组织学生开展读书活动，既要关注读书的学生读的质量，也要关注听读的学生听的质量。在课堂教学的读书活动中，教师要充当好三个角色，即活动的组织者、引导者、评价者。其中，教师的评价至关重要，教师的评价首先要充分认同学生的优点，通过鼓励引导学生发扬优点，培养兴趣。其次要切中要害地指出学生的不足，通过教师或同学示范，帮助学生改正不足。课堂上，我们经常看到这样的场景：某位同学读书不够理想，老师让他别忙着坐下，听老师读一遍，请那位同学评价老师读得怎样，再让他读一遍。通过这样一个评价交流活动提高的是一个学生，提升的是一群学生。

对学生读书活动的管理关键在于抓学生间的交流。课堂群体活动中，学生是最大的可开发的资源，充分利用学生间的交流，既可提高学生读书的兴趣，也可提高学生读书的质量。在初学课文的时候，为了检验学生是否准确掌握了课文生字的读音，可以让同座位的学生读后互评，评议同学哪些地方读得准确，哪些地方需要正音。在品读课文的时候，让同座的两个学生互相比赛读，读出情感，互相评议，互学优点。在学习完课文时，让同座的两个学生串读课文，合作将课文读完整读出美感。学生间的有效交流除了在同座位之间进行外，还可以在小组、在全班进行。

13.6.3　小学语文课堂教学中的游戏、表演、展示活动的管理

如何通过管理提高课堂教学中的游戏、表演、展示活动的实效，值得我们深入研究。

(1) 活动设计的管理。设计活动，首先要考虑到活动的目的。课堂教学中的活动是有目的的，有的是为了让学生直观呈现教学的内容。如，教师让学生分角色表演读课文中人物的对话；有的是为了突破教学的重难点，如，教师为了让学生记住某些生字，让学生根据字形编故事讲故事；有的是为了给学生创编的机会，提高学生的表达能力，如，教师让学生将一段文字改编成诗歌，让学生进行诗歌朗诵；有的是为了让学生深入理解不同的观点，如，教师组织学生分成两组开展辩论活动；有的是为了检验学生学习成果，如教师组织学生进行的比赛活动等。这些活动都是有目的的，活动的目的决定着活动的实效性，也决定着课堂教学的有效性。因此设计活动应做到明确目的。其次，注意设计活动的方式。猜谜语、唱儿歌、编故事、讲故事、模仿表演、律动游戏等这些活动方式比较适合小学低年级的学生，低年级学生的活动大多在教师的主导下进行，主要是教师设计的活动；到了中高年级，课堂教学中的学生活动可以动员学生参与设计，教师可以提议在教学中开展活动，具体的活动方式则交给学生自己设计。只有学生喜欢的活动方式才能够真正调动学生活动的积极性。

(2) 活动过程组织的管理。对活动过程的管理首先是活动时间的管理。一是活动需要准备的时间。开展任何形式的活动，都需要给学生充分的准备时间，一般来讲，集体活动之前，要提前一两天甚至一两周时间将如何开展活动、如何准备等布置给学生，给学生一个充分准备的时间；二是开展活动的时间长短。一般来讲，一个 40 人的班级，如果每个同学上台展示一番，一节课的时间肯定是不够的。可以先让学生在小组类进行展示交流，再选出小

组的代表进行全班展示。教师可以根据活动总时间规定每位学生展示的时间，让学生计时展示。对活动过程的管理还应考虑的是人员管理。全班 40 多名学生，在活动中分别扮演怎样的角色，有什么样的任务，起什么样的作用等，对这些，教师都应有通盘的考虑。教师可以充分发动学生，让学生小组分工协作，但要强调必须让每个学生都有表现自己的机会。

(3) 活动结果的运用与评价。活动结束后，教师和学生都应对活动有一个全面的总结。是小组竞赛性活动，就要评选表彰优秀小组；是作品展示性的活动，就应对学生作品进行点评。用好活动的结果，发挥评价的作用，有利于调动学生参与活动的积极性。

对学生群体活动的管理，是教学面向全体，关注学生全面的需要。对学生群体活动的管理需要教师努力提高课堂组织管理的能力。

案例 13-6

下面是某位教师写的课后记，请结合上述学习，仔细研读，思考如何进一步提高学生表演活动的实效。

要上《皇帝的新装》了，第一节课，各小组先自行解决了生字词的书写，然后他提出，在剩余的时间充分熟悉课文内容，课外按故事情节自编自演，第二节课展示。第二天上课后，我走下讲台，找了个凳子，老老实实当了一名观众。第一组同学拘谨，表现平平；第二组的表演，几乎笑破了他和其他同学的肚皮，坐在他跟前的一位女生，笑得直拍我的肩膀，直到表演结束，她也没意识到在拍老师的肩膀；第三组的同学仿照古装电视剧的形式，贴了张“皇榜”，做了个“皇冠”，中西结合；第四组的同学更是出格，还加了骗子在酒馆喝酒的内容，演随从的两个同学竟拿出了卫生工具——长把笤帚，搭在皇帝的头上当“宫扇”，粉笔成了赏赐骗子的“金条”……下课铃声响了，可同学们不愿下课，非得第四组演完不可。下楼梯时，同学们在他身后“叽叽喳喳”议论个不停，意犹未尽。

13.7　小学语文课堂意外事件的应急处理

一位教师在公开课上教学《珍珠鸟》一课，整个课堂行进得相当流畅、相当成功，临近尾声在“拓展体验”环节时，一个小小意外出现了：教师出示了一个对话问题——文中的人与鸟是如此的和谐共处、互相依赖，读后，你想说些什么？思考讨论之后，一生举手发言：“我想对作者说，请放了这三只珍珠鸟吧，因为鸟儿长有翅膀，它们希望在天空中自由自在地飞翔，不想被人关在笼子里受束缚当玩物，这是对鸟儿生命的不尊重。”此言一出，全堂肃静，不是教师预设的结果，怎么办？这青年教师还是挺有课堂教育机智的——一愣之后马上加以肯定、引导：“这想法很好，很独特、很深刻，从‘尊重生命’的高度来审视笼中养鸟这问题，那好下面我们大家一起来探讨一下这个问题……。”类似这样的课堂意外事件我们可能经常会碰到。

有的意外事件来自于学生思想的旁逸。课堂生活是师生的生命活动，师生活动中会有许多不可预见的突发因素。课堂上有时发生的一些偶发事件，有的与语文教学相关，是学生在与文本的对话过程中思想的旁逸。比如：于漪老师在教学《木兰诗》时，一生突发议论：这诗不真实，因为古代妇女都缠足，木兰是个“缠足女”，怎么可能在军队“同行十二年，不知木兰是女郎”呢？

很显然，这是学生根据自己的知识经验对学习内容产生的质疑，是学生经过思考，萦绕在心的疑惑。学生能在课堂上提出来，说明学生的学习思路早已逃逸了教师教学的指向。每个学生的心里在想什么，我们当老师的不可能完全清楚，一旦学生将他们心中的想法通过语言表达出来，有可能会出乎我们教师的意料之外。对于这种思维逃逸的学生给教师教学带来的冲击，我们教师应怀着一种尊重之情来处理。

对这问题，于漪老师坦诚相告：自己也没有预想过，也真不知道答案，于是她提议全班同学和自己一起课后去查找有关古代妇女缠足的历史和知识，以佐证诗歌的真实性。这种处理，无疑是一种高度的课堂机智的体现，它既有效捕捉了课堂生成的教学资源，又让学生感受到了一代名师“知之为知之，不知为不知”的人格魅力！

有的意外事件来自于学生的出错。课堂教学中常常出现学生回答问题或解答问题出错的现象，很多教师也仅仅只是将其视为学生的错误，没能深究学生错误的原因，甚至斥责学生的错误。殊不知，学生的错误可能就是一次绝佳的教学契机。教师如能带着宽容之心，慈爱之情，巧用之道，定能让学生的错误生出智慧。

有位教师在教学第一册《识字 2》时出现了这样一幕：教师出示了“太、小、鸟、下、早……”几个字，老师请认识这些字的小朋友来读一读，一个小男孩马上站起来读了一遍，他把“鸟”读成了“马”，课堂里立刻有同学说：“错了！错了！”小男孩意识到自己读错了，脸都红了。教师在“鸟”的下面写了个“马”，笑着对小男孩说：“看来这两个字你都有点认识，老师猜想你读错了肯定有原因的，你愿意告诉大家吗?”小男孩吞吞吐吐地说：“这两个字太像了，他们都有‘竖折折钩’和‘横’。“说得多好，请你再仔细看看这两个字，你一定会发现它们的不同之处。”小男孩高兴地说出了两个字的区别。

课堂上，对于学生指“鸟”为“马”的偶发事件，是批评斥责待之，还是告知结果了之？而教师却及时地捕捉到了这个容易被忽视的生成性资源，善于从学生的错误中敏锐地获取合理的因素，化“错”为“对”，激活教学，真可谓“点石成金”。

有的意外事件来自于学生行为失当。总有一些调皮捣蛋的学生需要我们教师用教学智慧来征服他们。课堂上学生的失当行为所造成的意外事件，往往令我们教师措手不及，甚至会严重引发我们情绪的波动，导致我们失去成年人所应有的理智。这样的意外事件是对我们教师综合素质的考验。

有一位教师上课前走进教室，发现黑板上画着一幅人头像，下面写着“某某（那位老师的名字）遗像”。很显然，这是学生对老师的泄愤，是学生行为失当的表现。这样的意外事件既令教师伤心伤情，也是对课堂教学秩序的破坏。教师有可能停止原先的教学计划，追查肇事者；有可能置之不理默默擦掉黑板上的画心情沉痛地开始上课；有可能将画保留在黑板上，组织学生按原定的教学计划学习，下课后再追查……这样的处理办法，无疑不能解决被这幅画所影响的师生的教学心态。

那位教师是这样应对的，他指着黑板上的画嘿嘿一笑说：“谁画的？绘画的基本功非常好，画得跟我真像！可是，我还好好地站在这里，是谁想把我送到那地方去呢?”他扫视了一下全班同学，又指着画像下的那一行字问：“你们觉得这几个字中，多了哪个字？去掉它就正确了，谁能把多余的字擦去?”

这位教师对遗像事件的处理是艺术的、理性的。首先，他能变严肃为简单的幽默一句：“我好好地站在这里，是谁想把我送到那地方去呢?”创造了轻松愉快的环境气氛，缓解了学生紧张的情绪，避开了冲突的锋芒；其次，从语言角度进行生成“我还活着，‘某某遗像’是个病句，去掉哪一个字就正确了呢?”学生自然理解，遗像是人临死之前的最后一张照片，去掉“遗”就符合此时老师还站着给我们上课的现实情况了。教师通过委婉曲折的方式轻松处理此事，更易被学生所接受，达成共识。当然，学生之所得不仅仅是语文知识上的，思考之中，也会潜移默化地受到要尊敬师长的教育。经过这件意外事件，学生对这位教师更加敬佩了。

还有的意外事件来自于特殊的学生。课堂上的意外事件大多来自于个别的学生。群体性的课堂意外事件相对少一些，可预见性也较强。一般来讲，在课堂上制造意外事件的特殊学生可分为两类。一类是思想活跃，学有余力的学生。因为学习内容对他们来说难度不大，学习不吃力，就不愿随着其他同学的节奏学习，往往容易制造出影响同学学习的意外事件。另一类是学习有一定困难的学生，在他们看来他们不受教师重视，因此课堂中他们的破坏性相对较强。对于这两类学生，教师在备课中应有所考虑，要兼顾不同学生的学习基础、学习风格以及学习能力。有经验的教师都会在教学内容上体现面向不同层次的学生，如允许并鼓励学有余力的学生在不影响其他同学的基础上自主阅读课外读物。对于学习困难的学生，教师应给与更多的鼓励，鼓励他们勇敢地超越自己。

在这样两类学生的身上出现的对教学的“游离”和“对抗”，正是“任务唤醒不足”所产生的后果。只要教师关注、尊重并尽量满足学生的“当前的学习需要”，就可以激发学生的内在动机，调动学生的主观能动性，促使学生作出积极的行为，同时还可以与学生建立起良好的关系，从而在教学中取得令人振奋的效果，减少课堂意外事件的发生。这个发出“惊天动地”响声的孩子，就是因为教师的长期忽视使他远离“教学任务”，从而产生“对抗”心理。教师没有把他的问题行为视为消极的干扰因素，依仗权威的力量进行纪律约束，而是淡化问题行为，通过“任务唤醒”使学生感受到尊重与关怀，自然地消除“游离”状态，投入到学习过程中。

也有的意外事件来自于教师的言行失误。教师作为课堂教学的组织者，难免有言行失误的时候，比如写错了字，念错了词语，叫错了学生的姓名，甚至有教师在课堂上不小心滑跤等。这些因为教师言行失误引起的课堂意外事件，更需要教师在教学中利用教学机智，及时妥善应急处置。

有一位低年级的语文老师在讲课，突然粘在黑板上的词语卡片脱开了一角斜在那里，前排的一位小同学低声指出：“老师，卡片掉了！”只见这位教师盯了他一眼，说：“别管它！”这位“紧急报告者”情绪明显低落下来，再也未见他举手发言了。而另一堂课上，忽然听到“啪”的一声脆响，一块挂在黑板上沿的小黑板掉下来了。大家都吓了一跳，老师不慌不忙把小黑板拾起重新挂起来，转身说道：“同学们，我们的回答太精彩了，以至于这块小黑板都被我们吸引住了，下面我们会不会表现得更出色？”“会！”不用说，接下来的是孩子们更加热情的学习劲头。

有的教师认为学生指出老师的失误有伤“尊严”，有的老师认为停下来处理与课业无关的事无价值。岂不知，学生能在课堂上指出老师的失误，足见他学习的专心，老师接受学生的正确意见，不仅不会伤害“尊严”，学生反而会更信任你。当然，这样的课堂教学意外越少越好，教师应当在课前做好充分的准备，课堂上细心周到，沉着冷静，尽量减少意外事件的发生。

有的偶发事件可能与课堂教学内容不相关，比如一只蝴蝶或蜜蜂飞进教室，顿时教室里大乱，这时就需要我们老师用敏感而富有实践智慧的头脑，及时作出反应和处理，变偶发事件为教育良机，促成教学的一个精彩生成。

某一节语文课上，老师讲到关键处，孩子们学得正投入。忽然，窗外传来了鼓号声，孩子们循声望去，原来是学校的鼓号队为了完成表演任务在临时彩排。孩子们不时地望着窗外，一副心不在焉的样子。老师拍拍黑板，叫同学们把注意力收回来，学生们虽然表面上把眼睛转向了黑板，但是老师能看出来，孩子们的心没有回来。老师正想训学生几句，突然心生一计，笑呵呵地对学生说："我们学校的鼓号队很有气派，这样吧，转过头我们一起欣赏三分钟，好好过过瘾。"听了老师的话，孩子们开始有点怀疑，确信后看了不到两分钟就全部坐好等着老师继续上课了。结果，虽然外面有伴奏，孩子们的注意力并没有受到多大影响。

孩子们的好奇心都很强，你越不让看，他心里越痒痒，非偷看不可，你大大方方让他看一会儿，他也许就觉得没什么可看的了，还没有教室里面的世界更精彩。更何况这里面包含着老师对他们的尊重，学生当然会心甘情愿地回到课堂上来了。面对外部发生的意外对课堂造成的影响，老师不妨欲擒故纵一下，制造一个课堂内部的刺激，说不定就把孩子们的心给拉了回来。

以上从教学意外事件的产生，列举分析了语文课堂上常见的六类教学意外事件，其实，语文课堂上的意外事件还有许多种，它已经成为课堂教学中不可预见、能生成精彩也能制造麻烦的突发资源。处理课堂上这些不可避免地出现的突发事件时，应遵循以下原则：

（1）正视意外、善待意外。课堂学习既是一种群体化行为，也是一种个性化的行为，课堂上的"节外生枝"也是正常的，如果真正把学生当成主体，我们就没有必要对教学中的意外进行预先设防，而是应引导更多的意外发生，正视意外，给意外喝彩。学生在课堂上的认知和情感活动，是教师既定教案无法圈定的。课堂上，既要有目的地引导学生个性学习，又要有针对性，避免放任自流。课堂上，最精彩的部分是师生在不可预知的情况下迸发的思维火花，是随着教学环节的变化流淌出来的教学机智。从这点看，教师应正视意外、善待意外。要相信，课堂意外的出现是必然的。意外的出现不是坏事而是好事。意外是课程的生长点，是让人眼睛一亮的情节，而不是需要设防的"担心"。意外的出现证明了教师已经为学生搭建了宽广的发挥的舞台，学生有了创造的苗头；意外的出现也使教师有了自由挥洒的空间。面对稍纵即逝的生成信息，我们要努力提高自己的教学智慧，积极引导，使课堂有效生成，让课堂焕发勃勃生机。

（2）尊重学生、理解学生。其实，在学生造成课堂意外事件后，学生的心里就有了一个心理期待：看教师如何对待我？如何对待这件意外的事？学生这种心理期待实际上是一种想被重视的表现。每个学生都有自己的自尊心。教师在课堂上的任何行为都不能以损坏学生尊严为前提。尊重学生、理解学生才能拉近师生距离，才能最大限度地减少意外事情的负面影响。才能显现教师的人格魅力。尊重学生、理解学生，就要善于倾听学生的心声。倾听是解决课堂冲突、矛盾、处理抱怨的最好方法之一。一个牢骚满腹，甚至不容易对付的人，在一个有耐心、同情心的倾听者面前，都常常会软化并变得通情达理。有一个故事：孔子让一名学生负责煮粥却发现那名学生用勺子吃粥。孔子耐着性子问他为何偷吃。学生说：有一些灰掉进锅里，用勺子舀出来本想倒掉，又想起老师说过一粥一饭当思来之不易，所以把粥喝了。如果孔子不是耐心询问和倾听，岂不错怪了学生？课堂上，教师如果发现有不正常的情况不妨问个明白，给学生一个解释的机会。老师只有真正听到学生的心声，才能理解学生，才能正确地处理课堂突发事件。尊重学生、理解学生就要怀有宽容平和心。所谓对学生宽容，有三层意思：一是把学生当人看，即重视学生的需求，重视学生的个性差异；二是把学生当作未成年人看，即不能用成人的眼光衡量学生，不能把成人的标准强加给学生；三是把学生当成发展中的人来看，即以平和的心态看待学生，不能对学生过分求全责备。教师的宽容平和之心可以使学生得到良好的情绪体验，保持积极愉快的心态；同样，教师的偏执、责罚和粗暴则可能导致学生不良的心理反应，出现心理问题。教师要容得下学生，只有这样，才能赢得学生，进而才能教育好学生。容得下学生，就要尊重学生的不同见解、认知和表达方式，不强迫学生按教师的思路走。新时期人才的人格特征应该是独立思考、主动参与、主动探索、敢于怀疑与勇于超越，这样的品质在缺乏宽容大度的教师的教育下是很难培养出来的。

（3）自我批评、加强修养。如果课堂意外事件的发生是因为教师教学行为出现了明显失误而引起的，教师要勇于自我批评，坦然承认自己的失误。人非圣贤孰能无过，如果是我们的责任就要勇于承认，及时改过。这既是教学的需要，也是教育的需要。如果为了所谓面子和尊严不肯承认自己的过失，不仅容易使矛盾激化，而且有损教师在学生心中的形象。

教师要加强自身修养，使自己在突发事件发生后能用理智行事而不是感情用事。人们的成功有 40%是智力因素，还有 60%是情感因素。教师的教育机智，是在教师冷静沉着的心理状态下产生的。要有“不管风吹浪打，胜似闲庭信步”的气魄，一旦发生问题，必须克制自己的情绪，用理智驾驭情感，保持冷静，要在尽可能短的时间内，积极思考对策，妥善消除或控制意外事态的发展。如果一遇事就惊慌失措，冲动不已，难免举措失度，也就谈不上什么“机智”了。叶澜教授曾说：“课堂是向未知方向挺进的旅程，随时都可能发生意外的通道和美丽的图案，而不是一切都必须遵循固定线路而没有激情的行程。”确实，我们的课堂上会发生太多意想不到的“事件”，课堂上出现突发事件是非常正常的事，它是对教师课堂应变能力和把握能力的考验，若处理得好，将会为课堂增添光彩，甚至成为一节课的亮点；但若处理得不好，则会让教师处于非常尴尬的境地，方寸大乱中咀嚼苦涩。让我们正视意外，善待意外，把握意外，拥有发现的敏锐和转变的神奇，化意外为亮点，让我们的课堂充满生机和活力。

案例 13-7

下面是某位教师课堂上出现的一件意外事件，请结合上述学习，品鉴这位教师的做法。

有位教师在执教第一册《识字 4》课前制作课件时，不小心把“蝴蝶”的“hú”打成了“hǘ”。课堂上，学生发现了，大叫起来：“老师，那个拼音错了！”老师一看，果然错了！老师很快镇静下来，问：是吗？你说说错在哪儿呢？

生：老师，韵母应该是 u，单韵母 ü 不能跟 h 相拼。

师：那 ü 可以跟哪些声母相拼呢？

生：如，n，l。

师：ü 跟哪些声母相拼时要去掉头上的两点呢？

生：ü 跟 g，q，x 相拼时，要去掉头上的两点。

教师把课堂教学中的偶发事件巧妙地融进自己的教学中，“借”错生智，来个将“错”就“措”，利用课堂教学中出现的意外情况，借题发挥大做“文章”，复习巩固了本学期汉语拼音的重点（也是难点），既让课堂新颖，又能提高学生的学习兴趣，收到了良好的教学效果。

实践反思：专业智能与专业态度

下面是相关学者总结的课堂管理的操作性经验以及与课堂管理相关的管理经验，请结合自己的成长经历，研读品鉴。

教师应掌握的十种课堂效应

（1）皮克马利翁效应。只要热情期待和肯定，就能得到希望的效果。对学生倾注全部的爱心和热情，提出合理的目标和要求，对他们寄予热切的希望，肯定应多于否定，方能达到希望的效果。

(2) 马太效应。教师应防止“马太效应”，对教育对象一视同仁，在给优等生“锦上添花”时，一定要注意为中间生、差生“雪中送炭”，使其向优等生转化。

(3) 边际效应。一样东西的价值同它满足需要的程度成正比。教师应洞悉学生的要求，及时伸出援助之手，解决其困难，从而达到事半功倍的教育效果。

(4) 相容效应。心理相容是取得良好教育效果的前提。必须先让学生在心理上接受你，认可你，才能使学生消除心理戒备，坦诚相告，推心置腹，才能达到教育效果。

(5) 威信效应。有威信的人具有更大的影响力和感召力。教师的威信来自于教师的职业本身和教师的人格力量，特别是后者。

(6) 相长效应。现代社会是一个有机整体，人们之间的联系日益紧密。教师应开放自己，广交同行朋友，交流教育、教学信息，改进教学方法，从而共同提高教学能力。

(7) 异性效应。教师应适当运用“异性效应”，发挥“异性效应”的吸引力、激发力、约束力、净化力等作用，从而构建良好的班集体，改变学生的不良行为。

(8) 首因效应。在处理关于他人的信息，形成对他人的印象上，输入信息的顺序性有重要影响。一般说来，最先接收的信息在印象形成中起较大作用。

(9) 定势效应。定势是指在过去经验影响下，心理处于一种准备状态，从而在人际知觉中常有一定的趋向性和专注性。“定势效应”有积极消极之分。

(10) 从众效应。从众是个体由于受到群体的起初或臆想的压力，而在认知及行为上表现出来的与群体中大多数人保持一致的心理和行为倾向。

复习与思考

1. 小学语文课堂管理的目的是什么？主要内容有哪些？
2. 请列举影响小学生课堂学习情绪的因素，从课堂管理的角度思考如何调控学生的学习情绪。
3. 如何协调好小学语文课堂中学生群体学习和个体学习的管理？
4. 请论述如何通过教学设计实现对课堂教学节奏的调控。

拓展资源

皇甫泉，王本陆．2003．现代教学论学程（修订版）．北京：教育科学出版社．

罗宾斯 P S，贾奇 T A．2008．组织行为学（第 12 版）．李原，孙健敏．北京：中国人民大学出版社．

人教网．http：//www. pep. com. cn/xgjy/xlyj/xlshuku/xlsk1/etfz/201008/t20100827 _ 814280. htm.

王耘，等．2007．小学生心理学．杭州：浙江教育出版社．

夏家发，彭近兰．2010．教学活动设计．武汉：华中师范大学出版社．

夏家发，杨再隋．2001．小学语文教育学．武汉：湖北人民出版社．

殷炳江．2003．小学生心理健康教育．北京：人民教育出版社．

Bluestein J．2011．双赢课堂——积极课堂管理新视点．俎媛媛译．北京：中国轻工业出版社．

Hoy A W，Hoy W K．2006．教学领导——基于研究、通向学习成功的指南（第二版）．徐辉，张玉译．北京：中国轻工业出版社．

Rogers B．2011．课堂行为的有效管理策略．蔡艳芳，马慧，郭燕飞译．北京：中国轻工业出版社．